차례

KB214029

⬇ 정답과 해설은 EBS 초등사이트(primary.ebs.co.kr)에서 다운로드 받으실 수 있습니다.

| 교 재 내 용 문 의 | 교재 내용 문의는 EBS 초등사이트 (primary.ebs.co.kr)의 교재 Q&A 서비스를 활용하시기 바랍니다. | 교 재 정오표 공 지 | 발행 이후 발견된 정오 사항을 EBS 초등사이트 정오표 코너에서 알려 드립니다. 교재 검색 ▶ 교재 선택 ▶ 정오표 | 교 재 정 정 신 청 | 공지된 정오 내용 외에 발견된 정오 사항이 있다면 EBS 초등사이트를 통해 알려 주세요. 교재 검색 ▶ 교재 선택 ▶ 교재 Q&A |

자기주도학습
체크리스트

- ☑ 선생님의 친절한 강의로 여러분의 예습·복습을 도와 드릴게요.
- ☑ 공부를 마친 후에 확인란에 체크하면서 스스로를 칭찬해 주세요.
- ☑ 강의를 듣는 데에는 30분이면 충분합니다.

날짜	강의명		확인	날짜	강의명		확인
	강				강		
	강				강		
	강				강		
	강				강		
	강				강		
	강				강		
	강				강		
	강				강		
	강				강		
	강				강		
	강				강		
	강				강		
	강				강		
	강				강		
	강				강		
	강				강		
	강				강		
	강				강		
	강				강		
	강				강		
	강				강		
	강				강		
	강				강		

자기주도학습 체크리스트로 공부의 기쁨이 차곡차곡 쌓일 것입니다.

만점왕 통합본

국어 5-1

구성과 특징

개념책
교과서 개념을 충실하게 반영하였으며 실전 문제로 교과 학습을 완벽하게 이해할 수 있도록 내용을 구성하였습니다.

단원 평가
다양한 문제를 풀어 보며 자신의 학습 상태를 점검하고 학교 단원 평가에 대비할 수 있도록 내용을 구성하였습니다.

1 교과서 지문 학습

국어 교과서 지문과 활동을 자세히 살펴보고, 문제를 통해 해당 내용을 꼼꼼하게 익힐 수 있습니다.

2 교과서 핵심 정리

국어 교과서 각 단원에서 익혀야 할 학습 목표와 관련된 개념을 정리할 수 있습니다.

3 단원 정리 평가

꼭 알아야 할 단원의 핵심 문제를 풀어 봄으로써 자신의 실력을 점검해 볼 수 있습니다.

4 서술형 문제 & 수행 평가

각 단원에서 익힌 내용을 활용하여 학교 시험의 서술형 문제와 수행 평가에 대비할 수 있습니다.

차례와 교과서 작품

준비 **태일이와 소희의 대화** 그림을 보며 대화의 특성을 이해해 봅시다.

✏️ **단원 학습**

대화의 특성을 알고 친구에게 칭찬하거나 조언하는 말을 할 수 있어요.

○ **그림의 특징:** 태일이와 소희의 대화, 소희와 은주의 대화를 살펴보고 대화의 특성에 대해 생각해 볼 수 있습니다.

❶∼❷ 태일이가 딴생각하느라 잘 못 들었다며 소희에게 어제 일을 다시 물어보았습니다.

❸∼❻ 소희는 어제 은주가 약속 시간에 늦었던 이야기를 들려주었습니다.

❼∼❽ 태일이는 소희가 한 이야기를 듣고 소희에게 공감해 주고, 은주를 걱정해 주었습니다.

😊 **낱말사전**

딴생각 주의를 기울이지 않고 다른 데로 쓰는 생각.

다행 뜻밖에 일이 잘되어 운이 좋음.

교과서 문제

01 태일이가 소희에게 어제 일을 다시 물어본 까닭은 무엇입니까? ( )

① 소희가 화를 냈기 때문이다.

② 은주가 궁금해했기 때문이다.

③ 딴생각하느라 잘 못 들었기 때문이다.

④ 재미있어서 다시 듣고 싶었기 때문이다.

⑤ 소희의 목소리가 작아서 잘 안 들렸기 때문이다.

02 그림 ❸~❹의 상황으로 알맞은 것은 무엇입니까? ( )

① 소희가 약속 시간에 늦었다.
② 은주가 약속 시간에 늦었다.
③ 은주가 소희에게 화를 냈다.
④ 소희가 약속 장소에 나타나지 않았다.
⑤ 은주가 약속 장소에 나타나지 않았다.

03 ㉠과 같이 말할 때 어울리는 표정과 말투를 골라 ○표 하시오.

(1) 진지한 표정과 조용한 목소리 ( )
(2) 답답한 표정과 억울해하는 목소리 ( )
(3) 기쁘게 웃는 표정과 기분 좋은 목소리 ( )

교과서 문제
04 그림 ❻에서 소희는 은주가 한 말을 듣고 어떻게 반응했는지 알맞은 것에 ○표 하시오.

(1) 고마운 마음을 표현하였다. ( )
(2) 은주의 처지를 이해해 주었다. ( )
(3) 은주의 부모님을 걱정해 주었다. ( )

☆☆
05 대화의 특성을 알맞게 이야기하지 않은 친구는 누구인지 쓰시오.

은호: 상대를 직접 보지 않고 말을 주고받아.
재원: 말은 다시 들을 수 없으니 대화에 집중해야 해.
민서: 표정, 몸짓, 말투에 따라 기분이나 생각을 짐작할 수 있어.

( )

교과서 문제
06 말을 주고받을 때의 표정과 말투의 역할로 알맞지 않은 것의 기호를 쓰시오.

㉮ 상대가 하는 말을 이해하는 데 방해가 된다.
㉯ 말하는 사람의 감정이나 마음 상태를 알 수 있다.
㉰ 자신이 하고 싶은 말을 실감 나게 나타낼 수 있다.

( )

○ **대화의 특성**
• 상대를 직접 보면서 말을 주고받습니다.
• 말은 다시 들을 수 없으니 대화에 집중해야 합니다.
• 표정, 몸짓, 말투에 따라 기분이나 생각을 짐작할 수 있습니다.
• 대화를 할 때에는 상대의 마음을 살피며 말해야 합니다.

○ **말을 주고받을 때 표정과 말투가 중요한 까닭**
• 자신이 하고 싶은 말을 실감 나게 나타낼 수 있기 때문입니다.
• 상대가 하는 말을 이해하는 데 도움이 되기 때문입니다.
• 말하는 사람의 감정이나 마음 상태를 알 수 있기 때문입니다.
• 표정이나 말투에 따라 말뜻이 달라지기도 하기 때문입니다.

○ **말투의 뜻**
말의 빠르기, 높낮이, 세기 따위.

- 글의 종류: 연설문
- 글의 특징: 칭찬의 힘과 어떻게 칭찬하는 것이 좋은지 칭찬하는 방법에 대해 연설한 내용입니다.

칭찬의 힘

듣기 자료

　어린이 여러분, ㉠"칭찬은 고래도 춤추게 한다."라는 말을 들어 본 적이 있나요? 이 말처럼 들을 때마다 항상 기분이 좋아지는 말이 바로 칭찬이에요. 우리는 칭찬을 들으면 기분이 좋아질 뿐만 아니라 일을 더욱 잘하려고 노력하기도 해요. 이게 바로 칭찬의 힘이랍니다. 칭찬 한마디는 누군가에게 용기를 주고 자신을 긍정적으로 바라보게 해요. 또 올바른 습관을 기르고 능력을 키우는 데도 도움이 돼요. 그리고 다른 사람의 긍정적인 모습을 칭찬하는 것은 그 사람과 맺는 관계를 좋아지게 만들어요. 이렇게 ㉡칭찬은 힘이 셉니다. 따라서 칭찬의 힘을 과소평가해서는 안 돼요. 칭찬 한마디는 누군가의 인생을 변화시키는 결정적인 계기가 되기도 한답니다.

　그러나 우리는 칭찬받기를 좋아하는 것에 비해 누군가를 칭찬하는 일에는 인색한 편이에요. 또 칭찬을 한다고 하지만 칭찬이 힘을 발휘하지 못하는 경우도 많아요. 그렇다면 어떻게 해야 칭찬이 힘을 발휘할 수 있을까요?

---

07 ㉠의 말뜻은 무엇일지 빈칸에 들어갈 알맞은 말을 쓰시오.

> (　　　　　)은/는 누군가를 신나게 할 수 있다는 뜻

(　　　　　　　　)

낱말사전

과소평가 사실보다 작거나 약하게 평가함.

계기 어떤 일이 일어나거나 변화하도록 만드는 결정적인 원인이나 기회.

인색한 어떤 일을 하는 데 대하여 지나치게 박한.

발휘하지 재능, 능력 따위를 떨치어 나타내지.

두루뭉술하게 말이나 행동 따위가 철저하거나 분명하지 아니하게.

억지스럽거나 억지를 부리거나 억지로 하는 데가 있거나.

잠재 겉으로 드러나지 않고 속에 잠겨 있거나 숨어 있음.

미약하고 미미하고 약하고.

실현하는 꿈, 기대 따위를 실제로 이루는.

교과서 문제

08 ㉡의 까닭으로 알맞지 <u>않은</u> 것은 무엇입니까? (　　　)

① 칭찬은 누군가에게 용기를 주기 때문이다.
② 칭찬은 능력을 키우는 데 도움이 되기 때문이다.
③ 칭찬은 자신을 부정적으로 바라보게 하기 때문이다.
④ 칭찬은 올바른 습관을 기르는 데 도움이 되기 때문이다.
⑤ 다른 사람의 긍정적인 모습을 칭찬하는 것은 그 사람과 맺는 관계를 좋아지게 만들기 때문이다.

09 이 글을 읽고 친구들에게 어떤 칭찬거리가 있는지 떠올린 것으로 알맞지 <u>않은</u> 것에 ○표 하시오.

⑴ 친구가 잘하는 것은 무엇인가?　　　　　　　　　　　(　　　)
⑵ 친구가 노력하는 점은 무엇인가?　　　　　　　　　　(　　　)
⑶ 친구에게 서운했던 일은 무엇인가?　　　　　　　　　(　　　)

먼저, 분명하고 자세하게 칭찬해야 해요. 누군가를 칭찬할 때 두루뭉술하게 칭찬하지 말고 칭찬하는 내용이 무엇인지를 자세하게 말하는 것이 좋아요. "우아, 멋지다!", "정말 대단해!"와 같이 칭찬하기보다는 ㉠"다른 사람을 생각해서 양보하는 모습이 정말 멋지구나!"와 같이 분명하고 자세하게 칭찬해야 해요. 그래야 상대가 무엇을 잘했는지 알고 칭찬을 받으려고 더 노력하게 된답니다.

둘째, ㉡결과보다 과정을 칭찬해야 해요. 누군가를 칭찬할 때 일의 결과가 아닌 과정을 칭찬하는 것이 좋아요. "100점이네. 정말 좋겠다."와 같이 칭찬하기보다 "그렇게 열심히 하니 좋은 결과가 나오는구나!"와 같이 칭찬하면 좋은 결과가 나오지 않더라도 상대가 노력의 의미를 깨닫는답니다.

셋째, 평가하지 말고 설명하는 칭찬을 해야 해요. 누군가를 칭찬할 때에는 평가하기보다 잘한 일이나 행동을 설명하듯이 칭찬하는 것이 좋아요. "넌 정말 착하구나!"와 같이 칭찬하면 착한 아이로 평가받으려고 억지스럽거

나 과장된 행동을 할 수도 있어요. 이렇게 칭찬하기보다 "잃어버린 물건을 찾아 주어 친구가 참 고마워하겠네!"와 같이 칭찬하면 상대가 행동의 가치를 이해한답니다.

마지막으로 가능성을 키워 주는 칭찬을 할 수 있으면 더욱 좋아요. 누군가를 칭찬할 때 지금의 능력보다 잠재 능력을 보고 칭찬할 수 있어요. 현재 겉으로 드러난 결과는 미약하고 부족해 보이더라도 앞으로의 가능성을 보고 "미술에 소질이 많은 것 같아. 앞으로 계속 노력한다면 훌륭한 화가가 될 수 있을 거야."와 같이 칭찬하면 상대가 자신의 재능을 발견하고 꿈을 실현하는 데 큰 도움을 줄 수 있답니다.

또 어떻게 칭찬하면 좋을까요?

어린이 여러분, 무엇보다 칭찬이 힘을 발휘할 수 있도록 하려면 칭찬하는 말에 마음을 담아야 해요. 달콤한 칭찬의 말이지만 진실된 마음이 없으면 그것은 결코 힘을 발휘할 수 없어요. 진심 어린 칭찬이야말로 힘을 발휘할 수 있는 최고의 칭찬이라는 것을 잊지 마세요.

10 (서술형 문제) ㉠에서 칭찬하는 내용은 무엇인지 쓰시오.

_____

11 ㉡과 같이 결과보다 과정을 칭찬하면 좋은 점은 무엇입니까? (   )
① 칭찬하는 일에 인색해진다.
② 좋은 결과가 나올 때까지 더 노력하게 된다.
③ 과정보다 결과가 중요하다는 것을 깨닫는다.
④ 좋은 결과가 나오지 않았을 때 더 실망하게 된다.
⑤ 좋은 결과가 나오지 않더라도 상대가 노력의 의미를 깨닫는다.

12 지금의 능력보다 가능성을 보고 칭찬한 것에 ○표 하시오.
(1) 잃어버린 물건을 찾아 주어 친구가 참 고마워하겠다! (   )
(2) 미술에 소질이 많은 것 같아. 앞으로 계속 노력한다면 훌륭한 화가가 될 수 있을 거야. (   )

13 (교과서 문제) 칭찬하는 말에 마음을 담으려면 어떻게 해야 하겠습니까? (   )
① 의심을 담아서 말한다.
② 진심을 담아서 말한다.
③ 욕심을 담아서 말한다.
④ 과장된 칭찬의 말을 한다.
⑤ 달콤한 칭찬의 말만 한다.

정인이의 고민

듣기 자료

동욱: 정인아, 무슨 걱정이 있니?

정인: (다소 힘없는 듯한 목소리로) 아니, 아무 일도 없는데.

동욱: (빈정거리는 말투로) 에이, 얼굴 표정을 보니 고민거리가 있는 것 같은데?

정인: (약간 성가신 듯이) 고민은 무슨 고민? 아무 일 없다니까.

동욱: (궁금해하며) 그러지 말고 말해 봐. 무슨 일인데? 다른 사람한테 절대로 말하지 않을게.

정인: (조심스럽게) 음, 사실은 체육 시간에 뒤 구르기가 잘 안돼. 그래서 모둠끼리 여러 가지 동작을 꾸밀 때 방해가 되는 것 같아.

동욱: (큰 소리로) 뭐, 네가 뒤 구르기를 못한다고? 그럼 선생님이나 친구들에게 도와 달라고 하면 되지, 뭘 그렇게 걱정해.

정인: (당황하며) 어떻게 그러니? / 동욱: 그럼 내가 말해 줄까?

정인: (황급히 큰 소리로) 아냐, 그러지 마! 내가 알아서 할게. 넌 그냥 못 들은 걸로 해.

동욱: 네가 말을 못 하면 내가 말해 줄게.

정인: (화를 내며) 아냐. 내가 알아서 한다고.

동욱: (멋쩍어하며) 도와준다는데 왜 화를 내고 그러니?

교과서 문제

14 정인이의 고민은 무엇입니까? ( )

① 수학 시간에 문제를 자주 틀려서 모둠에 방해가 되는 것

② 국어 시간에 글쓰기가 잘 안되어서 모둠에 방해가 되는 것

③ 과학 시간에 실험 기구를 망가뜨려서 모둠에 방해가 되는 것

④ 체육 시간에 뒤 구르기가 잘 안되어서 모둠에 방해가 되는 것

⑤ 미술 시간에 찰흙 꾸미기가 잘 안되어서 모둠에 방해가 되는 것

15 동욱이는 정인이의 고민을 듣고 어떻게 했는지 알맞은 것에 ○표 하시오.

⑴ 자신의 고민도 털어놓았다. ( )

⑵ 정인이의 고민을 제대로 듣지도 않고 해결 방법을 말했다. ( )

⑶ 자신의 경험을 바탕으로 진심이 담긴 해결 방법을 제시해 주었다. ( )

☆☆
16 정인이가 동욱이에게 화를 낸 까닭을 알맞게 말한 친구는 누구인지 쓰시오.

> 오준: 동욱이가 정인이 몰래 선생님과 친구들에게 도와 달라고 말했기 때문이야.
> 서율: 정인이는 원하지 않는데 동욱이가 정인이의 고민을 마음대로 해결하려고 했기 때문이야.

( )

왼쪽 여백

○ **대화의 특징:** 정인이의 고민을 듣고 조언하는 동욱이의 태도를 통해 상대를 배려하며 조언하는 방법에 대해 생각해 볼 수 있습니다.

○ **상대를 배려하며 조언하는 방법**
• 상대에게 고민을 말하도록 강요하지 않습니다.
• 상대가 고민을 편안하게 말할 수 있도록 잘 듣습니다.
• 상대에게 도움이 되는 내용을 말합니다.
• 상대에게 진심이 전해지도록 노력합니다.

○ **조언의 뜻**
도움이 되는 말이나 몰랐던 것을 깨우쳐 주는 말.

낱말사전

빈정거리는 남을 은근히 비웃는 태도로 자꾸 놀리는.

성가신 자꾸 들볶거나 번거롭게 굴어 괴롭고 귀찮은.

황급히 몹시 어수선하고 급박하게.

멋쩍어하며 어색하고 쑥스러워하며.

우리 반 친절왕 [듣기 자료]

❶ 민재: (조심스럽게) 주민아, 너희 아빠께서는 소방관이시니까 덩치도 크고 운동도 잘하시겠다.

주민: (밝게 웃으며) 우리 아빠? 키는 크신데 운동은 잘 안 하셔. 요즘에 119 구조대로 부서를 옮기시고는 친절왕이 되셨지. 아빠의 친절왕 정신 때문에 우리는 어딘가 놀러 갈 때 제시간에 도착하지 못하기도 해. 얼마 전에는 영화관에 너무 늦게 들어가서 영화 뒷부분만 본 적도 있어.

민재: (크게 웃으며) 왜?

주민: 길을 잃고 헤매는 할머니를 가시는 곳까지 모셔다드리느라 그랬지. 우리 아빠께서는 길에서 애들끼리 싸우는 것을 보면 꼭 가서 말리셔야 하고, 누구든 도움이 필요한 사람이 있으면 꼭 도와주셔야 해. 무관심은 나쁜 것이라고 하시면서 말이야.

민재: (감탄하며) 우아, 너희 아빠 참 대단하시다.

17 주민이 아버지의 직업은 무엇인지 찾아 쓰시오.

( )

18 주민이는 자신의 아버지가 어떤 분이라고 했는지 알맞은 것을 두 가지 고르시오.

(,)

① 친절왕이시다.
② 키는 작은데 운동을 잘하신다.
③ 누구든 도움이 필요하면 꼭 도와주시는 분이다.
④ 길에서 애들끼리 싸우는 것을 보면 꼭 피하신다.
⑤ 길을 잃고 헤매는 할머니가 있으면 못 본 척하신다.

☆☆
19 민재는 주민이 아버지가 대단하시다고 생각합니다. 그 까닭으로 빈칸에 들어갈 알맞은 말은 무엇입니까? ( )

( )에 감탄했기 때문이다.

① 남을 돕는 모습
② 부모님께 효도하는 모습
③ 아이들과 놀아 주는 모습
④ 주민이에게 무관심한 모습
⑤ 영화관에 늦게 들어가는 모습

1 대화와 공감

◦ 대화의 특징: 민재와 주민이가 서로의 감정이나 생각을 받아 주고 서로 공감하며 나누는 대화입니다.

❶ 주민이가 자신의 아버지는 친절왕이라고 말하자 민재는 주민이 아버지가 대단하시다고 생각했습니다.

◦ 공감의 뜻
다른 사람의 감정, 의견, 주장 따위에 대해 자신도 그렇다고 느끼는 것.

낱말사전
덩치 몸의 부피.
무관심 관심이나 흥미가 없음.

❷ 아버지께서 남을 돕느라 바쁘신 것이 싫었다는 주민이의 말에 민재가 공감해 주었습니다.
❸ 민재가 주민이도 친절왕이라고 하자 주민이는 아버지께 친절 바이러스가 옮은 것 같다고 대답했습니다.

❷ 주민: 대단하다고? 글쎄, 처음에 난 모든 사람이 그런 줄 알았어. 나중에 우리 아빠께서 좀 심하시다는 것을 알게 됐지.

민재: (궁금하다는 듯이) 그게 싫었니?

주민: 응, 솔직히 우리 아빠께서 나한테만 관심을 보여 주셨으면 하는 마음이 컸어. 남을 돕는다고 뛰어다니시다가 정작 나랑 할 일을 하시지 못한 적이 꽤 많았으니까.

민재: 그래, 그럴 수도 있겠다.

주민: 그런데 나중에는 포기했지. 원래 그러시는 것을 내가 어쩌겠어.

❸ 민재: 내 생각에는 너도 너희 아빠와 비슷한 것 같은데?

주민: (놀라며) 내가? 그럼 안 되는데! 나는 아빠를 닮지 않아야겠다고 생각했거든.

민재: (밝게 웃으며) 내 눈에는 너도 친절왕이야.

주민: (엄살을 떨며) 그럼 정말 안 되는데. 아빠의 바이러스가 나한테 옮았나?

민재: (궁금한 듯이) 아빠의 바이러스?

주민: 내가 아빠께 친절왕이 옮기고 간 바이러스가 있다고 그랬거든. 아빠와 같이 사니까 나한테도 옮았나 봐.

☆☆
20 남을 돕느라 바쁘신 아버지에 대한 주민이의 마음으로 알맞은 것의 기호를 쓰시오.

> ㉮ 아버지가 나를 닮았으면 하는 마음
> ㉯ 아버지가 나한테만 관심을 보여 주셨으면 하는 마음
> ㉰ 아버지가 내게 그러듯이 민재도 사랑해 주셨으면 하는 마음

(   )

교과서 문제
21 민재는 어떻게 반응하며 주민이와 대화했습니까? (   )

① 자신의 의견만 주장했다.
② 자신의 해결 방법만 강요했다.
③ 주민이의 말을 잘 듣지 않았다.
④ 주민이의 말에 공감하며 대화했다.
⑤ 주민이의 말을 무시하며 대화했다.

😊 낱말사전
정작 실제로 어떤 일에 이르러.
엄살 아픔이나 괴로움 따위를 거짓으로 꾸미거나 실제보다 보태어서 나타냄. 또는 그런 태도나 말.

서술형 문제
22 민재와 주민이가 즐겁게 대화한 까닭은 무엇인지 쓰시오.

_____

기본 **공감하는 대화** 서로 공감하며 대화해 봅시다.

1 대화와 공감

○ **그림의 특징:** 친구의 감정이나 생각에 공감하며 대화해야 하는 상황이 나타나 있습니다.

⑦ 시현이는 상을 받았지만 정우 앞에서 마음껏 기뻐할 수 없고, 정우는 상을 받지 못해 아쉽지만 시현이의 수상을 축하해 주어야 하는 상황입니다.

④ 정아는 유라를 도와줄까 말까 망설이고, 유라는 정아에게 도와 달라고 할까 말까 망설이는 상황입니다.

⑤ 명진이는 친구들이 떠들어서 책 읽는 데 방해되지만 쉬는 시간이라서 조용히 해 달라고 말하지 못하는 상황입니다.

교과서 문제

23 그림 ⑦~⑤ 중 다음 상황이 나타난 것의 기호를 쓰시오.

> • 상을 받았지만 상을 받지 못한 친구를 보고 마음껏 기뻐할 수 없는 상황
> • 상을 받지 못해 아쉽지만 상을 받은 친구를 축하해 주어야 하는 상황

(   )

서술형 문제

24 그림 ④의 상황에서 자신이 유라라면 어떻게 대화를 이어 갈지 빈칸에 알맞은 말을 써서 공감하는 대화를 완성하시오.

> 정아: 유라야, 내가 색칠하는 것 좀 도와줄까?
> 유라: 고마워, 정아야. 밑그림을 그리는 데 시간이 많이 걸렸나 봐.
> 정아: 그렇구나. 색칠하는 데 시간이 부족할 텐데 내가 도와줄게.
> 유라: _____

낱말사전

평소 특별한 일이 없는 보통 때.

핵심 1 대화의 특성 이해하기

1 대화의 특성
• 상대를 직접 보면서 말을 주고받습니다.
• 말은 다시 들을 수 없으니 대화에 집중해야 합니다.
• 표정, 몸짓, 말투에 따라 기분이나 생각을 짐작할 수 있습니다.
• 대화를 할 때에는 상대의 마음을 살피며 말해야 합니다.

2 말을 주고받을 때 표정과 말투의 역할
• 자신이 하고 싶은 말을 실감 나게 나타낼 수 있습니다.
• 상대가 하는 말을 이해하는 데 도움이 됩니다.
• 말하는 사람의 감정이나 마음 상태를 알 수 있습니다.
• 표정이나 말투에 따라 말뜻이 달라지기도 합니다.
예 상황에 어울리는 표정과 말투

상황	표정과 말투
짝에게 색연필을 빌려 쓰다가 부러뜨려서 미안하다고 할 때	진지한 표정과 조용한 목소리
옆에 있는 친구가 물을 쏟았는데 내가 한 일로 오해를 받았을 때	답답한 표정과 억울해하는 목소리

핵심 2 상대가 잘한 일이나 상대의 장점을 찾아 칭찬하기

1 칭찬의 중요성
• 상대의 기분이 좋아지게 합니다.
• 일을 더욱 잘할 수 있게 힘을 줍니다.
• 누군가에게 용기를 줍니다.
• 자신을 긍정적으로 바라보게 합니다.
• 올바른 습관을 기르고 능력을 키우는 데도 도움이 됩니다.
• 다른 사람과의 관계를 좋아지게 만듭니다.

2 칭찬하는 방법
• 분명하고 자세하게 칭찬합니다.
• 결과보다 과정을 칭찬합니다.
• 평가하지 말고 설명하는 칭찬을 합니다.
• 가능성을 키워 주는 칭찬을 합니다.
예 「칭찬의 힘」에 나오는 칭찬하는 말

칭찬한 방법	칭찬하는 말
분명하고 자세하게 칭찬하기	"다른 사람을 생각해서 양보하는 모습이 정말 멋지구나!"
결과보다 과정을 칭찬하기	"그렇게 열심히 하니 좋은 결과가 나오는구나!"
평가하지 말고 설명하는 칭찬을 하기	"잃어버린 물건을 찾아 주어 친구가 참 고마워하겠다!"
가능성을 키워 주는 칭찬을 하기	"미술에 소질이 많은 것 같아. 앞으로 계속 노력하면 훌륭한 화가가 될 수 있을 거야."

핵심 3 상대를 배려하며 조언하는 방법

• 상대에게 고민을 말하도록 강요하지 않습니다.
• 상대가 고민을 편안하게 말할 수 있도록 잘 듣습니다.
• 상대에게 도움이 되는 내용을 말합니다.
• 상대에게 진심이 전해지도록 노력합니다.
예 친구의 고민을 듣고 조언하는 말 하기

고민을 들을 때	자신의 이야기처럼 관심을 보이고 공감하는 태도를 보인다.
조언을 할 때	자신의 경험을 바탕으로 하여 진심이 담긴 해결 방법을 제시한다.

단원 정리 평가

[01~03] 다음 그림을 보고, 물음에 답하시오.

01 은주가 약속 시간에 늦은 까닭은 무엇입니까?
( )

① 늦잠을 자서
② 밀린 숙제를 하고 와서
③ 부모님 심부름을 하고 와서
④ 약속 시간이 언제인지 몰라서
⑤ 약속 장소가 어디인지 몰라서

02 소희는 은주가 한 말을 듣고 어떻게 반응했습니까?
( )

① 은주에게 화를 냈다.
② 은주에게 고마워했다.
③ 은주에게 용서를 빌었다.
④ 은주의 말을 못 들은 척했다.
⑤ 은주의 처지를 이해해 주었다.

03 그림 ❷에서 소희의 말을 들은 은주의 마음으로 알맞은 것은 무엇입니까? ( )

① 서운한 마음
② 고마운 마음
③ 그리운 마음
④ 부끄러운 마음
⑤ 걱정하는 마음

04 대화의 특성으로 알맞은 것에 ○표 하시오.

(1) 상대를 직접 보지 않고 말을 주고받는다.
( )

(2) 말은 다시 들을 수 있으니 대화에 집중하지 않아도 된다. ( )

(3) 표정, 몸짓, 말투에 따라 기분이나 생각을 짐작할 수 있다. ( )

05 다음 대화 상황에 어울리는 표정과 말투를 보기 에서 각각 골라 기호를 쓰시오.

> **보기**
> ㉮ 진지한 표정과 조용한 목소리
> ㉯ 답답한 표정과 억울해하는 목소리
> ㉰ 눈을 크게 뜨고 입을 벌린 놀란 표정과 빠른 목소리

(1) 짝에게 색연필을 빌려 쓰다가 부러뜨려서 미안하다고 할 때 ( )

(2) 옆에 있는 친구가 물을 쏟았는데 내가 한 일로 오해를 받았을 때 ( )

[06~09] 다음 글을 읽고, 물음에 답하시오.

우리는 칭찬받기를 좋아하는 것에 비해 누군가를 칭찬하는 일에는 인색한 편이에요. 또 칭찬을 한다고 하지만 칭찬이 힘을 발휘하지 못하는 경우도 많아요. 그렇다면 어떻게 해야 칭찬이 힘을 발휘할 수 있을까요?

먼저, 분명하고 자세하게 칭찬해야 해요. 누군가를 칭찬할 때 두루뭉술하게 칭찬하지 말고 칭찬하는 내용이 무엇인지를 자세하게 말하는 것이 좋아요. "우아, 멋지다!", "정말 대단해!"와 같이 칭찬하기보다는 "다른 사람을 생각해서 양보하는 모습이 정말 멋지구나!"와 같이 분명하고 자세하게 칭찬해야 해요. 그래야 상대가 무엇을 잘했는지 알고 칭찬을 받으려고 더 노력하게 된답니다.

둘째, 결과보다 과정을 칭찬해야 해요. 누군가를 칭찬할 때 일의 결과가 아닌 과정을 칭찬하는 것이 좋아요. "100점이네. 정말 좋겠다."와 같이 칭찬하기보다 "그렇게 열심히 하니 좋은 결과가 나오는구나!"와 같이 칭찬하면 좋은 결과가 나오지 않더라도 상대가 노력의 의미를 깨닫는답니다.

셋째, 평가하지 말고 설명하는 칭찬을 해야 해요. 누군가를 칭찬할 때에는 평가하기보다 잘한 일이나 행동을 설명하듯이 칭찬하는 것이 좋아요. ㉠"넌 정말 착하구나!"와 같이 칭찬하면 착한 아이로 평가받으려고 억지스럽거나 과장된 행동을 할 수도 있어요. 이렇게 칭찬하기보다 ㉡"잃어버린 물건을 찾아 주어 친구가 참 고마워하겠다!"와 같이 칭찬하면 상대가 행동의 가치를 이해한답니다.

마지막으로 가능성을 키워 주는 칭찬을 할 수 있으면 더욱 좋아요. 누군가를 칭찬할 때 지금의 능력보다 잠재 능력을 보고 칭찬할 수 있어요.

06 이 글은 무엇에 대해 설명하고 있습니까? ( )

① 칭찬받는 방법
② 칭찬하는 방법
③ 칭찬거리의 종류
④ 칭찬을 하면 좋은 점
⑤ 칭찬할 때 어울리는 표정과 말투

07 이 글에서 알 수 있는 칭찬하는 방법으로 알맞지 않은 것은 무엇입니까? ( )

① 두루뭉술하게 칭찬한다.
② 결과보다 과정을 칭찬한다.
③ 분명하고 자세하게 칭찬한다.
④ 가능성을 키워 주는 칭찬을 한다.
⑤ 평가하지 말고 설명하는 칭찬을 한다.

08 다음과 같은 칭찬에 대한 설명으로 알맞은 것에 ○표 하시오.

"그렇게 열심히 하니 좋은 결과가 나오는구나!"

(1) 결과보다 과정을 칭찬했다. ( )
(2) 가능성을 키워 주는 칭찬을 했다. ( )
(3) 평가하지 않고 설명하는 칭찬을 했다. ( )

서술형 문제

09 ㉠처럼 칭찬하기보다 ㉡과 같이 칭찬하면 좋은 점은 무엇인지 쓰시오.

_____

_____

10 다음은 칭찬거리가 잘 드러나게 친구의 별명을 지은 것입니다. 별명에 드러난 재호의 칭찬거리는 무엇입니까? ( )

바른 글씨 재호

① 마음이 착하다.
② 봉사를 잘한다.
③ 글씨를 잘 쓴다.
④ 그림을 잘 그린다.
⑤ 노래를 잘 부른다.

[11~14] 다음 대화를 읽고, 물음에 답하시오.

> **가** 동욱: 정인아, 무슨 걱정이 있니?
>
> 정인: (다소 힘없는 듯한 목소리로) 아니, 아무 일도 없는데.
>
> 동욱: (빈정거리는 말투로) 에이, 얼굴 표정을 보니 고민거리가 있는 것 같은데?
>
> 정인: (약간 성가신 듯이) 고민은 무슨 고민? 아무 일 없다니까.
>
> 동욱: (궁금해하며) 그러지 말고 말해 봐. 무슨 일인데? 다른 사람한테 절대로 말하지 않을게.
>
> **나** 정인: (조심스럽게) ㉠음, 사실은 체육 시간에 뒤 구르기가 잘 안돼. 그래서 모둠끼리 여러 가지 동작을 꾸밀 때 방해가 되는 것 같아.
>
> 동욱: (큰 소리로) 뭐, 네가 뒤 구르기를 못한다고? 그럼 선생님이나 친구들에게 도와 달라고 하면 되지, 뭘 그렇게 걱정해.
>
> 정인: (당황하며) 어떻게 그러니?
>
> 동욱: 그럼 내가 말해 줄까?
>
> 정인: (황급히 큰 소리로) 아냐, 그러지 마! 내가 알아서 할게. 넌 그냥 못 들은 걸로 해.
>
> 동욱: 네가 말을 못 하면 내가 말해 줄게.
>
> 정인: (화를 내며) 아냐. 내가 알아서 한다고.

11 정인이와 동욱이의 대화 상황으로 알맞은 것의 기호를 쓰시오.

> ㉮ 고민을 말하고 듣는 상황
> ㉯ 부탁을 하고 들어주는 상황
> ㉰ 사과를 하고 받아 주는 상황

( )

12 ㉠의 말을 듣고 동욱이가 말한 해결 방법은 무엇입니까? ( )

① 앞 구르기를 배우는 것
② 혼자서 뒤 구르기 연습을 하는 것
③ 다른 사람한테 절대로 말하지 않는 것
④ 모둠끼리 동작을 꾸밀 때 방해를 하는 것
⑤ 선생님이나 친구들에게 도와 달라고 말하는 것

13 **나**의 대화 과정을 다음과 같이 정리할 때 빈칸에 들어갈 내용으로 알맞은 것에 ○표 하시오.

> 정인이가 조심스럽게 고민을 털어놓음.
>
> ↓
>
> 동욱이는 정인이의 고민을 제대로 듣지도 않고 해결 방법을 말함.
>
> ↓
>
> ☐

(1) 동욱이는 정인이에게 고민을 말하라고 재촉함.

( )

(2) 정인이는 동욱이에게 고민을 말하고 싶어 하지 않음.

( )

(3) 정인이는 동욱이가 도움이 되지 않는 해결 방법을 강요해 화를 냄.

( )

14 동욱이가 정인이와 대화를 나누는 과정에서 **잘못한** 점을 두 가지 고르시오. (,)

① 친구에게 고민을 말하라고 재촉했다.
② 친구에게 조심스럽게 고민을 말했다.
③ 친구가 궁금해하는 것을 알려 주지 않았다.
④ 친구가 도움이 되지 않는 해결 방법을 강요해 화를 냈다.
⑤ 친구의 고민을 제대로 듣지도 않고 해결 방법을 말했다.

서술형 문제

15 상대를 배려하며 조언하는 방법은 무엇인지 한 가지만 쓰시오.

_____

_____

[16~20] 다음 대화를 읽고, 물음에 답하시오.

> 주민: (밝게 웃으며) 우리 아빠? 키는 크신데 운동은 잘 안 하셔. 요즘에 119 구조대로 부서를 옮기시고는 친절왕이 되셨지. 아빠의 친절왕 정신 때문에 우리는 어딘가 놀러 갈 때 제시간에 도착하지 못하기도 해. 얼마 전에는 영화관에 너무 늦게 들어가서 영화 뒷부분만 본 적도 있어.
>
> 민재: (크게 웃으며) 왜?
>
> 주민: 길을 잃고 헤매는 할머니를 가시는 곳까지 모셔다드리느라 그랬지. 우리 아빠께서는 길에서 애들끼리 싸우는 것을 보면 꼭 가서 말리셔야 하고, 누구든 도움이 필요한 사람이 있으면 꼭 도와주셔야 해. 무관심은 나쁜 것이라고 하시면서 말이야.
>
> 민재: (감탄하며) 우아, 너희 아빠 참 대단하시다.
>
> 주민: 대단하다고? 글쎄, 처음에 난 모든 사람이 그런 줄 알았어. 나중에 우리 아빠께서 좀 심하시다는 것을 알게 됐지.
>
> 민재: (궁금하다는 듯이) 그게 싫었니?
>
> 주민: 응, 솔직히 우리 아빠께서 나한테만 관심을 보여 주셨으면 하는 마음이 컸어. 남을 돕는다고 뛰어다니시다가 정작 나랑 할 일을 하시지 못한 적이 꽤 많았으니까.
>
> 민재: ㉠그래, 그럴 수도 있겠다.
>
> 주민: 그런데 나중에는 포기했지. 원래 그러시는 것을 내가 어쩌겠어.
>
> 민재: 내 생각에는 너도 너희 아빠와 비슷한 것 같은데?
>
> 주민: (놀라며) 내가? 그럼 안 되는데! 나는 아빠를 닮지 않아야겠다고 생각했거든.
>
> 민재: (밝게 웃으며) 내 눈에는 너도 친절왕이야.

16 주민이 아버지께서 영화관에 늦게 도착하신 까닭은 무엇입니까? ( )

① 운동을 하다가 늦었다.
② 부서를 옮기게 되어서 늦었다.
③ 119 구조대에 들렀다 오시느라 늦었다.
④ 길에서 싸우는 애들을 말리다가 늦었다.
⑤ 길을 잃고 헤매는 할머니를 돕다가 늦었다.

17 주민이와 민재는 남을 돕는 데 바쁘신 주민이 아버지를 어떻게 생각하는지 알맞게 선으로 이으시오.

(1) 주민 •

(2) 민재 •

• ㉮ 대단하시다.

• ㉯ 나한테만 관심을 보여 주셨으면 한다.

18 ㉠의 말에 담긴 마음으로 알맞은 것은 무엇입니까? ( )

① 미안한 마음
② 후회하는 마음
③ 공감하는 마음
④ 거절하는 마음
⑤ 부러워하는 마음

19 주민이는 민재의 어떤 말을 듣고 놀랐습니까? ( )

① 아버지가 친절왕이라는 말
② 무관심은 나쁜 것이라는 말
③ 아버지가 영화관에 늦었다는 말
④ 주민이도 주민이 아버지와 비슷한 것 같다는 말
⑤ 아버지가 자신한테만 관심을 보여 주셨으면 한다는 말

☆☆
20 민재와 주민이의 대화에 대해 알맞게 말한 친구는 누구인지 쓰시오.

> 하나: 서로의 감정이나 생각을 받아 주며 이야기했어.
> 두리: 주민이가 민재의 속상한 마음을 잘 위로해 주었어.
> 세희: 친절한 행동에 고마워하는 민재의 마음이 주민이에게 잘 전달되었어.

( )

서술형 문제

[01~02] 다음 글을 읽고, 물음에 답하시오.

> **가** 어린이 여러분, "칭찬은 고래도 춤추게 한다."라는 말을 들어 본 적이 있나요? 이 말처럼 들을 때마다 항상 기분이 좋아지는 말이 바로 칭찬이에요. 우리는 칭찬을 들으면 기분이 좋아질 뿐만 아니라 일을 더욱 잘하려고 노력하기도 해요. 이게 바로 칭찬의 힘이랍니다.
>
> **나** 어린이 여러분, 무엇보다 칭찬이 힘을 발휘할 수 있도록 하려면 칭찬하는 말에 마음을 담아야 해요. 달콤한 칭찬의 말이지만 진실된 마음이 없으면 그것은 결코 힘을 발휘할 수 없어요. 진심 어린 칭찬이야말로 힘을 발휘할 수 있는 최고의 칭찬이라는 것을 잊지 마세요.

01 이 글에서 알 수 있는 칭찬이 중요한 까닭을 두 가지 쓰시오.

- _____
- _____

02 이 글의 내용을 참고하여 친구에게 칭찬하는 말을 할 때 어울리는 표정, 몸짓, 말투를 쓰시오.

표정	(1)
몸짓	(2)
말투	(3)

[03~04] 다음 대화를 읽고, 물음에 답하시오.

> 주민: 아빠의 친절왕 정신 때문에 우리는 어딘가 놀러 갈 때 제시간에 도착하지 못하기도 해. 얼마 전에는 영화관에 너무 늦게 들어가서 영화 뒷부분만 본 적도 있어.
>
> 민재: (크게 웃으며) 왜?
>
> 주민: 길을 잃고 헤매는 할머니를 가시는 곳까지 모셔다드리느라 그랬지. 우리 아빠께서는 길에서 애들끼리 싸우는 것을 보면 꼭 가서 말리셔야 하고, 누구든 도움이 필요한 사람이 있으면 꼭 도와주셔야 해. 무관심은 나쁜 것이라고 하시면서 말이야.
>
> 민재: (감탄하며) 우아, 너희 아빠 참 대단하시다.
>
> 주민: 대단하다고? 글쎄, 처음에 난 모든 사람이 그런 줄 알았어. 나중에 우리 아빠께서 좀 심하시다는 것을 알게 됐지.
>
> 민재: (궁금하다는 듯이) 그게 싫었니?
>
> 주민: 응, 솔직히 우리 아빠께서 나한테만 관심을 보여 주셨으면 하는 마음이 컸어. 남을 돕는다고 뛰어다니시다가 정작 나랑 할 일을 하시지 못한 적이 꽤 많았으니까.
>
> 민재: (㉠   )

03 민재가 되어 ㉠에 들어갈 공감하는 말을 쓰시오.

_____

_____

04 자신은 주민이 아버지가 어떤 분이라고 생각하는지 쓰시오.

_____

_____

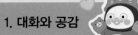

수행 평가

배점 | 20점

| 학습 주제 | 친구들의 고민을 듣고 해결 방법 제안하기 |
| 학습 목표 | 친구들의 고민을 듣고 해결 방법을 제안할 수 있다. |

1 보기와 같이 친구들의 고민을 해결할 방법을 생각해 쓰시오.

보기

친구들의 고민	고민 해결 방법
어떻게 하면 컴퓨터 게임을 하는 시간을 줄일 수 있을까요?	컴퓨터 게임 대신 운동이나 독서와 같이 다른 재미 있는 취미를 만들어 봅니다.

친구들의 고민	고민 해결 방법
친구와 다투고 난 뒤 다시 친해지고 싶은데 어떻게 하면 좋을까요?	(1)
부모님 생신 때 부모님께 어떤 선물을 드리면 좋을까요?	(2)

2 다음 엽서의 고민을 읽고, 해결 방법을 생각하여 답장을 쓰시오.

내 고민은?	( )에게
저는 요즘 자꾸 늦잠을 잡니다. 그래서 부모님께 꾸지람을 많이 듣지만 잘 고쳐지지 않아요. 아침에 일찍 일어나고 싶은데 어떻게 하면 좋을까요? 잠꾸러기 씀	

교과서 지문 학습

② 작품을 감상해요

유관순

① 유관순은 1902년 12월 16일, 충청남도 천안의 작은 마을에서 태어났다. 유관순의 아버지는 대를 이어 그 마을에서 살아온 선비 집안의 후손이었다. 유관순의 집은 그리 넉넉하지 못했지만, 늘 웃음소리가 끊이지 않는 화목한 가정이었다.

어느 날, 아버지께서는 유관순에게 평소 마음에 둔 이야기를 들려주셨다.

"우리나라가 일본의 침략을 받고 시달리는 것은 나라의 힘이 약한 까닭이다. 나라의 힘을 기르려면 서양 문물을 받아들이고 신학문을 배워야 한다."

아버지께서는 엄숙한 표정으로 말씀을 이으셨다.

"여자들도 집안일만 할 것이 아니라 더 배워서 나라의 일꾼이 되어야 한다."

아버지께서는 젊은이들을 잘 가르쳐야 빼앗긴 나라를 되찾을 수 있다고 생각해 유관순을 서울로 보내어 신학문을 배우게 하셨다.

② 1916년에 유관순은 서울 정동에 있는 이화학당에 입학했다. 유관순은 아버지의 가르침을 따라 방학 동안에는 고향에 내려가 우리글을 모르는 마을 사람들에게 열심히 글을 가르쳤다. 그러나 일본은 우리나라 사람들이 우리글을 배우는 것을 싫어했다. 우리글에는 우리 민족의 얼이 담겼다고 생각했기 때문이다.

③ 이 무렵, 우리 겨레는 내 나라, 내 땅에서 마음 놓고 사는 것조차 힘들었다. 그래서 하루하루 고통 속에서 살았으며 모두 독립을 애타게 바랐다. 그리하여 온 겨레가 한마음으로 목청껏 독립을 외쳤다. 1919년 3월 1일, 서울 탑골 공원에서 시작한 독립 만세 운동이 바로 그것이었다.

---

01 **①**의 내용으로 알맞지 <u>않은</u> 것은 무엇입니까? ( )

① 유관순은 1902년 12월에 태어났다.
② 유관순은 충청남도 천안에서 태어났다.
③ 유관순의 아버지는 선비 집안의 후손이었다.
④ 유관순은 서울로 가서 신학문을 배우게 되었다.
⑤ 유관순의 아버지는 여자들은 집안일만 해야 한다고 생각했다.

02 당시 일본이 우리나라 사람들이 우리글을 배우는 것을 싫어한 까닭으로 알맞은 것의 기호를 쓰시오.

> ㉮ 우리나라의 독립을 애타게 바랐기 때문이다.
> ㉯ 우리 민족의 정신을 지켜 주고 싶었기 때문이다.
> ㉰ 우리글에는 우리 민족의 얼이 담겼다고 생각했기 때문이다.

( )

단원 학습

경험을 떠올리며 작품을 감상할 수 있어요.

○ 글의 종류: 전기문
○ 글의 특징: 유관순의 삶을 사실을 바탕으로 하여 시간의 흐름에 따라 쓴 글입니다.

① 1902년에 천안의 작은 마을에서 태어난 유관순은 아버지의 뜻에 따라 서울로 가 신학문을 배우게 되었다.

② 이화학당에 입학한 유관순은 방학에는 고향으로 내려가 마을 사람들에게 우리글을 가르쳤다.

2 단원

낱말사전

대 한 집안에 조상으로부터 이어져 내려오는 혈통과 계보.

후손 자신의 세대에서 여러 세대가 지난 뒤의 자녀를 통틀어 이르는 말.

문물 정치, 경제, 학문, 종교, 예술과 같은 문화의 산물.

신학문 개화기에 서양에서 우리나라에 들어온 새 학문.

엄숙한 위엄이 있고 정중한.

얼 정신의 바탕이나 본질.

겨레 같은 조상을 섬기며 역사를 함께하는 민족.

애타게 매우 답답하거나 안타까워 속이 타게.

목청껏 있는 힘껏 큰 소리로.

❸ 1919년 3월 1일, 서울 탑골 공원에서 시작한 독립 만세 운동에 유관순도 참여했다.

❹ 일본이 학교를 강제로 닫자, 고향으로 돌아간 유관순은 동지들을 모아 독립 만세를 부를 준비를 했다.

그날, 유관순도 친구들과 함께 거리로 나갔다. 태극기를 든 남녀노소가 한목소리로 독립 만세를 불렀다. 유관순의 마음도 뜨거워졌다. 유관순은 친구들과 함께 목이 터져라 독립 만세를 불렀다.

"대한 독립 만세!" / "대한 독립 만세!"

거리에는 태극기를 든 사람들이 거대한 물결처럼 밀려들었다. 태극기의 물결은 온 장안을 뒤덮었다. 일본 헌병들은 닥치는 대로 몽둥이와 칼을 휘두르고 총을 쏘아 댔다. 많은 사람이 쓰러졌으나 만세 소리는 그칠 줄을 몰랐다. 유관순과 친구들이 기숙사로 돌아왔을 때에는 이미 여러 선생님과 친구가 잡혀간 뒤였다.

❹ 1919년 3월 10일, 일본은 학교를 강제로 닫았다. 그래서 기숙사에 있던 학생들은 뿔뿔이 흩어졌고 유관순도 고향으로 돌아왔다.

고향으로 돌아온 유관순은 독립 만세를 부를 준비를 했다. 유관순은 사촌 언니와 함께 동지들을 모으고, 독립 만세를 부를 계획을 치밀하게 세웠다. 날마다 이 마을 저 마을을 찾아다니며 독립 만세를 부르는 일에 함께 참여할 것을 부탁했다. 하루 종일 돌아다니다가 집에 돌아오면 몸은 말할 수 없이 피곤했다. 그렇지만 잠시 찬물에 발을 담그고, 곧바로 가족과 함께 밤새워 태극기를 만들었다. 보통 사람들로서는 생각할 수 없을 만큼 놀라운 지혜와 용기로 일을 추진했다.

독립 만세를 부르기로 약속한 날이 하루 앞으로 다가왔다. 밤이 되자 유관순은 홰를 가지고 매봉에 올랐다. 홰에 불을 붙여 높이 쳐들자 여기 저기 다른 산봉우리에서도 횃불이 올랐다. 그 횃불들은 이튿날 있을 일을 다짐하는 약속이었다.

교과서 문제

03 유관순이 고향으로 돌아가 한 일로 알맞은 것을 모두 고르시오. (   )

① 학교를 강제로 닫게 했다.
② 밤새워 태극기를 만들었다.
③ 홰에 불을 붙이는 방법을 개발했다.
④ 동지들을 모아 독립 만세를 부를 계획을 세웠다.
⑤ 여러 마을을 찾아다니며 독립 만세 운동에 함께 참여할 것을 부탁했다.

☆☆☆
04 이 글의 내용을 바르게 이해하고 생각이나 느낌을 말한 친구는 누구인지 쓰시오.

> 우주: 일제 강점기에 나라를 지키려는 어린 소녀의 노력에 감동했어.
> 재민: 그림 실력을 키우기 위해 밤마다 태극기를 그린 화가의 정성이 대단해.
> 윤기: 자신이 평생 모은 재산을 내놓아 사람들의 목숨을 구한 상인의 씀씀이가 놀라워.

(   )

😊낱말사전

남녀노소 남자와 여자, 늙은이와 젊은이란 뜻으로, 모든 사람을 이르는 말.

장안 수도. 한 나라의 중앙 정부가 있는 '서울'을 이르는 말.

헌병 군대 안에서 경찰의 역할을 하는 병과. 또는 거기에 소속된 군인.

치밀하게 자세하고 꼼꼼하게.

추진했다 목표를 향하여 밀고 나아갔다.

홰 화톳불을 놓는 데 쓰는 물건. 싸리, 갈대, 또는 노간주나무 따위를 묶어 불을 붙여서 밤길을 밝히거나 제사를 지낼 때에 씀.

⑤ 아우내 장터에 아침이 밝았다. 새벽부터 장터에 모여든 사람들은 여느 때보다 몇 곱절이나 되었다. 독립 만세를 부르려고 모인 사람이 대부분이었다.

오후 1시, 유관순은 많은 사람 앞에서 외쳤다.

"여러분, 반만년의 역사를 지닌 우리 겨레가 불행하게도 일본에 나라를 빼앗겼습니다. 이제 나라를 되찾아야 합니다. 지금 전국 방방곡곡에서 모두 일어나 독립을 외치고 있습니다. 여러분, 만세를 부릅시다. 대한 독립 만세를!"

순식간에 독립 만세 소리가 온 천지를 뒤흔들었다. 깜짝 놀라 달려온 일본 헌병들은 총과 칼을 휘두르면서 평화롭게 독립 만세를 부르며 나아가는 사람들을 막았다. 많은 사람이 죽거나 다쳤다.

⑥ 유관순도 일본 헌병들에게 붙잡혀 끌려가고 말았다. 그리고 일본 헌병대에서 온갖 고문을 당한 뒤에 재판을 받았다. 유관순은 재판을 받을 때 조금도 굽히지 않고 당당했다. 유관순은 3년 형을 받고 감옥에 갇혔지만 우리나라가 독립을 해야 한다는 유관순의 신념은 누구도 꺾을 수 없었다.

1920년 9월 28일, 나라를 구하려고 죽음을 무릅쓰고 독립 만세를 부르던 유관순은 열아홉 나이에 감옥에서 숨을 거두고 말았다. 그러나 유관순이 나라를 사랑했던 마음은 지금도 우리 겨레의 가슴속에 남아 나라의 소중함을 일깨워 준다.

교과서 문제

05 아우내 장터에서 무슨 일이 있었는지 ㉮와 ㉯에 공통으로 들어갈 알맞은 말을 쓰시오.

(㉮) 만세 운동이 일어났고, 일본 헌병들이 총과 칼을 휘두르면서 평화롭게 (㉯) 만세를 부르며 나아가는 사람들을 막았다. 많은 사람이 죽거나 다쳤다.

(   )

서술형 문제

06 유관순이 재판을 받을 때 조금도 굽히지 않고 당당했던 까닭은 무엇인지 쓰시오.

_____

☆☆
07 이 글을 읽을 때 다음 경험을 떠올리며 읽으면 좋은 점에 ○표 하시오.

일제 강점기에 벌어진 일을 다룬 영화를 본 경험

(1) 글의 내용을 더 쉽게 이해할 수 있다. (   )
(2) 배경을 알게 되어 인물을 이해하는 데 방해가 된다. (   )
(3) 영상에서 본 것이 떠올라 글을 실감 나게 읽을 수 없게 된다. (   )

⑤ 아우내 장터에서 독립 만세 운동이 일어났고, 일본 헌병들이 총과 칼을 휘둘러 많은 사람이 죽거나 다쳤다.

⑥ 유관순은 감옥에 갇혀 고문을 당하면서도 우리나라가 독립을 해야 한다는 신념을 굽히지 않았다.

○ **경험을 떠올리며 글을 읽으면 좋은 점**
• 내용을 더 쉽게 이해할 수 있습니다.
• 내용을 더 생생하게 느낄 수 있습니다.
• 책이나 영상에서 본 것을 떠올리면 더욱 실감 나게 읽을 수 있습니다.
• 인물의 마음을 더 잘 이해할 수 있습니다.

낱말사전

곱절 일정한 수나 양이 그 수만큼 거듭됨을 이르는 말.

방방곡곡 한 군데도 빠짐이 없는 모든 곳.

천지 하늘과 땅.

고문 숨기고 있는 사실을 강제로 알아내기 위하여 육체적·정신적 고통을 주며 신문함.

신념 굳게 믿는 마음.

무릅쓰고 힘들고 어려운 일을 참고 견디고.

2
단원

○ **글의 종류:** 시
○ **글쓴이:** 박성우
○ **글의 특징:** 간절히 원하는 일
  이 있을 때 길을 잡아당기면
  이루어지는 상상을 한 경험을
  잘 표현했습니다.

출렁출렁

　이러다 지각하겠다 싶을 때, 있는 힘껏 길을 잡아당기면 출렁출렁, 학교가 우리 앞으로 온다

　춥고 배고파 죽겠다 싶을 때, 있는 힘껏 길을 잡아당기면 출렁출렁, 저녁을 차린 우리 집이 버스 정류장 앞으로 온다

　갑자기 니가 보고 싶을 때, 있는 힘껏 길을 잡아당기면 출렁출렁, 그리운 니가 내게 안겨 온다

교과서 문제

08 이 시에서 말하는 이가 있는 힘껏 길을 잡아당기는 까닭으로 알맞은 것을 모두 고르시오.　　　　　　　　　　　　(　　　　)

① 집에 빨리 가고 싶어서　　　　② 학교에 빨리 가고 싶어서
③ 버스를 멈추게 하고 싶어서　　④ 그리운 사람을 보고 싶어서
⑤ 다툰 친구와 화해하고 싶어서

09 이 시에서 길을 잡아당겨 원하는 것이 이루어졌으면 하는 간절한 마음이 느껴지는 표현을 찾아 네 글자로 쓰시오.

(　　　　　　　)

교과서 문제

10 3연에서 말하는 이의 마음으로 알맞은 것의 기호를 쓰시오.

　㉮ 학교에 지각하고 싶지 않은 마음
　㉯ 집에 가서 저녁을 먹고 싶은 마음
　㉰ 누군가를 많이 보고 싶어 하는 마음

(　　　　　　　)

☆☆
11 이 시와 관련 있는 경험을 말하지 <u>않은</u> 친구는 누구인지 쓰시오.

　현우: 친구와 노느라 집에 늦게 들어간 적이 있어.
　구엽: 등교 시간에 배고파서 점심시간을 앞당기고 싶었어.
　수안: 할머니가 보고 싶을 때 할머니 댁이 바로 우리 집 앞에 있었으면 했어.

(　　　　　　　)

낱말사전

출렁출렁 물 따위가 자꾸 큰 물결을 이루며 흔들리는 소리. 또는 그 모양.

정류장 버스나 택시 따위가 사람을 태우거나 내려 주기 위하여 머무르는 일정한 장소.

니 '너'의 방언.

기본 **허리 밟기** 경험을 떠올리며 「허리 밟기」를 읽어 봅시다.

2 작품을 감상해요

허리 밟기

할머니 아픈 허리는 왜 밟아야 시원할까요?
아이쿠! 아이쿠! 하면서도 ㉠"꼭꼭 밟아라." 하십니다
그래도 나는 겁이 나 자근자근 밟습니다.

교과서 문제

12 할머니가 ㉠처럼 말씀하신 까닭은 무엇입니까?　　　　　(　　)

① 꼭꼭 밟아야 반죽이 잘되기 때문이다.
② 꼭꼭 밟아야 발자국이 생기기 때문이다.
③ 꼭꼭 밟아야 땅이 평평해지기 때문이다.
④ 꼭꼭 밟아야 빨래가 깨끗해지기 때문이다.
⑤ 꼭꼭 밟아야 아픈 허리가 시원하기 때문이다.

교과서 문제

13 '나'와 할머니의 마음을 알맞게 선으로 이으시오.

(1) ['나'] •　　　　　• ㉮ '아픈 허리가 시원하네.'

(2) [할머니] •　　　　　• ㉯ '허리를 너무 세게 밟으면 할머니께서 아프실 것 같아.'

☆☆
14 이 시를 낭송할 때 할머니 목소리를 흉내 내며 읽으면 좋은 부분은 몇 행인지 쓰시오.

(　　　　　　　)

교과서 문제

15 이 시의 2행을 네 부분으로 나누어 읽을 때 쉬어 읽을 곳에 모두 ∨표 하시오.

아이쿠!　아이쿠!　하면서도 "꼭꼭 밟아라." 하십니다

○ **글의 종류:** 시
○ **글쓴이:** 정완영
○ **글의 특징:** 할머니 허리를 밟아 드린 경험을 우리나라의 전통 시조 형식으로 표현했습니다.

○ **호흡의 길이에 따라 각 행을 네 부분으로 나누어 읽기**
  할머니∨아픈 허리는∨왜 밟아야∨시원할까요?∨
  아이쿠! 아이쿠!∨하면서도∨"꼭꼭 밟아라."∨하십니다∨
  그래도∨나는 겁이 나∨자근자근∨밟습니다.

낱말사전

아이쿠 아이코. 아프거나 힘들거나 놀라거나 원통하거나 기막힐 때 내는 소리.
꼭꼭 잇따라 또는 매우 야무지게 힘을 주어 누르거나 죄는 모양.
자근자근 자꾸 가볍게 누르거나 밟는 모양.

- 글의 종류: 이야기
- 글쓴이: 김우경
- 글의 특징: 학원에 다니느라 하고 싶은 일을 하지 못하는 수일이가 자신과 똑같은 사람이 한 명 더 있으면 좋을 것 같다고 생각하면서 벌어지는 이야기입니다.

덕실이가 말을 해요

1 "이제 시스템 전원을 꺼셔도 됩니다."

수일이는 컴퓨터 모니터에 나온 글을 보며 발로 책상 아래 전기 스위치를 딸깍 껐다. 조금 전에 들어가서 돌아다녔던 컴퓨터 게임 속의 세상이 아직 눈앞에 어른거린다.

'마고 전설'이라는 게임인데, 아주 먼 옛날에 사람들이 나라도 없이 뿔뿔이 흩어져서 살 때, 나쁜 귀신들이 돌아다니며 사람들을 못살게 굴고 막 잡아가서 자기편으로 만든다는 이야기이다. 사람이 귀신한테 붙잡히게 되면 그 사람도 그때부터 귀신이 되어서 또 다른 사람을 해치려고 돌아다니니까, 그대로 가다가는 세상이 온통 귀신 천지가 된다는 좀 터무니없는 줄거리이다.

그래서 게임을 시작하면 뿔뿔이 흩어진 사람들을 모아 마을을 만들고, 논밭을 일구어 곡식을 심고, 공장을 세우고, 산에는 성을 쌓아 군사들을 훈련시켜 귀신들을 물리쳐야 하는데, 그 일이 만만치 않아서 한번 시작하면 시간 가는 줄 모른다. 갖가지 귀신들을 만나 하나씩 쓰러뜨리며 사람들을 구해 내는 일이 손에 땀이 날 만큼 아슬아슬하고 짜릿짜릿하다.

....

교과서 문제

16 수일이는 방에서 무엇을 했습니까? (   )

① 독서   ② 공놀이   ③ 줄넘기
④ 수학 숙제   ⑤ 컴퓨터 게임

17 수일이가 '마고 전설' 게임에서 하는 일로 알맞지 <u>않은</u> 것은 무엇입니까? (   )

① 공장을 세운다.
② 갖가지 귀신들을 구해 낸다.
③ 사람들을 모아 마을을 만든다.
④ 논밭을 일구어 곡식을 심는다.
⑤ 산에 성을 쌓아 군사들을 훈련시킨다.

18 '마고 전설' 게임을 할 때 수일이의 기분은 어떠합니까? (   )

① 슬프고 우울하다.
② 안타깝고 속상하다.
③ 애가 타고 갑갑하다.
④ 조마조마하고 불안하다.
⑤ 아슬아슬하고 짜릿짜릿하다.

어른거린다 무엇이 희미하게 보이다 말다 한다.

터무니없는 허황하여 전혀 근거가 없는.

도술 도를 닦아 여러 가지 조화를 부리는 요술이나 술법.

곁눈질 얼굴은 돌리지 않고 눈알만 옆으로 굴려서 보는 일.

참말 사실과 조금도 틀림이 없는 말.

층계 걸어서 층 사이를 오르내릴 수 있도록 턱이 지게 만들어 놓은 설비.

세 대가를 지급하기로 하고 남의 물건이나 건물 등을 빌려 쓰는 일.

하기는 '실상 말하자면'의 뜻으로, 이미 된 일을 긍정할 때에 쓰는 말.

전자파 공간에서 전기장과 자기장이 주기적으로 변화하면서 전달되는 파동.

속셈 연필이나 계산기 따위를 쓰지 아니하고 머릿속으로 하는 계산.

실컷 마음에 하고 싶은 대로 한 껏.

나직하게 소리가 꽤 낮게.

온갖 도술을 부리는 대왕 귀신을 물리쳤을 땐 한편으로 뿌듯하기도 하다. 게임 속 세상에서는 수일이가 주인이어서 모든 일을 수일이가 정한다. 수일이 생각대로 컴퓨터 속 사람들을 이끌고 다니며 귀신들을 물리치고 새로운 세상을 만들어 간다.

그러다가 게임 속 나라에서 빠져나와 컴퓨터를 끄면, 아주 다른 세상이 수일이를 기다리고 있다. 컴퓨터 바깥의 세상은 수일이 마음대로 할 수 없는 세상이다. 주로 수일이가 이끌려 다녀야 하는 세상이다.

❷ "이게 뭐야. 에이, 방학 동안 학원에만 왔다 갔다 했어!"

컴퓨터를 끄자마자 맥이 탁 풀리며 짜증부터 났다. 달력을 보니 방학이 일주일도 안 남아 있다. 오늘이 8월 25일이니까 정확하게 6일 남았다.

"엄마 때문이야. 우리 엄마 시키는 대로 다 하려면 내가 둘은 있어야 해."

수일이는 걸상 옆에 앉아 있는 덕실이가 엄마라도 되는 듯이, 덕실이를 곁눈질로 흘겨보며 말했다. 그러고는 영어 학원 가방을 집어서 퍽 소리가 나도록 방바닥에 떨어뜨렸다.

"으으, 진짜 내가 하나 더 있었으면 좋겠어! 그래야 하나는 학원에 가고 하나는 마음껏 놀 수가 있지."

"정말 네가 둘이었으면 좋겠니?"

"둘이었으면 좋겠어."

"참말이야?"

"그래, 참말이야! 혼자서는 너무 힘들어. 어, 그런데 네가 말을 했니?"

수일이는 ㉠눈을 커다랗게 뜨고 덕실이를 보았다.

"말이야 벌써부터 했지. 지금껏 네가 못 알아들었을 뿐이야. 나는 말하면 안 되니?"

덕실이가 꼬리를 흔들며 말했다. 아주 잠깐 동안 수일이는 입이 벌어져서 다물어지지 않았다.

19 이 글에서 게임 속 세상과 컴퓨터 바깥의 세상을 비교하여 알맞게 말한 친구는 누구인지 쓰시오.

> 수혁: 게임 속에서는 모든 일을 수일이가 정하지만 컴퓨터 바깥의 세상은 수일이 마음대로 할 수 없는 세상이야.
>
> 보라: 게임 속은 수일이가 이끌려 다녀야 하는 세상이지만 컴퓨터 바깥에서는 수일이가 사람들을 이끌고 다니며 새로운 세상을 만들어 가.

(   )

20 ❷에서 수일이는 누구에게 속마음을 이야기했는지 쓰시오.

(   )

21 수일이가 ㉠처럼 한 까닭은 무엇입니까? (   )

① 덕실이가 말을 해서
② 덕실이가 컴퓨터를 꺼서
③ 덕실이가 꼬리를 흔들어서
④ 덕실이가 걸상 옆에 앉아서
⑤ 덕실이가 엄마처럼 행동해서

☆☆
22 이 글의 작품 속 세계와 현실 세계의 다른 점으로 알맞은 것에 ○표 하시오.

(1) 작품 속 세계에서는 사람이 강아지를 기를 수 있지만 현실 세계에서는 그럴 수 없다. (   )

(2) 작품 속 세계에서는 사람이 강아지와 대화할 수 있지만 현실 세계에서는 그럴 수 없다. (   )

❸ "엄마! 덕실이가 말을 해요!"

수일이가 방에서 뛰쳐나오며 소리쳤다.

"덕실이가 말을 했어요!"

수일이는 방문 앞 나무 층계를 쿵쿵쿵 디디며 마루로 내려와서 엄마를 찾았다.

수일이 방은 2층으로 오르는 나무 층계 중간쯤에 있는 다락방이다. 2층에는 주인 할머니와 할아버지가 사시는데, 그분들은 바깥 층계를 쓰신다.

아래층에는 방이 모두 세 칸인데, 수일이네가 방 둘과 큰 부엌, 마루를 쓰고 뒷방 하나와 그에 딸린 작은 부엌은 예주라는 대학생 누나가 세 들어 지낸다. 예주 누나는 방학이라 자기 시골집에 가고 없었다.

"엄마, 덕실이가요!"

"얘, 너 또 학원 가기 싫으니까 ㉠엉뚱한 소리로 빠져나가려고 그러지?"

엄마가 안방에서 나오며 말했다. 손에 걸레를 들고 있었다.

"아니에요, 정말로 말을 했어요!"

"개들도 무슨 말인가 하기는 하겠지. 사람이 못 알아들어서 그렇지."

"나하고 말을 했다니까요. 나는 알아들었어요. 덕실이가 나한테, '나는 말하면 안 되니?' 그랬어요."

"얘가 더위를 먹었나? 아, 쓸데없는 소리 그만하고 얼른 학원에나 가. 늦겠다!"

엄마가 눈살을 찌푸리며 말했다. 그러고는 이야기를 더 듣지도 않겠다는 듯이 욕실로 걸레를 빨러 들어가 버렸다.

"알겠어요."

수일이도 이야기를 더 하고 싶지 않았다. 엄마하고 다시는 아무 말도 안 할 거라고 마음을 다져 먹었다. 덕실이가 말만 하는 게 아니라 글까지 쓴다고 해도 이제 더 이상 엄마한테 말하고 싶지 않았다.

---

23 ㉠의 내용으로 알맞은 것은 무엇입니까? (   )

① 덕실이가 말을 했다.
② 주인 할머니가 오셨다.
③ 다락방의 문이 잠겼다.
④ 주인 할아버지가 오셨다.
⑤ 예주 누나가 시골집에 갔다.

24 수일이는 엄마한테 덕실이가 어떤 말을 했다고 하였습니까? (   )

① '늦겠다!'
② '얼른 학원에나 가.'
③ '얘가 더위를 먹었나?'
④ '나는 말하면 안 되니?'
⑤ '쓸데없는 소리 그만해.'

교과서 문제

25 엄마는 왜 덕실이가 말을 한다는 것을 믿지 않았을지 알맞은 것에 ○표 하시오.

(1) 덕실이가 누구인지 몰라서 (   )
(2) 덕실이가 동물인 것을 몰라서 (   )
(3) 수일이가 장난으로 한 말이라고 생각하셔서
(   )

☆☆
26 엄마가 수일이의 말을 믿지 않았을 때 수일이의 생각으로 알맞은 것을 두 가지 고르시오.
(,   )

① 덕실이와 더 이상 말하고 싶지 않다.
② 엄마에게 장난으로 말해서 죄송하다.
③ 엄마한테는 이야기를 더 하고 싶지 않다.
④ 엄마하고 다시는 아무 말도 안 하고 싶다.
⑤ 집안일을 하는 데 바쁜 엄마의 처지가 이해된다.

④ 덕실이가 방문 앞에 나와 서서 다 보고 있었다.

"들어가자. 엄마하고는 말이 안 통해."

수일이는 덕실이를 데리고 도로 방으로 들어왔다. ㉠눈에서 잠깐 눈물이 나오려고 했다.

"하기는 나도 잘 안 믿어지는데, 엄마가 쉽게 믿겠니? 우리가 서로 말이 통하다니! 컴퓨터 게임 하면서 너랑 나랑 전자파를 너무 많이 받아서 그런가?"

"……."

"아무 말이든 또 해 봐. 덕실아, 너도 내가 하나로는 힘들겠다고 생각하지?"

"조금."

덕실이가 말했다.

"조금이라고? 아침 먹자마자 피아노 학원, 속셈 학원, 바둑 교실, 영어 학원, 검도……. 하루 종일 학원에 왔다 갔다 하기 바쁜데도? 방학인데 놀 시간이 없어!"

"학원 다니는 게 싫어? 나는 좋을 것 같은데."

"너는 한 군데도 안 다니니까 그렇지. 컴퓨터 오락도 좀 마음 놓고 하고, 밖에 나가서 아이들하고 공도 차며 실컷 놀고 싶단 말이야."

"공 차는 게 좋아? 나는 공을 물어뜯는 게 더 좋더라."

"그러니까 너도 엄마한테 꾸중을 듣지. 아무거나 물어뜯는 버릇 좀 고쳐. 공은 차면서 노는 거야."

"그렇게 공이 차고 싶으면 엄마한테 공 차는 학원에 보내 달라고 하렴."

"그런 학원은 없어."

"안됐구나."

"우, ㉡내가 둘이었으면 좋겠어. 누가 나 대신 학원에 좀 다녀 줬으면!"

수일이가 걸상 다리를 발로 차며 말했다. 걸상은 아무렇지도 않고 발바닥만 아팠다.

27 ㉠에서 수일이의 마음으로 알맞은 것은 무엇입니까? ( )

① 다시는 엄마를 못 만날까 봐 두렵다.
② 전자파를 너무 많이 받아서 걱정된다.
③ 컴퓨터 게임을 다시 하게 되어 기쁘다.
④ 엄마가 나를 믿어 주지 않아서 서럽다.
⑤ 덕실이가 사람이 하는 말을 알아들어서 놀랍다.

28 방학 동안 수일이의 생활은 어떠했는지 알맞은 것에 ○표 하시오.

(1) 컴퓨터 오락을 마음 놓고 했다. ( )
(2) 하루 종일 학원에 왔다 갔다 하기 바빴다. ( )
(3) 밖에 나가서 아이들하고 공을 차며 실컷 놀았다. ( )

29 수일이가 왜 ㉡처럼 말했을지 빈칸에 들어갈 알맞은 말을 쓰시오.

자신과 똑같이 생긴 누군가는 ( )에 가고, 자신은 놀고 싶었기 때문이다.

서술형 문제
30 자신과 똑같은 사람이 한 명 더 있으면 좋겠다고 생각한 순간이 있다면 그 경험을 떠올려 쓰시오.

_____

_____

5 "정말 네가 둘이었으면 좋겠어?"

"그래!"

"그럼 너를 하나 더 만들면 되지."

"하나 더? 어떻게?"

"말해 주면 나한테도 가끔 공을 물어뜯을 수 있도록 해 주는 거지?"

"그래. 못 쓰는 공 너 하나 줄게."

"어떻게 하느냐 하면, 네 손톱을 깎아서 쥐한테 먹이는 거야."

"뭐어?"

"그러면 그 쥐가 너하고 똑같은 모습으로 바뀔지도 몰라."

"그건 옛날이야기일 뿐이야."

"옛날에 있었던 일이니까 지금도 있을 수 있지."

"옛날에 있었던 일이 아니라 옛날이야기래도. 어떤 아

이가 손톱을 함부로 버렸는데, 그걸 쥐가 먹고는 사람이 돼 가지고 그 아이를 집에서 쫓아내고…… ㉠그 이야기 말하는 거지?"

"그래도 나 같으면 한번 해 보겠어."

"글쎄, 그게 될까?"

"해 보고 안 되면 그만이지 뭐."

"쥐도 없잖아."

"쥐는 어디든 있어."

덕실이가 나직하게 말했다. 쥐가 어디선가 엿듣고 있을지도 모른다는 듯이.

그때 문밖에서 엄마가 소리쳤다.

"수일아, 뭐 하고 있니? 얼른 학원에 안 가?"

"예, 지금 가요!"

수일이는 얼른 학원 가방을 들고 방문을 열고 나왔다. 덕실이도 뒤따라 나왔다.

---

31 덕실이가 알려 준, 수일이를 하나 더 만드는 방법은 무엇입니까? ( )

① 덕실이 손톱을 깎아서 쥐한테 먹인다.

② 수일이 손톱을 깎아서 쥐한테 먹인다.

③ 지푸라기 인형을 만들어 도술을 부린다.

④ 똑같은 모습을 비춰 주는 요술 거울 앞에 선다.

⑤ 똑같은 물건이 하나 더 생기는 항아리 안에 들어간다.

32 ㉠의 내용으로 알맞은 것에 ○표 하시오.

(1) 아이가 공을 개한테 주었더니 개가 사람이 되는 이야기 ( )

(2) 서울 쥐가 시골 쥐를 초대하여 서울을 구경시켜 주는 이야기 ( )

(3) 어떤 아이가 손톱을 함부로 버렸는데, 그것을 쥐가 먹고 사람이 된 이야기 ( )

교과서 문제

33 작품 속 세계와 현실 세계의 <u>다른</u> 점은 무엇인지 ( ) 안의 알맞은 말에 ○표 하시오.

(1) (작품 속 , 현실) 세계에서는 일어날 수 없지만 (2) (작품 속 , 현실) 세계에서는 손톱을 쥐에게 먹여 사람을 만들 수 있다.

☆☆
34 이 글을 읽고 자신의 경험과 비슷한 부분에 대해 알맞게 말하지 <u>않은</u> 친구는 누구인지 쓰시오.

승원: 나도 손톱 먹는 쥐가 나오는 옛날이야기를 들어 봤어.

현기: 나도 부모님의 도움으로 정말 하고 싶었던 일들을 모두 이룬 적이 있어.

아영: 나도 수일이처럼 나와 똑같이 생긴 누군가가 내 일을 대신해 줬으면 좋겠다고 생각했어.

( )

핵심 1 경험을 떠올리며 작품을 읽으면 좋은 점

• 내용을 더 쉽게 이해할 수 있습니다.
• 내용을 더 생생하게 느낄 수 있습니다.
• 책이나 영상에서 본 것을 떠올리면 더욱 실감 나게 읽을 수 있습니다.
• 인물의 마음을 더 잘 이해할 수 있습니다.

예 「유관순」을 읽고 관련 있는 경험 말하기
• 일제 강점기에 벌어진 일을 다룬 영화를 본 것이 기억났습니다.
• 가족과 서대문형무소역사관에 다녀온 것이 생각났습니다.

핵심 2 경험을 떠올리며 시 읽기

• 시 내용을 잘 파악합니다.
• 시의 표현을 잘 살펴봅니다.
• 시에서 말하는 이가 무슨 생각을 하는지 알아봅니다.
• 시에서 말하는 이의 경험이 무엇인지 파악합니다.
• 시에서 말하는 이가 상상하는 것을 짐작해 봅니다.

예 「출렁출렁」에서 말하는 이의 경험 파악하기

1연	학교에 지각하겠다 싶을 때 있는 힘껏 길을 잡아당겨 학교가 말하는 이 앞으로 온다고 상상한 것
2연	춥고 배고파 죽겠다 싶을 때 있는 힘껏 길을 잡아당겨 저녁을 차린 집이 버스 정류장 앞으로 온다고 상상한 것
3연	보고 싶은 사람이 있을 때 있는 힘껏 길을 잡아당겨 그리운 사람이 말하는 이에게 안겨 온다고 상상한 것

핵심 3 경험을 떠올리며 이야기 읽기

• 자신이 겪은 일이나 아는 것을 활용해 이야기를 읽습니다.
• 작품 속 주인공이 겪는 일과 현실 속에서 내가 겪는 일을 비교하며 이야기를 읽습니다.

> 작품 속 세계는 현실 세계와 비슷하거나 같은 점도 있지만 현실 세계에는 일어나지 않는 일들이 일어날 수 있도록 상상해 만든 세계입니다.

예 「덕실이가 말을 해요」에서 자신의 경험과 비슷한 부분에 대해 말하기

비슷한 부분	자신의 경험
손톱 먹는 쥐에 대한 내용	할머니께서 손톱 먹는 쥐에 대한 옛날이야기를 해 주신 적이 있습니다.
수일이가 학원에 다니는 것이 싫다고 하는 부분	가끔씩 나도 정말 학원에 가고 싶지 않아 힘들었던 경험이 떠올랐습니다.
덕실이가 말을 하는 부분	어렸을 때 동물들이 말을 한다고 상상했던 경험이 떠올랐습니다.

예 「덕실이가 말을 해요」의 작품 속 세계와 우리가 사는 현실 세계 비교하기
• 작품 속 세계에서는 강아지와 대화할 수 있지만 현실 세계에서는 그럴 수 없습니다.
• 현실 세계에서는 일어날 수 없지만 작품 속 세계에서는 손톱을 쥐에게 먹여 가짜 수일이를 만들 수 있습니다.

[01~05] 다음 글을 읽고, 물음에 답하시오.

아우내 장터에 아침이 밝았다. 새벽부터 장터에 모여든 사람들은 여느 때보다 몇 곱절이나 되었다. 독립 만세를 부르려고 모인 사람이 대부분이었다.

오후 1시, 유관순은 많은 사람 앞에서 외쳤다.

㉠"여러분, 반만년의 역사를 지닌 우리 겨레가 불행하게도 일본에 나라를 빼앗겼습니다. 이제 나라를 되찾아야 합니다. 지금 전국 방방곡곡에서 모두 일어나 독립을 외치고 있습니다. 여러분, 만세를 부릅시다. 대한 독립 만세를!"

순식간에 독립 만세 소리가 온 천지를 뒤흔들었다. 깜짝 놀라 달려온 일본 헌병들은 총과 칼을 휘두르면서 평화롭게 독립 만세를 부르며 나아가는 사람들을 막았다. 많은 사람이 죽거나 다쳤다.

유관순도 일본 헌병들에게 붙잡혀 끌려가고 말았다. 그리고 일본 헌병대에서 온갖 고문을 당한 뒤에 재판을 받았다. 유관순은 재판을 받을 때 조금도 굽히지 않고 당당했다. 유관순은 3년 형을 받고 감옥에 갇혔지만 우리나라가 독립을 해야 한다는 유관순의 신념은 누구도 꺾을 수 없었다.

1920년 9월 28일, 나라를 구하려고 죽음을 무릅쓰고 독립 만세를 부르던 유관순은 열아홉 나이에 감옥에서 숨을 거두고 말았다. 그러나 유관순이 나라를 사랑했던 마음은 지금도 우리 겨레의 가슴속에 남아 나라의 소중함을 일깨워 준다.

01 사람들이 독립 만세를 부르려고 모인 곳은 어디인지 찾아 쓰시오.

( )

02 ㉠에서 유관순이 강조하고 싶은 것은 무엇인지 알맞은 것에 ○표 하시오.

(1) 태극기의 중요성 ( )
(2) 우리 겨레의 위대함 ( )
(3) 독립 만세 운동의 필요성 ( )

03 평화롭게 독립 만세를 부르며 나아가는 사람들에게 일본 헌병들은 어떻게 하였습니까? ( )

① 길을 열어 주었다.
② 함께 독립 만세를 불렀다.
③ 집으로 돌아가도록 설득했다.
④ 총과 칼을 휘두르면서 막았다.
⑤ 죽거나 다치지 않도록 보호했다.

04 유관순이 재판을 받을 때의 태도로 알맞은 것은 무엇입니까? ( )

① 부끄러워했다.
② 행복한 표정을 지었다.
③ 숨어 있으려고 노력했다.
④ 조금도 굽히지 않고 당당했다.
⑤ 두려워하는 모습을 감추지 못했다.

05 다음은 이 글을 읽고 생각이나 느낌을 말한 것입니다. 자신의 경험을 떠올려 말한 친구는 누구인지 쓰시오.

소유: 유관순 열사를 존경하는 마음이 들었어.
동빈: 일제 강점기에 나라를 지키려는 소녀의 노력에 감동했어.
서연: 자신의 목숨이 위태로운 상황에서도 용기를 낸 점이 훌륭해.
준태: 서대문형무소역사관에서 유관순 열사의 사진을 보았던 경험이 떠올라 마음이 뭉클해졌어.

( )

[06~10] 다음 시를 읽고, 물음에 답하시오.

이러다 지각하겠다 싶을 때, 있는 힘껏 길을 잡아당기면 출렁출렁, 학교가 우리 앞으로 온다

춥고 배고파 죽겠다 싶을 때, 있는 힘껏 길을 잡아당기면 출렁출렁, 저녁을 차린 우리 집이 버스 정류장 앞으로 온다

갑자기 니가 보고 싶을 때, 있는 힘껏 길을 잡아당기면 출렁출렁, 그리운 니가 내게 안겨 온다

☆☆
06 이 시에서 말하는 이가 겪은 일은 무엇인지 빈칸에 들어갈 알맞은 말을 각각 쓰시오.

(1) 학교에 지각하겠다 싶을 때 있는 힘껏 길을 잡아당겨 (   )이/가 말하는 이 앞으로 온다고 상상한 것

(2) 춥고 배고파 죽겠다 싶을 때 있는 힘껏 길을 잡아당겨 저녁을 차린 우리 집이 (   ) 앞으로 온다고 상상한 것

(3) 보고 싶은 사람이 있을 때 있는 힘껏 (   ) 을/를 잡아당겨 그리운 사람이 말하는 이에게 안겨 온다고 상상한 것

07 이 시에서 말하는 이는 간절히 바라는 것이 있을 때 무엇을 했습니까? (   )

① 원하는 것을 글씨로 썼다.
② 원하는 것을 그림으로 그렸다.
③ 큰 소리로 원하는 것을 말했다.
④ 힘껏 길을 잡아당기는 상상을 했다.
⑤ 밤에 자기 전에 원하는 것을 상상했다.

08 각 연에서 말하는 이의 마음을 알맞게 선으로 이으시오.

(1) [1연] •

(2) [2연] •

(3) [3연] •

• ㉮ | 집에 빨리 가고 싶어 하는 마음

• ㉯ | 지각하는 것을 싫어하는 마음

• ㉰ | 누군가를 많이 보고 싶어 하는 마음

서술형 문제

09 이 시에서 말하는 이의 마음이 느껴지는 표현을 찾아 쓰고, 어떤 마음이 느껴지는지 쓰시오.

표현	(1)
마음	(2)

10 다음은 시 속 인물이 겪은 일과 비슷한 경험을 말한 것입니다. 빈칸에 들어갈 생각이나 느낌으로 알맞은 것은 무엇입니까? (   )

학교에 늦을 것 같을 때 교실로 순간 이동을 하고 싶었던 적이 있다. 그때 이 시의 말하는 이처럼 (   ).

① 몹시 그리웠다.
② 서럽고 쓸쓸했다.
③ 즐겁고 행복했다.
④ 다급하고 조마조마했다.
⑤ 당당하고 자랑스러웠다.

[11~13] 다음 시를 읽고, 물음에 답하시오.

> 할머니 아픈 허리는 왜 밟아야 시원할까요?
> 아이쿠! 아이쿠! 하면서도 "꼭꼭 밟아라." 하십니다
> 그래도 나는 겁이 나 자근자근 밟습니다.

11 이 시에서 말하는 이는 무엇을 하고 있습니까?
( )

① 친구의 발을 밟고 있다.
② 할머니의 빨래를 밟고 있다.
③ 자신의 그림자를 밟고 있다.
④ 할머니 밭에서 흙을 밟고 있다.
⑤ 할머니 허리를 밟아 드리고 있다.

12 이 시에서 말하는 이의 마음으로 알맞은 것을 두 가지 고르시오. (,)

① 할머니의 아프신 허리가 나았으면 좋겠다.
② 할머니 허리를 더 꼭꼭 밟아 드리고 싶다.
③ 할머니가 내 허리를 그만 밟으시면 좋겠다.
④ 할머니가 아파도 소리 내지 않고 참으셨으면 좋겠다.
⑤ 할머니의 허리를 너무 세게 밟으면 할머니가 아프실까 봐 걱정된다.

☆☆
13 이 시를 낭송할 때 말하는 이의 마음을 나타내려면 어떤 목소리가 좋을지 알맞은 것을 두 가지 고르시오. (,)

① 궁금한 목소리
② 아파하는 목소리
③ 아쉬워하는 목소리
④ 조심조심하는 목소리
⑤ 부끄러워하는 목소리

[14~15] 다음 글을 읽고, 물음에 답하시오.

> 온갖 도술을 부리는 대왕 귀신을 물리쳤을 땐 한편으로 뿌듯하기도 하다. 게임 속 세상에서는 수일이가 주인이어서 모든 일을 수일이가 정한다. 수일이 생각대로 컴퓨터 속 사람들을 이끌고 다니며 귀신들을 물리치고 새로운 세상을 만들어 간다.
> 그러다가 게임 속 나라에서 빠져나와 컴퓨터를 끄면, 아주 다른 세상이 수일이를 기다리고 있다. 컴퓨터 바깥의 세상은 수일이 마음대로 할 수 없는 세상이다. 주로 수일이가 이끌려 다녀야 하는 세상이다.
> "이게 뭐야. 에이, 방학 동안 학원에만 왔다 갔다 했어!"
> 컴퓨터를 끄자마자 맥이 탁 풀리며 짜증부터 났다. 달력을 보니 방학이 일주일도 안 남아 있다. 오늘이 8월 25일이니까 정확하게 6일 남았다.
> "엄마 때문이야. 우리 엄마 시키는 대로 다 하려면 내가 둘은 있어야 해."

☆☆
14 다음은 어떤 세상에 대한 설명인지 알맞은 것에 ○표 하시오.

> • 수일이가 주인이어서 모든 일을 수일이가 정함.
> • 수일이 생각대로 사람들을 이끌고 다니며 새로운 세상을 만들어 감.

(1) 게임 속 세상 ( )
(2) 게임 바깥의 세상 ( )

15 수일이는 방학 동안 엄마가 시키는 대로 다 하려면 어떻게 되어야 한다고 말했습니까? ( )

① 방학이 없어져야 한다.
② 학원이 없어져야 한다.
③ 자신이 둘은 있어야 한다.
④ 자신이 더 열심히 노력해야 한다.
⑤ 자신이 게임 속 세상으로 들어가야 한다.

[16~19] 다음 글을 읽고, 물음에 답하시오.

> "우, 내가 둘이었으면 좋겠어. 누가 나 대신 학원에 좀 다녀 줬으면!"
> 수일이가 걸상 다리를 발로 차며 말했다. 걸상은 아무렇지도 않고 발바닥만 아팠다.
> "정말 네가 둘이었으면 좋겠어?"
> "그래!"
> "그럼 너를 하나 더 만들면 되지."
> "하나 더? 어떻게?"
> "말해 주면 나한테도 가끔 공을 물어뜯을 수 있도록 해 주는 거지?"
> "그래. 못 쓰는 공 너 하나 줄게."
> "어떻게 하느냐 하면, 네 손톱을 깎아서 쥐한테 먹이는 거야."
> "뭐어?"
> "그러면 그 쥐가 너하고 똑같은 모습으로 바뀔지도 몰라."
> "그건 옛날이야기일 뿐이야."
> "옛날에 있었던 일이니까 지금도 있을 수 있지."
> "옛날에 있었던 일이 아니라 옛날이야기래도. 어떤 아이가 손톱을 함부로 버렸는데, 그걸 쥐가 먹고는 사람이 돼 가지고 그 아이를 집에서 쫓아내고……. 그 이야기 말하는 거지?"
> "그래도 나 같으면 한번 해 보겠어."
> "글쎄, 그게 될까?"
> "해 보고 안 되면 그만이지 뭐."
> "쥐도 없잖아." / "쥐는 어디든 있어."
> 덕실이가 나직하게 말했다. 쥐가 어디선가 엿듣고 있을지도 모른다는 듯이.

16 수일이는 자신이 둘이 되면 가짜 수일이에게 무슨 일을 시키고 싶어 합니까? ( )

① 쥐를 찾는 일
② 손톱을 깎는 일
③ 공을 물어뜯는 일
④ 학원에 다니는 일
⑤ 남의 말을 엿듣는 일

서술형 문제

17 덕실이가 알려 준 방법대로 수일이를 하나 더 만들려면 어떻게 해야 하는지 쓰시오.

_____

_____

18 수일이에게 어떤 일이 일어날지 이어질 내용을 알맞게 상상하지 <u>않은</u> 친구는 누구인지 쓰시오.

> 동빈: 덕실이의 부탁대로 쥐를 찾아서 가짜 덕실이를 만들 것 같아.
> 서연: 친구들이 가짜 수일이와 더 재미있게 놀아서 수일이가 외로워질 것 같아.
> 준태: 엄마가 가짜 수일이를 예뻐해 수일이가 가짜 수일이를 만든 것을 후회할 것 같아.

( )

19 이와 같은 이야기를 읽을 때 경험을 떠올리며 읽으면 좋은 점이 <u>아닌</u> 것은 무엇입니까? ( )

① 내용을 더 빨리 읽을 수 있다.
② 내용을 더 쉽게 이해할 수 있다.
③ 내용을 더 생생하게 느낄 수 있다.
④ 인물의 마음을 더 잘 이해할 수 있다.
⑤ 책이나 영상에서 본 것을 떠올리면 더욱 실감 나게 읽을 수 있다.

20 작품 속 세계를 현실 세계와 비교하여 알맞게 말한 것에 ○표 하시오.

(1) 작품 속 세계는 현실 세계와 비슷하거나 같은 점이 없다. ( )
(2) 작품 속 세계는 현실 세계에서는 일어나지 않는 일들이 일어날 수 있도록 상상하여 만든 세계이다. ( )

서술형 문제

[01~02] 다음 글을 읽고, 물음에 답하시오.

> **가** 고향으로 돌아온 유관순은 독립 만세를 부를 준비를 했다. 유관순은 사촌 언니와 함께 동지들을 모으고, 독립 만세를 부를 계획을 치밀하게 세웠다. 날마다 이 마을 저 마을을 찾아다니며 독립 만세를 부르는 일에 함께 참여할 것을 부탁했다. 하루 종일 돌아다니다가 집에 돌아오면 몸은 말할 수 없이 피곤했다. 그렇지만 잠시 찬물에 발을 담그고, 곧바로 가족과 함께 밤새워 태극기를 만들었다. 보통 사람들로서는 생각할 수 없을 만큼 놀라운 지혜와 용기로 일을 추진했다.
>
> **나** 순식간에 독립 만세 소리가 온 천지를 뒤흔들었다. 깜짝 놀라 달려온 일본 헌병들은 총과 칼을 휘두르면서 평화롭게 독립 만세를 부르며 나아가는 사람들을 막았다. 많은 사람이 죽거나 다쳤다.
>
> 유관순도 일본 헌병들에게 붙잡혀 끌려가고 말았다. 그리고 일본 헌병대에서 온갖 고문을 당한 뒤에 재판을 받았다. 유관순은 재판을 받을 때 조금도 굽히지 않고 당당했다. 유관순은 3년 형을 받고 감옥에 갇혔지만 우리나라가 독립을 해야 한다는 유관순의 신념은 누구도 꺾을 수 없었다.

01 글 **가**와 **나**에서 중요한 내용을 간추려 쓰시오.

글 **가**	(1)
글 **나**	(2)

02 유관순의 삶에서 본받을 점은 무엇인지 쓰시오.

_____

_____

[03~04] 다음 시를 읽고, 물음에 답하시오.

> 할머니 아픈 허리는 왜 밟아야 시원할까요?
> 아이쿠! 아이쿠! 하면서도 "꼭꼭 밟아라." 하십니다
> 그래도 나는 겁이 나 자근자근 밟습니다.

03 이 시에서 말하는 이가 겪은 일과 자신이 겪은 비슷한 경험을 쓰시오.

말하는 이의 경험	(1)
자신이 겪은 비슷한 경험	(2)

04 다음은 이 시에서 쉬어 읽을 부분을 'ᐯ'로 표시한 것입니다. 어느 부분에서 쉬어 읽은 것인지 쓰시오.

> 할머니ᐯ아픈 허리는ᐯ왜 밟아야ᐯ시원할까요?ᐯ
> 아이쿠! 아이쿠!ᐯ하면서도ᐯ"꼭꼭 밟아라."ᐯ
> 하십니다ᐯ
> 그래도ᐯ나는 겁이 나ᐯ자근자근ᐯ밟습니다.

_____

_____

수행 평가

배점 | 20점

학습 주제 경험을 떠올리며 이야기 읽기

학습 목표 자신의 경험을 떠올려 이어질 이야기를 상상해 쓸 수 있다.

"우, 내가 둘이었으면 좋겠어. 누가 나 대신 학원에 좀 다녀 줬으면!"

수일이가 걸상 다리를 발로 차며 말했다. 걸상은 아무렇지도 않고 발바닥만 아팠다.

"정말 네가 둘이었으면 좋겠어?" / "그래!"

"그럼 너를 하나 더 만들면 되지." / "하나 더? 어떻게?"

"말해 주면 나한테도 가끔 공을 물어뜯을 수 있도록 해 주는 거지?" / "그래. 못 쓰는 공 너 하나 줄게."

"어떻게 하느냐 하면, 네 손톱을 깎아서 쥐한테 먹이는 거야." / "뭐어?"

"그러면 그 쥐가 너하고 똑같은 모습으로 바뀔지도 몰라." / "그건 옛날이야기일 뿐이야."

"옛날에 있었던 일이니까 지금도 있을 수 있지."

"옛날에 있었던 일이 아니라 옛날이야기래도. 어떤 아이가 손톱을 함부로 버렸는데, 그걸 쥐가 먹고는 사람이 돼 가지고 그 아이를 집에서 쫓아내고……. 그 이야기 말하는 거지?" / "그래도 나 같으면 한번 해 보겠어."

"글쎄, 그게 될까?" / "해 보고 안 되면 그만이지 뭐."

"쥐도 없잖아." / "쥐는 어디든 있어."

덕실이가 나직하게 말했다. 쥐가 어디선가 엿듣고 있을지도 모른다는 듯이.

---

1 수일이에게 앞으로 어떤 일이 일어날지 상상하여 쓰시오.

수일이는 가짜 수일이를 만들었을까?	(1)
엄마가 가짜 수일이를 본다면 어떻게 생각할까?	(2)
수일이와 가짜 수일이에게 어떤 일이 생길까?	(3)
가짜 수일이를 만난 수일이의 기분은 어떠할까?	(4)

2 1에서 답한 내용을 바탕으로, 이 이야기가 어떻게 끝날지 상상하여 쓰시오.

단원 학습

글의 구조를 알고 내용을 요약할 수 있어요.

○ **그림의 특징:** 우리 주변에서 설명하는 글을 읽어야 하는 다양한 상황이 나타나 있습니다.

🟡 국어 숙제를 하려고 인터넷을 찾아 읽었습니다.

🟡 국어 숙제를 하려고 백과사전을 찾아 읽었습니다.

🟡 박물관에서 본 유물이 어떤 것인지 궁금해서 설명하는 글을 읽었습니다.

🟡 장난감 로봇을 조립하려고 설명서를 읽었습니다.

○ **설명하는 글을 읽고 받을 수 있는 도움**

• 잘 모르는 것을 알 수 있습니다.
• 어떤 일의 방법이나 차례를 알 수 있습니다.
• 알고 싶은 것을 자세히 알 수 있습니다.

준비 설명하는 글을 읽은 경험 설명하는 글을 읽은 경험을 나누어 봅시다.

01 그림 🟡에 나타난 경험은 무엇인지 (　) 안의 알맞은 말에 ○표 하시오.

> 국어 숙제를 하려고 (인터넷 , 백과사전)을 찾아 읽었다.

교과서 문제

02 그림 🟡~🟡에서 읽은 설명하는 글의 내용을 알맞게 선으로 이으시오.

(1) 그림 🟡 •　　　• ㉠ 낱말의 뜻과 유래

(2) 그림 🟡 •　　　• ㉡ 장난감을 조립하는 차례

(3) 그림 🟡 •　　　• ㉢ 박물관 유물에 얽힌 역사

서술형 문제

03 그림 🟡의 상황에서 설명하는 글을 읽고 어떤 도움을 받을 수 있는지 쓰시오.

_____

_____

준비 **새싹 채소를 가꾸는 방법**   설명이 더 필요한 부분을 살펴봅시다.

3 글을 요약해요

❶ 씨앗을 미지근한 물에 담가 놓는다.

❷ 준비한 그릇에 부드러운 헝겊을 깔고, 불린 씨앗을 서로 겹치지 않게 촘촘히 깔아 준다.

❸ 종이로 덮어 햇빛을 가리고 물기가 마르지 않게 물뿌리개로 물을 뿌려 준다.

❹ 싹이 나오면 종이를 벗겨 그늘에 두고, 수분이 마르지 않도록 물을 준다.

❺ 5~6일이 지나면 새싹 채소를 얻을 수 있다.

씨앗을 미지근한 물에 얼마나 담가 놓아야 하지?

얼마나 자주 물을 뿌려 주어야 하지?

○ **글의 종류**: 설명하는 글

○ **글의 특징**: 새싹 채소를 가꾸는 과정을 설명하는 글로, 남자아이와 여자아이의 대화 내용을 통해 설명이 더 필요한 부분을 생각해 볼 수 있습니다.

○ **설명하는 글을 읽을 때 생각할 점**
• 어떤 것을 설명하는지 생각하며 읽습니다.
• 자신에게 도움이 되는 정보가 있는지 찾아보며 읽습니다.
• 설명이 정확한지 생각하며 읽습니다.
• 글을 읽는 목적을 생각하며 읽습니다.

04 이 글은 무엇을 설명하는 글입니까?   (   )

① 씨앗을 구별하는 방법
② 종이 그릇을 닦는 방법
③ 물뿌리개의 구조와 원리
④ 새싹 채소를 가꾸는 방법
⑤ 종이로 화분을 만드는 방법

05 ❸의 과정에서 그릇에 종이를 덮는 까닭으로 알맞은 것은 무엇입니까?   (   )

① 햇빛을 가리려고
② 물기가 마르지 않게 하려고
③ 그늘이 생기지 않게 하려고
④ 싹이 나오지 못하게 하려고
⑤ 씨앗이 서로 겹치지 않게 하려고

☆☆
06 이 글에서 설명이 더 필요한 부분으로 알맞지 <u>않은</u> 것의 기호를 쓰시오.

> ㉮ 얼마나 자주 물을 뿌려 주어야 하는지에 대한 부분
> ㉯ 며칠이 지나면 새싹 채소를 얻을 수 있는지에 대한 부분
> ㉰ 씨앗을 미지근한 물에 얼마나 담가 놓아야 하는지에 대한 부분

(   )

낱말사전

미지근한 더운 기운이 조금 있는 듯한.

불린 물에 젖게 해서 부피를 커지게 한.

수분 축축한 물의 기운.

○ 글의 종류: 설명하는 글
○ 글의 특징: 글 **가**는 국립중앙박물관을 관람하는 방법을 알려 주는 글이고, 글 **나**는 과일 카드 놀이 방법을 설명하는 글입니다.

가

국립중앙박물관 이용 안내

▶ 국립중앙박물관은 1월 1일, 설날(당일), 추석(당일)에는 쉽니다.
▶ 6세 이하 어린이는 보호자와 함께해야 합니다.

● 관람 시간
　· 월·화·목·금요일 10:00~18:00
　· 수·토요일 10:00~21:00
　· 일요일·공휴일 10:00~19:00
● 관람료: 무료(상설 전시관, 어린이 박물관, 무료 특별 전시)

나

과일 카드 놀이 방법

❶ 책상 가운데에 종을 놓고 과일 카드를 똑같이 나누어 가진다.
❷ 차례에 맞게 각자 카드를 한 장씩 펼쳐 내려놓는다.
❸ 펼친 카드 가운데에서 같은 과일이 다섯 개가 되면 재빨리 종을 친다.
❹ 먼저 종을 친 사람이 바닥에 모인 카드를 모두 가져간다.
❺ ❷~❹를 되풀이해서 마지막까지 카드를 가지고 있는 사람이 이긴다.

교과서 문제

07 글 **가**에 대한 설명으로 알맞지 <u>않은</u> 것은 무엇입니까? 　　　　(　)

　① 국립중앙박물관의 관람료가 나와 있다.
　② 국립중앙박물관의 쉬는 날을 알려 준다.
　③ 국립중앙박물관의 관람 시간이 나와 있다.
　④ 국립중앙박물관에서의 놀이 방법이 나와 있다.
　⑤ 국립중앙박물관을 관람하는 방법을 알려 준다.

☆☆
08 글 **나**는 무엇을 설명하는 글인지 알맞게 말한 것에 ○표 하시오.

　(1) 과일 카드 놀이 방법을 설명한 글이다. 　　　　　　　(　)
　(2) 과일 카드 만드는 방법을 설명한 글이다. 　　　　　　(　)
　(3) 과일로 간식을 만드는 방법을 설명한 글이다. 　　　　(　)

09 글 **나**의 놀이에서 카드를 얻으려면 어떻게 해야 하는지 빈칸에 들어갈 알맞은 말을 쓰시오.

　　┌─────────────────────────────────┐
　　│ 　같은 과일 카드 (　　　　　) 개가 바닥에 펼쳐지면 가장 먼저 종을 쳐서 카드를 │
　　│ 가져온다. │
　　└─────────────────────────────────┘

낱말사전

당일 일이 있는 바로 그날.
보호자 어떤 사람을 보호할 책임을 가지고 있는 사람.
상설 언제든지 이용할 수 있도록 설치함.

기본 **다보탑과 석가탑** 여러 가지 설명 방법을 알아봅시다.

다보탑과 석가탑

❶ 우리나라에는 화강암을 쪼아 만든 석탑이 많습니다. 그 가운데에서 가장 유명한 탑은 다보탑과 석가탑입니다. 다보탑과 석가탑에는 공통점과 차이점이 있습니다.

❷ 다보탑과 석가탑은 공통점이 있습니다. 두 탑은 모두 통일 신라 시대에 만든 탑으로서 불국사 대웅전 앞뜰에 나란히 서 있습니다. 또 두 탑은 그 가치를 인정받아 국보로 지정되었습니다.

❸ 두 탑의 모습은 매우 다릅니다. 다보탑은 장식이 많고 화려합니다. 십자 모양의 받침 주변에 돌계단을 만들고 그 위에 사각·팔각·원 모양의 돌을 쌓아 올렸습니다. 반면 석가탑은 단순하면서도 세련된 멋이 있습니다. 사각 평면 받침 위에 돌을 삼 층으로 쌓아 올려 매우 균형 있는 모습을 자랑합니다.

❹ 다보탑과 석가탑은 서로 다른 모습으로 각각 아름답습니다. 두 탑은 우리 조상의 뛰어난 솜씨와 예술성을 보여 줍니다. 그래서 많은 사람에게 관심과 사랑을 받습니다.

○ **글의 종류**: 설명하는 글
○ **글의 특징**: 다보탑과 석가탑의 공통점과 차이점을 '비교·대조'의 방법으로 설명한 글입니다.

❶ 다보탑과 석가탑에는 공통점과 차이점이 있습니다.
❷ 다보탑과 석가탑은 공통점이 있습니다.
❸ 두 탑의 모습은 매우 다릅니다.
❹ 다보탑과 석가탑은 서로 다른 모습으로 각각 아름답습니다.

10 다보탑과 석가탑의 공통점으로 알맞지 <u>않은</u> 것은 무엇입니까?　　　　　（　　　）

① 우리나라 국보이다.
② 통일 신라 시대에 만들었다.
③ 화강암을 쪼아 만든 석탑이다.
④ 불국사 대웅전 앞뜰에 서 있다.
⑤ 단순하면서도 세련된 멋이 있다.

두 가지 이상의 대상에서 공통점과 차이점을 찾아 설명하는 방법을 '**비교·대조**'라고 해요.

11 다음은 어느 탑에 대한 설명인지 탑 이름을 이 글에서 찾아 쓰시오.

> • 장식이 많고 화려하다.
> • 십자 모양의 받침 주변에 돌계단을 만들고 그 위에 사각·팔각·원 모양의 돌을 쌓아 올렸다.

（　　　　　　　　　　）

낱말사전

가치 사물이 지니고 있는 쓸모.

국보 나라에서 지정하여 법률로 보호하는 문화재.

지정 공공 기관이나 단체, 개인 등이 어떤 것을 특별한 자격이나 가치가 있는 것으로 정함.

세련된 모습 따위가 말쑥하고 품위가 있는.

☆☆
12 이 글에 사용된 설명 방법은 무엇인지 빈칸에 들어갈 알맞은 말을 쓰시오.

> 　두 가지 이상의 대상에서 공통점과 차이점을 찾아 설명하는 （　　　　　）의 설명 방법이다.

- 글의 종류: 설명하는 글
- 글의 특징: 세계 여러 도시에 있는 유명한 탑을 '열거'의 방법으로 설명한 글입니다.

❶ 세계 여러 도시에 있는 유명한 탑을 알아봅시다.
❷ 이탈리아 토스카나주에는 피사의 사탑이 있습니다.
❸ 프랑스 파리에는 에펠 탑이 있습니다.
❹ 중국 상하이에는 높이가 468미터인 동방명주 탑이 있습니다.

설명하려는 대상의 특징을 나열해 설명하는 방법을 '열거'라고 해요.

세계의 탑

❶ 사람들은 다양한 목적으로 탑을 세웁니다. 종교나 군사 목적으로 탑을 만들 뿐만 아니라 무엇인가를 기념하려고 탑을 짓습니다. 세계 여러 도시에 있는 유명한 탑을 알아봅시다.

❷ 이탈리아 토스카나주에는 피사의 사탑이 있습니다. 피사의 사탑은 종교 목적으로 만들어졌습니다. 55미터 높이로 세운 이 탑은 완성한 뒤 조금씩 한쪽으로 기울기 시작해 현재 모습이 되었습니다. 그 아슬아슬한 모습은 눈길을 많이 끕니다.

❸ 프랑스 파리에는 에펠 탑이 있습니다. 에펠 탑은 1889년에 프랑스 혁명 100주년을 기념해 세웠습니다. 에펠 탑의 높이는 324미터이고, 해마다 세계 여러 나라에서 수백만 관광객이 찾을 만큼 유명합니다. 현재는 파리뿐만 아니라 프랑스 전체를 상징하는 건축물이기도 합니다.

❹ 중국 상하이에는 높이가 468미터인 동방명주 탑이 있습니다. 이 탑은 1994년에 방송을 송신하려고 세웠습니다. 동방명주 탑은 높은 기둥을 중심축으로 하여 구슬 세 개를 꿰어 놓은 것 같은 독특한 외형 때문에 '동양의 진주'라고 불립니다.

교과서 문제

13 ❶~❹ 문단의 내용은 무엇인지 알맞게 선으로 이으시오.

(1) [❶ 문단] •   • ㉮ [설명하려는 대상을 소개함.]

(2) [❷~❹ 문단] •   • ㉯ [설명하는 대상의 예를 보여 줌.]

☆☆
14 이 글은 대상을 어떻게 설명했는지 알맞은 것에 ○표 하시오.

(1) 대상을 상상하여 설명했다. (   )
(2) 글쓴이가 좋아하는 것을 순서대로 설명했다. (   )
(3) 설명하려는 대상의 특징을 나열하여 설명했다. (   )

교과서 문제

15 다음은 이 글에 알맞은 틀을 골라 내용을 정리한 것입니다. 빈칸에 들어갈 알맞은 내용을 쓰시오.

세계의 탑		
이탈리아 토스카나주의 피사의 사탑	프랑스 파리의 에펠 탑	

낱말사전

기념하려고 훌륭한 인물이나 특별한 일 등을 오래도록 잊지 않고 마음에 간직하려고.

사탑 한쪽으로 비스듬히 기울어진 탑.

눈길 ① 눈으로 보는 방향. ② 주의나 관심을 비유적으로 이르는 말.

송신하려고 주로 전기적 수단을 이용하여 전신이나 전화, 라디오, 텔레비전 방송 따위의 신호를 보내려고.

중심축 사물의 한가운데나 복판을 지나가는 축.

외형 사물의 겉모양.

기본 **어류의 여러 기관** 구조를 생각하며 글을 요약해 봅시다.

어류의 여러 기관

❶ 어류는 아가미가 있는 척추동물입니다. 어류는 물속 환경에 적응할 수 있도록 다양한 기관이 발달했습니다.

❷ 어류 피부는 대부분 비늘로 덮여 있습니다. 비늘은 어류 몸을 보호합니다. 비늘은 짠 바닷물이 몸속으로 들어오지 못하게 막아 줍니다. 또 저마다 비늘 무늬가 달라 몸을 쉽게 숨길 수 있게 합니다.

❸ 어류는 아가미로 물속에 녹아 있는 산소를 흡수합니다. 입으로 물을 삼키고 아가미로 다시 내뱉는 과정에서 산소를 얻습니다.

❹ 어류는 몸통에 옆줄이 있습니다. 어류는 옆줄로 물 흐름이나 떨림 같은 환경 변화를 알아냅니다.

---

16 이 글의 내용으로 알맞지 <u>않은</u> 것은 무엇입니까?　　　　　　　(　　　)

① 어류는 척추동물이다.
② 어류는 아가미가 없다.
③ 비늘은 어류 몸을 보호한다.
④ 어류는 옆줄로 환경 변화를 알아낸다.
⑤ 비늘은 짠 바닷물이 몸속으로 들어오지 못하게 막아 준다.

☆☆
17 이 글의 설명 방법을 바르게 말한 친구는 누구인지 쓰시오.

> 윤찬: 이 글은 열거의 설명 방법으로 썼어. 설명하려는 대상의 특징을 나열해 설명하는 방법을 열거라고 해.
> 주은: 이 글은 비교·대조의 설명 방법으로 썼어. 두 가지 이상의 대상에서 공통점과 차이점을 찾아 설명하는 방법을 비교·대조라고 해.

（　　　　　　　　　）

서술형 문제
18 다음은 이 글을 읽고 내용을 요약한 것입니다. 글을 요약하면 좋은 점은 무엇인지 한 가지만 쓰시오.

> 어류 피부는 비늘로 덮여 있어 몸을 보호해 주고, 아가미는 물속에 녹아 있는 산소를 흡수한다. 또 어류는 옆줄로 환경 변화를 알아낸다.

◦ 글의 종류: 설명하는 글
◦ 글의 특징: 물속 환경에 적응할 수 있도록 발달한 어류의 다양한 기관에 대해 설명한 글입니다.

❶ 어류는 물속 환경에 적응할 수 있도록 다양한 기관이 발달했습니다.
❷ 어류 피부는 대부분 비늘로 덮여 있습니다.
❸ 어류는 아가미로 물속에 녹아 있는 산소를 흡수합니다.
❹ 어류는 몸통에 있는 옆줄로 환경 변화를 알아냅니다.

◦ 글을 요약하면 좋은 점
• 글에서 중요한 내용만 쉽게 알 수 있습니다.
• 중요한 내용을 더 쉽게 기억할 수 있게 해 줍니다.
• 많은 내용을 공부할 때 도움이 됩니다.

😊 **낱말사전**

적응할 생물이 주위 환경에 적합하도록 형태적·생리학적으로 변화할.

기관 일정한 모양과 기능을 가지고 있으면서 생물의 몸을 구성하는 부분.

비늘 물고기나 뱀 따위의 표피를 덮고 있는 얇고 단단하게 생긴 작은 조각.

저마다 각각의 사람이나 사물마다.

- 글의 종류: 설명하는 글
- 글쓴이: 박영란, 최유성
- 글의 특징: 직업에 따라 고유한 색깔의 옷을 입는 직업을 나열해 직업과 옷 색깔의 관계를 설명한 글입니다.

❶ 사람은 직업에 따라 고유한 색깔 옷을 입기도 한다.
❷ 의사나 간호사는 보통 흰색 옷을 입는다.
❸ 법관은 검은색 옷을 입는다.

직업과 옷 색깔

❶ 사람은 직업에 따라 고유한 색깔 옷을 입기도 한다. 직업의 특성에 따라 특정 색깔의 옷이 일을 하는 데 도움이 되기 때문이다.

❷ 의사나 간호사는 보통 흰색 옷을 입는다. 감염에 민감한 환자들이 있는 병원에서는 위생이 매우 중요한 문제이기 때문이다. 흰색 옷은 옷이 더러워졌을 때 이를 쉽게 알아차릴 수 있게 해 준다. 약사나 위생사, 요리사와 같이 청결을 유지해야 하는 일을 하는 사람들도 마찬가지로 흰색 옷을 입는다.

❸ 법관은 검은색 옷을 입는다. 예전 서양에서는 신분에 따라 입을 수 있는 옷 색깔이 정해져 있었지만, 검은색 옷은 누구나 입을 수 있었다. 법관의 검은색 옷은 법 앞에서 모든 사람이 평등하다는 뜻을 나타내며, 다른 것에 물들지 않고 공정하게 재판해야 한다는 의미를 담고 있다.

······

교과서 문제

19 직업에 따라 옷 색깔을 특별히 정해서 입는 까닭을 알맞게 말한 친구는 누구인지 쓰시오.

직업에 따라 입어야 할 옷 색깔이 법으로 정해져 있기 때문이야.

직업의 특성에 따라 특정 색깔의 옷이 일할 때 도움이 되기 때문이야.

지율   태민

(   )

20 이 글에 나오는 흰색 옷을 입는 직업으로 알맞지 않은 것은 무엇입니까? (   )

① 의사   ② 판사   ③ 약사
④ 위생사   ⑤ 요리사

☆☆
21 법관의 검은색 옷은 어떤 의미를 담고 있습니까? (   )

① 생명은 소중하다.
② 위생은 매우 중요하다.
③ 어린이는 미래의 주인공이다.
④ 법 앞에서 모든 사람이 평등하다.
⑤ 법은 힘을 가진 사람들 편에 선다.

낱말사전

고유한 한 사물이나 집단 등이 본래부터 지니고 있는 것으로 다른 것과 다른.

감염 병원체인 미생물이 동물이나 식물의 몸 안에 들어가 증식하는 일.

위생 건강에 이롭거나 도움이 되도록 조건을 갖추거나 대책을 세우는 일.

청결 맑고 깨끗함.

법관 법원에 소속되어 소송 사건을 심리하고, 분쟁이나 이해의 대립을 법률적으로 해결하고 조정하는 권한을 가진 사람.

④ 군인은 주변 환경과 상황에 따라 옷 색깔을 달리하여 입는다. 전투를 벌일 때 적군 눈에 쉽게 띄면 안 되기 때문이다. 예전의 화약 무기는 한번 사용하면 연기가 자욱하여 적군과 아군을 구분하기가 힘들었다. 따라서 당시에는 강한 원색의 군복을 입었다. 오늘날에는 기술이 발달하여 군인은 대부분 주변 환경과 구별하기 힘든 색의 옷을 입는다.

⑤ 사람들은 직업에 따라 입는 옷 색깔이 다양하다. 옷 색깔이 무엇을 뜻하는지 안다면 그 직업을 더 잘 알 수 있다.

22 예전과 오늘날의 군복은 어떻게 다른지 알맞게 설명한 것의 기호를 쓰시오.

> ㉮ 예전에는 강한 원색의 군복을 입었지만 오늘날에는 주변 환경과 구별하기 힘든 색의 옷을 입는다.
> ㉯ 예전에는 검은색이나 흰색의 군복을 입었지만 오늘날에는 기술이 발달하여 강한 원색의 옷을 입는다.

(   )

서술형 문제

23 이 글의 내용을 '처음 – 가운데 – 끝'으로 정리한 것입니다. 빈칸에 들어갈 알맞은 문장을 쓰시오.

글의 구조	문단의 중심 문장
처음	사람은 직업에 따라 고유한 색깔 옷을 입기도 한다.
가운데	의사나 간호사는 보통 흰색 옷을 입는다.
	(1)
	군인은 주변 환경과 상황에 따라 옷 색깔을 달리하여 입는다.
끝	(2)

☆☆
24 구조를 생각하며 글을 요약하는 방법은 무엇인지 ( ) 안의 알맞은 말에 ○표 하시오.

(1) 각 문단의 (중심 문장 , 뒷받침 문장)을 찾습니다.
(2) 어떤 구조를 활용해 내용을 (주장했는지 , 설명했는지) 살펴봅니다.
(3) (중요한 내용 , 중요하지 않은 내용)은 지우고, 세부 내용은 대표적인 말로 바꾸어 중심 내용을 정리합니다.
(4) 글의 (구조 , 길이)에 알맞게 틀을 그려 내용을 정리합니다.

○ 군인은 주변 환경과 상황에 따라 옷 색깔을 달리하여 입는다.
○ 사람들은 직업에 따라 입는 옷 색깔이 다양하다.

○ **글의 구조에 따라 내용을 요약하는 방법**
• 각 문단의 중심 문장을 찾습니다.
• 어떤 구조를 활용해 내용을 설명했는지 살펴봅니다.
• 중요하지 않은 내용은 지우고, 세부 내용은 대표적인 말로 바꾸어 중심 내용을 정리합니다.
• 글의 구조에 알맞게 틀을 그려 내용을 정리합니다.

3
단원

낱말사전

적군 적의 군대나 군사.
자욱하여 연기나 안개 따위가 잔뜩 끼어 흐릿하여.
아군 우리 편 군대.

교과서 핵심 정리

핵심 1　설명하는 글을 읽을 때 생각할 점

• 어떤 것을 설명하는지 생각하며 읽습니다.
• 자신에게 도움이 되는 정보가 있는지 찾아보며 읽습니다.
• 설명이 정확한지 생각하며 읽습니다.
• 글을 읽는 목적을 생각하며 읽습니다.

예 주변에서 설명하는 글 찾기

• 장난감을 조립하는 설명서
• 약을 먹을 때 주의할 점을 알려 주는 글
• 놀이 방법을 알려 주는 설명서
• 요리사들의 요리 방법을 설명해 주는 글

핵심 2　여러 가지 설명 방법 알기

• 글을 읽고 대상을 설명하는 방법을 알아봅니다.

비교·대조	두 가지 이상의 대상에서 공통점과 차이점을 찾아 설명하는 방법
열거	설명하려는 대상의 특징을 나열해 설명하는 방법

• 대상을 설명하는 방법에 따라 글의 내용에 알맞은 틀을 생각해 봅니다.

설명 방법	비교·대조	열거
알맞은 틀		

글에 어울리는 틀을 알면 글 내용을 한눈에 알기 쉽게 정리할 수 있고, 글에서 중요한 내용이 무엇인지 잘 파악할 수 있어요.

예 「다보탑과 석가탑」의 설명 방법 알아보기

문단	중심 문장
1문단	다보탑과 석가탑에는 공통점과 차이점이 있습니다.
2문단	다보탑과 석가탑은 공통점이 있습니다.
3문단	두 탑의 모습은 매우 다릅니다.
4문단	다보탑과 석가탑은 서로 다른 모습으로 각각 아름답습니다.

➡ 두 대상에서 공통점과 차이점을 찾아 설명함.(비교·대조)

예 「세계의 탑」의 내용에 알맞은 틀에 내용 정리하기

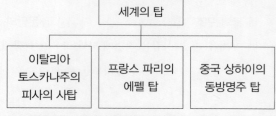

➡ 설명하려는 대상의 특징을 나열하여 설명함.(열거)

핵심 3　글의 구조에 따라 내용을 요약하는 방법

• 각 문단의 중심 문장을 찾습니다.
• 어떤 구조를 활용해 내용을 설명했는지 살펴봅니다.
• 중요하지 않은 내용은 지우고, 세부 내용은 대표적인 말로 바꾸어 중심 내용을 정리합니다.
• 글의 구조에 알맞게 틀을 그려 내용을 정리합니다.

예 글의 구조를 파악해 「직업과 옷 색깔」의 내용 요약하기

> 사람은 직업에 따라 고유한 색깔 옷을 입는다. 의사나 간호사는 보통 흰색 옷을 입고, 법관은 검은색 옷을 입는다. 또 군인은 주변 환경과 상황에 따라 옷 색깔을 달리하여 입는다. 이처럼 사람들은 직업에 따라 입는 옷 색깔이 다양하다.

단원 정리 평가

[01~03] 다음 글을 읽고, 물음에 답하시오.

국립중앙박물관 이용 안내

▶ 국립중앙박물관은 1월 1일, 설날(당일), 추석(당일)에는 쉽니다.
▶ 6세 이하 어린이는 보호자와 함께해야 합니다.

● 관람 시간
  • 월 · 화 · 목 · 금요일 10:00~18:00
  • 수 · 토요일 10:00~21:00
  • 일요일 · 공휴일 10:00~19:00
● 관람료: 무료(상설 전시관, 어린이 박물관, 무료 특별 전시)

01 국립중앙박물관의 관람 시간으로 알맞지 <u>않은</u> 것은 무엇입니까? (   )

① 월요일은 10시부터 18시까지이다.
② 수요일은 10시부터 21시까지이다.
③ 금요일은 10시부터 19시까지이다.
④ 토요일은 10시부터 21시까지이다.
⑤ 일요일은 10시부터 19시까지이다.

02 국립중앙박물관의 관람료는 얼마인지 쓰시오.

(   )

☆☆
03 이 글을 읽고 새롭게 안 점을 알맞게 말한 친구는 누구인지 쓰시오.

> 은준: 국립중앙박물관의 쉬는 날을 알 수 있었어.
> 수호: 국립중앙박물관이 어디에 있는지 알 수 있었어.
> 다빈: 국립중앙박물관의 전시관을 관람하는 순서를 알 수 있었어.

(   )

[04~06] 다음 글을 읽고, 물음에 답하시오.

과일 카드 놀이 방법

❶ 책상 가운데에 종을 놓고 과일 카드를 똑같이 나누어 가진다.
❷ 차례에 맞게 각자 카드를 한 장씩 펼쳐 내려놓는다.
❸ 펼친 카드 가운데에서 같은 과일이 다섯 개가 되면 재빨리 종을 친다.
❹ 먼저 종을 친 사람이 바닥에 모인 카드를 모두 가져간다.
❺ ❷~❹를 되풀이해서 마지막까지 카드를 가지고 있는 사람이 이긴다.

04 이 놀이를 할 때 필요한 준비물을 두 가지 골라 쓰시오.

> 종   주사위   돌림판   과일 카드

(.   )

05 이 놀이에서 같은 과일 카드 다섯 개가 바닥에 펼쳐지면 어떻게 해야 카드를 가져올 수 있습니까? (   )

① 재빨리 종을 친다.
② 재빨리 손을 든다.
③ 재빨리 카드를 던진다.
④ 재빨리 돌림판을 돌린다.
⑤ 재빨리 '다섯'이라고 외친다.

06 이 글을 읽으면 좋은 점으로 알맞은 것은 무엇입니까? (   )

① 낱말의 뜻과 유래를 알 수 있다.
② 장난감 조립 방법을 알 수 있다.
③ 놀이를 하는 방법을 알 수 있다.
④ 요리사들의 요리 방법을 알 수 있다.
⑤ 약을 먹을 때 주의할 점을 알 수 있다.

[07~11] 다음 글을 읽고, 물음에 답하시오.

> ㉠우리나라에는 화강암을 쪼아 만든 석탑이 많습니다. 그 가운데에서 가장 유명한 탑은 다보탑과 석가탑입니다. 다보탑과 석가탑에는 공통점과 차이점이 있습니다.
>
> ㉡다보탑과 석가탑은 공통점이 있습니다. 두 탑은 모두 통일 신라 시대에 만든 탑으로서 불국사 대웅전 앞뜰에 나란히 서 있습니다. 또 두 탑은 그 가치를 인정받아 국보로 지정되었습니다.
>
> ㉢두 탑의 모습은 매우 다릅니다. 다보탑은 장식이 많고 화려합니다. 십자 모양의 받침 주변에 돌계단을 만들고 그 위에 사각·팔각·원 모양의 돌을 쌓아 올렸습니다. 반면 석가탑은 단순하면서도 세련된 멋이 있습니다. 사각 평면 받침 위에 돌을 삼 층으로 쌓아 올려 매우 균형 있는 모습을 자랑합니다.
>
> ㉣다보탑과 석가탑은 서로 다른 모습으로 각각 아름답습니다. 두 탑은 우리 조상의 뛰어난 솜씨와 예술성을 보여 줍니다. 그래서 많은 사람에게 관심과 사랑을 받습니다.

07 다보탑과 석가탑을 만든 때와 있는 곳은 어디인지 빈칸에 들어갈 알맞은 말을 쓰시오.

　(1) 만든 때: (　　　　　) 시대
　(2) 있는 곳: 불국사 (　　　　　) 앞뜰

08 다보탑과 석가탑에 대한 설명으로 알맞은 것을 두 가지 고르시오. 　　　(　 , 　)

　① 두 탑의 모습은 매우 비슷하다.
　② 석가탑은 장식이 많고 화려하다.
　③ 다보탑은 단순하면서 세련되었다.
　④ 석가탑은 사각 평면 받침 위에 돌을 쌓아 올렸다.
　⑤ 다보탑은 십자 모양의 받침 주변에 돌계단을 만들고 그 위에 돌을 쌓아 올렸다.

09 ㉠~㉣ 중 각 문단의 중심 문장으로 알맞지 <u>않은</u> 것의 기호를 쓰시오.

　　　　　　　(　　　　　)

☆☆
10 이 글이 대상을 어떻게 설명했는지 알맞은 것에 ○표 하시오.

　(1) 대상을 상상하여 설명했다. 　　　　(　)
　(2) 글쓴이가 좋아하는 것을 순서대로 설명했다.
　　　　　　　　　　　　　　　　　(　)
　(3) 설명하려는 대상의 특징을 나열하여 설명했다.
　　　　　　　　　　　　　　　　　(　)
　(4) 두 가지 이상의 대상에서 공통점과 차이점을 찾아 설명했다. 　　　　　　　(　)

서술형 문제
11 다음은 이 글에 알맞은 틀을 골라 내용을 정리한 것입니다. ㉮과 ㉯에 들어갈 알맞은 문장을 쓰시오.

다보탑
• 장식이 많고 화려하다.
• 십자 모양의 받침 주변에 돌계단을 만들고 그 위에 사각·팔각·원 모양의 돌을 쌓아 올렸다.

공통점
• 화강암을 쪼아 만든 석탑이다.
• 통일 신라 시대에 만들었다.
• 불국사 대웅전 앞뜰에 서 있다.
• (　　㉮　　)

석가탑
• 단순하면서도 세련된 멋이 있다.
• (　　㉯　　)

㉮	
㉯	

[12~16] 다음 글을 읽고, 물음에 답하시오.

사람들은 다양한 목적으로 탑을 세웁니다. 종교나 군사 목적으로 탑을 만들 뿐만 아니라 무엇인가를 기념하려고 탑을 짓습니다. 세계 여러 도시에 있는 유명한 탑을 알아봅시다.

이탈리아 토스카나주에는 피사의 사탑이 있습니다. 피사의 사탑은 종교 목적으로 만들어졌습니다. 55미터 높이로 세운 이 탑은 완성한 뒤 조금씩 한쪽으로 기울기 시작해 현재 모습이 되었습니다. 그 아슬아슬한 모습은 눈길을 많이 끕니다.

프랑스 파리에는 에펠 탑이 있습니다. 에펠 탑은 1889년에 프랑스 혁명 100주년을 기념해 세웠습니다. 에펠 탑의 높이는 324미터이고, 해마다 세계 여러 나라에서 수백만 관광객이 찾을 만큼 유명합니다. 현재는 파리뿐만 아니라 프랑스 전체를 상징하는 건축물이기도 합니다.

중국 상하이에는 높이가 468미터인 동방명주 탑이 있습니다. 이 탑은 1994년에 방송을 송신하려고 세웠습니다. 동방명주 탑은 높은 기둥을 중심축으로 하여 구슬 세 개를 꿰어 놓은 것 같은 독특한 외형 때문에 '동양의 진주'라고 불립니다.

12 이 글은 무엇에 대하여 쓴 글입니까? ( )

① 동양의 생활
② 관광객의 특징
③ 세계의 유명 탑
④ 내가 좋아하는 탑
⑤ 세계의 여러 도시

13 탑 이름과 탑이 있는 곳을 알맞게 선으로 이으시오.

(1) 에펠 탑 • • ㉮ 중국 상하이

(2) 피사의 사탑 • • ㉯ 프랑스 파리

(3) 동방명주 탑 • • ㉰ 이탈리아 토스카나주

14 에펠 탑에 대한 설명으로 알맞은 것은 무엇입니까? ( )

① 높이가 468미터이다.
② '동양의 진주'라고 불린다.
③ 종교 목적으로 만들어졌다.
④ 프랑스를 상징하는 건축물이다.
⑤ 탑을 완성한 뒤 조금씩 한쪽으로 기울었다.

☆☆
15 이 글의 문단 내용을 알맞게 설명하지 <u>않은</u> 친구는 누구인지 쓰시오.

현주: 첫 번째 문단에서는 설명하려는 대상을 소개했어.
민지: 두 번째, 세 번째, 네 번째 문단에서는 설명하는 대상의 예를 보여 주었어.
승유: 첫 번째 문단과 두 번째 문단은 내용이 서로 비슷하고, 세 번째 문단과 네 번째 문단은 내용이 서로 달라.

( )

16 다음은 이 글의 내용을 정리하려고 고른 틀입니다. 이와 같은 틀에 내용을 정리하면 좋은 점은 무엇인지 쓰시오.

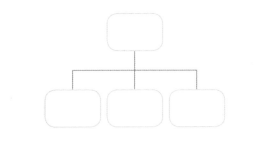

_____

_____

[17~20] 다음 글을 읽고, 물음에 답하시오.

사람은 직업에 따라 고유한 색깔 옷을 입기도 한다. 직업의 특성에 따라 특정 색깔의 옷이 일을 하는 데 도움이 되기 때문이다.

의사나 간호사는 보통 흰색 옷을 입는다. 감염에 민감한 환자들이 있는 병원에서는 위생이 매우 중요한 문제이기 때문이다. 흰색 옷은 옷이 더러워졌을 때 이를 쉽게 알아차릴 수 있게 해 준다. 약사나 위생사, 요리사와 같이 청결을 유지해야 하는 일을 하는 사람들도 마찬가지로 흰색 옷을 입는다.

법관은 검은색 옷을 입는다. 예전 서양에서는 신분에 따라 입을 수 있는 옷 색깔이 정해져 있었지만, 검은색 옷은 누구나 입을 수 있었다. 법관의 검은색 옷은 법 앞에서 모든 사람이 평등하다는 뜻을 나타내며, 다른 것에 물들지 않고 공정하게 재판해야 한다는 의미를 담고 있다.

군인은 주변 환경과 상황에 따라 옷 색깔을 달리하여 입는다. 전투를 벌일 때 적군 눈에 쉽게 띄면 안 되기 때문이다. 예전의 화약 무기는 한번 사용하면 연기가 자욱하여 적군과 아군을 구분하기가 힘들었다. 따라서 당시에는 강한 원색의 군복을 입었다. 오늘날에는 기술이 발달하여 군인은 대부분 주변 환경과 구별하기 힘든 색의 옷을 입는다.

사람들은 직업에 따라 입는 옷 색깔이 다양하다. 옷 색깔이 무엇을 뜻하는지 안다면 그 직업을 더 잘 알 수 있다.

17 이 글은 직업과 무엇의 관계를 설명했습니까?

(   )

① 나이
② 신분
③ 옷 색깔
④ 사는 곳
⑤ 좋아하는 과목

18 의사나 간호사가 흰색 옷을 입는 까닭으로 알맞은 것의 기호를 쓰시오.

㉮ 전투를 벌일 때 적군 눈에 쉽게 띄면 안 되기 때문이다.
㉯ 우리나라 사람들이 전통적으로 흰색 옷을 즐겨 입었기 때문이다.
㉰ 병원에서는 위생이 매우 중요한데, 흰색 옷은 더러워졌을 때 이를 쉽게 알아차릴 수 있기 때문이다.

(   )

19 다음은 어떤 직업과 옷 색깔에 대한 설명인지 (   ) 안의 알맞은 말에 ○표 하시오.

• 예전 서양에서는 신분에 따라 입을 수 있는 옷 색깔이 정해져 있었지만, 검은색 옷은 누구나 입을 수 있었다.
• 법 앞에서 모든 사람이 평등하다는 뜻을 나타내며, 다른 것에 물들지 않고 공정하게 재판해야 한다는 의미를 담고 있다.

(법관 , 군인)의 (초록색 , 검은색) 옷

20 이 글의 내용을 '처음 - 가운데 - 끝'으로 정리할 때 '가운데'에 해당하는 것을 모두 고르시오.

(   )

① 법관은 검은색 옷을 입는다.
② 의사나 간호사는 보통 흰색 옷을 입는다.
③ 사람들은 직업에 따라 입는 옷 색깔이 다양하다.
④ 사람은 직업에 따라 고유한 색깔 옷을 입기도 한다.
⑤ 군인은 주변 환경과 상황에 따라 옷 색깔을 달리하여 입는다.

[01~02] 다음 글을 읽고, 물음에 답하시오.

> ❶ 씨앗을 미지근한 물에 담가 놓는다.
> ❷ 준비한 그릇에 부드러운 헝겊을 깔고, 불린 씨앗을 서로 겹치지 않게 촘촘히 깔아 준다.
> ❸ 종이로 덮어 햇빛을 가리고 물기가 마르지 않게 물뿌리개로 물을 뿌려 준다.
> ❹ 싹이 나오면 종이를 벗겨 그늘에 두고, 수분이 마르지 않도록 물을 준다.
> ❺ 5~6일이 지나면 새싹 채소를 얻을 수 있다.

01 이 글은 무엇에 대하여 설명한 글인지 쓰시오.

_____

_____

02 다음과 같이 이 글에서 설명이 더 필요한 부분은 어디라고 생각하는지 쓰시오.

> 씨앗을 미지근한 물에 얼마나 담가 놓아야 하지?

_____

_____

[03~04] 다음 글을 읽고, 물음에 답하시오.

> 어류는 아가미가 있는 척추동물입니다. 어류는 물속 환경에 적응할 수 있도록 다양한 기관이 발달했습니다.
> 어류 피부는 대부분 비늘로 덮여 있습니다. 비늘은 어류 몸을 보호합니다. 비늘은 짠 바닷물이 몸속으로 들어오지 못하게 막아 줍니다. 또 저마다 비늘 무늬가 달라 몸을 쉽게 숨길 수 있게 합니다.
> 어류는 아가미로 물속에 녹아 있는 산소를 흡수합니다. 입으로 물을 삼키고 아가미로 다시 내뱉는 과정에서 산소를 얻습니다.
> 어류는 몸통에 옆줄이 있습니다. 어류는 옆줄로 물흐름이나 떨림 같은 환경 변화를 알아냅니다.

03 이 글을 읽고 어류에 대해 새롭게 알게 된 점은 무엇인지 쓰시오.

_____

_____

04 이 글의 내용을 두 문장으로 요약하여 쓰시오.

수행 평가

배점 | 20점

학습 주제 대상을 생각하며 설명하는 글 쓰기

학습 목표 친구들에게 자신이 좋아하는 것을 설명하는 글을 쓸 수 있다.

1 자신이 좋아하는 것을 생각해 보고, 친구들에게 설명하고 싶은 내용과 설명 방법을 정해 쓰시오.

설명하고 싶은 내용	(1)
설명 방법	(2)

2 1에서 정한 내용에 알맞은 틀을 보기 에서 골라 중심 내용을 정리해 쓰시오.

3 2에서 정리한 내용을 바탕으로 하여 설명하는 글을 쓰시오.

준비 **문장을 구성하는 성분** 문장을 구성하는 성분을 알아봅시다.

교과서 **지문 학습**
④ 글쓰기의 과정

| 가 | 무엇이 | 토끼가 뜁니다. |
| | 누가 | 아이가 공을 던집니다. |

나	무엇이다	이것은 새입니다.
	어찌하다	새가 나뭇가지에 앉았습니다.
	어떠하다	새가 귀엽습니다.

📝 **단원 학습**

글 쓰는 과정을 알고 자신의 생각을 바르게 표현할 수 있어요.

○ **표의 특징:** 문장이 되려면 무엇이 꼭 있어야 하는지 생각해 볼 수 있습니다.

⑦ 파란색으로 쓰인 부분은 무엇이 뛰는지, 누가 공을 던지는지 알 수 있도록 해 줍니다.
⑪ 파란색으로 쓰인 부분은 문장에서 주체가 되는 대상이 무엇인지, 어찌하는지, 상태나 성질이 어떠한지를 알 수 있게 해 줍니다.

4
단원

파란색으로 쓰인 부분이 문장 안에서 어떤 역할을 하는지 생각해 봐요.

교과서 문제

01 ㉮와 ㉯에서 파란색으로 쓰인 부분은 문장에서 어떤 역할을 하는지 알맞게 선으로 이으시오.

(1) 토끼가, 아이가 •

(2) 새입니다, 나뭇가지에 앉았습니다, 귀엽습니다 •

• ㉠ 문장에서 동작이나 상태의 주체가 된다.

• ㉡ 문장에서 주어의 움직임, 상태, 성질 따위를 풀이해 준다.

02 ㉯에 있는 문장 중 다음과 같은 짜임으로 된 것에 ○표 하시오.

무엇이 + 무엇이다

(1) 이것은 새입니다.   (   )
(2) 새가 귀엽습니다.   (   )
(3) 새가 나뭇가지에 앉았습니다.   (   )

다 파란색으로 쓰인 부분은 문장에서 동작의 대상이 무엇인지를 알 수 있도록 해 줍니다.

◦ **문장 성분**
• 문장에서 동작이나 상태의 주체가 되는 말을 주어라고 합니다.
• 주어의 움직임, 상태, 성질 따위를 풀이하는 말을 서술어라고 합니다.
• 문장에서 동작의 대상이 되는 말을 목적어라고 합니다.

◦ **문장에서 반드시 있어야 할 부분 알기**

매콤한 <u>떡볶이가</u> 익은 고추처럼 <u>빨갛다</u>.

• '떡볶이가'와 '빨갛다'는 반드시 있어야 하는 부분입니다.
• 나머지 부분은 '떡볶이'와 '빨갛다'를 자세하게 꾸며 줍니다.

문장을 구성하는 성분은 주어, 서술어, 목적어예요.

다

| 무엇을 | 나는 음식을 먹었습니다. |
| 무엇을 | 내 친구는 강아지를 좋아합니다. |

교과서 문제

03 다에서 파란색으로 쓰인 부분에 대한 설명으로 알맞은 것은 무엇입니까? (　　　)

① 문장에서 동작의 주체가 되는 말이다.
② 문장에서 상태의 주체가 되는 말이다.
③ 문장에서 동작의 대상이 되는 말이다.
④ 문장에서 주어의 상태를 풀이하는 말이다.
⑤ 문장에서 주어의 움직임을 풀이하는 말이다.

☆☆
04 다음 빈칸에 들어갈 알맞은 말을 보기 에서 골라 쓰시오.

> 보기
>
> 주어　　　　목적어　　　　서술어

(1) 문장에서 동작의 대상이 되는 말을 (　　　　)라고 합니다.
(2) 문장에서 동작이나 상태의 주체가 되는 말을 (　　　　)라고 합니다.
(3) 주어의 움직임, 상태, 성질 따위를 풀이하는 말을 (　　　　)라고 합니다.

서술형 문제

05 다음 문장에서 꼭 있어야 하는 부분만 남기고 줄여 쓰시오.

예쁜 꽃이 들판에 피었습니다.

기본 **글 쓰는 상황이나 목적** 쓸 내용을 떠올려 봅시다.

○ **그림의 특징:** 민재가 학급 신문에 글을 실어야 할 상황에서 지난달에 겪은 일을 떠올리는 내용입니다.

06 민재는 어디에 실을 글을 써 달라는 부탁을 받았는지 쓰시오.

(   )

☆☆
07 민재가 어떤 목적으로 글을 쓰는지 (   ) 안의 알맞은 말에 ○표 하시오.

(자신 , 친구들)이 지난달에 겪은 일을 소개하는 글을 쓰려고 한다.

08 민재가 쓰는 글을 읽을 사람은 누구인지 쓰시오.

(   )

교과서 문제
09 민재가 읽을 사람을 고려해 세운 계획은 무엇입니까? (   )

① 궁금해할 내용으로 써야겠다.
② 재미있어할 내용으로 써야겠다.
③ 이해하기 쉬운 내용으로 써야겠다.
④ 깜짝 놀랄 만한 내용으로 써야겠다.
⑤ 도움이 될 만한 내용으로 써야겠다.

😊 낱말사전
실을 글, 그림, 사진 따위를 책이나 신문 따위의 출판물에 낼.

4
단원

4. 글쓰기의 과정 | **53**

○ **그림의 특징:** ㉮는 글로 쓰고 싶은 내용을 자유롭게 떠올린 것이고, ㉯는 쓸 내용을 몇 가지로 나누어 떠올린 것입니다.

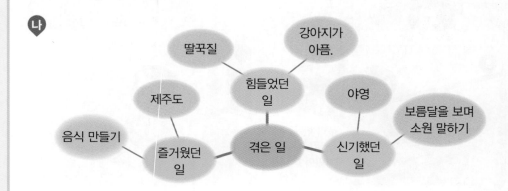

㉮   강아지가 아팠던 일

할머니 댁에 간 일

놀이공원에 놀러 간 일

딸꾹질이 멈추지 않았던 일

친구들과 야구한 일

㉯

교과서 문제

10 ㉮와 ㉯는 글로 쓸 내용을 어떻게 떠올렸는지 알맞은 것을 골라 기호를 쓰시오.

> ㉠ 쓰고 싶은 내용을 자유롭게 떠올렸다.
> ㉡ 쓸 내용을 몇 가지로 나누어 떠올렸다.

(1) ㉮: (   )   (2) ㉯: (   )

☆☆
11 ㉮처럼 쓸 내용을 떠올릴 때 주의할 점으로 알맞은 것에 ○표 하시오.

(1) 떠오른 생각을 시간 순서대로 나열한다.   (   )

(2) 떠오른 생각을 비슷한 주제별로 묶는다.   (   )

(3) 짧은 시간 동안 떠오른 생각을 빠르고 간단하게 적는다.   (   )

12 ㉯에서 떠올린 일 중 '즐거웠던 일'에 해당하는 것을 두 가지 고르시오.

(,   )

① 딸꾹질   ② 제주도

③ 음식 만들기   ④ 강아지가 아픔.

⑤ 보름달을 보며 소원 말하기

낱말사전

딸꾹질 가로막의 경련으로 들이쉬는 숨이 방해를 받아 목구멍에서 이상한 소리가 나는 증세.

기본 민재가 겪은 일

① 달걀말이가 정말 맛있어요, 삼촌.

민재

② 달걀말이를 맛있게 만들려면…….

③ 아빠, 달걀말이를 만들어 보고 싶어요.

그래? 그럼 시장에 들렀다 갈까?

④ 삼촌께서 달걀을 골고루 잘 저어야 한다고 하셨어요.

⑤ 맛있게 잘 만든 것 같아요!!

이야, 아주 훌륭한데?

⑥ 우아, 달걀말이잖아? 맛있겠다.

○ **그림의 특징:** 민재가 스스로 달걀말이를 만든 경험이 나타나 있는 그림입니다.

①~② 삼촌께서 민재에게 달걀말이를 만들어 주셨습니다.
③~⑥ 민재는 스스로 달걀말이를 만들어 보았습니다.

13 민재가 누구와 함께 겪은 일입니까? ( )

① 민재 혼자 겪은 일이다.
② 친구와 함께 겪은 일이다.
③ 가족과 함께 겪은 일이다.
④ 이웃과 함께 겪은 일이다.
⑤ 애완동물과 함께 겪은 일이다.

☆☆
14 민재에게 어떤 일이 있었습니까? ( )

① 어머니께서 병원에 입원하셨다.
② 친구들과 놀이공원에 놀러 갔다.
③ 스스로 운전을 할 수 있게 되었다.
④ 창밖의 보름달을 보며 소원을 빌었다.
⑤ 스스로 맛있는 달걀말이를 만들 수 있었다.

15 그림 ⑤에서 민재의 기분으로 알맞은 것은 무엇입니까? ( )

① 즐겁고 신난다.
② 어렵고 힘들다.
③ 놀랍고 신기하다.
④ 무섭고 걱정된다.
⑤ 화가 나고 속상하다.

낱말사전

들렀다 지나는 길에 잠깐 들어가 머물렀다.

저어야 액체나 가루 따위가 고르게 섞이도록 손이나 기구 따위를 내용물에 넣고 이리저리 돌려야.

- 글의 종류: 생활문
- 글의 특징: 스스로 달걀말이를 만든 경험을 쓴 글입니다.

❶ 지난 주말에 삼촌께 달걀말이 만드는 방법을 배워 왔다.
❷ 달걀말이에 필요한 재료를 준비하고 달걀말이를 만들었다.
❸ 아버지께서는 내가 만든 달걀말이를 드시고 정말 맛있다고 하셨다.

도전! 달걀말이

❶ 나는 달걀말이를 정말 좋아한다. 날마다 달걀말이를 반찬으로 먹어도 투정하지 않을 자신이 있다. 지난 주말에 삼촌 댁에 갔더니 삼촌께서 내가 좋아하는 달걀말이를 해 주셨다. ㉠삼촌은 요리를 정말 잘하시는 것 같다. 달걀말이가 너무 맛있어서 삼촌께 달걀말이를 만드는 방법을 배워 왔다.

❷ ㉡먼저 재료로 달걀 여섯 알, 다진 파 한 줌, 소금, 식용유를 준비한다. 그런 다음 달걀을 큰 그릇에 깨뜨려 넣고 다진 파 한 줌과 소금 적당량을 넣어서 골고루 잘 저어 준다. 삼촌께서 이때 달걀을 젓가락으로 싹둑싹둑 잘라 주어야 좋다고 하셨다. 덩어리진 것을 가위로 자르듯 끊어 주면 된다고 하셨다. 그런 다음 약한 불에 준비한 지짐 판을 얹고 식용유를 골고루 두른 뒤 달걀물을 넓게 붓는다. 그리고 조금씩 익으면 끝에서부터 뒤집개로 살살 말아 준다.

❸ ㉢내가 음식을 만든다고 하니 아버지께서 걱정하시며 조금 도와주셨다. 그리고 내가 처음으로 만든 달걀말이를 드시고 정말 맛있다고 하셨다. ㉣내가 만든 요리를 우리 반 친구들에게도 주고 싶지만 사람이 너무 많으니 특별히 요리 비법을 공개한 것이다.

....

16 글쓴이가 달걀말이를 만든 까닭은 무엇입니까? ( )

① 달걀말이를 싫어하기 때문이다.
② 반 친구들이 부탁했기 때문이다.
③ 엄마께서 먹고 싶어 하셨기 때문이다.
④ 삼촌 댁에서 먹고 너무 맛있었기 때문이다.
⑤ 음식점에서 보기만 하고 먹어 보지 못했기 때문이다.

☆☆
17 밑줄 친 ㉠~㉣ 중 글쓴이가 글을 쓴 상황이나 목적을 짐작할 수 있는 부분을 찾아 기호를 쓰시오.

( )

낱말사전

투정하지 무엇이 모자라거나 못마땅하여 떼를 쓰며 조르지.

비법 공개하지 않고 비밀리에 하는 방법.

서술형 문제
18 글쓴이가 글의 제목을 「도전! 달걀말이」라고 붙인 까닭은 무엇인지 쓰시오.

_____

기본 상쾌한 아침 어떤 일이 있었는지 생각하며 「상쾌한 아침」을 읽어 봅시다.

4 글쓰기의 과정

상쾌한 아침

❶ 아침 일찍, 아빠께서 공원에 가자며 나를 깨우셨다.

"일찍 일어나는 새가 벌레를 잡는다는 말이 있어. 얼른 일어나자."

아빠 말씀에 난 억지로 일어나 세수를 하고 옷을 입었다. 공원에 갈 준비가 끝날 때까지도 난 계속 툴툴거렸다.

❷ 대문을 나서니, 찬 바람에 코끝이 시려 손으로 코를 가렸다.

"왜? 춥니? 좀 걸으면 괜찮아질 거야."

아빠께서는 물통을 들고 뚜벅뚜벅 걸어가셨다. 아빠 발걸음이 어찌나 빠른지 나는 그 뒤를 따라 뛰어야 했다. 뒷산 시민 공원에 도착하니 벌써 운동하는 사람이 많아 깜짝 놀랐다. / "준비 운동부터 하자."

나는 아빠를 따라 맨손 체조를 했다. 체조를 하고 나니 정말 추위가 달아나는 것 같았다. 철봉에서 턱걸이를 다섯 번이나 해서 아빠께 칭찬을 들었다. 아침 일찍 일어나기는 힘들었지만 아빠께 칭찬을 들으니 기분이 좋았다. 운동으로 땀을 흘린 뒤에 마시는 물은 배 속까지 시원하게 했다.

❸ ㉠이웃 어른들께 반갑게 인사를 하며 아빠와 함께 공원을 나왔다. ㉡나는 아빠를 앞질러 집으로 달렸다. ㉢아빠와 함께 아침 운동을 하니 기분이 참 상쾌했다.

☆☆
19 글쓴이가 어떤 경험을 떠올려 쓴 글입니까? ( )

① 봉사를 다녀온 경험
② 아침 운동을 다녀온 경험
③ 삼촌 댁에 다녀온 경험
④ 저녁 운동을 다녀온 경험
⑤ 새가 벌레 잡는 모습을 본 경험

교과서 문제
20 ❷에서 일어난 일과 그에 어울리는 생각이나 느낌을 알맞게 선으로 이으시오.

(1) 공원까지 걸음. · · ㉮ 물이 배 속까지 시원하게 함.

(2) 턱걸이를 다섯 개나 성공함. · · ㉯ 생각보다 사람이 많아서 놀람.

(3) 운동으로 땀을 흘린 뒤에 물을 마심. · · ㉰ 아빠께 칭찬을 들어 기분이 좋음.

21 ㉠~㉢ 중 글쓴이의 생각이나 느낌이 나타난 것의 기호를 쓰시오.

( )

○ 글의 종류: 생활문
○ 글의 특징: 아빠와 아침 일찍 공원에 가서 운동을 한 경험을 쓴 글입니다.

❶ 아침 일찍, 아빠께서 공원에 가자며 나를 깨우셨다.
❷ 공원에 도착한 뒤, 아빠를 따라 맨손 체조를 했고 턱걸이를 다섯 번이나 성공했다.
❸ 이웃 어른들께 인사를 하며 공원을 나와 집으로 달렸다.

낱말사전

툴툴거렸다 마음에 차지 않아서 잇따라 몹시 투덜거렸다.

맨손 아무것도 끼거나 지니지 않은 손.

턱걸이 철봉을 손으로 잡고 몸을 올려 턱이 철봉 위까지 올라가게 하는 운동.

○ 글의 종류: 생활문

○ 글의 특징: 할머니께서 집에 오신 일을 쓴 글입니다.

❶ 학교 공부가 끝나고 집에 오니 할머니께서 계셨다.

❷ 할머니께서 떡볶이를 해 주셨다. 친구 집에 다녀와 할머니와 만화 영화도 보고, 과일과 피자도 먹었다.

❸ 할머니께서는 저녁을 드시고 나서 댁으로 가셨다.

할머니께서 오신 날

❶ 학교 공부가 끝나고 집으로 갔다. 오늘은 어려운 내용을 배워 머리가 아팠다. 그런데 집에 오니 할머니께서 계셨다. 늘 내 편이 되어 주시는 할머니께서 계시니 갑자기 기분이 좋아졌다.

❷ 할머니께서 공부하느라 고생했다며 맛있는 떡볶이를 해 주셨다. 동생과 함께 먹다 보니 어느새 떡볶이를 다 먹었다. 정말 맛있었다. 짝과 함께 수학 공부를 하기로 해서 할머니께 인사드리고 친구 집으로 갔다. 할머니께 공부를 열심히 한다고 칭찬을 들었지만 할머니와 함께 있지 못해 아쉬운 마음이 들었다. 수학 공부를 하는 동안 할머니께서 일찍 가시지 않았으면 좋겠다고 생각했다. 공부를 마치자마자 집으로 왔다. 다행히 할머니께서 아직 집에 계셨다. 할머니와 함께 만화 영화도 보고, 과일과 피자도 먹었다.

❸ 할머니께서는 저녁을 드시고 나서 댁으로 가셨다. 생각보다 오래 계셨지만 그래도 헤어질 때가 되니 섭섭했다. 우리 집에 더 자주 오셨으면 좋겠다고 생각하다가 다음부터 내가 할머니 댁에 자주 찾아가야겠다고 생각했다. 즐거운 하루였다.

(서술형 문제)

22 다음은 이 글의 내용을 다발 짓기로 표현한 것입니다. 빈칸에 들어갈 알맞은 내용을 쓰시오.

일어난 일		생각이나 느낌
할머니께서 오심.	처음	(1)
• 할머니께서 떡볶이를 해 주심. • 친구 집에 수학 공부를 하러 감. • 할머니께서 여전히 계심.	가운데	• 맛있게 먹음. • 할머니와 함께 있지 못해 아쉬움. • 할머니께서 아직 집에 계신 것을 다행이라고 생각함.
(2)	끝	섭섭함. 더 자주 오시면 좋겠음.

흐름에 맞게 생각이나 느낌을 묶는 것을 **다발 짓기**라고 해요.

(교과서 문제)

23 **22**의 다발 짓기에는 없는 내용을 이 글에는 어떻게 썼는지 알맞은 것에 ○표 하시오.

(1) 한 일, 들은 일, 본 일을 글에서 더 간단하게 나타냈다. ( )

(2) 일어난 일에 대한 글쓴이의 생각을 글에서 더 자세하게 드러냈다. ( )

😊 낱말사전

아쉬운 미련이 남아 서운한.

섭섭했다 서운하고 아쉬웠다.

기본 문장의 호응 관계   호응 관계가 알맞은 문장을 써 봅시다.

1 문장의 호응에 대해 알아보기

• 문장에서 앞에 어떤 말이 오고 짝인 말이 뒤따라오는 것을 호응이라고 합니다.

• 호응이 되지 않으면 문장이 어색해지거나, 전달하려는 뜻이 잘못 전해질 수 있습니다.

2 문장에 쓰인 호응 관계의 종류를 살펴보기

<u>어제</u> 친구와 박물관에 <u>갔다</u>.	➡ 시간을 나타내는 말과 서술어의 호응
<u>아버지께서</u> 청소를 <u>하신다</u>.	➡ ㉠높임의 대상을 나타내는 말과 서술어의 호응
<u>물고기가</u> 낚싯줄에 <u>걸렸다</u>.	➡ 동작을 당하는 주어와 서술어의 호응

○ **호응의 뜻**

문장에서 앞에 어떤 말이 오고 짝인 말이 뒤따라오는 것.

글을 쓰고 난 뒤에는 문장 성분의 호응 관계가 올바른지 확인해야 해요.

교과서 문제

24 자연스러운 문장이 되도록 ( ) 안의 알맞은 말에 ○표 하시오.

(1) 바다가 (보였다 , 보았다).

(2) 할아버지께서 (잔다 , 주무신다).

(3) 내일 (친구를 만났어 , 친구를 만날 거야).

☆☆
25 ㉠과 같은 호응 관계가 나타난 문장을 두 가지 고르시오.   (,   )

① 아버지께 선물을 드렸다.

② 동생이 누나에게 업혔다.

③ 도둑이 경찰에게 잡혔다.

④ 할머니께서 맛있는 떡을 주셨다.

⑤ 나는 어제 재미있는 동화책을 읽었다.

교과서 문제

26 주어와 서술어가 호응하도록 문장을 바르게 고친 것에 ○표 하시오.

나는 동생보다 키와 몸무게가 더 무겁다.

(1) 동생은 나보다 키와 몸무게가 더 무겁다.   (   )

(2) 나보다 동생이 키와 몸무게가 더 무겁다.   (   )

(3) 나는 동생보다 키가 더 크고, 몸무게가 더 무겁다.   (   )

낱말사전

어색해지거나 격식이나 규범, 관습 따위에 맞지 아니하여 자연스럽지 아니해지거나.

4
단원

교과서 핵심 정리

핵심 1 **문장을 구성하는 성분 알기**

• 문장을 구성하는 성분에는 주어, 서술어, 목적어가 있습니다.

주어	• 문장에서 '누가/무엇이'에 해당하는 말입니다. • 문장에서 동작이나 상태의 주체가 되는 말입니다. 예 <u>토끼가</u> 뜁니다. / <u>아이가</u> 공을 던집니다.
서술어	• 문장에서 '무엇이다/어찌하다/어떠하다'에 해당하는 말입니다. • 주어의 움직임, 상태, 성질 따위를 풀이하는 말입니다. 예 이것은 <u>새입니다.</u> 새가 나뭇가지에 <u>앉았습니다.</u> 새가 <u>귀엽습니다.</u>
목적어	• 문장에서 '누구를/무엇을'에 해당하는 말입니다. • 문장에서 동작의 대상이 되는 말입니다. 예 나는 <u>음식을</u> 먹었습니다. 내 친구는 <u>강아지를</u> 좋아합니다.

• 생각을 표현할 때 문장에서 반드시 있어야 하는 부분과 그렇지 않은 부분이 있습니다.
예 문장에서 꼭 있어야 하는 부분만 남기고 줄이기

> 매콤한 떡볶이가 익은 고추처럼 빨갛다.
> ➡ 떡볶이가 빨갛다.

핵심 2 **글쓰기의 과정 알기**

1 쓰기 목적과 대상 정하기
• 어떤 상황에서 어떤 목적으로 글을 쓰는지 생각합니다.
• 읽을 사람을 고려해 계획을 세웁니다.

2 쓸 내용 떠올리기
• 쓰고 싶은 내용을 자유롭게 떠올립니다.
• 쓸 내용을 몇 가지로 나누어 떠올립니다.

3 내용 조직하기
• 일어난 일을 차례대로 정리합니다.
• 처음, 가운데, 끝을 잘 구분합니다.
• 일어난 일에 따라 생각이나 느낌을 잘 정리합니다.
예 「할머니께서 오신 날」의 다발 짓기 내용 살펴보기

일어난 일		생각이나 느낌
할머니께서 오심.	처음	기분이 좋아짐.
• 할머니께서 떡볶이를 해 주심. • 친구 집에 수학 공부를 하러 감. • 할머니께서 여전히 계심.	가운데	• 맛있게 먹음. • 할머니와 함께 있지 못해 아쉬움. • 할머니께서 아직 집에 계신 것을 다행이라고 생각함.
저녁에 할머니께서 댁으로 가심.	끝	섭섭함. 더 자주 오시면 좋겠음.

4 글로 쓰기
• 일어난 일에 대해 생각을 자세하게 드러냅니다.
• 한 일, 들은 일, 본 일을 자세하게 나타냅니다.
• 경험한 일은 생각이나 느낌을 실감 나게 표현합니다.

핵심 3 **호응 관계가 알맞은 문장 쓰기**

• 문장에서 앞에 어떤 말이 오고 짝인 말이 뒤따라오는 것을 호응이라고 합니다.
• 호응이 되지 않으면 문장이 어색해지거나, 전달하려는 뜻이 잘못 전해질 수 있습니다.
예 문장에 쓰인 호응 관계의 종류 알기

시간을 나타내는 말과 서술어의 호응	예 <u>내일</u> 도서관에 <u>갈 거야.</u> <u>어제</u> 친구와 박물관에 <u>갔다.</u>
높임의 대상을 나타내는 말과 서술어의 호응	예 <u>할아버지께서</u> <u>주무신다.</u> <u>아버지께</u> 선물을 <u>드렸다.</u>
동작을 당하는 주어와 서술어의 호응	예 <u>동생이</u> 누나에게 <u>업혔다.</u> <u>도둑이</u> 경찰에게 <u>잡혔다.</u>

단원 정리 평가

01 다음 문장이 어색한 까닭으로 알맞은 것에 ○표 하시오.

> 엄마께 선물을.

(1) 엄마께 무엇을 했는지 설명하지 않았기 때문이다. ( )

(2) 엄마가 누구에게 어떻게 했다는 내용이 없기 때문이다. ( )

(3) 누가 엄마께 선물을 어떻게 했다는 내용이 없기 때문이다. ( )

☆☆
02 다음 그림에 어울리는 문장이 되도록 빈칸에 들어갈 알맞은 말을 쓰시오.

(1) 　무엇이

(　　　) 뜁니다.

(2) 　어찌하다

새가 (　　　).

(3) 　무엇을

나는 (　　　) 먹었습니다.

03 다음 문장에 대한 설명으로 알맞지 않은 것은 무엇입니까? ( )

> ㉠매콤한 ㉡떡볶이가 ㉢익은 ㉣고추처럼 ㉤빨갛다.

① ㉡은 주어이다.

② ㉤은 서술어이다.

③ ㉠, ㉢, ㉣은 ㉡, ㉤을 자세하게 꾸며 준다.

④ 주어, 목적어, 서술어가 모두 들어간 문장이다.

⑤ 생각을 표현할 때 문장에서 반드시 있어야 할 부분은 ㉡, ㉤이다.

04 다음 문장에서 꼭 있어야 하는 부분만 남기고 줄여 쓴 것은 무엇입니까? ( )

> 잽싸고 빠른 경찰이 검정 옷을 입은 도둑을 잡았습니다.

① 잽싸고 빠른 경찰

② 도둑을 잡았습니다.

③ 경찰이 도둑을 잡았습니다.

④ 빠른 경찰이 도둑을 잡았습니다.

⑤ 경찰이 검정 옷을 입은 도둑을 잡았습니다.

서술형 문제
05 주어, 목적어, 서술어가 모두 들어간 문장을 한 가지만 만들어 쓰시오.

_____

_____

[06~07] 다음은 민재가 글로 쓸 내용을 떠올린 것입니다. 내용을 보고, 물음에 답하시오.

> 강아지가 아팠던 일
>
> 할머니 댁에 간 일
>
> 놀이공원에 놀러 간 일
>
> 딸꾹질이 멈추지 않았던 일
>
> 친구들과 야구한 일

06 민재가 글로 쓸 내용을 떠올린 방법으로 알맞은 것에 ○표 하시오.

(1) 쓰고 싶은 내용을 자유롭게 떠올렸다. (　　)
(2) 쓸 내용을 몇 가지로 나누어 떠올렸다. (　　)

07 민재가 떠올린 경험으로 알맞지 <u>않은</u> 것은 무엇입니까? (　　)

① 할머니 댁에 간 일
② 강아지가 아팠던 일
③ 친구들과 축구한 일
④ 놀이공원에 놀러 간 일
⑤ 딸꾹질이 멈추지 않았던 일

☆☆
08 다음은 떠오른 생각을 비슷한 주제별로 묶은 것입니다. ㉠에 알맞은 주제는 무엇인지 골라 ○표 하시오.

(1) 창피했던 일 (　　)
(2) 힘들었던 일 (　　)
(3) 뿌듯했던 일 (　　)

[09~10] 다음 글을 읽고, 물음에 답하시오.

> 지난 주말에 삼촌 댁에 갔더니 삼촌께서 내가 좋아하는 달걀말이를 해 주셨다. 삼촌은 요리를 정말 잘하시는 것 같다. 달걀말이가 너무 맛있어서 삼촌께 달걀말이를 만드는 방법을 배워 왔다.
>
> 먼저 재료로 달걀 여섯 알, 다진 파 한 줌, 소금, 식용유를 준비한다. 그런 다음 달걀을 큰 그릇에 깨뜨려 넣고 다진 파 한 줌과 소금 적당량을 넣어서 골고루 잘 저어 준다. 삼촌께서 이때 달걀을 젓가락으로 싹둑싹둑 잘라 주어야 좋다고 하셨다. 덩어리진 것을 가위로 자르듯 끊어 주면 된다고 하셨다. 그런 다음 약한 불에 준비한 지짐 판을 얹고 식용유를 골고루 두른 뒤 달걀물을 넓게 붓는다. 그리고 조금씩 익으면 끝에서부터 뒤집개로 살살 말아 준다.
>
> 내가 음식을 만든다고 하니 아버지께서 걱정하시며 조금 도와주셨다. 그리고 내가 처음으로 만든 달걀말이를 드시고 정말 맛있다고 하셨다. ㉠<u>내가 만든 요리를 우리 반 친구들에게도 주고 싶지만 사람이 너무 많으니 특별히 요리 비법을 공개한 것이다.</u>

09 이 글의 주제로 알맞은 것은 무엇입니까? (　　)

① 스스로 달걀말이를 만든 일
② 아버지와 함께 야영을 간 일
③ 삼촌께 가위질 방법을 배운 일
④ 아버지께서 음식을 만들어 주신 일
⑤ 반 친구들에게 요리를 만들어 준 일

10 ㉠으로 보아, 이 글을 읽을 사람은 누구인지 쓰시오.

(　　　　　　　　　　　)

[11~15] 다음 글을 읽고, 물음에 답하시오.

> **가** 아침 일찍, 아빠께서 공원에 가자며 나를 깨우셨다.
>
> "일찍 일어나는 새가 벌레를 잡는다는 말이 있어. 얼른 일어나자."
>
> 아빠 말씀에 난 억지로 일어나 세수를 하고 옷을 입었다. 공원에 갈 준비가 끝날 때까지도 난 계속 툴툴거렸다.
>
> **나** 아빠께서는 물통을 들고 뚜벅뚜벅 걸어가셨다. 아빠 발걸음이 어찌나 빠른지 나는 그 뒤를 따라 뛰어야 했다. 뒷산 시민 공원에 도착하니 벌써 운동하는 사람이 많아 깜짝 놀랐다.
>
> "준비 운동부터 하자."
>
> 나는 아빠를 따라 맨손 체조를 했다. 체조를 하고 나니 정말 추위가 달아나는 것 같았다. 철봉에서 턱걸이를 다섯 번이나 해서 아빠께 칭찬을 들었다. 아침 일찍 일어나기는 힘들었지만 아빠께 칭찬을 들으니 기분이 좋았다. 운동으로 땀을 흘린 뒤에 마시는 물은 배 속까지 시원하게 했다.
>
> **다** 이웃 어른들께 반갑게 인사를 하며 아빠와 함께 공원을 나왔다. 나는 아빠를 앞질러 집으로 달렸다. 아빠와 함께 아침 운동을 하니 기분이 참 상쾌했다.

11 글쓴이가 이 글을 쓴 목적은 무엇입니까? (   )

① 준비 운동의 필요성을 설명하기 위해서
② 아침에 일찍 일어나야 한다고 친구들을 설득하기 위해서
③ 속담에 담긴 뜻을 오랫동안 기억하는 방법을 소개하기 위해서
④ 아침 운동으로 제일 좋은 것이 공원 산책이라고 주장하기 위해서
⑤ 아빠와 함께 아침 운동을 다녀온 경험에 대해 생각이나 느낌을 나타내기 위해서

12 이 글에서 일어난 일로 알맞지 <u>않은</u> 것은 무엇입니까? (   )

① 공원까지 걸음.
② 대여소에서 자전거를 빌림.
③ 아빠를 앞질러 집으로 달림.
④ 이웃 어른들께 반갑게 인사함.
⑤ 운동으로 땀을 흘린 뒤에 물을 마심.

13 이 글에서 일이 일어난 장소가 어디에서 어디로 바뀌고 있는지 빈칸에 들어갈 알맞은 말을 쓰시오.

> 집 → (   )

14 이 글에서 다음 일에 대한 생각이나 느낌으로 알맞은 것에 ○표 하시오.

> 턱걸이를 다섯 개나 성공함.

(1) 배 속까지 시원하게 했다. (   )
(2) 운동하는 사람이 많아 깜짝 놀랐다. (   )
(3) 아빠께 칭찬을 들어 기분이 좋았다. (   )

15 **가**와 **다**에서 알 수 있는 '나'의 생각이나 느낌을 바르게 짝지은 것은 무엇입니까? (   )

	가	다
①	일찍 일어나서 뿌듯함.	아침 운동을 하니 기분이 참 상쾌함.
②	더 자고 싶어서 툴툴거림.	아침 운동을 하니 기분이 참 상쾌함.
③	일찍 일어나서 뿌듯함.	더 자고 싶어서 툴툴거림.
④	더 자고 싶어서 툴툴거림.	일찍 일어나서 뿌듯함.
⑤	아침 운동을 하니 기분이 참 상쾌함.	더 자고 싶어서 툴툴거림.

[16~17] 다음 글을 읽고, 물음에 답하시오.

일어난 일		생각이나 느낌
할머니께서 오심.	처음	기분이 좋아짐.
• 할머니께서 떡볶이를 해 주심. • 친구 집에 수학 공부를 하러 감. • 할머니께서 여전히 계심.	가운데	• 맛있게 먹음. • 할머니와 함께 있지 못해 아쉬움. • 할머니께서 아직 집에 계신 것을 다행이라고 생각함.
저녁에 할머니께서 댁으로 가심.	끝	섭섭함. 더 자주 오시면 좋겠음.

16 이 다발 짓기는 크게 어떻게 조직되어 있는지 빈칸에 들어갈 알맞은 말을 각각 쓰시오.

(1) (   ) – (2) (   ) – 끝

17 다음은 이 다발 짓기의 끝부분을 글로 쓴 것입니다. ㉠~㉢ 중, 다발 짓기에 없는 내용을 찾아 기호를 쓰시오.

> 할머니께서는 저녁을 드시고 나서 댁으로 가셨다. 생각보다 오래 계셨지만 그래도 헤어질 때가 되니 ㉠섭섭했다. 우리 집에 ㉡더 자주 오셨으면 좋겠다고 생각하다가 다음부터 내가 할머니 댁에 자주 찾아가야겠다고 생각했다. ㉢즐거운 하루였다.

(   )

18 다음 중 문장의 호응 관계가 알맞은 것은 무엇입니까? (   )

① 내일 친구를 만났어.
② 아버지께서 청소를 한다.
③ 아버지께 선물을 주었어.
④ 동생이 누나에게 업혔다.
⑤ 도둑이 경찰에게 잡았다.

☆☆
19 다음 문장에 쓰인 호응 관계의 종류로 알맞은 것에 ○표 하시오.

> 어제 친구와 박물관에 갔다.

(1) 시간을 나타내는 말과 서술어의 호응 (   )
(2) 동작을 당하는 주어와 서술어의 호응 (   )
(3) 높임의 대상을 나타내는 말과 서술어의 호응

(   )

서술형 문제
20 다음 문장을 주어와 서술어가 호응하도록 바르게 고쳐 쓰시오.

> 숲속에서 다람쥐와 새가 지저귑니다.

_____

서술형 문제

01 다음 그림을 보고 문장이 어색한 까닭을 쓰고, 뜻이 더 잘 통하도록 고쳐 쓰시오.

아이가 던집니다.

문장이 어색한 까닭	(1)
고친 문장	(2)

02 다음 문장의 호응 관계가 어색한 까닭을 쓰고 바르게 고쳐 쓰시오.

어젯밤에 비와 바람이 세차게 불었습니다.

호응 관계가 어색한 까닭	(1)
고친 문장	(2)

[03~04] 다음 글을 읽고, 물음에 답하시오.

가 학교 공부가 끝나고 집으로 갔다. 오늘은 어려운 내용을 배워 머리가 아팠다. 그런데 집에 오니 할머니께서 계셨다. 늘 내 편이 되어 주시는 할머니께서 계시니 갑자기 기분이 좋아졌다.

나 할머니께서 공부하느라 고생했다며 맛있는 떡볶이를 해 주셨다. 동생과 함께 먹다 보니 어느새 떡볶이를 다 먹었다. 정말 맛있었다. 짝과 함께 수학 공부를 하기로 해서 할머니께 인사드리고 친구 집으로 갔다. 할머니께 공부를 열심히 한다고 칭찬을 들었지만 할머니와 함께 있지 못해 아쉬운 마음이 들었다. 수학 공부를 하는 동안 할머니께서 일찍 가시지 않았으면 좋겠다고 생각했다.

다 할머니께서는 저녁을 드시고 나서 댁으로 가셨다. 생각보다 오래 계셨지만 그래도 헤어질 때가 되니 섭섭했다. 우리 집에 더 자주 오셨으면 좋겠다고 생각하다가 다음부터 내가 할머니 댁에 자주 찾아가야겠다고 생각했다. 즐거운 하루였다.

03 어떤 경험을 떠올려 쓴 글인지 쓰시오.

_____

_____

04 ❶ 문단에서 일어난 일에 대한 생각이나 느낌을 정리하여 쓰시오.

할머니께서 떡볶이를 해 주심.	(1)
친구 집에 수학 공부를 하러 감.	(2)

수행 평가

배점 | 20점

학습 주제　자신의 생각을 글로 나타내기

학습 목표　떠올린 내용을 조직하고 글로 나타낼 수 있다.

1 글로 쓰고 싶은 경험을 떠올려 빈칸에 알맞게 쓰시오.

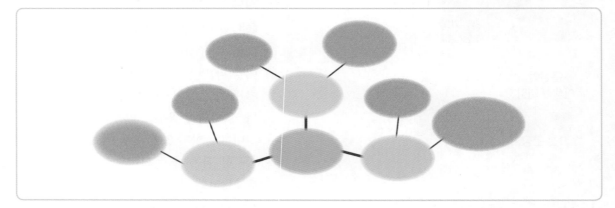

2 1에서 떠올린 내용으로 다발 짓기를 하시오.

일어난 일		생각이나 느낌
	처음	
	가운데	
	끝	

3 2의 내용을 글로 쓰시오.

교과서 **지문 학습**

5 글쓴이의 주장

준비 **여러 가지로 해석되는 낱말** 상황에 따라 여러 가지로 해석되는 낱말을 알아봅시다.

📎 단원 학습

낱말 뜻을 생각하며 글을 읽고 글쓴이의 주장을 파악할 수 있어요.

○ **그림의 특징:** 남자아이가 낱말의 뜻을 헷갈려 하는 상황으로, 여러 가지로 해석되는 낱말이 나타나 있습니다.

교과서 문제

01 그림 ②에서 남자아이는 왜 걱정하는 표정을 지었습니까? (　　)

① 자신의 가족이 아프기 때문이다.

② 태빈이가 다리를 다쳤기 때문이다.

③ 태빈이가 위험한 다리 위에 서 있었기 때문이다.

④ 다리가 부러졌다는 말을 듣고 누군가 다리를 다친 줄 알았기 때문이다.

⑤ 어디 다녀오는 길이라는 말을 듣고 태빈이가 길을 잃은 줄 알았기 때문이다.

☆☆
02 남자아이가 낱말의 뜻을 헷갈려 한 까닭으로 알맞은 것의 기호를 쓰시오.

> ㉮ '길'의 뜻이 여러 가지이기 때문이다.
> ㉯ '다리'의 뜻이 여러 가지이기 때문이다.
> ㉰ '우리'의 뜻이 여러 가지이기 때문이다.

(　　　　　　　)

03 ㉠은 무엇의 '다리'를 가리키는지 쓰시오.

(　　　　　　)

😊 **낱말사전**

다양하게 모양, 빛깔, 형태, 양식 따위가 여러 가지로 많게.

5
단원

동형어인 낱말은 뜻이 서로 관련이 없지만 다의어의 뜻은 서로 관련이 있어요.

1 동형어: 형태는 같지만 뜻이 서로 다른 낱말

사람의 다리	물을 건너다닐 수 있도록 만든 다리

➡ 신체 부위인 다리와 두 곳을 잇는 다리는 형태가 같을 뿐이지 서로 다른 낱말임.

2 다의어: 한 낱말이 여러 가지 뜻을 가진 경우에 그 낱말

사람의 다리	책상 다리	안경다리

➡ 사람이나 동물의 몸통 아래에 붙어 몸을 받치는 '다리'가 물건에 사용될 수 있음.

교과서 문제

04 다음 그림을 보고 '다리'의 뜻이 어떻게 다른지 알맞게 선으로 이으시오.

(1) 　·　　·㉮ 사람의 다리

(2) 　·　　·㉯ 물을 건너다닐 수 있도록 만든 다리

05 사람이나 동물의 몸통 아래에 붙어 몸을 받치는 '다리'가 물건에 사용된 경우로 알맞은 것을 두 가지 고르시오. (　,　)

① 돌다리　　② 안경다리　　③ 징검다리
④ 구름다리　　⑤ 책상 다리

☆☆
06 동형어와 다의어의 차이점은 무엇인지 알맞은 것에 ○표 하시오.

(1) 동형어는 형태와 뜻이 서로 같고 다의어는 형태와 뜻이 서로 다르다. (　)
(2) 동형어인 낱말은 뜻이 서로 관련이 없지만 다의어의 뜻은 서로 관련이 있다. (　)

낱말사전

부위 전체에 대하여 어떤 특정한 부분이 차지하는 위치.

받치는 물건의 밑이나 옆 따위에 다른 물체를 대는.

어린이 보행 안전

① 자동차가 많아지면서 교통사고는 심각한 사회 문제가 되었다. 신문 기사나 방송으로 교통사고 소식을 자주 접할 수 있다. 그중에서도 어린이 교통사고는 가벼운 사고로도 심각한 결과를 가져올 수 있기 때문에 주의가 필요하다. 어린이가 교통사고로 사망하는 유형을 보면 보행 중에 교통사고로 사망하는 경우의 비율이 매우 높다. 어린이의 생명을 지키려면 보행 중인 어린이의 교통사고를 줄일 수 있는 방법을 찾아야 한다.

② 어린이 보행 중 교통사고를 줄이는 방법은 무엇일까? 운전자에게 어린이 보행 안전 교육을 철저히 해야 한다. ㉠전체 교통사고 가운데에서 보행 중에 발생한 사고의 나이대별 분포를 살펴보면, 초등학생이 다른 나이대보다 상대적으로 높게 나타나는 것을 알 수 있다. 이는 초등학생들이 바깥 활동이 잦은 데다 위험 상황을 판단하고 그에 대처하는 능력이 부족하기 때문이다. 그러므로 운전자에게 어린이 보행자를 보호할 수 있는 안전 교육을 실시해 어린이 보행 중 교통사고가 ㉡일어나지 않도록 해야 한다.

- ○ 글의 종류: 주장하는 글
- ○ 글의 특징: 어린이 보행 중 교통사고가 일어나지 않도록 하자는 주장이 나타나 있습니다.

① 보행 중 어린이의 교통사고를 줄일 수 있는 방법을 찾아야 한다.

② 운전자에게 어린이 보행 안전 교육을 철저히 해야 한다.

---

07 이 글의 문제 상황으로 알맞은 것은 무엇입니까? (　　　)

① 보행 중에 교통사고로 사망하는 노인이 많다.

② 보행 중에 교통사고로 사망하는 어린이가 많다.

③ 안전띠를 착용하지 않아서 사망하는 노인이 많다.

④ 안전띠를 착용하지 않아서 사망하는 어린이가 많다.

⑤ 교통사고로 사망하는 사람의 대부분은 운전석 탑승자이다.

08 ㉠의 까닭을 알맞게 말하지 <u>않은</u> 친구는 누구인지 쓰시오.

> 가연: 초등학생들이 바깥 활동이 잦기 때문이야.
> 동수: 초등학생들은 학교에서 안전 교육을 받기 때문이야.
> 준희: 초등학생들은 위험 상황을 판단하고 그에 대처하는 능력이 부족하기 때문이야.

(　　　　　　　)

☆☆
09 ㉡의 낱말 뜻으로 알맞은 것에 ○표 하시오.

(1) 잠에서 깨어나다. (　　)

(2) 어떤 일이 생기다. (　　)

(3) 누웠다가 앉거나 앉았다가 서다. (　　)

낱말사전

보행 걸어 다님.

심각한 상태나 정도가 매우 깊고 중대한.

유형 성질이나 특징, 모양 등이 비슷한 것끼리 묶은 하나의 무리. 또는 그 무리에 속하는 것.

나이대 나이가 같거나 비슷한 나이의 사람들로 이루어지는 무리.

대처하는 어떤 정세나 사건에 대하여 알맞은 조치를 취하는.

❸ 어린이를 고려한 보행 안전시설도 더 필요하다.

❹ 어린이 스스로도 보행 중 교통사고를 당하지 않도록 노력해야 한다.

❺ 우리 모두 노력해 어린이 보행 중 교통사고가 일어나지 않도록 하자.

❸ 어린이를 고려한 보행 안전시설도 더 필요하다. 학교 앞길에는 과속 차량을 단속하는 장치를 마련해야 한다. 그리고 학교 근처의 어린이 보호 구역을 현재 반지름 300미터보다 더 넓게 하여 어린이들이 안전하게 다닐 수 있게 해야 한다. 그뿐만 아니라 어린이가 많이 다니는 길에는 과속 방지 턱을 만들어 차량 속도를 낮추도록 해야 한다. 이와 같은 안전시설은 어린이 교통사고를 줄이는 데 많은 도움이 될 것이다.

❹ 어린이 스스로도 보행 중 교통사고를 당하지 않도록 노력해야 한다. 도로에서 발생하는 수많은 비극은 교통 법규를 무시하고 조금 빨리 가려다가 발생한다. 운전자와 보행자 모두 도로에서 시간적 여유를 가지는 마음이 필요하다. 보행 신호가 초록색으로 바뀌지도 않았는데 보행자가 무리하게 길을 건너면 사고를 당할 수 있다. 그리고 신호가 바뀌자마자 좌우를 살피지 않고 출발하다가 사고를 당하기도 한다. 또 신호가 바뀐 뒤에도 신호 위반을 하는 차가 있을 수 있기 때문에 늘 조심해야 한다. 따라서 운전자와 보행자 모두 도로에서 조급하게 서두르지 말고 교통 법규와 안전 수칙을 지키며 생활해야 한다.

❺ 이제부터라도 어린이 보행 중 교통사고를 줄이는 일에 모두 힘써야 한다. 어린이 보행 안전은 남에게 미룰 수도 없고, 남이 대신해 줄 수도 없다. 우리 모두 노력해 어린이 보행 중 교통사고가 일어나지 않도록 하자.

교과서 문제

10 어린이 보행 중 교통사고를 줄일 수 있는 방법은 무엇인지 빈칸에 들어갈 알맞은 말을 쓰시오.

(1) 어린이를 고려한 보행 (   )이/가 더 필요하다.

(2) (   )에게 어린이 보행 안전 교육을 철저히 해야 한다.

(3) (   ) 스스로도 보행 중 교통사고를 당하지 않도록 노력해야 한다.

서술형 문제

11 이 글을 통해 글쓴이가 하고 싶은 말은 무엇인지 쓰시오.

_____

☆☆
12 이 글에 나오는 다음 낱말 중 동형어나 다의어가 아닌 것은 무엇입니까? (   )

① 도로   ② 사고   ③ 우리

④ 일어나다   ⑤ 필요하다

❶ 인공 지능 기술의 개발 속도는 우리가 예상할 수 없을 만큼 빨라지고 있습니다. 많은 사람이 다음 세기에는 인공 지능이 인간을 뛰어넘을 것이라고 말합니다. 앞으로 인공 지능은 우리의 삶 곳곳에 영향을 미칠 것입니다. 그런 미래는 편리함이라는 빛만큼이나 위험하고 어두운 그림자 또한 있을 것이라고 생각합니다. 그러므로 인공 지능이 일으킬 위험을 막을 방법도 생각해야 합니다.

❷ 첫째, 인공 지능을 가졌느냐 아니냐에 따라 부자는 더 부자가 되고 가난한 사람은 더욱 가난해질 것입니다. 이로써 사회적 · 경제적 불평등은 더욱 심해질 것입니다.

❸ 둘째, 힘이 강한 나라나 집단이 힘이 약한 나라나 사람들을 지배할 수도 있습니다. 인공 지능이 발달하면 힘 있는 사람들의 지배력이 지금과 비교가 안 될 정도로 강해질 것입니다. 즉 ㉠나라 사이에 새로운 지배 관계가 생길 위험이 매우 크다고 생각합니다.

○ 글의 종류: 주장하는 글
○ 글쓴이: 황연성
○ 글의 특징: 인공 지능이 일으킬 위험을 알고 이를 막을 방법을 생각해야 한다는 주장이 나타나 있습니다.

❶ 인공 지능이 일으킬 위험을 막을 방법을 생각해야 합니다.
❷ 인공 지능이 사회적 · 경제적 불평등을 심화시킬 것입니다.
❸ 힘이 강한 나라나 집단이 힘이 약한 나라나 사람들을 지배할 수도 있습니다.

13 이 글의 내용으로 알맞지 <u>않은</u> 것은 무엇입니까? ( )

① 인공 지능 기술은 편리하지 않다.
② 인공 지능 기술의 개발 속도가 빨라지고 있다.
③ 인공 지능 기술에는 위험하고 어두운 면도 있다.
④ 인공 지능은 우리의 삶 곳곳에 영향을 미칠 것이다.
⑤ 다음 세기에는 인공 지능이 인간을 뛰어넘을 수도 있다.

교과서 문제
14 ㉠의 까닭으로 빈칸에 들어갈 알맞은 말은 무엇입니까? ( )

| 인공 지능이 발달하면 ( )의 지배력이 매우 강해질 것이기 때문이다. |

① 동물들　　　　　　　　② 힘 있는 사람들
③ 힘이 약한 나라　　　　④ 힘이 약한 사람들
⑤ 힘이 강한 나라에 의존하는 나라

교과서 문제
15 이 글에서 많이 쓰인 낱말을 알맞게 말한 친구는 누구인지 쓰시오.

지호: '인간', '미래', '힘'이 가장 많이 쓰인 낱말이야. 이 낱말을 보고 글쓴이가 인간과 관련한 내용을 강조한다는 것을 알 수 있어.
은별: '인공 지능', '위험', '지배'가 가장 많이 쓰인 낱말이야. 이 낱말을 보고 글쓴이가 인공 지능과 관련한 내용을 강조한다는 것을 알 수 있어.

( )

낱말사전

인공 지능 인간의 지능이 가지는 학습, 추리, 적응, 논증 따위의 기능을 갖춘 컴퓨터 시스템.
불평등 차별이 있어 고르지 아니함.
지배할 어떤 사람이나 집단을 자신의 뜻대로 복종하게 하여 다스리거나 차지할.

④ 인간이 인공 지능에게 지배를 받게 될지도 모릅니다.
⑤ 인공 지능의 위험을 막을 방법을 연구해야 합니다.

④ 셋째, 지금보다 더 발달한 인공 지능이 등장하면 인간은 인공 지능에게 지배를 받게 될지도 모릅니다. 인공 지능은 인간보다 뛰어난 지적 능력이 있으면서 인간에게 있는 문제점은 없습니다. 인공 지능에게 독립성이 생긴다면 인공 지능은 인간의 통제에서 벗어나고 끝내 인간 사회는 비극을 맞게 될 것입니다.

⑤ 세계적인 학자들이 공개한 ㉠'인공 지능에게 보내는 공개편지'에는 우리 사회가 인공 지능으로 엄청난 이득을 얻을 수도 있지만, 인공 지능에 숨어 있는 위험을 막을 방법을 깊이 연구해야 한다는 내용이 담겨 있습니다. 인간이 편리함에 눈이 멀어 인공 지능을 계속 개발한다면 인간은 스스로에게 덫을 놓는 실수를 저지르게 될지도 모릅니다.

16 ④ 문단에서 말한, 인공 지능 때문에 인간 사회가 맞게 될 비극은 무엇입니까?
（　　）

① 인간이 편리함을 좋아하는 것
② 인공 지능이 인간에게 편지를 보내는 것
③ 인간이 인공 지능에게 지배를 받게 되는 것
④ 우리 사회가 인공 지능으로 엄청난 이득을 얻는 것
⑤ 학자들이 인공 지능의 위험을 막을 방법을 연구하는 것

17 ㉠의 주요 내용으로 ㉮, ㉯에 들어갈 알맞은 말은 무엇입니까?　　（　　）

> 우리 사회가 인공 지능으로 엄청난 (　㉮　)을/를 얻을 수도 있지만, 인공 지능에 숨어 있는 (　㉯　)을/를 막을 방법을 깊이 연구해야 한다는 내용

	㉮	㉯
①	통제	지배
②	지배	통제
③	이득	위험
④	위험	이득
⑤	통제	이득

☆☆
18 이 글의 제목으로 어울리는 것에 ○표 하시오.

(1) 인공 지능 개발에 따른 위험　　　　　　　　　　　　　　　（　　）
(2) 인공 지능은 미래의 희망이다　　　　　　　　　　　　　　（　　）
(3) 인간보다 지적 능력이 뛰어난 인공 지능　　　　　　　　　（　　）

😊 낱말사전

통제 일정한 방침이나 목적에 따라 행위를 제한함.
이득 이익을 얻음. 또는 그 이익.
덫 짐승을 꾀어 잡는 기구.

5 글쓴이의 주장

❶ 영국의 어느 대학교에서 펼친 '킬러 로봇 반대 운동'을 들어 보았습니까? 이 운동은 로봇을 개발할 때 돈을 우선할 것이 아니라 사회에 끼칠 위험도 함께 생각해야 한다고 말합니다. 이처럼 우리 사회 곳곳에서는 인공 지능을 개발하거나 이용할 때 사회에 질 책임을 강조하려는 움직임이 활발히 일어나고 있습니다. 인공 지능에는 위험이 있긴 하지만 우리는 인공 지능을 개발하는 것을 포기할 수 없습니다. 인공 지능은 인류 미래에 꼭 있어야 할 기술입니다.

❷ 첫째, 인공 지능에 제대로 된 규칙을 부여해 잘 통제하고 활용하면 인류의 삶은 더욱 편리하고 풍요로워질 것입니다. 예를 들어 움직임이 불편한 노인과 장애인들은 무인 자동차로 자유롭게 이동할 수 있습니다. 인류가 인공 지능을 제대로 관리한다면 인공 지능은 인류에게 많은 도움이 될 것입니다.

❸ 둘째, 인공 지능과 관련한 일자리가 늘어날 것입니다. 많은 사람이 인공 지능의 발달로 삼십 년 안에 현재의 일자리 절반이 사라질 것이라고 걱정합니다. 하지만 이 문제는 사람들의 의견을 모으고 제도를 마련하여 인공 지능이 인간의 일자리를 **빼앗지** 않도록 하면 됩니다. 더 나아가 인공 지능 관련 일자리를 늘려 나갈 수도 있습니다.

○ **글의 종류:** 주장하는 글
○ **글쓴이:** 황연성
○ **글의 특징:** 인공 지능은 인류의 미래를 희망으로 가득하게 만들어 줄 것이라는 주장이 나타나 있습니다.

❶ 인공 지능은 인류 미래에 꼭 있어야 할 기술입니다.
❷ 인공 지능에 제대로 된 규칙을 부여해 잘 통제하고 활용하면 인류의 삶은 더욱 편리하고 풍요로워질 것입니다.
❸ 인공 지능과 관련한 일자리가 늘어날 것입니다.

교과서 문제

19 ❶ 문단의 중심 내용으로 알맞은 것에 ○표 하시오.

(1) 킬러 로봇 반대 운동을 시작할 때가 되었다. ( )

(2) 인공 지능은 인류 미래에 꼭 있어야 할 기술이다. ( )

(3) 인공 지능이 사회에 끼칠 위험은 생각보다 크지 않다. ( )

20 이 글에 나오는 인공 지능 기술을 이용한 예를 두 가지 고르시오. (,)

① 석유난로　　　　② 킬러 로봇
③ 세발자전거　　　　④ 무인 자동차
⑤ 증기 기관차

서술형 문제

21 다음은 인공 지능 개발에 따른 문제점입니다. 이 문제점을 글쓴이는 어떻게 해결할 수 있다고 했는지 쓰시오.

> 인공 지능의 발달로 삼십 년 안에 현재의 일자리 절반이 사라질 것이다.

_____

낱말사전

부여해 사물이나 일에 가치나 의의 따위를 붙여.

통제하고 어떤 방침이나 목적에 따라 행위를 하지 못하게 막고.

무인 사람이 없음.

제도 관습, 도덕, 법률 등의 규범이나 사회 구조의 체계.

❹ 사람이 하기 어렵거나 위험한 일을 인공 지능이 대신할 수 있습니다.

❺ 인공 지능은 인류의 미래를 희망으로 가득하게 만들어 줄 것입니다.

❹ 셋째, 사람이 하기 어렵거나 위험한 일을 인공 지능이 대신할 수 있습니다. 사람 몸에 해로운 물질을 다루는 일이나 높은 빌딩에 페인트를 칠하는 일같이 위험한 일을 인공 지능 로봇이 대신한다면 어쩌다가 일어날 수 있는 사고나 피해를 줄일 수 있습니다.

❺ 인공 지능 개발을 연구하는 학자들은 인공 지능으로 세상을 더 살기 좋게 만들 수 있도록 다양한 분야에서 노력할 것이라고 말했습니다. 앞으로 인공 지능은 인간의 생활을 이롭게 하는 생활 속 기술로 자리 잡을 것입니다. 인간에게 나쁜 영향을 줄 수 있는 인공 지능은 철저히 통제하고, 인간을 보호하고 도울 수 있는 인공 지능을 활용하면 인공 지능은 인류의 미래를 희망으로 가득하게 만들어 줄 것입니다.

22 이 글에서 제시한 인공 지능의 좋은 점으로 알맞은 것의 기호를 모두 쓰시오.

> ㉮ 인공 지능과 관련한 일자리가 줄어들 것이다.
> ㉯ 인공 지능이 사회적 · 경제적 불평등을 심화시킬 것이다.
> ㉰ 사람이 하기 어렵거나 위험한 일을 인공 지능이 대신할 수 있다.
> ㉱ 인공 지능을 잘 통제하고 활용하면 인류의 삶은 더욱 편리하고 풍요로워질 것이다.

(   )

교과서 문제
23 글쓴이의 주장은 무엇인지 (   ) 안의 알맞은 말에 ○표 하시오.

> 인공 지능은 인류의 미래를 (희망 , 위험)으로 가득하게 만들어 줄 것이다.

☆☆
24 글쓴이의 주장을 파악하는 방법을 생각하며 빈칸에 들어갈 알맞은 말을 보기 에서 골라 쓰시오.

> ┌─ 보기 ─
> 문단   낱말   근거

(1) 각 (   )의 중심 내용을 확인한다.
(2) 글쓴이가 여러 번 강조해 사용한 (   )이/가 무엇인지 확인한다.
(3) 글쓴이의 의견이 무엇인지 알아보고, 어떤 (   )을/를 제시했는지도 살펴본다.

🔖 **낱말사전**

다루는 기계나 기구 따위를 사용하는.

철저히 밑바닥까지 빈틈이나 부족함이 없이.

글을 쓸 때에도 지켜야 할 윤리가 있다

❶ 일상생활에서 규칙과 질서를 잘 지키는 일이 중요한 것처럼, 글을 쓸 때에도 다른 사람에게 피해를 주지 않으려면 규범을 지켜야 한다. 글을 쓸 때 남의 글을 베껴 자신이 쓴 글인 양 속이는 사람이 있다. 그리고 진실이 아닌 내용을 진실인 것처럼 거짓으로 꾸며 글을 쓰는 사람도 있다. 또 읽는 사람이 크게 상처를 받을 수 있는 내용의 글을 함부로 쓰는 사람도 있다. 이것은 모두 글쓰기 과정에서 지켜야 할 규범과 예의를 지키지 않은 경우이다. 이처럼 글을 쓰는 과정에서 지켜야 하는 여러 가지 규범을 쓰기 윤리라고 한다. 글을 쓸 때 흔히 글만 잘 쓰면 된다고 생각하기 쉽지만 아무리 잘 쓴 글이라고 하더라도 쓰기 윤리에 벗어난 글이라면 아무 소용이 없다. 쓰기 윤리를 지켜야 하는 까닭을 살펴보자.

❷ 첫째, 쓰기 윤리를 지키지 않는 것은 법을 어기는 일이다. 무엇보다 진실이 아닌 내용을 진실인 것처럼 쓰는 경우, 법으로 처벌을 받을 수도 있다. 예를 들어 어떤 ㉠과학자가 자신이 연구한 결과를 돋보이게 하려고 내용을 조작하거나 결과를 부풀려서 쓴 보고서를 발표했다고 하자. 이것은 과학자 자신뿐만 아니라 그 보고서를 읽는 모든 사람을 속이는 일로, 법의 심판을 피할 수 없다. 이렇듯 쓰기 윤리의 시작은 스스로에게 떳떳하고 진실하게 쓰는 것이며 이를 어길 경우 처벌을 받을 수도 있음을 유념해야 한다.

○ 글의 종류: 주장하는 글
○ 글의 특징: 쓰기 윤리를 지키자는 주장이 나타나 있습니다.

❶ 글을 쓸 때에도 다른 사람에게 피해를 주지 않으려면 규범을 지켜야 한다.
❷ 쓰기 윤리를 지키지 않는 것은 법을 어기는 일이다.
❸ 쓰기 윤리를 지키지 않으면 다른 사람에게 물질이나 정신 피해를 줄 수 있다.
❹ 쓰기 윤리를 지키지 않는 것은 문화 발전을 막는 일이다.
❺ 쓰기 윤리를 존중하는 것은 우리나라의 미래 발전에 영향을 미칠 정도로 중요한 일이므로 쓰기 윤리를 지켜야 한다.

25 쓰기 윤리란 무엇인지 빈칸에 들어갈 알맞은 말을 이 글에서 찾아 쓰시오.

> 글을 쓰는 과정에서 지켜야 하는 여러 가지 (   )을/를 말한다.

26 다음 중 쓰기 윤리를 잘 지킨 사람을 골라 ○표 하시오.

(1) 읽는 사람을 배려하며 글을 쓴 사람 (   )
(2) 글을 쓸 때 남의 글을 베껴 자신이 쓴 글인 양 속이는 사람 (   )
(3) 읽는 사람이 크게 상처를 받을 수 있는 내용의 글을 함부로 쓰는 사람 (   )

27 ㉠에 대한 설명으로 알맞지 <u>않은</u> 것은 무엇입니까? (   )

① 과학자 자신을 속이는 일이다.
② 쓰기 윤리를 지키지 않은 일이다.
③ 법의 심판을 피할 수 없는 일이다.
④ 스스로에게 떳떳하고 진실한 행동이다.
⑤ 보고서를 읽는 모든 사람을 속이는 일이다.

낱말사전

규범 한 사회의 구성원으로서 따르고 지켜야 할 원리나 행동 양식.

양 어떤 모양을 하고 있거나 어떤 행동을 짐짓 취함을 나타내는 말.

윤리 사람으로서 마땅히 행하거나 지켜야 할 도리.

유념해야 잊거나 소홀히 하지 않도록 마음속에 깊이 간직하여 생각해야.

인용한 남의 말이나 글을 자신의 말이나 글 속에 끌어 쓴.

표절 시나 글, 노래 따위를 지을 때에 남의 작품의 일부를 몰래 따다 씀.

허위 진실이 아닌 것을 진실인 것처럼 꾸민 것.

북돋워 기운이나 정신 따위를 더욱 높여 주어.

5
단원

❸ 둘째, 쓰기 윤리를 지키지 않으면 다른 사람에게 물질이나 정신 피해를 줄 수 있다. 글을 쓰려고 어떤 자료를 이용하는 경우, 자신이 직접 쓴 부분과 자료에서 인용한 부분을 명확하게 구분하지 않으면 표절이 될 수 있다. 너무도 뚜렷하게 의도가 있는 표절이면 저작권자에게 피해를 준다. 예를 들어 어떤 작가가 오랜 시간 힘들여 쓴 이야기책이 유명해졌는데, 어떤 사람이 비슷한 내용으로 다른 책을 만들어서 판다면 어떻게 될까? 이야기책의 원래 작가는 그만큼 돈을 못 벌게 되고, 또 마음에 큰 상처를 받게 될 것이다. 만약 친구가 내가 쓴 글을 읽고 내 글과 비슷하게 써서 상을 받았다고 생각해 본다면 저작권을 존중해 쓰기 윤리를 지키는 일이 중요하다는 것을 알게 될 것이다. 또 나쁜 마음으로 다른 사람에게 있지도 않은 사실을 글로 써서 퍼뜨리거나, 다른 사람 글을 함부로 헐뜯어 쓰기 윤리를 어기는 행동도 피해자에게 씻지 못할 상처를 남길 수 있다.

❹ 셋째, 쓰기 윤리를 지키지 않는 것은 문화 발전을 막는 일이다. 글쓰기는 사람들이 생각을 함께 나누게 함으로써 문화 발전에 큰 역할을 한다. 그런데 자신이 조사한 내용을 거짓으로 꾸미거나 허위로 글을 쓰는 사람이 많다면 글을 읽는 사람들은 글의 내용을 믿을 수 없게 된다. 또 여러 사람이 새로운 창작물을 만들려고 노력하는 대신 다른 사람의 글을 베끼려고만 한다면 인류의 문화 발전은 이루어지기 어렵다. 이런 일들이 반복되면 사회 전체에 혼란이 커지고, 우리나라의 신뢰에도 문제가 생길 것이다. 다른 사람 글에 예의 있게 반응하는 것 또한 사람들에게 창작 욕구를 북돋워 문화 발전에 기여하는 일이다.

❺ 지금까지 쓰기 윤리를 지켜야 하는 까닭을 알아보았다. 쓰기 윤리를 존중하는 것은 우리나라의 미래 발전에 영향을 미칠 정도로 중요하다. 우리가 쓰기 윤리를 존중하지 않으면 우리 스스로 피해를 보는 일이 생길 수도 있다. 그러므로 글을 쓸 때 출처를 정확히 밝히고, 자신을 속이지 않으며 거짓된 내용은 쓰지 않아야 한다. 또 다른 사람 글에도 예의 있게 반응하고 읽는 사람을 배려하며 글을 써야 한다.

서술형 문제

28 글쓴이의 주장은 무엇인지 쓰시오.

_____

교과서 문제

29 글쓴이의 주장에 대한 근거로 알맞지 <u>않은</u> 것의 기호를 쓰시오.

> ㉮ 쓰기 윤리를 지키는 것은 법을 어기는 일이다.
> ㉯ 쓰기 윤리를 지키지 않는 것은 문화 발전을 막는 일이다.
> ㉰ 쓰기 윤리를 지키지 않으면 다른 사람에게 물질이나 정신 피해를 줄 수 있다.

(   )

☆☆

30 이 글의 글쓴이가 제시한 근거가 적절한지 생각해 보고, ( ) 안의 알맞은 말에 ○표 하시오.

> 제시한 근거는 주장과 관련이 (있고 , 없고) 주장을 더욱 (창의력 , 설득력) 있게 하므로 적절하다.

교과서 문제

31 주장할 때 근거의 적절성을 살펴야 하는 까닭으로 알맞은 것에 ○표 하시오.

(1) 근거가 적절하지 않으면 주장하는 내용도 믿을 수 없기 때문이다. (   )

(2) 근거에 알맞은 낱말을 사용한 것을 보면 주장도 적절하지 않다고 생각되기 때문이다. (   )

교과서 핵심 정리

핵심 1 동형어와 다의어

- 형태는 같지만 뜻이 서로 다른 낱말을 형태가 같은 낱말 또는 동형어라고 합니다.
- 한 낱말이 여러 가지 뜻을 가진 경우에 그 낱말을 다의어라고 합니다.
- 동형어인 낱말과 다의어인 낱말은 모두 글자 형태가 같습니다.
- 동형어인 낱말은 뜻이 서로 관련이 없지만 다의어의 뜻은 서로 관련이 있습니다.

예 동형어나 다의어를 써서 문장 만들기

동형어나 다의어	동형어나 다의어를 써서 만든 문장
타다	• 마른 나뭇가지는 불에 잘 탄다. • 나는 그네를 타고, 친구는 시소를 탄다.
병	• 의사는 병이 난 사람을 낫게 한다. • 빈 병이 많이 쌓였다.
적다	• 답안지에 답을 적었다. • 경기장에 사람이 적었다.

핵심 2 글쓴이의 주장을 파악하는 방법

- 각 문단의 중심 내용을 확인합니다.
- 글쓴이의 의견이 무엇인지 알아보고, 어떤 근거를 제시했는지도 살펴봅니다.
- 글쓴이가 여러 번 강조해 사용한 낱말이 무엇인지 확인합니다.

글에서 글쓴이가 내세우는 생각을 **주장**이라고 하고, 이를 뒷받침하는 내용을 근거라고 해요.

예 글 ⑦, ⓝ를 읽고 가장 많이 쓰인 낱말 찾아보기

글 ⑦	인공 지능, 위험, 지배
글 ⓝ	인공 지능, 인류, 미래

예 글을 읽고 글쓴이의 주장 파악하기

글 ⑦	인공 지능이 일으킬 위험을 알고 그를 막을 방법을 연구해야 한다.
글 ⓝ	인공 지능은 인류의 미래를 희망으로 가득하게 만들어 줄 것이다.

5
단원

핵심 3 근거의 적절성을 파악하는 방법

- 주장과 관련이 있는 근거인지 살펴봅니다.
- 주장을 더욱 설득력 있게 하는 근거인지 알아봅니다.
- 근거에 알맞은 낱말을 썼는지 알아봅니다.

적절한 근거가 많을수록 글쓴이의 주장이 설득력 있게 느껴져요.

예 「글을 쓸 때에도 지켜야 할 윤리가 있다」에서 글쓴이의 주장을 뒷받침하는 근거가 적절한지 알아보기

주장	쓰기 윤리를 지키자.
근거	• 쓰기 윤리를 지키지 않는 것은 법을 어기는 일이다. • 쓰기 윤리를 지키지 않으면 다른 사람에게 물질이나 정신 피해를 줄 수 있다. • 쓰기 윤리를 지키지 않는 것은 문화 발전을 막는 일이다.

➡ 제시한 근거가 주장과 관련이 있고, 주장을 더욱 설득력 있게 하며, 제시한 근거에 알맞은 낱말을 사용했기 때문에 적절함.

[01~02] 다음 그림을 보고, 물음에 답하시오.

01 ㉠~㉢ 중 다음과 같은 뜻으로 쓰인 낱말의 기호를 쓰시오.

> 물을 건너다닐 수 있도록 만든 다리

( )

☆☆
02 그림 ❹에서 남자아이가 알게 된 사실은 무엇입니까? ( )

① '길이'라는 낱말이 다양하게 쓰이는 것
② '다리'라는 낱말이 다양하게 쓰이는 것
③ '우리'라는 낱말이 다양하게 쓰이는 것
④ '알다'라는 낱말이 다양하게 쓰이는 것
⑤ '고치다'라는 낱말이 다양하게 쓰이는 것

03 다음 밑줄 친 낱말의 뜻을 보기 에서 골라 기호를 쓰시오.

> **보기**
> ㉮ 안경의 테에 붙어서 귀에 걸게 된 부분.
> ㉯ 사람이나 동물의 몸통 아래 붙어 있는 신체의 부분.
> ㉰ 물체의 아래쪽에 붙어서 그 물체를 받치거나 직접 땅에 닿지 아니하게 하거나 높이 있도록 버티어 놓은 부분.

(1) 사람의 다리: ( )
(2) 책상 다리: ( )
(3) 안경다리: ( )

04 한 낱말이 여러 가지 뜻을 가진 경우에 그 낱말을 무엇이라고 하는지 쓰시오.

( )

☆☆
05 '발'이라는 낱말의 여러 가지 뜻으로 알맞은 것을 두 가지 고르시오. (,)

① 사람이나 동물의 다리 맨 끝부분.
② 차나무의 어린잎을 달이거나 우린 물.
③ 사람이나 동물의 팔목 끝에 달린 부분.
④ 바퀴가 굴러서 나아가게 되어 있는, 사람이나 짐을 실어 옮기는 기관.
⑤ 가늘고 긴 대를 줄로 엮거나, 줄 따위를 여러 개 나란히 늘어뜨려 만든 물건.

06 다음 빈칸에 공통으로 들어갈 알맞은 동형어나 다의어는 무엇인지 보기 에서 골라 쓰시오.

> 보기
>
> 적다   타다   들다

- 나는 고개를 (   ) 바른 자세로 섰다.
- 손을 다친 친구 대신 내가 짐을 (   ).
- 농부가 잘 (   ) 낫으로 풀을 베었다.

(   )

[07~10] 다음 글을 읽고, 물음에 답하시오.

가 어린이 보행 중 교통사고를 줄이는 방법은 무엇일까? 운전자에게 어린이 보행 안전 교육을 철저히 해야 한다. 전체 교통사고 가운데에서 보행 중에 발생한 사고의 나이대별 분포를 살펴보면, 초등학생이 다른 나이대보다 상대적으로 높게 나타나는 것을 알 수 있다. 이는 초등학생들이 바깥 활동이 잦은 데다 위험 상황을 판단하고 그에 대처하는 능력이 부족하기 때문이다.

나 어린이를 고려한 보행 안전시설도 더 필요하다. 학교 앞길에는 과속 차량을 단속하는 장치를 마련해야 한다. 그리고 학교 근처의 어린이 보호 구역을 현재 반지름 300미터보다 더 넓게 하여 어린이들이 안전하게 다닐 수 있게 해야 한다. 그뿐만 아니라 어린이가 많이 다니는 길에는 과속 방지 턱을 만들어 차량 속도를 낮추도록 해야 한다. 이와 같은 안전시설은 어린이 교통사고를 줄이는 데 많은 도움이 될 것이다.

다 어린이 스스로도 보행 중 교통사고를 당하지 않도록 노력해야 한다. 도로에서 발생하는 수많은 비극은 교통 법규를 무시하고 조금 빨리 가려다가 발생한다. 운전자와 보행자 모두 도로에서 시간적 여유를 가지는 마음이 필요하다. 보행 신호가 초록색으로 바뀌지도 않았는데 보행자가 무리하게 길을 건너면 사고를 당할 수 있다. 그리고 신호가 바뀌자마자 좌우를 살피지 않고 출발하다가 사고를 당하기도 한다.

07 **가**에서 어린이 보행 중 교통사고를 줄이려면 누구에게 보행 안전 교육을 실시해야 한다고 했는지 쓰시오.

(   )

08 어린이를 고려한 보행 안전시설로 알맞은 것을 모두 고르시오.   (   )

① 학교 둘레의 소음 방지 벽
② 학교 근처의 어린이 보호 구역
③ 학교 근처의 자전거 전용 주차장
④ 학교 앞길의 과속 차량 단속 장치
⑤ 어린이가 많이 다니는 길의 과속 방지 턱

서술형 문제

09 보행 중 교통사고를 당하지 않도록 어린이가 스스로 지켜야 하는 안전 수칙은 무엇인지 한 가지만 쓰시오.

_____

10 **가**~**다**의 내용이 공통으로 뒷받침할 수 있는 주장은 무엇입니까?   (   )

① 운전이 가능한 나이를 높이자.
② 초등학생들의 바깥 활동을 줄이자.
③ 학교 앞에 어린이 보호 구역을 만들자.
④ 어린이를 고려한 보행 안전시설을 개발하자.
⑤ 어린이 보행 중 교통사고가 일어나지 않도록 노력하자.

11 다음은 동형어나 다의어를 이용해 낱말 그물을 만든 것입니다. ㉠에 들어갈 낱말은 무엇인지 쓰시오.

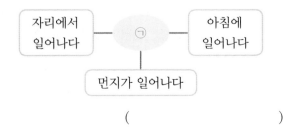

(   )

단원 정리 평가

[12~16] 다음 글을 읽고, 물음에 답하시오.

가 앞으로 인공 지능은 우리의 삶 곳곳에 영향을 미칠 것입니다. 그런 미래는 편리함이라는 빛만큼이나 위험하고 어두운 그림자 또한 있을 것이라고 생각합니다. 그러므로 인공 지능이 일으킬 위험을 막을 방법도 생각해야 합니다.

첫째, 인공 지능을 가졌느냐 아니냐에 따라 부자는 더 부자가 되고 가난한 사람은 더욱 가난해질 것입니다. 이로써 사회적·경제적 불평등은 더욱 심해질 것입니다. / 둘째, 힘이 강한 나라나 집단이 힘이 약한 나라나 사람들을 지배할 수도 있습니다. 인공 지능이 발달하면 힘 있는 사람들의 지배력이 지금과 비교가 안 될 정도로 강해질 것입니다. 즉 나라 사이에 새로운 지배 관계가 생길 위험이 매우 크다고 생각합니다.

셋째, 지금보다 더 발달한 인공 지능이 등장하면 인간은 인공 지능에게 지배를 받게 될지도 모릅니다. 인공 지능은 인간보다 뛰어난 지적 능력이 있으면서 인간에게 있는 문제점은 없습니다. 인공 지능에게 독립성이 생긴다면 인공 지능은 인간의 통제에서 벗어나고 끝내 인간 사회는 비극을 맞게 될 것입니다.

나 첫째, 인공 지능에 제대로 된 규칙을 부여해 잘 통제하고 활용하면 인류의 삶은 더욱 편리하고 풍요로워질 것입니다. 예를 들어 움직임이 불편한 노인과 장애인들은 무인 자동차로 자유롭게 이동할 수 있습니다. 인류가 인공 지능을 제대로 관리한다면 인공 지능은 인류에게 많은 도움이 될 것입니다.

둘째, 인공 지능과 관련한 일자리가 늘어날 것입니다. 많은 사람이 인공 지능의 발달로 삼십 년 안에 현재의 일자리 절반이 사라질 것이라고 걱정합니다. 하지만 이 문제는 사람들의 의견을 모으고 제도를 마련하여 인공 지능이 인간의 일자리를 빼앗지 않도록 하면 됩니다. 더 나아가 인공 지능 관련 일자리를 늘려 나갈 수도 있습니다.

셋째, 사람이 하기 어렵거나 위험한 일을 인공 지능이 대신할 수 있습니다. 사람 몸에 해로운 물질을 다루는 일이나 높은 빌딩에 페인트를 칠하는 일같이 위험한 일을 인공 지능 로봇이 대신한다면 어쩌다가 일

어날 수 있는 사고나 피해를 줄일 수 있습니다.

인공 지능 개발을 연구하는 학자들은 인공 지능으로 세상을 더 살기 좋게 만들 수 있도록 다양한 분야에서 노력할 것이라고 말했습니다. 앞으로 인공 지능은 인간의 생활을 이롭게 하는 생활 속 기술로 자리 잡을 것입니다. 인간에게 나쁜 영향을 줄 수 있는 인공 지능은 철저히 통제하고, 인간을 보호하고 도울 수 있는 인공 지능을 활용하면 인공 지능은 인류의 미래를 희망으로 가득하게 만들어 줄 것입니다.

12 글 **가**에서 가장 많이 쓰인 낱말을 세 가지 쓰시오.

(   )

☆☆
13 글 **가**에서 글쓴이의 주장은 무엇입니까? (   )

① 위험한 일은 인공 지능에게 시켜야 한다.
② 인공 지공이 인간의 지적 능력보다 뛰어나다.
③ 힘 있는 집단이 힘이 약한 집단을 도와야 한다.
④ 인류의 사회적·경제적 불평등을 없애야 한다.
⑤ 인공 지능이 일으킬 위험을 알고 그를 막을 방법을 연구해야 한다.

14 글 **나**의 내용을 정리한 것으로 알맞지 <u>않은</u> 것에 ○표 하시오.

(1) 첫 번째 문단: 인공 지능에 제대로 된 규칙을 부여해 잘 통제하고 활용하면 인류에게 도움이 될 것이다. (   )
(2) 두 번째 문단: 인공 지능의 발달로 현재의 일자리 절반이 사라질 것이다. (   )
(3) 세 번째 문단: 사람이 하기 어렵거나 위험한 일을 인공 지능이 대신할 수 있을 것이다. (   )

15 글 **가**와 **나**의 제목으로 어울리는 것을 알맞게 선으로 이으시오.

(1) 글 **가** ·   · ㉠ 인공 지능은 미래의 희망이다

(2) 글 **나** ·   · ㉡ 인공 지능 개발에 따른 위험

80 | 국어 5-1

서술형 문제

16 인공 지능에 대한 자신의 생각은 무엇인지 쓰시오.

_____

[17~20] 다음 글을 읽고, 물음에 답하시오.

가 첫째, 쓰기 윤리를 지키지 않는 것은 법을 어기는 일이다. 무엇보다 진실이 아닌 내용을 진실인 것처럼 쓰는 경우, 법으로 처벌을 받을 수도 있다. 예를 들어 어떤 과학자가 자신이 연구한 결과를 돋보이게 하려고 내용을 조작하거나 결과를 부풀려서 쓴 보고서를 발표했다고 하자. 이것은 과학자 자신뿐만 아니라 그 보고서를 읽는 모든 사람을 속이는 일로, 법의 심판을 피할 수 없다.

나 둘째, 쓰기 윤리를 지키지 않으면 다른 사람에게 물질이나 정신 피해를 줄 수 있다. 글을 쓰려고 어떤 자료를 이용하는 경우, 자신이 직접 쓴 부분과 자료에서 인용한 부분을 명확하게 구분하지 않으면 표절이 될 수 있다. 너무도 뚜렷하게 의도가 있는 표절이면 저작권자에게 피해를 준다. 예를 들어 어떤 작가가 오랜 시간 힘들여 쓴 이야기책이 유명해졌는데, 어떤 사람이 비슷한 내용으로 다른 책을 만들어서 판다면 어떻게 될까? 이야기책의 원래 작가는 그만큼 돈을 못 벌게 되고, 또 마음에 큰 상처를 받게 될 것이다.

다 셋째, 쓰기 윤리를 지키지 않는 것은 문화 발전을 막는 일이다. 글쓰기는 사람들이 생각을 함께 나누게 함으로써 문화 발전에 큰 역할을 한다. 그런데 자신이 조사한 내용을 거짓으로 꾸미거나 허위로 글을 쓰는 사람이 많다면 글을 읽는 사람들은 글의 내용을 믿을 수 없게 된다. 또 여러 사람이 새로운 창작물을 만들려고 노력하는 대신 다른 사람의 글을 베끼려고만 한다면 인류의 문화 발전은 이루어지기 어렵다. 이런 일들이 반복되면 사회 전체에 혼란이 커지고, 우리나라의 신뢰에도 문제가 생길 것이다.

라 지금까지 (㉠)을/를 알아보았다. 쓰기 윤리를 존중하는 것은 우리나라의 미래 발전에 영향을 미칠 정도로 중요하다. 우리가 쓰기 윤리를 존중하지 않으면 우리 스스로 피해를 보는 일이 생길 수도 있다.

그러므로 글을 쓸 때 출처를 정확히 밝히고, 자신을 속이지 않으며 거짓된 내용은 쓰지 않아야 한다. 또 다른 사람 글에도 예의 있게 반응하고 읽는 사람을 배려하며 글을 써야 한다.

17 다음 내용은 **가**~**다** 중 어느 문단 뒤에 들어가는 것이 자연스러운지 기호를 쓰시오.

> 만약 친구가 내가 쓴 글을 읽고 내 글과 비슷하게 써서 상을 받았다고 생각해 본다면 저작권을 존중해 쓰기 윤리를 지키는 일이 중요하다는 것을 알게 될 것이다.

( )

18 ㉠에 들어갈 말로 알맞은 것은 무엇입니까? ( )

① 저작권의 종류
② 인용과 표절의 차이점
③ 유명한 이야기책들의 공통점
④ 쓰기 윤리를 지켜야 하는 까닭
⑤ 쓰기 윤리를 지켜서 이득을 본 사례

19 글쓴이의 주장은 무엇입니까? ( )

① 법을 지키자.
② 쓰기 윤리를 지키자.
③ 예의 있게 행동하자.
④ 남에게 신뢰를 주는 사람이 되자.
⑤ 사람들에게 창작 욕구를 북돋워 주자.

☆☆
20 글쓴이가 제시한 근거의 적절성을 판단하여 알맞게 말하지 <u>않은</u> 친구는 누구인지 쓰시오.

> 유승: 주장과 관련이 있는 근거이기 때문에 적절해.
> 정윤: 주장을 더욱 설득력 있게 하는 근거이기 때문에 적절해.
> 루다: 근거에 알맞지 않은 낱말을 사용한 것은 맞지만 주장은 적절해.

( )

서술형 문제

[01~02] 다음 그림을 보고, 물음에 답하시오.

01 ㉠에 대해 여자아이가 말한 뜻과 남자아이가 이해한 뜻을 각각 쓰시오.

여자아이가 말한 뜻	(1)
남자아이가 이해한 뜻	(2)

02 이 그림에 나오는 두 사람의 상황과 비슷했던 자신의 경험을 떠올려 쓰시오.

_____

_____

[03~04] 다음 표를 보고, 물음에 답하시오.

주장	교실이나 복도에서 큰 소리로 떠들지 말자.
근거	• 교실의 쓰레기를 줄일 수 있다. • 넘어지거나 부딪혀 다칠 수 있다. • 소음 때문에 다른 사람에게 피해를 줄 수 있다. • 안전하고 질서 있는 생활을 할 수 있다.

03 다음은 이 표의 주장을 뒷받침하는 근거가 적절한지 판단한 것입니다. '적절하지 않은 근거'가 왜 적절하지 않은지 그 까닭을 쓰시오.

적절한 근거	소음 때문에 다른 사람에게 피해를 줄 수 있다.
적절하지 않은 근거	• 교실의 쓰레기를 줄일 수 있다. • 넘어지거나 부딪혀 다칠 수 있다. • 안전하고 질서 있는 생활을 할 수 있다.

_____

_____

04 이 표에서 제시한 근거 외에 주장을 뒷받침할 적절한 근거를 생각해 한 가지만 쓰시오.

_____

_____

수행 평가

학습 주제 주장에 대한 찬반 의견 나누기

학습 목표 자신의 주장을 뒷받침할 수 있는 근거를 생각해 주장하는 글을 쓸 수 있다.

배점 | 20점

[1~3] 다음 기사 제목을 보고, 물음에 답하시오.

학교 안 스마트폰 금지, 인권 침해인가 학교 교육의 일부인가

학교 안 스마트폰 사용을 허용해야 할까요?

학교 안 스마트폰 사용, 강제로 막을 수 있을까

1 이 기사 제목은 무엇에 대한 내용인지 쓰시오.

_____

2 학교 안 스마트폰 사용에 대한 자신의 의견은 무엇인지 쓰시오.

자신의 의견	(1) 학교 안 스마트폰 사용에 대해 (찬성합니다 , 반대합니다).
찬성하거나 반대하는 까닭	(2)

3 2에서 답한 내용을 바탕으로 하여 학교 안 스마트폰 사용과 관련해 주장하는 글을 쓰시오.

5 단원

교과서 지문 학습

⑥ 토의하여 해결해요

단원 학습

토의 절차와 방법을 알고 토의에 활발하게 참여할 수 있어요.

- **그림의 특징:** 친구들이 문제를 해결하는 과정을 비교해 보는 그림으로, 토의의 필요성에 대해 생각해 볼 수 있습니다.

- **토의의 뜻**
어떤 문제를 여러 사람이 협력하여 해결하는 방법.

준비 토의 뜻과 필요성 토의 뜻과 필요성을 알아봅시다.

가

이것은 언제 정한 거지?

나도 처음 보는데……

알립니다
1학년이 수업을 마치고 집으로 갈 때에는 운동장에서 축구를 할 수 없습니다.

나

지난번에 1학년 동생이 운동장에서 축구공에 맞아 다쳤습니다. 이와 같은 사고를 막으면서 운동장을 안전하게 쓰려면 어떻게 해야 할까요?

1학년을 안전하게 보호하는 것도 중요하지만 무조건 운동장을 못 쓰게 하면 안 된다고 생각합니다.

하지만 우리가 축구를 하고 싶다고 해서 다른 사람을 위험하게 할 수는 없어요.

1학년이 수업을 마치고 집으로 가는 시간을 피해 축구하는 시간을 정하면 어떨까요?

교과서 문제

01 그림 ②와 ④에서 문제를 해결하는 과정이 어떻게 다른지 알맞게 선으로 이으시오.

(1) 그림 ② •　　　　　　　• ㉠ 알림 글로 결정된 내용을 전달함.

(2) 그림 ④ •　　　　　　　• ㉡ 학생들이 모여 운동장을 안전하게 쓰는 방법을 의논함.

교과서 문제

02 그림 ④처럼 문제 해결 과정에 여러 사람이 참여하면 좋은 점으로 알맞지 <u>않은</u> 것은 무엇입니까? (　　　)

① 문제 해결에 직접 참여할 수 있다.
② 문제 상황을 더 잘 이해할 수 있다.
③ 결정된 내용을 잘 받아들일 수 있다.
④ 적절한 문제 해결 방법을 찾을 수 있다.
⑤ 다른 사람의 의견을 그대로 따를 수 있다.

낱말사전

맞아 외부로부터 어떤 힘이 가해져 몸에 해를 입어.

무조건 이리저리 살피지 아니하고 덮어놓고.

○ **그림의 특징:** 주어진 문제를 해결하기 위해 토의가 어떤 절차로 진행되는지 보여 주는 그림입니다.

03 선생님께서 제시한 상황으로 알맞은 것에 ○표 하시오.

(1) 개교기념일 행사를 학생들의 의견을 모아 진행하기로 했다고 알려 주셨다. (   )

(2) 개교기념일 행사에서 우리 학교 역사부터 조사하면 좋겠다고 의견을 말씀하셨다. (   )

(3) 개교기념일 행사로 '우리 학교 역사 찾기'를 하기로 했다고 결정된 내용을 전달하셨다. (   )

04 토의가 어떤 절차로 진행되었는지 빈칸에 들어갈 알맞은 말을 쓰시오.

(　　　) 정하기 – 의견 마련하기 – 의견 모으기 – 의견 결정하기

낱말사전

개교기념일 매년 개교일과 같은 날짜에 맞추어 개교를 기념하는 날.

○ **그림의 특징:** 토의 절차 중 '토의 주제 정하기' 단계로, 토의 주제를 정하는 방법을 알아볼 수 있습니다.

토의하고 싶은 주제를 자유롭게 이야기하기

어떤 주제가 토의하기에 알맞을까요?

우리 모두와 관련이 있는 주제여야 하지 않을까요?

해결 방법을 찾을 수 있는 문제를 다루었으면 좋겠어요.

우리가 변화를 이끌어 낼 수 있는 주제가 좋겠어요.

토의 주제로 알맞은지 판단하기

'개교기념일을 뜻깊게 보내는 방법'으로 주제를 정하고 토의를 시작합시다.

토의 주제 결정하기

○ **토의 주제로 알맞은지 판단하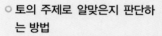는 방법**
• 우리 모두와 관련이 있는 주제인지 살펴봅니다.
• 해결 방법을 찾을 수 있는 문제인지 살펴봅니다.
• 우리가 변화를 이끌어 낼 수 있는 주제인지 살펴봅니다.

05 토의 주제를 정하려면 무엇부터 시작해야 하는지 알맞은 것에 ○표 하시오.

(1) 토의 주제로 알맞은지 판단한다. 　　　　　　　　　　　(　　　)
(2) 토의하고 싶은 주제를 자유롭게 이야기한다. 　　　　　(　　　)

☆☆
06 토의 주제를 정하는 방법을 알맞게 말하지 <u>않은</u> 친구는 누구인지 쓰시오.

송미: 우리가 변화를 이끌어 낼 수 있는 주제인지 살펴봐야 해. 토의를 해서 우리 주변의 문제를 좋은 방향으로 해결해야 하기 때문이야.
유진: 우리 모두와 관련이 있는 주제인지 살펴봐야 해. 토의는 여러 사람의 의견을 모아 공동체의 문제를 더 나은 방향으로 해결하는 말하기이기 때문이야.
형태: 해결 방법을 찾을 수 없는 문제인지 살펴봐야 해. 학생 처지에서 해결할 수 없는 문제라면 학생이 토의에 더 활발하게 참여할 것이기 때문이야.

(　　　　　　　　　)

상징 추상적인 개념이나 사물을 구체적인 사물로 나타냄. 또는 그렇게 나타낸 표지·기호·물건 따위.

뜻깊게 가치나 중요성이 크게.

토의 주제: 개교기념일을 뜻깊게 보내는 방법

㉠우리 학교 도서관에는 책이 많습니다. 제가 지금까지 대출한 책도 200권이 넘습니다.

㉡개교기념일을 기념해서 전교생이 함께 해외여행을 다녀오면 좋겠습니다.

㉢이번 개교기념일에 무조건 학교 상징을 바꾸면 좋겠습니다.

○ **그림의 특징:** 토의 절차 중 '의견 마련하기' 단계로, 의견을 마련할 때 생각할 점에 대해 알아볼 수 있습니다.

○ **의견을 마련할 때 생각할 점**
• 토의 주제에 맞는 의견인지 생각합니다.
• 알맞은 주장과 근거를 들었는지 생각합니다.
• 실천할 수 있는 의견인지 생각합니다.

07 이 대화에서 토의 주제는 무엇인지 빈칸에 들어갈 알맞은 말을 쓰시오.

(⠀⠀⠀⠀⠀⠀⠀⠀⠀)을/를 뜻깊게 보내는 방법

`교과서 문제`

08 다음은 ㉠~㉢ 중 어느 의견의 문제점인지 해당하는 것의 기호를 쓰시오.

(1) 전교생이 함께 해외여행을 다녀오는 것은 실천하기 어렵다. (⠀⠀)

(2) 자신의 의견을 내세우기만 하는 것이 아니라 타당한 근거를 함께 제시해야 한다. (⠀⠀)

(3) 학교 도서관에 책이 많다는 것과 자신이 대출한 도서 수는 토의 주제에 맞지 않는 내용이다. (⠀⠀)

`서술형 문제`

09 이 대화의 토의 주제에 맞게 자신의 의견과 그 의견이 좋은 까닭을 쓰시오.

의견	(1)
그 의견이 좋은 까닭	(2)

10 토의에서 의견을 마련할 때 생각할 점은 무엇인지 빈칸에 들어갈 알맞은 말을 `보기` 에서 골라 쓰시오.

보기
실천⠀⠀⠀⠀⠀근거⠀⠀⠀⠀⠀주제

(1) 토의 (⠀⠀⠀)에 맞는 의견인지 생각한다.

(2) 알맞은 주장과 (⠀⠀⠀)을/를 들었는지 생각한다.

(3) (⠀⠀⠀)할 수 있는 의견인지 생각한다.

😊 **낱말사전**

대출한 돈이나 물건 따위를 빌려주거나 빌린.

전교생 한 학교의 전체 학생.

○ **그림의 특징**: 토의 절차 중 '의견 모으기' 단계로, 의견을 모을 때 지켜야 할 점에 대해 생각해 볼 수 있습니다.

○ **의견을 모을 때 지켜야 할 점**
• 알맞은 까닭을 들어 자신의 주장을 말합니다.
• 다른 사람의 의견을 존중하며 듣습니다.
• 다른 사람의 의견을 끝까지 듣고 자신의 의견을 말합니다.
• 토의 주제와 관련한 이야기를 합니다.

11 이 그림에서 친구들이 말한 의견을 두 가지 고르시오.   (,   )

① 전교생 해외여행 가기   ② 우리 학교 역사 알아보기
③ 우리 학교 장기 자랑 하기   ④ 우리 학교의 자랑거리 찾기
⑤ 학교 이름으로 삼행시 짓기

☆☆
12 ㉠~㉢에서 문제가 되는 점으로 알맞은 것에 ○표 하시오.

(1) ㉠에서 친구의 의견을 무시하고 자신의 주장만을 내세웠다.   (   )
(2) ㉡에서 자신의 의견을 제시하는 까닭을 설명하지 않았다.   (   )
(3) ㉢에서 친구의 말을 끝까지 듣지 않았다.   (   )

교과서 문제
13 토의에서 의견을 모을 때 지켜야 할 점으로 알맞지 <u>않은</u> 것은 무엇입니까?

(   )

① 토의 주제와 관련한 이야기를 한다.
② 다른 사람의 의견을 존중하며 듣는다.
③ 알맞은 까닭을 들어 자신의 주장을 말한다.
④ 좋은 의견이 있을 때에는 발언권을 얻지 않고 말한다.
⑤ 다른 사람의 의견을 끝까지 듣고 자신의 의견을 말한다.

 낱말사전

삼행시 세 줄로 이루어진 시.
따분하게 재미가 없어 지루하고 답답하게.

● 대화의 **특징**: 토의 절차 중 '의견 모으기' 단계로, 의견을 모으는 방법을 알아볼 수 있습니다.

6 단원

의견을 주고받아요.

ㄱ학교 이름으로 삼행시 짓기 대회를 하면 좋겠습니다. 삼행시 짓기는 학생들이 쉽게 참여할 수 있기 때문입니다.

ㄴ학교 역사 찾기 행사를 하면 좋겠습니다. 학교 역사를 찾아보면 학교가 어떤 과정으로 바뀌어 왔는지 알 수 있기 때문입니다.

↓

의견마다 장단점이 무엇인지 살펴봐요.

학교 역사 알아보기는 재미가 없어요.

학교 옛 사진 찾기나 연대표 만들기 활동을 하면 학교 역사도 흥미롭게 알아볼 수 있어요.

교과서 문제

14 이 대화에서 의견을 모을 때 한 일을 두 가지 고르시오. (,)

① 의견을 주고받았다.
② 토의 주제를 결정했다.
③ 의견마다 장단점이 무엇인지 살펴보았다.
④ 주제들이 토의하기에 알맞은지 판단했다.
⑤ 토의하고 싶은 주제를 자유롭게 이야기했다.

15 ㄱ을 말할 때 까닭으로 든 것은 무엇인지 알맞은 것에 ○표 하시오.

(1) 학생들이 쉽게 참여할 수 있기 때문이다. ( )
(2) 학교에 대한 자부심이 생기기 때문이다. ( )
(3) 학교가 어떤 과정으로 바뀌어 왔는지 알 수 있기 때문이다. ( )

16 ㄴ과 같은 의견의 장단점을 찾아 알맞게 선으로 이으시오.

(1) 장점 •   • ㉮ 학교 역사 알아보기는 재미가 없음.

(2) 단점 •   • ㉯ 학교 옛 사진 찾기나 연대표 만들기 활동을 하면 학교 역사도 흥미롭게 알아볼 수 있음.

🔍 낱말사전

참여할 어떤 일에 끼어들어 관계할.
연대표 역사상 발생한 사건을 연대순으로 배열하여 적은 표.

6 토의하여 해결해요 | 기본 | **토의 절차와 방법** 의견을 결정하는 방법을 알아봅시다.

○ **그림의 특징:** 토의 절차 중 '의견 결정하기' 단계로, 토의에서 의견을 결정하는 방법을 알아볼 수 있습니다.

○ **의견을 결정하는 방법 알기**
• 토의 주제에 맞는 의견을 결정합니다.
• 알맞은 주장과 근거를 든 의견을 결정합니다.
• 실천할 수 있는 의견을 결정합니다.
• 좋은 의견이 많으면 여러 가지 의견을 정할 수 있습니다.
• 소수 의견이라도 도움이 된다면 받아들일 수 있습니다.

17 이 대화는 토의 절차 중 어느 단계에 해당하는지 쓰시오.

(　　　　　)

교과서 문제

18 친구들은 어떤 의견으로 결정했습니까? (　)

① '전교생 해외여행 가기'로 결정했다.
② '우리 학교 역사 찾기' 행사를 하기로 결정했다.
③ '우리 학교 장기 자랑' 행사를 하기로 결정했다.
④ '우리 학교의 자랑거리 찾기' 행사를 하기로 결정했다.
⑤ '학교 이름으로 삼행시 짓기' 행사를 하기로 결정했다.

☆☆
19 친구들이 의견을 결정한 방법으로 알맞지 <u>않은</u> 것은 무엇입니까? (　)

① 장점이 가장 많은 의견으로 정했다.
② 단점이 가장 많은 의견으로 정했다.
③ 검토한 여러 의견 가운데 좋은 방법으로 정했다.
④ 학생들이 많이 참여할 수 있는 의견으로 정했다.
⑤ 학생들이 학교를 더 잘 알 수 있는 의견으로 정했다.

교과서 문제

20 토의에서 의견을 결정하는 방법으로 알맞지 <u>않은</u> 것은 무엇입니까? (　)

① 실천할 수 있는 의견을 결정한다.
② 토의 주제에 맞는 의견을 결정한다.
③ 알맞은 주장과 근거를 든 의견을 결정한다.
④ 소수 의견은 도움이 되더라도 받아들이지 않는다.
⑤ 좋은 의견이 많으면 여러 가지 의견을 정할 수도 있다.

😊 **낱말사전**

검토한 어떤 사실이나 내용을 분석하여 따진.
장점 좋거나 잘하거나 긍정적인 점.

교과서 핵심 정리

핵심 1   토의 뜻과 필요성 알기

1 토의의 뜻

어떤 문제를 여러 사람이 협력해 해결하는 방법입니다.

2 토의가 필요한 까닭

• 적절한 문제 해결 방법을 찾을 수 있습니다.

• 상황을 더 잘 이해할 수 있습니다.

• 문제 해결에 직접 참여할 수 있습니다.

예 일상생활에서 토의를 해야 할 때

가족 여행 장소를 정할 때 토의할 수 있어요.

모둠 과제를 하려고 역할을 정할 때 토의할 수 있어요.

핵심 2   토의 절차와 방법 알기

1 토의 절차와 방법

토의 절차	토의 방법
토의 주제 정하기	• 토의하고 싶은 주제를 자유롭게 이야기하기 • 토의 주제로 알맞은지 판단하기 • 토의 주제 결정하기
의견 마련하기	• 토의 주제에 맞게 자신의 의견 쓰기 • 그 의견이 좋은 까닭 쓰기
의견 모으기	• 친구들과 의견 주고받기 • 각 의견의 장단점 찾기 • 의견이 알맞은지 판단할 기준 세우기 • 기준에 따라 의견이 알맞은지 판단하기
의견 결정하기	• 기준에 따라 가장 알맞은 의견으로 결정하기 　– 토의 주제에 맞는 의견인가? 　– 알맞은 주장과 근거를 들었는가? 　– 실천할 수 있는 의견인가?

2 토의가 잘 이루어지기 위해 필요한 태도

• 서로의 의견을 존중하는 태도

• 다른 사람의 의견을 끝까지 듣고 자신의 의견을 말하는 태도

• 의견을 말할 때 까닭을 자세히 말하는 태도

예 토의 주제로 알맞은지 판단하기

　우리 모두와 관련 있고 우리가 변화를 이끌어 낼 수 있는 주제이며, 해결 방법을 찾을 수 있는 문제인 '개교기념일을 뜻깊게 보내는 방법'을 주제로 정하고 토의합시다.

예 토의 주제에 맞게 자신의 의견 쓰기

내 의견	우리 학교 역사 찾기 행사를 합시다.
그 의견이 좋은 까닭	• 우리 학교 역사를 찾아보면 학교가 어떤 과정으로 바뀌어 왔는지 알 수 있습니다. • 학교에 대해 좀 더 알게 되면 학교 이름이나 표지를 잘 이해할 수 있습니다.

예 '학교 역사 찾기 행사를 하자'는 의견의 장단점 찾기

단점	학교 역사 알아보기는 재미가 없습니다.
장점	학교 옛 사진 찾기나 연대표 만들기 활동을 하면 학교 역사도 흥미롭게 알아볼 수 있습니다.

예 토의에서 의견 결정하기

　우리 모둠에서는 토의 주제에 맞고, 알맞은 주장과 근거를 들었으며, 실천할 수 있는 의견인 '우리 학교 역사 찾기' 행사를 하기로 결정하겠습니다.

[01~02] 다음 그림을 보고, 물음에 답하시오.

01 그림 ㉮와 ㉯ 중 다음 방법으로 문제를 해결한 것의 기호를 쓰시오.

> 알림 글로 결정된 내용을 전달함.

( )

☆☆
02 그림 ㉯처럼 어떤 문제를 여러 사람이 협력해 해결하는 방법을 무엇이라고 합니까? ( )

① 제안   ② 토의
③ 비교   ④ 대조
⑤ 열거

03 다음 중 토의가 필요한 경우로 알맞지 <u>않은</u> 것은 무엇입니까? ( )

① 가족 여행 장소를 정할 때
② 오늘 쓸 나의 일기 주제를 정할 때
③ 모둠 과제를 하려고 역할을 정할 때
④ 학예 발표회 때 무엇을 할지 정할 때
⑤ 사회 조사 활동에서 역할을 나누어야 할 때

[04~05] 다음 그림을 보고, 물음에 답하시오.

☆☆
04 그림에 나타난 토의 절차를 보기 에서 골라 쓰시오.

> **보기**
>
> 의견 모으기   의견 마련하기
> 의견 결정하기   토의 주제 정하기

(1) 그림 ❶: ( )
(2) 그림 ❷: ( )
(3) 그림 ❸: ( )
(4) 그림 ❹: ( )

05 친구들은 개교기념일 행사로 무엇을 하기로 결정했습니까? ( )

① 우리 학교 역사 찾기
② 우리 학교 상징 바꾸기
③ 개교기념일 기념식 하기
④ 교가 가사 바꾸어 부르기
⑤ 선생님께 감사 편지 쓰기

[06~07] 다음 그림을 보고, 물음에 답하시오.

06 이 그림에 대한 설명으로 알맞은 것은 무엇입니까? ( )

① 문제 상황을 제시했다.
② 토의 절차를 안내했다.
③ 토의 주제를 결정했다.
④ 주제들이 토의하기에 알맞은지 판단했다.
⑤ 토의하고 싶은 주제를 자유롭게 이야기했다.

☆☆
07 ㉠이 토의 주제로 알맞은지 판단하는 방법으로 알맞은 것을 두 가지 고르시오. (,)

① 짝이 좋아할 만한 주제인지 살펴본다.
② 나에게 이득이 되는 주제인지 살펴본다.
③ 우리 모두와 관련이 있는 주제인지 살펴본다.
④ 사회적 관심을 받을 수 있는 문제인지 살펴본다.
⑤ 우리가 변화를 이끌어 낼 수 있는 주제인지 살펴본다.

서술형 문제
08 토의 주제로 알맞은지 판단할 때 다음 조건을 만족하는지 살펴봐야 하는 까닭은 무엇인지 쓰시오.

> 해결 방법을 찾을 수 있는 문제인지 살펴본다.

[09~10] 다음 그림을 보고, 물음에 답하시오.

> 토의 주제: 개교기념일을 뜻깊게 보내는 방법

09 ㉠~㉢ 중 토의 주제에 맞지 않는 의견은 무엇인지 기호를 쓰시오. ( )

10 토의 주제에 맞게 자신의 의견을 말한 친구는 누구인지 쓰시오.

> 서준: 반별로 시간을 정해 도서관에 가는 것을 제안합니다.
> 지아: 운동장에서 축구를 하지 못하게 하는 것을 제안합니다.
> 호연: 학교 이름으로 삼행시 짓기 대회를 하는 것을 제안합니다.

( )

11 다음 의견이 좋은 까닭으로 알맞은 것에 ○표 하시오.

> 우리 학교 역사 찾기 행사를 합시다.

(1) 학교 역사 알아보기는 재미가 없다. ( )

(2) 우리 학교 역사를 찾아보면 학교가 어떤 과정으로 바뀌어 왔는지 알 수 있다. ( )

13 ㉡의 말을 들은 친구의 마음은 어떠하겠습니까?

( )

① 고마운 마음이 든다.
② 미안한 마음이 든다.
③ 기대하는 마음이 생긴다.
④ 존경스러운 마음이 생긴다.
⑤ 무시당하는 것 같은 기분이 든다.

14 ☆☆ ㉢의 말을 한 남자아이에게 토의에서 의견을 모을 때에 지켜야 할 점을 알맞게 말한 친구는 누구인지 쓰시오.

> 해수: 토의 주제와 관련한 이야기를 해야 해.
> 달미: 실천할 수 있는 의견을 이야기해야 해.
> 강산: 다른 사람의 의견을 끝까지 듣고 자신의 의견을 말해야 해.

( )

[12~14] 다음 그림을 보고, 물음에 답하시오.

12 ㉠에서 문제가 되는 점은 무엇입니까? ( )

① 친구에게 거친 말을 사용했다.
② 친구의 말을 끝까지 듣지 않았다.
③ 친구가 하는 말을 그대로 따라 했다.
④ 자신의 의견을 제시하는 까닭을 설명하지 않았다.
⑤ 친구의 의견을 무시하고 자신의 주장만 내세웠다.

[15~17] 다음 대화를 읽고, 물음에 답하시오.

의견을 주고받아요.
학교 이름으로 삼행시 짓기 대회를 하면 좋겠습니다. 삼행시 짓기는 학생들이 쉽게 참여할 수 있기 때문입니다.
학교 역사 찾기 행사를 하면 좋겠습니다. 학교 역사를 찾아보면 학교가 어떤 과정으로 바뀌어 왔는지 알 수 있기 때문입니다.

↓

의견마다 장단점이 무엇인지 살펴봐요.
학교 역사 알아보기는 재미가 없어요.
학교 옛 사진 찾거나 연대표 만들기 활동을 하면 학교 역사도 흥미롭게 알아볼 수 있어요.

15 이 대화는 토의의 절차 중 어느 단계에 해당하는지 보기에서 골라 쓰시오.

> **보기**
>
> 의견 모으기　　　의견 마련하기
> 의견 결정하기　　토의 주제 정하기

(　　　　　　　)

16 이 대화에서 주고받은 의견과 그 까닭을 알맞게 선으로 이으시오.

(1) 삼행시 짓기 대회　·

· ㉮ 학생들이 쉽게 참여할 수 있다.

(2) 학교 역사 찾기 행사　·

· ㉯ 학교 역사를 찾아보면 학교가 어떤 과정으로 바뀌어 왔는지 알 수 있다.

17 다음은 어느 의견의 장단점인지 알맞은 것에 ○표 하시오.

단점	학교 역사 알아보기는 재미가 없다.
장점	학교 옛 사진 찾기나 연대표 만들기 활동을 하면 학교 역사도 흥미롭게 알아볼 수 있다.

(1) 학교 역사 찾기 행사를 하면 좋겠다. (　　　)
(2) 학교 이름으로 삼행시 짓기 대회를 하면 좋겠다.
(　　　)

☆☆
18 '개교기념일을 뜻깊게 보내는 방법'을 결정하는 데 필요한 판단 기준으로 알맞은 것을 모두 고르시오.
(　　　　　　)

① 소수의 의견이 맞을까?
② 우리가 실천할 수 있을까?
③ 선생님께서 허락해 주실까?
④ 토의 주제에 맞는 의견일까?
⑤ 알맞은 주장과 근거를 들었을까?

19 다음 의견의 단점으로 알맞은 것은 무엇입니까?
(　　　　　　)

> 학급의 날에 우리 반 운동회를 하자.

① 하루 동안 신나게 운동을 할 수 있다.
② 학급에서 그동안 어떤 일이 있었는지 알 수 있다.
③ 모둠별로 장기를 연습해야 해서 준비할 점이 많다.
④ 운동을 좋아하지 않는 친구들은 참여하지 않을 수 있다.
⑤ 우리의 장기를 활용해 후배들과 즐거운 시간을 보낼 수 있다.

20 우리 학교의 안전과 관련이 있는 토의 주제는 무엇입니까?
(　　　　　　)

① 학급의 날을 뜻깊게 보내는 방법
② 모두에게 안전한 학교를 만드는 방법
③ 초등학생에게 알맞은 스마트폰 사용 방법
④ 운동장에 나갈 때 빨리 줄을 설 수 있는 방법
⑤ 청소할 때 일인 일역을 효과적으로 운영하는 방법

6단원

[01~02] 다음 대화를 읽고, 물음에 답하시오.

의견을 주고받아요.
학교 이름으로 삼행시 짓기 대회를 하면 좋겠습니다. 삼행시 짓기는 학생들이 쉽게 참여할 수 있기 때문입니다.
학교 역사 찾기 행사를 하면 좋겠습니다. 학교 역사를 찾아보면 학교가 어떤 과정으로 바뀌어 왔는지 알 수 있기 때문입니다.

↓

의견마다 장단점이 무엇인지 살펴봐요.
학교 역사 알아보기는 재미가 없어요.
학교 옛 사진 찾기나 연대표 만들기 활동을 하면 학교 역사도 흥미롭게 알아볼 수 있어요.

01 학교 역사 찾기 행사를 하자는 의견이 좋은 까닭을 두 가지 찾아 쓰시오.

• _____

• _____

02 학교 이름으로 삼행시 짓기 대회를 하자는 의견의 장단점을 생각해 쓰시오.

장점	(1)
단점	(2)

[03~04] 다음 그림을 보고, 물음에 답하시오.

03 그림에 나타난 고민을 해결하는 데 알맞은 토의 주제는 무엇인지 쓰시오.

_____

_____

04 03에서 정한 토의 주제에 알맞은 자신의 주장과 근거를 쓰시오.

주장	(1)
근거	(2)

수행 평가

학습 주제 알맞은 주제를 정해 의견 나누기

학습 목표 자신이 토의하고 싶은 주제를 정하고, 자신의 의견을 글로 쓸 수 있다.

배점 | 20점

6
단원

1 우리 주변에서 일어나는 문제 상황을 찾아보고, 토의하고 싶은 주제를 쓰시오.

문제 상황	(1)
토의하고 싶은 주제	(2)

2 1에서 정한 토의 주제에 알맞게 자신의 의견과 그 의견이 좋은 까닭을 쓰시오.

자신의 의견	(1)
그 의견이 좋은 까닭	(2)

3 1과 2에서 정리한 내용을 바탕으로 하여 자신의 의견을 글로 쓰시오.

가

나

01 현석이는 언제 어디로 여행을 다녀왔는지 쓰시오.

(1) 여행한 때: (   )

(2) 여행한 곳: (   )

교과서 문제

02 그림 **가**에서 현석이가 멋쩍어한 까닭은 무엇입니까?   (   )

① 여행 경험이 없기 때문이다.

② 혼자서 여행을 다녀왔기 때문이다.

③ 여행이 재미있지 않았기 때문이다.

④ 여행 경험을 말하고 싶지 않았기 때문이다.

⑤ 여행하고 나서 글로 남긴 것이 없어 여행 경험을 정확하게 전하지 못했기 때문이다.

교과서 문제

03 그림 **나**에서 서윤이가 뿌듯해한 까닭으로 알맞은 것에 ○표 하시오.

(1) 기행문을 읽은 적이 있기 때문이다.   (   )

(2) 여행지에서 현석이를 만났기 때문이다. (   )

(3) 사진과 함께 글로 남겨 놓아 여행 경험을 자신 있게 전할 수 있었기 때문이다.   (   )

☆☆

04 그림 **가**와 **나**를 보면서 현석이에게 해 주고 싶은 말을 알맞게 말한 친구는 누구인지 쓰시오.

> 희섭: 여행하고 나서 글로 남겨 놓지 않은 것은 예의에 어긋나는 행동이야.
>
> 윤지: 여행 경험을 글로 나타내면 여행 경험을 생생하게 다른 사람과 함께 나눌 수 있어.

(   )

기본 **돌하르방 어디 감수광**　기행문의 특성을 파악해 봅시다.

돌하르방 어디 감수광

❶ 제주행 비행기를 탈 때면 나는 창가 쪽 자리를 선호한다. 하늘에서 보는 제주도의 풍광을 만끽하기 위해서다.

"저희 비행기는 잠시 후 제주 국제공항에 착륙하겠습니다. 안전벨트를 다시 매어 주십시오."

기내 방송이 나오면 나는 창가에 바짝 붙어 제주도가 나타나기를 기다린다. 비행기 왼쪽 좌석이면 한라산이 먼저 나타나고 오른쪽이면 쪽빛 바다와 맞닿아 둥글게 돌아가는 해안선이 시야에 펼쳐진다.

이윽고 비행기가 제주도 상공으로 들어오면 왼쪽 창밖으로는 오름의 산비탈에 수놓듯이 줄지어 있는 산담이 아름답고, 오른쪽 창밖으로는 삼나무 방풍림 속에 짙은 초록빛으로 자란 밭작물들이 싱그러워 보인다. 비행기가 선회하여 활주로로 들어설 때는 오른쪽과 왼쪽의 풍광이 교체되면서 제주의 들과 산이 섞바뀌어 모두 볼 수 있게 된다. ㉠올 때마다 보는 제주의 전형적인 풍광이지만 그것이 철 따라 다르고 날씨 따라 다르기 때문에 언제나 신천지에 오는 것 같은 설렘을 느끼게 된다.

교과서 문제

05 글쓴이가 제주행 비행기를 탈 때 창가 쪽 자리를 좋아하는 까닭은 무엇입니까? (　　　)

① 통로 쪽 자리보다 이용 요금이 싸서
② 응급 상황이 발생했을 때 탈출하기 쉬워서
③ 통로를 지나다니는 사람들과 부딪히기 싫어서
④ 하늘에서 보는 제주도의 풍광을 만끽하기 위해서
⑤ 비행기 날개의 움직임을 가까운 데서 보고 싶어서

06 비행기가 제주도 상공으로 들어오면 창밖의 풍광은 어떠한지 빈칸에 들어갈 알맞은 말을 각각 쓰시오.

> 왼쪽 창밖으로는 ⑴ (　　　　　　)의 산비탈에 수놓듯이 줄지어 있는 산담이 아름답고, 오른쪽 창밖으로는 ⑵ (　　　　　　) 방풍림 속에 짙은 초록빛으로 자란 밭작물들이 싱그러워 보인다.

07 ㉠을 볼 때 글쓴이의 마음으로 알맞은 것은 무엇입니까? (　　　)

① 두렵다.　　　② 정겹다.　　　③ 설렌다.
④ 지루하다.　　　⑤ 갑갑하다.

○ **글의 종류:** 기행문
○ **글쓴이:** 유홍준
○ **글의 특징:** 제주도를 여행하며 다닌 곳, 보고 들은 것, 생각하며 느낀 것을 기록한 글입니다.

❶ 계절과 날씨에 따라 달라지는 제주도의 풍광을 볼 때마다 설렘을 느끼게 된다.

낱말사전

감수광 '가시나요'의 제주 방언.

풍광 경치. 산이나 들, 강, 바다 따위의 자연이나 지역의 모습.

만끽하기 욕망을 마음껏 충족하기.

쪽빛 남빛. 짙은 푸른빛.

오름 '산'과 '산봉우리'의 제주 방언.

산담 '사성'의 제주 방언으로, 무덤 뒤에 반달 모양으로 두둑하게 둘러싼 것을 말함.

선회하여 항공기가 곡선을 그리듯 진로를 바꾸어.

섞바뀌어 서로 번갈아 차례가 바뀌어.

2 우리 답사의 첫 유적지는 한
라산 산천단이었고, 세화리
송당리 일대는 제주에서도 오
름이 가장 많고 아름답다.

---

2 우리 답사의 첫 유적지는 한라산 산천단이었다. 한라산 산신께 제사드리는 산천단
에 가서 답사의 안전을 빌고 가는 것이 순서에도 맞고 또 제주도에 온 예의라는 마음도
든다. 산천단은 제주시 아라동 제주대학교 뒤편 소산봉(소산오름) 기슭에 있다. 산천단
주위에는 제단을 처음 만들 당시에 심었을 수령 500년이 넘는 곰솔 여덟 그루가 산천
단의 역사와 함께 엄숙하고도 성스러운 분위기를 보여 준다.

　제주의 동북쪽 구좌읍 세화리 송당리 일대는 크고 작은 무수한 오름이 저마다의 맵시
를 자랑하며 드넓은 들판과 황무지에 오뚝하여 오름의 섬 제주에서도 오름이 가장 많
고 아름다운 '오름의 왕국'이라고 했다. 그중에서도 다랑쉬오름은 '오름의 여왕'이라고
불린다.

　다랑쉬라는 이름의 유래에는 여러 설이 있으나 다랑쉬오름 남쪽에 있던 마을에서 보
면 북사면을 차지하고 앉아 된바람을 막아 주는 오름의 분화구가 마치 달처럼 둥글어
보인다 하여 붙여졌다는 설이 가장 정겹다.

　오름 아래 자락에는 삼나무와 편백나무 조림지가 있어 제법 무성하다 싶지만 숲길을
벗어나면 이내 천연의 풀밭이 나오면서 시야가 갑자기 탁 트이고 사방이 멀리 조망된
다. ㉠경사면을 따라 불어오는 그 유명한 제주의 바람이 흐르는 땀을 씻어 주어 한여름
이라도 더운 줄 모른다. ㉡발길을 옮길 때마다, 한 굽이를 돌 때마다 시야는 점점 넓어
지면서 가슴까지 시원하게 열린다.

....

08 글쓴이가 답사한 첫 유적지는 어디였는지 쓰시오.

　　　　　　　　　　　　　　　　　　(　　　　　　　　　)

09 '다랑쉬오름'이라는 이름의 유래로 알맞은 것은 무엇입니까?　　　(　　)

① 다람쥐가 쉬어 가는 오름이라서
② 제주에서 다섯 번째로 큰 오름이라서
③ 다리 한가운데 올라서면 보이는 오름이어서
④ 수령 500년이 넘는 곰솔이 있는 오름이라서
⑤ 오름의 분화구가 마치 달처럼 둥글어 보인다 해서

☆☆
10 다음 내용을 참고하여 ㉠과 ㉡이 여정, 견문, 감상 중 무엇에 해당하는지 쓰시오.

> • 여정: 여행하면서 다닌 곳
> • 견문: 여행하면서 보고 들은 것
> • 감상: 여행하면서 생각하며 느낀 것

　　　　　　　　　　　　　　　　　　(　　　　　　　　　)

😊 **낱말사전**

답사 현장에 가서 직접 보고 조
사함.

곰솔 소나뭇과의 상록 침엽 교목.

조림지 나무를 심거나 씨를 뿌
리거나 하는 따위의 인위적인 방
법으로 숲을 이룬 땅.

무성하다 풀이나 나무 따위가 자
라서 우거져 있다.

조망된다 먼 곳이 바라보인다.

❸ 성산 일출봉은 제주 답사의 기본 경로라 할 만큼 잘 알려져 있고, 영주 십경의 제1경이 '성산에 뜨는 해'인 성산 일출이며, 제주 올레 제1경로가 시작되는 곳일 만큼 제주의 중요한 상징이기도 하다.

제주도와 연결된 서쪽을 제외한 성산 일출봉의 동 · 남 · 북쪽 외벽은 깎아내린 듯한 절벽으로 바다와 맞닿아 있다. 일출봉의 서쪽은 고운 잔디 능선 위에 돌기둥과 수백 개의 기암이 우뚝우뚝 솟아 있는데 그 사이에 계단으로 만든 등산로가 나 있다. 전설에 따르면 설문대 할망은 일출봉 분화구를 빨래 바구니로 삼고 우도를 빨랫돌로 하여 옷을 매일 세탁했다고 한다.

일출봉은 멀리서 볼 때나, 가까이 다가가 올려다볼 때나, 정상에 올라 분화구를 내려다볼 때나 풍광 그 자체의 아름다움과 감동이 있다. 특히나 항공 사진으로 찍은 성산 일출봉은 공상 과학 영화에나 나옴 직한 신비스러운 모습을 보여 준다.

❸ 성산 일출봉은 제주의 중요한 상징으로, 멀리서 볼 때나 가까이 다가가 올려다볼 때나 정상에 올라 분화구를 내려다볼 때나 풍광 그 자체의 아름다움과 감동이 있다.

11 영주 십경의 제1경은 무엇인지 쓰시오.

(   )

12 성산 일출봉에 대한 설명으로 알맞지 <u>않은</u> 것은 무엇입니까? (   )

① 제주의 중요한 상징이다.
② 동쪽에 고운 잔디 능선이 펼쳐진다.
③ 서쪽에 계단으로 만든 등산로가 있다.
④ 제주 올레 제1경로가 시작되는 곳이다.
⑤ 서쪽을 제외한 외벽은 깎아내린 듯한 절벽이다.

교과서 문제
13 글쓴이가 여행하면서 들은 내용으로 알맞은 것에 ○표 하시오.

(1) 항공 사진으로 찍은 성산 일출봉은 공상 과학 영화에나 나옴 직한 신비스러운 모습을 보여 준다. (   )

(2) 전설에 따르면 설문대 할망은 일출봉 분화구를 빨래 바구니로 삼고 우도를 빨랫돌로 하여 옷을 매일 세탁했다고 한다. (   )

(3) 일출봉은 멀리서 볼 때나, 가까이 다가가 올려다볼 때나, 정상에 올라 분화구를 내려다볼 때나 풍광 그 자체의 아름다움과 감동이 있다. (   )

낱말사전

영주 신선이 사는 섬이라는 뜻으로, 제주를 말함.

외벽 건물 바깥쪽을 둘러싸고 있는 벽.

능선 산등성이를 따라 죽 이어진 선.

기암 기이하게 생긴 바위.

● 한라산 영실은 계곡물 소리와 바람 소리, 거기에 계곡을 끼고 도는 안개가 신령스러운 곳으로 언제 올라도 아름답다.

❹ ⊙우리는 어리목에서 출발하여 만세 동산을 지나 1700 고지인 윗세오름까지 올라 그곳 산장 휴게소에서 준비해 간 도시락을 먹고 영실로 하산하면서 한라산의 아름다움을 만끽했다. ⓛ영실에 들어서면 이내 솔밭 사이로 시원한 계곡물이 흐른다. 본래 실이라는 이름이 붙은 곳은 계곡을 말하는 것으로 옛 기록에는 영곡으로 나오기도 한다. 언제 어느 때 가도 계곡물 소리와 바람 소리, 거기에 계곡을 끼고 도는 안개가 신령스러워 영실이라는 이름에 값한다. 무더운 여름날 소나기라도 한차례 지나간 뒤라면 이 계곡을 두른 절벽 사이로 100여 미터의 폭포가 생겨 더욱 장관을 이룬다.

숲길을 지나노라면 아래로는 제주조릿대가 떼를 이루면서 낮은 포복으로 기어가며 온통 푸르게 물들여 놓고, 위로는 하늘을 가린 울창한 나무들이 크면 큰 대로 작으면 작은 대로 아름답고 기이하다.

숲길을 빠져나와 머리핀처럼 돌아가는 가파른 능선 허리춤에 올라서면 홀연히 눈앞에 수백 개의 뾰족한 기암괴석이 호를 그리며 병풍처럼 펼쳐진다. ⓒ오르면 오를수록 이 수직의 기암들이 점점 더 하늘로 치솟아 올라 신비스럽고도 웅장한 모습에 절로 감탄이 나온다.

언제 올라도 한라산 영실은 아름답다. 오백 장군봉을 안방에 드리운 병풍 그림처럼 둘러놓고, 그것을 멀찍이서 바라보며 느린 걸음으로 돌계단을 밟으며 바쁠 것도 힘들 것도 없이 오르노라면 마음이 들뜰 것도 같지만 거기엔 아름다움뿐만 아니라 장엄함과 아늑함이 곁들여 있기에 우리는 함부로 감정을 놀리지 못하고 아래 한 번, 위 한 번, 좌우로 한 번씩 발을 옮기며 그 풍광에 느긋이 취하게 된다.

. . . .

14 본래 '실'이라는 이름이 붙은 곳은 어디를 말합니까?   (   )

① 바위   ② 계곡   ③ 솔밭
④ 절벽   ⑤ 강가

15 영실의 아름다움으로 알맞지 <u>않은</u> 것은 무엇입니까?   (   )

① 산장 휴게소가 있다.
② 솔밭 사이로 시원한 계곡물이 흐른다.
③ 계곡물 소리와 바람 소리, 안개가 신령스럽다.
④ 숲길 위로는 울창한 나무들이 하늘을 가리고 있다.
⑤ 여름날 소나기가 지나간 뒤라면 계곡의 절벽 사이로 폭포가 생겨 장관을 이룬다.

교과서 문제

16 ⊙~ⓒ을 여정, 견문, 감상으로 구분해 기호를 쓰시오.

(1) 여정: (   )
(2) 견문: (   )
(3) 감상: (   )

낱말사전

신령스러워 보기에 신기하고 영묘한 데가 있어.

제주조릿대 볏과 대나무의 하나. 우리나라 특산종으로 제주에 분포함.

포복 배를 땅에 대고 김.

기암괴석 기이하게 생긴 바위와 괴상하게 생긴 돌.

호 원둘레 또는 기타 곡선 위의 두 점에 의하여 한정된 부분.

기본 **기행문 쓰기** 여정, 견문, 감상이 드러나게 기행문을 써 봅시다.

○ **그림의 특징:** 기행문을 쓰기 위해 여행 경험을 자세히 떠올리는 그림입니다.

○ **기행문의 표현 특징**
• 여정을 드러내는 표현
┌ 시간 표현: '먼저, 이른 아침에' 등
└ 장소 표현: '~에 도착했다, ~(으)로 갔다' 등
• 견문을 드러내는 표현
┌ 본 것: '~을/를 보다, ~이/가 있다' 등
└ 들은 것: '~(이)라고 한다, ~을/를 듣다' 등
• 감상을 드러내는 표현
'~처럼, ~같이'와 같은 비유
'느끼다, 생각하다'와 같은 낱말

17 이 그림에서 기행문을 쓰기 위해 떠올린 여행 경험이 <u>아닌</u> 것은 무엇입니까?
( )

① 여행한 목적을 떠올렸다.
② 여행하고 싶은 곳이 어디인지 떠올렸다.
③ 여행하면서 생각하거나 느낀 점을 떠올렸다.
④ 여행을 다녀온 뒤의 생각이나 느낌을 떠올렸다.
⑤ 여행하면서 보고 들은 것 중 기억에 남는 것을 떠올렸다.

서술형 문제
18 이 그림의 내용을 참고하여 기행문으로 쓰고 싶은 자신의 여행 경험을 쓰시오.

_____

☆☆
19 기행문을 쓸 때 어떻게 나타내야 하는지 빈칸에 들어갈 말을 알맞게 선으로 이으시오.

(1) 보고 •
(2) 장소 •
(3) 느낌 •

• ㉮ 시간과 ( )이/가 잘 드러나게 쓴다.
• ㉯ ( ) 들은 내용을 생생하고 자세하게 풀어 쓴다.
• ㉰ 생각이나 ( )도 함께 쓴다.

20 여행하며 들은 것을 나타낼 때 쓰는 표현을 두 가지 고르시오. (,)

① ~(으)로 갔다. ② ~을/를 보다. ③ ~을/를 듣다.
④ ~에 도착했다. ⑤ ~(이)라고 한다.

중

교과서 핵심 정리

핵심 1 여행 경험을 글로 쓰면 좋은 점 알기

- 여행하면서 보고 들은 것을 나중에 알 수 있습니다.
- 여행했을 때의 기분을 잘 간직할 수 있습니다.
- 여행했던 경험을 다시 느낄 수 있습니다.
- 다른 사람에게 여행 정보를 줄 수 있습니다.

핵심 2 기행문의 특성 파악하기

1 기행문에 들어가야 할 내용

여정	여행의 과정이나 일정
견문	여행하며 보거나 들은 것
감상	여행하며 든 생각이나 느낌

➡ 기행문은 여정을 적고, 여행으로 얻은 견문과 감상을 쓴 글입니다.

예 「돌하르방 어디 감수광」을 읽고 기행문에 들어갈 내용 확인하기

여정	우리는 어리목에서 출발하여 만세 동산을 지나 1700 고지인 윗세오름까지 올라 그곳 산장 휴게소에서 준비해 간 도시락을 먹고 영실로 하산하면서 한라산의 아름다움을 만끽했다.
견문	영실에 들어서면 이내 솔밭 사이로 시원한 계곡물이 흐른다.
감상	오르면 오를수록 이 수직의 기암들이 점점 더 하늘로 치솟아 올라 신비스럽고도 웅장한 모습에 절로 감탄이 나온다.

2 기행문의 표현 특징

여정을 드러내는 표현	• '먼저, 이른 아침에' 따위와 같은 시간 표현을 씁니다. • '~에 도착했다, ~(으)로 갔다' 따위의 장소 표현을 씁니다.
견문을 드러내는 표현	• 본 것을 나타낼 때에는 '~을/를 보다, ~이/가 있다' 따위의 표현이 있습니다. • 들은 것을 나타낼 때에는 '~(이)라고 한다, ~을/를 듣다' 따위와 같은 표현이 있습니다.

감상을 드러내는 표현	• '~처럼, ~같이'와 같이 비유를 쓰는 경우가 많습니다. • '느끼다, 생각하다'라는 낱말을 쓰기도 합니다.

핵심 3 기행문을 쓰는 방법 알기

- 시간과 장소가 잘 드러나게 씁니다.
- 보고 들은 내용(견문)을 생생하고 자세하게 풀어 씁니다.
- 생각이나 느낌(감상)도 함께 씁니다.
- 기행문은 '처음 – 가운데 – 끝'의 구조로 씁니다.

처음	• 여행한 까닭이나 목적을 씁니다. • 여행을 떠나기 전의 기대와 설렘, 떠날 때 날씨와 교통편, 도착할 때까지 걸린 시간이나 여행 일정 소개 등을 더 씁니다.
가운데	• 여행지에서 다닌 곳, 보고 들은 것, 생각하거나 느낀 것과 같이 여행하면서 있었던 일을 씁니다. • 인상 깊은 경험이나 이야기, 이동하면서 겪은 일이나 느낌, 새롭게 안 사실, 출발 전에 조사한 여행지 자료 따위를 더 씁니다.
끝	• 여행의 전체 감상을 씁니다. • 여행한 뒤에 한 다짐이나 반성, 여행하며 느낀 만족감, 아쉬운 점, 바라는 점, 앞으로 있을 계획이나 각오 그리고 여행한 뒤에 달라진 생각이나 태도 따위를 씁니다.

104 | 국어 5-1

단원 정리 평가

[01~03] 다음 그림을 보고, 물음에 답하시오.

01 두 사람은 무엇에 대해 이야기를 했습니까? (　　　)

① 책을 읽은 경험　　② 놀이를 한 경험
③ 운동을 한 경험　　④ 여행을 다녀온 경험
⑤ 봉사를 다녀온 경험

02 현석이가 제주도를 여행한 것은 언제인지 쓰시오.

(　　　　　　　)

☆☆
03 현석이가 여행을 잘 기억하지 못한 까닭은 무엇인지 빈칸에 들어갈 알맞은 말을 쓰시오.

여행하고 나서 (　　　　)(으)로 남겨 놓지 않았기 때문이다.

[04~05] 다음 그림을 보고, 물음에 답하시오.

04 서윤이가 제주도에서 다녀온 곳으로 알맞지 <u>않은</u> 것은 무엇입니까?　　　　　　　(　　　)

① 한라산
② 울릉도
③ 만장굴
④ 거문오름
⑤ 성산 일출봉

☆☆
05 서윤이가 여행을 잘 기억할 수 있었던 까닭은 무엇입니까?　　　　　　　　　　(　　　)

① 여행한 지 오래되어서
② 여러 번 여행한 곳이어서
③ 여행할 때 좋지 않은 경험을 해서
④ 여행할 때 머릿속에 기억해 두어서
⑤ 여행하며 찍은 사진과 함께 글로 남겨 놓아서

06 여행에 대해 쓴 글이나 책을 읽은 경험으로 알맞지 않은 것은 무엇입니까? ( )

① 유관순의 업적에 대해 쓴 글을 읽어 보았다.
② 독일의 괴테가 쓴 『이탈리아 여행기』를 읽었다.
③ 제주도로 여행을 가기 전에 여행 안내서를 찾아 보았다.
④ 이탈리아의 여행가 마르코 폴로가 쓴 『동방견문록』을 읽었다.
⑤ 어머니께서 가족 여행을 다녀와서 쓰신 여행 후기를 읽어 보았다.

07 여행 경험을 글로 쓰면 좋은 점을 알맞게 말하지 않은 친구는 누구인지 쓰시오.

> 윤호: 친구와 신뢰와 우정을 쌓을 수 있어.
> 준이: 다른 사람에게 여행 정보를 줄 수 있어.
> 수정: 여행했을 때의 기분을 잘 간직할 수 있어.
> 민석: 여행하며 보고 들은 것을 나중에 다시 알 수 있어.

( )

08 여정, 견문, 감상의 뜻을 알맞게 선으로 이으시오.

(1) 여정 • • ㉮ 여행의 과정이나 일정

(2) 견문 • • ㉯ 여행하며 보거나 들은 것

(3) 감상 • • ㉰ 여행하며 든 생각이나 느낌

[09~11] 다음 글을 읽고, 물음에 답하시오.

> 제주의 동북쪽 구좌읍 세화리 송당리 일대는 크고 작은 무수한 오름이 저마다의 맵시를 자랑하며 드넓은 들판과 황무지에 오뚝하여 오름의 섬 제주에서도 오름이 가장 많고 아름다운 '오름의 왕국'이라고 했다. 그 중에서도 다랑쉬오름은 '오름의 여왕'이라고 불린다.
> 다랑쉬라는 이름의 유래에는 여러 설이 있으나 다랑쉬오름 남쪽에 있던 마을에서 보면 북사면을 차지하고 앉아 된바람을 막아 주는 오름의 분화구가 마치 달처럼 둥글어 보인다 하여 붙여졌다는 설이 가장 정겹다.
> 오름 아랫자락에는 삼나무와 편백나무 조림지가 있어 제법 무성하다 싶지만 숲길을 벗어나면 이내 천연의 풀밭이 나오면서 시야가 갑자기 탁 트이고 사방이 멀리 조망된다. ㉠경사면을 따라 불어오는 그 유명한 제주의 바람이 흐르는 땀을 씻어 주어 한여름이라도 더운 줄 모른다. 발길을 옮길 때마다, 한 굽이를 돌 때마다 시야는 점점 넓어지면서 가슴까지 시원하게 열린다.

09 제주의 세화리 송당리 일대에서 '오름의 여왕'이라고 불리는 것은 무엇인지 쓰시오.

( )

서술형 문제

10 ㉠에 드러난 기행문의 특성은 무엇인지 쓰시오.

_____

11 이와 같은 글의 처음 부분에 들어갈 내용으로 알맞지 않은 것은 무엇입니까? ( )

① 여행 일정 소개
② 여행의 전체 감상
③ 여행한 까닭이나 목적
④ 여행을 떠날 때의 날씨
⑤ 여행을 떠나기 전의 기대와 설렘

[12~15] 다음 글을 읽고, 물음에 답하시오.

가 성산 일출봉은 제주 답사의 기본 경로라 할 만큼 잘 알려져 있고, 영주 십경의 제1경이 '성산에 뜨는 해'인 성산 일출이며, 제주 올레 제1경로가 시작되는 곳일 만큼 제주의 중요한 상징이기도 하다.

나 제주도와 연결된 서쪽을 제외한 성산 일출봉의 동·남·북쪽 외벽은 깎아내린 듯한 절벽으로 바다와 맞닿아 있다. 일출봉의 서쪽은 고운 잔디 능선 위에 돌기둥과 수백 개의 기암이 우뚝우뚝 솟아 있는데 그 사이에 계단으로 만든 등산로가 나 있다. 전설에 따르면 설문대 할망은 일출봉 분화구를 빨래 바구니로 삼고 우도를 빨랫돌로 하여 옷을 매일 세탁했다고 한다.

다 일출봉은 멀리서 볼 때나, 가까이 다가가 올려 볼 때나, 정상에 올라 분화구를 내려다볼 때나 풍광 그 자체의 아름다움과 감동이 있다. 특히나 항공 사진으로 찍은 성산 일출봉은 공상 과학 영화에나 나옴 직한 신비스러운 모습을 보여 준다.

12 '성산 일출'이란 무엇을 말합니까? (　　)

① 성산에 뜨는 해
② 성산에 지는 해
③ 성산에 뜨는 달
④ 성산에 내리는 눈
⑤ 성산에 피는 안개

13 ☆☆ **나** 문단에 대한 설명으로 알맞은 것은 무엇입니까? (　　)

① 여행한 까닭을 쓴 부분이다.
② 여행을 떠나기 전의 기대를 쓴 부분이다.
③ 여행지에서 보고 들은 것을 쓴 부분이다.
④ 여행하면서 생각하거나 느낀 것을 쓴 부분이다.
⑤ 여행한 뒤에 달라진 생각이나 앞으로의 다짐을 쓴 부분이다.

서술형 문제

14 성산 일출봉과 설문대 할망에 얽힌 전설은 무엇인지 쓰시오.

_____

_____

15 글쓴이는 항공 사진으로 찍은 성산 일출봉의 모습이 어떠하다고 했습니까? (　　)

① 풍광 그 자체의 아름다움과 감동이 있다.
② 불을 뿜는 분화구가 따뜻한 모습을 보여 준다.
③ 깎아내린 듯한 절벽이 차가운 모습을 보여 준다.
④ 빨래하는 설문대 할망의 정겨운 모습을 보여 준다.
⑤ 공상 과학 영화에나 나옴 직한 신비스러운 모습을 보여 준다.

16 ☆☆ 기행문의 표현 특징에 대한 설명으로 알맞은 것은 무엇입니까? (　　)

① '먼저, 이른 아침에' 따위와 같은 장소 표현을 쓴다.
② '~에 도착했다, ~(으)로 갔다' 따위의 시간 표현을 쓴다.
③ 들은 것을 나타낼 때에는 '~을/를 보다, ~이/가 있다' 따위의 표현이 있다.
④ 본 것을 나타낼 때에는 '~(이)라고 한다, ~을/를 듣다' 따위와 같은 표현이 있다.
⑤ 감상을 생생하게 쓰기 위해 '~처럼, ~같이'와 같은 비유를 쓰는 경우가 많다.

[17~19] 다음 글을 읽고, 물음에 답하시오.

우리는 어리목에서 출발하여 만세 동산을 지나 1700 고지인 윗세오름까지 올라 그곳 산장 휴게소에서 준비해 간 도시락을 먹고 영실로 하산하면서 한라산의 아름다움을 만끽했다. 영실에 들어서면 이내 솔밭 사이로 시원한 계곡물이 흐른다. 본래 실이라는 이름이 붙은 곳은 계곡을 말하는 것으로 옛 기록에는 영곡으로 나오기도 한다. 언제 어느 때 가도 계곡물 소리와 바람 소리, 거기에 계곡을 끼고 도는 안개가 신령스러워 영실이라는 이름에 값한다. 무더운 여름날 소나기라도 한차례 지나간 뒤라면 이 계곡을 두른 절벽 사이로 100여 미터의 폭포가 생겨 더욱 장관을 이룬다.

숲길을 지나노라면 아래로는 제주조릿대가 떼를 이루면서 낮은 포복으로 기어가며 온통 푸르게 물들여 놓고, 위로는 하늘을 가린 울창한 나무들이 크면 큰 대로 작으면 작은 대로 아름답고 기이하다. / 숲길을 빠져나와 머리핀처럼 돌아가는 가파른 능선 허리춤에 올라서면 홀연히 눈앞에 수백 개의 뾰족한 기암괴석이 호를 그리며 병풍처럼 펼쳐진다. ㉠오르면 오를수록 이 수직의 기암들이 점점 더 하늘로 치솟아 올라 신비스럽고도 웅장한 모습에 절로 감탄이 나온다.

언제 올라도 한라산 영실은 아름답다. 오백 장군봉을 안방에 드리운 병풍 그림처럼 둘러놓고, 그것을 멀찍이서 바라보며 느린 걸음으로 돌계단을 밟으며 바쁠 것도 힘들 것도 없이 오르노라면 마음이 들뜰 것도 같지만 거기엔 아름다움뿐만 아니라 장엄함과 아늑함이 곁들여 있기에 우리는 함부로 감정을 놀리지 못하고 아래 한 번, 위 한 번, 좌우로 한 번씩 발을 옮기며 그 풍광에 느긋이 취하게 된다.

17 이 글에 나타난 여정을 차례대로 나열한 것은 무엇입니까? (   )

① 어리목 → 만세 동산 → 영실 → 윗세오름
② 어리목 → 만세 동산 → 윗세오름 → 영실
③ 윗세오름 → 영실 → 어리목 → 만세 동산
④ 만세 동산 → 윗세오름 → 영실 → 어리목
⑤ 영실 → 윗세오름 → 만세 동산 → 어리목

18 이 글의 내용으로 알맞은 것은 무엇입니까? (   )

① 영실은 한라산에 있다.
② 영실에는 계곡물이 흐르지 않는다.
③ 한라산 윗세오름에는 산장 휴게소가 없다.
④ 실이라는 이름이 붙은 곳은 절벽을 말한다.
⑤ 영실은 옛 기록에는 제주조릿대로 나오기도 한다.

19 ㉠에 대한 설명으로 알맞은 것에 ○표 하시오.

(1) 폭포에 대한 생각이나 느낌이다.   (   )
(2) 안개에 대한 생각이나 느낌이다.   (   )
(3) 기암괴석에 대한 생각이나 느낌이다.   (   )

20 다음 중 여정을 드러낸 표현만 골라 묶은 것은 무엇입니까? (   )

㉮ 우리는 버스를 타고 담양으로 갔다.
㉯ 불국사에는 청운교와 백운교가 있다.
㉰ 순천만 습지에서 농게와 짱뚱어를 보았다.
㉱ 다음 날 저녁에 들른 곳은 고창 고인돌 박물관이다.
㉲ 창덕궁이 유네스코 세계 문화유산이 되었다고 한다.
㉳ 이른 아침에 현대 문화와 옛 문화가 어우러진 인사동에 도착했다.
㉴ 유리 벽 사이로라도 석굴암을 볼 수 있어 천만다행이라고 생각했다.
㉵ 현대 기술 수준을 앞선 우리 선조의 지혜가 자랑스럽게 느껴졌다.
㉶ 무령왕릉 내부를 보는 동안 머리카락이 쭈뼛 서는 듯한 감동이 밀려왔다.

① ㉮, ㉰, ㉲   ② ㉮, ㉱, ㉳
③ ㉯, ㉰, ㉲   ④ ㉯, ㉱, ㉳
⑤ ㉴, ㉵, ㉶

[01~02] 다음 그림을 보고, 물음에 답하시오.

01 방학 때 제주도 여행을 다녀온 경험에 대한 현석이의 생각이나 느낌을 쓰시오.

_____

_____

02 서윤이의 말로 보아, 현석이가 여행 경험을 잘 기억하려면 어떻게 해야 했는지 쓰시오.

_____

_____

[03~04] 다음 글을 읽고, 물음에 답하시오.

> **가** 우리 답사의 첫 유적지는 한라산 산천단이었다. 한라산 산신께 제사드리는 산천단에 가서 답사의 안전을 빌고 가는 것이 순서에도 맞고 또 제주도에 온 예의라는 마음도 든다.
>
> **나** 영실에 들어서면 이내 솔밭 사이로 시원한 계곡물이 흐른다. 본래 실이라는 이름이 붙은 곳은 계곡을 말하는 것으로 옛 기록에는 영곡으로 나오기도 한다. 언제 어느 때 가도 계곡물 소리와 바람 소리, 거기에 계곡을 끼고 도는 안개가 신령스러워 영실이라는 이름에 값한다.
>
> **다** 숲길을 빠져나와 머리핀처럼 돌아가는 가파른 능선 허리춤에 올라서면 홀연히 눈앞에 수백 개의 뾰족한 기암괴석이 호를 그리며 병풍처럼 펼쳐진다. 오르면 오를수록 이 수직의 기암들이 점점 더 하늘로 치솟아 올라 신비스럽고도 웅장한 모습에 절로 감탄이 나온다.

03 글쓴이가 답사의 첫 유적지를 한라산 산천단으로 정한 까닭은 무엇인지 쓰시오.

_____

_____

04 이 글에서 여정, 견문, 감상에 해당하는 것을 한 문장씩 찾아 쓰시오.

여정	(1)
견문	(2)
감상	(3)

수행 평가

배점 | 20점

학습 주제 여행지 안내장 만들기

학습 목표 소개하고 싶은 여행지를 떠올려 여행지 안내장을 만들 수 있다.

1 보기 와 같이 친구들에게 알리고 싶은 곳을 떠올려 쓰시오.

보기
- 공주와 부여 지역의 백제 문화를 알려 줄 것입니다.
- 서울에 있는 여러 곳의 궁궐을 알려 주려고 합니다.

_____

2 1에서 떠올린 여행지 안내장에 들어갈 내용을 정리해 쓰시오.

안내장 제목	(1)
소개할 곳	(2)
알릴 내용	(3)

3 2에서 정리한 내용을 바탕으로 여행지 안내장에 들어갈 글을 쓰시오.

준비 **낱말의 짜임**   낱말의 뜻을 자세히 아는 방법을 생각해 봅시다.

📝 **단원 학습**

낱말을 만드는 방법과 배경지식을 활용해 글을 읽을 수 있어요.

○ **그림의 내용**: 뜻을 잘 모르는 낱말이 나왔을 때 자신이 아는 뜻으로 짐작하거나 낱말을 쪼개 살펴보며 뜻을 짐작할 수 있다는 내용입니다.

○ **단일어와 복합어**
• 단일어: '바늘'처럼 '바'와 '늘'로 나누면 본디의 뜻이 없어져 더는 나눌 수 없는 낱말.
• 복합어: '바늘방석'처럼 뜻이 있는 두 낱말을 합한 낱말이나 '맨주먹'처럼 뜻을 더해 주는 말과 뜻이 있는 낱말을 합한 낱말.

☆☆
01 예원이와 시원이가 낱말의 뜻을 짐작한 방법으로 알맞지 <u>않은</u> 것의 기호를 쓰시오.

> ㉮ 낱말을 둘로 나누어 뜻을 짐작했다.
> ㉯ 자신이 아는 뜻으로 낱말의 뜻을 짐작했다.
> ㉰ 낱말에서 형태가 바뀌지 않는 부분에 '-다'를 붙여 낱말의 뜻을 짐작했다.

(   )

서술형 문제

02 다음 낱말의 짜임을 살펴보고 낱말 뜻을 쓰시오.

(1)   바늘방석   =   바늘   +   방석   뜻: (   )

(2)   맨주먹   =   맨-   +   주먹   뜻: (   )

😊 **낱말사전**

불안스러운 마음이 편하지 아니하고 조마조마한 느낌이 있는.
쪼개 둘 이상으로 나누어.

❶ 낱말에 다른 낱말을 합해 만들기

구름다리 = 구름 + 다리

| 뜻 | 도로나 계곡 따위를 건너질러 공중에 걸쳐 놓은 다리. |

김밥 = 김 + 밥

| 뜻 | 여러 가지 재료를 김 속에 넣어 만든 음식. |

㉠ = 새우 + 잠

| 뜻 | 새우처럼 등을 구부리고 자는 잠.
불편하게 모로 누워 자는 잠. |

❷ 뜻을 더해 주는 말에 낱말을 합해 만들기

풋고추   풋밤   풋사과

➡ '풋-'의 뜻: 처음 나온./덜 익은.

나무꾼   소리꾼   낚시꾼

➡ '-꾼'의 뜻: 어떤 일을 전문적으로 하는 사람./어떤 일을 잘하는 사람./어떤 일을 즐겨 하는 사람.

| '풋-'에 다른 낱말을 합해 낱말 만들기 | ㉡풋대추, 풋곡식, 풋벼 |
| '-꾼'에 다른 낱말을 합해 낱말 만들기 | 농사꾼, 누리꾼, 재주꾼 |

03 '구름다리'에 대한 설명으로 알맞지 <u>않은</u> 것은 무엇입니까? ( )

① 단일어이다.
② '구름'과 '다리'를 합해서 만들었다.
③ '공중에 걸쳐 놓은 다리'라는 뜻이다.
④ '구름'은 공중에 높이 떠 있는 것이다.
⑤ '다리'는 한편에서 다른 편으로 건너다닐 수 있도록 만든 것이다.

〔교과서 문제〕
04 '김밥'은 어떻게 쪼갤 수 있는지 빈칸에 들어갈 알맞은 말을 쓰시오.

( )와/과 ( )

〔교과서 문제〕
05 ㉠에 들어갈 알맞은 낱말은 무엇입니까? ( )

① 늦잠   ② 잠버릇
③ 토끼잠   ④ 새우잠
⑤ 새우등

06 뜻을 더해 주는 말과 그 뜻을 알맞게 선으로 이으시오.

(1) 풋- •   • ㉮ 덜 익은.

(2) -꾼 •   • ㉯ 어떤 일을 잘하는 사람.

07 ㉡의 낱말 뜻은 무엇입니까? ( )

① 덜 익은 대추.
② 작년에 농사지은 대추.
③ 대추 농사를 잘하는 사람.
④ 대추 농사를 즐겨 하는 사람.
⑤ 대추 농사를 전문적으로 하는 사람.

08 낱말을 만드는 방법을 생각하며 빈칸에 들어갈 알맞은 말을 쓰시오.

(1) 낱말에 다른 ( )을/를 합해 만든다.
(2) ( )을/를 더해 주는 말에 낱말을 합해 만든다.

기본 **자연을 닮은 우리 악기** 겪은 일을 떠올리며 「자연을 닮은 우리 악기」를 읽어 봅시다.

8 아는 것과 새롭게 안 것

자연을 닮은 우리 악기

❶ 아주 먼 옛날, 우리 조상들은 우리 땅과 강을 닮은 악기를 만들어 아름다운 음악을 연주했습니다. 하늘과 땅에 제사를 지낼 때에도, 기쁘거나 슬픈 마음을 나타낼 때에도 사람들은 모여서 악기를 연주했어요. 우리나라 악기들은 자연에서 얻은 여덟 가지 재료로 만들어졌어요. 명주실, 대나무, 박, 흙, 가죽, 쇠붙이, 돌, 나무 등 주변에서 흔히 볼 수 있고 쉽게 구할 수 있는 것들이지요. 대한 제국 때 발간된 『증보문헌비고』에서는 이 여덟 악기의 재료를 팔음이라고 불렀어요. 여덟 가지 재료에 저마다 독특한 소리가 담겨 있기 때문이지요.

❷ 대나무와 박에서 나오는 청아한 소리는 맑은 봄날의 아침 같아요. 명주실에서 뽑아내는 섬세한 소리와 나무에서 나오는 깨끗한 소리는 쨍쨍한 여름 햇살을 닮았어요. 쇠와 흙에서 울리는 우렁차고 광대한 소리는 높은 가을 하늘 같답니다. 돌의 묵직한 소리와 가죽의 탄탄한 소리는 겨울의 웅장함을 느끼게 하지요. 이렇게 옛사람들은 여러 악기의 소리를 들으며 자연의 이치를 깨달았답니다.

서술형 문제

09 우리 조상들이 악기를 만들 때 사용한 여덟 가지 재료를 찾아 쓰고 공통된 특징은 무엇인지 쓰시오.

여덟 가지 재료	(1)
공통된 특징	(2)

10 『증보문헌비고』에서 여덟 악기의 재료를 팔음이라고 부른 까닭은 무엇입니까? ( )

① 우리 땅과 강을 닮은 악기의 재료이기 때문이다.
② 사람의 팔을 이용해 연주하는 악기의 재료이기 때문이다.
③ 여덟 가지 재료에서 저마다 독특한 맛이 느껴지기 때문이다.
④ 여덟 가지 재료에 저마다 독특한 소리가 담겨 있기 때문이다.
⑤ 총 여덟 단계의 과정으로 만들어지는 악기의 재료이기 때문이다.

교과서 문제

11 대나무와 박에서 나오는 소리는 어떤 느낌을 준다고 했습니까? ( )

① 청아한 소리가 맑은 봄날의 아침 같다.
② 섬세한 소리가 쨍쨍한 여름 햇살을 닮았다.
③ 깨끗한 소리가 쨍쨍한 여름 햇살을 닮았다.
④ 우렁차고 광대한 소리가 높은 가을 하늘 같다.
⑤ 묵직하고 탄탄한 소리가 겨울의 웅장함을 느끼게 한다.

○ 글의 종류: 설명하는 글
○ 글쓴이: 청동말굽
○ 글의 특징: 자연에서 얻은 여덟 가지 재료로 만들어진 우리 전통 악기들의 아름다운 소리와 쓰임에 대해 설명하는 글입니다.

❶ 우리나라 악기들은 자연에서 얻은 여덟 가지 재료로 만들어졌습니다.
❷ 옛사람들은 여러 악기의 소리를 들으며 자연의 이치를 깨달았습니다.
❸ 명주실은 잘 끊어지지 않고 탄력이 있어서 악기의 줄로 쓰입니다.
❹ 대나무로는 대금, 피리, 단소를 만들 수 있습니다.
❺ 박으로는 생황을 만들었습니다.
❻ 흙으로는 훈과 부 같은 악기를 만들었습니다.
❼ 동물의 가죽으로는 북과 장구를 만들었습니다.
❽ 쇠를 녹여 징, 꽹과리, 편종, 특종, 나발 등을 만들었습니다.
❾ 나무로 만든 악기에는 박, 어 등이 있습니다.
❿ 돌로 만든 악기에는 편경과 특경이 있습니다.
⓫ 여덟 가지 재료로 만든 우리 옛 악기들은 함께 어우러져야 더 아름다운 소리를 만들어 냅니다.

낱말사전

청아한 속된 티가 없이 맑고 아름다운.

탄력 용수철처럼 튀거나 팽팽하게 버티는 힘.

장인 손으로 물건을 만드는 일을 업으로 하는 사람.

일품 품질이나 상태가 제일감. 또는 그런 물품.

❸ 명주실은 우리 악기를 만드는 데 가장 많이 쓰이는 재료 가운데 하나입니다. 명주실은 누에고치에서 뽑아낸 비단실이에요. 이 비단실로 천도 짜고, 소리 고운 악기도 만들지요. 명주실은 잘 끊어지지 않고 탄력이 있어서 가야금, 거문고, 아쟁, 해금 같은 악기의 줄로 쓰입니다. 가야금은 오동나무로 만든 울림통에 명주실을 열두 줄로 꼬아 얹어 만들어요. 웅장하고 깊은 소리를 내는 거문고의 줄도 명주실로 만들지요. 해금은 낮은음에서 높은음까지 다양한 소리를 내고, 아쟁은 가야금과 비슷하지만 가야금보다 몸통이 크고 줄이 굵습니다.

❹ 예부터 우리 조상들이 좋아했던 대나무는 굽힐 줄 모르는 곧은 마음을 상징했어요. 대나무를 즐겨 그리는 선비가 많았고, 장인들은 대나무로 여러 가지 물건을 만

들었지요. 대나무로 만든 악기도 아주 많아요. 대나무는 속이 비어 있어서 보통 나무와는 다른 소리를 내는 악기를 만들 수 있어요. 그윽하고 평온한 소리가 울려 나오는 대금, 달빛이 빛나는 봄밤에 어울리는 악기인 피리를 만듭니다. 그리고 맑고 청아한 소리를 내는 단소도 만들 수 있습니다.

❺ 초가지붕 위에 주렁주렁 앉아 자라던 박은 물을 푸는 물박, 간장을 퍼내는 장 박, 밥을 담는 주발 박 같은 바가지나 그릇을 만드는 데 많이 쓰였어요. 우리 악기 가운데 생황은 박으로 만든 악기입니다. 생황은 박으로 만든 공명통(소리를 울리게 하는 통)에 서로 길이가 다른 여러 개의 대나무 관이 꽂혀 있는 악기예요.

12 ❸~❺ 문단에서 설명한 악기 재료는 무엇인지 알맞게 선으로 이으시오.

(1) ❸ 문단 •

(2) ❹ 문단 •

(3) ❺ 문단 •

• ㉮ 박

• ㉯ 명주실

• ㉰ 대나무

13 명주실로 만든 악기로 알맞지 <u>않은</u> 것은 무엇입니까? ( )

① 해금
② 대금
③ 아쟁
④ 가야금
⑤ 거문고

14 다음에서 설명하는 악기의 이름을 찾아 쓰시오.

박으로 만든 공명통에 서로 길이가 다른 여러 개의 대나무 관이 꽂혀 있다.

( )

☆☆
15 다음은 겪은 일을 떠올리며 이 글을 읽은 것입니다. 글을 읽은 방법으로 알맞은 것에 ○표 하시오.

전통 악기 박물관에서 생황이라는 악기를 본 적이 있어. 무엇으로 만들었는지 궁금했는데, 박으로 만든 악기였어. 나도 생황을 불어 소리를 내 보고 싶어.

(1) 본 일을 떠올리며 읽기 ( )
(2) 한 일을 떠올리며 읽기 ( )
(3) 들은 일을 떠올리며 읽기 ( )

6 흙은 쓰임이 많은 재료예요. 집을 짓기도 하고 여러 가지 물건을 만들지요. 흙은 원하는 모양을 쉽게 만들 수도 있고, 말리거나 구우면 단단해져요. 우리 조상들은 이런 흙의 특성을 이용해서 훈과 부 같은 악기를 만들었어요. 우묵한 질그릇처럼 생긴 부는 아홉 조각으로 쪼갠 대나무 채로 두드려 소리를 내는 악기예요. 훈은 흙을 빚고 구워서 만든 악기로 입으로 불어 소리를 내요.

7 아주 오랜 옛날부터 사람들은 동물의 가죽을 잘 말려서 동그란 나무통에 씌워 두드리며 소리를 냈어요. 때로는 흥겨운 장단을 만들기도 했고, 때로는 깊고 웅장한 소리로 마음속의 슬픔과 두려움을 몰아내기도 했지요. 가죽으로 만든 악기에는 북과 장구가 있어요. 북은 백성들과 아주 가까운 악기로 힘든 농사일에 흥을 돋우기 위한 풍물놀이에 빠지지 않았어요. 장구는 모래시계를 옆으로 뉘어 놓은 것처럼 허리가 잘록한데, 다른 악기들과 어울려 흥을 돋워 주지요.

8 쇠는 아무나 함부로 다룰 수 없는 귀한 재료였어요. 쇠를 다루는 사람들이 불로 쇠를 녹여 여러 가지 도구를 만들어 쓰기도 하고, 무기를 만들기도 하였지요. 그 때문에 쇠로 만든 악기에도 특별한 힘이 있을 거라고 여겼어요. 사람들은 쇠를 녹여 사방을 깨우는 듯한 소리가 나는 악기를 만들어 특별한 신호를 보내거나, 놀이판의 흥을 높였어요. 쇠를 녹여 만든 우리 악기에는 징, 꽹과리, 편종, 특종, 나발 등이 있어요.

16 악기와 악기 재료를 알맞게 짝지은 것을 두 가지 고르시오. (,)

	악기	악기 재료
①	훈	흙
②	부	쇠
③	북	흙
④	장구	가죽
⑤	꽹과리	가죽

17 악기 재료로서 흙의 특징을 설명한 것으로 알맞은 것을 두 가지 고르시오. (,)
① 속이 텅 비어 있다.
② 불로 녹여 모양을 만든다.
③ 말리거나 구우면 단단해진다.
④ 잘 끊어지지 않고 탄력이 있다.
⑤ 원하는 모양을 쉽게 만들 수 있다.

☆☆
18 북에 대한 설명으로 알맞지 <u>않은</u> 것은 무엇입니까? ( )
① 두드리며 소리를 낸다.
② 풍물놀이에 빠지지 않는다.
③ 백성들과 아주 가까운 악기이다.
④ 동물의 가죽을 말려 동그란 나무통에 씌워 만든다.
⑤ 모래시계를 옆으로 뉘어 놓은 것처럼 허리가 잘록한 모양이다.

교과서 문제
19 이 글과 관련된 경험을 떠올려 말하지 <u>않은</u> 친구는 누구인지 쓰시오.

준호: 비사치기 놀이를 하는 방법에 대해 설명하는 글을 읽은 적이 있어.
소민: 풍물놀이를 할 때 북, 장구, 꽹과리 같은 전통 악기를 실제로 본 적이 있어.
세윤: 체육 대회에서 줄다리기를 할 때 전통 악기인 징을 이용해 시작을 알리는 것을 보았어.

( )

8 단원

9 나무는 어디에서나 쉽게 구할 수 있고 쓰임도 많은 재료예요. 나무로 만든 악기에는 박, 어 등이 있어요. 나무의 딱딱한 소리는 여러 악기를 모아 합주할 때 연주의 처음과 끝을 알리는 역할을 했답니다. 어는 나무로 만든 흰 호랑이 등 위에 스물일곱 개의 톱니가 붙어 있는 악기이고, 박은 단단한 나뭇조각 여섯 개의 한쪽 끝을 모아 묶은 악기예요. 박을 연주하는 사람은 지휘자와 같은 역할을 한답니다.

10 돌로 만든 악기는 추위나 더위에 강하기 때문에 음의 변화가 거의 없었어요. 그래서 다른 악기의 음을 맞추거나 고르게 할 때 기준이 된답니다. 돌로 만든 악기에는 편경과 특경이 있어요. 편경은 단단한 돌을 'ㄱ' 자 모양으로 깎아서 만든 악기로, 돌조각을 '각퇴'라는 채로 쳐서 소리를 내요. 돌에서 나오는 티 없이 청아한 소리가 일품이에요. 편경은 주로 궁중에서 제사를 지낼 때 쓰입니다.

11 여덟 가지 재료로 만든 우리 옛 악기들은 저마다 독특하고 아름다운 소리를 지닙니다. 하지만 우리 악기들은 더불어 살아가는 사람들처럼 여럿이 함께 어우러져야 더 아름다운 소리를 만들어 냅니다. 서로 어울려 연주되는 우리 악기들은 제 소리만 뽐내지 않아요. 각자의 소리가 한데 어우러지도록 정성을 다하지요. 서로 둥글게 어울려 흥겨운 장단을 만들고 서로 하나 되어 아름다운 가락을 만들어요. 이렇게 하나 된 연주는 하늘에 닿아 사람들의 소원도 전해 주고, 조상님께 닿아 후손들의 효심도 전해 주고, 즐거운 놀이판에서 흥겹게 울려 퍼졌답니다.

20 나무와 돌로 만든 악기에서 나는 소리로 알맞은 것을 두 가지 고르시오. (　,　)

① 돌로 만든 악기 – 딱딱한 소리
② 돌로 만든 악기 – 청아한 소리
③ 돌로 만든 악기 – 웅장한 소리
④ 나무로 만든 악기 – 딱딱한 소리
⑤ 나무로 만든 악기 – 청아한 소리

22 다음과 같이 이 글을 읽고 떠오른 내용이 사람마다 다른 까닭은 무엇인지 쓰시오.

　나는 박물관에서 전통 악기를 본 경험을 떠올렸는데 친구는 텔레비전에서 본 전통 음악 연주 장면이 떠올랐다고 합니다.

21 돌로 만든 악기가 다른 악기의 음을 맞추거나 고르게 할 때 기준이 된 까닭은 무엇입니까? (　)

① 날씨가 더워지면 낮은 소리를 냈기 때문이다.
② 날씨가 추워지면 낮은 소리를 냈기 때문이다.
③ 날씨가 더워지면 높은 소리를 냈기 때문이다.
④ 날씨가 추워지면 높은 소리를 냈기 때문이다.
⑤ 추위나 더위에 강해 음의 변화가 거의 없었기 때문이다.

23 겪은 일을 떠올리며 글을 읽으면 좋은 점으로 알맞지 않은 것의 기호를 쓰시오.

㉮ 글 내용을 더 쉽게 이해할 수 있다.
㉯ 글 내용에 흥미가 생기지 않게 된다.
㉰ 자신이 아는 내용과 비교하며 글을 읽을 수 있다.

(　)

8 아는 것과 새롭게 안 것

우리나라의 멸종 위기 동물

❶ 지금까지 알려진 동물은 약 170만 종이라고 합니다. ㉠앞으로 20~30년 안에 이 동물 가운데 $\frac{1}{4}$ 정도가 지구상에서 완전히 사라질 수도 있다고 합니다. 왜냐하면 지구 온난화와 환경 오염 등으로 동물의 서식지가 줄어들고 있기 때문입니다. 그리고 토종 동물이 다른 나라에서 들어온 동물과 벌이는 생존 경쟁에서 밀려나 사라지는 경우도 있기 때문입니다. 우리나라에도 이렇게 멸종되어 가는 동물이 많이 있습니다. 그럼 지금부터 우리나라에서 사라질 위기에 처한 동물을 만나 보겠습니다.

❷ 점박이물범: 나는 점박이물범일세. 잘 사냐고? 음, 할 말이 없군. 지금 우리 가족은 겨우 500마리 남짓 남았을 뿐이거든. 물론 30년 전보다야 낫지만 말이야. 그때만 해도 사람들이 우리를 마구 잡아서 모피와 약을 만들었지만, 지금은 보호 구역도 정해 주더라고. 우리는 주로 백령도 근처에 머무는데 사람이 별로 없어서 지내기가 좋아. 그리고 추운 겨울이 되면 서해 위쪽으로 올라가 지낸다네. 그런데 여기서 잠깐! 사실 무척 걱정되는 게 있어. 우리에게는 새끼를 낳으려면 부빙이 꼭 필요하지. 그런데 지구가 점점 따뜻해지는 바람에 얼음들이 녹고 있어. 게다가 사람들이 오염된 물과 쓰레기를 바다에 마구 쏟아 내서 살기가 참 힘들다네. 자네가 우리 대신 사람들한테 잘 좀 말해 줄 수 없겠나?

교과서 문제

24 이 글의 제목을 보고 내용을 짐작한 것으로 알맞은 것에 ○표 하시오.

(1) 동물원을 없애자고 주장하는 내용이 나올 것 같다. ( )

(2) 우리나라에서 점점 사라지는 동물에 대해 이야기할 것 같다. ( )

(3) 위험한 동물을 멸종시키려면 어떻게 해야 하는지 나올 것 같다. ( )

25 ㉠의 까닭으로 알맞은 것을 두 가지 고르시오. (,)

① 동물의 종류가 다양해지고 있기 때문이다.

② 사람들이 동물에게 보호 구역을 정해 주었기 때문이다.

③ 지구가 점점 추워지는 바람에 얼음들이 얼고 있기 때문이다.

④ 지구 온난화와 환경 오염 등으로 동물의 서식지가 줄어들고 있기 때문이다.

⑤ 토종 동물이 다른 나라에서 들어온 동물과 벌이는 생존 경쟁에서 밀려나 사라지는 경우가 있기 때문이다.

26 점박이물범이 새끼를 낳으려면 무엇이 꼭 필요한지 이 글에서 찾아 쓰시오.

( )

○ **글의 종류:** 설명하는 글

○ **글쓴이:** 백은영

○ **글의 특징:** 우리나라에서 멸종 위기에 처한 동물을 보호하기 위해 멸종 위기 동물에게 관심을 가지고, 환경을 깨끗하게 유지하자는 내용입니다.

❶ 우리나라에도 멸종되어 가는 동물이 많이 있습니다.

❷ 점박이물범은 사람들이 오염된 물과 쓰레기를 바다에 마구 쏟아 내서 살기가 참 힘듭니다.

8
단원

낱말사전

서식지 생물 따위가 일정한 곳에 자리를 잡고 사는 곳.

모피 털이 그대로 붙어 있는 짐승의 가죽.

부빙 물 위에 떠다니는 얼음덩이.

❸ 사냥꾼들이 털과 고기를 노리고 도망가지 못하게 길을 막아 버려서 산양은 멸종 위기에 처했습니다.

❹ 반달가슴곰이 있어야 지리산의 생태계가 잘 돌아가는데, 깊은 산속까지 들어오는 사람들이 문제입니다.

❸
산양: 내가 염소게, 산양이게? 히히, 염소랑 비슷하게 생겼어도 난 엄연히 산양이야. 자세히 보면 수염도 없고 갈색, 검은색, 회색 털이 뒤섞여 있어. 그리고 내 뿔은 송곳 모양으로, 나이를 먹을 때마다 고리 모양으로 변해. 나는 워낙 험한 ㉠바위산에 살기 때문에 지금까지 살아남았어. 이런 내가 설마 인간 때문에 멸종 위기에 처할 줄은 정말 몰랐어. 사냥꾼들은 내 털과 고기를 노렸지. 우리가 도망가지 못하게 길도 막아 버렸어. 으으, 무서운 인간들을 피할 방법 좀 알려 줘.

❹
반달가슴곰: 대한민국 사람들은 우리를 참 많이 사랑해요. 그만큼 우리에게 관심도 많고요. 우리 친구들을 지리산으로 돌려보낼 때마다 잘 살기를 무척 바라지요. 듣자 하니 50마리까지 늘리는 게 목표라고 해요. 하기는 우리를 귀하게 여길 만해요. 우리는 산에서 도토리, 가래, 산뽕나무의 열매 등을 먹고 여기저기에 똥을 누어요. 바로 그 똥이 흙을 좋게 만들어서 씨앗이 돋아나게 하고 산을 푸르게 만드는 데 도움을 주거든요. 우리가 있어야 지리산의 생태계가 잘 돌아가는 거죠. 하지만 문제는 바로 사람들! 아무리 깊은 산속이라도 사람들이 보여요. 이 험한 데까지 대체 어떻게 오는 거죠?

　교과서　 문제

27 낱말의 짜임을 생각할 때 ㉠은 무슨 뜻이겠습니까? 　　　(　　　)

① 낮은 산이라는 뜻이다.
② 나무가 많은 산이라는 뜻이다.
③ 산에서 주운 돌이라는 뜻이다.
④ 산에서 발견한 바위라는 뜻이다.
⑤ 바위로 뒤덮여 있는 산이라는 뜻이다.

　서술형　 문제

28 ❹ 문단의 내용으로 보아 생태계를 지키려면 무엇을 해야 하는지 쓰시오.

☆☆
29 멸종 위기 동물에 대해 아는 내용을 떠올려 알맞게 말한 친구는 누구인지 쓰시오.

> 정우: 대한민국 사람으로서 나라 사랑하는 마음을 가져야 해.
> 태영: 산에 올라갔다가 바닥에 떨어진 도토리를 주워 온 적이 있어.
> 지유: 텔레비전에서 멸종 위기의 지리산 반달가슴곰을 키워 자연으로 보내는 것을 본 적이 있어.

(　　　　　　　　)

😊 낱말사전

엄연히 어떤 사실이나 현상이 부인할 수 없을 만큼 뚜렷하게.

고리 긴 쇠붙이나 줄, 끈 따위를 구부리고 양 끝을 맞붙여 둥글거나 모나게 만든 물건.

생태계 어느 환경 안에서 사는 생물군과 그 생물들을 제어하는 제반 요인을 포함한 복합 체계.

5 꼬치동자개: 뭘 그리 놀라요? 나 처음 봐요? 하긴 나는 1940년대까지는 도시의 하천에서도 쉽게 잡을 수 있을 정도로 흔한 물고기였죠. 하지만 산업화 · 도시화가 되면서 환경이 오염되어 마음 놓고 살 곳이 사라져 버렸어요. 나와 친구들은 어느새 멸종 위기 1등급이 되어 버렸고요. 듣기로는 우리를 데려다가 연구해서 수를 늘릴 계획이 있다고 하던데, 그러다 잘못되면 어떡하죠?

6 멸종 위기에 처한 우리나라의 동물들을 구하려면 어떻게 해야 할까요? 1993년 국제 연합 환경 계획에서 '생물 다양성 국가 연구에 대한 지침'을 발표했습니다. 이를 시작으로 하여 사람들은 단순히 멸종 위기의 동물을 보호하는 데에만 그치는 것이 아니라 생태계 전체를 건강하게 만드는 데 힘을 쏟기 시작했습니다. 멸종 위기 동물을 천연기념물로 지정해 보호하고 우리나라 고유의 생물들을 보존하는 방법을 찾기로 했습니다. 그렇게 해서 생겨난 것이 바로 깃대종과 지표종이랍니다.

7 깃대종은 그 지역을 대표하는 생물들이기 때문에 깃대종이 잘 보존된다면 그 지역의 생태계가 잘 유지된다는 증거로 볼 수 있습니다. 우리나라의 대표적인 깃대종으로는 설악산의 산양, 내장산의 비단벌레, 속리산의 하늘다람쥐, 지리산의 반달가슴곰이 있습니다.

5 꼬치동자개는 흔한 물고기였지만 환경 오염으로 살 곳이 사라져 버리면서 멸종 위기 1등급이 되었습니다.

6 멸종 위기에 처한 우리나라의 동물들을 구하기 위해서 생겨난 것이 바로 깃대종과 지표종입니다.

7 깃대종은 그 지역을 대표하는 생물들로 그 지역의 생태계가 잘 유지된다는 증거입니다.

교과서 문제

30 이 글로 보아 어떤 것을 천연기념물로 지정합니까? ( )

① 모든 동식물
② 멸종 위기 동식물
③ 우리나라 고유의 동식물
④ 그 지역의 대표적인 동식물
⑤ 다른 나라에서 들어온 동식물

31 깃대종이 잘 보존되어 있다는 것은 무엇을 의미합니까? ( )

① 멸종 위기 동물이 있다.
② 그 지역에 사람이 산다.
③ 그 지역의 날씨가 따뜻하다.
④ 그 지역의 환경이 오염되었다.
⑤ 그 지역의 생태계가 잘 유지된다.

32 이 글에 나오는 동물 이름의 짜임을 생각하며 그 동물에 대해 알맞게 짐작한 것에 ○표 하시오.

(1) 산양은 '산'과 '양'을 합한 낱말이다. 양이 사는 산이라는 뜻일 것이다. ( )
(2) 비단벌레는 '비단'과 '벌레'를 합한 낱말이다. 벌레의 몸이 비단처럼 보일 것 같다. ( )
(3) 반달가슴곰은 '반달'과 '가슴곰'을 합한 낱말이다. 태어난 지 한 달이 되지 않은 곰이라는 뜻일 것이다. ( )

낱말사전

흔한 보통보다 더 자주 있거나 일어나서 쉽게 접할 수 있는.

다양성 모양, 빛깔, 형태, 양식 따위가 여러 가지로 많은 특성.

지침 생활이나 행동 따위의 지도적 방법이나 방향을 인도하여 주는 준칙.

8 아는 것과 새롭게 안 것 〔기본〕 우리나라의 멸종 위기 동물

❽ 지표종은 그 지역의 환경이 얼마나 깨끗한지 측정할 수 있는 종을 말합니다. 예를 들어 오래전 탄광에서 일하던 광부들은 카나리아를 이용해 몸에 해로운 유독 가스를 측정했습니다. 공기가 좋은 곳에서 사는 카나리아는 산소가 부족하면 숨을 쉬기가 힘들어 노래를 멈춘답니다. 그래서 광부들은 카나리아가 노래를 부르는 동안에는 안심하고 일을 할 수 있었습니다.

또한 바로 떠서 먹을 수 있을 정도로 깨끗한 1급수에는 어름치, 열목어 등이 살고, 약간의 처리 과정을 거치면 마실 수 있는 2급수에는 은어, 피라미가 삽니다. 물이 흐리고 마실 수 없어 공업용수로 주로 사용하는 3급수에는 물벼룩, 짚신벌레 등이 살며, 4급수에는 물곰팡이, 실지렁이 등이 살 수 있습니다. 이렇게 지표종으로 물의 등급을 알 수 있답니다.

❾ 오늘날에는 동물이 멸종하는 것을 막고자 세계 여러 나라에서 많은 노력을 하고 있습니다. 각 나라는 점점 줄어드는 동물을 '멸종 위기종'으로 지정해 보호하기도 합니다. 그렇다면 멸종 위기의 동물을 보호하는 가장 좋은 방법은 무엇일까요? 그것은 바로 우리가 동물에게 관심을 기울이고 동물을 보살피며, 환경을 함부로 파괴하지 않고 깨끗하게 유지하는 것입니다.

❽ 지표종은 그 지역의 환경이 얼마나 깨끗한지 측정할 수 있는 종을 말합니다.

❾ 멸종 위기의 동물을 보호하는 가장 좋은 방법은 우리가 동물에게 관심을 갖고 환경을 파괴하지 않는 것입니다.

33 지표종의 뜻은 무엇인지 빈칸에 들어갈 알맞은 말을 쓰시오.

> 그 지역의 환경이 얼마나 (   )한지 측정할 수 있는 종

34 지표종으로 환경을 측정한 것으로 알맞은 것은 무엇입니까? (   )

① 은어, 피라미가 살면 1급수이다.
② 어름치, 열목어가 살면 2급수이다.
③ 물벼룩, 짚신벌레가 살면 4급수이다.
④ 물곰팡이, 실지렁이가 살면 3급수이다.
⑤ 탄광에서 카나리아가 노래를 멈추면 산소가 부족하다.

〔교과서 문제〕
35 이 글을 읽고 알게 된 점을 알맞게 말한 친구는 누구인지 쓰시오.

> 수아: 깃대종으로 물의 등급을 알 수 있다는 것을 알게 되었어.
> 하율: 우리나라에도 멸종되어 가는 동물이 많다는 것을 알게 되었어.
> 서진: 설악산의 산양, 내장산의 비단벌레, 속리산의 하늘다람쥐, 지리산의 반달가슴곰이 우리나라의 대표적인 지표종이라는 것을 알게 되었어.

(   )

낱말사전

탄광 석탄을 캐내는 광산.

유독 가스 독성이 있어 생물에 큰 해가 되는 기체. 주로 군사상의 목적으로 사용하는 것을 이름.

1급수 하천의 수질 등급의 하나. 가장 맑고 깨끗한 물로 바로 식수가 가능함.

교과서 핵심 정리

핵심 1   낱말의 짜임 알기

1 단일어

'바늘'처럼 '바'와 '늘'로 나누면 본디의 뜻이 없어져 더는 나눌 수 없는 낱말을 말합니다.

2 복합어

뜻이 있는 두 낱말을 합한 낱말	사과나무, 검붉다 등
뜻을 더해 주는 말과 뜻이 있는 낱말을 합한 낱말	햇밤, 덧신 등

예 낱말의 짜임을 알면 좋은 점 말하기

잘 모르는 낱말의 뜻을 짐작할 수 있어.

낱말을 합해서 새로운 낱말을 만들 수 있어.

낱말을 어떻게 만들었는지 이해할 수 있어.

8
단원

핵심 2   낱말을 만드는 방법 알기

• 뜻이 있는 낱말에 뜻이 있는 다른 낱말을 합해서 만듭니다.

돌다리 = 돌 + 다리

뜻   돌로 만든 다리.

• 뜻을 더해 주는 말에 뜻이 있는 낱말을 합해서 만듭니다.

햇과일 = 햇- + 과일

뜻   그해에 새로 난 과일.

예 낱말 만들기

• 뜻이 있는 낱말에 뜻이 있는 다른 낱말을 합해 만들기

골목 길   꽃 길   눈 길   길 동무

• 뜻을 더해 주는 말에 뜻이 있는 낱말을 합해 만들기

맨 손   맨 발   맨 입   맨 주먹

핵심 3   겪은 일이나 아는 지식을 떠올리며 글을 읽으면 좋은 점 알기

• 글 내용을 더 쉽게 이해할 수 있습니다.
• 글 내용을 깊이 있게 이해할 수 있습니다.
• 글 내용에 더 흥미를 지니게 됩니다.
• 자신이 아는 내용과 비교하며 글을 읽을 수 있습니다.

예 「자연을 닮은 우리 악기」를 읽고 관련 있는 경험을 본 일, 들은 일, 한 일로 나누어 정리하기

본 일	전통 악기 박물관에서 생황이라는 악기를 본 적이 있습니다. 무엇으로 만들었는지 궁금했는데 박으로 만든 악기라는 것을 알게 되었습니다.
들은 일	예술제에서 가야금 연주를 들은 적이 있습니다. 아름다운 가야금 선율을 들으며 가야금이라는 악기가 궁금해졌습니다.
한 일	음악 시간에 단소를 연주해 보았습니다. 소리를 내기 힘들었지만 힘겹게 소리를 냈을 때 단소가 내는 청아한 소리가 참 아름다웠습니다.

01 다음 낱말의 짜임을 생각하며 짐작한 뜻으로 알맞은 것은 무엇입니까? ( )

검붉다 = 검다 + 붉다

① 검은빛을 띠다.
② 붉은빛을 띠다.
③ 검은빛을 띠면서 검다.
④ 검은빛을 띠면서 붉다.
⑤ 붉지도 않고 검지도 않다.

02 다음 낱말을 뜻을 더해 주는 말과 뜻이 있는 낱말로 나누어 빈칸에 쓰시오.

(1) 햇밤 = ☐ + ☐

(2) 덧신 = ☐ + ☐

03 낱말의 짜임을 알면 좋은 점으로 알맞지 <u>않은</u> 것의 기호를 쓰시오.

㉮ 잘 모르는 낱말의 뜻을 짐작할 수 있다.
㉯ 낱말이 언제 만들어졌는지 짐작할 수 있다.
㉰ 낱말을 어떻게 만들었는지 이해할 수 있다.
㉱ 낱말을 합해서 새로운 낱말을 만들 수 있다.

( )

04 다음 낱말을 단일어와 복합어로 알맞게 나눈 것은 무엇입니까? ( )

사과, 산딸기, 복숭아, 자두, 수박, 방울토마토, 애호박, 오이

	단일어	복합어
①	산딸기, 복숭아, 자두, 수박, 오이	사과, 방울토마토, 애호박
②	사과, 복숭아, 자두, 수박, 오이	산딸기, 방울토마토, 애호박
③	산딸기, 방울토마토, 복숭아, 자두	사과, 수박, 애호박, 오이
④	복숭아, 자두, 수박, 오이, 애호박	사과, 산딸기, 방울토마토
⑤	자두, 수박, 방울토마토, 애호박	사과, 산딸기, 복숭아, 오이

05 다음 빈칸에 공통으로 들어갈 말은 무엇입니까?

( )

( )벌레   ( )호박

( )

( )송아지

① 애–   ② 맨–   ③ 덧–
④ 풋–   ⑤ 햇–

06 다음 낱말에 대한 설명으로 알맞지 <u>않은</u> 것은 무엇입니까? ( )

김밥 = 김 + 밥

① '김밥'은 복합어이다.
② '김'과 '밥'은 단일어이다.
③ '김밥'은 '김'과 '밥'을 합해 만든 낱말이다.
④ '김-'은 뜻을 더해 주는 말로 혼자서는 쓰일 수 없다.
⑤ '김밥'은 여러 가지 재료를 김 속에 넣어 만든 음식이라는 뜻이다.

☆☆
07 다음 낱말에서 '풋-'의 뜻으로 알맞은 것을 두 가지 고르시오. (,)

풋고추   풋밤   풋사과

① 덜 익은.
② 처음 나온.
③ 다른 것이 없는.
④ 겹쳐 신거나 입는.
⑤ 어떤 일을 즐겨 하는.

☆☆
08 다음 설명을 읽고, '-꾼'에 다른 낱말을 합해 만든 복합어를 두 가지 쓰시오.

> '-꾼'은 어떤 일을 전문적으로 하는 사람이나 어떤 일을 잘하는 사람 또는 어떤 일을 즐겨 하는 사람이라는 뜻을 더해 주는 말입니다.

(,)

09 다음 낱말의 짜임을 생각하며 뜻을 짐작해 쓰시오.

(1) 햇곡식 = 햇- + 곡식

• 뜻: _____

_____

(2) 뛰놀다 = 뛰다 + 놀다

• 뜻: _____

_____

8
단원

10 다음 방법으로 만든 복합어끼리 알맞게 짝지은 것은 무엇입니까? ( )

> 뜻을 더해 주는 말에 뜻이 있는 낱말을 합해 낱말 만들기

① 골목길, 꽃길, 눈길, 길동무
② 강물, 물통, 소금물, 물수건
③ 꽃비, 비구름, 겨울비, 비옷
④ 쌀밥, 밥주걱, 보리밥, 밥그릇
⑤ 장난꾸러기, 심술꾸러기, 욕심꾸러기, 잠꾸러기

[11~15] 다음 글을 읽고, 물음에 답하시오.

가 우리나라 악기들은 자연에서 얻은 여덟 가지 재료로 만들어졌어요. 명주실, 대나무, 박, 흙, 가죽, 쇠붙이, 돌, 나무 등 주변에서 흔히 볼 수 있고 쉽게 구할 수 있는 것들이지요. 대한 제국 때 발간된 『증보문헌비고』에서는 이 여덟 악기의 재료를 팔음이라고 불렀어요.

나 대나무와 박에서 나오는 청아한 소리는 맑은 봄날의 아침 같아요. 명주실에서 뽑아내는 섬세한 소리와 나무에서 나오는 깨끗한 소리는 쨍쨍한 여름 햇살을 닮았어요. 쇠와 흙에서 울리는 우렁차고 광대한 소리는 높은 가을 하늘 같답니다. 돌의 묵직한 소리와 가죽의 탄탄한 소리는 겨울의 웅장함을 느끼게 하지요.

다 명주실은 우리 악기를 만드는 데 가장 많이 쓰이는 재료 가운데 하나입니다. 명주실은 누에고치에서 뽑아낸 비단실이에요. 이 비단실로 천도 짜고, 소리 고운 악기도 만들지요. 명주실은 잘 끊어지지 않고 탄력이 있어서 가야금, 거문고, 아쟁, 해금 같은 악기의 줄로 쓰입니다. 가야금은 오동나무로 만든 울림통에 명주실을 열두 줄로 꼬아 얹어 만들어요. 웅장하고 깊은 소리를 내는 거문고의 줄도 명주실로 만들지요.

라 예부터 우리 조상들이 좋아했던 대나무는 굽힐 줄 모르는 곧은 마음을 상징했어요. 대나무를 즐겨 그리는 선비가 많았고, 장인들은 대나무로 여러 가지 물건을 만들었지요. 대나무로 만든 악기도 아주 많아요. 대나무는 속이 비어 있어서 보통 나무와는 다른 소리를 내는 악기를 만들 수 있어요. 그윽하고 평온한 소리가 울려 나오는 대금, 달빛이 빛나는 봄밤에 어울리는 악기인 피리를 만듭니다. 그리고 맑고 청아한 소리를 내는 단소도 만들 수 있습니다.

마 초가지붕 위에 주렁주렁 앉아 자라던 박은 물을 푸는 물박, 간장을 퍼내는 장 박, 밥을 담는 주발 박 같은 바가지나 그릇을 만드는 데 많이 쓰였어요. 우리 악기 가운데 생황은 박으로 만든 악기입니다. 생황은 박으로 만든 공명통(소리를 울리게 하는 통)에 서로 길이가 다른 여러 개의 대나무 관이 꽂혀 있는 악기예요.

11 이 글은 무엇에 대하여 쓴 글인지 빈칸에 알맞은 말을 쓰시오.

우리나라 (   )의 재료

12 이 글에서 '쨍쨍한 여름 햇살'에 비유한 소리는 무엇인지 골라 ○표 하시오.

(1) 대나무와 박에서 나오는 청아한 소리　(　　)

(2) 돌의 묵직한 소리와 가죽의 탄탄한 소리 (　　)

(3) 쇠와 흙에서 울리는 우렁차고 광대한 소리
(　　)

(4) 명주실에서 뽑아내는 섬세한 소리와 나무에서 나오는 깨끗한 소리　(　　)

13 다음은 어떤 재료에 대한 설명입니까?　(　　)

- 잘 끊어지지 않고 탄력이 있다.
- 가야금, 거문고, 아쟁, 해금 같은 악기의 줄로 쓰인다.

① 가죽　　　② 나무　　　③ 대나무
④ 명주실　　⑤ 쇠붙이

14 우리 조상들에게 대나무가 상징했던 것으로 알맞은 것은 무엇입니까?　(　　)

① 행운과 복
② 젊음과 장수
③ 우정이나 사랑
④ 굽힐 줄 모르는 곧은 마음
⑤ 침착하고 여유가 있는 태도

15 다음은 이 글을 어떤 방법으로 읽은 것인지 (　) 안의 알맞은 말에 ○표 하시오.

음악 시간에 단소를 연주해 보았습니다. 소리를 내기 힘들었지만 힘겹게 소리를 냈을 때 단소가 내는 청아한 소리가 참 아름다웠습니다.

(본 일 , 들은 일 , 한 일)을 떠올리며 읽었다.

[16~20] 다음 글을 읽고, 물음에 답하시오.

멸종 위기에 처한 우리나라의 동물들을 구하려면 어떻게 해야 할까요? 1993년 국제 연합 환경 계획에서 '생물 다양성 국가 연구에 대한 지침'을 발표했습니다. 이를 시작으로 하여 사람들은 단순히 멸종 위기의 동물을 보호하는 데에만 그치는 것이 아니라 생태계 전체를 건강하게 만드는 데 힘을 쏟기 시작했습니다. 멸종 위기 동물을 천연기념물로 지정해 보호하고 우리나라 고유의 생물들을 보존하는 방법을 찾기로 했습니다. 그렇게 해서 생겨난 것이 바로 깃대종과 지표종이랍니다.

깃대종은 그 지역을 대표하는 생물들이기 때문에 깃대종이 잘 보존된다면 그 지역의 생태계가 잘 유지된다는 증거로 볼 수 있습니다. 우리나라의 대표적인 깃대종으로는 설악산의 산양, 내장산의 비단벌레, 속리산의 하늘다람쥐, 지리산의 반달가슴곰이 있습니다.

지표종은 그 지역의 환경이 얼마나 깨끗한지 측정할 수 있는 종을 말합니다. 예를 들어 오래전 탄광에서 일하던 광부들은 카나리아를 이용해 몸에 해로운 유독 가스를 측정했습니다. 공기가 좋은 곳에서 사는 카나리아는 산소가 부족하면 숨을 쉬기 힘들어 노래를 멈춘답니다. 그래서 광부들은 카나리아가 노래를 부르는 동안에는 안심하고 일을 할 수 있었습니다.

또한 바로 떠서 먹을 수 있을 정도로 깨끗한 1급수에는 어름치, 열목어 등이 살고, 약간의 처리 과정을 거치면 마실 수 있는 2급수에는 은어, 피라미가 삽니다. 물이 흐리고 마실 수 없어 공업용수로 주로 사용하는 3급수에는 물벼룩, 짚신벌레 등이 살며, 4급수에는 물곰팡이, ㉠실지렁이 등이 살 수 있습니다. 이렇게 지표종으로 물의 등급을 알 수 있답니다.

오늘날에는 동물이 멸종하는 것을 막고자 세계 여러 나라에서 많은 노력을 하고 있습니다. 각 나라는 점점 줄어드는 동물을 '멸종 위기종'으로 지정해 보호하기도 합니다. 그렇다면 멸종 위기의 동물을 보호하는 가장 좋은 방법은 무엇일까요? 그것은 바로 우리가 동물에게 관심을 기울이고 동물을 보살피며, 환경을 함부로 파괴하지 않고 깨끗하게 유지하는 것입니다.

16 깃대종과 지표종이 생겨난 까닭은 무엇인지 빈칸에 들어갈 알맞은 말을 쓰시오.

> 멸종 위기 동물을 ( )(으)로 지정해 보호하고 우리나라 고유의 생물들을 보존하는 방법을 찾기 위해서이다.

17 우리나라의 대표적인 깃대종으로 알맞지 <u>않은</u> 것은 무엇입니까? ( )

① 설악산의 산양 ② 탄광의 카나리아
③ 내장산의 비단벌레 ④ 속리산의 하늘다람쥐
⑤ 지리산의 반달가슴곰

18 다음 지표종으로 알 수 있는 물의 등급은 무엇입니까? ( )

> 어름치, 열목어 등이 사는 물

① 1급수 ② 2급수
③ 3급수 ④ 4급수
⑤ 공업용수

☆☆
19 다음과 같이 자신이 아는 지식을 떠올리며 이 글을 읽으면 좋은 점에 ○표 하시오.

> 텔레비전에서 멸종 위기의 지리산 반달가슴곰을 키워 자연으로 보내는 것을 본 적이 있습니다.

(1) 뒷이야기를 잘 상상할 수 있다. ( )
(2) 인물의 마음을 이해할 수 있다. ( )
(3) 자신이 아는 내용과 비교하며 글을 읽을 수 있다.
( )

서술형 문제
20 ㉠의 낱말 짜임을 생각해 보고, 동물의 특징을 짐작해 쓰시오.

[01~02] 다음 글을 읽고, 물음에 답하시오.

> **가** 명주실은 우리 악기를 만드는 데 가장 많이 쓰이는 재료 가운데 하나입니다. 명주실은 누에고치에서 뽑아낸 비단실이에요. 이 비단실로 천도 짜고, 소리 고운 악기도 만들지요. 명주실은 잘 끊어지지 않고 탄력이 있어서 가야금, 거문고, 아쟁, 해금 같은 악기의 줄로 쓰입니다.
>
> **나** 대나무로 만든 악기도 아주 많아요. 대나무는 속이 비어 있어서 보통 나무와는 다른 소리를 내는 악기를 만들 수 있어요. 그윽하고 평온한 소리가 울려 나오는 대금, 달빛이 빛나는 봄밤에 어울리는 악기인 피리를 만듭니다. 그리고 맑고 청아한 소리를 내는 단소도 만들 수 있습니다.
>
> **다** 초가지붕 위에 주렁주렁 앉아 자라던 박은 물을 푸는 물박, 간장을 퍼내는 장 박, 밥을 담는 주발 박 같은 바가지나 그릇을 만드는 데 많이 쓰였어요. 우리 악기 가운데 생황은 박으로 만든 악기입니다. 생황은 박으로 만든 공명통(소리를 울리게 하는 통)에 서로 길이가 다른 여러 개의 대나무 관이 꽂혀 있는 악기예요.

01 이 글은 무엇에 대해 쓴 글인지 쓰시오.

_____

02 이 글을 읽고 관련 있는 경험을 떠올려 '본 일, 들은 일, 한 일'로 나누어 쓰시오.

본일	(1)
들은 일	(2)
한 일	(3)

[03~04] 다음 글을 읽고, 물음에 답하시오.

> **가** 깃대종은 그 지역을 대표하는 생물들이기 때문에 깃대종이 잘 보존된다면 그 지역의 생태계가 잘 유지된다는 증거로 볼 수 있습니다. 우리나라의 대표적인 깃대종으로는 설악산의 산양, 내장산의 비단벌레, 속리산의 하늘다람쥐, 지리산의 반달가슴곰이 있습니다.
>
> 지표종은 그 지역의 환경이 얼마나 깨끗한지 측정할 수 있는 종을 말합니다. 예를 들어 오래전 탄광에서 일하던 광부들은 카나리아를 이용해 몸에 해로운 유독 가스를 측정했습니다. 공기가 좋은 곳에서 사는 카나리아는 산소가 부족하면 숨을 쉬기가 힘들어 노래를 멈춘답니다. 그래서 광부들은 카나리아가 노래를 부르는 동안에는 안심하고 일을 할 수 있었습니다.
>
> **나** 오늘날에는 동물이 멸종하는 것을 막고자 세계 여러 나라에서 많은 노력을 하고 있습니다. 각 나라는 점점 줄어드는 동물을 '멸종 위기종'으로 지정해 보호하기도 합니다. 그렇다면 멸종 위기의 동물을 보호하는 가장 좋은 방법은 무엇일까요? 그것은 바로 우리가 동물에게 관심을 기울이고 동물을 보살피며, 환경을 함부로 파괴하지 않고 깨끗하게 유지하는 것입니다.

03 깃대종과 지표종의 뜻은 무엇인지 쓰시오.

깃대종	(1)
지표종	(2)

04 멸종 위기의 동물을 보호하는 가장 좋은 방법은 무엇일지 쓰시오.

_____

수행 평가

배점 | 20점

학습 주제 | 낱말의 짜임을 생각하며 새말 만들기

학습 목표 | 그림이나 사진을 보고 낱말을 새말로 만들 수 있다.

1 보기 를 참고하여 다음 그림에 나오는 학급 알림판의 이름을 새말로 지어 보시오.

이 알림판에는 여러분이 정성껏 그린 그림이나 여러 가지 작품을 붙일 거예요. 새롭게 만든 알림판 이름을 함께 지어 볼까요?

보기

새말	재주 마당
새말을 만든 방법	'재주'와 '마당'이라는 낱말을 합해 만들었다.
그렇게 지은 까닭	재주를 보여 주는 공간이기 때문이다.

새말	(1)
새말을 만든 방법	(2)
그렇게 지은 까닭	(3)

2 낱말의 짜임을 생각하며 우리 주변에서 볼 수 있는 사물이나 장소 따위를 새말로 만들어 보시오.

그림이나 사진			
낱말	튜브	주스	크레파스
새말			
만든 방법			
만든 까닭			

단원 학습

여러 가지 방법으로 글을 읽을
수 있어요.

○ 그림의 특징: 지윤이가 여러
가지 글을 찾아 읽은 경험이
나타나 있습니다.

② 삼국 시대가 궁금해서 역사책
을 찾아 읽었습니다.
④ 제목을 보고 관심이 생겨서
책을 읽었습니다.
④ 드론이 어떤 것인지 알고 싶
어서 책을 찾아보았습니다.
④ 인터넷에서 관심 있는 내용을
찾아 읽었습니다.

준비 ▶ 글을 찾아 읽은 경험 글을 찾아 읽은 경험을 나누어 봅시다.

01 그림 ②에서 지윤이가 찾아 읽은 책 제목은 무엇인지 쓰시오.

(   )

02 그림 ④에서 지윤이가 책을 고른 까닭으로 알맞은 것에 ○표 하시오.

(1) 삼국 시대가 궁금해서   (   )
(2) 책 제목을 보고 관심이 생겨서   (   )
(3) 드론이 어떤 것인지 알고 싶어서   (   )

☆☆
03 다음 상황에서 필요한 글을 어떻게 찾을지 알맞은 것을 두 가지 고르시오.

(,   )

┌───┐
│   과학 숙제로 돌의 종류를 조사해야 하는 상황   │
└───┘

① 도서관에서 돌을 설명한 책을 찾아본다.
② 책에서 교통안전을 다룬 내용을 찾아본다.
③ 신문에서 교통사고를 다룬 기사를 찾아본다.
④ 인터넷에서 교통질서 지키기 광고지를 검색해 본다.
⑤ 과학관 안내 책자에서 돌을 설명한 내용을 찾아본다.

낱말사전

신비 일이나 현상 따위가 사람
의 힘이나 지혜 또는 보통의 이
론이나 상식으로는 도저히 이해
할 수 없을 만큼 신기하고 묘함.
또는 그런 일이나 비밀.

기본 점과 선으로 만든 암호 「점과 선으로 만든 암호」를 읽으며 무엇을 설명한 글인지 생각해 봅시다.

점과 선으로 만든 암호

❶ 최근 출판하는 책이나 광고, 알림판 따위에서 네모 모양의 표식을 자주 볼 수 있다. 네모 모양 안에 검은 선과 점을 배열했는데, 이것을 정보 무늬[QR 코드]라고 한다. 큐아르(QR)는 '빠른 응답'이라는 영어의 줄임 말이다.

❷ 정보 무늬는 여러 가지 정보를 확인할 수 있는 표식이다. 정보 무늬를 쓰기 전에는 막대 표시를 주로 썼다. 막대 표시는 숫자 20개를 저장할 수 있는 무늬로서 물건을 살 때 쉽게 계산할 수 있다. 그러나 정보 무늬는 숫자 7089개, 한글 1700자 정도를 저장할 수 있다. 또 정보 무늬는 일부를 지워도 사용할 수 있다. 정보 무늬의 세 귀퉁이에 위치를 지정하는 문양이 있기 때문이다. 이 문양이 있어 정보 무늬를 어느 각도에서 찍어도 내용을 확인할 수 있다.

교과서 문제

04 큐아르(QR)는 무엇의 줄임 말입니까? ( )

① 검은 선 ② 검은 점 ③ 네모 모양
④ 빠른 응답 ⑤ 세 귀퉁이

05 다음은 무엇에 대한 설명인지 이 글에서 찾아 쓰시오.

> • 정보 무늬를 쓰기 전에 주로 썼다.
> • 숫자 20개를 저장할 수 있는 무늬로서 물건을 살 때 쉽게 계산할 수 있다.

( )

☆☆
06 글쓴이의 설명 중에서 내용이 정확한지 알아보고 싶은 것과 그 까닭을 알맞게 말한 친구는 누구인지 쓰시오.

> 서진: 정보 무늬는 그 일부를 지워도 사용할 수 있다는 내용을 알아보고 싶어. 일부를 지웠는데 사용할 수 있다는 것을 믿기 어렵기 때문이야.
> 하율: 정보 무늬가 한글을 1700자나 저장할 수 있다는 내용을 알아보고 싶어. 글에서 이미 한 가지 정보만 확인할 수 있는 표식이라고 설명했기 때문이야.

( )

○ 글의 종류: 설명하는 글
○ 글의 특징: 정보 무늬의 뜻과 특징, 사용 방법 등을 설명하는 글입니다.

❶ 정보 무늬는 네모 모양 안에 검은 선과 점이 있다.
❷ 정보 무늬는 여러 가지 정보를 확인할 수 있는 표식이다.

낱말사전

표식 무엇을 나타내 보이는 일정한 방식.

귀퉁이 물건의 모퉁이나 삐죽 나온 부분.

문양 물건의 거죽에 어롱져 나타난 어떤 모양.

❸ 정보 무늬는 스마트폰 응용 프로그램으로 정보 무늬를 찍어서 사용할 수 있다.

❹ 정보 무늬는 여러 분야에서 활용하고, 누구나 만들 수 있다.

❸ 정보 무늬는 스마트폰으로 사용할 수 있다. 스마트폰 응용 프로그램으로 정보 무늬를 찍으면 관련 내용이 있는 누리집으로 이동하거나, 관련 사진이나 동영상을 볼 수 있다. 또 정보 무늬에 색깔이나 신기한 그림을 넣어 만들기도 한다.

❹ 정보 무늬는 여러 분야에서 활용한다. 백화점이나 할인점에서는 정보 무늬로 할인 정보를 제공한다. 신문 광고에 있는 정보 무늬를 찍으면 3차원으로 움직이는 광고가 나오기도 하고, 책에 있는 정보 무늬를 찍으면 등장인물이 튀어나와 책의 정보와 줄거리를 알려 주기도 한다. 박물관이나 미술관에서는 자료나 작품을 더 알아볼 수 있도록 정보 무늬에 설명을 담아 제공하기도 한다.

정보 무늬는 누구나 만들 수 있다. 예를 들어 개인 정보를 담은 명함을 만들 수도 있다. 명함에 있는 정보 무늬로 자신의 사진이나 동영상을 보여 주거나 이름이나 연락처를 자동으로 저장할 수 있다.

┄┄

07 정보 무늬는 어떻게 사용하는지 빈칸에 들어갈 알맞은 말을 쓰시오.

> 스마트폰 응용 프로그램으로 ( )을/를 찍는다.

교과서 문제

08 글쓴이가 정보 무늬에 대해 설명한 내용을 알맞게 선으로 이으시오.

(1) 뜻 •　　　　　　• ㉮ 네모 모양 안에 검은 선과 점이 있음.

(2) 모양 •　　　　　　• ㉯ 여러 가지 정보를 확인할 수 있는 표식.

(3) 특징 •　　　　　　• ㉰ 누구나 만들 수 있고, 여러 분야에서 활용함.

☆☆
09 이와 같은 종류의 글을 읽는 방법으로 알맞지 <u>않은</u> 것은 무엇입니까?　　(　　)

① 주장을 뒷받침하는 근거를 찾는다.
② 대상에 대해 새롭게 안 것을 찾는다.
③ 대상을 보고 이미 아는 것을 떠올린다.
④ 설명하려는 대상이 무엇인지 생각한다.
⑤ 대상의 무엇을 자세히 설명하는지 생각한다.

낱말사전

응용 프로그램 어떤 특정 문제를 해결하기 위하여 사용자 또는 전문가들에 의하여 만들어진 프로그램.

3차원 공간을 세 개의 실수로 나타낼 수 있음을 이르는 말. 공간은 상하, 좌우, 전후의 세 방향으로 이루어져 있음.

기본 **미래 사회의 변화에 대처하는 자세** 글을 읽으며 글쓴이의 의견을 생각해 봅시다.

미래 사회의 변화에 대처하는 자세

1 가까운 미래에는 제4차 산업 혁명이 일어나 많은 것이 달라진다고 합니다. 인공 지능이 발달하고 새로운 기술을 개발해서 지금까지 살던 모습과는 다를 것입니다.

그렇다면 미래 사회에 필요한 사람은 어떤 사람일까요?

2 첫째, 정해진 답을 찾기보다 새로운 방식으로 문제를 해결하는 사람입니다. 정해진 문제는 사람보다 인공 지능이 더 잘 해결할 수도 있습니다. 그러나 새로운 방식을 생각하는 것은 인공 지능보다 사람이 더 잘할 수 있습니다.

둘째, 새로운 변화에 대응하는 사람입니다. 미래 연구자들은 다가올 미래에는 여러 가지 사회·환경 문제처럼 예전에 없던 새로운 변화를 맞을 것이라고 합니다. 그러므로 미래 사회에서는 막힌 생각보다 변화에 부드럽게 대처하려는 생각을 해야 합니다.

셋째, 서로 돕고 존중하는 사람입니다. 인공 지능과 새로운 기술이 삶을 빠르게 바꿀 수 있습니다. 이럴 때 함께 마음을 모아 서로 돕고 존중해야 사회를 따뜻하게 만들 수 있습니다.

3 앞으로 우리는 거대한 미래의 충격과 변화 앞에서도 흔들리지 않는 열정과 패기로 서로를 존중해야 합니다.

- 글의 종류: 주장하는 글
- 글의 특징: 미래 사회에 필요한 사람은 어떤 사람인지에 대해 근거를 들어 주장하는 글입니다.

1 지금까지와는 삶의 모습이 달라질 미래 사회에 필요한 사람은 어떤 사람일까요?

2 미래 사회에는 새로운 방식으로 문제를 해결하는 사람, 새로운 변화에 대응하는 사람, 서로 돕고 존중하는 사람이 필요합니다.

3 우리는 미래의 충격과 변화 앞에서도 흔들리지 않는 열정과 패기로 서로를 존중해야 합니다.

교과서 문제

10 이 글의 주장은 무엇입니까?   (   )

① 따뜻한 사회를 만들자.   ② 인공 지능은 이롭다.
③ 인공 지능은 위험하다.   ④ 산업 혁명을 일으키자.
⑤ 미래 사회에 필요한 사람이 되자.

11 글쓴이가 말한 미래 사회에 필요한 사람이 <u>아닌</u> 것의 기호를 쓰시오.

> ㉮ 서로 돕고 존중하는 사람
> ㉯ 새로운 변화에 대응하는 사람
> ㉰ 새로운 방식을 찾기보다 정해진 답으로 문제를 해결하는 사람

(   )

서술형 문제

12 자신은 글쓴이의 주장을 어떻게 생각하는지 그렇게 생각한 까닭과 함께 쓰시오.

_____

낱말사전

대처하는 어떤 어려운 일이나 상황을 이겨 내기에 알맞게 행동하는.

대응하는 어떤 일이나 사태에 맞추어 태도나 행동을 취하는.

패기 어떤 어려운 일이라도 해내려는 굳센 기상이나 정신.

- 글의 종류: 설명하는 글
- 글쓴이: 류재만
- 글의 특징: 고려청자의 빛깔, 독특한 장식 기법과 아름다운 형태에 대해 설명하는 글입니다.

○ **필요한 내용을 찾는 방법**
- 훑어 읽기: 글을 대강 훑어 읽으며 중요한 부분만 찾습니다.
- 자세히 읽기: 전체를 꼼꼼히 읽으며 내용을 자세히 정리합니다.

아름다운 비색을 지닌 고려청자

고려청자는 청자의 빛깔, 독특한 장식 기법과 아름다운 형태로 유명하다. 고려청자를 만든 시기에는 중국과 우리나라에서만 질 높은 청자를 만들 수 있었다. 우리나라보다 중국이 먼저 청자를 만들고 세상에 알렸지만, 고려는 청자를 만드는 우수한 기술력과 아름다움을 인정받아 다른 나라 사람들에게 사랑을 받았다.

고려청자는 무엇보다 아름다운 빛깔로 더욱 주목받았다. 청자의 빛깔은 맑고 은은한 푸른 녹색이다. 이는 유약 안에 아주 작은 기포가 많아 빛이 반사되면서 은은하고 투명하게 비쳐 보이기 때문이다. 청자의 색이 짙고 푸른색 윤이 나는 구슬인 비취옥과 색깔이 닮았기 때문에 '비색'이라 불렀는데, 중국 송나라의 태평 노인이 『수중금』이라는 책에서 고려청자의 빛깔을 비색이라 부르며 천하제일이라고 칭찬했다.

13 고려청자의 특징으로 알맞지 <u>않은</u> 것은 무엇입니까?   (   )

① 아름다운 비색을 띤다.
② 아름다운 형태로 유명하다.
③ 독특한 장식 기법으로 만들었다.
④ 다른 나라 사람들에게 사랑을 받았다.
⑤ 중국보다 우리나라가 먼저 청자를 만들었다.

14 고려청자의 빛깔을 비색이라 부른 까닭은 무엇인지 (   ) 안의 알맞은 말에 ○표 하시오.

> 청자의 색이 짙고 푸른색 윤이 나는 구슬인 (여의주 , 비취옥)와/과 색깔이 닮았기 때문이다.

☆☆
15 규빈이는 고려청자를 조사해 발표하려고 여러 가지 글을 찾아보았습니다. 규빈이가 글을 읽은 방법을 알맞게 짐작한 것에 ○표 하시오.

> 규빈: 제목에 나온 비색은 어떤 색깔을 말하는 것일까? 이 글에는 사진도 같이 있구나. 발표할 만한 내용이 있을지 낱말들을 중심으로 찾아봐야지.

(1) 자신에게 필요한 정보가 글에 있는지 찾아봐야 해서 글 전체의 내용을 훑어 읽었다.   (   )
(2) 자신에게 필요한 정보가 글에 있다는 것을 이미 알고 있어서 내용을 이해하려고 글의 내용을 자세히 살펴보며 읽었다.   (   )

낱말사전

비색 밝고 은은한 푸른색에 가까운 빛깔. 고려청자의 신비로운 색깔을 말함.

기법 기교와 방법을 아울러 이르는 말.

유약 도자기의 몸에 덧씌우는 약. 도자기에 액체나 기체가 스며들지 못하게 하며 겉면에 광택이 나게 한다.

기포 기체가 들어가 거품처럼 둥그렇게 부풀어 있는 것.

상감 도자기에 무늬를 새기고, 새긴 자리에 다른 색의 흙을 넣어 만드는 방법.

연적 벼루나 먹을 갈 때 쓰는, 물을 담아 두는 그릇.

유려한 글이나 말, 곡선 따위가 거침없이 미끈하고 아름다운.

모방 다른 것을 본뜨거나 남의 행동을 흉내 냄.

청자의 상감 기법은 어느 나라에서도 찾아볼 수 없는 우리 고유의 독창적인 도자기 장식 기법이다. 상감 기법은 그릇을 빚고 굳었을 때 그릇 바깥쪽에 조각칼로 무늬를 새긴 다음, 검은색이나 흰색의 흙을 메운 뒤 무늬가 드러나도록 바깥쪽을 매끄럽게 다듬는 기법이다. 이 기법은 금속 공예나 나전 칠기에 장식 기법으로 쓰고 있었지만, 고려 도공들이 도자기를 만들 때 장식에 처음으로 응용했다. 상감 기법으로 만든 고려청자는 구름과 학 무늬를 새긴 '청자 상감 운학문 매병'이 대표적이다.

이러한 청자의 형태는 기존의 단순한 그릇 모양의 형태에서 여러 형태의 청자로 발전했다. 그 당시 고려인들은 대접과 접시, 잔, 항아리, 병, 찻잔, 상자 따위를 비롯해 심지어 베개와 기와까지도 청자로 만들었다. 특히 죽순, 표주박, 복숭아, 원앙, 사자, 용, 거북과 같이 여러 동식물의 모양을 본떠 만든 향로, 주전자, 꽃병, 연적 따위가 오늘날까지 내려오고 있다. 이처럼 그릇의 실용성을 넘어 예술적 아름다움을 지닌 청자는 고려인의 생활 속에서 널리 쓰였다.

고려청자는 맑고 은은한 비색으로 유려한 곡선을 강조하며 상감 기법으로 회화적인 아름다운 무늬를 표현한 것이 특색이다. 우리는 이러한 고려청자로 고려인들의 독창성과 뛰어난 기술력을 엿볼 수 있다. 이는 중국의 청자를 받아들이면서 그저 모방에 그치는 것이 아니라, 아름다운 비색과 독특한 상감 기법으로 발전했다는 점이다. 따라서 고려청자는 여러 가지 모양과 형태의 아름다움을 일궈 낸 고려인들의 노력과 열정을 그대로 담고 있다.

교과서 문제

16 상감 기법이란 무엇인지 빈칸에 들어갈 알맞은 말을 쓰시오.

> 그릇을 빚고 굳었을 때 그릇 바깥쪽에 조각칼로 무늬를 새긴 다음, 검은색이나 흰색의 ( )을/를 메운 뒤 무늬가 드러나도록 바깥쪽을 매끄럽게 다듬는 기법

교과서 문제

17 고려청자의 우수성으로 알맞은 것을 모두 고르시오. ( )

① 유려한 곡선
② 아름다운 무늬
③ 중국 청자의 모방
④ 단순한 그릇 모양
⑤ 고려인들의 독창성과 뛰어난 기술력

☆☆

18 이 글을 자세히 읽는 방법으로 알맞지 <u>않은</u> 것의 기호를 쓰시오.

> ㉮ 필요한 내용을 찾으며 자세히 읽는다.
> ㉯ 자신이 아는 내용과 새롭게 안 내용을 비교하며 자세히 읽는다.
> ㉰ 중요한 내용이나 그것을 뒷받침하는 내용에 밑줄을 그으며 읽는다.
> ㉱ 글 전체를 다 읽지 않고 중요한 낱말을 읽으면서 필요한 내용이 있는지 찾아본다.

( )

서술형 문제

19 자세히 읽기 방법에 비해 훑어 읽기 방법의 좋은 점은 무엇인지 쓰시오.

_____

9
단원

핵심 1 **글의 종류에 따른 읽기 방법 알기**

1 설명하는 글을 읽는 방법
• 설명하려는 대상이 무엇인지 생각합니다.
• 대상의 무엇을 자세히 설명하는지 생각합니다.
• 대상을 보고 이미 아는 것을 떠올립니다.
• 대상에 대해 새롭게 안 것을 찾습니다.
⑩ 「점과 선으로 만든 암호」 읽기

설명하는 글을 읽을 때 고려할 점	글의 내용 파악하기	내용의 정확성 판단하기
이 글은 무엇을 설명하는가?	정보 무늬	제목, 그림 따위를 보며 무엇을 설명한 글인지 생각해 보자.
설명하는 내용이 무엇인가?	정보 무늬의 뜻, 사용 방법, 특징, 모양 따위	대상을 설명하면서 자세하게 설명한 점은 무엇인지 살펴보자.
이미 알던 내용은 무엇인가?	정보 무늬의 모양	정보 무늬를 보거나 써 본 경험을 떠올려 보자.
새롭게 안 내용은 무엇인가?	정보 무늬 사용 방법, 특징 따위	정보 무늬의 종류와 사용 방법 가운데에서 몰랐던 것을 생각해 보자.

2 주장하는 글을 읽는 방법
• 글쓴이의 주장을 파악합니다.
• 주장을 뒷받침하는 근거를 찾습니다.
• 주장을 뒷받침하는 알맞은 근거인지 생각합니다.
• 자신의 생각과 비교해 같은 점을 찾습니다.
• 자신의 생각과 비교해 비판하는 태도로 읽습니다.
⑩ 「미래 사회의 변화에 대처하는 자세」 읽기

주장하는 글을 읽을 때 고려할 점	글의 내용 파악하기	내용의 타당성 판단하기
글쓴이의 주장은 무엇인가?	미래 사회에 필요한 사람이 되자.	무엇을 강조하는가?
주장을 뒷받침하는 근거는 무엇인가?	미래 사회에 필요한 사람이 갖추어야 할 것은 무엇일까?	글쓴이의 의견이 옳다고 하는 까닭은 무엇일까?
주장과 근거가 적절한가?	미래 사회에는 지금과 다른 사람이 필요하다.	근거를 납득할 수 있는가?
자신의 생각과 같은 점은 무엇인가?	미래 사회에서는 많은 것이 달라진다.	의견이 옳다고 생각하는가?
자신의 생각과 다른 점은 무엇인가?	변화에 부드럽게 대처하는 생각이 필요하다.	의심스러운 부분은 없는가?

핵심 2 **필요한 글을 찾아 정리하기**

1 훑어 읽기 방법과 자세히 읽기 방법 알기

훑어 읽기 방법	• 제목을 가장 먼저 읽고 필요한 내용이 있는지 생각합니다. • 글 전체를 다 읽지 않고 중요한 낱말을 읽으면서 필요한 내용이 있는지 찾아봅니다. • 제목뿐만 아니라 사진도 살펴보며 필요한 내용이 있을지 짐작합니다.
자세히 읽기 방법	• 필요한 내용을 찾으며 자세히 읽습니다. • 중요한 내용이나 그것을 뒷받침하는 내용에 밑줄을 그으며 읽습니다. • 자신이 아는 내용과 새롭게 안 내용을 비교하며 자세히 읽습니다.

2 필요한 내용을 찾을 때 정리하는 방법 알기

자신에게 필요한 내용을 찾을 때	글을 훑어 읽고 필요한 내용을 찾습니다.
자세한 내용을 알고 싶을 때	글을 처음부터 자세히 꼼꼼하게 읽고 필요한 내용을 찾아 정리합니다.

단원 정리 평가

01 다음 그림에서 지윤이는 어떤 글을 언제 찾아 읽었습니까? ( )

① 삼국 시대가 궁금해서 역사책을 찾아보았다.
② 드론이 어떤 것인지 알고 싶어서 책을 찾아보았다.
③ 환경 오염을 막는 방법을 알고 싶어서 책을 찾아보았다.
④ 동물들이 나오는 이야기가 재미있어 보여서 책을 찾아보았다.
⑤ 사회 숙제로 도시와 농촌이 어떻게 다른지 알아보려고 책을 찾아보았다.

02 혜원이네 모둠 친구들이 주로 읽은 글의 종류는 무엇입니까? ( )

> 혜원: 우리 모둠 친구들은 주로 이야기 글을 많이 읽었습니다. 다른 친구들이 추천해서 읽었다고 합니다.

① 만화
② 설명서
③ 광고지
④ 신문 기사
⑤ 이야기 글

03 인터넷에서 글을 찾아보고 도움을 받은 경험을 말한 친구는 누구인지 쓰시오.

> 유진: 곤충을 보고 궁금한 점을 책을 읽고 알 수 있었어.
> 미르: 친환경 에너지가 무엇인지 잘 몰랐는데 책을 읽고 알 수 있었어.
> 지완: 뉴스 내용을 잘 이해하지 못했는데 인터넷에서 글을 찾아보고 알 수 있었어.

( )

04 미술 시간에 교통질서 지키기 광고지를 그릴 때 필요한 글을 찾는 방법으로 알맞은 것을 두 가지 고르시오. (,)

① 도서관에서 돌을 설명한 책을 찾아본다.
② 인터넷에서 돌을 설명한 글을 찾아본다.
③ 책에서 교통안전을 다룬 내용을 찾아본다.
④ 인터넷에서 교통질서 지키기 광고지를 검색해 본다.
⑤ 과학관 안내 책자에서 돌을 설명한 내용을 찾아본다.

서술형 문제

05 자신이 주로 읽는 글의 종류와 그 글을 읽는 까닭을 쓰시오.

주로 읽는 글의 종류	(1)
그 글을 읽는 까닭	(2)

9
단원

[06~10] 다음 글을 읽고, 물음에 답하시오.

최근 출판하는 책이나 광고, 알림판 따위에서 네모 모양의 표식을 자주 볼 수 있다. 네모 모양 안에 검은 선과 점을 배열했는데, 이것을 정보 무늬[QR 코드]라고 한다. 큐아르(QR)는 '빠른 응답'이라는 영어의 줄임말이다.

정보 무늬는 여러 가지 정보를 확인할 수 있는 표식이다. 정보 무늬를 쓰기 전에는 막대 표시를 주로 썼다. 막대 표시는 숫자 20개를 저장할 수 있는 무늬로서 물건을 살 때 쉽게 계산할 수 있다. 그러나 정보 무늬는 숫자 7089개, 한글 1700자 정도를 저장할 수 있다. 또 정보 무늬는 일부를 지워도 사용할 수 있다. 정보 무늬의 세 귀퉁이에 위치를 지정하는 문양이 있기 때문이다. 이 문양이 있어 정보 무늬를 어느 각도에서 찍어도 내용을 확인할 수 있다.

정보 무늬는 스마트폰으로 사용할 수 있다. 스마트폰 응용 프로그램으로 정보 무늬를 찍으면 관련 내용이 있는 누리집으로 이동하거나, 관련 사진이나 동영상을 볼 수 있다. 또 정보 무늬에 색깔이나 신기한 그림을 넣어 만들기도 한다.

정보 무늬는 여러 분야에서 활용한다. 백화점이나 할인점에서는 정보 무늬로 할인 정보를 제공한다. 신문 광고에 있는 정보 무늬를 찍으면 3차원으로 움직이는 광고가 나오기도 하고, 책에 있는 정보 무늬를 찍으면 등장인물이 튀어나와 책의 정보와 줄거리를 알려 주기도 한다. 박물관이나 미술관에서는 자료나 작품을 더 알아볼 수 있도록 정보 무늬에 설명을 담아 제공하기도 한다.

정보 무늬는 누구나 만들 수 있다. 예를 들어 개인 정보를 담은 명함을 만들 수도 있다. 명함에 있는 정보 무늬로 자신의 사진이나 동영상을 보여 주거나 이름이나 연락처를 자동으로 저장할 수 있다.

06 이 글은 무엇에 대해 설명한 글입니까? ( )

① 스마트폰
② 막대 표시
③ 정보 무늬
④ 인공 지능
⑤ 응용 프로그램

07 이 글에서 설명하는 내용을 항목별로 나눌 때 ㉠과 ㉡에 들어갈 알맞은 말을 쓰시오.

(㉠)	여러 가지 정보를 확인할 수 있는 표식
(㉡)	스마트폰 응용 프로그램으로 정보 무늬를 찍음.
특징	누구나 만들 수 있고, 여러 분야에서 활용함.
모양	네모 모양 안에 검은 선과 점이 있음.

(1) ㉠: ( )
(2) ㉡: ( )

08 정보 무늬는 일부를 지워도 사용할 수 있는 까닭으로 알맞은 것에 ○표 하시오.

(1) 정보 무늬는 누구나 만들 수 있기 때문이다.
( )

(2) 정보 무늬의 세 귀퉁이에 위치를 지정하는 문양이 있기 때문이다. ( )

09 정보 무늬를 활용한 예로 알맞지 <u>않은</u> 것은 무엇입니까? ( )

① 백화점에서 정보 무늬로 할인 정보를 제공한다.
② 식당에서 사람 대신 인공 지능 로봇이 음식을 가져다준다.
③ 신문 광고에 있는 정보 무늬를 찍으면 3차원으로 움직이는 광고가 나온다.
④ 미술관에서 작품을 더 알아볼 수 있도록 정보 무늬에 설명을 담아 제공한다.
⑤ 책에 있는 정보 무늬를 찍으면 등장인물이 튀어나와 책의 정보와 줄거리를 알려 준다.

10 이와 같은 종류의 글을 읽을 때 고려할 점으로 알맞지 <u>않은</u> 것은 무엇입니까? ( )

① 이 글은 무엇을 설명하는가?
② 글쓴이의 주장은 무엇인가?
③ 설명하는 내용이 무엇인가?
④ 새롭게 안 내용은 무엇인가?
⑤ 이미 알던 내용은 무엇인가?

[11~15] 다음 글을 읽고, 물음에 답하시오.

> 가까운 미래에는 제4차 산업 혁명이 일어나 많은 것이 달라진다고 합니다. 인공 지능이 발달하고 새로운 기술을 개발해서 지금까지 살던 모습과는 다를 것입니다.
>
> 그렇다면 미래 사회에 필요한 사람은 어떤 사람일까요?
>
> 첫째, ㉠정해진 답을 찾기보다 새로운 방식으로 문제를 해결하는 사람입니다. 정해진 문제는 사람보다 인공 지능이 더 잘 해결할 수도 있습니다. 그러나 새로운 방식을 생각하는 것은 인공 지능보다 사람이 더 잘할 수 있습니다.
>
> 둘째, 새로운 변화에 대응하는 사람입니다. 미래 연구자들은 다가올 미래에는 여러 가지 사회·환경 문제처럼 예전에 없던 새로운 변화를 맞을 것이라고 합니다. 그러므로 미래 사회에서는 막힌 생각보다 변화에 부드럽게 대처하려는 생각을 해야 합니다.
>
> 셋째, 서로 돕고 존중하는 사람입니다. 인공 지능과 새로운 기술이 삶을 빠르게 바꿀 수 있습니다. 이럴 때 함께 마음을 모아 서로 돕고 존중해야 사회를 따뜻하게 만들 수 있습니다.
>
> 앞으로 우리는 거대한 미래의 충격과 변화 앞에서도 흔들리지 않는 열정과 패기로 서로를 존중해야 합니다.

11 이 글의 종류는 무엇입니까? ( )

① 시　　　　　　② 편지글
③ 이야기 글　　　④ 설명하는 글
⑤ 주장하는 글

12 미래에 ㉠과 같은 사람이 필요한 까닭으로 알맞은 것에 ○표 하시오.

(1) 새로운 방식을 생각하는 것은 인공 지능보다 사람이 더 잘할 수 있기 때문이다. ( )
(2) 함께 마음을 모아 서로 돕고 존중해야 사회를 따뜻하게 만들 수 있기 때문이다. ( )
(3) 미래 사회에는 막힌 생각보다 변화에 부드럽게 대처하려는 생각을 해야 하기 때문이다. ( )

서술형 문제

13 이 글의 내용을 다음과 같이 정리할 때 빈칸에 들어갈 알맞은 말은 무엇인지 쓰시오.

처음	미래 사회에 필요한 사람은 어떤 사람일까?
가운데	첫째, 정해진 답을 찾기보다 새로운 방식으로 문제를 해결하는 사람이다. 둘째, (1) _____ 셋째, (2) _____
끝	미래의 충격과 변화 앞에서도 흔들리지 않는 열정과 패기로 서로를 존중해야 한다.

14 다음 글에서 제시한 근거가 뒷받침할 수 있는 주장은 무엇인지 ( ) 안의 알맞은 말에 ○표 하시오.

> 글쓴이의 주장에 (동의한다 , 동의하지 않는다). 왜냐하면 미래 사회의 변화에 잘 적응하려면 사람도 그에 맞게 변화해야 하기 때문이다.

9
단원

☆☆
15 이와 같은 종류의 글을 읽는 방법으로 알맞은 것의 기호를 쓰시오.

> ㉮ 설명하는 내용을 이해하고 설명이 맞는지 알아보며 읽는다.
> ㉯ 주장에 따라 근거가 알맞은지 생각하며 글쓴이의 주장을 비판하는 태도로 읽는다.

( )

16 다음은 어떤 읽기 방법의 좋은 점인지 알맞은 것에 ○표 하시오.

> 읽어야 하는 글이 많을 때 필요한 부분만 빠르게 읽을 수 있다.

(1) 훑어 읽기 ( )
(2) 자세히 읽기 ( )

[17~19] 다음 글을 읽고, 물음에 답하시오.

고려청자는 무엇보다 아름다운 빛깔로 더욱 주목받았다. 청자의 빛깔은 맑고 은은한 푸른 녹색이다. 이는 유약 안에 아주 작은 기포가 많아 빛이 반사되면서 은은하고 투명하게 비쳐 보이기 때문이다. 청자의 색이 짙고 푸른색 윤이 나는 구슬인 비취옥과 색깔이 닮았기 때문에 '비색'이라 불렸는데, 중국 송나라의 태평노인이 『수중금』이라는 책에서 고려청자의 빛깔을 비색이라 부르며 천하제일이라고 칭찬했다.

청자의 상감 기법은 어느 나라에서도 찾아볼 수 없는 우리 고유의 독창적인 도자기 장식 기법이다. 상감 기법은 그릇을 빚고 굳었을 때 그릇 바깥쪽에 조각칼로 무늬를 새긴 다음, 검은색이나 흰색의 흙을 메운 뒤 무늬가 드러나도록 바깥쪽을 매끄럽게 다듬는 기법이다. 이 기법은 금속 공예나 나전 칠기에 장식 기법으로 쓰고 있었지만, 고려 도공들이 도자기를 만들 때 장식에 처음으로 응용했다. 상감 기법으로 만든 고려청자는 구름과 학 무늬를 새긴 '청자 상감 운학문 매병'이 대표적이다.

이러한 청자의 형태는 기존의 단순한 그릇 모양의 형태에서 여러 형태의 청자로 발전했다. 그 당시 고려인들은 대접과 접시, 잔, 항아리, 병, 찻잔, 상자 따위를 비롯해 심지어 베개와 기와까지도 청자로 만들었다. 특히 죽순, 표주박, 복숭아, 원앙, 사자, 용, 거북과 같이 여러 동식물의 모양을 본떠 만든 향로, 주전자, 꽃병, 연적 따위가 오늘날까지 내려오고 있다. 이처럼 그릇의 실용성을 넘어 예술적 아름다움을 지닌 청자는 고려인의 생활 속에서 널리 쓰였다.

고려청자는 맑고 은은한 비색으로 유려한 곡선을 강조하며 상감 기법으로 회화적인 아름다운 무늬를 표현한 것이 특색이다. 우리는 이러한 고려청자로 고려인들의 독창성과 뛰어난 기술력을 엿볼 수 있다. 이는 중국의 청자를 받아들이면서 그저 모방에 그치는 것이 아니라, 아름다운 비색과 독특한 상감 기법으로 발전했다는 점이다. 따라서 고려청자는 여러 가지 모양과 형태의 아름다움을 일궈 낸 고려인들의 노력과 열정을 그대로 담고 있다.

17 고려청자에 대한 설명으로 알맞지 <u>않은</u> 것은 무엇입니까? ( )

① 맑고 은은한 비색이다.
② 유려한 곡선이 강조된다.
③ 중국의 청자를 모방하는 데 그쳤다.
④ 회화적인 아름다운 무늬를 표현했다.
⑤ 고려인들의 노력과 열정을 그대로 담고 있다.

18 다음과 같은 도자기 장식 기법으로 만든 대표적인 고려청자를 이 글에서 찾아 쓰시오.

그릇을 빚고 굳었을 때 그릇 바깥쪽에 조각칼로 무늬를 새긴 다음, 검은색이나 흰색의 흙을 메운 뒤 무늬가 드러나도록 바깥쪽을 매끄럽게 다듬는 기법

( )

19 다음 상황에서 규빈이가 밑줄 그은 부분만 훑어 읽었다면 그 까닭은 무엇인지 알맞은 것에 ○표 하시오.

규빈: 발표할 만한 내용이 있을지 낱말들을 중심으로 찾아봐야지.

(1) 발표할 때 필요한 내용이기 때문이다. ( )
(2) 자신이 아는 내용과 비교하기 위해서이다.
( )

20 다음과 같은 읽기 방법은 무엇입니까? ( )

어린이날을 만든 아동 문학가 방정환은 어린이가 글을 읽은 다음에는 반드시 관련한 곳에 직접 가 봐야 한다고 했다. 글 내용을 오랫동안 기억하려면 직접 겪어 보라고 했다.

① 메모하며 읽기
② 여러 번 반복해 읽고 쓰기
③ 대상과 감정을 상상하며 읽기
④ 글과 관련한 곳에 직접 가 보기
⑤ 책을 가지고 다니며 시간 날 때마다 읽기

[01~02] 다음 글을 읽고, 물음에 답하시오.

가 정보 무늬는 여러 가지 정보를 확인할 수 있는 표식이다. 정보 무늬를 쓰기 전에는 막대 표시를 주로 썼다. 막대 표시는 숫자 20개를 저장할 수 있는 무늬로서 물건을 살 때 쉽게 계산할 수 있다. 그러나 정보 무늬는 숫자 7089개, 한글 1700자 정도를 저장할 수 있다. 또 정보 무늬는 일부를 지워도 사용할 수 있다. 정보 무늬의 세 귀퉁이에 위치를 지정하는 문양이 있기 때문이다. 이 문양이 있어 정보 무늬를 어느 각도에서 찍어도 내용을 확인할 수 있다.

정보 무늬는 스마트폰으로 사용할 수 있다. 스마트폰 응용 프로그램으로 정보 무늬를 찍으면 관련 내용이 있는 누리집으로 이동하거나, 관련 사진이나 동영상을 볼 수 있다. 또 정보 무늬에 색깔이나 신기한 그림을 넣어 만들기도 한다.

나 정보 무늬는 누구나 만들 수 있다. 예를 들어 개인 정보를 담은 명함을 만들 수도 있다. 명함에 있는 정보 무늬로 자신의 사진이나 동영상을 보여 주거나 이름이나 연락처를 자동으로 저장할 수 있다.

01 이 글을 읽고 정보 무늬를 사용하는 방법을 쓰시오.

_____

_____

02 글쓴이의 설명 가운데에서 내용이 정확한지 알아보고 싶은 것과 그 까닭을 쓰시오.

알아보고 싶은 내용	(1)
그 까닭	(2)

[03~04] 다음 글을 읽고, 물음에 답하시오.

가까운 미래에는 제4차 산업 혁명이 일어나 많은 것이 달라진다고 합니다. 인공 지능이 발달하고 새로운 기술을 개발해서 지금까지 살던 모습과는 다를 것입니다.

그렇다면 미래 사회에 필요한 사람은 어떤 사람일까요?

첫째, 정해진 답을 찾기보다 새로운 방식으로 문제를 해결하는 사람입니다. 정해진 문제는 사람보다 인공 지능이 더 잘 해결할 수도 있습니다. 그러나 새로운 방식을 생각하는 것은 인공 지능보다 사람이 더 잘할 수 있습니다.

둘째, 새로운 변화에 대응하는 사람입니다. 미래 연구자들은 다가올 미래에는 여러 가지 사회·환경 문제처럼 예전에 없던 새로운 변화를 맞을 것이라고 합니다. 그러므로 미래 사회에서는 막힌 생각보다 변화에 부드럽게 대처하려는 생각을 해야 합니다.

셋째, 서로 돕고 존중하는 사람입니다. 인공 지능과 새로운 기술이 삶을 빠르게 바꿀 수 있습니다. 이럴 때 함께 마음을 모아 서로 돕고 존중해야 사회를 따뜻하게 만들 수 있습니다.

앞으로 우리는 거대한 미래의 충격과 변화 앞에서도 흔들리지 않는 열정과 패기로 서로를 존중해야 합니다.

03 이 글의 주장은 무엇인지 쓰시오.

_____

_____

04 이 글의 내용을 자신의 생각과 비교해 같은 점이나 다른 점을 쓰시오.

_____

_____

수행 평가

배점 | 20점

학습 주제 필요한 글을 찾아 정리하기

학습 목표 글을 읽는 목적을 분명히 정해 자신에게 필요한 내용을 자세히 정리할 수 있다.

[1~2] 다음 글을 읽고, 물음에 답하시오.

청자의 상감 기법은 어느 나라에서도 찾아볼 수 없는 우리 고유의 독창적인 도자기 장식 기법이다. 상감 기법은 그릇을 빚고 굳었을 때 그릇 바깥쪽에 조각칼로 무늬를 새긴 다음, 검은색이나 흰색의 흙을 메운 뒤 무늬가 드러나도록 바깥쪽을 매끄럽게 다듬는 기법이다. 이 기법은 금속 공예나 나전 칠기에 장식 기법으로 쓰고 있었지만, 고려 도공들이 도자기를 만들 때 장식에 처음으로 응용했다. 상감 기법으로 만든 고려청자는 구름과 학 무늬를 새긴 '청자 상감 운학문 매병'이 대표적이다.

이러한 청자의 형태는 기존의 단순한 그릇 모양의 형태에서 여러 형태의 청자로 발전했다. 그 당시 고려인들은 대접과 접시, 잔, 항아리, 병, 찻잔, 상자 따위를 비롯해 심지어 베개와 기와까지도 청자로 만들었다. 특히 죽순, 표주박, 복숭아, 원앙, 사자, 용, 거북과 같이 여러 동식물의 모양을 본떠 만든 향로, 주전자, 꽃병, 연적 따위가 오늘날까지 내려오고 있다. 이처럼 그릇의 실용성을 넘어 예술적 아름다움을 지닌 청자는 고려인의 생활 속에서 널리 쓰였다.

고려청자는 맑고 은은한 비색으로 유려한 곡선을 강조하며 상감 기법으로 회화적인 아름다운 무늬를 표현한 것이 특색이다. 우리는 이러한 고려청자로 고려인들의 독창성과 뛰어난 기술력을 엿볼 수 있다. 이는 중국의 청자를 받아들이면서 그저 모방에 그치는 것이 아니라, 아름다운 비색과 독특한 상감 기법으로 발전했다는 점이다. 따라서 고려청자는 여러 가지 모양과 형태의 아름다움을 일궈 낸 고려인들의 노력과 열정을 그대로 담고 있다.

1 보기 와 같이 이 글을 읽고 무엇을 할 것인지 생각해 쓰시오.

보기

고려청자의 우수성을 친구들에게 설명해 주겠다.

2 1에서 답한 목적에 따라 이 글에서 필요한 내용을 정리하여 쓰시오.

준비 기억에 남는 일   기억에 남는 일을 이야기해 봅시다.

교과서 지문 학습
10 주인공이 되어

세 살 때
밀가루로 장난한 일

일곱 살 때
부모님께 꾸중을 들은 일

📝 단원 학습

자신이 경험한 일을 이야기로 쓸 수 있어요.

○ **그림의 특징**: 세 살 때부터 5학년 때까지 기억에 남는 일을 떠올린 그림입니다.

여덟 살 때
처음으로 한 운동회

5학년 때 친구들과 함께한
학교 발야구 대회

10 단원

01 그림 ⑰~㉱ 중 여덟 살 때의 일을 떠올린 것의 기호를 쓰시오.

(   )

02 이 그림에서 5학년 때 있었던 일은 무엇입니까? (   )

① 밀가루로 장난한 일   ② 처음으로 한 운동회
③ 부모님께 꾸중을 들은 일   ④ 학급 신문을 만들었던 일
⑤ 친구들과 함께한 학교 발야구 대회

03 그림 ㉱와 비슷한 감정을 느낀 기억을 떠올린 친구는 누구인지 쓰시오.

마루: 작년에 할아버지 댁에 가서 딸기를 땄던 일이 생각나.
강산: 지난봄에 놀이공원으로 현장 체험 학습을 다녀온 일이 생각나.
하늘: 체육 시간에 친구랑 다투었다가 선생님께 혼났던 일이 생각나.

(   )

 낱말사전

꾸중 아랫사람의 잘못을 꾸짖는 말.
발야구 야구와 비슷한 규칙 아래, 공을 배트로 치는 대신 발로 차서 승부를 겨루는 경기.

기본 진주가 겪은 일   경험을 이야기로 표현하는 방법을 알아봅시다.

○ **그림의 특징:** 진주가 비 오는 날에 겪은 일이 나타나 있습니다.

❶ 체육관에서 체육 수업을 할 수 있어 좋아했으나 진주는 성훈이와 같은 편을 하고 싶지 않았습니다.

❷∼❸ 체육 시간에 간이 축구를 하다가 진주와 성훈이가 다투었습니다.

❹∼❺ 상담실에서 선생님과 진주와 성훈이가 이야기를 나누었습니다.

교과서 문제

04 이 그림에 나오지 <u>않는</u> 인물은 누구입니까?   (   )

① 민영   ② 진주   ③ 성훈
④ 부모님   ⑤ 선생님

☆☆
05 이 그림에서 있었던 사건으로 알맞은 것에는 ○표, 알맞지 <u>않은</u> 것에는 ×표를 하시오.

(1) 체육관에서 체육 수업을 할 수 있어 좋아했으나 진주는 성훈이와 같은 편을 하고 싶지 않았다.   (   )
(2) 체육 시간에 간이 축구를 하다가 민영이와 진주가 다투었다.   (   )
(3) 상담실에서 선생님과 진주와 성훈이가 이야기를 나누었다.   (   )

교과서 문제

06 이 그림에서 사건이 일어났던 장소가 어떻게 변했는지 빈칸에 알맞은 말을 쓰시오.

교실 → 체육관 → (   )

😊 낱말사전

막아 트여 있는 곳을 가리게 둘러싸.

대화가 필요해

❶ "상은아, 오늘도 비 온다. 체육은 할 수 있을까?"

인국이가 교실에 들어서며 나를 보고 말을 걸었다.

"그러게, 지긋지긋한 여름 장마다. 그렇지?"

"응, 그래도 난 이 비 덕분에 너랑 친해져서 좋기도 해."

"자식, 또 그때 얘기야?"

인국이는 4학년이 끝나 갈 즈음 우리 반에 전학 온 친구다. 전학 온 첫날부터 친구들 주변을 돌아다니며 소란스럽게 말을 걸고, 우리가 대화를 하거나 게임을 할 때 끼어들어서 나는 물론 친구들은 인국이를 그렇게 좋아하지 않았다. 그러던 인국이와 5학년이 되어 이렇게 친해진 건 며칠째 봄비가 내리던 날 체육 시간 때문이었다.

❷ 그날 우리 반 친구들은 비 때문에 못 할 줄 알았던 체육을 체육관에서 할 수 있어 기분이 좋았다. 하지만 난 평소에 못마땅하게 여겼던 인국이랑 같은 편을 하고, 체육을 잘하는 민영이와 다른 편을 하여 기분이 별로였다.

- -

07 ❶에서 사건이 일어난 장소는 어디인지 쓰시오.

(   )

☆☆
08 ❶에 대한 설명으로 알맞은 것에 ○표 하시오.

(1) 사건이 일어나기 시작하는 단계이다.   (   )

(2) 사건을 해결하고 마무리하는 단계이다.   (   )

(3) 등장인물의 갈등이 꼭대기에 이르는 단계이다.   (   )

(4) 이야기를 시작하고 배경과 인물을 설명하는 단계이다.   (   )

09 상은이와 인국이는 언제부터 친해지게 되었습니까?   (   )

① 인국이가 전학 온 첫날

② 상은이가 먼저 인사한 날

③ 지긋지긋한 여름 장마가 끝난 날

④ 며칠째 봄비가 내리던 날 체육 시간

⑤ 상은이와 인국이가 서로 다른 반이 된 날

서술형 문제

10 ❷에서 상은이의 기분이 별로였던 까닭은 무엇인지 쓰시오.

_____

_____

사이드바

○ 글의 종류: 이야기

○ 글의 특징: 비 오는 날 겪은 일을 바탕으로 하여 꾸며 쓴 이야기입니다.

❶ 인국이와 5학년이 되어 친해진 건 어느 체육 시간 때문이었다.

❷ 체육 시간에 '나'와 인국이는 서로를 탓하며 싸웠다.

❸ 선생님은 '나'와 인국이에게 하고 싶은 말을 하라고 하셨고, '나'와 인국이는 대화를 하면서 서로의 오해가 풀렸다.

🙂 낱말사전

장마 여름철에 여러 날을 계속해서 비가 내리는 현상이나 날씨. 또는 그 비.

소란스럽게 시끄럽고 어수선한 데가 있게.

뜨끔했지만 마음에 큰 자극을 받아 뜨거웠지만.

눈치 남의 마음을 그때그때 상황으로 미루어 알아내는 것.

뻥!

역시나 상대편에서 민영이에게 공을 넘겨주었다. 난 민영이를 쫓아갔다.

"야! 막아!"

골키퍼 인국이가 소리쳤다.

'쳇, 또 먼저 나서네. 자기는 얼마나 잘한다고…….'

다행히 내가 공을 뺏어 옆으로 보냈는데 그게 하필 상대편 정훈이 발에 맞은 것이다. '아차!' 하는 순간 내 눈에 보인 건 골대를 향해 가는 공을 뒤에서 쫓아가는 우리 편 골키퍼 인국이였다.

"야! 너 뭐 하는 거야! 그것도 하나 못 막냐?"

내가 마음속에 억눌렀던 말을 꺼내며 인국이에게 달려들었다.

"너도 똑바로 못 막았잖아! 왜 자꾸 나한테만 화내는 건데?"

그 순간 '나한테만'이라는 인국이 말에 난 뜨끔했지만 선생님께서 우릴 말리실 때까지 말싸움을 계속 이어 갔다.

❸ 체육 시간이 끝나고 선생님께서 나와 인국이를 부르셨다.

"오늘 일도 그렇고, 너희가 지내는 모습을 보니 서로 대화를 하는 게 좋을 것 같아서 말이야. 인국이, 상은이, 서로에게 하고 싶은 말 없니?"

나는 눈치를 보며 우물쭈물했다. 인국이가 먼저 말을 꺼냈다.

"저는 상은이랑 친하게 지내고 싶은데 상은이는 자꾸 저한테만 더 화를 내는 느낌이에요."

"그랬구나. 상은이도 알았니?"

"아, 아니요. 전 그냥 인국이가 자꾸 말하는 데 끼어들어서 좋지 않게 생각했어요. 인국아, 그 점 미안하게 생각해."

"그래, 서로 마음을 잘 몰랐던 것 같구나. 시간을 줄 테니 좀 더 이야기하고 교실로 들어오렴."

11 체육 시간이 끝나고 선생님께서 상은이와 인국이를 부르신 까닭은 무엇입니까? ( )

① 두 사람에게 상을 주려고
② 두 사람에게 벌을 주려고
③ 두 사람에게 축구를 가르치려고
④ 두 사람에게 심부름을 시키려고
⑤ 두 사람이 서로 대화를 하게 하려고

교과서 문제

12 이야기의 흐름을 생각할 때 이 글에서 사건을 해결하고 마무리하는 단계에 해당하는 것의 기호를 쓰시오.

> ㉮ 상은이와 인국이가 싸우는 부분
> ㉯ 선생님과 함께 이야기하는 부분
> ㉰ 인국이와 비에 대해 이야기 나누는 부분
> ㉱ 비가 와서 체육을 체육관에서 하게 되는 부분

( )

☆☆
13 다음 대화를 읽고 이 글의 제목에 담긴 글쓴이의 생각은 무엇인지 알맞은 것에 ○표 하시오.

> 남자아이: 제목을 「대화가 필요해」라고 지은 까닭은 뭐니?
> 글쓴이: 말 그대로야. 대화로 서로 오해를 풀었으면 하는 내 생각을 담았어.

(1) 말싸움을 잘하고 싶은 생각 ( )
(2) 대화로 서로 오해를 풀었으면 하는 생각

( )

14 겪은 일을 이야기로 만들 때 생각할 점으로 알맞지 않은 것은 무엇입니까? ( )

① 읽는 사람이 이해할 수 있게 쓴다.
② 시작 부분에 사건의 해결이 나타나게 쓴다.
③ 사람들이 흥미를 보이며 읽을 수 있게 쓴다.
④ 읽는 사람이 관심을 보일 수 있는 경험을 쓴다.
⑤ 주제가 잘 드러나도록 이야기 흐름에 맞게 쓴다.

핵심 1   기억에 남는 일 이야기하기

- 기억에 남는 일을 떠올려 봅니다.
- 친구들과 함께 어떤 일이 기억에 남는지 이야기해 봅니다.
- 친구가 이야기한 내용을 듣고 어떤 생각을 했는지 말해 봅니다.
- 친구들과 이야기를 나누는 과정에서 자신이 떠올리지 못한 기억은 없는지 더 생각해 봅니다.

예 기억에 남는 일을 떠올려 이야기하기

1학기 말에 우리 모둠이 힘을 모아 학급 신문을 만들었던 일이 생각나.

작년에 할아버지 댁에 가서 딸기를 땄던 일이 생각나.

핵심 2   경험을 이야기로 표현하는 방법 알기

- 실제로 겪은 일과 비교해 볼 때 인물, 사건, 배경을 바꿀 수 있습니다.
- 글 앞부분에 새로운 이야기를 만들 수 있습니다.
- 인물의 이름을 바꿀 수 있습니다.
- 인물을 설명하는 부분을 넣을 수 있습니다.
- 인물의 마음을 직접 나타내거나 대화체로 나타냅니다.
- 이야기로 쓴 글이 일기와 다른 점
  - 이야기는 여러 사람이 읽는 글이므로 읽는 사람을 생각하며 쓴다는 점이 다릅니다.
  - 일기는 그날 동안에 있었던 일만 쓰지만, 이야기는 오랜 시간에 걸쳐 있었던 일을 쓸 수 있습니다.

예 진주가 겪은 일과 꾸며 쓴 이야기인 「대화가 필요해」 비교하기

	진주가 겪은 일	이야기에 나오는 일
인물	민영, 진주, 성훈, 선생님	민영, 상은, 인국, 선생님
사건	비가 와서 체육을 체육관에서 하게 됨. ➡ 진주와 성훈이가 다툼. ➡ 진주와 성훈이가 선생님과 함께 이야기함.	인국이와 비에 대해 이야기 나눔. ➡ 비가 와서 체육을 체육관에서 하게 됨. ➡ 상은이와 인국이가 다툼. ➡ 상은이와 인국이가 선생님과 함께 이야기함.
배경	교실, 체육관, 상담실	교실, 체육관, 상담실

핵심 3   겪은 일을 이야기로 만들 때 생각할 점 알기

- 읽는 사람이 관심을 보일 수 있는 경험을 씁니다.
- 글을 읽는 사람이 이해할 수 있게 씁니다.
- 자신이 말하고자 하는 주제가 잘 드러나도록 이야기 흐름에 맞게 씁니다.
- 사건을 어떻게 전개하고 어떻게 해결했는지 나타나도록 씁니다.
- 사람들이 흥미를 보이며 읽을 수 있도록 씁니다.

예 「대화가 필요해」에서 이야기의 흐름에 해당하는 부분

이야기의 흐름	「대화가 필요해」
이야기를 시작하고 배경과 인물을 설명하는 단계	인국이와 비에 대해 이야기 나누는 부분
사건이 일어나기 시작하는 단계	비가 와서 체육을 체육관에서 하게 되는 부분
등장인물의 갈등이 꼭대기에 이르는 단계	상은이와 인국이가 싸우는 부분
사건을 해결하고 마무리하는 단계	선생님과 함께 이야기하는 부분

[01~03] 다음 그림을 보고, 물음에 답하시오.

세 살 때
밀가루로 장난한 일

일곱 살 때
부모님께 꾸중을 들은 일

여덟 살 때
처음으로 한 운동회

5학년 때
친구들과 함께한
학교 발야구 대회

01 그림 ㉮~㉱에서 떠올린 일로 알맞지 <u>않은</u> 것은 무엇입니까? ( )

① 세 살 때 밀가루로 장난한 일
② 일곱 살 때 부모님께 꾸중을 들은 일
③ 여덟 살 때 처음으로 운동회를 한 일
④ 3학년 때 놀이공원으로 현장 체험 학습을 다녀온 일
⑤ 5학년 때 친구들과 함께 학교 발야구 대회를 한 일

02 그림 ㉮~㉱ 중 친구들과 함께 있었던 일을 떠올린 것을 두 가지 골라 기호를 쓰시오.
(,)

03 그림 ㉱처럼 학급에서 있었던 일을 떠올린 친구는 누구인지 쓰시오.

> 명희: 작년에 할아버지 댁에 가서 딸기를 땄던 일이 생각나.
> 나연: 1학기 말에 우리 모둠이 힘을 모아 학급 신문을 만들었던 일이 생각나.

( )

04 다음은 기억에 남는 일을 떠올려 기억 카드를 만든 것입니다. 카드 뒷면에 들어갈 기억과 관련된 주찬이의 느낌으로 알맞은 것은 무엇입니까? ( )

〈앞면〉	〈뒷면〉
지난봄 운동회에서 친구들과 재미있게 경기한 일 윤주찬	

① 속상함.　　② 행복함.　　③ 고마움.
④ 미안함.　　⑤ 안타까움.

서술형 문제

05 기억에 남는 일 가운데 이야기로 자세히 나타내고 싶은 기억과 그 까닭을 쓰시오.

이야기로 나타내고 싶은 기억	(1)
그 까닭	(2)

[06~11] 다음 그림을 보고, 물음에 답하시오.

06 체육 수업을 체육관에서 하게 된 까닭은 무엇입니까? (   )

① 비가 와서
② 눈이 와서
③ 햇빛이 강해서
④ 미세 먼지가 심해서
⑤ 다른 반이 운동장을 사용하고 있어서

07 진주는 누구하고 다른 편이 되기를 바랐는지 쓰시오.

(   )

08 그림 ❷와 ❸의 사건이 일어났던 때는 언제인지 쓰시오.

(   )

09 그림 ❹와 ❺에서 일어난 사건으로 알맞은 것의 기호를 쓰시오.

> ㉮ 상담실에서 선생님과 진주와 성훈이가 이야기를 나누었다.
> ㉯ 체육 시간에 간이 축구를 하다가 진주와 성훈이가 다투었다.
> ㉰ 체육관에서 체육 수업을 할 수 있어 좋아했으나 진주는 성훈이와 같은 편을 하고 싶지 않았다.

(   )

☆☆ 10 사건이 일어났던 장소의 변화로 알맞은 것은 무엇입니까? (   )

① 교실 → 체육관 → 교실
② 체육관 → 교실 → 상담실
③ 교실 → 체육관 → 상담실
④ 교실 → 상담실 → 체육관
⑤ 상담실 → 체육관 → 교실

☆☆ 11 이 그림의 내용을 이야기로 만들 때 생각해야 할 점으로 알맞은 것에 모두 ○표 하시오.

(1) 일이 일어난 차례대로 쓴다. (   )
(2) 인물의 마음이 잘 나타나도록 쓴다. (   )
(3) 진주와 성훈이가 축구를 좋아하게 된 까닭을 이해하도록 쓴다. (   )

[12~18] 다음 글을 읽고, 물음에 답하시오.

❶ "상은아, 오늘도 비 온다. 체육은 할 수 있을까?"

인국이가 교실에 들어서며 나를 보고 말을 걸었다.

"그러게, 지긋지긋한 여름 장마다. 그렇지?"

"응, 그래도 난 이 비 덕분에 너랑 친해져서 좋기도 해."

"자식, 또 그때 얘기야?"

인국이는 4학년이 끝나 갈 즈음 우리 반에 전학 온 친구다. 전학 온 첫날부터 친구들 주변을 돌아다니며 소란스럽게 말을 걸고, 우리가 대화를 하거나 게임을 할 때 끼어들어서 나는 물론 친구들은 인국이를 그렇게 좋아하지 않았다. 그러던 인국이와 5학년이 되어 이렇게 친해진 건 며칠째 봄비가 내리던 날 체육 시간 때문이었다.

❷ 그날 우리 반 친구들은 비 때문에 못 할 줄 알았던 체육을 체육관에서 할 수 있어 기분이 좋았다. 하지만 난 평소에 못마땅하게 여겼던 인국이랑 같은 편을 하고, 체육을 잘하는 민영이와 다른 편을 하여 기분이 별로였다.

뻥!

역시나 상대편에서 민영이에게 공을 넘겨주었다. 난 민영이를 쫓아갔다.

"야! 막아!"

골키퍼 인국이가 소리쳤다.

'쳇, 또 먼저 나서네. 자기는 얼마나 잘한다고……'

다행히 내가 공을 뺏어 옆으로 보냈는데 그게 하필 상대편 정훈이 발에 맞은 것이다. '아차!' 하는 순간 내 눈에 보인 건 골대를 향해 가는 공을 뒤에서 쫓아가는 우리 편 골키퍼 인국이였다.

"야! 너 뭐 하는 거야! 그것도 하나 못 막냐?"

내가 마음속에 억눌렀던 말을 꺼내며 인국이에게 달려들었다.

"너도 똑바로 못 막았잖아! 왜 자꾸 나한테만 화내는 건데?"

그 순간 '나한테만'이라는 인국이 말에 난 뜨끔했지만 선생님께서 우릴 말리실 때까지 말싸움을 계속 이어 갔다.

❸ 체육 시간이 끝나고 선생님께서 나와 인국이를 부르셨다.

"오늘 일도 그렇고, 너희가 지내는 모습을 보니 서로 대화를 하는 게 좋을 것 같아서 말이야. 인국이, 상은이, 서로에게 하고 싶은 말 없니?"

나는 눈치를 보며 우물쭈물했다. 인국이가 먼저 말을 꺼냈다.

"저는 상은이랑 친하게 지내고 싶은데 상은이는 자꾸 저한테만 더 화를 내는 느낌이에요."

"그랬구나. 상은이도 알았니?"

"아, 아니요. 전 그냥 인국이가 자꾸 말하는 데 끼어들어서 좋지 않게 생각했어요. 인국아, 그 점 미안하게 생각해."

"그래, 서로 마음을 잘 몰랐던 것 같구나. 시간을 줄 테니 좀 더 이야기하고 교실로 들어오렴."

12 ❶~❸을 일이 일어난 차례대로 번호를 쓰시오.

( ) → ( ) → ( )

☆☆
13 이 글의 인물과 배경을 쓰시오.

(1) 인물: 민영, 상은, ( ), 선생님
(2) 배경: 교실, ( ), 상담실

14 ❶에서 인국이에 대해 설명한 내용으로 알맞은 것을 두 가지 고르시오 (,)

① 4학년이 끝나 갈 즈음 우리 반에 전학 왔다.

② 5학년이 되자마자 다른 학교로 전학을 갔다.

③ 친구들이 자신을 좋아하지 않는 것을 알고 혼자 지냈다.

④ 체육관에서 체육을 할 때마다 불평을 하고 못마땅하게 여겼다.

⑤ 전학 온 첫날부터 친구들이 대화를 하거나 게임을 할 때 끼어들었다.

15 서술형 문제 ❸의 내용으로 보아, 상은이와 인국이가 서로 다툰 까닭은 무엇인지 쓰시오.

_____

_____

16 ❸에서 상은이와 인국이를 화해하게 만든 인물은 누구인지 쓰시오.

( )

17 다음 대화에서 남자아이는 이 글의 어떤 점이 좋았다고 했는지 알맞은 것을 두 가지 고르시오.

(,)

> 남자아이: 이야기가 참 재미있다. 대화 글을 많이 쓰고 우리 주변에서 쉽게 겪을 수 있는 일을 이야기로 써서 좋았어.
> 글쓴이: 고마워. 5학년 때 있었던 일 가운데에서 이 일이 가장 기억에 남았어. 친구와 내 이름을 다른 이름으로 바꿔 보았어.

① 대화 글을 많이 쓴 점
② 사건의 해결 부분을 쓰지 않은 점
③ 일이 일어난 차례대로 쓰지 않은 점
④ 친구와 글쓴이 이름을 다른 이름으로 바꾼 점
⑤ 우리 주변에서 쉽게 겪을 수 있는 일을 이야기로 쓴 점

18 ☆☆ 이 글에서 다음과 같은 이야기의 흐름에 해당하는 부분에 ○표 하시오.

> 등장인물의 갈등이 꼭대기에 이르는 단계

(1) 선생님과 함께 이야기하는 부분 ( )
(2) 상은이와 인국이가 싸우는 부분 ( )
(3) 인국이와 비에 대해 이야기 나누는 부분 ( )
(4) 비가 와서 체육을 체육관에서 하게 되는 부분
( )

19 이야기의 흐름을 차례대로 알맞게 나열한 것은 무엇입니까? ( )

> ㉮ 사건이 일어나기 시작하는 단계
> ㉯ 사건을 해결하고 마무리하는 단계
> ㉰ 등장인물의 갈등이 꼭대기에 이르는 단계
> ㉱ 이야기를 시작하고 배경과 인물을 설명하는 단계

① ㉮ → ㉰ → ㉯ → ㉱
② ㉮ → ㉱ → ㉰ → ㉯
③ ㉰ → ㉱ → ㉮ → ㉯
④ ㉱ → ㉮ → ㉯ → ㉰
⑤ ㉱ → ㉮ → ㉰ → ㉯

10 단원

20 ☆☆ 겪은 일을 이야기로 만들 때 생각할 점은 무엇인지 ( ) 안의 알맞은 말에 ○표 하시오.

(1) 글을 (쓴 , 읽는) 사람이 이해할 수 있게 쓴다.
(2) 읽는 사람이 (관심 , 의심)을 보일 수 있는 경험을 쓴다.
(3) 자신이 말하고자 하는 (주제 , 제안)이/가 잘 드러나도록 이야기 흐름에 맞게 쓴다.

[01~03] 다음을 읽고, 물음에 답하시오.

나 "야! 막아!"

골키퍼 인국이가 소리쳤다.

'쳇, 또 먼저 나서네. 자기는 얼마나 잘한다고…….'

다행히 내가 공을 빼앗어 옆으로 보냈는데 그게 하필 상대편 정훈이 발에 맞은 것이다. '아차!' 하는 순간 내 눈에 보인 건 골대를 향해 가는 공을 뒤에서 쫓아가는 우리 편 골키퍼 인국이였다.

"야! 너 뭐 하는 거야! 그것도 하나 못 막냐?"

내가 마음속에 억눌렀던 말을 꺼내며 인국이에게 달려들었다.

"너도 똑바로 못 막았잖아! 왜 자꾸 나한테만 화내는 건데?"

그 순간 '나한테만'이라는 인국이 말에 난 뜨끔했지만 선생님께서 우릴 말리실 때까지 말싸움을 계속 이어 갔다.

체육 시간이 끝나고 선생님께서 나와 인국이를 부르셨다.

"오늘 일도 그렇고, 너희가 지내는 모습을 보니 서로 대화를 하는 게 좋을 것 같아서 말이야. 인국이, 상은이, 서로에게 하고 싶은 말 없니?"

나는 눈치를 보며 우물쭈물했다. 인국이가 먼저 말을 꺼냈다.

"저는 상은이랑 친하게 지내고 싶은데 상은이는 자꾸 저한테만 더 화를 내는 느낌이에요."

"그랬구나. 상은이도 알았니?"

"아, 아니요. 전 그냥 인국이가 자꾸 말하는 데 끼어들어서 좋지 않게 생각했어요. 인국아, 그 점 미안하게 생각해."

"그래, 서로 마음을 잘 몰랐던 것 같구나. 시간을 줄 테니 좀 더 이야기하고 교실로 들어오렴."

01 글 **나**는 그림 **가**의 내용을 이야기로 꾸며 쓴 것입니다. 그림 **가**의 내용과 비교해 봤을 때 인물에 어떤 변화가 있는지 쓰시오.

_____

_____

02 글 **나**처럼 꾸며 쓴 이야기는 일기와 어떤 점이 다른지 쓰시오.

_____

_____

03 글 **나**의 마지막 부분에 사건을 어떻게 해결했는지 나타내려고 합니다. 어떤 내용이 잘 나타나면 좋겠는지 쓰시오.

_____

_____

수행 평가

배점 | 20점

학습 주제 겪은 일을 이야기로 만들기

학습 목표 겪은 일을 바탕으로 하여 주제와 흐름에 맞게 내용을 조직해 이야기를 쓸 수 있다.

1 겪은 일 가운데에서 이야기로 꾸밀 일을 떠올려 쓰시오.

_____

2 이야기의 주제를 정해 쓰시오.

_____

3 이야기의 내용을 차례대로 정리해 쓰시오.

이야기의 흐름	내용
이야기를 시작하고 배경과 인물을 설명하는 단계	(1)
사건이 일어나기 시작하는 단계	(2)
등장인물의 갈등이 꼭대기에 이르는 단계	(3)
사건을 해결하고 마무리하는 단계	(4)

10
단원

4 **3**에서 정리한 내용을 이야기로 쓰시오.

Memo

만점왕

통합본 국어 5-1

바쁜 초등학생을 위한
국·사·과 교과서 완전 학습서

만점왕

사회 5-1

통합본

만점왕 통합본

사회 5-1

구성과 특징

개념책

교과서 개념을 충실하게 반영하였으며 실전 문제로 교과 학습을 완벽하게 이해할 수 있도록 내용을 구성하였습니다.

단원 평가

다양한 문제를 풀어 보며 자신의 학습 상태를 점검하고 학교 단원 평가에 대비할 수 있도록 내용을 구성하였습니다.

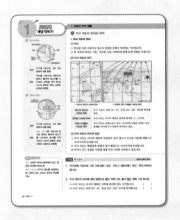

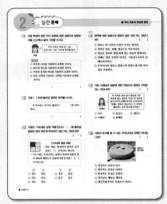

1 교과서 개념 익히기

자세한 개념 설명과 그림을 통해 교과서 내용을 분명하게 파악할 수 있습니다.

2 실전 문제

앞서 배운 개념과 관련된 문제를 풀어 보며 주요 내용을 꼼꼼하게 확인할 수 있습니다.

3 단원 정리

꼭 알아야 할 단원의 핵심 개념을 한 페이지로 확인할 수 있습니다.

4 단원 정리 평가

단원을 정리하는 문제를 풀어 보며 실력을 점검·보완할 수 있습니다.

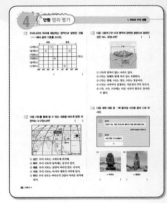

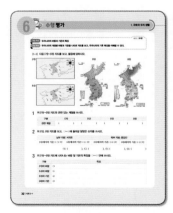

5, 6 서술형 문제 & 수행 평가

각 단원에서 익힌 내용을 활용하여 학교 시험의 서술형 문제와 수행 평가에 대비할 수 있습니다.

이 책의 차례

1. 국토와 우리 생활

① 우리 국토의 위치와 영역

1. 우리 국토의 위치

(1) 위치

① 위치란 어떤 사물이나 장소가 일정한 곳에서 차지하는 자리입니다.

② 한 나라의 위치는 기후, 시간대, 다른 나라와의 관계 등에 영향을 미칩니다.

(2) 우리 국토의 위치

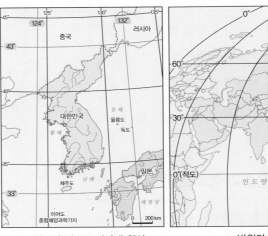

▲ 위도와 경도로 나타낸 위치 　　　　▲ 방위와 주변 나라들로 나타낸 위치

위도와 경도로 나타낸 위치	우리 국토는 북위 33°~43°, 동경 124°~132° 사이에 위치해 있음.
방위로 나타낸 위치	우리 국토는 아시아 대륙의 동쪽에 위치한 반도 국가임.
주변 나라들로 나타낸 위치	우리 국토는 북쪽으로는 중국, 러시아와 국경을 맞대고 있고, 동해를 사이에 두고 일본과 마주하고 있음.

(3) 우리 국토의 위치적 장점

① 우리 국토는 아시아 대륙과 연결되어 있어 철도나 도로를 이용해 대륙으로 나아가기에 유리합니다.

② 우리 국토는 태평양과 맞닿아 있어 해양으로 나아가기에 유리합니다.

➡ 위치가 갖는 장점을 이용해 세계 여러 나라와 교류하고 있습니다.

위선과 위도

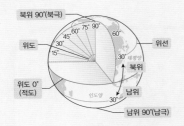

위선	지구에 가상으로 그은 가로 방향의 선을 말함.
위도	적도를 기준으로 남북으로 얼마나 떨어져 있는지를 나타내며, 남북을 각각 90°로 나누어 북쪽은 북위, 남쪽은 남위로 표현함.

경선과 경도

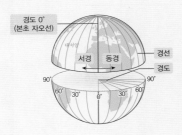

경선	지구에 가상으로 그은 세로 방향의 선을 말함.
경도	본초 자오선을 기준으로 동서로 얼마나 떨어져 있는지를 나타내며, 동서를 각각 180°로 나누어 동쪽은 동경, 서쪽은 서경으로 표현함.

낱말사전

반도 삼면이 바다로 둘러싸여 있고, 한 면은 육지에 이어진 땅

본초 자오선 지구의 경도를 결정하는 데 기준이 되는 선으로, 영국의 런던을 지남.

개념 **확인문제**

정답과 해설 33쪽

1 지구상에 가상으로 그은 가로선을 (경선 , 위선), 세로선을 (경선 , 위선)이라고 합니다.

2 우리 국토의 위치에 대한 설명으로 옳은 것에 ○표, 옳지 않은 것에 ×표 하시오.

(1) 우리 국토는 아시아 대륙의 서쪽에 위치한 반도 국가입니다. 　　　(　　)

(2) 우리 국토는 북위 33°~43°, 동경 124°~132° 사이에 위치합니다. 　　(　　)

2. 우리나라의 영역

(1) 영역의 뜻과 요소

① 뜻: 한 나라의 주권이 미치는 범위입니다.

② 요소: 영토(땅에서의 영역), 영해(바다에서의 영역), 영공(하늘에서의 영역)
으로 이루어집니다.

(2) 우리나라의 영역

① 영토: 한반도와 한반도에 속한 여러 섬을 포함합니다.

북쪽 끝	함경북도 온성군 유원진	남쪽 끝	제주특별자치도 서귀포시 마라도
서쪽 끝	평안북도 용천군 마안도	동쪽 끝	경상북도 울릉군 독도

② 영해: 우리나라 영토 주변의 바다 영역으로 영해를 설정하는 기준선으로부터
12해리까지이며, 기준선은 각 해안에 따라 다릅니다.

동해안, 제주도, 울릉도, 독도	썰물일 때의 해안선을 기준으로 12해리까지임.
서해안, 남해안	해안선이 복잡하고 섬이 많기 때문에 가장 바깥에 있는 섬들을 직선으로 연결한 선으로부터 12해리까지임.

③ 영공: 우리나라의 영토와 영해 위에 있는 하늘의 범위입니다.

3. 우리 국토를 사랑해야 하는 까닭

(1) 우리 국토를 사랑해야 하는 까닭

① 국토가 없으면 국가나 국민도 있을 수 없기 때문입니다.

② 우리 국토는 우리들이 살아가는 삶의 공간이며, 후손들에게 물려주어야 할
삶의 터전이기 때문입니다.

③ 우리 조상들이 오랫동안 지키며 살아온 국토는 우리나라의 고유한 역사와
문화가 담겨 있는 소중한 공간이기 때문입니다.

(2) 소중한 우리 국토를 지키기 위해 우리가 할 수 있는 일: 국토 환경 보호하기,
우리나라 국토와 관련된 소식에 관심 갖기, 우리 국토 탐방하기, 국토 사랑
공모전에 참여하기 등

---

3 한 나라의 영역은 그 나라의 (   )이/가 미치는 범위로, 영토, 영해, 영공으로
이루어집니다.

4 우리나라 (   )의 범위는 기준선으로부터 12해리까지입니다.

5 우리나라의 (   )은/는 우리나라 영토와 영해 위에 있는 하늘의 범위입니다.

✏️ 영역을 이루는 요소

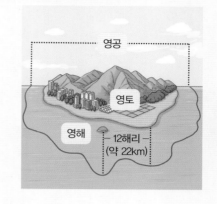

영공
영토
영해
12해리
(약 22km)

✏️ 우리나라의 영토와 영해 영역

— 영해선
러시아
중국
서쪽 끝
평안북도
용천군 마안도
북쪽 끝
함경북도
온성군 유원진
동 해
울릉도
독도
대한민국
동쪽 끝
경상북도
울릉군 독도
황 해
남쪽 끝
제주특별자치도
서귀포시 마라도
일본
남 해
이어도
종합해양과학기지
0   100km

조선 시대의 행정구역과 각 도의 이름

경기도를 제외한 각 도의 이름은 대부분 그 지역의 주요 도시 두 곳의 앞 글자를 따서 정했습니다.

- 평안도: 평양 + 안주
- 함경도: 함흥 + 경성
- 황해도: 황주 + 해주
- 강원도: 강릉 + 원주
- 충청도: 충주 + 청주
- 전라도: 전주 + 나주
- 경상도: 경주 + 상주

4. 우리 국토의 구분

(1) 환경에 따른 지역 구분

① 지역 구분: 일정한 범위의 땅을 기준을 정하여 나누고 각 지역에 이름을 붙이는 것입니다.

② 우리 국토는 자연환경과 인문환경에 따라 여러 지역으로 구분할 수 있습니다.

③ 전통적인 지역 구분은 오늘날의 행정구역을 정하는 데 큰 영향을 주었습니다.

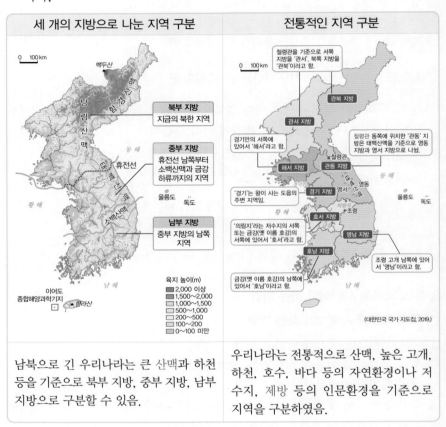

세 개의 지방으로 나눈 지역 구분	전통적인 지역 구분
남북으로 긴 우리나라는 큰 산맥과 하천 등을 기준으로 북부 지방, 중부 지방, 남부 지방으로 구분할 수 있음.	우리나라는 전통적으로 산맥, 높은 고개, 하천, 호수, 바다 등의 자연환경이나 저수지, 제방 등의 인문환경을 기준으로 지역을 구분하였음.

북부 지방 지금의 북한 지역

중부 지방 휴전선 남쪽부터 소백산맥과 금강 하류까지의 지역

남부 지방 중부 지방의 남쪽 지역

육지 높이(m)
- 2,000 이상
- 1,500~2,000
- 1,000~1,500
- 500~1,000
- 200~500
- 100~200
- 0~100 미만

철령관을 기준으로 서쪽 지방을 '관서', 북쪽 지방을 '관북'이라고 함.

경기만의 서쪽에 있어서 '해서'라고 함.

철령관 동쪽에 위치한 '관동' 지방은 태백산맥을 기준으로 영동 지방과 영서 지방으로 나눔.

'경기'는 왕이 사는 도읍의 주변 지역임.

'의림지'라는 저수지의 서쪽 또는 금강(옛 이름 호강)의 서쪽에 있어서 '호서'라고 함.

금강(옛 이름 호강)의 남쪽에 있어서 '호남'이라고 함.

조령 고개 남쪽에 있어서 '영남'이라고 함.

(대한민국 국가 지도집, 2019.)

 낱말사전

행정구역 나라를 효율적으로 관리하기 위해 나눈 지역

산맥 산지의 여러 산들이 이어진 지형

철령관 군사적으로 중요한 고개인 철령에 적을 방어하기 위해 지은 요새

제방 물가에 흙이나 돌, 콘크리트 등으로 쌓은 둑

개념 확인문제   정답과 해설 33쪽

6 남북으로 긴 우리나라는 북부 지방, (   ) 지방, (   ) 지방으로 구분할 수 있습니다.

7 우리나라의 (   ) 지방은 휴전선 북쪽으로, 오늘날의 북한 지역을 말합니다.

8 우리나라의 전통적인 지역 구분에 대한 설명으로 옳은 것에 ○표, 옳지 않은 것에 ×표 하시오.

(1) 왕이 사는 도읍의 주변 지역을 '경기'라고 합니다.   (   )

(2) 금강(옛 이름 호강)의 남쪽에 있어 '호남'이라고 합니다.   (   )

(2) 행정구역에 따른 지역 구분

① 현재 우리나라의 행정구역은 조선 시대에 정한 8개 지역의 행정구역을 기본으로 하고 있습니다.

② 우리나라의 행정구역은 북한 지역을 제외하면 특별시 1곳과 특별자치시 1곳, 광역시 6곳, 도 6곳, 특별자치도 3곳으로 이루어져 있습니다.

③ 행정구역에는 각각 그 지역을 관리하는 시청과 도청이 있습니다.

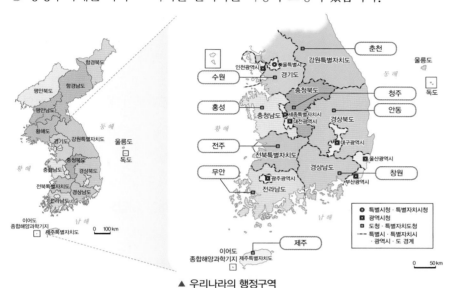

▲ 우리나라의 행정구역

특별시(1곳)	서울특별시	지역을 관리하는 시청이 있음.
특별자치시(1곳)	세종특별자치시	
광역시(6곳)	부산광역시, 인천광역시, 대구광역시, 대전광역시, 광주광역시, 울산광역시	
도(6곳)	경기도, 충청북도, 충청남도, 전라남도, 경상북도, 경상남도	지역을 관리하는 도청이 있음.
특별자치도(3곳)	강원특별자치도, 전북특별자치도, 제주특별자치도	

9 현재 우리나라의 (   )은/는 조선 시대에 정한 8개의 지역 구분을 기본으로 하고 있습니다.

10 우리나라의 행정구역에 따른 지역 구분에 대한 설명으로 옳은 것에 ○표, 옳지 않은 것에 ×표 하시오.

(1) 우리나라의 특별시는 세종특별시 한 곳뿐입니다. (   )

(2) 부산, 인천, 대구, 대전, 광주, 울산 모두 우리나라의 광역시입니다. (   )

(3) 특별시, 특별자치시, 광역시에는 도청이 있고, 도와 특별자치도에는 시청이 있습니다. (   )

1 단원

📝 전통적인 지역 구분에 해당되는 행정구역(북한 지역 제외)

전통적인 지역 구분	현재의 행정구역
경기 지방	서울특별시, 경기도, 인천광역시
관동 지방	강원특별자치도
호서 지방	충청북도, 충청남도, 대전광역시, 세종특별자치시
호남 지방	전북특별자치도, 전라남도, 광주광역시, 제주특별자치도
영남 지방	경상북도, 경상남도, 부산광역시, 대구광역시, 울산광역시

📝 지역 구분

○ 환경에 따른 지역 구분, 행정구역에 따른 지역 구분과 같은 지역 구분 외에도 다른 기준을 정하여 지역 구분을 할 수 있습니다.

○ 지역 구분으로 국토의 모습을 나타내면 국토의 전체 모습을 각 지역의 특징이 나타나도록 간단하게 정리할 수 있습니다.

낱말사전 😊

시청·도청 시·도의 행정 업무를 담당하는 곳

실전 문제

01 다음 학생이 말한 위치 표현에 대한 설명으로 알맞은 것을 보기 에서 골라 기호를 쓰시오.

우리 국토는 북위 33°~43°, 동경 124°~132° 사이에 위치해 있어.

학생

┌─ 보기 ─────────────────────────────┐
ㄱ 이웃한 나라를 이용하여 표현한 것이다.
ㄴ 위도와 경도를 이용하여 표현한 것이다.
ㄷ 주변의 육지와 바다를 이용하여 표현한 것이다.
ㄹ 다른 지역과 구분되는 산맥을 이용하여 표현한 것이다.
└────────────────────────────────────┘

( )

02 다음 ( ) 안에 들어갈 알맞은 방위를 쓰시오.

우리나라는 아시아 대륙의 ( )에 위치한다.

( )

03 다음은 '가로세로 낱말 퍼즐'입니다. ㉠, ㉡에 들어갈 알맞은 말이 바르게 짝지어진 것은 어느 것입니까?
( )

[가로세로 낱말 퍼즐]
• 세로 퍼즐: 위선마다 붙여진 숫자 값을 (㉠)(이)라고 합니다.
• 가로 퍼즐: 우리나라는 삼면이 바다와 맞닿아 있어 대륙과 해양으로 진출하기에 유리한 (㉡) 국가입니다.

	㉠	㉡		㉠	㉡
①	경도	반도	②	경선	위선
③	위도	반도	④	분수	호수
⑤	적도	반도			

04 영역에 대한 설명으로 알맞지 <u>않은</u> 것은 어느 것입니까? ( )

① 영토는 한 나라의 주권이 미치는 땅이다.
② 영역은 영토, 영해, 영공으로 이루어진다.
③ 영공은 영토와 영해 위에 있는 하늘의 범위이다.
④ 영해는 영공 주변의 바다로, 기준선으로부터 12해리까지이다.
⑤ 우리나라의 영토는 한반도와 한반도에 속한 여러 섬을 포함한다.

05 다음 선생님의 질문에 대한 대답으로 알맞은 지역은 어느 것입니까? ( )

이 지역은 섬이 많기 때문에 가장 바깥에 있는 섬들을 직선으로 연결한 선으로부터 12해리까지를 우리나라의 영해로 정하고 있습니다. 이 지역에 해당하는 곳을 발표해 볼까요?

선생님

① 독도   ② 울릉도   ③ 제주도
④ 서해안   ⑤ 동해안

06 다음의 표석을 볼 수 있는 우리나라의 지역은 어디입니까? ( )

대한민국 동쪽 땅끝

① 경상북도 울릉군 독도
② 평안북도 용천군 마안도
③ 함경북도 온성군 유원진
④ 전라남도 해남군 해남읍
⑤ 제주특별자치도 서귀포시 마라도

07 우리 국토를 다음과 같이 구분할 때 다음 지도의 ㉠에 해당하는 하천과 ㉡에 해당하는 산맥 이름을 쓰시오.

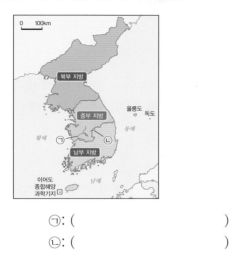

㉠: (   )

㉡: (   )

08 다음 글을 통해 알 수 있는 내용으로 알맞은 것은 어느 것입니까? (   )

- 조령 고개의 남쪽에 있어서 '영남'이라고 한다.
- 의림지의 서쪽에 위치하고 금강(옛 이름 호강)의 서쪽에 있어서 '호서'라고 한다.

① 행정구역을 기준으로 지역을 구분한다.

② 크게 8개 지역으로 나누어 지역을 구분한다.

③ 고개를 기준으로 동쪽과 서쪽으로 지역을 구분한다.

④ 자연환경이나 인문환경을 기준으로 지역을 구분한다.

⑤ 북부, 중부, 남부 등 세 개의 지방으로 지역을 구분한다.

09 전통적인 방법으로 지역을 구분할 때 다음 내용의 ㉠, ㉡에 들어갈 알맞은 말을 쓰시오.

철령관 동쪽에 위치한 관동 지방은 태백산맥을 기준으로 동쪽을 (㉠) 지방, 서쪽을 (㉡) 지방으로 구분한다.

㉠: (   )

㉡: (   )

10 다음 일기 내용 중 ㉠~㉢ 행정구역과 전통적인 지역 구분이 바르게 짝지어진 것은 어느 것입니까?

(   )

20○○년 △월 ◇일, 맑음

㉠대구광역시에 사는 우리 가족은 ㉡전북특별자치도의 도청 소재지가 있는 전주시로 여행을 갔다. 한옥 마을을 구경한 후 비빔밥도 먹었다. 다음날에는 ㉢대전광역시에 있는 엑스포 과학 공원에 갔다. 과거와 미래를 시간 여행하는 기분이었다.

	㉠	㉡	㉢
①	영남 지방	호서 지방	호남 지방
②	영남 지방	호남 지방	호서 지방
③	호서 지방	호남 지방	영남 지방
④	호남 지방	영남 지방	호서 지방
⑤	호남 지방	호서 지방	영남 지방

11 다음 대화를 보고 조선 시대 때 각 도의 이름을 정한 기준으로 가장 알맞은 것은 어느 것입니까? (   )

우리 지역은 충주와 청주가 중요한 곳이지.

그럼 우리 지역을 충주의 '충'과 청주의 '청'을 합쳐서 '충청도'라고 부르자.

① 지형의 특징을 기준으로 정했다.

② 지역의 자연환경을 기준으로 정했다.

③ 지역을 남북으로 구분할 수 있도록 정했다.

④ 지역을 효율적으로 관리할 수 있도록 정했다.

⑤ 지역의 주요 도시 두 곳의 앞 글자를 따서 정했다.

☆☆
12 우리나라 행정구역의 위치를 바르게 말한 어린이는 누구입니까? (   )

① 수경: 경상북도는 동해안과 맞닿아 있어.

② 지영: 제주특별자치도는 황해에 위치해 있어.

③ 도현: 경기도는 전라남도의 남쪽에 위치해 있어.

④ 민지: 세종특별자치시는 경기도와 맞닿아 있어.

⑤ 선우: 충청남도의 서쪽에는 충청북도가 위치해 있어.

❷ 우리 국토의 자연환경

1. 우리나라 지형의 특징

(1) **지형의 뜻**: 여러 가지 땅의 생김새를 말합니다.

(2) **우리나라 지형의 특징**

① 산지 지형
- 우리 국토의 약 70%가 산지로 이루어져 있어 산지가 많은 편입니다.
- 대체로 북쪽과 동쪽은 높고 험한 산지가 많은 편이며, 남쪽과 서쪽은 낮은 산지나 평야가 분포합니다.

② 하천과 평야 지형
- 대부분의 큰 하천은 동쪽에서 서쪽으로 흐릅니다.
- 넓은 평야는 하천의 하류인 서쪽과 남쪽에 발달해 있습니다.

③ 해안 지형
- 국토의 삼면이 바다와 맞닿아 있어 서해안, 동해안, 남해안이 나타납니다.
- 각 해안은 해안선의 모습과 발달한 지형이 다릅니다.

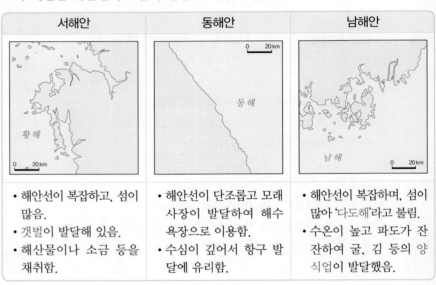

서해안	동해안	남해안
• 해안선이 복잡하고, 섬이 많음. • 갯벌이 발달해 있음. • 해산물이나 소금 등을 채취함.	• 해안선이 단조롭고 모래 사장이 발달하여 해수욕장으로 이용함. • 수심이 깊어서 항구 발달에 유리함.	• 해안선이 복잡하며, 섬이 많아 '다도해'라고 불림. • 수온이 높고 파도가 잔잔하여 굴, 김 등의 양식업이 발달했음.

지형의 종류
- **산지**: 높이 솟은 산들이 모여 이룬 지형입니다.
- **하천**: 빗물과 지하수가 낮은 곳으로 흘러가면서 만든 크고 작은 물줄기입니다.
- **평야**: 평탄하고 넓은 땅입니다.
- **해안**: 바다와 육지가 만나는 곳으로, 바다와 맞닿은 육지 부분입니다.
- **섬**: 물로 둘러싸인 땅입니다.

우리나라의 주요 산지, 하천과 평야 지형

동쪽은 높고 서쪽은 낮은 지형적 특징으로 큰 하천은 대부분 동쪽에서 서쪽으로 흘러갑니다.

낱말사전

하류 강의 아래쪽 부분

갯벌 밀물과 썰물이 드나드는 해안에 밀물 때는 물에 잠기고 썰물 때는 드러나는 넓고 평평한 땅

다도해 섬이 많이 분포하는 바다

양식업 물고기나 해조 등을 사람의 힘으로 기르는 것

개념 확인문제

정답과 해설 34쪽

1 ( )(이)란 여러 가지 땅의 생김새를 말합니다.

2 우리나라 지형에 대한 설명으로 옳은 것에 ○표, 옳지 않은 것에 ×표 하시오.

(1) 대체로 북쪽과 남쪽은 높고 험한 산지가 많습니다. ( )

(2) 한강, 금강, 영산강 등 큰 하천은 동쪽에서 서쪽으로 흐릅니다. ( )

(3) 국토의 삼면이 바다와 맞닿아 있어 서해안, 남해안, 동해안이 있습니다. ( )

(3) 지형을 이용한 생활 모습: 지형은 사람들의 생활 모습에 영향을 끼치며, 사람들은 자신이 살고 있는 지역의 지형을 이용 및 개발하며 살아갑니다.

산지 지형	• 휴양림, 스키장 등을 만들어 휴식 및 여가 공간으로 이용하기도 함. • 고랭지 채소 재배, 목장 등으로 이용하기도 함.
하천 지형	• 다목적 댐을 건설하기도 함. • 래프팅과 같은 레저 시설을 만들어 여가 공간으로 이용하기도 함.
평야 지형	넓고 평탄하기 때문에 농사를 짓기도 하고, 많은 사람들이 모여들어 큰 도시가 발달하기도 함.
해안 지형	• 갯벌에서 해산물, 소금 등을 얻기도 하고, 양식업을 하기도 함. • 해수욕장과 같은 관광지로 개발하기도 함. • 다른 지역으로 이동하기 편리한 항구가 발달하기도 함.

2. 우리나라 기후의 특징

(1) 기후의 뜻: 어떤 지역에서 오랜 기간 동안 반복되어 나타나는 평균적인 날씨를 말합니다. ➡ 바람, 기온, 강수량 등의 특징을 모두 포함합니다.

(2) 우리나라 기후의 특징: 중위도에 위치하여 사계절이 나타나며, 계절에 따라 기후가 다릅니다.

(3) 우리나라의 바람, 기온, 강수량 특징

① **바람:** 계절에 따라 불어오는 바람의 방향이 다릅니다.

여름에 불어오는 바람	겨울에 불어오는 바람
남쪽 바다에서 덥고 습한 바람이 불어옴.	북서쪽 대륙에서 차고 건조한 바람이 불어옴.

3 각 지형과 지형을 이용하는 생활 모습을 바르게 연결하시오.

(1) 산지 지형 •　　• ㉠ 고랭지 채소를 재배함.

(2) 하천 지형 •　　• ㉡ 항구가 발달하기도 함.

(3) 해안 지형 •　　• ㉢ 다목적 댐을 건설하기도 함.

4 우리나라의 (여름 , 겨울)에는 남쪽 바다에서 덥고 습한 바람이 불어와 기온이 높고 비가 많이 내립니다.

1

단원

✎ 우리나라의 계절별 기후 특징

- 봄: 대체로 온화하지만, 갑자기 추워지기도 합니다.
- 여름: 덥고 습하며, 비가 많이 내립니다.
- 가을: 대체로 온화하며, 맑은 날이 많습니다.
- 겨울: 춥고 건조하며, 눈이 내립니다.

✎ 우리나라의 계절별 축제

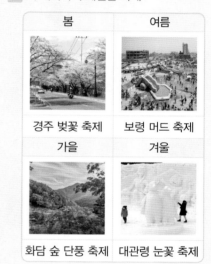

봄	여름
경주 벚꽃 축제	보령 머드 축제
가을	**겨울**
화담 숲 단풍 축제	대관령 눈꽃 축제

✎ 우리나라 기후와 사람들의 생활 모습

기온의 영향	모시옷과 솜옷, 남부 지방의 짠 김치와 북부 지방의 싱거운 김치, 대청마루와 온돌
강수량의 영향	저수지, 터돋움집, 우데기, 설피

낱말사전

다목적 댐 물을 저장하는 것뿐만 아니라 홍수 조절, 수력 발전, 공업용수 공급 등 여러 목적으로 사용되는 댐을 말함.

강수량 일정한 장소에 일정 기간 내린 비, 눈 등의 물의 양

우데기 집의 바깥쪽에 눈을 막기 위해 지붕의 처마 끝에서부터 땅에 닿는 부분까지 둘러치는 벽

설피 눈에 빠지지 않도록 신발 바닥에 대는 넓적한 덧신

우리나라의 연평균 강수량과 지역의 월별 강수량

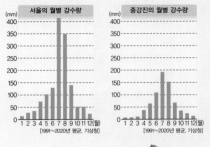

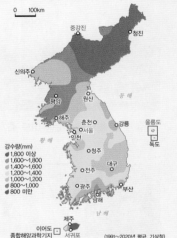

▲ 연평균 강수량

② 기온: 우리나라는 계절과 지역에 따라 기온 차이가 나타납니다.

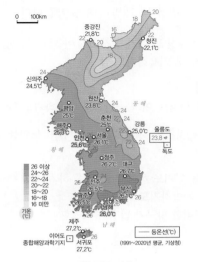

▲ 8월 평균 기온

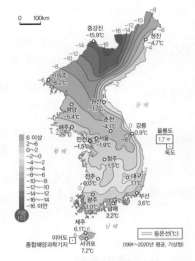

▲ 1월 평균 기온

남쪽과 북쪽의 기온 차이	• 남북으로 긴 우리 국토는 기온의 동서차보다 남북차가 큼. • 대체로 남쪽 지역에서 북쪽 지역으로 갈수록 기온이 낮아짐.
해안과 내륙의 기온 차이	비슷한 위도일 경우 바다의 영향을 받는 해안 지역이 내륙 지역보다 여름에 더 시원하고 겨울에 더 따뜻함.
동해안(동쪽)과 서해안(서쪽)의 기온 차이	차가운 북서풍을 막아 주는 태백산맥과 수온이 높고 수심이 깊은 동해의 영향으로 비슷한 위도일 때 동해안이 서해안보다 겨울에 기온이 더 높게 나타남.

③ 강수량: 우리나라는 계절과 지역에 따라 강수량의 차이가 큽니다.

계절에 따른 강수량의 차이	• 연평균 강수량의 절반 이상이 여름에 내림. • 제주도를 포함한 호남 지방 일부, 울릉도, 영동 지방 등은 눈이 많이 내리기 때문에 겨울에도 강수량이 많은 편임.
지역에 따른 강수량의 차이	• 북쪽 지역에서 남쪽 지역으로 갈수록 강수량이 많은 편임. • 제주도, 남해안, 한강 상류 등은 강수량이 많고, 낙동강 중류와 상류는 강수량이 적음.

낱말사전

내륙 바다에서 멀리 떨어져 있는 육지
수온 물의 온도

개념 확인문제　　　　정답과 해설 34쪽

5 비슷한 위도일 경우 동해안이 서해안보다 겨울에 더 (따뜻합니다 , 춥습니다).

6 우리나라는 대체로 남쪽 지역에서 북쪽 지역으로 갈수록 기온은 (높아지고 , 낮아지고), 강수량은 (많아집니다 , 적어집니다).

7 우리나라는 장마, 태풍 등의 영향으로 연평균 강수량의 절반 이상이 (여름 , 겨울)에 내립니다.

3. 우리나라의 자연재해

(1) 계절별로 주로 발생하는 자연재해

① 봄: 황사, 가뭄　　　　　　　　② 여름: 폭염, 호우, 홍수

③ 여름과 가을: 태풍　　　　　　　④ 겨울: 한파, 폭설

(2) 자연재해의 종류와 피해를 줄이기 위한 노력

종류	의미	피해를 줄이기 위한 노력
황사	중국이나 몽골의 사막에서 발생한 미세한 모래 먼지가 우리나라로 날아와 가라앉는 현상	중국과 몽골의 사막 지역에 나무 심기, 문과 창문 닫기, 외출 줄이기, 마스크 착용하기, 손발 잘 씻기 등
가뭄	오랫동안 비가 내리지 않거나 적게 오는 기간이 지속되는 현상	저수지와 댐 건설하기, 물 아껴서 사용하기 등
폭염	하루 최고 기온이 33℃ 이상으로 올라가는 매우 심한 더위	그늘막 설치하기, 물 자주 마시기, 야외 활동 자제하기 등
호우와 홍수	호우: 비가 많이 내리는 것 홍수: 비가 많이 내려 도로나 건물 등이 물에 잠기는 것	배수로 정비하기, 댐이나 제방 건설하기, 높은 곳으로 대피하기 등
태풍	매우 강한 바람과 많은 비를 몰고 오는 자연 현상	시설물 점검하기, 문과 창문 닫기, 외출 줄이기 등
한파	겨울에 기온이 갑자기 내려가면서 발생하는 매서운 추위	난방 기구 점검하기, 시설물의 동파 방지를 위해 보온 조치하기, 장갑, 목도리 착용하기 등
폭설	짧은 시간 안에 한꺼번에 많은 양의 눈이 내리는 현상	제설 장비 점검하기, 눈이 쌓인 지붕이나 고드름이 있는 곳에 접근하지 않기 등
지진	지구 내부의 힘을 받아 땅이 흔들리고 갈라지는 현상으로, 짧은 시간 동안 넓은 지역에 걸쳐 발생함.	지진 안전 교육하기, 건물 밖으로 나가서 넓은 곳으로 대피하기 등

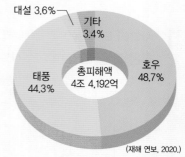

✎ 우리나라의 자연재해 피해

대설 3.6%

기타 3.4%

태풍 44.3%

총피해액 4조 4,192억

호우 48.7%

(재해 연보, 2020.)

▲ 원인별 자연재해 피해액 비중 (2011~2020년)

호우, 태풍, 대설 등이 우리나라에 피해를 많이 주는 자연재해입니다.

✎ 자연재해 발생 시 피해를 줄이기 위한 국가의 노력

국가는 자연재해에 대한 정확한 정보를 빠르게 알려 주는 긴급 재난 문자, 기상청 누리집, 기상 특보 방송, 국민 재난 안전 포털, 안전 디딤돌 애플리케이션 등을 국민들이 이용할 수 있도록 하여, 자연재해의 피해를 줄일 수 있도록 합니다.

✎ 자연재해 발생 시 피해를 줄이기 위한 개인의 노력

○ 비상 용품을 미리 준비하여 비상시 빠르게 대피할 수 있도록 합니다.

○ 내가 있는 지역의 기상 특보를 계속 확인합니다.

○ 자연재해 발생 시 대피할 장소를 미리 확인합니다.

8 우리나라에서 발생하는 자연재해와 관련되는 설명을 바르게 연결하시오.

(1) 가뭄 •

(2) 홍수 •

(3) 지진 •

• ㉠ 각종 용수 부족 문제가 나타나므로 댐을 건설함.

• ㉡ 지구 내부의 힘을 받아 땅이 흔들리고 갈라지는 현상

• ㉢ 배수로를 정비하고, 고립될 상황이면 높은 곳으로 대피함.

낱말사전

자연재해 홍수, 가뭄, 태풍, 지진, 폭설 등 피할 수 없는 자연 현상으로 일어나는 피해

배수로 물이 빠져나갈 수 있도록 만든 길

01 사다리 타기 놀이를 통해 각 지형에 해당하는 설명을 찾은 것 중 알맞은 것은 어느 것입니까? (　　)

| ① 해안 | ② 하천 | ③ 평야 | ④ 섬 | ⑤ 산지 |

| 물로 둘러싸인 땅 | 바다와 육지가 만나는 곳 | 평탄하고 넓은 땅 | 높이 솟은 산들이 모여 이룬 지형 | 빗물이 낮은 곳으로 흘러가면서 만든 크고 작은 물줄기 |

☆☆
02 우리나라의 지형에 대한 설명으로 알맞은 것을 **두 가지** 고르시오. (　　,　　)

① 우리 국토는 산지보다 평야가 많은 편이다.
② 넓은 평야는 하천 상류인 동쪽에 발달해 있다.
③ 대부분의 큰 하천은 서쪽에서 동쪽으로 흐른다.
④ 대체로 북쪽과 동쪽에 높은 산지가 많은 편이다.
⑤ 삼면이 바다와 맞닿아 있어 서해안, 남해안, 동해안이 있다.

03 다음 일기 속 가족이 여행간 장소로 알맞은 것은 어느 것입니까? (　　)

20○○년 ◇월 △일, 맑음
여름 방학을 맞아 우리 가족은 갯벌이 있는 바닷가로 여행을 갔다. 나는 바닷물이 빠져 나가면서 드러난 아주 부드러운 진흙 위에서 조개, 게 등을 잡았다. 오후에는 염전 체험장에 갔는데 눈처럼 쌓인 소금을 보니 무척 신기했다. 장화를 신고 소금을 가운데로 모으는 작업도 하고, 소금을 나르는 작업도 해 보았다. 너무 재미있는 체험의 시간이었다.

① 서해안　　② 동해안　　③ 이어도
④ 울릉도　　⑤ 거제도

04 하천 지형을 이용하는 사람들의 생활 모습으로 알맞은 것을 보기 에서 골라 기호를 쓰시오.

보기
ⓒ ▲ 산림욕
ⓛ ▲ 스키
ⓒ ▲ 래프팅
ⓡ ▲ 해수욕

(　　　　　　　　)

[05~06] 다음 사진을 보고, 물음에 답하시오.

▲ 대관령 눈꽃 축제

05 위 축제가 열리는 계절을 쓰시오.

(　　　　　　　　)

06 위 축제가 열릴 때 우리나라로 불어오는 바람에 대한 설명으로 옳은 것을 보기 에서 **두 가지** 골라 기호를 쓰시오.

보기
㉠ 차고 건조한 바람이 불어온다.
㉡ 뜨겁고 습한 바람이 불어온다.
㉢ 주로 남쪽의 바다에서 바람이 불어온다.
㉣ 주로 북서쪽의 대륙에서 바람이 불어온다.

(　　　　　　　　)

07 다음 글은 「아름다운 강산」이라는 노래 가사의 일부입니다. 이 노래 가사에서 알 수 있는 우리나라 자연환경의 특징으로 알맞은 것은 어느 것입니까? (   )

> ♪♪ 봄, 여름이 지나면 가을, 겨울이 온다네.
> 아름다운 강산 ♪♪

① 우리나라는 고위도에 위치한다.
② 우리나라는 사계절이 나타난다.
③ 주로 동쪽에 산지 지형이 많이 나타난다.
④ 우리나라는 여러 가지 땅의 생김새가 나타난다.
⑤ 우리나라는 계절에 따라 기온 차이가 작은 편이다.

[08~09] 다음 지도를 보고, 물음에 답하시오.

08 위 지도의 ㉠~㉣ 중에서 기온이 가장 높은 곳의 기호를 쓰시오.

(   )

09 위 지도가 나타내는 계절과 관련 있는 모습을 두 가지 고르시오. (,   )

① 단풍놀이를 간다.
② 에어컨과 선풍기를 자주 사용한다.
③ 심한 무더위를 피해 물놀이를 간다.
④ 외출할 때 장갑과 목도리를 착용한다.
⑤ 집을 따뜻하게 해 주는 보일러를 사용한다.

☆☆
10 다음 선생님의 질문에 대해 바르게 발표한 어린이를 보기 에서 골라 이름을 쓰시오.

선생님

> 우리나라는 계절과 지역에 따라 강수량의 차이가 큰데요, 이에 대해 발표해 볼까요?

보기
혜리: 제주도, 남해안 등은 강수량이 적어요.
영우: 울릉도는 겨울 강수량이 많은 편이에요.
준호: 낙동강 중류와 상류는 강수량이 많아요.
선영: 태풍의 영향으로 여름에 강수량이 적어요.

(   )

[11~12] 다음 신문 기사를 보고, 물음에 답하시오.

> 지난 1일에는 1904년 기상 관측이 시작된 이래 역대 최고 기온을 기록했다. 서울이 39.6℃, 강원도 홍천이 41℃였으며, 1942년 이후 76년 만에 40℃를 넘는 지역도 많았다. 때문에 열사병으로 인한 사망자도 많아지고, 가축과 양식장의 어패류가 떼죽음을 당하기도 했다.
> - 2018년 8월 2일, ○○ 신문 -

11 위 신문 기사의 제목으로 알맞은 것은 어느 것입니까? (   )

① 강원 지역 폭설 피해 속출
② 지진 안전 지대란 존재할까?
③ 물 부족으로 가축과 어패류 떼죽음
④ 황사의 계절, 눈 건강에 더 신경 써
⑤ 사상 최악의 폭염으로 전국이 찜질방!

12 위 신문 기사에 나타난 자연재해의 피해를 줄이기 위한 실천 모습을 보기 에서 두 가지 골라 기호를 쓰시오.

보기
㉠ 물 자주 마시기   ㉡ 배수로 정비하기
㉢ 그늘막 설치하기   ㉣ 중국 사막에 나무 심기

(   )

교과서 개념 익히기

③ 우리 국토의 인문환경

1. 우리나라의 인구 분포와 인구 구조의 변화

(1) 시기별 인구 분포의 특징

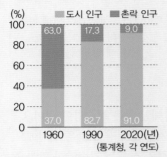

✏️ 도시 인구와 촌락 인구의 변화

1960년에는 우리나라 인구 10명 중 4명 정도가 도시에 살았지만, 이후 도시에 사는 인구가 늘어나 오늘날에는 10명 중 9명 정도가 도시에 살고 있습니다.

✏️ 우리나라 인구 분포의 특징

○ 우리나라에서 인구가 가장 밀집한 지역은 서울을 중심으로 인천과 경기를 포함한 수도권으로 이 지역에 우리나라 전체 인구의 약 절반 이상이 모여 살고 있습니다.
○ 수도권과 부산·대구·광주·대전·울산광역시에 우리나라 전체 인구의 약 70%가 집중되어 있습니다.

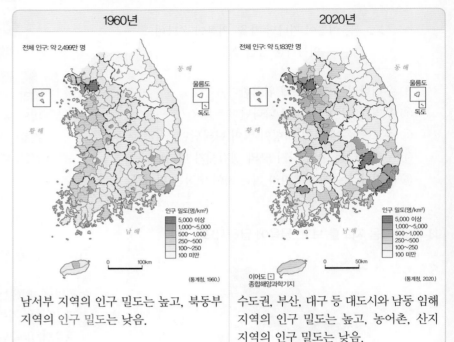

1960년	2020년
남서부 지역의 인구 밀도는 높고, 북동부 지역의 인구 밀도는 낮음.	수도권, 부산, 대구 등 대도시와 남동 임해 지역의 인구 밀도는 높고, 농어촌, 산지 지역의 인구 밀도는 낮음.
까닭 ⬇	까닭 ⬇
1960년대 이전까지는 벼농사를 중심으로 하는 농업 사회였기 때문에 농사지을 땅이 넓은 남서쪽 평야 지역에 사람들이 많이 모여 살았음.	도시를 중심으로 산업이 발달하면서 촌락 지역의 사람들이 일자리를 찾아 도시로 많이 이동하여 도시에 사람들이 많이 모여 살게 되었음.

(2) 인구 분포가 지역적으로 고르지 않을 때 발생하는 문제

인구가 증가한 지역의 문제	주택 부족, 교통 혼잡, 환경 오염 등
인구가 감소한 지역의 문제	일손 부족, 교육 및 의료 시설 부족 등

😀 낱말사전

인구 분포 사람들이 어디에 얼마나 모여 살거나 흩어져 있는가를 나타낸 것

인구 밀도 일정한 넓이(1km²) 안에 살고 있는 인구수

개념 확인문제

정답과 해설 34쪽

1 우리나라의 인구 분포 변화에 대한 설명으로 옳은 것에 ○표, 옳지 않은 것에 ✕표 하시오.

(1) 오늘날 우리나라 인구의 절반 이상은 수도권에 살고 있습니다. (　　)

(2) 1960년대 이전에는 산업이 발달하여 대도시, 남동 해안 지역에 인구가 많았습니다. (　　)

2 인구가 증가한 지역에서는 (일손 부족 , 주택 부족) 문제가 발생합니다.

(3) 인구 구조의 변화: 저출산, 고령화 현상이 나타나고 있습니다.

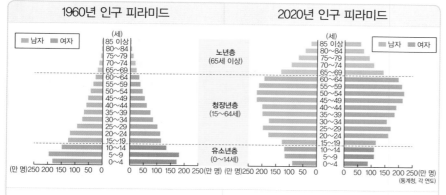

• 출산율이 높아서 유소년층의 인구 비율이 높음. • 사망률이 높아서 노년층의 인구 비율이 낮음.	• 출산율이 낮아져 유소년층의 인구 비율이 낮아짐. • 의학 기술의 발달로 평균 수명이 늘어나 노년층의 인구 비율이 높아짐.

2. 우리나라의 도시 발달 과정에서 나타난 특징

(1) 도시 발달 과정에서 나타난 특징: 1960년대 이후 산업이 발달하면서 일자리를 찾아 촌락의 사람들이 도시로 많이 이동하여 도시의 인구수와 도시의 수가 늘어났습니다.

1960년대	일자리를 찾아 촌락의 인구가 서울, 부산, 대구, 인천 등으로 이동하여 대도시가 빠르게 성장함.
1970년대	대도시의 지속적인 성장과 함께 남동쪽 해안에 위치한 포항, 울산, 창원 등이 공업 도시로 성장하여 인구가 많이 증가함.
1980년대	• 대도시로 인구가 집중되면서 여러 가지 도시 문제가 발생함. • 대도시(예 서울) 주변 지역에 대도시의 인구와 기능을 분담하는 신도시(예 경기도 고양시 일산, 경기도 성남시 분당 등)를 건설함. • 안산시, 시흥시 등의 지역으로 산업 단지를 분산함.
2000년대 이후	국토의 균형 발전을 위해 수도권에 있던 많은 행정 기관을 지방(세종특별자치시)으로 옮겨 그 주변이 발전하도록 함.

3 우리나라의 도시 발달 시기와 각 특징을 바르게 연결하시오.

(1) 1970년대 •

(2) 1980년대 •

(3) 2000년대 이후 •

• ㉠ 대도시의 인구와 기능을 분담하는 신도시를 건설함.

• ㉡ 국토의 균형 발전을 위해 행정 기관을 지방으로 이전함.

• ㉢ 포항, 울산, 창원 등이 공업 도시로 성장함.

✏ 인구 피라미드

- 한 나라 또는 일정한 지역의 남녀별, 나이별 인구수(또는 인구 비율)를 피라미드 모양으로 나타낸 그래프입니다.
- 인구 구조의 특징과 변화를 알 수 있습니다.

✏ 우리나라의 연령별 인구 구성 비율의 변화

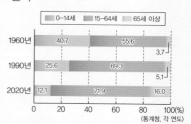

우리나라는 2018년에 65세 이상의 노인 인구가 전체 인구의 14%를 넘어서 고령 사회로 들어섰습니다.

✏ 서울의 인구 집중과 신도시 건설

서울의 면적은 우리나라 전체 면적의 약 0.6% 정도이지만, 서울에는 우리나라 전체 인구의 약 18%인 950만 명(2022년 기준) 정도가 살고 있습니다. 서울에 상대적으로 많은 인구가 모여 있기 때문에 발생하는 문제를 해결하기 위해 인구와 기능을 분담하는 신도시를 서울 주변에 건설하였습니다.

낱말사전 😀

고령 사회 65세 이상 인구가 전체 인구의 7%를 넘으면 고령화 사회, 14%를 넘으면 고령 사회, 20%를 넘으면 초고령 사회로 구분함.

신도시 대도시의 기능을 분담하기 위해 계획적으로 만든 새로운 도시

✏️ 우리나라의 도시 수와 도시 인구 변화 지도 읽기

- 원의 개수와 크기로 도시 수와 도시 인구를 나타낸 지도입니다.
- 원의 위치는 도시의 위치를 나타냅니다.
- 원의 크기는 도시의 인구를 나타냅니다. ➡ 원의 크기가 클수록 인구가 많은 도시입니다.

(2) 도시 수와 도시 인구의 변화

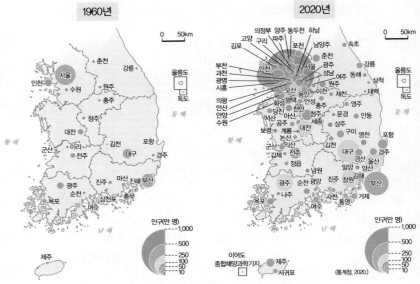

▲ 우리나라의 도시 수와 도시 인구 변화

① 1960년에 비해 2020년에는 도시 수와 도시 인구가 크게 늘었습니다.
② 수도권과 남동 해안 지역의 도시 수와 도시 인구가 크게 늘었습니다.
③ 수도권에는 우리나라 전체 인구의 절반 이상이 살고 있습니다.

3. 우리나라의 산업 구조 변화 과정과 특징

(1) 산업 구조의 변화 과정

① 산업은 사람들이 살아가는 데 필요한 물품이나 서비스를 만들어 내는 모든 생산 활동을 말합니다.
② 우리나라에서 발달한 산업은 시대와 역사에 따라 다릅니다.

1960년대 이전	농업, 어업, 임업이 주로 발달함. → 각 산업의 생산 활동에 적합한 자연환경을 갖춘 곳에 발달함.
1960년대 이후	• 공업이 발달하기 시작함. • 서울, 부산, 대구 등의 대도시를 중심으로 옷, 신발 등과 같이 가벼운 물건을 만드는 공업(경공업)이 발달함.

✏️ 산업별 종사자 수 비율 변화

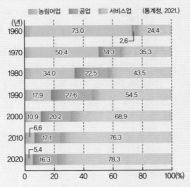

1960년대 이후 우리나라의 산업 구조는 농림어업 중심에서 공업과 서비스업 중심으로 변화하였습니다.

🐧 낱말사전

산업 구조 한 국가의 전체 산업에서 각 산업이 차지하는 비율
종사자 일정한 직업이나 어떤 일을 일삼아서 하는 사람

개념 확인문제   정답과 해설 34쪽

4 1960년에 비해 2020년에 우리나라 도시의 수가 크게 (줄었습니다 , 늘었습니다).

5 1960년대 이후 우리나라의 산업 구조는 농림어업 중심에서 (   )와/과 (   ) 중심으로 변화하였습니다.

1970~1980년대	• 원료를 수입하고 제조하여 완성된 제품을 수출하기에 편리한 남동 해안 지역(남동 임해 공업 지역)의 항구를 중심으로 철강, 자동차, 배 등과 같이 비교적 무거운 물건을 만드는 공업(중화학 공업)이 발달함. • 각 공업의 특징에 따라 입지 조건이 맞는 지역에 공업 지역이 형성되고, 서비스업이 발달함.
1990년대	과학과 기술의 발달로 컴퓨터, 정보 통신, 반도체 산업 등이 발달함.
2000년대 이후	• 생활 수준이 높아지면서 서비스업이 크게 발달함. • 현재 우리나라 산업의 많은 부분을 서비스업이 차지하고 있음.
오늘날	인공 지능 산업, 정보 기술 및 온라인 관련 산업, 생명 기술 및 의료 산업, 우주 산업 등 높은 수준의 기술이 필요한 다양한 첨단 산업이 성장하고 있음.

(2) **지역별로 발달한 산업**: 자연환경과 인문환경의 차이에 따라 지역별로 각기 다른 산업이 발달했습니다.

서울
소비 시장이 넓어 서비스업, 운송업 등 다양한 산업이 발달했음.

대전
연구소와 대학교가 협력해 첨단 산업이 성장했음.

광주
자동차 산업이 발달했으며 이와 관련된 여러 가지 시설을 볼 수 있음.

동해
시멘트의 주원료인 석회석이 풍부해 시멘트 산업이 발달했음.

대구
풍부한 노동력을 바탕으로 섬유와 패션 산업이 성장했음.

부산
원료를 수입하고 제품을 수출하기 좋은 해안가에 위치해 물류 산업이 발달했음.

제주
독특하고 아름다운 자연환경 덕분에 관광 산업이 발달했음.

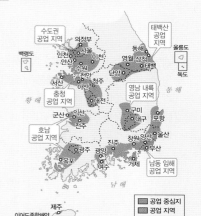

✎ 우리나라의 주요 공업 지역

- 수도권 공업 지역: 편리한 교통, 넓은 소비 시장, 풍부한 노동력 등을 바탕으로 다양한 산업이 발달한 우리나라 최대의 공업 지역입니다.
- 남동 임해 공업 지역: 원료 수입과 제품 수출에 유리한 항구를 중심으로 발달한 우리나라 최대의 중화학 공업 지역입니다.
- 호남 공업 지역: 노동력이 풍부해 자동차 산업이 발달한 공업 지역입니다.
- 태백산 공업 지역: 석회석이 많아 시멘트 산업이 발달한 공업 지역입니다.
- 영남 내륙 공업 지역: 풍부한 노동력을 바탕으로 섬유 공업이 발달하였으며, 최근 첨단 산업이 발달하고 있습니다.
- 충청 공업 지역: 수도권과 가까워 첨단 산업, 중화학 공업 등이 발달한 공업 지역입니다.

6 (수도권 , 호남) 공업 지역은 편리한 교통, 풍부한 노동력 등을 바탕으로 발달한 우리나라 최대의 공업 지역입니다.

7 다음 공업 지역에 발달한 산업을 바르게 연결하시오.

(1) 호남 공업 지역 •

(2) 태백산 공업 지역 •

• ㉠ 시멘트 산업

• ㉡ 자동차 산업

낱말사전 😊

입지 조건 사람들이 경제활동을 하기 위하여 어떤 장소에 들어서는 것에 영향을 미치는 요소

인공 지능 인간의 생각이나 학습 능력을 컴퓨터 프로그램으로 실현한 기술

노동력 물건을 만드는 데에 필요한 사람의 정신적 · 육체적인 모든 능력

✎ 고속 철도의 개통

고속 철도는 전용 노선을 이용하여 시속 200㎞ 이상의 속도로 갈 수 있게 개발된 철도로, 우리나라는 2004년 4월에 고속 철도를 처음 개통하였습니다. KTX(2004년 4월 개통)와 SRT(2016년 12월 개통)는 우리나라에서 운행 중인 초고속 열차입니다.

▲ 부산에서 서울까지 가는 데 걸리는 시간

4. 우리나라의 교통 발달 모습

(1) 1970년과 2020년의 우리나라 교통도 비교

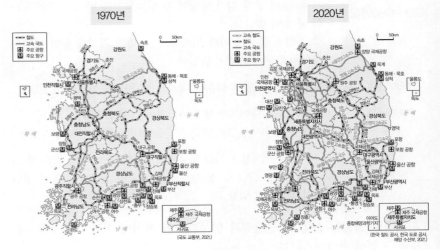

▲ 우리나라의 교통도 변화

① 항구나 공항의 수가 늘어났습니다.
② 과거에 비해 오늘날에는 도로, 철도, 고속 국도 등 여러 교통 시설이 늘어났습니다.
③ 고속 철도가 건설되어 더욱 빠르게 지역을 이동할 수 있게 되었습니다.

(2) 교통의 발달

경부 고속 국도 완공(1970년)	전 국토가 1일 생활권으로 연결되었음.
고속 철도 개통(2004년)	반나절 생활권이 가능해졌음.
항구의 수 증가	산업에 필요한 원료의 공급이 원활해졌음.
공항의 수 증가	지역 간 교류가 더욱 활발해졌음.

➡ 교통의 발달로 사람과 물자의 이동이 더욱 활발해졌고 지역 간의 이동 시간이 줄면서 지역 간의 거리는 점점 가깝게 느껴지고 있습니다.

😀 낱말사전

경부 고속 국도 서울[경: 亰]과 부산[부: 釜]을 잇는 총길이가 약 416㎞의 우리나라에서 가장 긴 고속 국도
생활권 사람들이 일상생활(통근, 통학 등)에서 활동하는 범위

개념 확인문제   정답과 해설 34쪽

8 1970년에 경부 고속 국도가 완공되면서 전 국토가 1일 (　　　　　)(으)로 연결되었습니다.

9 2004년 (　　　　　)이/가 개통되면서 반나절 생활권이 가능해졌습니다.

10 교통의 발달로 사람과 물자의 이동이 활발해지고, 지역 간의 이동 시간이 (줄었습니다 , 늘었습니다).

5. 인문환경의 변화에 따라 달라진 국토의 모습

(1) 인구와 도시, 산업, 교통의 발달 관계

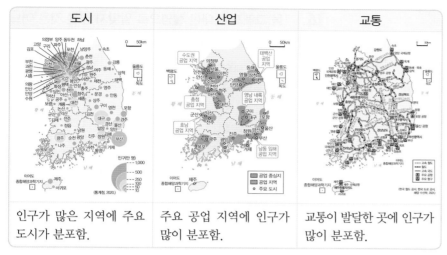

도시	산업	교통
인구가 많은 지역에 주요 도시가 분포함.	주요 공업 지역에 인구가 많이 분포함.	교통이 발달한 곳에 인구가 많이 분포함.

(2) 인구, 도시, 산업, 교통의 발달에 따라 달라진 국토의 모습

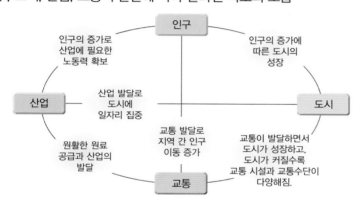

인구 → 인구의 증가에 따른 도시의 성장 → 도시
인구의 증가로 산업에 필요한 노동력 확보
산업 발달로 도시에 일자리 집중
산업 → 원활한 원료 공급과 산업의 발달 → 교통
교통 발달로 지역 간 인구 이동 증가
교통이 발달하면서 도시가 성장하고, 도시가 커질수록 교통 시설과 교통수단이 다양해짐.

① 인구, 도시, 산업, 교통은 서로 연결되어 있어 영향을 주고받으면서 계속 변화하고 성장합니다.

② 지역이 발달하는 과정에서 주변의 자연환경뿐만 아니라 인구, 도시, 산업, 교통 등의 인문환경도 변화합니다.

---

11 인구와 도시, 산업, 교통의 발달 관계에 대한 설명으로 옳은 것에 ○표, 옳지 않은 것에 ×표 하시오.

(1) 인구가 많은 곳에 주요 도시가 분포합니다. (　　)

(2) 교통이 발달한 곳에 사람들이 많이 모여 삽니다. (　　)

(3) 산업이 발달한 곳은 인구 밀도가 매우 낮습니다. (　　)

12 (　　　　), (　　　　), 산업, 교통 등의 인문환경은 서로 영향을 주고받으면서 변화하고 성장합니다.

우리나라의 인구 분포

산업의 변화로 달라진 국토의 모습

▲ 1938년 인천

↓

▲ 오늘날 인천

인천은 염전이었던 곳을 메워 인천 남동국가산업단지를 조성했습니다.

낱말사전

인문환경 인구, 도시, 산업, 교통 등 사람에 의해 만들어진 것

실전 문제

[01~02] 다음 그림을 보고, 물음에 답하시오.

(가)   (나)

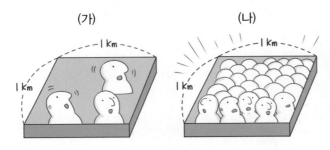

01 위 (가), (나) 그림과 같이 일정한 넓이(1km×1km= 1km²) 안에 살고 있는 사람의 수를 무엇이라고 하는지 쓰시오.

(   )

02 위 (가), (나) 그림에 해당하는 우리나라의 지역을 바르게 연결한 것은 어느 것입니까? (   )

	(가)	(나)		(가)	(나)
①	대도시	산지	②	수도권	농어촌
③	농어촌	대도시	④	공업 도시	산지
⑤	공업 도시	수도권			

03 다음 그래프에 나타난 우리나라의 인구 문제와 관련된 설명으로 알맞은 것을 두 가지 고르시오.

(,   )

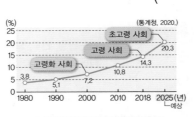

▲ 65세 이상 인구 비율의 변화

① 고령화 현상이 빠르게 진행되고 있다.
② 65세 이상의 인구 비율이 늘어나고 있다.
③ 아이를 많이 낳아 출산율이 증가하고 있다.
④ 2018년 우리나라는 초고령 사회에 해당한다.
⑤ 의학 기술이 발달해 평균 수명이 줄어들고 있다.

04 다음 그래프에 대한 설명으로 알맞지 않은 것은 어느 것입니까? (   )

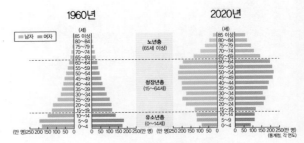

▲ 우리나라의 시기별 인구 피라미드

① 2020년에는 노년층의 인구수가 늘어났다.
② 2020년에는 청장년층의 인구수가 늘어났다.
③ 2020년에는 유소년층의 인구수가 늘어났다.
④ 2020년에 비해 1960년에는 노년층의 인구수가 적었다.
⑤ 2020년에 비해 1960년에는 유소년층의 인구수가 많았다.

[05~06] 다음 그래프를 보고, 물음에 답하시오.

05 위 그래프에 대해 바르게 말한 어린이의 이름을 쓰시오.

> **보기**
>
> 은희: 좁은 서울에 많은 인구가 모여 살고 있어.
> 인경: 서울의 면적에 비해 우리나라의 전체 면적은 좁아.
> 상민: 우리나라 전체 인구에서 서울 인구가 차지하는 비율이 매우 낮아.

(   )

06 위 그래프에 나타난 서울의 인구 문제 및 기능을 분담하기 위해 만든 도시를 무엇이라고 하는지 쓰시오.

(   )

07 다음 지도를 보고 우리나라에서 인구가 가장 많은 도시는 어느 것입니까? ( )

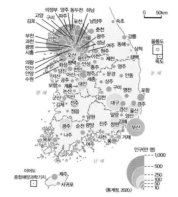

▲ 우리나라의 도시 수와 도시 인구수(2020년)

① 인천광역시　　　② 대구광역시
③ 부산광역시　　　④ 서울특별시
⑤ 울산광역시

08 다음 검색창의 ㉠에 들어갈 도시를 쓰시오.

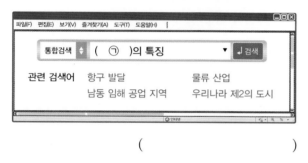

| 통합검색 | (㉠)의 특징 | 검색 |

관련 검색어　항구 발달　　　　물류 산업
　　　　　　남동 임해 공업 지역　우리나라 제2의 도시

( )

09 다음 내용에서 알 수 있는 오늘날 우리나라 산업의 특징으로 알맞은 것은 어느 것입니까? ( )

- 반도체: 전 세계로 수출되는 우리나라의 대표적인 수출품
- 누리호(2차): 2022년 6월 21일 발사에 성공한 한국형 발사체

① 공업의 비중이 점차 높아지고 있다.
② 다양한 첨단 산업이 성장하고 있다.
③ 일자리가 늘어나 인구가 증가하고 있다.
④ 서비스업의 비중이 점차 증가하고 있다.
⑤ 가벼운 물건을 만드는 공업이 발달하고 있다.

10 다음 메일의 내용에 해당하는 공업 지역으로 알맞은 것은 어느 것입니까? ( )

영주에게

　영주야, 삼촌은 바다가 보이는 지역에서 일하고 있단다. 이곳에는 석회석이 많이 있어. 그래서 석회석을 원료로 하는 시멘트를 만드는 산업이 발달해 있지. 건물을 지을 때 시멘트가 꼭 필요한 거 알지? 석회석은 무겁기 때문에 운반하기가 어려워. 그래서 이곳에서 바로 시멘트를 만든단다. 시멘트는 석회석보다 가벼워서 다른 곳으로 옮기기가 더 편하기 때문이야. 그럼 다음에 또 연락할게. 안녕.

20○○년 □월 △일
삼촌이

① 호남 공업 지역
② 충청 공업 지역
③ 태백산 공업 지역
④ 수도권 공업 지역
⑤ 영남 내륙 공업 지역

11 교통이 발달하면 나타날 수 있는 모습에 대한 설명으로 알맞지 않은 것은 어느 것입니까? ( )

① 지역 간의 거리가 가깝게 느껴진다.
② 교류가 활발해져서 생활권이 넓어진다.
③ 제품 생산에 필요한 원료를 빠르게 운반한다.
④ 지역과 지역 간에 이동하는 시간이 늘어난다.
⑤ 도로, 철도, 공항, 항구 등 다양한 교통 시설이 늘어난다.

☆☆
12 인구, 도시, 산업, 교통과의 관계에 대한 설명으로 알맞지 않은 것은 어느 것입니까? ( )

① 교통이 발달하면 산업이 발달한다.
② 교통이 발달하면 인구가 증가한다.
③ 인구가 증가하면 도시가 성장한다.
④ 산업이 발달하면 인구가 감소한다.
⑤ 산업이 발달하면 도시가 성장한다.

단원 정리

1 우리 국토의 위치와 영역

1 우리 국토의 위치

① 우리 국토의 위치

위도와 경도로 나타낸 위치	• (㉠　　　) 33°~43°, 동경 124°~132° 사이에 위치함. • 북반구의 중위도에 위치함.
방위로 나타낸 위치	아시아 대륙의 (㉡　　)쪽에 위치한 반도 국가임.
주변 나라들로 나타낸 위치	북쪽에는 중국과 러시아, 동쪽에는 일본이 위치함.

② 우리 국토의 위치적 장점

대륙과 연결되어 있음.	도로나 철도를 이용해 대륙으로 나아가기 유리함.
삼면이 바다와 맞닿아 있음.	해양으로 나아가기 좋은 위치에 있음.

➡ 우리나라는 이러한 위치적 장점을 이용해 세계 여러 나라와 교류하고 있음.

2 우리나라의 영역

① 영역의 뜻과 요소

• 영역의 뜻: 한 나라의 주권이 미치는 범위입니다.
• 영역의 요소: 영토(땅에서의 영역), 영해(바다에서의 영역), 영공(하늘에서의 영역)

② 우리나라의 영역

영토	• 한반도와 한반도에 속한 여러 섬을 포함함. • 우리나라의 영토 끝 　– 동쪽 끝: 경상북도 울릉군 독도 　– 서쪽 끝: 평안북도 용천군 마안도 　– 남쪽 끝: 제주특별자치도 서귀포시 마라도 　– 북쪽 끝: 함경북도 온성군 유원진
영해	• 우리 영토 주변의 바다 영역으로, 영해 설정 기준선으로부터 12해리(약 22km)까지임. • (㉢　　), 제주도, 울릉도, 독도는 썰물일 때의 해안선을 영해 설정 기준으로 함. • 서해안과 남해안은 섬이 많아서 가장 바깥에 위치한 섬들을 직선으로 연결한 선을 영해 설정 기준으로 함.
영공	우리나라의 영토와 영해 위에 있는 하늘의 범위

3 우리 국토의 구분

환경에 따른 지역 구분	3개의 지방으로 구분	• 북부 지방: 지금의 북한 지역을 말함. • (㉣　　): 휴전선 남쪽부터 소백산맥과 금강 하류까지임. • 남부 지방: 중부 지방의 남쪽 지역을 의미함.
	전통적인 지역 구분	8개 지역(관북 지방, 관서 지방, 관동 지방, 해서 지방, 경기 지방, 호서 지방, 호남 지방, 영남 지방)으로 구분함.
행정구역에 따른 지역 구분		특별시(1곳), 특별자치시(1곳), 광역시(6곳), 도(6곳), 특별자치도(3곳)로 구분함.

2 우리 국토의 자연환경

1 우리나라 지형의 특징

① 우리나라 지형의 특징

산지 지형	• 우리 국토의 약 70%가 산지로 이루어져 있음. • 대체로 북쪽과 동쪽에 높고 험한 산지가 많음.
하천과 평야 지형	• 대부분의 하천은 동쪽에서 서쪽으로 흐름. • 평야는 하천 하류인 서쪽과 남쪽에 발달함.
해안 지형	동해안
	(㉤　　)
	남해안

동해안	• 해안선이 단조롭고 수심이 깊음. → 항구 발달 • 모래사장이 발달함. → 해수욕장 발달
(㉤　　)	• 해안선이 복잡하고 섬이 많음. • 갯벌이 발달함. → 해산물, 소금 채취
남해안	• 해안선이 복잡하고 섬이 많아 '다도해'라고 불림. • 수온이 높고 파도가 잔잔함. → 양식업 발달

② 지형을 이용한 생활 모습

산지	휴양림, 스키장, 고랭지 채소 재배 등
하천	래프팅, 다목적 댐 건설 등
평야	농사, 대도시 발달 등
해안	해산물, 소금 채취, 해수욕장 등

② 우리나라 기후의 특징

바람	• 여름: 남쪽 바다에서 덥고 습한 바람이 불어옴. → 기온이 높아 덥고, 비가 많이 옴. • (ⓑ): 북서쪽 대륙에서 차고 건조한 바람이 불어옴. → 기온이 낮아 춥고, 눈이 내림.
기온	• 계절 간 기온 차: 여름에는 기온이 높고, 겨울에는 낮음. • 지역 간 기온 차: 대체로 북쪽에서 남쪽으로 갈수록 기온이 높음, 비슷한 위도일 경우 해안이 내륙보다 여름에 시원하고 겨울에 따뜻하며, 동해안이 서해안보다 겨울에 따뜻함.
강수량	• 계절 간 강수량 차: 연평균 강수량의 절반 이상이 (ⓐ)에 내림. • 지역 간 강수량 차: 대체로 북쪽에서 남쪽으로 갈수록 강수량이 많은 편임.

③ 우리나라의 자연재해

종류	황사, 가뭄, 폭염, 호우와 홍수, 태풍, 한파, 폭설, 지진 등
피해를 줄이기 위한 노력	긴급 재난 문자, 기상청 누리집, 기상 특보 방송, 국민 재난 안전 포털, 안전 디딤돌 애플리케이션 등을 이용하여 피해를 줄임.

③ 우리 국토의 인문환경

① 우리나라의 인구 분포와 인구 구조의 변화

① 우리나라의 인구 분포 변화

인구가 증가한 도시 지역	서울을 중심으로 한 수도권, 대도시, 남동 임해 공업 지역 등 ➡ 주택 부족, 환경 오염, 교통 체증 등의 문제 발생
인구가 감소한 촌락 지역	노년층의 인구 비율이 높음. ➡ 일손 부족, 교육 및 의료 시설 부족 등의 문제 발생

② 우리나라의 인구 구조 변화

1960년대	오늘날에 비해 유소년층의 인구 비율이 높고, 노년층의 인구 비율이 낮았음.
오늘날	유소년층의 인구 비율이 낮아지고, 노년층의 인구 비율이 높아졌음. ➡ (◎)·고령화 현상이 빠르게 진행되고 있음.

② 우리나라의 도시 발달 과정

1960년대	서울, 부산, 대구 등의 대도시 성장
1970년대	포항, 울산 등 남동 임해 공업 지역 성장
1980년대	대도시의 인구와 기능을 분담하기 위해 계획적으로 (ㅈ) 건설
2000년대	행정 기관의 지방(세종특별자치시) 이전

③ 우리나라의 산업 발달

① 우리나라의 산업 구조 변화 과정

1960년대	대도시를 중심으로 경공업 발달
1970~1980년대	(ㅊ) 공업 지역을 중심으로 중화학 공업 발달
오늘날	서비스업, 첨단 산업 등 다양한 산업 발달

② 우리나라의 주요 공업 지역

수도권 공업 지역	편리한 교통, 넓은 소비 시장, 풍부한 노동력 등을 바탕으로 다양한 산업이 발달한 우리나라 최대의 공업 지역
남동 임해 공업 지역	원료 수입과 제품 수출에 유리한 항구를 중심으로 발달한 우리나라 최대의 중화학 공업 지역
호남 공업 지역	노동력이 풍부해 자동차 산업이 발달한 공업 지역
태백산 공업 지역	석회석이 많아 시멘트 산업이 발달한 공업 지역

④ 우리나라의 교통 발달

① 교통의 발달로 사람과 물자의 이동이 더욱 활발해졌습니다.
② 교통의 발달로 지역 간의 이동 시간이 줄면서 지역 간의 거리는 점점 가깝게 느껴지게 되었습니다.

⑤ 인구, 도시, 산업, 교통의 발달에 따라 달라진 국토의 모습

① 우리나라는 인구가 많은 지역을 중심으로 교통망이 발달했습니다.
② 교통망의 발달로 신속한 물자 이동이 가능해져 다양한 산업이 성장하면서 더욱 많은 도시가 생겨났습니다.
③ 도시의 성장으로 더 많은 인구가 일자리를 찾아 도시로 이동하면서 교통과 산업이 더욱 발달했습니다.

정답 ㉠ 북위 ㉡ 동 ㉢ 동해안 ㉣ 중부 지방 ㉤ 서해안 ㉥ 겨울 ㉦ 여름 ㉧ 저출산 ㉨ 신도시 ㉩ 남동 임해

01 우리나라의 위치에 해당하는 영역으로 알맞은 것을 ㉠~㉤에서 골라 기호를 쓰시오.

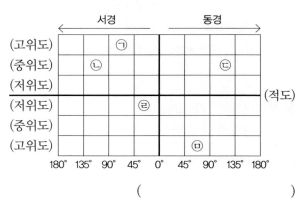

( )

02 다음 지도를 통해 알 수 있는 내용을 바르게 말한 어린이는 누구입니까? ( )

① 상민: 우리 국토는 고위도에 위치해.
② 혜주: 우리 국토의 동쪽에는 중국이 있어.
③ 재훈: 우리 국토는 삼면이 바다인 반도 국가야.
④ 서경: 우리 국토는 아시아 대륙의 서쪽에 있어.
⑤ 현진: 우리 국토는 바다로의 진출이 어려운 위치에 있어.

03 다음 그림의 (가)~(다) 영역과 관련된 설명으로 알맞은 것은 어느 것입니까? ( )

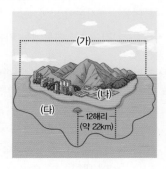

① (가)의 영역이 없는 나라도 있다.
② (다)는 영해와 함께 여러 섬도 포함한다.
③ (가)는 영해, (나)는 영토, (다)는 영공이다.
④ (나)는 나라마다 설정하는 기준선이 각각 다르다.
⑤ (가), (나), (다)에는 다른 나라가 함부로 들어올 수 없다.

04 다음 대화 내용 중 ㉠에 들어갈 사진을 골라 ○표 하시오.

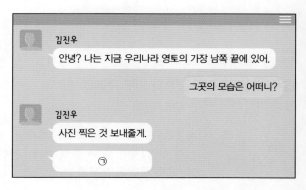

(1) ▲ 마라도

(2) ▲ 울릉도

( ) ( )

[05~06] 다음 지도를 보고, 물음에 답하시오.

05 위와 같이 우리 국토를 구분할 때 ⓒ에 알맞은 지역의 이름을 쓰시오.

(   )

06 위의 ㉠ 지방과 ⓛ 지방을 구분하는 기준으로 알맞은 것은 어느 것입니까? (   )

① 한강   ② 금강

③ 휴전선   ④ 멸악산맥

⑤ 소백산맥

07 다음 일기 예보에서 안내하는 ㉠ 지방에 해당하는 행정구역은 어디입니까? (   )

㉠호남 지방은 곳에 따라 비가 내리겠으며, 영남 지방은 구름이 많겠습니다.

① 서울   ② 세종   ③ 춘천

④ 광주   ⑤ 대구

[08~09] 다음 지형도를 보고, 물음에 답하시오.

육지 높이(m)
- 2,000 이상
- 1,500~2,000
- 1,000~1,500
- 500~1,000
- 200~500
- 100~200
- 0~100 미만

이어도종합해양과학기지   0   100 km

08 위 지형도를 보고, 우리나라 지형 모형을 만드는 활동에 대하여 의견을 발표하였습니다. 바르지 않은 내용을 발표한 모둠을 보기 에서 골라 쓰시오.

보기
- 1모둠: 모든 해안선은 곧게 그리자.
- 2모둠: 북쪽과 동쪽의 산맥을 조금 높게 나타내자.
- 3모둠: 대부분의 하천 물줄기를 동쪽에서 서쪽으로 흐르도록 그리자.

(   )

09 위의 ㉠-ⓛ 단면도를 바르게 나타낸 어린이를 보기 에서 골라 이름을 쓰시오.

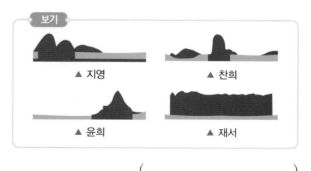

▲ 지영   ▲ 찬희

▲ 윤희   ▲ 재서

(   )

10 우리나라의 동해안과 관련 있는 내용으로 알맞은 것은 어느 것입니까? (   )

① 갯벌   ② 염전   ③ 다도해

④ 삼림욕장   ⑤ 해수욕장

11 우리나라의 겨울에 주로 불어오는 바람의 방향을 오른쪽 그림에서 골라 기호를 쓰시오.

(   )

12 우리나라는 동쪽 지역과 서쪽 지역 간의 기온 차이보다 남쪽 지역과 북쪽 지역 간의 기온 차이가 더 큽니다. 그 까닭으로 알맞은 것은 어느 것입니까? (   )

① 계절에 따라 기온 차이가 크기 때문에
② 우리 국토가 중위도에 위치하기 때문에
③ 우리 국토의 모양이 남북으로 길기 때문에
④ 낭림산맥과 태백산맥이 남북으로 뻗어 있기 때문에
⑤ 삼면이 바다와 맞닿아 있어 바다의 영향을 받기 때문에

13 다음은 우리나라 두 지역의 월별 강수량 그래프입니다. 이를 통해 알 수 있는 (가), (나) 지역에 대한 설명으로 알맞은 것은 어느 것입니까? (   )

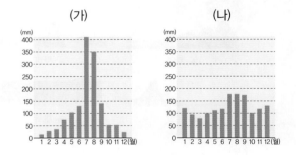

① (가)는 서울, (나)는 울릉도이다.
② (가)는 (나)에 비해 겨울에 눈이 많이 온다.
③ (나)는 (가)에 비해 여름에 비가 많이 온다.
④ (가)와 (나)는 계절별 기온 차이가 큰 지역이다.
⑤ (가)와 (나)는 사계절 내내 비가 고르게 내린다.

14 다음 일기에 제시된 자연재해에 대처하는 방법으로 알맞은 것은 어느 것입니까? (   )

> 20○○년 △월 △일, 맑음
>
> 오늘 나는 국민 안전 체험관에 갔다. 국민 안전 체험관에서는 여러 가지 체험을 할 수 있었는데, 그 중에서 나는 초속 30m의 매우 강한 바람과 비를 맞는 체험을 했다. 강한 바람에 정신도 없었고, 우비를 입었지만 옷이 다 젖어서 당황스러웠다. 그래도 이런 상황에 대처하는 방법을 배워서 좋았다.

① 필요한 물만 아껴서 사용한다.
② 외출할 때는 반드시 마스크를 쓴다.
③ 계단을 이용해서 건물 밖으로 나간다.
④ 체온 유지를 위해 장갑, 목도리 등을 착용한다.
⑤ 시설물을 고정하고, 되도록 외출을 하지 않는다.

15 다음 그래프를 통해 알 수 있는 내용으로 알맞은 것은 어느 것입니까? (   )

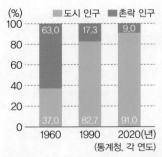

▲ 우리나라 도시 인구와 촌락 인구의 비율 변화

① 촌락은 주택 부족 문제가 심각하다.
② 도시에는 노년층의 인구 비율이 높다.
③ 촌락의 인구가 도시로 많이 이동하였다.
④ 1960년에는 도시의 인구가 촌락보다 많았다.
⑤ 2020년에는 촌락의 인구 밀도가 도시보다 높다.

16 다음 지도에 대한 설명으로 알맞은 것은 어느 것입니까? ( )

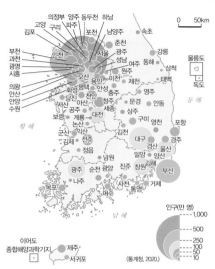

▲ 우리나라의 도시 수와 도시 인구수(2020년)

① 수도권보다 경상남도의 인구수가 더 많다.
② 부산, 인천보다 대구, 대전의 인구수가 더 많다.
③ 각 도에서는 도청 소재지의 인구수가 가장 많다.
④ 수도권과 남동 해안 지역에 도시와 인구수가 많다.
⑤ 제주특별자치도에는 인구 100만 명 이상의 도시가 있다.

17 다음 지역들의 공통점으로 알맞은 것을 두 가지 고르시오. (,)

도시	과거의 산업	오늘날의 산업
거제	어업	배를 만드는 조선 공업
울산	어업	석유 제품을 만드는 산업
포항	어업	철강 제품을 만드는 제철 산업

① 교통이 불편한 곳이다.
② 인구가 증가한 곳이다.
③ 어촌에서 도시로 변화한 곳이다.
④ 일손 부족, 폐교 등의 문제가 나타나는 곳이다.
⑤ 공업에서 농림어업으로 산업의 형태가 변화한 곳이다.

18 다음 ( ) 안에 들어갈 산업으로 알맞은 것은 어느 것입니까? ( )

대전광역시에는 과학 기술 인재를 육성하는 대학인 한국 과학 기술 대학교가 있습니다. 또한 항공 우주 과학 연구소, 생명 과학 연구소 등이 있습니다. 대전광역시는 대학교와 연구소가 협력하여 ( )이 발달하였습니다.

① 서비스업
② 첨단 산업
③ 패션 산업
④ 자동차 산업
⑤ 시멘트 공업

19 다음 사례에서 나타난 공통된 내용으로 알맞은 것은 어느 것입니까? ( )

아침에 친구와 서울에서 고속 철도를 타고 목포에 가서 여행을 즐기고, 저녁에 고속 철도를 타고 서울에 도착했어요.

지하철 노선이 새로 생기면서 출퇴근 시간이 줄었어요.

① 교통이 불편한 곳은 철도를 이용한다.
② 교통의 발달로 이동 시간이 줄어들었다.
③ 교통의 발달로 인구가 지방으로 이동한다.
④ 인구 밀도가 높은 도시는 교통이 혼잡하다.
⑤ 사람들이 느끼는 지역 간 거리가 멀어졌다.

20 다음에서 설명하는 우리나라의 교통 시설을 쓰시오.

2004년 4월에 우리나라에 개통된 교통 시설로, 전용 노선을 이용하여 시속 200km 이상의 속도로 갈 수 있게 개발된 철도입니다.

( )

서술형 문제

01 다음 지도를 보고, 물음에 답하시오.

(1) 다음 ㉠, ㉡에 들어갈 알맞은 말을 쓰시오.

> 우리나라는 (㉠) 대륙의 동쪽에 위치하고 있으며, 삼면이 바다로 둘러싸인 (㉡) 국가로, 태평양과 맞닿아 있다.

㉠: (   )

㉡: (   )

(2) (1)의 내용과 관련하여 우리 국토의 위치적 장점을 한 가지 쓰시오.

_____

02 다음 그림을 보고, 물음에 답하시오.

▲ 우리나라 중부 지방의 서쪽과 동쪽 지역의 겨울 기온 차이

(1) 위 그림의 ㉠에 해당하는 산맥의 이름을 쓰시오.

(   )

(2) 위 그림에서 강릉(동쪽)의 1월 평균 기온이 인천(서쪽)의 1월 평균 기온보다 높은 까닭을 쓰시오. (단, ㉠ 산맥과 바다를 이용하여 작성함.)

_____

03 다음 지도를 보고, 물음에 답하시오.

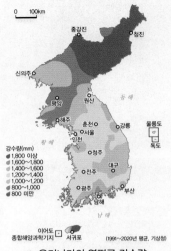

▲ 우리나라의 연평균 강수량

(1) 위 지도에 제시된 지역 중 연평균 강수량이 1,800mm 이상인 한 곳과 800mm 미만인 두 곳의 지역 이름을 쓰시오.

연평균 강수량이 1,800mm 이상인 곳	
연평균 강수량이 800mm 미만인 곳	

(2) 위 지도를 보고, 우리나라의 강수량 특징을 정리한 것입니다. 밑줄 친 부분에 들어갈 알맞은 말을 쓰시오.

> 우리나라는 지역에 따라 강수량의 차이가 크며 대체로 연평균 강수량이 북쪽 지역에서 _____. 남쪽 지역 중에서 낙동강 중류와 상류의 강수량은 적은 편이다.

_____

04 다음 그림을 보고, 물음에 답하시오.

▲ 우리나라가 100명이 사는 마을이라면(1960년 기준)

▲ 우리나라가 100명이 사는 마을이라면(2020년 기준)

(1) 위 그림을 보고, ㉠, ㉡에 들어갈 알맞은 말을 쓰시오.

> 1960년에 비해 2020년에는 0~14세의 인구 수가 29명이나 줄어들어 (㉠) 문제가 나타 나며, 65세 이상의 인구수가 12명이나 늘어나 서 (㉡) 현상이 나타난다.

㉠: (   )
㉡: (   )

(2) 위 그림과 같은 도시와 촌락의 인구 변화로 인해 촌 락에서 나타날 수 있는 문제점을 **두 가지** 쓰시오.

_____

_____

05 다음 지도를 보고, 물음에 답하시오.

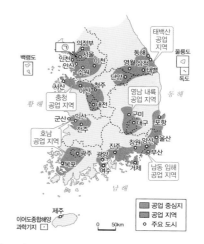

(1) 위 지도의 ㉠에 들어갈 공업 지역의 이름을 쓰시오.

(   )

(2) 위 지도의 ㉠ 공업 지역의 특징을 쓰시오.

_____

_____

06 다음 지도를 보고, 1970년과 비교해 달라진 2020년의 변화 모습을 쓰시오. (단, '생활권'이라는 말을 사용하여 작성함.)

▲ 부산에서 서울까지 가는 데 걸리는 시간

_____

_____

배점 | 20점

학습 주제 │ 우리나라의 바람과 기온의 특징

학습 목표 │ 우리나라의 계절별 바람과 기온을 나타낸 지도를 보고, 우리나라의 기후 특징을 이해할 수 있다.

[1~3] 다음 (가)~(라) 지도를 보고, 물음에 답하시오.

(가)

(나)

(다)

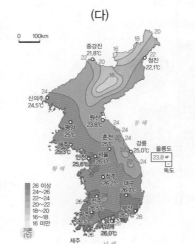

(라)

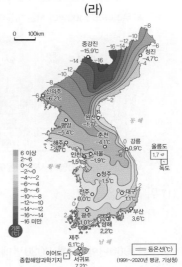

1 위 (가)~(라) 지도와 관련 있는 계절을 쓰시오.

구분	(가)	(나)	(다)	(라)
관련 계절	( )	( )	( )	( )

2 위 (다), (라) 지도를 보고, ㉠~㉢에 들어갈 알맞은 숫자를 쓰시오.

남부 지방: 서귀포		북부 지방: 중강진	
(다)에서의 기온: (㉠)℃	(라)에서의 기온: (㉡)℃	(다)에서의 기온: (㉢)℃	(라)에서의 기온: (㉣)℃

㉠: ( ), ㉡: ( ), ㉢: ( ), ㉣: ( )

3 위 (가)~(라) 지도에 나타나는 바람 및 기온의 특징을 ㉠~㉣ 안에 쓰시오.

구분	특징
(가)의 바람	㉠
(나)의 바람	㉡
(다)의 기온	㉢
(라)의 기온	㉣

<table>
<tr><td>학습 주제</td><td>우리나라의 인구 분포, 도시 분포, 공업 분포, 교통도</td></tr>
<tr><td>학습 목표</td><td>우리나라의 인구 분포, 도시 분포, 공업 분포, 교통이 서로 어떠한 관계를 가지고 있는지 파악할 수 있다.</td></tr>
</table>

배점 | 20점

[4~6] 다음 (가)~(라) 지도를 보고, 물음에 답하시오.

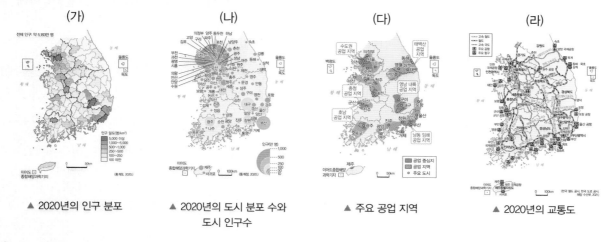

(가)	(나)	(다)	(라)
▲ 2020년의 인구 분포	▲ 2020년의 도시 분포 수와 도시 인구수	▲ 주요 공업 지역	▲ 2020년의 교통도

4 위 지도의 (가), (나) 분포의 공통적인 특징을 쓰시오 .(단, (다)의 내용을 기준으로 함.)

_____

5 위 지도의 (가), (나)와 같은 인구 분포로 인해 나타나는 도시 문제를 쓰고, 이를 해결하기 위한 방법을 쓰시오.

도시 문제	
해결하기 위한 방법	

6 위 지도의 (가)~(라)를 보고, '인구, 도시, 산업, 교통과의 관계'와 관련하여 다음 자료의 ㉠~㉣에 들어갈 말을 쓰시오.

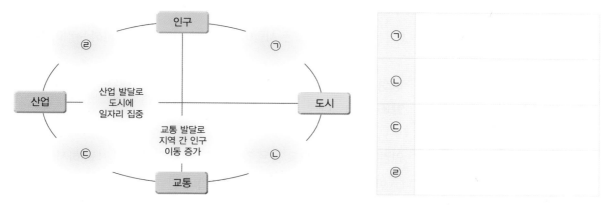

㉠	
㉡	
㉢	
㉣	

❶ 인권을 존중하는 삶

1. 인권

(1) 인권의 의미

① 인권은 모든 사람이 인간답게 살기 위해 당연히 누려야 할 권리입니다.

② 인권은 인간이라면 누구나 태어나면서부터 당연하게 가지는 기본적인 권리입니다.

③ 인권은 인종, 종교, 국적, 성별, 나이 등과 상관없이 누구나 동등하게 누려야 하는 권리입니다.

④ 인권은 함부로 침해할 수 없습니다.

(2) 세계 인권 선언: 1948년 국제 연합(UN) 총회에서 발표한 것으로, 인권의 의미와 내용을 담고 있습니다.

세계 인권 선언(일부)

제1조 모든 사람은 태어날 때부터 자유롭고 존엄하며 평등하다. 모든 사람은 이성과 양심을 가지고 있으므로 서로 형제애의 정신으로 대해야 한다.

제2조 모든 사람은 인종, 피부색, 성별, 언어, 종교 등 어떤 이유로도 차별받지 않으며, 이 선언에 나와 있는 모든 권리와 자유를 누릴 자격이 있다.

제3조 모든 사람은 자기 생명을 지킬 권리, 자유를 누릴 권리, 자신의 안전을 지킬 권리가 있다.

---

(3) 생활 속 인권의 예

▲ 교육을 받을 수 있어요.

▲ 자유롭게 생각하고 말할 수 있어요.

▲ 몸이 불편해도 자유롭게 이동할 수 있어요.

✏ 세계 인권 선언

제2차 세계 대전으로 수많은 사람들이 희생되자 전 세계는 인권을 보호해야 한다는 생각을 하게 되었습니다. 1948년 국제 연합(UN) 총회에서는 인권을 인류가 추구해야 할 보편적인 권리라며 '세계 인권 선언'을 채택하였습니다.

✏ 생활 속 인권 존중 모습

▲ 휠체어도 다닐 수 있는 경사로

▲ 높낮이가 다른 지하철 손잡이

▲ 장애인 전용 주차 구역

낱말사전

권리 어떤 일을 하거나 다른 사람에 대하여 당연히 요구할 수 있는 힘이나 자격

침해 침범하여 해를 끼침.

존엄 감히 어길 수 없는 높고 엄숙함.

차별 어떤 기준을 두어 대상을 구별하고 다르게 대우하는 것

경사로 바닥 등이 한쪽으로 기울어진 통로

개념 확인문제   정답과 해설 39쪽

1 (   )(이)란 모든 사람이 인간답게 살기 위해 당연히 누려야 할 권리입니다.

2 1948년 국제 연합(UN) 총회에서 인권의 의미와 내용을 담은 (   )을/를 발표하였습니다.

3 인권에 대한 설명으로 옳은 것에 ○표, 옳지 않은 것에 ×표 하시오.

(1) 인권은 성인이 되면 생기는 권리입니다.   (   )

(2) 교육을 받을 권리는 인권에 해당합니다.   (   )

2. 인권 신장을 위한 옛사람들의 노력

(1) 인권 신장을 위해 노력한 인물과 활동

허균	신분에 따라 차별하는 당시 사회 제도를 비판하는 내용이 담긴 『홍길동전』을 지었음.
방정환	어린이들을 위해 어린이날과 어린이 잡지 등을 만들었음.
박두성	시각 장애인이 손으로 읽을 수 있는 한글 점자인 '훈맹정음'을 만들었음.
이효재	남성과 여성의 평등을 주장하고 여성 단체를 만들었음.
이태영	여성에게 불평등한 사회 제도와 법을 바꾸려고 노력하였음.
전태일	노동자들의 인권을 위해 노력하였음.
로자 파크스	백인에게 차별받던 흑인의 인권을 위해 노력하였음.
에멀라인 팽크허스트	여성의 참정권 획득을 위해 노력하였음.

(2) 인권 신장을 위한 옛날의 제도와 기관

삼복 제도(삼복제)	사형과 같은 무거운 형벌을 내릴 때는 세 번의 재판을 받게 하였음.
신문고	백성들이 억울한 일을 당했을 때 대궐 밖에 있는 북을 쳐 임금에게 알릴 수 있게 하였음.
격쟁	임금이 행차할 때 징이나 꽹과리를 쳐서 억울함을 호소할 수 있게 하였음.
상언	신분에 관계없이 억울한 일을 문서에 써서 임금에게 알릴 수 있게 하였음.
출산 휴가	관청의 여성 노비와 그 남편에게 출산 휴가를 주었음.
활인서	신분에 관계없이 아픈 백성들을 무료로 치료해 주었음.
명통시	시각 장애인들이 사회에서 일할 수 있도록 하였음.

4 (   )은/는 어린이날을 만드는 등 어린이들의 인권 신장을 위해 노력한 인물입니다.

5 다음과 관련 있는 내용을 찾아 바르게 연결하시오.

(1) 활인서 •

• ㉠ 아픈 백성들을 무료로 치료해 주었던 곳

(2) 삼복 제도 •

• ㉡ 무거운 형벌을 내릴 때 세 번의 재판을 받도록 한 제도

2

단원

✏ 어린이날 선전문

방정환은 어린이들이 가장 바라는 9가지의 희망 사항을 담은 선전문을 배포하였습니다.

- 어린이를 내려다보지 마시고 쳐다보아 주시오.
- 어린이에게 경어를 쓰시되 부드럽게 하여 주시오.
- 잠자는 것과 운동하는 것을 충분히 하게 하여 주시오.
- 어린이를 책망하실 때에는 쉽게 성만 내지 마시고 자세히 타일러 주시오.

– 1923년 제1회 어린이날 선전문(일부) –

✏ 훈맹정음

훈맹정음은 우리나라 최초의 한글 점자로, 한글이 만들어진 원리를 연구하여 박두성이 만들었습니다.

✏ 『경국대전』

조선 시대 기본 법전인 『경국대전』에는 출산 휴가 제공, 군역의 의무 면제, 삼복 제도 등과 같은 인권을 존중하는 정신이 담겨 있습니다.

낱말사전

신장 권리나 세력 등을 이전보다 늘어나게 함.

점자 손으로 더듬어 읽을 수 있는 시각 장애인용 문자

참정권 국가의 정치 의사 형성 과정에 참여할 수 있는 권리

경어 상대를 존중하는 뜻의 말

▲ 장애인 표지판

장애인을 누군가가 도와주어야만 하는
사람으로 표현하고 있어서 스스로 움
직일 수 있는 능동적인 모습으로 표지판
그림을 바꾸었습니다.

✏️ 성별에 따른 인권을 침해한 표지판 그림

▲ 기저귀 교환대 표지판

아이를 돌보는 일은 여성이 하는 일이
라는 고정 관념을 표현하고 있어서 성
별이 나타나지 않는 사람 모습으로 표
지판 그림을 바꾸었습니다.

3. 생활 속 인권 보장이 필요한 사례

(1) 인권 침해 사례: 일상생활에서 장애, 나이, 성별, 외모, 인종 등에 따른 편견과 차별, 사이버 폭력, 사생활 침해 등 다양한 이유로 인권이 침해되기도 합니다.

▲ 정당한 이유 없이 장애인 보조견 출입을 거부한 경우

▲ 경사로가 없어 이동이 불편한 경우

▲ 나이를 이유로 취업을 거부하는 경우

▲ 성별을 이유로 차별하는 경우 · ▲ 피부색으로 놀리는 경우

▲ 사생활을 침해하는 경우

▲ 누리 소통망 서비스(SNS)에 허락 없이 사진을 올리는 경우

▲ 누리 사랑방에 나쁜 댓글이 달린 경우(사이버 폭력)

▲ 놀이 시설이 고장 나 사용하지 못하는 경우

(2) 인권 보장이 필요한 까닭: 인권을 보장받지 못하면 행복하고 인간다운 삶을 살 수 없기 때문입니다.

😀 낱말사전

편견 공정하지 못하고 한쪽으로 치우친 생각

사생활 개인의 일상생활

개념 확인문제

정답과 해설 39쪽

6 인권을 침해한 사례로 옳은 것에 ○표, 옳지 않은 것에 ×표 하시오.

(1) 친한 친구의 일기장을 몰래 읽었습니다. ( )

(2) 남녀 구분 없이 좋아하는 운동 경기에 참여하였습니다. ( )

(3) 시각 장애인이지만 점자 블록을 이용해 가고 싶은 곳에 갑니다. ( )

7 인권 침해를 당하는 사람은 자신이 (행복 , 불행)하다고 느낄 것입니다.

4. 인권 보장을 위한 노력과 실천

(1) 인권 보장을 위한 노력

인권 교육 활동	편견과 차별을 없애고 문화의 다양성을 존중하도록 다양한 인권 교육 활동을 함.
인권 개선 활동	인권 개선을 위한 캠페인 등을 펼침.
공공 편의 시설 설치	국가와 지방 자치 단체는 점자 블록, 시각 장애인용 점자 안내도, 휠체어 리프트, 장애인 전용 택시 등 공공 편의 시설을 설치·운영함.
사회 보장 제도 시행	국가와 지방 자치 단체는 국민이 질병, 빈곤, 장애, 노령 등으로 인한 어려움에서 벗어나 안정적으로 살 수 있도록 다양한 사회 보장 제도를 시행하고 있음.
인권을 위한 법 제정	국가는 성별, 장애 등으로 인해 불합리한 차별을 받지 않도록 법을 만들어 시행함.
인권 보호 단체 설립	국가 인권 위원회, 인권 관련 시민 단체 등을 설립함.

▲인권 교육   ▲ 인권 개선 캠페인   ▲ 점자 블록 설치

(2) 인권 보장을 위한 실천

① 인권 보장 실천 방법: 인권 존중 캠페인 참여하기, 인권 표어나 인권 포스터 만들기, 학급 인권 선언문 만들기 등으로 인권 보호를 실천할 수 있습니다.

② 생활 속 실천 방법: 인권을 존중하는 말 사용하기, 인권 개선 편지 쓰기 등 일상생활에서 인권을 존중하기 위해 노력해야 합니다.

(3) 인권 보장 실천의 중요성

① 사회 구성원들의 관심과 끊임없는 노력으로 인권을 보장할 수 있습니다.

② 인권 보장을 실천하면 나의 인권뿐만 아니라 다른 사람의 인권도 지킬 수 있습니다.

8 다음 사진과 관련 있는 인권 보장 노력을 바르게 연결하시오.

(1)
점자 블록 설치

(2)
노인 기초 연금 지급

• ㉠ 사회 보장 제도 시행

• ㉡ 공공 편의 시설 설치

🖉 국가 인권 위원회

○ 국가 인권 위원회는 인권을 침해할 우려가 있는 법이나 제도의 문제점을 찾아 개선할 수 있도록 합니다. 또한 인권 침해나 차별 행위를 조사하여 인권을 침해당한 사람을 도와주는 역할을 합니다.

○ 사례: 국가 인권 위원회는 사람들의 피부색은 다양한데 특정 색깔을 '살색'이라고 부르는 것은 인권을 침해한 것이라며 색깔 이름을 바꾸게 하였습니다.

2 단원

🖉 학급 인권 선언문 만드는 과정

1. 우리 학급에서 보장되어야 할 인권이 무엇인지 토의합니다.
2. 인권이 잘 보장되기 위해 지켜야 할 행동은 무엇인지 토의하여 정합니다.
3. 보장되어야 할 인권과 지켜야 할 행동이 잘 드러나도록 선언문을 작성합니다.
4. 학급 인권 선언문 선포식을 합니다.
5. 학급 인권 선언문에 나와 있는 내용을 실천합니다.

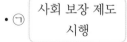 낱말사전

지방 자치 단체 시·도청, 시·군·구청, 시·도의회, 시·군·구의회 등 지역 주민들에 의해 구성된 자치 단체로, 지역 주민을 위한 일을 함.

빈곤 가난하여 살기가 어려움.

노령 늙은 나이

실전 문제

[01~02] 다음을 보고, 물음에 답하시오.

> 세계 (㉠) 선언(일부)
>
> **제1조** 모든 사람은 태어날 때부터 자유롭고 존엄하며 평등하다. 모든 사람은 이성과 양심을 가지고 있으므로 서로 형제애의 정신으로 대해야 한다.
>
> **제2조** 모든 사람은 인종, 피부색, 성별, 언어, 종교 등 어떤 이유로도 (㉡)받지 않으며, 이 선언에 나와 있는 모든 권리와 자유를 누릴 자격이 있다.

01 다음과 같은 뜻을 가진 말로, 위 ㉠에 들어갈 알맞은 말을 쓰시오.

> 모든 사람이 인간답게 살기 위해 당연히 누려야 할 권리이다.

( )

02 위 ㉡에 들어갈 알맞은 말은 어느 것입니까? ( )

① 차별　　② 자유　　③ 평등
④ 행복　　⑤ 존엄

03 생활 속에서 인권이 존중되는 모습을 보기 에서 두 가지 골라 기호를 쓰시오.

보기

㉠ ▲ 계단만 있는 출입구

㉡ ▲ 높낮이가 다른 지하철 손잡이

㉢ ▲ 장애인 전용 주차 구역

㉣ ▲ 깨진 점자 블록

( )

04 다음과 같이 말한 인물은 누구입니까? ( )

> 어른은 아이들을 업신여겨서는 안 됩니다. 이제부터 아이들을 '어린 사람'이라는 뜻으로 어린이라고 부르며 어른과 동등한 하나의 인격체로 어린이를 존중해야 합니다.

① 허균　　　　② 방정환
③ 전태일　　　④ 박두성
⑤ 이태영

05 인권 신장을 위해 다음과 같이 노력한 인물의 이름을 쓰시오.

> 우리나라 최초로 시각 장애인을 위한 한글 점자인 '훈맹정음'을 만들었다.

( )

06 다음과 같이 억울한 일을 당한 사람이 북을 쳐서 임금에게 알릴 수 있었던 옛날의 인권 신장을 위한 제도를 쓰시오.

> 임금님, 억울하옵니다. 제 이야기를 들어 주십시오.

( )

07 다음 중 인권 침해에 해당하는 사례를 찾아 ○표 하시오.

( ) ( )

[08~09] 다음을 보고, 물음에 답하시오.

08 위 (가) 상황에서 침해된 인권은 무엇입니까?
( )

① 사생활이 침해되었다.
② 사이버 폭력을 겪었다.
③ 나이를 이유로 차별받았다.
④ 성별을 이유로 차별받았다.
⑤ 시설이 고장 나 사용하지 못하였다.

09 위 (나) 상황에 대해 바르게 이야기한 어린이는 누구입니까?
( )

① 윤혜: 사이버 폭력이 심각해.
② 재국: 인권이 잘 보장되고 있어.
③ 미나: 특정 종교에 대해 편견을 갖고 있어.
④ 지수: 친구들과 재미있게 놀고 있는 상황이야.
⑤ 은호: 피부색이 다르다는 이유로 친구를 놀리고 있어.

10 인권이 침해되는 일이 일어나지 않게 하기 위해 할 수 있는 노력으로 알맞지 <u>않은</u> 것은 어느 것입니까?
( )

① 이민을 금지시킨다.
② 인권 교육 활동을 한다.
③ 인권 개선 캠페인을 벌인다.
④ 공공 편의 시설을 설치한다.
⑤ 인권을 존중하는 말을 사용한다.

11 다음은 민지네 모둠이 우리 주변에서 볼 수 있는 인권 개선 노력에 대해 조사한 내용입니다. 민지네 모둠이 조사한 내용은 무엇입니까?
( )

> 우리 주변에서 점자 블록, 휠체어 리프트를 쉽게 찾아볼 수 있었습니다.
>
>
>
> ▲ 점자 블록   ▲ 휠체어 리프트

① 인권 피해 사례
② 인권 교육 실시 여부
③ 인권 개선 활동 종류
④ 사회 보장 제도 시행 여부
⑤ 장애인 공공 편의 시설 설치 상황

12 다음과 같은 일을 하는 국가기관을 쓰시오.

> • 인권을 침해할 우려가 있는 법이나 제도의 문제점을 찾아 개선될 수 있도록 한다.
> • 특정 색깔을 '살색'이라고 부르는 것은 인권 침해라고 판단하고 이를 바꾸도록 하였다.

( )

② 헌법과 인권 보장

1. 헌법
(1) 헌법의 의미
① 헌법은 법 중에서 가장 기본이 되는 법으로 우리나라 최고의 법입니다.
② 헌법을 바탕으로 여러 법이 만들어지며, 그 법들은 헌법에 어긋나서는 안 됩니다.
③ 헌법은 모든 국민이 존중받고 행복한 삶을 살아가는 데 필요한 내용을 담고 있습니다. ➡ 인권 보장

▲ 헌법이 중요하게 여기는 가치

(2) 헌법의 내용
① 헌법에는 국가기관을 조직하고 운영하는 기본 원칙이 담겨 있습니다.
② 헌법에는 국민이 누려야 할 권리와 지켜야 할 의무가 나타나 있습니다.

대한민국 헌법

제1조 ① 대한민국은 민주 공화국이다.
② 대한민국의 주권은 국민에게 있고, 모든 권력은 국민으로부터 나온다.
⋮
제10조 모든 국민은 인간으로서의 존엄과 가치를 가지며, 행복을 추구할 권리를 가진다. 국가는 개인이 가지는 불가침의 기본적 인권을 확인하고 이를 보장할 의무를 진다.
⋮

---

(3) 헌법이 중요한 까닭
① 헌법에는 국민의 자유와 권리가 보장되어 있기 때문입니다.
② 헌법의 내용에 따라 나라가 운영되기 때문입니다.
③ 모든 법이 헌법을 바탕으로 만들어지기 때문입니다.

헌법에서 인권을 보장하고 있는 까닭
헌법이 국민의 권리와 행복한 삶을 살아가는 데 필요한 내용, 즉 인권을 보장하고 있는 까닭은 국가가 함부로 국민의 인권을 침해할 수 없도록 하기 위해서입니다.

헌법과 국민 투표
헌법은 국가를 운영하는 기본적인 원칙과 국민의 권리와 의무를 담고 있기 때문에 그 내용을 새로 정하거나 고칠 때에는 국민 투표를 해야 합니다.

헌법 제1조 제1항의 의미
우리나라는 나라를 다스리는 권력이 국민에게 있으며, 국민이 뽑은 대표가 국민의 뜻에 따라 나라의 일을 하는 국가라는 의미입니다.

헌법 제10조의 의미
○ 모든 국민은 인간으로서 존엄과 가치를 지니고 있습니다.
○ 모든 국민은 행복을 추구할 권리가 있습니다.
○ 국가는 국민의 인권을 보장할 의무가 있습니다.

낱말사전
의무 마땅히 하여야 할 일
추구 목적을 이룰 때까지 뒤쫓아 구함.
불가침 침범하여서는 안 됨.

개념 확인문제   정답과 해설 39쪽

1 법 중에서 가장 기본이 되는 법으로 우리나라 최고의 법은 ( )입니다.

2 헌법에 대한 설명으로 옳은 것에 ○표, 옳지 않은 것에 ×표 하시오.

(1) 헌법은 법을 바탕으로 만들어집니다.   ( )
(2) 헌법에는 국민의 자유와 권리가 규정되어 있습니다.   ( )
(3) 헌법에는 나라를 운영하는 기본 원칙이 담겨 있습니다.   ( )

2. 인권 보장을 위한 헌법의 역할

(1) 헌법의 역할

① 헌법은 국민의 인권을 보장해 주는 역할을 합니다.

▲ 체포 또는 구속되었을 때 변호인의 도움을 받을 수 있음.(헌법 제12조 제4항)

▲ 무료로 예방 접종을 받을 수 있음. (헌법 제36조 제3항)

② 헌법은 인권 문제를 판단하는 기준이 됩니다.

③ 헌법은 법률이 인권을 침해하였는지 여부를 판단하는 기준이 됩니다.

▲ '학원 심야 교습 제한'에 대한 헌법재판소의 합헌 결정

④ 헌법의 가치는 법과 제도로 구체화되어 우리 생활에 적용됩니다.

(2) 헌법재판소가 하는 일

① 헌법재판소는 법률이 헌법에 어긋나는지 심판하며, 헌법에 어긋난다고 결정될 경우 그 법률은 개정되거나 폐지됩니다.

② 헌법재판소는 국가 권력이 국민의 인권을 침해하였는지 심판합니다.

---

3 다음 내용을 읽고, 옳은 것에 ○표, 옳지 않은 것에 ×표 하시오.

(1) 헌법의 내용은 새로 고치거나 바꿀 수 없습니다. ( )

(2) 헌법은 일상생활에서 일어날 수 있는 인권 문제를 판단하는 기준이 됩니다. ( )

(3) 무료로 예방 접종을 받을 수 있는 것은 헌법에 국민의 보건을 보장해야 한다는 규정이 있기 때문입니다. ( )

4 (국가 인권 위원회 , 헌법재판소)는 국가 권력이 국민의 인권을 침해하는지 등을 심판하여 인권을 보장합니다.

인권을 보장해 주는 헌법 조항(일부)

조항	내용
제12조 제4항	누구든지 체포 또는 구속을 당한 때에는 즉시 변호인의 조력을 받을 권리를 가진다.
제36조 제3항	모든 국민은 보건에 관하여 국가의 보호를 받는다.

학원 심야 교습 제한

학원 심야 교습 제한은 오후 10시 또는 11시부터 다음 날 오전 5시까지 학원 교습을 하지 못하게 한 것입니다. 이는 학생들이 건강하게 성장할 권리를 보호하기 위하여 만든 것입니다.

헌법재판소

○ 헌법재판소는 헌법 질서를 지키는 일을 하는 국가기관입니다.

○ 헌법재판소는 9명의 재판관으로 이루어져 있습니다.

▲ 헌법재판소

낱말사전

변호인 법정에서 피고인의 이익을 보호하는 일을 하는 사람

합헌 헌법의 취지에 맞음.

개정 법을 고치거나 바꿈. 또는 내용 등을 고쳐 바르게 함.

조력 힘을 써 도와줌.

자유권의 사례

가족이 원하는 곳으로 이사를 가요.

▲ 거주 · 이전의 자유

참정권의 사례

▲ 선거권

▲ 공무 담임권

청구권의 사례

민원 서류를 내러 왔어요.

▲ 청원권

3. 헌법에 나타난 국민의 기본권

(1) 기본권

① 의미: 헌법에서 보장하는 국민의 기본적인 권리를 말합니다.

② 종류: 평등권, 자유권, 참정권, 청구권, 사회권 등

기본권	의미	관련 헌법 조항
평등권	법을 공평하게 적용받아 차별받지 않을 권리	제11조 제1항: 모든 국민은 법 앞에 평등하다.
자유권	자유롭게 생각하고 행동할 수 있는 권리	• 제14조: 모든 국민은 거주·이전의 자유를 가진다. • 제15조: 모든 국민은 직업 선택의 자유를 가진다.
참정권	국가의 정치 의사 형성 과정에 참여할 수 있는 권리	• 제24조: 모든 국민은 법률이 정하는 바에 의하여 선거권을 가진다. • 제25조: 모든 국민은 법률이 정하는 바에 의하여 공무 담임권을 가진다.
청구권	기본권이 침해되었을 때 국가에 어떤 일을 해 달라고 요구할 수 있는 권리	• 제26조 제1항: 모든 국민은 법률이 정하는 바에 의하여 국가기관에 문서로 청원할 권리를 가진다. • 제27조 제1항: 모든 국민은 헌법과 법률이 정한 법관에 의하여 법률에 의한 재판을 받을 권리를 가진다.
사회권	인간답게 살 수 있도록 국가에 요구할 수 있는 권리	• 제31조 제1항: 모든 국민은 능력에 따라 균등하게 교육을 받을 권리를 가진다. • 제34조 제1항: 모든 국민은 인간다운 생활을 할 권리를 가진다.

(2) 기본권의 제한

① 기본권은 국가의 안전 보장, 공공의 이익, 사회 질서 유지 등을 위해 필요한 경우에 한해 법률에 따라 제한할 수 있습니다.

② 기본권을 제한하는 경우라도 자유와 권리의 본질적인 내용은 침해할 수 없습니다.

낱말사전

거주 일정한 곳에 자리를 잡고 머물러 삶.

공무 담임권 국민이 공무원이 되거나 국가나 공공 단체의 일을 담당할 수 있는 권리, 선거의 후보로 출마할 수 있는 권리

청원 국민이 법률이 정한 절차에 따라 국가기관 등에 청구하는 일

본질 본래부터 가지고 있는 사물 자체의 성질이나 모습

개념 확인문제

정답과 해설 39쪽

5 ( )(이)란 헌법에서 보장하는 국민의 기본적인 권리를 말합니다.

6 다음 기본권과 관련 있는 설명을 찾아 바르게 연결하시오.

(1) 참정권 •

(2) 자유권 •

• ㉠ 자유롭게 생각하고 행동할 수 있는 권리

• ㉡ 국가의 정치 의사 형성 과정에 참여할 수 있는 권리

4. 헌법에 나타난 국민의 의무: 헌법은 국민으로서 지켜야 할 의무를 규정하고 있습니다.

의무	내용	관련 헌법 조항
교육의 의무	모든 국민은 자녀가 잘 성장할 수 있도록 교육을 받게 할 의무가 있음.	제31조 제2항: 모든 국민은 그 보호하는 자녀에게 적어도 초등 교육과 법률이 정하는 교육을 받게 할 의무를 진다.
납세의 의무	모든 국민은 세금을 내야 할 의무가 있음.	제38조: 모든 국민은 법률이 정하는 바에 의하여 납세의 의무를 진다.
근로의 의무	모든 국민은 일할 의무가 있음.	제32조 제2항: 모든 국민은 근로의 의무를 진다. 국가는 근로의 의무의 내용과 조건을 민주주의 원칙에 따라 법률로 정한다.
국방의 의무	모든 국민은 우리 모두의 안전을 위해 나라를 지킬 의무가 있음.	제39조 제1항: 모든 국민은 법률이 정하는 바에 의하여 국방의 의무를 진다.
환경 보전의 의무	모든 국민은 환경 보전을 위해 노력해야 함.	제35조 제1항: 모든 국민은 건강하고 쾌적한 환경에서 생활할 권리를 가지며, 국가와 국민은 환경 보전을 위하여 노력하여야 한다.

5. 권리와 의무의 관계

(1) 권리와 의무가 충돌하는 까닭

① 헌법에 나타난 권리와 의무는 서로 긴밀하게 연결되어 있습니다.

② 다양한 사람들이 함께 살아가는 사회에서 권리와 의무는 서로의 입장에 따라 충돌할 때가 있습니다.

(2) 권리와 의무가 충돌할 때 필요한 자세

① 권리와 의무를 조화롭게 실천하기 위해 노력해야 합니다.

② 문제 상황을 분석해 합리적으로 판단해야 합니다.

(3) 권리와 의무를 위한 바람직한 태도: 개인의 권리를 주장하면서 의무도 성실히 실천해야 합니다. ➡ 권리와 의무의 조화로운 실천

7 모든 국민은 자녀가 잘 성장할 수 있도록 (근로 , 교육)을/를 받게 할 의무가 있습니다.

8 모든 국민은 (환경 , 재산)을 보전하기 위해 노력해야 할 의무가 있습니다.

9 다음 내용을 읽고, 옳은 것에 ○표, 옳지 <u>않은</u> 것에 ×표 하시오.

　(1) 세금을 내야 할 의무는 헌법에 정해져 있습니다. 　　　　　　(　　)

　(2) 국민의 권리와 의무가 충돌할 때에는 무조건 의무를 먼저 지켜야 합니다.

　　　　　　　　　　　　　　　　　　　　　　　　　　　　(　　)

✏ 헌법에서 기본권뿐만 아니라 의무도 정해 놓은 까닭

　○ 자신과 다른 사람의 기본권을 보호하려면 그에 따른 책임과 의무를 지켜야 하기 때문입니다.

　○ 의무를 잘 실천하면 자신뿐만 아니라 다른 사람의 권리도 보장될 수 있기 때문입니다.

✏ 권리와 의무가 충돌하는 사례

땅 주인과 □□시의 충돌

□□시는 멸종 위기종이 발견된 지역을 생태 보호 지역으로 지정할 계획을 세우고 인근 땅을 개발하지 못하도록 제한하였다. 그 과정에서 개인의 땅을 개발하지 못하게 하는 것은 자유권 침해라고 주장하는 땅 주인과 환경을 지켜야 하는 것은 모두의 의무라고 주장하는 □□시가 대립하고 있다.

낱말사전 💬

규정 양이나 범위 등을 제한하여 정함.

세금 국가 또는 지방 자치 단체가 필요한 경비로 사용하기 위하여 국민이나 주민으로부터 거두어들이는 돈

보전 온전하게 보호하여 유지함.

실전 문제

01 다음 ⊙에 들어갈 대답으로 알맞지 <u>않은</u> 것은 어느 것입니까? ( )

헌법에 대해 알려 줄래?

⊙

① 우리나라 최고의 법이야.
② 여러 법을 바탕으로 헌법을 만들어.
③ 법 중에서 가장 기본이 되는 법이야.
④ 헌법을 바꾸려면 국민 투표를 해야 해.
⑤ 헌법에는 인권 보장에 대한 내용이 담겨 있어.

02 헌법이 중요하게 여기는 가치가 <u>아닌</u> 것은 어느 것입니까? ( )

① 인간 존엄
② 행복한 삶
③ 이기적 생활
④ 인간다운 생활
⑤ 국민의 자유와 권리

☆☆
03 헌법에 담겨 있는 내용이 <u>아닌</u> 것은 어느 것입니까? ( )

① 국민이 누려야 할 권리
② 국민이 지켜야 할 의무
③ 국민이 안전하게 살아가는 방법
④ 국가기관을 운영하는 기본 원칙
⑤ 국가기관을 조직하는 기본 원칙

[04~05] 다음을 보고, 물음에 답하시오.

▲ 헌법재판소

04 위 사례를 통해 알 수 있는 헌법의 역할로 알맞은 것은 어느 것입니까? ( )

① 헌법은 법률을 폐지시킨다.
② 헌법은 국가기관을 만드는 기준이 된다.
③ 헌법은 국민이 지켜야 할 의무를 제시한다.
④ 헌법은 국민의 권리를 침해하는 방법을 제시한다.
⑤ 헌법은 법률이 인권을 침해하였는지 판단하는 기준이 된다.

05 위 사례를 통해 알 수 있는 헌법재판소의 역할로 알맞은 것은 어느 것입니까? ( )

① 법률을 만든다.
② 국민 투표를 진행한다.
③ 개인의 재산을 보호해 준다.
④ 인권을 침해한 사람을 처벌한다.
⑤ 법률이 헌법에 어긋나는지 심판한다.

06 다음 그림과 관련 있는 국민의 기본권을 쓰시오.

▲ 공무 담임권   ▲ 선거권

( )

07 다음 그림과 관련 있는 기본권에 대한 설명으로 알맞은 것은 어느 것입니까? ( )

① 차별받지 않을 권리
② 자유롭게 생각하고 행동할 수 있는 권리
③ 인간답게 살 수 있도록 국가에 요구할 수 있는 권리
④ 국가의 정치 의사 형성 과정에 참여할 수 있는 권리
⑤ 기본권이 침해되었을 때 국가에 어떤 일을 해 달라고 요구할 수 있는 권리

08 다음 헌법 조항과 관련된 국민의 기본권은 무엇입니까? ( )

- 제26조 제1항: 모든 국민은 법률이 정하는 바에 의하여 국가기관에 문서로 청원할 권리를 가진다.
- 제27조 제1항: 모든 국민은 헌법과 법률이 정한 법관에 의하여 법률에 의한 재판을 받을 권리를 가진다.

① 평등권
② 자유권
③ 참정권
④ 청구권
⑤ 사회권

09 다음 ( ) 안에 들어갈 말로 알맞지 않은 것을 보기에서 골라 기호를 쓰시오.

기본권은 ( ) 등을 위해 필요한 경우 법률에 따라 제한할 수 있다.

보기
㉠ 개인의 이익
㉡ 공공의 이익
㉢ 사회 질서 유지
㉣ 국가의 안전 보장

( )

10 헌법에서 국방의 의무를 규정하고 있는 까닭으로 알맞은 것은 어느 것입니까? ( )

① 행복한 삶을 위해서이다.
② 인권을 보장하기 위해서이다.
③ 환경을 보전하기 위해서이다.
④ 우리 모두의 안전을 위해서이다.
⑤ 개인과 나라의 발전을 위해서이다.

11 헌법에 제시된 납세의 의무와 관련된 그림은 어느 것입니까? ( )

①  ②

③  ④

⑤

12 국민의 권리와 의무의 관계에 대해 바르게 이야기한 어린이를 두 명 고르시오. (,)

① 인호: 의무보다는 권리가 더 중요해.
② 영선: 권리보다 의무를 우선시해야 해.
③ 수정: 권리와 의무는 서로 관련이 없어.
④ 도희: 권리와 의무는 서로 충돌하기도 해.
⑤ 하나: 권리와 의무는 서로 긴밀하게 연결되어 있어.

교과서 개념 익히기

❸ 법의 의미와 역할

1. 법

(1) 법의 의미와 성격

① 법은 국가가 만든 강제성이 있는 규범을 말합니다.

② 법은 사람들이 사회생활에서 지켜야 할 행동 기준입니다.

③ 법을 어기면 제재를 받습니다.

④ 법은 사회의 변화에 맞지 않거나 인권을 침해한다고 판단되면 바뀌거나 새로 만들어 질 수 있습니다.

(2) 법과 도덕 비교

구분	법	도덕
차이점	• 법은 반드시 지켜야 하는 것이다. • 법을 지키지 않을 경우 처벌을 받는다.	• 도덕은 자율적으로 지키는 것이다. • 도덕은 지키지 않아도 처벌받지 않는다.
사례	• 교통 신호를 지키지 않는 것 • 다른 사람의 물건을 훼손하는 것 • 돈을 내지 않고 가게의 물건을 가져가는 것 • 다른 사람의 작품을 허락 없이 세상에 퍼뜨리는 것	• 기부하지 않는 것 • 이웃 어른을 보고 인사하지 않는 것 • 버스나 지하철에서 자리를 양보하지 않는 것

✏️ **사회 변화로 법이 바뀐 사례**

전동 킥보드를 타는 사람이 많아지면서 안전사고가 계속 일어나자, 이러한 문제를 해결하기 위하여 면허가 있어야 전동 킥보드를 탈 수 있고, 전동 킥보드를 탈 때에는 반드시 안전모를 써야 하며, 혼자 타도록 「도로 교통법」의 내용이 바뀌었습니다.

✏️ **도덕**

○ 도덕은 사회 구성원들이 양심에 비추어 스스로 마땅히 지켜야 할 모든 규범을 말합니다.

○ 도덕은 양심에 따라 스스로 판단하여 지키는 것입니다.

○ 도덕을 지키지 않을 경우 비난을 받을 수는 있지만 처벌을 받지는 않습니다.

😊 **낱말사전**

강제성 권력이나 힘으로 다른 사람의 자유의사를 억눌러 원하지 않는 일을 억지로 시키는 성질

제재 법이나 규정을 어겼을 때 그 행위를 금지하거나 그에 따른 책임을 물어 처벌하는 일

훼손 헐거나 깨뜨려 못 쓰게 만듦.

개념 확인문제

정답과 해설 40쪽

1 법은 국가에서 만든 (자율성 , 강제성)이 있는 규범입니다.

2 다음 내용을 읽고, 옳은 것에 ○표, 옳지 않은 것에 ×표 하시오.

(1) 법은 양심에 따라 스스로 판단하여 지키는 사회 규범입니다. ( )

(2) 법은 한번 만들어지면 고치거나 바꿀 수 없습니다. ( )

(3) 버스에서 자리를 양보하지 않으면 처벌을 받습니다. ( )

2. 우리 생활 속의 법

(1) 일상생활에서 적용되는 법: 법은 우리의 일상생활 곳곳에 적용됩니다.

「도로 교통법」	「초·중등 교육법」	「학교 급식법」

▲ 교통사고의 위험으로부터 안전하게 지켜 줌.　▲ 일정한 나이가 되면 초등학교에 다녀야 함.　▲ 영양이 풍부한 음식을 위생적이고 안전하게 제공함.

「어린이 놀이 시설 안전 관리법」	「어린이 식생활 안전 관리 특별법」	「저작권법」

▲ 어린이 놀이 시설을 안전하게 만들고 관리함.　▲ 학교 주변에서 건강에 해로운 식품을 팔지 못하게 함.　▲ 음악, 영화, 출판물 등을 만든 저작권자를 보호함.

(2) 생활 속의 다양한 법

「감염병 예방 및 관리에 관한 법률」	국민 건강에 해가 되는 감염병의 발생과 유행을 방지하고, 예방·관리하는 법
「소비자 기본법」	소비자의 권익을 증진하기 위한 법
「식품 위생법」	식품으로 인해 생기는 위생상의 문제를 방지하고, 올바른 식품 정보를 제공하여 국민이 건강하도록 하는 법
「대기 환경 보전법」	대기 오염을 예방하고 깨끗한 대기 환경을 지키기 위한 법
「장애인 차별 금지 및 권리 구제 등에 관한 법률」	장애인들의 차별을 금지하고 장애를 이유로 차별받은 사람의 권익을 효과적으로 구제하기 위한 법

3 다음 법과 관련 있는 내용을 찾아 바르게 연결하시오.

(1) 「도로 교통법」 ·

(2) 「학교 급식법」 ·

· ㉠ 영양이 풍부한 음식을 위생적이고 안전하게 제공함.

· ㉡ 등·하교 시 교통사고의 위험으로부터 안전하게 지켜 줌.

4 ( )은/는 음악, 영화, 출판물 등 창작물을 만든 사람의 권리를 보호하는 법입니다.

✎ 출생부터 사망까지 우리의 일생을 보호하는 법

우리는 태어나서 출생 신고를 하는 것에서부터 학교에 가고, 일을 하고, 결혼을 하는 등 살아가는 동안은 물론 마지막 죽었을 때 사망 신고를 하는 것까지 일생 동안 법의 테두리 안에서 살아갑니다.

✎ 「어린이 식생활 안전 관리 특별법」

학교와 학교 주변에서 어린이의 건강을 해치는 식품과 위생적이지 않은 식품 등의 판매를 금지하는 법입니다.

✎ 「저작권법」

○ 「저작권법」은 음악, 영화, 출판물 등 창작물을 만든 사람의 저작권을 보호하는 법입니다.
○ 다른 사람의 창작물을 사용할 경우 정당한 대가를 내야 하며, 자료의 출처를 정확하게 밝혀야 합니다.

낱말사전

저작권자 창작물을 만든 사람으로 저작권법에 따라 그 창작물에 대한 권리를 인정받아 이를 행사할 수 있는 사람
권익 권리와 그에 따르는 이익
구제 자연적인 재해나 사회적인 피해를 당하여 어려운 처지에 있는 사람을 도와줌.

✏️ 개인 간의 다툼 해결

개인 간에 다툼이 발생할 경우 법원은 법에 따라 옳고 그름을 판단하여 판결을 내립니다.

3. 법의 역할

(1) 개인의 권리 보장

① 개인의 생명과 재산을 보호해 줍니다.
② 개인 간에 발생한 분쟁을 해결해 줍니다.
③ 질병 치료 등 건강하게 살아갈 수 있게 도와줍니다.
④ 침해된 권리를 보호해 주고, 구제받을 수 있는 방법을 알려 줍니다.

▲ 법이 개인의 권리를 보호하는 사례

(2) 사회 질서 유지

① 범죄나 사고로부터 사람들을 보호하고 안전하게 살아갈 수 있게 해 줍니다.
② 환경을 보호하며 우리 모두가 쾌적한 환경에서 살아갈 수 있게 해 줍니다.

▲ 사고를 예방하여　　▲범죄로부터 안전하게 지켜 줌.　　▲ 깨끗한 환경을 만들어 줌.
안전하게 살 수 있게 해 줌.

😊 **낱말사전**

분쟁 갈라져 다툼.
초과 일정한 수나 한도를 넘음.
수당 정해진 봉급 이외에 따로 주는 돈이나 물품
판결 법원이 소송 사건에 대하여 판단하고 결정하는 재판

개념 확인문제　　　　　　정답과 해설 40쪽

5 사람들을 범죄로부터 안전하게 지켜 주는 것은 (사회 질서 유지 , 개인의 권리 보호)와/과 관련된 법의 역할입니다.

6 법의 역할에 대한 설명으로 옳은 것에 ○표, 옳지 <u>않은</u> 것에 ×표 하시오.

(1) 법은 침해당한 권리를 구제받을 방법을 알려 줍니다. 　　　　　(　　)
(2) 법은 사람들을 보호하고 안전하게 살아갈 수 있게 해 줍니다. 　　(　　)

4. 법을 준수해야 하는 까닭

(1) 법을 준수하지 않을 경우 발생하는 문제

영화 제작자의 저작권을 침해하여 영화를 만드는 데 들어간 노력에 대한 보상을 제대로 받을 수 없게 만듦.	• 공원을 이용하는 사람들이 불쾌감을 느끼게 됨. • 반려동물 주인과 공원을 이용하는 사람 간에 다툼이 생길 수 있음.	• 길을 막아 다른 사람들의 통행을 방해하게 됨. • 구급차나 소방차 등이 출동할 때 방해가 됨.

(2) 법을 준수해야 하는 까닭

① 법을 어기면 다른 사람에게 피해를 주고, 다른 사람의 권리를 침해하기 때문입니다.

② 법을 지켜야 개인의 권리를 보장할 수 있기 때문입니다.

③ 법을 지키지 않으면 사회 질서를 유지할 수 없기 때문입니다.

(3) 법을 준수하는 태도: 개인의 권리를 보장하고 사회 질서를 유지하기 위해서는 법을 준수하는 태도를 지녀야 합니다.

(4) 재판

① 법을 어긴 경우 재판을 통해 다른 사람에게 피해를 준 사람의 권리를 제한하기도 합니다.

② 재판을 하는 까닭: 법을 어겼는지 확인하고, 법을 어긴 행동에 대한 책임을 지게 하기 위해서입니다.

③ 재판에 참여하는 사람: 판사, 검사, 변호인, 피고인 등

---

7 다음 내용을 읽고, 옳은 것에 ○표, 옳지 않은 것에 ×표 하시오.

(1) 법을 어겨도 사회 질서를 잘 유지할 수 있습니다. ( )

(2) 법을 지켜야 개인의 권리를 보장할 수 있습니다. ( )

(3) 주정차 금지 구역에 주차를 하면 길을 막아 다른 사람의 통행을 방해하게 됩니다. ( )

8 사회 구성원으로서 자신의 권리를 보호하고 사회 질서를 유지하기 위해서는 법을 (준수 , 침해)해야 합니다.

🖊 법을 지키지 않을 경우 일어날 수 있는 일

사례	일어날 수 있는 일
길에서 다른 사람이 떨어뜨린 지갑을 주워 사용하는 경우	지갑을 잃어버린 사람은 경제적 손해를 보게 되고, 신분증이나 신용 카드 등에 있는 개인 정보가 유출될 수 있음.
횡단보도를 이용하지 않고 도로를 무단 횡단하는 경우	사고가 나서 다칠 수 있고, 치료를 받거나 사고를 처리하는 데 비용이 들 수 있음.
쓰레기를 몰래 버리는 경우	주변이 지저분해지며, 쓰레기 더미 때문에 사람들이 불쾌감을 느낄 수 있음.

🖊 재판에 참여하는 사람들

판사	재판을 진행하고 법에 따라 판결을 내리는 사람
검사	범죄 사건을 수사하고 범죄의 의심을 받은 사람에게 법원의 심판을 구하는 사람
피고인	범죄를 저지른 것으로 의심이 되어 재판을 받는 사람
변호인	피고인을 변호해 주는 사람

낱말사전 😊

준수 규칙, 명령 등을 그대로 좇아서 지킴.

보상 어떤 것에 대한 대가로 갚음.

불쾌감 못마땅하여 기분이 좋지 않은 느낌

[01~02] 다음을 읽고, 물음에 답하시오.

> (㉠)은/는 국가가 만든 강제성이 있는 규범을 말한다.

01 위 ㉠에 들어갈 알맞은 말을 한 글자로 쓰시오.

(   )

☆☆
02 위 ㉠의 성격으로 알맞지 않은 것을 두 가지 고르시오.

(,   )

① 어기면 제재를 받는다.
② 한번 정하면 다시 바꾸지 못한다.
③ 시대의 변화에 따라 달라질 수 있다.
④ 양심에 비추어 스스로 지키는 규범이다.
⑤ 사람들이 사회생활에서 지켜야 할 행동 기준이다.

03 다음 (가)와 (나)를 비교하여 바르게 이야기한 어린이를 보기 에서 고른 것은 어느 것입니까? (   )

(가)   (나)

> 보기
>
> 유리: (가)와 (나)는 모두 강제성이 있는 규범이야.
> 하진: (가)는 자율적으로 지키는 것이지만 (나)는 반드시 지켜야 해.
> 수미: (가)는 지키지 않으면 처벌받지만 (나)는 지키지 않아도 처벌받지 않아.

① 유리   ② 하진   ③ 수미
④ 유리, 수미   ⑤ 하진, 수미

04 다음에서 설명하는 말을 보기 에서 찾아 기호를 쓰시오.

> 보기
>
> ㉠ 법   ㉡ 도덕   ㉢ 관습

(1) 사회 구성원들의 양심 등에 비추어 스스로 마땅히 지켜야 할 모든 규범이다. (   )
(2) 국가가 사회 질서를 유지하고 사람들의 안전을 지켜 주기 위해 만든 규범이다. (   )

05 다음 그림과 관련 있는 일상 속의 법은 어느 것입니까?

(   )

① 「저작권법」   ② 「학교 급식법」
③ 「도로 교통법」   ④ 「소비자 기본법」
⑤ 「대기 환경 보전법」

06 다음 사진과 관련 있는 법은 어느 것입니까? (   )

▲ 무료 예방 접종

① 「식품 위생법」
② 「소비자 기본법」
③ 「대기 환경 보전법」
④ 「어린이 놀이 시설 안전 관리법」
⑤ 「감염병 예방 및 관리에 관한 법률」

07 다음 그림을 통해 알 수 있는 법의 역할로 알맞은 것은 어느 것입니까? ( )

① 개인의 생명을 지켜 준다.
② 환경 오염을 예방해 준다.
③ 개인의 의무를 보장해 준다.
④ 개인의 권리를 보호해 준다.
⑤ 건강하게 살 수 있게 도와준다.

08 다음 사진과 관련 있는 법의 역할을 찾아 바르게 연결하시오.

(1)  • • ㉠ 환경을 깨끗하게 만들어 준다.

(2)  • • ㉡ 범죄로부터 안전하게 지켜 준다.

(3)  • • ㉢ 교통사고를 예방할 수 있게 해 준다.

[09~10] 다음을 보고, 물음에 답하시오.

09 위와 같은 행위로 인해 영화 제작자가 침해받은 권리는 무엇인지 쓰시오.

( )

10 위와 같이 영화를 불법으로 인터넷에 올리면 일어나게 될 일을 두 가지 고르시오. (,)

① 개인 정보가 유출될 수 있다.
② 주변 환경이 오염될 수 있다.
③ 영화를 불법으로 올려도 처벌받지 않는다.
④ 영화 제작자는 영화를 만드는 데 든 비용을 제대로 보상받지 못하게 된다.
⑤ 영화를 불법으로 올린 사람과 영화 제작자 사이에 다툼이 일어날 수 있다.

11 법을 지켜야 하는 까닭으로 알맞지 <u>않은</u> 것은 어느 것입니까? ( )

① 사회 질서를 유지하기 위해서이다.
② 개인의 권리를 보장하기 위해서이다.
③ 다른 사람에게 피해를 주지 않기 위해서이다.
④ 다른 사람의 권리를 침해할 수 있기 때문이다.
⑤ 다른 사람의 권리보다 자신의 권리를 먼저 보장받기 위해서이다.

12 다음 ( ) 안에 들어갈 알맞은 말은 어느 것입니까? ( )

재판에서 ( )은/는 법을 위반한 점에 대해 심판을 요청하는 사람이다.

① 판사 ② 검사 ③ 증인
④ 변호인 ⑤ 피고인

❶ 인권을 존중하는 삶

1 인권

의미	모든 사람이 인간답게 살기 위해 당연히 누려야 할 (㉠)임.
특징	• 인권은 인간이라면 누구나 태어나면서부터 당연하게 가지는 기본적인 권리임. • 인권은 인종, 종교, 국적, 성별, 나이 등과 상관없이 누구나 동등하게 누려야 하는 권리임. • 인권은 함부로 침해할 수 없음.

2 인권 신장을 위한 옛사람들의 노력

인물	• 허균: 신분에 따라 차별하는 당시의 사회 제도를 비판하는 『홍길동전』을 썼음. • (㉡): 어린이의 인권 신장을 위해 어린이날과 어린이 잡지 등을 만듦. • 박두성: 시각 장애인의 인권을 위해 한글 점자인 '훈맹정음'을 만듦. • 이효재: 남성과 여성의 평등을 주장하고 여성 단체를 만들었음. • 이태영: 여성에서 불평등한 사회 제도와 법을 바꾸려고 노력하였음. • 전태일: 노동자들의 인권 신장을 위해 노력함. • 로자 파크스: 흑인들의 인권을 위해 노력함. • 에멀라인 팽크허스트: 여성의 참정권 획득을 위해 노력함.
제도와 기관	삼복 제도(삼복제), 신문고, 격쟁, 상언, 출산 휴가, 활인서, 명통시 등

3 생활 속 인권 보장이 필요한 사례

① 인권을 보장받지 못한 사례: 정당한 이유 없이 장애인 보조견의 출입을 거부한 경우, 경사로가 없어 이동이 불편한 경우, 나이를 이유로 취업을 거부한 경우, 성별을 이유로 차별하는 경우, 피부색이나 외모를 이유로 놀리는 경우, 사이버 폭력, 사생활 침해 등

② 인권 보장이 필요한 까닭: 인권을 보장받지 못하면 행복하고 인간다운 삶을 살 수 없기 때문입니다.

❹ 인권 보장을 위한 노력과 실천

① 개인, 단체, 국가 등이 인권을 보장하기 위해 다양한 노력을 하고 있습니다.

② 인권 보장을 위한 노력: 인권 교육 활동, 인권 개선 활동, 공공 편의 시설 설치, 사회 보장 제도 시행, 인권 관련 법 제정, 국가 인권 위원회와 같은 인권 보호 기관 설립 등

③ 인권 보장 실천 방법: 인권 보장 캠페인 참여하기, 인권 표어나 인권 포스터 만들기, 학급 인권 선언문 만들기 등

❷ 헌법과 인권 보장

1 헌법

의미	법 중에서 가장 기본이 되는 법으로 우리나라 최고의 법임.
특징	헌법을 바탕으로 여러 법이 만들어짐. ➡ 법들은 헌법에 어긋나서는 안 됨.
내용	• 국가기관을 조직하고 운영하는 기본 원칙 • 국민이 누려야 할 (㉢)와 지켜야 할 의무
역할	• 국민의 인권을 보장해 줌. • 인권 문제를 판단하는 기준이 됨. • 법이 인권을 침해하였는지 여부를 판단하는 기준이 됨.
중요한 까닭	• 헌법에는 국민의 자유와 권리가 보장되어 있기 때문에 • 헌법의 내용에 따라 나라가 운영되기 때문에 • 모든 법이 헌법을 바탕으로 만들어지기 때문에

2 헌법에 나타난 국민의 기본권

(㉣)	법을 공평하게 적용받아 차별받지 않을 권리
자유권	자유롭게 생각하고 행동할 수 있는 권리
참정권	국가의 정치 의사 형성 과정에 참여할 수 있는 권리
청구권	기본권이 침해되었을 때 국가에 어떤 일을 해 달라고 요구할 수 있는 권리
(㉤)	인간답게 살 수 있도록 국가에 요구할 수 있는 권리

❸ 헌법에 나타난 국민의 의무

교육의 의무	모든 국민은 자녀가 잘 성장할 수 있도록 교육을 받게 할 의무가 있음.
납세의 의무	모든 국민은 세금을 내야 할 의무가 있음.
(ⓗ)의 의무	모든 국민은 일할 의무가 있음.
국방의 의무	모든 국민은 우리 모두의 안전을 위해 나라를 지킬 의무가 있음.
환경 보전의 의무	국가와 국민은 환경 보전을 위해 노력해야 할 의무가 있음.

❹ 권리와 의무의 관계

① 권리와 의무는 긴밀하게 연결되어 있고 서로의 입장에 따라 충돌하는 경우가 있습니다.

② 권리만 주장하고 의무를 다하지 않으면 여러 가지 문제가 발생할 수 있습니다.

➡ 권리와 의무를 조화롭게 실천하기 위해 노력해야 함.

❸ 법의 의미와 역할

❶ 법의 의미와 성격

의미	국가가 만든 (ⓐ)이 있는 규범
성격	• 법은 사람들이 사회생활에서 지켜야 할 행동 기준임. • 법을 어기면 제재를 받음. • 법이 사회의 변화에 맞지 않거나 인권을 침해한 경우 법을 바꾸거나 새로 만들 수 있음.

❷ 법과 도덕 비교

법	도덕
• 반드시 지켜야 함. • 어길 경우 처벌받음.	• 자율적으로 지킴. • 어겨도 처벌받지 않음.

❸ 우리 생활 속 다양한 법

「도로 교통법」	등 · 하교 시 교통사고의 위험으로부터 안전하게 지켜 줌.
「초 · 중등 교육법」	일정한 나이가 되면 초등학교에 다녀야 함.
「학교 급식법」	영양이 풍부한 음식을 위생적이고 안전하게 제공함.
「어린이 놀이 시설 안전 관리법」	어린이 놀이 시설을 안전하게 만들고 관리함.
「어린이 식생활 안전 관리 특별법」	학교 주변에서 건강에 해로운 식품을 팔지 못하게 함.
「(◎)」	음악, 영화, 출판물 등을 만든 저작권자를 보호함.
「소비자 기본법」	소비자의 권익을 증진하기 위한 법
「식품 위생법」	식품으로 인해 생기는 위생상의 문제를 방지하고, 올바른 식품 정보를 제공하여 국민이 건강하도록 하는 법

❹ 법의 역할

개인의 권리 보장	• 개인의 생명과 재산을 보호해 줌. • 개인 간에 발생한 분쟁을 해결해 줌. • 침해된 권리를 보호해 주고, 구제받을 수 있는 방법을 알려 줌. • 질병 치료 등 건강하게 살아갈 수 있게 도와줌.
사회 (ⓩ) 유지	• 범죄나 사고로부터 사람들을 보호하고 안전하게 살아갈 수 있게 해 줌. • 환경을 보호하며, 사람들이 쾌적한 환경에서 살 수 있게 해 줌.

❺ 법을 준수해야 하는 까닭

① 법을 어기면 다른 사람에게 피해를 주고, 다른 사람의 권리를 침해하기 때문입니다.

② 법을 지켜야 개인의 권리를 보장할 수 있기 때문입니다.

③ 법을 지키지 않으면 사회 질서를 유지할 수 없기 때문입니다.

정답 ㉠ 권리 ㉡ 방정환 ㉢ 권리 ㉣ 평등권 ㉤ 사회권 ㉥ 근로 ⓐ 강제성 ◎ 저작권법 ⓩ 질서

01 다음 문구가 의미하는 것은 무엇입니까? ( )

> 모든 사람은
> 태어날 때 부터
> 자유롭고 존엄하며
> 평등하다.

① 인권은 침해당해도 된다.
② 인권은 국가에서 정한다.
③ 인권을 어기면 반드시 처벌받는다.
④ 일정한 나이가 되면 인권이 생긴다.
⑤ 인권은 누구나 동등하게 누려야 하는 권리이다.

02 여성의 참정권 획득을 위해 노력한 인물은 누구입니까? ( )

①
▲ 로자 파크스

②
▲ 에멀라인 팽크허스트

③
▲ 방정환

④
▲ 박두성

⑤
▲ 전태일

03 다음에서 설명하는 인권 신장을 위한 옛날의 제도는 무엇입니까? ( )

> 사형과 같은 무거운 형벌을 내릴 때에는 세 번의 재판을 받게 하였다.

① 격쟁   ② 상언
③ 활인서   ④ 신문고
⑤ 삼복 제도

[04~05] 다음을 보고, 물음에 답하시오.

갈 수가 없네……

04 위 그림에 나타나 있는 인권 침해로 알맞은 것은 어느 것입니까? ( )

① 사생활이 침해되었다.
② 사이버 폭력을 당하였다.
③ 나이를 이유로 차별받았다.
④ 외모를 이유로 차별받았다.
⑤ 휠체어로 이동을 할 수 없어 불편하다.

05 위 그림에 나타나 있는 인권 침해 문제를 해결하기 위한 방법으로 알맞지 <u>않은</u> 것은 어느 것입니까? ( )

① 경사로 설치
② 도움벨 설치
③ 점자 블록 설치
④ 엘리베이터 설치
⑤ 휠체어 리프트 설치

06 다음 ( ) 안에 들어갈 알맞은 말을 골라 쓰시오.

> (개인 , 국가)은/는 국민이 질병, 빈곤, 장애, 노령 등으로 인한 어려움에서 벗어나 안정적으로 살 수 있도록 다양한 사회 보장 제도를 시행하고 있다.

(   )

07 다음 ( ) 안에 공통으로 들어갈 알맞은 말은 어느 것입니까? (   )

> • (   )은/는 법 중에서 가장 기본이 되는 법이다.
> • 여러 법은 (   )에 어긋나서는 안 된다.
> • (   )은/는 모든 국민이 존중받고 행복한 삶을 살아가는 데 필요한 내용을 담고 있다.

① 헌법   ② 인권   ③ 권리
④ 의무   ⑤ 도덕

☆☆
08 다음은 헌법 조항을 나타낸 것입니다. 이를 통해 알 수 있는 헌법의 역할은 어느 것입니까? (   )

▲ 체포 또는 구속되었을 때 변호인의 도움을 받을 수 있음.
▲ 무료로 예방 접종을 받을 수 있음.

① 환경을 보호해 준다.
② 옳고 그름을 판단해 준다.
③ 국민의 인권을 보장해 준다.
④ 범죄로부터 국민을 보호해 준다.
⑤ 법이 헌법에 어긋나는지 심판한다.

09 다음 기관에 대한 설명으로 알맞지 <u>않은</u> 것은 어느 것입니까? (   )

▲ 헌법재판소

① 국가기관이다.
② 새로운 법을 만드는 일을 한다.
③ 헌법 질서를 지키는 일을 한다.
④ 법이 헌법에 어긋나는지 심판한다.
⑤ 국가 권력이 국민의 인권을 침해하였는지 심판한다.

10 다음 중 청구권과 관련 있는 상황은 어느 것입니까? (   )

11 다음 헌법 조항과 관련 있는 기본권을 쓰시오.

> • 제31조 제1항: 모든 국민은 능력에 따라 균등하게 교육받을 권리를 가진다.
> • 제34조 제1항: 모든 국민은 인간다운 생활을 할 권리를 가진다.

(   )

[12~13] 다음을 보고, 물음에 답하시오.

> ## ○○ 신문
>
> ### 땅 주인과 □□시 충돌
>
> □□시는 멸종 위기종이 발견된 지역을 생태 보호 지역으로 지정할 계획을 세우고 인근 땅을 개발하지 못하도록 제한하였다. 그 과정에서 개인의 땅을 개발하지 못하게 하는 것은 ㉠ 권리 침해라고 주장하는 땅 주인과 환경을 지켜야 하는 것은 모두의 ㉡ 의무라고 주장하는 □□시가 대립하고 있다.

12 위의 ㉠에 해당하는 권리와 ㉡에 해당하는 의무가 바르게 짝지어진 것은 어느 것입니까? (   )

	㉠	㉡
①	참정권	환경 보전의 의무
②	자유권	환경 보전의 의무
③	자유권	납세의 의무
④	평등권	납세의 의무
⑤	청구권	교육의 의무

☆☆
13 위 내용을 통해 알 수 있는 권리와 의무의 관계로 알맞지 않은 것은 어느 것입니까? (   )

① 권리보다 의무를 우선시한다.
② 권리와 의무는 충돌하기도 한다.
③ 권리와 의무는 긴밀하게 연결되어 있다.
④ 권리와 의무의 조화로운 실천이 중요하다.
⑤ 권리만 주장하고 의무를 다하지 않으면 문제가 발생할 수 있다.

14 다음 중 법을 지키지 않은 어린이의 이름을 쓰시오.

> 수민: 버스에서 시끄럽게 떠들었어.
> 민아: 어제 저녁에 언니와 말싸움을 했어.
> 소율: 동생이 가지고 놀던 장난감을 뺏었어.
> 애리: 아침에 이웃 어른을 봤는데 인사를 하지 않았어.
> 건우: 문구점에 내가 가지고 싶었던 학용품이 있어서 돈을 내지 않고 가져왔어.

(   )

15 다음을 보고 알 수 있는 법의 성격으로 알맞은 것은 어느 것입니까? (   )

> 전동 킥보드를 타는 사람이 많아지면서 안전사고가 계속 일어나자, 면허가 있어야 전동 킥보드를 탈 수 있고, 전동 킥보드를 탈 때에는 반드시 안전모를 써야 하며, 혼자 타도록 「도로 교통법」의 내용이 바뀌었다.

① 한번 만들어진 법은 바꿀 수 없다.
② 법을 바꿀 때에는 국민 투표를 거쳐야 한다.
③ 법은 사람들이 자율적으로 지키는 규범이다.
④ 법은 사회 구성원들의 양심에 비추어 지켜야 할 규범이다.
⑤ 법이 사회의 변화에 맞지 않으면 바꾸거나 새로 만들 수 있다.

16 법을 잘 지킨 어린이는 누구입니까? ( )

 ① 버스에서 자리를 양보했어요.

 ② 동생과 싸우지 않고 잘 지내요.

 ③ 음료수를 살 때 유통 기한을 확인해요.

 ④ 횡단보도를 건널 때는 자전거에서 내려 끌고 가요.

⑤ 웃어른을 만나면 반갑게 인사해요.

17 우리 생활 속의 법에 대한 설명으로 알맞지 <u>않은</u> 것을 보기 에서 모두 골라 기호를 쓰시오.

보기
㉠ 법은 우리의 생활 곳곳에 적용된다.
㉡ 어린이와 노인은 법의 적용을 받지 않는다.
㉢ 법은 범죄나 사고가 발생했을 때만 적용된다.

( )

18 다음과 같은 상황에 적용할 수 있는 법은 무엇입니까? ( )

미세 먼지가 심해서 숨쉬기 힘들어요. 공기를 깨끗하게 만들어 주세요.

① 「저작권법」
② 「식품 위생법」
③ 「소비자 기본법」
④ 「대기 환경 보전법」
⑤ 「감염병 예방 및 관리에 관한 법률」

19 법의 역할 중 개인의 권리를 보장하는 모습으로 가장 알맞은 것은 어느 것입니까? ( )

 ①

 ②

 ③

 ④

 ⑤

GREEN FOOD ZONE 여기부터는 어린이 식품안전보호구역입니다. 용인시

20 다음과 같이 법을 어길 경우 일어날 수 있는 일로 알맞지 <u>않은</u> 것은 어느 것입니까? ( )

안 치워도 아무도 모르겠지.

① 공원의 환경이 오염된다.
② 반려동물 주인의 권리를 침해하게 된다.
③ 공원을 이용하는 사람들에게 피해를 주게 된다.
④ 공원을 이용하는 사람들이 불쾌감을 느끼게 된다.
⑤ 반려동물 주인과 공원을 이용하는 사람들 간에 다툼이 생길 수 있다.

01 다음을 보고, 물음에 답하시오.

▲ 방정환

▲ 박두성

▲ 전태일

(1) 위 인물 중 다음과 같은 일을 한 사람을 찾아 쓰시오.
　① 한글 점자를 만들었다. (　　　　　　　　)
　② 어린이날을 만들었다. (　　　　　　　　)
　③「근로 기준법」을 지킬 것을 주장하였다.
　　　　　　　　　　　(　　　　　　　　)

(2) 위 인물들이 한 일의 공통점은 무엇인지 쓰시오.

_____

_____

02 다음을 보고, 물음에 답하시오.

ㄱ

ㄴ

ㄷ

ㄹ

(1) 위 ㄱ~ㄹ 중 이동에 어려움을 겪고 있는 사례를 찾아 기호를 쓰시오.

(　　　　　　　　)

(2) 위 ㄱ~ㄹ 중 사생활을 침해한 경우를 찾아 기호를 쓰시오.

(　　　　　　　　)

(3) 위 사례를 다음과 같이 정리할 때 (　) 안에 들어갈 알맞은 말을 쓰시오.

> 위 사례는 모두 (　　　　　　)이/가 침해된 상황이다.

(　　　　　　　　)

(4) 위와 같은 사례가 일어나지 않게 하기 위해서 할 수 있는 일을 한 가지만 쓰시오.

_____

_____

03 다음을 보고, 물음에 답하시오.

> **대한민국 헌법**
>
> 제1조 ① 대한민국은 민주 공화국이다.
>
> ② 대한민국의 주권은 국민에게 있고, 모든 권력은 국민으로부터 나온다.
>
> ⋮
>
> 제10조 모든 국민은 인간으로서의 존엄과 가치를 가지며, 행복을 추구할 권리를 가진다. 국가는 개인이 가지는 불가침의 기본적 인권을 확인하고 이를 보장할 의무를 진다.
>
> ⋮

(1) 위 헌법 제1조의 의미는 무엇인지 ( ) 안에 공통으로 들어갈 알맞은 말을 쓰시오.

> 대한민국은 나라를 다스리는 권력이 (   ) 에게 있으며, (   )이 뽑은 대표가 (   ) 의 뜻에 따라 나라의 일을 하는 국가라는 의미이다.

(   )

(2) 헌법에 위 제10조의 내용을 제시한 까닭을 쓰시오.

_____

_____

(3) 위 헌법 조항을 통해 알 수 있는 헌법이 중요한 까닭을 쓰시오.

_____

_____

04 다음을 보고, 물음에 답하시오.

(1) 위 그림을 보고, 도로에서 지켜야 할 법은 무엇인지 ㉠~㉣에 들어갈 알맞은 말을 쓰시오.

> • 차를 탈 때에는 (㉠) 매기
> • (㉡)에서는 자전거에서 내려 끌고 가기
> • 신호등이 (㉢)일 때 횡단보도 건너기
> • (㉣)에서는 30km 이하의 속도로 달리기

㉠: (   )
㉡: (   )
㉢: (   )
㉣: (   )

(2) 위와 같이 안전을 위해 도로에서 적용되는 법은 무엇인지 쓰시오.

(   )

(3) 위와 같이 우리의 일상 곳곳에 법이 필요한 까닭은 무엇인지 법의 역할과 관련지어 쓰시오.

_____

_____

배점 | 20점

학습 주제   인권 보장을 위한 노력

학습 목표   인권 보장을 위한 우리 사회의 노력을 설명할 수 있다.

[1~2] 다음 인권 보장을 위한 노력을 보고, 물음에 답하시오.

▲ 인권 교육 활동   ▲ 세계 여성의 날 캠페인 활동   ▲ 점자 블록 설치   ▲ 무료 예방 접종 실시

1 위 자료를 보고, 인권 보호 노력에 대한 설명으로 옳은 것을 보기 에서 모두 골라 기호를 쓰시오.

보기

㉠ 인권 교육은 가정에서만 이루어진다.

㉡ 세계 여성의 날 캠페인은 반려동물의 인권을 위한 활동이다.

㉢ 시각 장애인이 자유롭게 이동할 수 있도록 점자 블록을 설치한다.

㉣ 국가는 국민이 질병 등에서 벗어나 안정적으로 살 수 있는 사회 보장 제도를 시행한다.

(   )

2 위 점자 블록과 같이 장애인을 위한 공공 편의 시설에는 어떤 것이 있는지 세 가지를 조사하여 쓰시오.

구분	공공 편의 시설	목적
①		
②		
③		

학습 주제 | 헌법에 나타난 국민의 기본권과 의무

학습 목표 | 헌법에 나타난 국민의 기본권과 의무를 설명하고, 헌법에서 국민의 기본권과 의무를 정한 까닭을 이해할 수 있다.

배점 | 20점

[3~5] 다음은 헌법에 나타난 기본권과 의무입니다. 물음에 답하시오.

3 위 ㉠~㉙을 국민의 기본권과 국민의 의무로 구분하여 기호를 쓰시오.

국민의 기본권	국민의 의무
①	②

4 국민의 기본권과 의무에 대한 설명으로 옳은 것을 보기 에서 모두 골라 기호를 쓰시오.

> 보기
> ㉠ 국민의 기본적인 권리를 기본권이라고 한다.
> ㉡ 헌법은 국민이 지켜야 할 의무도 규정하고 있다.
> ㉢ 국민의 기본권과 의무가 충돌할 경우 기본권이 우선시된다.

(   )

5 헌법에서 국민의 기본권뿐만 아니라 의무도 정한 까닭을 쓰시오.

_____

● 태민이가 스마트폰을 사용하기 위해서는 잠금 패턴을 풀어야 합니다. 다음을 보고 옳은 설명에 해당하는 번호를 골라 패턴을 완성해 봅시다.

잠금 해제 패턴을 그리세요.

① 지구상에 가상으로 그은 가로선을 위선, 세로선을 경선이라고 합니다. ────── ○ ✕

② 한 나라의 영역은 그 나라의 주권이 미치는 범위로, 영토, 영해, 영공으로 이루어집니다. ────── ○ ✕

③ 세종, 부산, 대구, 대전, 광주, 창원 6곳은 모두 우리나라의 광역시입니다. ────── ○ ✕

④ 우리나라는 대체로 북쪽과 남쪽이 높고 험한 산지가 많은 편입니다. ────── ○ ✕

⑤ 우리나라의 큰 하천은 대부분 동쪽에서 서쪽으로 흐릅니다. ────── ○ ✕

⑥ 우리나라는 장마, 태풍 등의 영향으로 연평균 강수량의 절반 이상이 겨울에 내립니다. ────── ○ ✕

⑦ 인구가 증가한 지역에서는 일손 부족 문제가 발생합니다. ────── ○ ✕

⑧ 오늘날 우리나라 인구의 절반 이상은 수도권에 살고 있습니다. ────── ○ ✕

⑨ 교통의 발달로 사람과 물자의 이동이 활발해지고, 지역 간의 이동 시간이 줄어들었습니다. ────── ○ ✕

● 도영이네 가족이 주말을 맞아 여행을 가려고 합니다. 옳은 내용을 골라 기차역으로 가는 길을 찾아봅시다.

인권은 모든 사람이 인간답게 살기 위해 당연히 누려야 할 권리입니다.

방정환은 어린이의 인권 신장을 위해 노력하였습니다.

헌법의 내용은 새로 고치거나 바꿀 수 없습니다.

참정권은 국가의 정치 의사 형성 과정에 참여할 수 있는 권리입니다.

법은 양심상 지켜야 하지만 누구나 무조건 지켜야 하는 강제성은 없습니다.

쉬어가기 | 정답

62쪽

1. 지구상에 가상으로 그은 가로선을 위선, 세로선을 경선이라고 합니다. ⭕ ✕
2. 한 나라의 영역은 그 나라의 주권이 미치는 범위로, 영토, 영해, 영공으로 이루어집니다. ⭕ ✕
3. 세종, 부산, 대구, 대전, 광주, 창원 6곳은 모두 우리나라의 광역시입니다. ⭕ ❌
4. 우리나라는 대체로 북쪽과 남쪽이 높고 험한 산지가 많은 편입니다. ⭕ ❌
5. 우리나라의 큰 하천은 대부분 동쪽에서 서쪽으로 흐릅니다. ⭕ ✕
6. 우리나라는 장마, 태풍 등의 영향으로 연평균 강수량의 절반 이상이 겨울에 내립니다. ⭕ ❌
7. 인구가 증가한 지역에서는 일손 부족 문제가 발생합니다. ⭕ ❌
8. 오늘날 우리나라 인구의 절반 이상은 수도권에 살고 있습니다. ⭕ ✕
9. 교통의 발달로 사람과 물자의 이동이 활발해지고, 지역 간의 이동 시간이 줄어들었습니다. ⭕ ✕

잠금 해제 패턴을 그리세요.

63쪽

인권은 모든 사람이 인간답게 살기 위해 당연히 누려야 할 권리입니다.

방정환은 어린이의 인권 신장을 위해 노력하였습니다.

헌법의 내용은 새로 고치거나 바꿀 수 없습니다.

참정권은 국가의 정치 의사 형성 과정에 참여할 수 있는 권리입니다.

법은 양심상 지켜야 하지만 누구나 무조건 지켜야 하는 강제성은 없습니다.

만점왕 통합본 과학 5-1

구성과 특징

개념책

교과서 개념을 충실하게 반영하였으며 실전 문제로 교과 학습을 완벽하게 이해할 수 있도록 내용을 구성하였습니다.

단원 평가

다양한 문제를 풀어 보며 자신의 학습 상태를 점검하고 학교 단원 평가에 대비할 수 있도록 내용을 구성하였습니다.

1 교과서 개념 익히기

자세한 개념 설명과 그림을 통해 교과서 내용을 분명하게 파악할 수 있습니다.

2 실전 문제

앞서 배운 개념과 관련된 문제를 풀어 보며 주요 내용을 꼼꼼하게 확인할 수 있습니다.

3 단원 정리

꼭 알아야 할 단원의 핵심 개념을 한 페이지로 확인할 수 있습니다.

4 단원 정리 평가

단원을 정리하는 문제를 풀어 보며 실력을 점검, 보완할 수 있습니다.

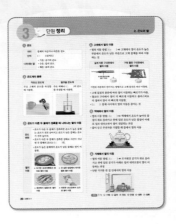

5, 6 서술형 문제 & 수행 평가

각 단원에서 익힌 내용을 활용하여 학교 시험의 서술형 문제와 수행 평가에 대비할 수 있습니다.

이 책의 차례

1. 과학자는 어떻게 탐구할까요?

1 탐구 문제를 정해 볼까요?

1. 문제 인식

(1) 문제 인식: 탐구할 문제를 찾아 명확하게 나타내는 것을 문제 인식이라고 합니다.

(2) 탐구 문제를 정하는 방법

① 평소에 호기심이 있었던 내용으로 탐구 문제를 정합니다.

② 관찰한 내용 중에서 궁금한 점을 탐구 문제로 정합니다.

- 탐구 문제를 정할 때에는 실험을 통해 검증할 수 있는 문제인지, 무엇을 알아보고자 하는 것인지 등을 명확하게 해야 합니다.
- '왜 그럴까?', '이것은 무엇일까?', '~하면 어떻게 될까?'와 같은 방법으로 정합니다.

2. 탐구 문제를 정할 때 생각할 점

① 탐구하고 싶은 내용이 분명하게 드러나야 합니다.

　예 물의 색깔이 다르면 햇볕에 데워지는 정도가 다를까?

② 탐구 범위가 좁고 구체적이어야 합니다.

　예 콜라를 끓이면 검은색 김이 나올까?

③ 관찰이나 실험을 통해 스스로 해결할 수 있는 문제여야 합니다.

　예 토마토가 잘 자라는 온도는 몇 도일까?

📝 **탐구 문제의 잘못된 예**

- 물은 데워질까?
  - ➡ 탐구하고 싶은 내용이 분명하지 않습니다.
- 모든 식물의 한살이는 어떠할까?
  - ➡ 탐구 범위가 너무 넓어서 탐구를 모두 실행하기가 어렵습니다.
- 지구는 어떤 모양일까?
  - ➡ 관찰이나 실험을 통해 해결이 아닌 간단한 조사로 알 수 있는 문제입니다.

탐구 정하기	예 색종이를 물 위에 띄우고 관찰했을 때 궁금한 점

- 색종이는 왜 물속에 가라앉지 않고 물 위에 떠 있을까?
- 다른 종류의 종이를 접어서 물 위에 띄우면 어떻게 될까?
- 색종이를 접어 물 위에 띄우면 왜 펴질까?
- 색종이의 접힌 부분마다 펴지는 데 걸리는 시간은 왜 다를까?

▲ 색종이를 접어서 물에 띄운 모습

낱말사전

탐구 진리나 학문 따위를 깊이 파고들어 연구함.

개념 확인문제

정답과 해설 45쪽

1 탐구할 문제를 찾아 명확하게 나타내는 것을 (　　　　)(이)라고 합니다.

2 탐구 문제로 적합한 것에 ○표, 적합하지 않은 것에 ×표 하시오.

(1) 꽃은 얼마나 예쁠까?　　　　　　　　　　　　　　　　(　　)

(2) 토마토가 잘 자라는 온도는 몇 도일까?　　　　　　　　(　　)

(3) 물의 색깔이 다르면 햇볕에 데워지는 정도가 다를까?　　(　　)

② 실험을 계획해 볼까요?

1. 실험 계획을 세우는 방법

(1) 실험 계획을 세울 때 생각할 점

① 탐구 문제를 해결할 수 있는 적절한 실험 방법을 생각합니다.
② 다르게 해야 할 조건과 같게 해야 할 조건, 관찰하거나 측정해야 할 것을 정합니다.
③ 스스로 실험할 수 있는 실험 과정을 구체적으로 생각합니다.
④ 실험을 하면서 지켜야 할 안전 수칙을 생각합니다.

(2) 변인 통제: 실험에서 다르게 해야 할 조건과 같게 해야 할 조건을 확인하고 통제하는 것을 변인 통제라고 합니다.

➡ 변인 통제를 하는 까닭: 변인 통제를 하지 않으면 결과에 영향을 주는 조건을 정확하게 알 수 없기 때문입니다.

2. 실험 계획 세우기

① 실험에서 다르게 해야 할 조건과 같게 해야 할 조건을 찾고, 그 방법을 정합니다.
② 실험을 할 때 관찰하거나 측정해야 할 것을 정합니다.

탐구 문제에 대한 실험 계획 세우기	
탐구 문제	예 종이의 종류에 따라 종이의 접힌 부분이 물 위에서 펴지는 데 걸리는 시간은 다를까?
다르게 해야 할 조건	종이의 종류
같게 해야 할 조건	종이의 모양, 종이의 크기, 종이를 접는 방법, 물의 양
관찰하거나 측정해야 할 것	종이의 종류가 다를 때 종이의 접힌 부분이 물 위에서 펴지는 데 걸리는 시간

③ 준비물과 실험 과정을 순서대로 정리하고, 안전 수칙을 정합니다.
④ 실험을 할 때 모둠 구성원 각각의 역할을 정합니다.

✏ 모둠 구성원의 역할 분담 예

구성원	역할
○○	꽃 모양 종이 그리기
○○	꽃 모양 종이 오리기와 접기
○○	쟁반에 물 담기, 접어 놓은 꽃 모양 종이를 물 위에 띄우기
○○	종이가 물 위에서 펴지는 데 걸리는 시간을 측정하고 기록하기

✏ 실험 계획의 발표

실험 계획을 발표하고, 고쳐야 할 부분을 찾아 수정하여 실험 계획을 완성합니다.

낱말사전

조건 어떠한 일이 진행되거나 성립되는 데 갖추어야 할 상태나 요소

---

3 실험에 영향을 주는 여러 조건을 찾고, 다르게 해야 할 조건과 같게 해야 할 조건을 확인하고 통제하는 것을 (   )(이)라고 합니다.

4 "종이의 종류에 따라 종이의 접힌 부분이 물 위에서 펴지는 데 걸리는 시간은 다를까?"를 탐구하기 위해 같게 해야 할 조건에 '같', 다르게 해야 할 조건에 '다'를 쓰시오.

(1) 종이의 크기 ( )
(2) 종이의 종류 ( )
(3) 종이의 모양 ( )

❸ 실험을 해 볼까요?

1. 실험하기

실험하기

실험하기	
탐구 문제	예 종이의 종류에 따라 종이의 접힌 부분이 물 위에서 펴지는 데 걸리는 시간은 다를까?
실험 결과	예 색종이, 한지, 신문용지, 도화지로 만든 꽃 모양 종이가 모두 펴지는 데 걸리는 시간(각각 3회씩 실험하면서 측정함.) • 색종이로 만든 꽃 모양이 모두 펴지는 데 걸리는 시간은 50초, 53초, 49초가 걸렸음. • 한지로 만든 꽃 모양이 모두 펴지는 데 걸리는 시간은 3회 모두 1초가 걸렸음. • 신문용지로 만든 꽃 모양이 모두 펴지는 데 걸리는 시간은 3회 모두 4초가 걸렸음. • 도화지로 만든 꽃 모양이 모두 펴지는 데 걸리는 시간은 1분 30초, 1분 41초, 1분 25초가 걸렸음.

색종이

2. 실험할 때 주의할 점

① 계획한 과정에 따라 변인 통제에 유의하며 실험을 합니다.
② 관찰하거나 측정하려고 했던 것을 생각하면서 결과를 기록합니다.
③ 실험 결과를 있는 그대로 기록하고, 실험 결과가 예상과 다르더라도 고치거나 빼지 않습니다.
④ 실험하는 동안 안전 수칙을 지킵니다.

❹ 실험 결과를 정리하고 해석해 볼까요?

1. 실험 결과 정리하기

(1) **자료 변환**: 실험 결과를 한눈에 비교하기 쉽게 여러 가지 형태로 바꾸어 나타내는 것을 자료 변환이라고 합니다.
➡ 실험 결과를 표나 그래프 등으로 나타낼 수 있습니다.

반복 실험을 하는 까닭

결과의 신뢰도를 높이기 위해서는 실험을 반복하는 것이 좋습니다.

실험 시 점검해야 할 사항

○ 실험 순서에 맞추어 실험했는가?
○ 다르게 해야 할 조건과 같게 해야 할 조건을 지키며 실험했는가?
○ 관찰하거나 측정하려고 했던 것을 생각하면서 결과를 기록했는가?
○ 실험 결과를 고치거나 빼지 않고 있는 그대로 기록했는가?
○ 안전 수칙을 지키며 실험했는가?

자료 변환을 하는 까닭

○ 자료 변환을 하면 자료의 특징을 한눈에 비교하기 쉽습니다.
○ 자료 변환을 하면 실험 결과의 특징을 쉽게 이해할 수 있습니다.

낱말사전

신뢰도 믿고 의지할 수 있는 정도
기록
① 주로 후일에 남길 목적으로 어떤 사실을 적음. 또는 그런 글
② 운동 경기 따위에서 세운 성적이나 결과를 수치로 나타냄.

개념 확인문제

정답과 해설 45쪽

5 실험을 할 때 주의할 점으로 옳은 것에 ○표, 옳지 <u>않은</u> 것에 ×표 하시오.

(1) 실험하는 동안 안전 수칙을 지킵니다. ( )
(2) 실험을 끝낸 후 결과를 한꺼번에 기록합니다. ( )
(3) 변인 통제에 유의하며 계획한 실험 순서에 따라 실험을 합니다. ( )

6 실험 결과를 한눈에 비교하기 쉽게 표나 그래프의 형태로 바꾸어 나타내는 것을 ( )(이)라고 합니다.

(2) 실험 결과를 표로 나타내는 방법

① 다르게 한 조건에 따라 실험 결과가 잘 나타나도록 제목을 정합니다.
② 표의 첫 번째 가로줄과 첫 번째 세로줄에 적을 항목을 정합니다.
③ 항목 수를 생각하여 가로줄과 세로줄의 개수를 정하고 표를 그립니다.
④ 표의 각 칸에 결괏값을 기록합니다.

2. 실험 결과 해석하기

• 자료 해석: 실험 결과를 통해 알 수 있는 점을 생각하고, 실험 결과 사이의 관계나 규칙을 찾아내는 것을 자료 해석이라고 합니다.

실험 결과의 정리와 결과의 해석

예 [꽃 모양 종이가 물 위에서 펴지는 데 걸리는 시간]

실험 횟수 \ 종이의 종류	색종이	한지	신문용지	도화지
1회	50초	1초	4초	1분 30초
2회	53초	1초	4초	1분 41초
3회	49초	1초	4초	1분 25초

[자료 해석]

종이의 종류와 종이의 접힌 부분이 물 위에서 펴지는 데 걸린 시간과의 관계
• 같은 종류의 종이가 펴지는 데 걸린 시간은 비슷하거나 같음.
• 종이의 종류에 따라 종이가 펴지는 데 걸린 시간이 다름.

① 표에서 가로줄과 세로줄의 값이 나타내고 있는 관계를 찾습니다.
② 표에 제시된 값들 사이의 규칙을 찾습니다.
③ 규칙에서 벗어난 것이 있다면 그 까닭은 무엇인지 생각합니다.
④ 실험 방법이나 과정에서 문제가 있는지 확인합니다.

⑤ 결론을 내려 볼까요?

1. **결론**: 실험 결과를 해석하여 얻은 탐구 문제의 답을 결론이라고 합니다.
2. **결론 도출**: 실험 결과에서 탐구 문제의 결론을 이끌어내는 과정을 결론 도출이라고 합니다.

결론 도출하기

예 '꽃 모양 종이가 물 위에서 펴지는 데 걸리는 시간 측정하기' 실험의 결론
➡ 종이의 종류에 따라 종이의 접힌 부분이 물 위에서 펴지는 데 걸리는 시간이 다름.

---

7 실험 결과를 통해 알 수 있는 점을 생각하고, 실험 결과 사이의 관계나 규칙성을 찾아내는 것을 (   )(이)라고 합니다.

8 실험 결과에서 탐구 문제의 결론을 이끌어내는 과정을 (   )(이)라고 합니다.

낱말사전

항목 법률이나 규정 따위에서 낱낱의 조항
도출 어떤 방안이나 결론을 이끌어 냄.

❶ 온도의 의미와 온도 변화

1. 온도

(1) 온도: 물체(물질)의 차갑거나 따뜻한 정도를 말합니다.

(2) 온도를 나타내는 방법: 숫자에 단위 ℃(섭씨도)를 붙여 나타냅니다.
➡ 온도를 사용하면 물질의 차갑거나 따뜻한 정도를 정확하게 나타낼 수 있습니다.

(3) 온도를 나타내는 말: 공기의 온도를 기온, 물의 온도를 수온, 몸의 온도를 체온이라고 합니다.

2. 정확한 온도 측정

(1) 온도를 정확하게 측정하는 방법: 온도계를 사용하여 물체의 온도를 정확히 측정할 수 있습니다.

(2) 일상생활에서 정확한 온도 측정이 필요한 까닭: 온도를 어림하면 정확한 온도를 알 수 없고 같은 온도라도 사람마다 다르게 느낄 수 있기 때문입니다.

(3) 생활 속에서 온도를 정확하게 측정해야 하는 경우

▲ 병원에서 환자의 체온을 확인할 때 　▲ 어항 속 수온을 확인할 때 　▲ 비닐 온실 안 기온을 확인할 때 　▲ 튀김 요리를 할 때

① 병원에서 환자의 체온을 정확하게 측정하여 몸에 이상을 빨리 발견할 수 있습니다.

② 어항 속 물의 온도를 정확하게 측정하여 일정한 온도에서 사는 물고기나 수초의 생활 환경을 조성할 수 있습니다.

③ 비닐 온실에서 배추를 재배할 때 공기의 온도를 정확하게 측정하여 싱싱한 배추를 재배할 수 있습니다.

④ 튀김 요리를 할 때 기름의 온도를 정확하게 측정하여 음식의 맛과 식감을 좋게 합니다.

차갑거나 따뜻한 정도 표현하기

- 얼음 팩을 만지면 차갑습니다.
- 냉장고에 넣어 두었던 고기는 차갑습니다.
- 얼음물에 담겨 있는 채소가 차갑습니다.
- 손난로를 만지면 따뜻합니다.
- 금방 찐 찐빵은 뜨겁습니다.
- 화덕에서 꺼낸 피자는 뜨겁습니다.
- 물을 끓이는 전기 주전자가 뜨겁습니다.
- 고기를 구울 때 고기 굽는 집게가 뜨겁습니다.

온도를 어림하는 경우

- 이마를 만져 보면서 열이 나는지 살펴봅니다.
- 계곡물에 손을 넣어 물이 차가운지 살펴봅니다.

낱말사전

조성 어떤 시설이나 자금 따위를 만들어서 이룸.

식감 음식을 먹을 때 입안에서 느끼는 감각

개념 확인문제

정답과 해설 45쪽

1 공기의 온도를 (　　　　), 물의 온도를 (　　　　), 몸의 온도를 (　　　　)(이)라고 합니다.

2 온도를 정확하게 측정하는 경우로 옳은 것에 ○표, 옳지 <u>않은</u> 것에 ×표 하시오.

(1) 새우튀김을 요리할 때 기름의 온도를 측정합니다. 　　　　　　(　　　)

(2) 목욕물의 온도가 적당한지 손을 넣어 느껴봅니다. 　　　　　　(　　　)

(3) 비닐 온실에서 배추를 재배할 때 공기의 온도를 측정합니다. 　(　　　)

3. 온도계의 종류와 사용 방법

(1) 적외선 온도계: 주로 고체의 온도를 측정할 때 사용합니다.

적외선 온도계를 사용하는 방법

▲ 손잡이에 있는 온도 측정 버튼을 한 번 눌러 적외선 온도계를 켬.

▲ 온도를 측정할 물체의 표면 쪽으로 적외선 온도계를 겨 눈 다음 온도 측정 버튼을 누르면서 레이저 빛을 물체 의 표면에 맞춤.

▲ 온도 표시 창에 표시된 온 도를 읽음.

➡ 측정한 온도 읽기: '23.1 ℃'라고 쓰고, '섭씨 이십삼 점 일 도'라고 읽음.

(2) 알코올 온도계: 주로 액체나 기체의 온도를 측정할 때 사용합니다.

알코올 온도계를 사용하는 방법

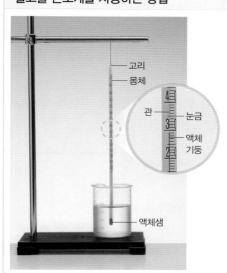

알코올 온도계의 고리 부분에 실을 매달아 고정함.

⬇

온도를 측정하려는 물질에 액체샘 부 분을 넣음.

⬇

온도계의 빨간색 액체가 더 이상 움직 이지 않으면 액체 기둥의 끝이 닿은 부분에 눈높이를 맞추어 눈금을 읽음.

⬇

측정한 온도 읽기: '29.0 ℃'라고 쓰 고, '섭씨 이십구 점 영 도'라고 읽음.

🖊 알코올 온도계의 온도 읽기

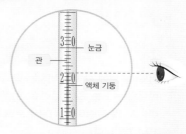

- 빨간색 액체 기둥의 끝이 닿은 부분 에 눈높이를 수평으로 맞추고 눈금 을 읽어야 합니다.
- 알코올 온도계의 작은 눈금은 보통 1 ℃ 간격으로 매겨져 있으므로 알코 올 온도계 속 빨간색 액체 기둥 끝부 분이 눈금과 눈금 사이에 멈추는 경 우 눈금 사이를 등분하여 소수점 아 래 첫째 자리까지 온도를 어림합니다.

---

3 적외선 온도계는 주로 (   )의 온도를 측정할 때 사용하고, 알코올 온도계 는 주로 (   )(이)나 (   )의 온도를 측정할 때 사용합니다.

4 적외선 온도계를 사용하는 방법으로 옳은 것에 ○표, 옳지 않은 것에 ×표 하시오.

(1) 온도 표시 창에 표시된 온도를 읽습니다. (   )

(2) 온도를 측정하려는 물질에 온도계의 액체샘 부분을 넣습니다. (   )

(3) 온도 측정 버튼을 누르면서 레이저 빛을 물체의 표면에 맞춥니다. (   )

낱말사전 😊

적외선 스펙트럼에서 가시광선의 적색 바깥쪽에 나타나는 광선. 가시광선보다 파장이 길며, 눈에는 보이지 않지만 물 체에 흡수되어 열에너지로 변하는 특 성이 있음.

등분 분량을 똑같이 나눔. 또는 똑같이 나눈 분량

기온을 측정하는 방법

알코올 온도계의 고리에 실을 매달아 실을 손으로 잡거나 고정할 수 있는 곳에 매달고, 땅으로부터 약 1~1.5 m 정도의 높이에서 측정합니다.

같은 물체라도 장소에 따라 온도가 다른 예

○ 어느 날 낮에 햇빛이 비치는 놀이터 바닥의 온도는 24.3 ℃이고, 햇빛이 비치지 않는 놀이터 바닥의 온도는 19.4 ℃입니다.

○ 교실에 있는 화분의 흙과 운동장 화단의 흙의 온도가 다릅니다.

4. 여러 장소에서 물체의 온도 측정하기

(1) 쓰임새에 맞는 온도계를 사용하여 온도 측정하기

어항의 물은 액체이므로 알코올 온도계를 사용함.

책상은 고체이므로 적외선 온도계를 사용함.

화단 흙과 나무의 온도는 적외선 온도계로 측정함.

운동장의 공기는 기체이므로 알코올 온도계를 사용함.

교실 안   운동장

➡ 물체의 온도를 정확하게 측정하려면 쓰임새에 맞는 온도계를 사용해야 합니다.

(2) 물체의 온도를 온도계로 측정하는 까닭

① 물체의 온도를 정확하게 알 수 있기 때문입니다.

② 같은 물질이라도 물체가 놓인 장소, 측정 시각, 햇빛의 양 등에 따라 온도가 다를 수 있고, 다른 물체라도 온도가 같을 수 있기 때문입니다.

5. 온도가 다른 두 물체가 접촉할 때 나타나는 열의 이동

(1) 온도가 다른 두 물체가 접촉할 때 두 물체의 온도 변화

실험 관찰로 알아보기   온도가 다른 두 물체가 접촉할 때 두 물체의 온도 변화 측정하기

[준비물] 따뜻한 물, 차가운 물, 칸막이가 있는 냄비, 알코올 온도계 두 개, 실, 가위, 스탠드, 링, 집게 잡이, 초시계, 실험복, 면장갑

[실험 방법]

❶ 칸막이가 있는 냄비 양쪽에 각각 따뜻한 물과 차가운 물을 넣습니다.

❷ 알코올 온도계 두 개를 스탠드에 매달아 냄비 속 따뜻한 물과 차가운 물에 각각 넣습니다.

❸ 1분마다 냄비의 양쪽에 담긴 물의 온도를 측정하여 기록합니다.

알코올 온도계

따뜻한 물   차가운 물

낱말사전

접촉 서로 맞닿음.

개념 확인문제   정답과 해설 45쪽

5 어항의 물은 (고체 , 액체 , 기체)이므로 (알코올 , 적외선) 온도계를 사용하여 온도를 측정합니다.

6 물체의 온도는 물체가 놓인 장소, 측정 시각, 햇빛의 양 등에 따라 (같습니다 , 다릅니다).

7 갓 삶은 달걀을 차가운 물에 담그면 온도가 높은 삶은 달걀에서 온도가 낮은 차가운 물로 (   )이/가 이동합니다.

[실험 결과]

• 1분마다 측정한 냄비의 양쪽에 담긴 물의 온도 변화 예

측정 시간(분)	0	1	2	3	4	5	6	7	8
따뜻한 물의 온도(℃)	65.0	57.0	51.0	47.0	44.0	42.0	40.0	39.0	38.0
차가운 물의 온도(℃)	15.0	19.0	22.0	24.0	25.0	26.0	27.0	28.0	29.0

• 따뜻한 물은 온도가 점점 낮아지고, 차가운 물은 온도가 점점 높아집니다.
• 따뜻한 물과 차가운 물이 접촉한 상태로 시간이 지나면 두 물의 온도는 같아집니다.

(2) 온도가 다른 두 물체가 접촉할 때 두 물체의 온도가 변한 까닭: 온도가 높은 물체에서 온도가 낮은 물체로 열이 이동했기 때문입니다.

(3) 접촉한 두 물체 사이에서 열이 이동(→)하는 예

▲ 뜨거운 프라이팬에 버터를 올려놓으면 온도가 높은 프라이팬에서 온도 낮은 버터로 열이 이동합니다.

▲ 갓 삶은 달걀을 차가운 물에 담그면 온도가 높은 삶은 달걀에서 온도가 낮은 차가운 물로 열이 이동합니다.

▲ 얼음 위에 생선을 올려놓으면 온도가 높은 생선에서 온도가 낮은 얼음으로 열이 이동합니다.

▲ 손난로를 손으로 잡으면 온도가 높은 손난로에서 온도가 낮은 손으로 열이 이동합니다.

8 얼음 위에 얼음보다 온도가 높은 생선을 올려놓으면 (생선, 얼음)에서 (생선, 얼음)으로 열이 이동합니다.

9 온도가 다른 두 물체가 접촉할 때의 온도 변화로 옳은 것에 ○표, 옳지 않은 것에 ×표 하시오.

(1) 온도가 다른 두 물체가 접촉하면 온도가 높은 물체의 온도가 점점 낮아집니다. ( )

(2) 온도가 다른 두 물체가 접촉한 상태로 시간이 지나면 두 물체의 온도 차는 커집니다. ( )

차가운 물과 따뜻한 물이 접촉할 때 두 물의 온도 변화 측정 시 주의할 점

알코올 온도계의 액체샘이 물에 충분히 잠기도록 알코올 온도계의 높이를 조절합니다.

접촉한 두 물체 사이에서 일어나는 열 이동의 또 다른 예

▲ 전기다리미로 옷을 다릴 때 온도가 높은 다리미의 금속판에서 옷으로 열이 이동합니다.

▲ 차가운 컵을 손으로 잡으면 온도가 높은 손에서 온도가 낮은 컵으로 열이 이동합니다.

낱말사전

조절 균형이 맞게 바로잡음. 또는 적당하게 맞추어 나감.

01 생활 속에서 차가움을 느꼈던 경험으로 옳은 것은 어느 것입니까? ( )

① 아기가 먹을 분유를 탈 때
② 금방 찐 찐빵을 집었을 때
③ 여름철 계곡물에 손을 넣었을 때
④ 고기를 구울 때 고기 굽는 집게를 만질 때
⑤ 물을 끓이는 전기주전자에 손을 가까이 했을 때

02 물체의 차갑거나 따뜻한 정도를 무엇이라고 하는지 쓰시오.

( )

03 다음 중 일상생활에서 정확한 온도 측정이 필요한 까닭을 잘못 말한 사람은 누구인지 쓰시오.

> 가희: 청결을 위해서는 목욕물의 온도를 정확하게 측정해야 해.
> 동훈: 튀김 요리를 할 때 기름의 온도를 정확하게 측정하지 않으면 음식 맛이 떨어지고 식감이 달라져.
> 경수: 병원에서 환자의 몸에 이상이 있을 때 빨리 발견하기 위해서는 환자의 체온을 정확하게 측정해야 해.
> 영재: 비닐 온실에서 배추를 재배할 때 공기의 온도를 정확하게 측정하지 않으면 배추가 싱싱하게 자라기 어려워.

( )

04 적외선 온도계의 사용 방법으로 옳지 않은 것은 어느 것입니까? ( )

① 온도 표시 창에 표시된 온도를 읽는다.
② 온도를 측정할 물체에서 가급적 멀리 떨어져 측정한다.
③ 온도를 측정할 물체의 표면 쪽으로 적외선 온도계를 겨눈다.
④ 손잡이에 있는 온도 측정 버튼을 한 번 눌러 적외선 온도계를 켠다.
⑤ 온도를 측정할 물체를 정확하게 겨누지 않으면 온도를 정확하게 측정할 수 없다.

[05~06] 다음은 알코올 온도계로 물의 온도를 측정하는 모습입니다. 물음에 답하시오.

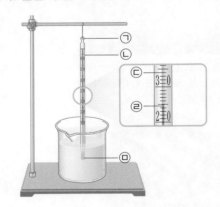

05 위 알코올 온도계의 ㉠~㉤ 중에서 액체샘에 해당하는 부분의 기호를 쓰시오.

( )

☆☆
06 위 물의 온도를 측정한 결과입니다. ( ) 안에 들어갈 알맞은 말을 각각 쓰시오.

> 물의 온도는 (㉠)(이)라고 쓰고, (㉡) (이)라고 읽는다.

㉠ ( )
㉡ ( )

07 다음 중 사용해야 할 온도계가 나머지와 <u>다른</u> 하나는 어느 것입니까? ( )

① 친구 이마의 온도를 측정할 때
② 운동장 화단 흙의 온도를 측정할 때
③ 교실에 있는 책상의 온도를 측정할 때
④ 교실에 있는 화분 흙의 온도를 측정할 때
⑤ 과학실에 있는 수족관의 물 온도를 측정할 때

08 운동장의 기온을 측정하는 방법으로 옳은 것을 보기 에서 골라 기호를 쓰시오.

> 보기
> ㉠ 적외선 온도계로 측정한다.
> ㉡ 액체샘 부분을 손으로 잡고 측정한다.
> ㉢ 땅으로부터 1~1.5 m 정도의 높이에서 측정한다.
> ㉣ 햇빛이 비치는 운동장 바닥의 온도를 측정한다.

( )

[09~11] 오른쪽은 칸막이가 있는 냄비에 따뜻한 물과 차가운 물을 각각 넣고 1분마다 물의 온도를 측정하면서 온도 변화를 관찰해 보는 실험입니다. 물음에 답하시오.

알코올 온도계 / 따뜻한 물 / 차가운 물

09 위 실험에서 주의해야 할 점으로 옳은 것을 보기 에서 골라 기호를 쓰시오.

> 보기
> ㉠ 냄비를 가열도구 위에 올려 가열하면서 실험한다.
> ㉡ 온도를 측정할 때마다 온도계를 물에서 꺼낸 후 눈금을 읽는다.
> ㉢ 측정 시간 간격을 30초로 하면 더 확실하게 관찰할 수 있다.
> ㉣ 온도계의 액체샘이 물에 충분히 잠기도록 온도계의 높이를 조절한다.

( )

10 앞 실험에서 알 수 있는 사실로 옳은 것은 어느 것입니까? ( )

① 차가운 물의 양이 점점 줄어든다.
② 차가운 물은 온도가 점점 낮아진다.
③ 차가운 물의 온도 변화가 더 빠르다.
④ 따뜻한 물의 온도 변화는 점점 빨라진다.
⑤ 시간이 지나면 두 물의 온도는 같아진다.

11 다음은 앞 실험의 결과를 설명한 것입니다. ( ) 안에 들어갈 알맞은 말을 쓰시오.

> 온도가 다른 두 물체가 접촉할 때 두 물체의 온도가 변한 까닭은 ( )이/가 온도가 높은 물체에서 온도가 낮은 물체로 이동했기 때문이다.

( )

12 다음 중 열의 이동 방향을 화살표(→)로 바르게 나타낸 것은 어느 것입니까? ( )

①  ▲ 프라이팬에서 버터를 가열할 때
②  ▲ 갓 삶은 달걀을 차가운 물에 담가 놓았을 때
③ ▲ 차가운 얼음 위에 생선을 올려놓았을 때
④ ▲ 따뜻한 손난로를 손으로 잡았을 때
⑤  ▲ 얼음이 담긴 컵을 손으로 잡고 있을 때

② 고체, 액체, 기체에서 열의 이동

1. 고체에서 열의 이동

(1) **고체에서 열의 이동**: 고체 물체의 한 부분을 가열하면 가열한 부분의 온도가 높아집니다. ➡ 고체에서의 열은 온도가 높은 부분에서 온도가 낮은 부분으로 이동합니다.

 고체에서 열의 이동 실험

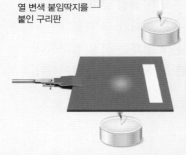

열 변색 붙임딱지를
붙인 구리판

❶ 길게 자른 구리판과 구멍 뚫린 구리판 윗면에 각각 열 변색 붙임딱지를 붙입니다.
❷ 길게 자른 구리판의 한쪽 끝부분을 가열합니다.
❸ 구멍 뚫린 구리판의 가운데를 가열합니다.
❹ ❷와 ❸의 구리판에 붙인 열 변색 붙임딱지의 색깔 변화를 관찰합니다.

길게 자른 구리판의 한쪽 끝부분을 가열할 때	구멍 뚫린 구리판의 가운데를 가열할 때
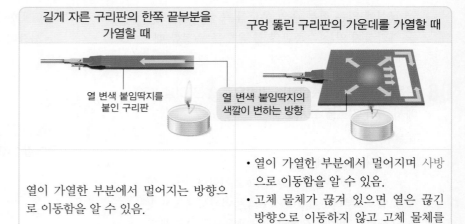 열 변색 붙임딱지를 붙인 구리판 / 열 변색 붙임딱지의 색깔이 변하는 방향	
열이 가열한 부분에서 멀어지는 방향으로 이동함을 알 수 있음.	• 열이 가열한 부분에서 멀어지며 사방으로 이동함을 알 수 있음. • 고체 물체가 끊겨 있으면 열은 끊긴 방향으로 이동하지 않고 고체 물체를 따라 이동함.

(2) **고체에서 열이 이동하는 방법**: 전도 ➡ 고체에서 온도가 높은 곳에서 온도가 낮은 곳으로 고체 물체를 따라 열이 이동하는 것을 전도라고 합니다.

(3) **일상생활에서 전도를 이용하는 예**
① 불 위에 올려놓은 프라이팬에서 열은 불과 가까운 쪽에서 멀어지는 쪽으로 이동합니다.
② 뜨거운 찌개에 담가 놓은 숟가락에서는 찌개에 담겨 있는 숟가락의 아랫부분에서 손잡이 쪽으로 열이 이동합니다.
③ 뜨거운 밥을 식판에 담으면 뜨거운 밥에서 식판으로 열이 이동해서 식판의 아랫부분이 뜨거워집니다.

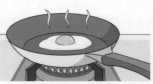
▲ 불 위에 올려둔 프라이팬

▲ 뜨거운 찌개에 담가 놓은 숟가락

개념 확인문제

정답과 해설 45쪽

1 고체에서 열은 온도가 (낮은 , 높은) 부분에서 온도가 (낮은 , 높은) 부분으로 이동합니다.

2 고체에서 온도가 높은 곳에서 온도가 낮은 곳으로 고체 물체를 따라 열이 이동하는 것을 (   )(이)라고 합니다.

2. 고체 물질의 종류에 따라 열이 이동하는 빠르기 비교하기

실험 관찰로 알아보기 고체 물질의 종류에 따라 열이 이동하는 빠르기 비교하기

[준비물] 구리판, 플라스틱판, 철판, 고온용 열 변색 붙임딱지, 작은 수조, 뜨거운 물, 실험복, 면장갑

[실험 방법]

❶ 구리판, 플라스틱판, 철판에 각각 열 변색 붙임딱지를 붙입니다.

❷ 수조에 뜨거운 물을 붓습니다.

❸ 열 변색 붙임딱지를 붙인 구리판, 플라스틱판, 철판을 수조에 동시에 넣고, 열 변색 붙임딱지의 색깔이 변하는 빠르기를 비교해 봅시다.

[실험 결과]

- 구리판, 플라스틱판, 철판에 붙인 열 변색 붙임딱지의 색깔이 변하는 순서: 구리판 → 철판 → 플라스틱판

- 구리판, 플라스틱판, 철판에 붙인 열 변색 붙임딱지의 색깔이 변하는 빠르기가 다른 까닭: 열은 철보다 구리에서 더 빠르게 이동하고, 플라스틱보다 철에서 더 빠르게 이동하기 때문입니다.

(1) **고체 물질의 종류에 따른 열의 이동**: 고체 물질의 종류에 따라 열이 이동하는 빠르기가 다릅니다. ➡ 열의 이동은 나무, 플라스틱, 유리와 같은 물질보다 철, 구리와 같은 금속 물질에서 더 빠르게 전달됩니다.

(2) **단열**: 두 물체 사이에서 열의 이동을 줄이는 것을 단열이라고 합니다.

① 일상생활에서 단열을 이용하는 까닭: 물체 사이에서 열의 이동을 줄이거나 물체의 온도를 일정하게 유지하기 위해서 다양하게 이용됩니다.

② 단열을 이용하는 예

- 단열재: 여름철에는 집 밖의 열이 집 안으로 잘 전달되지 않고, 겨울철에는 집 안의 열이 집 밖으로 빠져나가지 않도록 합니다.

- 아이스박스: 아이스박스 안으로 열이 잘 이동하지 않아 아이스박스 안의 물, 음료 등의 온도가 오랫동안 차가운 상태로 유지됩니다.

3 철, 구리, 플라스틱 중에서 열이 가장 빠르게 이동하는 물질은 (   )입니다.

4 두 물체 사이에서 열의 이동을 줄이는 것을 (   )(이)라고 합니다.

5 냄비의 몸체는 열이 잘 전달되는 (금속 , 플라스틱)으로 만들지만, 손잡이는 열이 잘 전달되지 않는 (금속 , 플라스틱)으로 만듭니다.

고체 물질의 종류에 따라 열이 이동하는 빠르기를 알아보는 실험에서 유의할 점

서로 다른 고체 물질인 구리판, 플라스틱판, 철판의 길이와 폭, 두께가 같은 것으로 준비해야 합니다.

2 단원

고체 물질의 종류에 따라 열이 이동하는 빠르기를 이용한 생활 속 제품

▲ 냄비   ▲ 다리미

- 냄비의 몸체는 열이 잘 전달되는 금속으로 만들지만, 손잡이는 열이 잘 전달되지 않는 플라스틱으로 만듭니다.

- 다리미의 바닥 부분은 열이 잘 이동하도록 철(금속)로 만들고, 손잡이는 열이 잘 이동하지 않도록 플라스틱으로 만듭니다.

단열을 이용한 생활용품

▲ 보온병   ▲ 방한복

낱말사전

단열재 보온을 하거나 열을 차단할 목적으로 쓰는 재료

✏️ 액체에서 열의 이동을 알아보는 실험

❶ 스포이트를 사용해 차가운 물이 담긴 비커 바닥의 한쪽에 파란색 잉크를 천천히 넣습니다.

❷ 파란색 잉크의 아랫부분을 초로 가열하면서 파란색 잉크가 움직이는 모습을 관찰합니다.

↓

파란색 잉크는 위로 올라갑니다. 뜨거워진 액체가 직접 위로 올라가면서 열이 이동함을 알 수 있습니다.

✏️ 물이 담긴 냄비를 가열할 때 물 전체가 뜨거워지는 까닭

온도가 높아진 물은 위로 올라가고, 위에 있던 물은 아래로 밀려 내려옵니다. 이러한 과정이 반복되면서 냄비에 담긴 물 전체의 온도가 높아집니다.

3. 액체에서 열의 이동

(1) 물을 가열할 때 열의 이동

① 물이 담긴 주전자의 아랫부분을 가열하면 물 아랫부분의 온도가 높아집니다.

② 온도가 높아진 물은 위로 올라가고, 위에 있던 물은 아래로 밀려 내려옵니다.

③ 이러한 과정이 반복되면서 물 전체의 온도가 높아집니다.

(2) 액체에서 열이 이동하는 방법: 대류 ➡ 액체에서 온도가 높아진 물질이 위로 올라가고 위에 있던 온도가 낮은 물질이 아래로 밀려 내려오면서 열이 전달되는 과정을 대류라고 합니다.

4. 기체에서 열의 이동

🔬 실험 관찰로 알아보기　　기체에서 열의 이동 알아보기

[준비물]
비커(1,000 mL), 초, 향, 점화기, 티(T) 자 모양 종이, 알루미늄 포일, 실험복, 면장갑

[실험 방법]
❶ 티(T) 자 모양 종이를 알루미늄 포일로 감쌉니다.
❷ 초를 비커 바닥의 가장자리에 놓고 티(T) 자 모양 종이를 비커의 가운데에 걸쳐 놓습니다.
❸ 향에 불을 붙인 다음, 초를 넣은 반대쪽 비커 바닥 근처에 향을 넣고 향 연기의 움직임을 관찰합니다.
❹ 초에 불을 붙이고 1분 정도 기다린 다음 ❸의 활동을 반복해 봅시다.
❺ 초에 불을 붙이기 전과 후의 향 연기의 움직임을 비교해 봅시다.

티(T) 자 모양 종이

😀 낱말사전

잉크 글씨를 쓰거나 인쇄하는 데 쓰는 빛깔 있는 액체

점화기 불을 붙이기 위하여 전기 불꽃을 내는 기구

📘 개념 확인문제　　　　　　　정답과 해설 45쪽

6 물이 담긴 주전자의 아랫부분을 가열하였을 때 관찰할 수 있는 모습으로 옳은 것에 〇표, 옳지 않은 것에 ✕표 하시오.

(1) 물 아랫부분의 온도가 높아집니다. 　　　　　　　　　(　　)

(2) 온도가 높아진 물은 위로 올라갑니다. 　　　　　　　　(　　)

(3) 위에 있던 물은 증발해서 사라집니다. 　　　　　　　　(　　)

7 액체에서 온도가 높아진 물질이 위로 올라가고 위에 있던 온도가 낮은 물질이 아래로 밀려 내려오면서 열이 전달되는 과정을 (　　　　)(이)라고 합니다.

[실험 결과]

• 초에 불을 붙이기 전과 붙인 후의 향 연기의 움직임 비교

초에 불을 붙이기 전	초에 불을 붙인 후
향 연기가 향을 넣은 쪽 위로 올라감.	향 연기가 초를 넣은 쪽 위로 올라감.

• 위 결과가 나온 까닭: 불을 붙인 초 주변의 따뜻해진 공기가 위로 올라가기 때문입니다.

(1) 기체에서 열이 이동하는 방법: 대류 ➡ 뜨거워진 공기가 위로 올라가고 위에 있던 공기가 아래로 밀려 내려오면서 열이 이동하는 과정을 대류라고 합니다.

(2) 기체에서 열이 이동하는 예

난방 기구 주변의 공기는 온도가 높아져 위로 올라가고 위에 있던 공기는 아래로 밀려 내려오면서 집 안 전체의 공기가 따뜻해짐.	불을 붙인 초 위쪽에 바람개비를 초와 마주 보게 놓았을 때 따뜻해진 공기가 위로 올라가기 때문에 바람개비가 돌아감.

8 기체에서는 온도가 높아진 공기가 (위 , 아래)로 가고 (위 , 아래)에 있던 공기가 (위 , 아래)로 오면서 열이 이동합니다.

9 불을 붙인 초 위쪽에 바람개비를 초와 마주 보게 놓았을 때 따뜻해진 공기가 (위 , 아래)로 가면서 바람개비가 돌아갑니다.

✏️ 알코올램프와 비눗방울로 기체에서 열의 이동 알아보기

▲ 알코올램프에 불을 붙이지 않았을 때 　▲ 알코올램프에 불을 붙였을 때

○ 알코올램프에 불을 붙이지 않고 삼발이 위쪽으로 비눗방울을 불면 비눗방울이 아래로 떨어집니다.

○ 알코올램프에 불을 붙이고 삼발이 위쪽으로 비눗방울을 불면 비눗방울이 알코올램프 위로 올라갑니다.
➡ 알코올램프 주변의 뜨거워진 공기가 위로 올라갔기 때문입니다.

낱말사전 😊

난방 실내의 온도를 높여 따뜻하게 하는 일

실전 문제

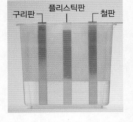

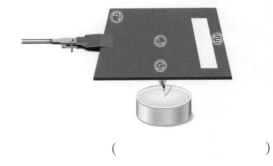

01 길게 자른 구리판의 한쪽 끝 부분을 가열할 때 구리판의 온도 변화에 대한 설명으로 옳지 <u>않은</u> 것을 <u>두 가지</u> 고르시오.   (,   )

① 가열한 부분의 온도가 높아진다.
② 가열한 부분이 가장 먼저 뜨거워진다.
③ 가열하지 않은 부분의 온도는 변화가 없다.
④ 가열하지 않은 부분의 온도는 점점 높아진다.
⑤ 가열하지 않은 부분의 온도는 점점 낮아진다.

02 다음은 구멍 뚫린 구리판에 열 변색 붙임딱지를 붙이고 구리판의 가운데를 가열하는 모습입니다. 열 변색 붙임딱지의 색깔이 변하는 부분의 기호를 <u>모두</u> 쓰시오.

(   )

☆☆
03 고체에서 열의 이동에 대한 설명으로 옳지 <u>않은</u> 것은 어느 것입니까?   (   )

① 열은 고체 물체를 따라 이동한다.
② 열은 끊긴 부분으로는 이동하지 않는다.
③ 열은 얇은 부분에서 두꺼운 부분으로 이동한다.
④ 열은 가열한 부분에서 멀어지는 방향으로 이동한다.
⑤ 열은 온도가 높은 부분에서 온도가 낮은 부분으로 이동한다.

04 일상생활에서 전도를 이용하여 만든 생활용품과 거리가 먼 것을 두 가지 고르시오.   (,   )

① ② ③ ④ ⑤

[05~07] 다음은 고체 물질의 종류에 따라 열이 이동하는 빠르기를 비교하는 실험입니다. 물음에 답하시오.

❶ 구리판, 플라스틱판, 철판에 각각 열 변색 붙임딱지를 붙인다.
❷ 수조에 뜨거운 물을 붓는다.
❸ 열 변색 붙임딱지를 붙인 구리판, 플라스틱판, 철판을 수조에 동시에 넣고, 열 변색 붙임딱지의 색깔이 변하는 빠르기를 비교한다.

구리판 플라스틱판 철판

05 위 실험에서 다르게 해야 할 것은 어느 것입니까?
(   )

① 고체 물체의 폭
② 고체 물체의 길이
③ 고체 물체의 종류
④ 고체 물체의 두께
⑤ 고체 물체에 붙이는 열 변색 붙임딱지의 색

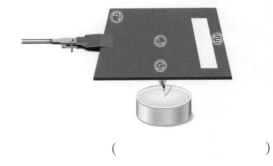

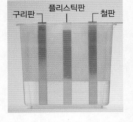

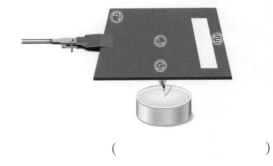

❷ 고체, 액체, 기체에서 열의 이동

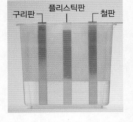

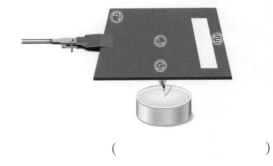

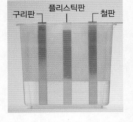

06 앞 실험에서 구리판, 플라스틱판, 철판에 붙인 열 변색 붙임딱지의 색깔이 변하는 것부터 순서대로 나타낸 것은 어느 것입니까? ( )

① 철판 → 구리판 → 플라스틱판
② 철판 → 플라스틱판 → 구리판
③ 구리판 → 플라스틱판 → 철판
④ 구리판 → 철판 → 플라스틱판
⑤ 플라스틱판 → 철판 → 구리판

07 앞 실험에서 알 수 있는 사실로 옳은 것을 <u>두 가지</u> 고르시오. (,)

① 금속에서는 열이 잘 이동한다.
② 플라스틱에서 열이 가장 잘 이동한다.
③ 열 변색 붙임딱지는 열의 이동을 줄여준다.
④ 뜨거운 물에서 고체 물질로 열이 이동한다.
⑤ 금속과 금속 간에는 열이 잘 이동하지 않는다.

08 건물의 벽에 단열재를 사용하는 까닭으로 옳은 것은 어느 것입니까? ( )

① 지진이나 강풍에 무너지지 않게 하기 위해
② 겨울철 햇빛이 집 안으로 잘 들어오게 하기 위해
③ 여름철에는 집 밖의 바람이 집 안으로 잘 들어오게 하기 위해
④ 장마철 집 밖의 습기가 집 안으로 잘 들어오지 않게 하기 위해
⑤ 겨울철에 집 안의 열이 집 밖으로 잘 빠져나가지 않게 하기 위해

09 오른쪽과 같이 물을 넣은 비커 바닥의 한쪽에 파란색 잉크를 넣고 잉크의 아랫부분을 초로 가열하였을 때 잉크가 움직이는 방향을 나타낸 화살표의 기호를 쓰시오.

( )

10 오른쪽과 같이 알코올램프에 불을 붙이고 삼발이 위쪽에 비눗방울을 불었을 때 비눗방울이 위로 올라가는 까닭으로 옳은 것을 보기 에서 골라 기호를 쓰시오.

> **보기**
> ㉠ 공기의 움직임이 멈추었기 때문이다.
> ㉡ 뜨거워진 공기가 위로 올라갔기 때문이다.
> ㉢ 비눗방울의 온도가 주변 공기보다 낮기 때문이다.

( )

☆☆
11 기체에서 열의 이동에 대한 설명으로 옳지 <u>않은</u> 것은 어느 것입니까? ( )

① 온도가 높아진 공기는 위로 올라간다.
② 온도가 낮은 공기는 아래로 내려간다.
③ 기체에서는 대류를 통해 열이 이동한다.
④ 초에 불을 붙이면 초 주변의 따뜻해진 공기가 위로 올라간다.
⑤ 온도가 높아진 공기가 위로 올라가면 위에 있던 공기는 더 위로 올라간다.

12 다음 중 대류에 의해 열이 이동하는 물질이나 물체가 아닌 것을 <u>두 가지</u> 고르시오. (,)

① 물 ② 주스
③ 잉크 ④ 금속
⑤ 책상

단원 정리

1 온도

의미	물체의 차갑거나 따뜻한 정도
단위	(㉠)(섭씨도)
나타내는 말	• 기온: 공기의 온도 • 수온: 물의 온도 • 체온: 몸의 온도

2 온도계의 종류

적외선 온도계	알코올 온도계
주로 고체의 온도를 측정할 때 사용함.	주로 액체나 (㉡)의 온도를 측정할 때 사용함.

3 온도가 다른 두 물체가 접촉할 때 나타나는 열의 이동

온도 변화	• 온도가 다른 두 물체가 접촉하면 온도가 높은 물체는 온도가 점점 낮아지고 온도가 낮은 물체는 온도가 점점 높아짐. • 온도가 다른 두 물체가 접촉한 상태로 시간이 지나면 두 물체의 온도는 (㉢)짐.
열의 이동	• 온도가 높은 물체에서 온도가 낮은 물체로 열이 이동함.

▲ 뜨거운 프라이팬에서 버터로 열이 이동

▲ 갓 삶은 달걀에서 차가운 물로 열이 이동

▲ 생선에서 얼음으로 열이 이동

▲ 따뜻한 손난로에서 손으로 열이 이동

4 고체에서 열의 이동

• 열의 이동 방법: (㉣) ➡ 고체에서 열이 온도가 높은 부분에서 온도가 낮은 부분으로 고체 물체를 따라 이동하는 것

길게 자른 구리판에서 열의 이동	구멍 뚫린 구리판에서 열의 이동
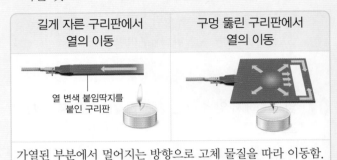	

열 변색 붙임딱지를 붙인 구리판

가열된 부분에서 멀어지는 방향으로 고체 물질을 따라 이동함.

• 고체 물질의 종류에 따라 열이 이동하는 빠르기가 다름.
• 철보다 구리에서 열이 더 빠르게 이동하고 플라스틱보다 철에서 열이 더 빠르게 이동함.
• (㉤): 물체 사이에서 열의 이동을 줄이는 것

5 액체에서 열의 이동

• 열의 이동 방법: (㉥) ➡ 액체에서 온도가 높아진 물질이 위로 올라가고 위에 있던 온도가 낮은 물질이 아래로 밀려 내려오면서 열이 전달되는 과정
• 물이 담긴 주전자를 가열할 때 물에서 열의 이동

6 기체에서 열의 이동

• 열의 이동 방법: (㉦) ➡ 뜨거워진 공기가 위로 올라가고 위에 있던 공기가 아래로 밀려 내려오면서 열이 이동하는 과정
• 난방 기구를 켠 집 안에서의 열의 이동

정답 ㉠ ℃ ㉡ 기체 ㉢ 같아 ㉣ 전도 ㉤ 단열 ㉥ 대류 ㉦ 대류

단원 정리 평가

01 다음 중 따뜻함을 느끼는 경우는 어느 것입니까?
( )

① 얼음을 만졌을 때
② 손난로를 만졌을 때
③ 냉장고에서 꺼낸 물을 마실 때
④ 에어컨에서 나오는 바람을 느낄 때
⑤ 하늘에서 내리는 눈으로 눈사람을 만들 때

02 다음 중 온도에 대한 설명으로 옳지 <u>않은</u> 것은 어느 것입니까? ( )

① 온도의 단위는 ℃이다.
② 공기의 온도를 기온이라고 한다.
③ 물체의 차갑거나 따뜻한 정도이다.
④ 같은 물질로 만든 물체는 항상 온도가 같다.
⑤ 온도를 정확하게 측정하려면 온도계가 필요하다.

03 다음 중 일상생활에서 온도를 정확하게 측정하는 상황이 <u>아닌</u> 경우는 어느 것입니까? ( )

① 병원에서 환자의 체온을 확인할 때
② 튀김 요리를 할 기름의 온도를 확인할 때
③ 계곡물에 손을 넣어 물의 온도를 확인할 때
④ 채소를 재배하는 비닐 온실 안의 기온을 확인할 때
⑤ 어항 물의 온도가 물고기가 살기에 적절한지 알아볼 때

04 알코올 온도계에 대한 설명으로 옳은 것은 어느 것입니까? ( )

① 주로 고체의 온도를 측정할 때 사용한다.
② 온도 표시 창에 물체의 온도가 표시된다.
③ 물체의 온도를 정확하게 측정하기 어렵다.
④ 온도 측정 버튼을 누르면 온도계가 켜진다.
⑤ 빨간색 액체가 더 이상 움직이지 않을 때 눈금을 읽는다.

05 ☆☆ 다음 각 상황에서 필요한 온도계는 적외선 온도계와 알코올 온도계 중 무엇인지 각각 쓰시오.

(1) 속이 보이지 않는 도자기 컵 안에 든 음료수의 온도를 측정하는 경우
( )

(2) 무엇이 담겨있는지 알 수 있는 투명한 유리컵의 온도를 측정해야 하는 경우
( )

06 다음은 햇빛이 비치는 낮에 영서와 동훈이가 놀이터 바닥의 온도를 측정하는 모습입니다. 이를 통해 알 수 있는 사실로 옳지 <u>않은</u> 것은 어느 것입니까?
( )

① 그늘진 놀이터 바닥의 온도는 19.4 ℃이다.
② 햇빛의 양이 같으면 다른 물체라도 온도는 같다.
③ 햇빛의 양에 따라 같은 물체라도 온도가 다르다.
④ 햇빛이 비치는 놀이터 바닥의 온도는 24.3 ℃이다.
⑤ 놀이터 바닥의 온도는 적외선 온도계를 사용하여 측정한다.

[07~08] 다음은 온도가 다른 두 물체가 접촉할 때 두 물체의 온도 변화를 알아보는 실험 과정입니다. 물음에 답하시오.

❶ 칸막이가 있는 냄비 양쪽에 각각 따뜻한 물과 차가운 물을 넣는다.
❷ 온도계 두 개를 스탠드에 매달아 냄비 속 따뜻한 물과 차가운 물에 각각 넣는다.
❸ 1분마다 냄비의 양쪽에 담긴 물의 온도를 측정한다.

07 위 실험의 준비물이 <u>아닌</u> 것은 어느 것입니까?
( )

① 실
② 초시계
③ 따뜻한 물
④ 적외선 온도계
⑤ 칸막이가 있는 냄비

08 위 실험 결과로 옳은 것은 어느 것입니까? ( )

① 따뜻한 물의 양이 점점 많아진다.
② 차가운 물의 양이 점점 줄어든다.
③ 따뜻한 물의 온도가 점점 높아진다.
④ 차가운 물의 온도가 점점 높아진다.
⑤ 따뜻한 물과 차가운 물의 온도 차이가 점점 커진다.

09 온도가 다른 두 물체가 접촉할 때 두 물체의 온도가 변한 까닭으로 옳은 것은 어느 것입니까? ( )

① 온도가 다른 두 물체가 접촉하면 단열이 이루어지기 때문
② 온도가 높은 물체에서 온도가 낮은 물체로 열이 이동했기 때문
③ 온도가 낮은 물체에서 온도가 높은 물체로 열이 이동했기 때문
④ 온도가 높은 물체에서 온도가 낮은 물체로 온도가 이동했기 때문
⑤ 온도가 낮은 물체에서 온도가 높은 물체로 온도가 이동했기 때문

10 다음과 같이 길게 자른 구리판의 한쪽 끝부분을 가열할 때 온도가 가장 늦게 높아지는 부분의 기호를 쓰시오.

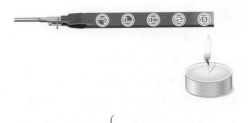

( )

11 ☆☆ 다음은 고체에서 열의 이동에 대한 설명입니다. ( ) 안에 들어갈 알맞은 말로 옳지 <u>않은</u> 것은 어느 것입니까? ( )

• 고체에서 온도가 (㉠) 곳에서 온도가 (㉡) 곳으로 고체 물체를 따라 열이 이동하는 것을 (㉢)(이)라고 한다.
• 고체 물체가 끊겨 있으면 열은 끊긴 방향으로 이동(㉣), (㉤)을/를 따라 이동한다.

① ㉠ – 높은
② ㉡ – 낮은
③ ㉢ – 전도
④ ㉣ – 하고
⑤ ㉤ – 고체 물체

12 다음과 같은 냄비의 모습을 통해 알 수 있는 것이 <u>아닌</u> 것을 보기 에서 골라 기호를 쓰시오.

보기
㉠ 몸체는 열이 잘 전달되는 물질로 만든다.
㉡ 손잡이는 열이 잘 전달되지 않는 물질로 만든다.
㉢ 두 가지 이상의 물질로 만들어 열이 잘 이동한다.
㉣ 몸체와 손잡이를 열이 이동하는 빠르기가 다른 고체 물질로 만든 것이다.

( )

13 오른쪽은 열 변색 붙임딱지를 붙인 세 가지 고체 물질을 뜨거운 물에 담가 놓고 열이 이동하는 빠르기를 비교하는 실험입니다. ( ) 안에 들어갈 알맞은 말을 골라 ○표 하시오.

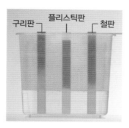

구리판 · 플라스틱판 · 철판

열은 철보다 구리에서 (느리게 , 빠르게) 이동하고 플라스틱보다 철에서 (느리게 , 빠르게) 이동한다.

14 물, 음료 등을 아이스박스에 보관하는 까닭과 관계 있는 것을 보기 에서 골라 기호를 쓰시오.

보기
㉠ 전도　　㉡ 단열　　㉢ 대류

(　　　　)

15 다음과 같이 차가운 물이 담긴 비커의 바닥 한쪽에 파란색 잉크를 넣고 잉크의 아랫부분을 가열하는 모습입니다. 이 실험을 통해 알아보려고 하는 것은 어느 것입니까? (　　)

① 액체에서 열의 이동
② 온도에 따른 잉크의 색깔 변화
③ 시간이 지남에 따른 잉크 변화
④ 온도에 따라 잉크가 퍼지는 빠르기
⑤ 시간이 지남에 따른 물과 잉크의 온도 차이

16 물이 담긴 냄비를 가열할 때 물 전체가 뜨거워지는 까닭을 가장 바르게 설명한 사람은 누구인지 쓰시오.

은재: 온도가 높아진 물이 위로 올라가서 내려오지 않기 때문이야.
경희: 가열한 부분의 물이 뜨거워지고 뜨거워진 물이 사방으로 움직이면서 열을 전달하기 때문이야.
동훈: 온도가 높아진 물이 위로 올라가고 위에 있던 물이 아래로 밀려 내려오는 과정을 반복하기 때문이야.
세진: 아랫부분의 물부터 점점 뜨거워지기 시작해서 계속 가열하면 윗부분의 물도 점점 뜨거워지기 때문이야.

(　　　　)

17 다음과 같이 초를 넣은 반대쪽 비커 바닥 근처에 향불을 넣었을 때 향 연기가 초를 넣은 쪽 위로 올라가는 것은 (가)와 (나) 중 무엇인지 쓰시오.

(가) 초에 불을 붙이기 전　(나) 초에 불을 붙인 후

(　　　　)

18 오른쪽과 같이 불을 붙인 초의 위쪽에 바람개비를 초와 마주 보게 놓았을 때 바람개비가 돌아가는 까닭으로 옳은 것은 어느 것입니까? (　　)

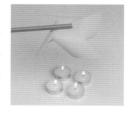

① 촛불이 좌우로 움직이기 때문
② 바람개비가 아래를 향하고 있기 때문
③ 따뜻해진 공기가 위로 올라가기 때문
④ 바람개비가 점점 가벼워지고 있기 때문
⑤ 바람개비의 온도가 점점 높아지고 있기 때문

01 다음은 온도를 측정하는 모습입니다. 물음에 답하시오.

(가) (나)

(1) 위 (가)와 (나) 중 온도를 정확하게 측정해야 하는 경우는 어느 것인지 쓰고, 정확한 온도 측정이 필요한 까닭을 쓰시오.

_____

_____

(2) 위 (1)번과 같이 일상생활에서 정확한 온도 측정이 필요한 예를 <u>두 가지</u> 쓰시오.

_____

_____

02 다음 은경이와 동훈이의 대화를 보고, 물음에 답하시오.

> 은경: 동생이 열이 나는 것 같아. 동생 이마의 온도를 재 봐야겠어.
> 동훈: 창가 쪽인 내 자리는 더워. 햇빛을 많이 받은 내 책상의 온도가 궁금해.

(1) 은경과 동훈이에게 공통적으로 필요한 온도계는 무엇인지 쓰시오.

( )

(2) (1)번과 같이 생각한 까닭을 쓰시오.

_____

_____

03 다음은 알코올 온도계의 사용 방법에 대한 학생들의 대화입니다. 물음에 답하시오.

> 재희: 물의 온도를 측정하려면 알코올 온도계를 사용해야 해.
> 준성: 빨간색 액체 기둥의 끝이 더 이상 올라가지 않을 때 눈금을 읽어야 해.
> 수철: 액체샘 부분이 비커 바닥에 닿지 않도록 알코올 온도계의 높이를 조절해야 해.
> 연경: 온도를 측정하고자 하는 액체에 알코올 온도계의 액체샘 부분을 절반 정도만 잠기도록 넣어야 해.

(1) 알코올 온도계의 사용법을 <u>잘못</u> 알고 있는 사람을 쓰시오.

( )

(2) (1)번의 답으로 찾은 사람이 말한 내용을 바르게 고쳐 쓰시오.

_____

_____

_____

04 다음과 같이 뜨거운 프라이팬에서 버터가 녹은 까닭은 무엇인지 열의 이동과 관련지어 쓰시오.

_____

_____

05 다음은 고체에서 열의 이동을 알아보기 위해 열 변색 붙임딱지를 붙인 구리판의 한쪽 끝부분을 가열해 보는 실험입니다. 물음에 답하시오.

(1) 구리판의 한쪽 끝부분을 가열할 때 열 변색 붙임 딱지의 색깔이 변하는 방향을 위 그림에 화살표로 그리시오.

(2) (1)번의 답과 관련지어 구리판에서 열은 어떻게 이동하는지 쓰시오.

_____

_____

06 다음을 보고, 물음에 답하시오.

(가)   (나)

▲ 냄비   ▲ 다리미

(1) ㉠~㉣ 중에서 금속으로 만든 부분의 기호를 모두 쓰시오.

(   )

(2) 냄비와 다리미의 각 부분을 만든 물질이 다른 까닭을 열의 이동과 관련지어 쓰시오.

_____

_____

_____

07 다음 실험을 통해 알 수 있는 액체에서 열의 이동을 보기의 단어를 모두 사용하여 쓰시오.

파란색 잉크   차가운 물

보기
• 온도   • 물질   • 위
• 아래   • 열   • 전달

_____

_____

08 다음과 같이 집 안에서 난방 기구를 켜면 집 안 전체의 공기가 따뜻해지는 까닭을 쓰시오.

_____

_____

배점 | 20점

학습 주제 　온도가 다른 두 물체가 접촉할 때 두 물체의 온도 변화 측정하기

학습 목표 　온도가 다른 두 물체가 접촉하여 온도가 같아지는 현상을 관찰하고 물체의 온도 변화를 열의 이동으로 설명할 수 있다.

1 다음은 온도가 다른 두 물체가 접촉할 때 두 물체의 온도 변화를 알아보기 위한 실험입니다. 물음에 답하시오.

[실험 과정]

❶ 칸막이가 있는 냄비 양쪽에 각각 따뜻한 물과 차가운 물을 넣는다.

❷ 알코올 온도계 두 개를 스탠드에 매달아 냄비 속 따뜻한 물과 차가운 물에 각각 넣는다.

❸ 1분마다 냄비의 양쪽에 담긴 물의 온도를 측정하여 기록한다.

❹ 온도가 다른 두 물체가 접촉할 때 두 물체의 온도는 어떻게 변하는지 이야기한다.

알코올 온도계

따뜻한 물　　차가운 물

(1) 위 실험 과정 ❷에서 알코올 온도계를 스탠드에 매달 때 주의할 점을 쓰시오.

_____

_____

(2) 다음 위 실험의 결과로부터 온도가 다른 두 물체가 접촉할 때 두 물체의 온도 변화를 쓰시오.

[실험 결과]

측정 시간(분)	0	1	2	3	4	5	6	7	8
따뜻한 물의 온도(℃)	65.0	57.0	51.0	47.0	44.0	42.0	40.0	39.0	38.0
차가운 물의 온도(℃)	15.0	19.0	22.0	24.0	25.0	26.0	27.0	28.0	29.0

_____

_____

(3) 온도가 다른 두 물체가 접촉할 때 두 물체의 온도가 변한 까닭을 열의 이동과 관련지어 설명하시오.

_____

_____

학습 주제 | 고체 물질의 종류에 따라 열이 이동하는 빠르기 비교하기

학습 목표 | 고체 물질의 종류에 따라 열이 이동하는 빠르기를 비교할 수 있다.

배점 | 20점

2 다음은 고체 물질의 종류에 따라 열이 이동하는 빠르기를 비교하기 위한 실험입니다. 물음에 답하시오.

[실험 과정]
❶ 구리판, 플라스틱판, 철판에 각각 열 변색 붙임딱지를 붙인다.
❷ 수조에 뜨거운 물을 붓는다.
❸ 열 변색 붙임딱지를 붙인 구리판, 플라스틱판, 철판을 동시에 수조에 넣고, 열 변색 붙임딱지의 색깔이 변하는 빠르기를 비교한다.

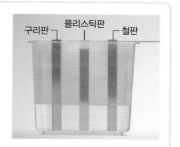

(1) 위 실험을 할 때 같게 해야 할 조건을 보기 에서 모두 골라 기호를 쓰시오.

┌ 보기 ─────────────────────────────────────
ㄱ 고체 물질의 두께
ㄴ 고체 물질의 종류
ㄷ 열 변색 붙임딱지의 종류
ㄹ 고체 물질을 뜨거운 물이 들어 있는 수조에 넣는 때
└──

(   )

(2) 위 (1)번의 내용을 고려하여 실험을 하였을 때, 열 변색 붙임딱지의 색깔이 빨리 변하는 고체 물질부터 순서대로 쓰시오.

(   ) → (   ) → (   )

(3) 위 실험에서 각 고체 물질에 붙인 열 변색 붙임딱지의 색깔이 변하는 빠르기가 다른 까닭을 보기 의 단어를 모두 사용하여 설명하시오.

┌ 보기 ─────────────────────────────────────
• 구리   • 철   • 플라스틱   • 열   • 이동
└──

_____

_____

교과서 개념 익히기

❶ 태양계의 구성원

1. 태양이 우리에게 미치는 영향

지구를 따뜻하게 해 주고, 주변을 밝게 비춰 줌.

물이 순환하는 데 필요한 에너지를 공급함.

식물은 태양 빛을 이용하여 양분을 만듦.

초식동물은 식물이 만든 양분을 먹고 살아감.

태양 빛을 이용하여 전기를 만듦.

일광욕을 즐길 수 있음.

태양 빛으로 바닷물이 증발하여 소금이 만들어짐.

태양은 빨래를 잘 마르게 하고, 세균을 없앨 수 있음.

태양이 우리에게 소중한 까닭

• 태양은 지구의 모든 것에 영향을 미친다.
• 지구에서 생물이 살아가는 데 필요한 대부분의 에너지를 태양에서 얻는다.
• 태양에서 오는 에너지는 지구에서 생물이 살기에 적당한 온도로 유지시켜 준다.

2. 태양계를 구성하는 천체

(1) 태양계: 태양과 태양의 영향을 받고 있는 천체들 그리고 그 공간을 말합니다.

(2) 태양계의 구성원

① 태양, 행성, 위성, 소행성 등으로 구성되어 있습니다.
② 태양계의 중심에 태양이 있습니다.

✏️ 태양계의 모습

○ 태양을 중심으로 천체들이 돌고 있습니다.
○ 태양은 태양계에서 유일하게 스스로 빛을 내는 천체입니다.
*태양계의 전체적인 모습을 나타낸 것으로, 실제 행성의 크기 비율과 거리 비율은 고려되지 않은 그림입니다.

😊 낱말사전

증발 액체 상태에 있는 어떤 물질이 그 표면에서 기체 상태로 변하는 현상
천체 지구 대기권 밖의 우주 공간에 떠 있는 온갖 물체를 통틀어 이르는 말

개념 확인문제   정답과 해설 49쪽

1 지구상의 동물, 식물이 살아가는 데 필요한 에너지의 대부분을 (   )에서 얻고 있습니다.

2 태양이 우리에게 미치는 영향으로 옳은 것에 ○표, 옳지 <u>않은</u> 것에 ×표 하시오.

(1) 지구를 따뜻하게 해 줍니다.   (   )
(2) 햇빛을 오래 쬐면 피부가 하얗게 됩니다.   (   )
(3) 물이 순환하는 데 필요한 에너지를 공급합니다.   (   )

(3) 태양계를 구성하는 행성: 지구처럼 태양 주위를 도는 둥근 천체를 행성이라고 합니다. 행성은 태양의 영향을 받고 있습니다.

수성
- 표면이 딱딱한 땅으로 되어 있음.
- 대기가 거의 없음.
- 태양계 행성 중 달의 표면 모습과 가장 비슷함.

금성
- 표면이 딱딱한 땅으로 되어 있음.
- 표면이 두꺼운 대기로 둘러싸여 있음.
- 행성 중에서 지구에서 가장 밝게 보임.

지구
- 표면이 딱딱한 땅으로 되어 있음.
- 표면의 약 70 %가 바다로 덮여 있음.
- 생물이 살 수 있는 환경을 갖추고 있음.

화성
- 표면이 딱딱한 땅으로 되어 있음.
- 붉은색을 띰.
- 지구의 사막처럼 암석과 흙으로 되어 있음.

목성
- 표면이 기체로 되어 있음.
- 표면에 줄무늬와 붉은색의 거대한 반점이 있음.
- 희미한 고리가 있음.

토성
- 표면이 기체로 되어 있음.
- 표면에 줄무늬가 있음.
- 태양계 행성 중 가장 뚜렷한 고리를 가지고 있음.

천왕성
- 표면이 기체로 되어 있음.
- 청록색을 띰.
- 고리가 있음.

해왕성
- 표면이 기체로 되어 있음.
- 푸른색을 띠며 표면에 거대한 검은 반점이 있음.
- 고리가 있음.

✏ 표면의 상태에 따른 행성 분류

표면이 땅(암석)으로 되어 있는 행성	표면이 기체로 되어 있는 행성
수성, 금성, 지구, 화성	목성, 토성, 천왕성, 해왕성

✏ 고리의 유무에 따른 행성 분류

고리가 없는 행성	고리가 있는 행성
수성, 금성, 지구, 화성	목성, 토성, 천왕성, 해왕성

3 지구처럼 태양 주위를 도는 둥근 천체를 (   )(이)라고 합니다.

4 (   )은/는 표면이 딱딱한 땅으로 되어 있고 붉은색을 띠는 행성입니다.

5 행성에 대한 설명으로 옳은 것에 ○표, 옳지 않은 것에 ×표 하시오.

(1) 목성은 지구에서 가장 밝게 보이는 행성입니다. (   )

(2) 수성의 표면은 태양계 행성 중 달의 표면 모습과 가장 비슷합니다. (   )

(3) 토성은 태양계 행성 중 가장 뚜렷한 고리를 가지고 있습니다. (   )

낱말사전 😊

표면 사물의 가장 바깥쪽 혹은 위쪽 부분
대기 천체의 표면을 둘러싸고 있는 기체

3. 태양계 행성의 상대적인 크기 비교하기

(1) 태양의 크기: 태양계에서 가장 큰 천체는 태양입니다.
➡ 태양의 반지름은 지구의 반지름보다 약 109배가 큽니다.

(2) 태양계 행성의 상대적인 크기

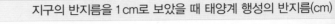

지구의 반지름을 1cm로 보았을 때 태양계 행성의 반지름(cm)

수성 0.4   화성 0.5   금성 0.9   지구 1.0
해왕성 3.9   천왕성 4.0   토성 9.4   목성 11.2

- 태양계 행성 중 수성의 크기가 가장 작고, 목성의 크기가 가장 큼.
- 지구와 크기가 가장 비슷한 행성은 금성임.
- 화성의 크기는 지구 크기의 약 절반임.
- 지구보다 크기가 큰 행성: 목성, 토성, 천왕성, 해왕성
- 지구보다 크기가 작은 행성: 수성, 금성, 화성

> 행성의 실제 크기가 매우 크기 때문에 지구 크기를 기준으로 하여 상대적인 크기로 비교합니다.

4. 태양계 행성의 상대적인 거리 비교하기

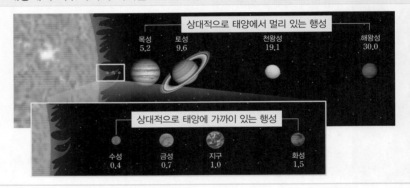

태양에서 지구까지의 거리를 1로 보았을 때 태양에서 행성까지의 상대적인 거리

상대적으로 태양에서 멀리 있는 행성
목성 5.2   토성 9.6   천왕성 19.1   해왕성 30.0

상대적으로 태양에 가까이 있는 행성
수성 0.4   금성 0.7   지구 1.0   화성 1.5

① 태양에서 거리가 멀수록 행성 사이의 거리도 대체로 멀어집니다.
② 태양에서 가까이 있는 행성부터 순서대로 나열하면 수성, 금성, 지구, 화성, 목성, 토성, 천왕성, 해왕성입니다.

✏️ 지구보다 크기가 작은 수성과 금성이 지구보다 크기가 큰 천왕성이나 해왕성보다 크게 보이는 까닭

수성과 금성이 천왕성과 해왕성보다 지구에 훨씬 가까이 있기 때문입니다.

✏️ 지구에서 태양까지의 거리

- 지구에서 태양까지의 거리는 약 1억 5000만 km로, 지구는 태양에서 매우 멀리 떨어져 있습니다.
- 한 시간에 900 km를 이동하는 비행기를 타고 가면 지구에서 태양까지 가는 데 약 19년이 걸립니다.

🙂 낱말사전

상대적 서로 맞서거나 비교되는 관계

개념 확인문제

정답과 해설 49쪽

6 태양계에서 가장 큰 행성은 (   )입니다.

7 태양계 행성 중 지구와 크기가 가장 비슷한 행성은 (   )입니다.

8 태양계 행성에 대한 설명으로 옳은 것에 ○표, 옳지 <u>않은</u> 것에 ×표 하시오.

(1) 태양계 행성 중 수성의 크기가 가장 작습니다.   (   )
(2) 지구보다 크기가 큰 행성은 화성, 목성, 천왕성, 해왕성입니다.   (   )

③ 크기가 상대적으로 작은 행성(수성, 금성, 지구, 화성)은 태양에 가까이 있고, 크기가 상대적으로 큰 행성(목성, 토성, 천왕성, 해왕성)은 태양에서 멀리 있습니다.

실험 관찰로 알아보기   태양계 행성의 상대적인 거리 비교하기

[준비물]
태양계 행성의 이름을 쓴 붙임딱지, 천 줄자

[실험 방법]
❶ 교실에서 태양의 위치를 표시한 후 천 줄자의 눈금 0을 태양의 위치에 맞춥니다.
❷ 천 줄자의 눈금 10 cm 위치에 지구 붙임딱지를 붙이고 태양에서 각 행성까지의 상대적인 거리에 맞게 다른 태양계 행성 붙임딱지를 붙입니다.
❸ 태양에서 행성까지의 상대적인 거리를 비교하고, 태양에서 지구보다 가까이 있는 행성과 멀리 있는 행성으로 분류해 봅니다.

[실험 결과]

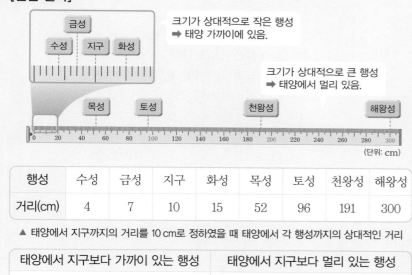

크기가 상대적으로 작은 행성
➡ 태양 가까이에 있음.

크기가 상대적으로 큰 행성
➡ 태양에서 멀리 있음.

행성	수성	금성	지구	화성	목성	토성	천왕성	해왕성
거리(cm)	4	7	10	15	52	96	191	300

▲ 태양에서 지구까지의 거리를 10 cm로 정하였을 때 태양에서 각 행성까지의 상대적인 거리

태양에서 지구보다 가까이 있는 행성	태양에서 지구보다 멀리 있는 행성
수성, 금성	화성, 목성, 토성, 천왕성, 해왕성

✎ 행성까지의 거리를 상대적 거리로 비교하는 까닭
- 태양에서 행성까지의 거리가 매우 멀기 때문입니다.
- 태양에서 행성까지의 거리를 쉽게 비교하기 위해서입니다.
- 행성과 행성 사이의 거리도 쉽게 비교할 수 있기 때문입니다.

3
단원

9 태양계 행성을 태양과 가까이 있는 것부터 순서대로 쓰시오.
(   ), (   ), (   ), (   ), (   ), (   ),
(   ), (   )

10 태양에서 지구보다 가까이 있는 행성은 (   ), (   )입니다.

11 태양에서 거리가 멀수록 행성 사이의 거리도 대체로 (가까워집니다 , 멀어집니다).

낱말사전 😊
천 실로 짠 옷이나 이부자리 따위의 재료가 되는 물건

01 다음 ( ) 안에 공통으로 들어갈 알맞은 말을 쓰시오.

> • 지구에서 물이 증발하고 구름이 되어 비가 내리는 물의 순환은 (　　　　) 때문에 일어난다.
> • (　　　　)은/는 식물이 양분을 만들 수 있게 도움을 주고, 이 식물이 만든 양분을 초식동물이 먹고 살아간다.

(　　　　　　　　)

02 태양이 우리에게 미치는 영향을 다음 보기 에서 모두 고른 것은 어느 것입니까? (　　)

> 보기
> ㉠ 빨래를 잘 마르게 한다.
> ㉡ 일광욕을 즐길 수 있다.
> ㉢ 지구를 따뜻하게 해 준다.
> ㉣ 바닷물이 증발하여 소금이 만들어진다.

① ㉡, ㉢
② ㉠, ㉡, ㉢
③ ㉠, ㉡, ㉣
④ ㉡, ㉢, ㉣
⑤ ㉠, ㉡, ㉢, ㉣

03 다음과 같이 지붕에 설치된 장치로 태양을 우리 생활에 이용할 수 있습니다. 이와 관련 있는 태양이 주는 영향은 어느 것입니까? (　　)

① 세균을 없앤다.
② 스스로 빛을 내게 한다.
③ 태양 빛을 이용해 소금을 만든다.
④ 태양 빛을 이용해 전기를 만든다.
⑤ 생물이 살기에 필요한 양분을 제공한다.

04 태양과 태양의 영향을 받고 있는 천체들 그리고 그 공간을 무엇이라고 하는지 쓰시오.

(　　　　　　　　)

05 다음과 같은 특징이 나타나는 행성은 어느 것입니까? (　　)

> • 붉은색을 띤다.
> • 표면이 딱딱한 땅으로 되어 있다.
> • 지구의 사막처럼 암석과 흙으로 되어 있다.

① 수성
② 금성
③ 목성
④ 화성
⑤ 천왕성

06 토성에 대한 설명으로 옳은 것은 어느 것입니까? (　　)

① 청록색을 띤다.
② 대기가 거의 없다.
③ 표면에 줄무늬가 있다.
④ 표면에 거대한 검은 반점이 있다.
⑤ 표면이 딱딱한 땅으로 되어 있다.

07 다음 중 목성은 어느 것입니까? ( )

①  ②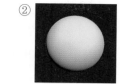

③  ④

⑤

08 다음과 같이 행성을 분류한 기준으로 옳은 것은 어느 것입니까? ( )

분류 기준:

그렇다.	그렇지 않다.
수성, 금성, 지구, 화성	목성, 토성, 천왕성, 해왕성

① 줄무늬가 있는가?
② 생물이 살고 있는가?
③ 표면이 땅으로 되어 있는가?
④ 표면이 기체로 되어 있는가?
⑤ 표면이 붉은색을 띠고 있는가?

09 다음 중 태양계에서 가장 큰 천체는 어느 것입니까? ( )

① 달 ② 지구
③ 태양 ④ 목성
⑤ 해왕성

10 다음 중 지구보다 크기가 큰 행성들로 바르게 짝 지은 것은 어느 것입니까? ( )

① 수성, 목성, 토성
② 수성, 화성, 금성
③ 화성, 토성, 목성
④ 태양, 목성, 천왕성
⑤ 목성, 토성, 천왕성, 해왕성

[11~12] 다음은 태양에서 지구까지의 거리를 1로 보았을 때 태양에서 행성까지의 상대적인 거리를 나타낸 표입니다. 물음에 답하시오.

행성	수성	금성	지구	화성	목성	토성	천왕성	해왕성
상대적인 거리	0.4	0.7	1.0	1.5	5.2	9.6	19.1	30.0

11 위 표에서 태양에서 지구까지의 거리를 10 cm로 했을 때 태양에서 목성까지의 거리를 쓰시오.

( ) cm

12 위 표를 보고 알 수 있는 사실로 옳지 않은 것을 보기 에서 골라 기호를 쓰시오.

보기
㉠ 천왕성과 해왕성은 태양에서 지구보다 멀리 있다.
㉡ 태양에서 지구보다 가까운 거리에는 행성이 없다.
㉢ 지구와 가장 가까운 거리에 있는 행성은 금성이다.
㉣ 태양에서 거리가 멀수록 행성 사이의 거리도 대체로 멀다.

( )

❷ 밤하늘의 별

1. 행성과 별
(1) 밤하늘 관찰: 밤하늘에는 밝은 점들이 보입니다.
(2) 밤하늘에 보이는 밝은 점: 별, 행성 등 여러 가지 천체입니다.

2. 행성과 별의 차이점 알아보기
(1) 금성(행성)과 별의 관측: 초저녁에 금성을 관측할 수 있는 시기에 서쪽 하늘
을 7일 간격으로 촬영하여 별과 금성의 위치를 비교해 봅니다.

🖊 금성의 이동 알아보기

금성과 별을 촬영한 사진 세 장에 투명
필름을 각각 덮고 천체의 위치를 표시
합니다. 표시한 세 장의 필름을 겹쳐보
면 금성의 위치가 변한 것을 알 수 있
습니다.

첫째 날 초저녁

7일 뒤 초저녁
금성

15일 뒤 초저녁
금성

• 별은 위치가 변
하지 않았음.
• 금성의 위치는
변하였음.

◀ 같은 장소에서 같은
시각에 촬영

(2) 밤하늘 사진을 통해 행성 찾기

실험 관찰로 알아보기   밤하늘 사진에서 행성을 찾아보기

[준비물] 화성과 별을 찍은 밤하늘 사진 3장(같은 장소에서 같은 시각에
7일 간격으로 촬영), 투명 필름(3장), 유성 펜(세 가지 색)
[실험 방법]
❶ 화성이 관측되는 시기에 같은
장소에서 같은 시각에 7일 간
격으로 촬영한 밤하늘 사진을
관찰합니다.

첫째 날 초저녁

7일 뒤 초저녁

15일 뒤 초저녁

😊 낱말사전

초저녁 날이 어두워진 지 얼마 되지 않
은 때
관측 육안(눈)이나 기계로 자연현상,
특히 천체나 기상의 상태와 추이, 변화
등을 관찰하여 측정하는 일

개념 확인문제   정답과 해설 49쪽

1 여러 날 동안 같은 장소에서 같은 시각에 금성과 별을 관측하면, (   )은/는
위치가 변하지 않았고, (   )은/는 위치가 변합니다.

2 여러 날 동안 같은 시각, 같은 장소에서 행성과 별을 관측한 결과로 옳은 것에
○표, 옳지 않은 것에 ×표 하시오.

(1) 행성은 위치가 변하지 않았습니다.   (   )
(2) 별의 위치가 거의 변하지 않았습니다.   (   )

❷ 밤하늘 사진 3장에 각각 투명 필름을 덮고 천체의 위치를 유성 펜으로 표시합니다(사진마다 다른 색 유성 펜 사용).

❸ ❷에서 천체를 표시한 투명 필름 3장을 겹쳐보고, 위치가 변한 천체를 표시해 봅니다.

[실험 결과]

• 날짜에 따라 위치가 다른 천체가 있습니다.
• 위치가 변한 것은 행성(화성)입니다.
• 별은 위치가 변하지 않았습니다.
• 행성은 태양 주위를 돌기 때문에 위치가 변합니다.

세 장의 투명 필름을 겹친 모습 ▶

(3) 여러 날 동안 관측한 행성과 별의 차이점

① 별은 여러 날 동안 밤하늘에서 위치가 거의 변하지 않고 행성은 여러 날 동안 밤하늘에서 위치가 변합니다.

② 별의 위치가 거의 변하지 않는 까닭: 별은 행성보다 지구에서 매우 먼 거리에 있기 때문에 움직이지 않는 것처럼 보입니다.

③ 행성의 위치가 변하는 까닭: 행성은 태양 주위를 돌고, 별보다 지구에 가까이 있기 때문에 별들 사이에서 위치가 변하는 것을 볼 수 있습니다.

(4) 별과 행성의 비교

별	• 별은 태양처럼 스스로 빛을 냄. • 매우 먼 거리에 있어 반짝이는 밝은 점으로 보임.
행성	• 행성은 스스로 빛을 내지 못하고, 태양 빛을 반사하여 우리에게 관측됨. • 별과 비교하여 지구로부터 거리가 가깝기 때문에 주위의 별보다 밝고 또렷하게 보임.

밤하늘에서 행성과 별의 구별법

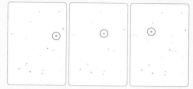

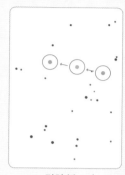

▲ 겹쳐 본 모습

○ 여러 날 동안 같은 장소에서 같은 시각에 밤하늘을 관측해 보았을 때 위치가 변한 것은 행성입니다.

○ 여러 날 동안 밤하늘을 관측하여 위치가 거의 변하지 않은 것은 별입니다.

3 여러 날 동안 관측한 별과 행성에 대한 설명으로 옳은 것에 ○표, 옳지 않은 것에 ×표 하시오.

(1) 별은 행성보다 지구에서 매우 먼 거리에 있기 때문에 움직이지 않는 것처럼 보입니다.   (   )

(2) 행성은 태양 주위를 돌며 별보다 지구에 가까이 있기 때문에 별들 사이에서 위치가 변하는 것을 볼 수 있습니다.   (   )

4 별과 행성 중 (   )은/는 태양처럼 스스로 빛을 내지만, (   )은/는 스스로 빛을 낼 수 없습니다.

5 행성은 (   ) 빛을 반사하여 우리에게 관측됩니다.

낱말사전

반사 일정한 방향으로 나아가던 빛이 다른 물체의 표면에 부딪쳐서 나아가던 방향을 반대로 바꾸는 현상

3. 북쪽 하늘의 별자리

(1) 별자리

① 별자리: 밤하늘에 무리 지어 있는 별을 연결해 사람이나 동물, 물건의 이름을 붙인 것을 별자리라고 합니다.

② 북쪽 밤하늘에서 볼 수 있는 별자리: 큰곰자리, 작은곰자리, 카시오페이아자리를 볼 수 있습니다.

(2) 별자리 관측하기(예 북쪽 밤하늘의 별자리 관측)

① 별자리를 관측할 시각과 장소를 정합니다.

② 정해진 시각에 정해진 장소에서 나침반을 이용해 북쪽을 확인합니다.

③ 주변의 건물이나 나무 등의 위치를 북쪽을 중심으로 표현합니다.

③ 북쪽 밤하늘의 별자리를 관측한 뒤, 관측한 별자리의 위치와 모양을 기록합니다.

▲ 산, 건물 등 주변의 모습을 통해 별자리의 위치를 표현할 수 있습니다.

별자리

별자리의 모습과 이름은 지역과 시대에 따라 다릅니다.

북두칠성

○ 북두칠성은 큰곰자리의 꼬리 부분으로 국자 모양입니다.

○ 동양 고유의 별자리로 큰곰자리보다 익숙할 수 있습니다.

북쪽을 찾는 방법

○ 나침반을 편평한 바닥에 놓았을 때 N극이 가리키는 방향이 북쪽입니다.

○ 스마트 기기의 애플리케이션을 사용하여 북쪽을 찾을 수 있습니다.

낱말사전

시대 역사적으로 어떤 표준에 의하여 구분한 일정한 기간

개념 확인문제   정답과 해설 49쪽

6 밤하늘에 무리 지어 있는 별을 연결해 사람이나 동물, 물건의 이름을 붙인 것을 (   )(이)라고 합니다.

7 북쪽 밤하늘에서 볼 수 있는 별자리 중 큰곰자리의 꼬리 부분은 동양 고유의 별자리인 (   )에 해당합니다.

8 북쪽 밤하늘에서는 알파벳 W자를 닮은 (   )을/를 볼 수 있습니다.

4. 밤하늘에서 별자리를 이용하여 북극성 찾기

(1) 북극성: 거의 움직이지 않고 항상 북쪽에 있기 때문에 북쪽을 알려주는 길잡이 역할을 합니다.
  ➡ 북두칠성과 카시오페이아자리를 이용하면 밤하늘에서 북극성을 찾을 수 있습니다.

(2) 북두칠성과 카시오페이아자리를 이용하여 북극성을 찾는 방법

> **북두칠성을 이용하여 북극성 찾기**
> ① 북두칠성의 국자 모양 끝부분에서 ㉮와 ㉯를 찾는다.
> ② ㉮와 ㉯를 연결한다.
> ③ ㉮에서 ㉯ 방향으로 그 거리의 다섯 배 떨어진 곳에 있는 별을 찾는다.

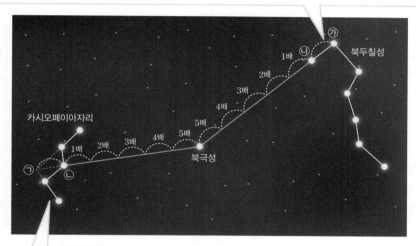

> **카시오페이아자리를 이용하여 북극성 찾기**
> ① 카시오페이아자리에서 바깥쪽 두 선을 연장해 만나는 점 ㉠을 찾는다.
> ② 점 ㉠과 가운데에 있는 별 ㉡을 연결한다.
> ③ ㉠에서 ㉡ 방향으로 그 거리의 다섯 배 떨어진 곳에 있는 별을 찾는다.

📝 북극성

○ 북극성은 작은곰자리의 꼬리 부분에 있는 별입니다.
○ 바다 한가운데에서 밤에 항해하는 배는 나침반이 없어도 북극성을 보고 방위를 알 수 있습니다.

📝 방위를 찾는 여러 가지 방법

○ 북극성을 이용하여 방위를 찾습니다.
○ 별자리를 이용하여 방위를 찾습니다.
○ 스마트 기기를 이용하여 방위를 찾습니다.
○ 태양의 움직임을 관찰하여 방위를 찾습니다.

3
단원

9 (북두칠성 , 북극성)은 거의 움직이지 않고 항상 북쪽 밤하늘에서 보입니다.

낱말사전 😃

길잡이 길을 인도해 주는 사람이나 사물
연장 시간이나 거리 따위를 본래보다 길게 늘림.

10 북극성에 대한 설명으로 옳은 것에 ○표, 옳지 않은 것에 ×표 하시오.

　(1) 북극성은 북쪽 방향을 알려주는 역할을 하는 별입니다. 　　　(　　)
　(2) 밤하늘에서 작은곰자리를 이용하면 북극성을 쉽게 찾을 수 있습니다. (　　)

11 밤하늘에서 북극성을 찾는 데 이용하는 별자리 두 개를 쓰시오.

(　　　　　　　　 , 　　　　　　　　)

[01~02] 다음은 여러 날 동안 같은 시각에 같은 장소에서 관측한 밤하늘의 모습입니다. 물음에 답하시오.

▲ 첫째 날 초저녁

▲ 7일 뒤 초저녁

▲ 15일 뒤 초저녁

01 위 관측 자료를 통해 알 수 있는 내용 두 가지를 보기 에서 골라 기호를 쓰시오.

보기
㉠ 여러 날 동안 별의 위치가 변하였다.
㉡ 여러 날 동안 금성의 위치가 변하였다.
㉢ 여러 날 동안 별의 위치가 거의 변하지 않았다.
㉣ 여러 날 동안 금성의 위치가 거의 변하지 않았다.
㉤ 여러 날 동안 관측된 모든 천체의 위치가 변하였다.

(,   )

02 위 01번과 같이 관측되는 까닭으로 가장 알맞은 것은 어느 것입니까? (   )

① 별은 태양 주위를 돌고, 스스로 빛을 내기 때문
② 금성은 태양 주위를 돌고, 태양 빛을 반사하기 때문
③ 별은 태양 주위를 돌고, 금성보다 지구에 가까이 있기 때문
④ 금성은 태양 주위를 돌고, 별보다 지구에 가까이 있기 때문
⑤ 금성은 태양 주위를 돌지 않고, 별은 태양 주위를 돌기 때문

03 다음 ( ) 안에 들어갈 알맞은 말을 보기 에서 골라 각각 쓰시오.

• (㉠)은/는 스스로 빛을 낸다.
• (㉡)은/는 스스로 빛을 낼 수 없다.

보기
• 별   • 행성

㉠ (   ), ㉡ (   )

04 다음 중 별에 대한 설명으로 옳지 않은 것은 어느 것입니까? (   )

① 태양도 별에 해당한다.
② 별은 스스로 빛을 낸다.
③ 태양계에는 별이 여러 개 존재한다.
④ 하늘에서 무수히 많은 별을 관측할 수 있다.
⑤ 여러 날 동안 같은 장소, 같은 시각에 별을 관측해 보면 위치가 거의 변하지 않는다.

05 북쪽 밤하늘의 별자리를 관측하려고 합니다. 가장 먼저 해야 할 일을 보기 에서 골라 기호를 쓰시오.

보기
㉠ 별자리를 관측할 시각과 장소를 정한다.
㉡ 별자리를 관측하여 위치와 모양을 기록한다.
㉢ 북쪽 주변의 건물이나 나무 등의 모습을 표현한다.
㉣ 나침반이나 스마트 기기를 이용하여 북쪽을 찾는다.

(   )

[06~07] 다음은 밤하늘의 어느 방향에서 볼 수 있는 별자리입니다. 물음에 답하시오.

 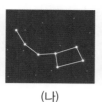 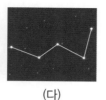

(가)　　　　　(나)　　　　　(다)

06 위 별자리 (가), (나), (다)의 이름을 각각 쓰시오.

(가) (　　　　　　　　　)
(나) (　　　　　　　　　)
(다) (　　　　　　　　　)

☆☆
07 위 세 별자리를 볼 수 있는 밤하늘의 방향은 어느 것입니까? (　　　)

① 동쪽　　　　② 서쪽
③ 남쪽　　　　④ 북쪽
⑤ 남동쪽

08 밤하늘의 방향을 찾을 수 있는 방법을 잘못 설명한 사람은 누구인지 쓰시오.

> 영재: 북극성을 찾으면 방향을 알 수 있어.
> 소희: 스마트 기기 애플리케이션으로 방향을 찾을 수 있어.
> 동훈: 나침반의 파란색 바늘이 가리키는 곳이 북쪽이야.

(　　　　　　　　　)

09 다음 중 북극성에 대한 설명으로 옳지 않은 것은 어느 것입니까? (　　　)

① 거의 움직이지 않는다.
② 스스로 빛을 내지 못한다.
③ 북쪽 하늘에서 볼 수 있다.
④ 밤하늘의 길잡이 역할을 한다.
⑤ 지구에서 아주 멀리 떨어져 있다.

[10~12] 다음 밤하늘의 모습을 보고, 물음에 답하시오.

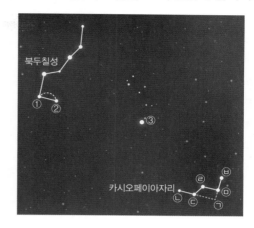

10 위 그림에서 점 ③에 해당하는 별의 이름은 무엇인지 쓰시오.

(　　　　　　　　　)

☆☆
11 위 그림에서 점 ②와 점 ③ 사이의 거리는 점 ①과 점 ② 사이 거리의 몇 배입니까? (　　　)

① 3배　　　　② 4배
③ 5배　　　　④ 6배
⑤ 7배

12 카시오페이아자리를 이용하여 북극성을 찾을 때 점 ㉠과 함께 필요한 별의 기호를 찾아 쓰시오.

(　　　　　　　　　)

단원 정리

1 태양이 우리에게 미치는 영향

- 지구를 따뜻하게 하고, 주변을 밝게 비춰 줌.
- 식물은 태양 빛을 이용하여 (㉠   )을/를 만듦.
- 초식동물은 식물이 만든 양분을 먹고 살아감.
- 태양 빛을 이용하여 전기를 만듦.
- 태양 빛으로 바닷물이 증발하여 소금이 만들어짐.
- 물이 순환하는 데 필요한 (㉡   )을/를 공급함.

2 태양계를 구성하는 천체

태양	태양계의 중심에 있으며, 태양계에서 유일하게 (㉢) 빛을 내는 천체
수성	• 표면이 딱딱한 땅으로 되어 있음. • 대기가 거의 없고, 달의 표면 모습과 가장 비슷함.
금성	• 표면이 딱딱한 땅으로 되어 있음. • 표면이 두꺼운 (㉣)(으)로 둘러싸여 있음. • 지구에서 가장 밝게 보임.
지구	• 표면이 딱딱한 땅으로 되어 있음. • 표면의 약 70 %가 바다로 덮여 있음. • 생물이 살 수 있는 환경을 갖추고 있음.
화성	• 표면이 딱딱한 땅으로 되어 있음. • 붉은색을 띠며, 지구의 사막처럼 암석과 흙으로 되어 있음.
(㉤)	• 표면이 기체로 되어 있음. • 표면에 줄무늬가 있음. • 표면에 붉은색으로 보이는 거대한 반점이 있고, 희미한 고리가 있음.
토성	• 표면이 기체로 되어 있음. • 표면에 줄무늬가 있음. • 태양계 행성 중 가장 뚜렷한 (㉥)을/를 가지고 있음.
천왕성	• 표면이 기체로 되어 있음. • 청록색을 띰. • 고리가 있음.
해왕성	• 표면이 기체로 되어 있음. • 푸른색을 띠며 표면에 거대한 검은 반점이 있고, 고리가 있음.

(행성은 수성~해왕성 범위를 묶는 세로 라벨)

3 태양계 행성의 상대적 크기

크기가 큰 순서	목성, 토성, 천왕성, 해왕성, 지구, 금성, 화성, 수성
지구와 크기가 가장 비슷한 행성	(㉦)
지구의 절반 크기 행성	화성

4 태양계 행성의 상대적 거리

태양에 가까이 있는 순서	수성, 금성, 지구, 화성, 목성, 토성, 천왕성, 해왕성

5 행성과 별의 차이점

행성	• 여러 날 동안 같은 장소에서 같은 시각에 밤하늘을 관측하면 위치가 변함. • (㉧) 빛을 반사하여 우리가 관측할 수 있음.
별	• 스스로 빛을 내는 천체 • 여러 날 동안 같은 장소에서 같은 시각에 밤하늘을 관측했을 때 위치가 거의 변하지 않음.

- 행성의 위치가 변하는 까닭: 행성은 태양 주위를 돌고 있으며, 별에 비해 지구에 가깝기 때문임.

6 북쪽 하늘의 별자리

▲ (㉨   )   ▲ 작은곰자리   ▲ 카시오페이아자리

7 밤하늘에서 별자리를 이용하여 북극성 찾기

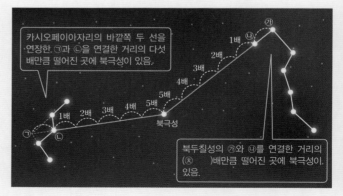

카시오페이아자리의 바깥쪽 두 선을 연장한 ㉠과 ㉡을 연결한 거리의 다섯 배만큼 떨어진 곳에 북극성이 있음.

북두칠성의 ㉮와 ㉯를 연결한 거리의 (㉩   )배만큼 떨어진 곳에 북극성이 있음.

1배 2배 3배 4배 5배 북극성

정답 ㉠ 양분 ㉡ 에너지 ㉢ 스스로 ㉣ 대기 ㉤ 목성 ㉥ 고리 ㉦ 금성 ㉧ 태양 ㉨ 큰곰자리 ㉩ 다섯(5)

단원 정리 평가

01 태양이 우리에게 주는 영향으로 옳지 <u>않은</u> 것은 어느 것입니까? ( )

① 주변을 밝게 비춰 준다.
② 빨래를 잘 마르게 한다.
③ 태양 빛을 이용하여 전기를 만든다.
④ 햇빛에 오래 노출될수록 건강해진다.
⑤ 생물이 살기에 적당한 온도를 만들어 준다.

02 다음은 태양이 주는 영향을 그림과 글로 나타낸 것입니다. 다음 ( ) 안에 들어갈 알맞은 말을 각각 쓰시오.

태양은 지구의 (㉠)이/가 순환하는 데 필요한 (㉡)을/를 공급한다.

㉠ ( ), ㉡ ( )

03 태양에 대한 설명으로 옳은 것을 보기 에서 모두 고른 것은 어느 것입니까? ( )

보기
㉠ 스스로 빛을 낸다.
㉡ 태양계의 중심에 있다.
㉢ 지구 주변을 돌고 있다.
㉣ 표면이 딱딱한 땅으로 되어 있다.

① ㉠, ㉡   ② ㉠, ㉢
③ ㉡, ㉢   ④ ㉠, ㉡, ㉣
⑤ ㉡, ㉢, ㉣

04 다음 중 표면이 딱딱한 땅으로 되어 있고, 지구에서 가장 밝게 보이는 행성은 어느 것입니까? ( )

①    ②

③    ④

⑤

05 오른쪽 행성에 대한 설명으로 옳은 것은 어느 것입니까? ( )

① 대기가 거의 없다.
② 표면에 줄무늬가 있다.
③ 거대한 검은 반점이 있다.
④ 생물이 살 수 있는 환경을 갖추고 있다.
⑤ 우주 먼지로 이루어진 희미한 고리가 있다.

06 다음 중 화성에 대한 설명으로 옳지 <u>않은</u> 것을 두 가지 고르시오. (,)

① 붉은색을 띤다.
② 두꺼운 대기로 둘러싸여 있다.
③ 표면이 딱딱한 땅으로 되어 있다.
④ 태양에서 지구보다 멀리 떨어져 있다.
⑤ 태양계 행성 중 지구와 크기가 가장 비슷하다.

07 여러 가지 공의 크기가 다음과 같을 때, 지구를 반지름이 1 cm인 구슬에 비유한다면 토성은 어떤 물체에 비유할 수 있는지 쓰시오.(단, 토성의 반지름은 지구의 약 9.4배입니다.)

공	탁구공	야구공	핸드볼공
반지름(cm)	2.0	3.5	9.3

( )

08 다음 ㉠~㉢에 해당하는 태양계 행성을 바르게 나타낸 것은 어느 것입니까? ( )

> ㉠ 태양계 행성 중 크기가 가장 큰 행성
> ㉡ 태양계 행성 중 크기가 가장 작은 행성
> ㉢ 태양계 행성 중 지구와 크기가 가장 비슷한 행성

	㉠	㉡	㉢
①	수성	목성	금성
②	금성	화성	목성
③	목성	금성	화성
④	목성	수성	금성
⑤	화성	목성	해왕성

☆☆
09 지구를 제외한 태양계 행성을 다음과 같이 두 무리로 분류할 때, 분류 기준으로 옳은 것을 보기 에서 모두 골라 기호를 쓰시오.

수성, 금성, 화성	목성, 토성, 천왕성, 해왕성

> 보기
> ㉠ 고리가 있는가?
> ㉡ 줄무늬가 있는가?
> ㉢ 지구보다 크기가 작은가?
> ㉣ 태양에서 지구보다 멀리 있는가?

(,)

[10~11] 다음은 태양에서 지구까지의 거리를 1로 보았을 때 태양에서 행성까지의 상대적인 거리를 나타낸 표입니다. 물음에 답하시오.

행성	수성	금성	지구	화성	목성	토성	천왕성	해왕성
상대적인 거리	0.4	0.7	1.0	1.5	5.2	9.6	19.1	30.0

10 태양에서 지구까지의 거리를 10 cm로 정하였을 때 태양과 각 행성을 천 줄자 위에 놓으려고 합니다. 필요한 천 줄자의 길이로 가장 적당한 것은 어느 것입니까? ( )

① 30 cm
② 100 cm
③ 191 cm
④ 250 cm
⑤ 310 cm

11 위 표를 보고 알 수 있는 것을 잘못 말한 사람은 누구인지 쓰시오.

> 근태: 화성이 지구에 가장 가까이 있는 행성이야.
> 소희: 크기가 상대적으로 작은 행성은 태양 가까이에 있어.
> 재영: 태양에서 거리가 멀수록 행성 사이의 거리도 대체로 멀구나.

( )

12 행성과 별에 대한 설명으로 옳은 것은 어느 것입니까? ( )

① 행성은 스스로 빛을 낸다.
② 별은 스스로 빛을 낼 수 없다.
③ 행성은 달빛이 반사되어 우리에게 관측된다.
④ 별은 태양 빛을 반사하여 우리에게 관측된다.
⑤ 행성은 태양 빛을 반사하여 우리에게 관측된다.

[13~14] 다음은 화성과 별이 있는 밤하늘을 여러 날 동안 같은 시각, 같은 장소에서 관측한 모습입니다. 물음에 답하시오.

13 위 ㉠~㉤ 중에서 화성을 찾아 기호를 쓰시오.

( )

14 위 **13**번과 같이 생각한 까닭으로 옳은 것은 어느 것입니까? ( )

① 여러 날 동안 점점 커졌기 때문
② 여러 날 동안 위치가 변했기 때문
③ 여러 날 동안 점점 작아졌기 때문
④ 여러 날 동안 가장 밝게 빛나기 때문
⑤ 여러 날 동안 위치가 변하지 않았기 때문

15 소희가 설명하고 있는 별자리의 이름을 쓰시오.

> 소희: 북쪽 하늘에서 볼 수 있고, 알파벳 W자를 닮았어.

( )

16 다음은 재영이가 별자리를 관측하고 그린 그림입니다. 재영이가 관찰한 밤하늘의 방향을 쓰시오.

( )

☆☆
17 다음 중 북극성을 찾을 때 이용하는 별자리를 두 가지 고르시오. (,)

① 북두칠성
② 사자자리
③ 오리온자리
④ 작은곰자리
⑤ 카시오페이아자리

18 다음은 북두칠성을 이용하여 북극성을 찾는 방법입니다. ( ) 안에 들어갈 알맞은 숫자를 순서대로 쓰시오.

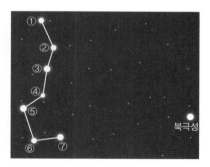

> 북극성은 북두칠성의 (㉠)과/와 (㉡)을/를 연결하고, 별 (㉠)에서 별 (㉡)의 방향으로 그 거리의 (㉢)배 떨어진 곳에 있는 별이다.

㉠ ( ), ㉡ ( ), ㉢ ( )

01 다음 그림을 보고, 태양이 식물, 동물, 사람에게 미치는 영향을 각각 한 가지씩 쓰시오.

(1) 식물에게 미치는 영향: _____

_____

(2) 동물에게 미치는 영향: _____

_____

(3) 사람에게 미치는 영향: _____

_____

02 다음은 태양의 소중함에 대한 대화입니다. ( ) 안에 들어갈 알맞은 말을 쓰시오.

> 소미: 태양은 참 중요해. 태양이 없으면 우리들은 살 수가 없을 거야.
> 은수: 맞아. 태양은 지구의 모든 것에 영향을 미치니까 정말 소중해.
> 현빈: 태양이 없으면 생물이 살아가기에 적당한 (1) ( ) 때문에 생물이 살 수 없을 거야.
> 동훈: 우리는 살아가는 데 (2) ( ) 을/를 태양에서 얻고 있지.

(1) _____

(2) _____

03 다음 자료를 보고, 물음에 답하시오.

(1) 위 ㉠과 ㉡ 행성의 이름을 각각 쓰시오.

㉠ ( ), ㉡ ( )

(2) 위 (가)와 (나) 행성의 표면 상태를 비교하여 설명하시오.

_____

_____

04 다음은 지구의 반지름을 1로 정하였을 때 태양계 행성의 상대적인 크기를 나타낸 것입니다. 물음에 답하시오.

행성	수성	금성	지구	화성	목성	토성	천왕성	해왕성
크기	0.4	0.9	1.0	0.5	11.2	9.4	4.0	3.9

(1) 위 행성들을 크기가 큰 행성부터 순서대로 나열하시오.

_____

(2) 위 표의 내용과 관련하여 지구의 크기를 기준으로 한 분류 기준을 세우고, 지구를 제외한 7개의 행성을 두 무리로 분류하시오.

분류 기준: [ ]

그렇다.	그렇지 않다.

05 다음은 태양계 행성을 어떤 기준에 따라 분류한 것입니다. 물음에 답하시오.

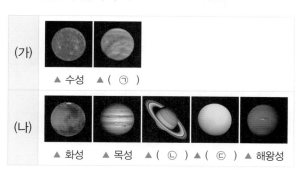

(1) 위 ㉠, ㉡, ㉢ 행성의 이름과 특징을 각각 쓰시오.

	행성 이름	특징
㉠		
㉡		
㉢		

(2) 위와 같이 (가)와 (나)로 분류한 기준이 무엇인지 쓰시오.

06 다음은 금성과 별이 있는 밤하늘을 여러 날 동안 같은 시각, 같은 장소에서 관측한 모습입니다. 물음에 답하시오.

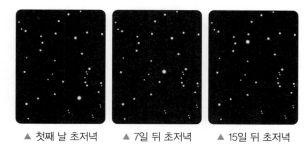

▲ 첫째 날 초저녁   ▲ 7일 뒤 초저녁   ▲ 15일 뒤 초저녁

(1) 위 그림에서 행성과 별을 구별하는 방법을 쓰시오.

(2) 위 세 번째 그림에 금성에 해당하는 것을 찾아 ○표 하고, 그렇게 생각한 까닭을 쓰시오.

07 다음 밤하늘의 모습을 보고, 물음에 답하시오.

(1) 위 ㉠, ㉡, ㉢ 별자리의 이름을 각각 쓰시오.

㉠

㉡

㉢

(2) 위 밤하늘의 방향을 쓰고, 그렇게 생각한 까닭을 쓰시오.

08 다음 별자리를 이용하여 북극성을 찾는 방법을 쓰시오.

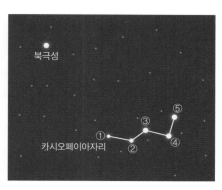

배점 | 20점

학습 주제　태양계를 구성하는 천체

학습 목표　태양계를 구성하는 태양과 행성을 설명할 수 있다.

1 다음은 태양계를 구성하는 천체의 특징을 정리한 천체 카드입니다. 천체 카드를 완성하시오.

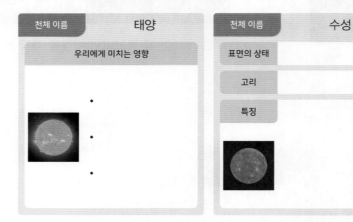

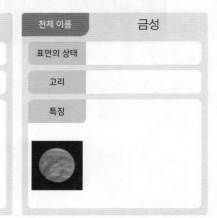

천체 이름	태양
우리에게 미치는 영향	·
	·
	·

천체 이름	수성
표면의 상태	
고리	
특징	

천체 이름	금성
표면의 상태	
고리	
특징	

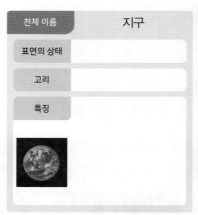

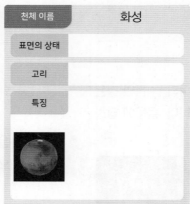

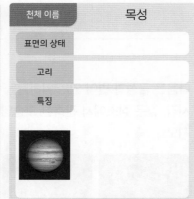

천체 이름	지구
표면의 상태	
고리	
특징	

천체 이름	화성
표면의 상태	
고리	
특징	

천체 이름	목성
표면의 상태	
고리	
특징	

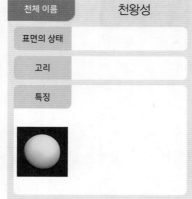

천체 이름	토성
표면의 상태	
고리	
특징	

천체 이름	천왕성
표면의 상태	
고리	
특징	

천체 이름	해왕성
표면의 상태	
고리	
특징	

> 배점 | 20점
>
> 학습 주제 | 밤하늘에서 북극성 찾기
>
> 학습 목표 | 밤하늘의 별자리를 이용하여 북극성을 찾을 수 있다.

2 다음 밤하늘의 모습을 보고, 물음에 답하시오.

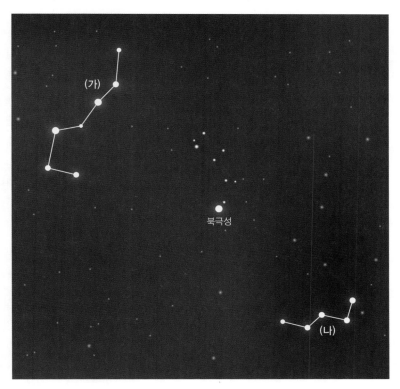

(1) 위 (가)와 (나)의 별자리 이름과 이 별자리를 이용하여 북극성을 찾는 방법을 쓰시오.

	별자리 이름	북극성을 찾는 방법
(가)		
(나)		

(2) 위 밤하늘의 방위는 어느 쪽인지 쓰시오.

(   )쪽

교과서 개념 익히기

4. 용해와 용액

❶ 용해, 용질의 무게 비교, 용질의 종류와 용해되는 양

1. 여러 가지 물질을 물에 넣었을 때의 현상 관찰하기

(1) 용해: 어떤 물질이 다른 물질에 녹아 고르게 섞이는 현상
➡ 물에 잘 녹아 용해되는 물질도 있고, 잘 녹지 않아 용해되지 않는 물질도 있습니다.

물질	물에 넣고 저었을 때	5분 넘게 가만히 두었을 때
설탕	물에 녹음.	• 투명함. • 뜨거나 가라앉은 것이 없음.
소금	물에 녹음.	• 투명함. • 뜨거나 가라앉은 것이 없음.
밀가루	밀가루가 물과 섞여 뿌옇게 변함.	• 뿌옇게 흐려짐. • 밀가루가 바닥에 가라앉음.
멸치 가루	멸치 가루가 물과 섞여 뿌옇게 변함.	• 뿌옇게 흐려짐. • 멸치 가루가 물 위에 뜨거나 바닥에 가라앉음.

(2) 용질과 용매
① 용질: 설탕이나 소금처럼 다른 물질에 녹는 물질
② 용매: 물처럼 다른 물질을 녹이는 물질

(3) 용액: 설탕물처럼 녹는 물질(용질)이 녹이는 물질(용매)에 골고루 섞여 있는 물질 ➡ 오래 두어도 떠 있거나 가라앉은 것이 없습니다.

📝 설탕, 소금, 밀가루, 멸치 가루를 물에 넣었을 때의 모습

▲ 설탕   ▲ 소금
▲ 밀가루   ▲ 멸치 가루

📝 용액의 특징

- 투명하면 용액이고, 뿌옇게 보이면 용액이 아닙니다.
- 용액은 뜨거나 가라앉은 것이 없습니다.
- 용액은 돋보기로 볼 때 작아진 알갱이(입자)가 보이지 않습니다.
- 거름종이로 거를 때 알갱이가 걸러지지 않습니다.
- 어느 부분이나 물질이 섞인 정도가 같습니다.

📝 일상생활에서 볼 수 있는 용액

구강 청정제, 손 세정제, 이온 음료, 식초, 분말주스 용액, 유리 세정제 등

🔵 낱말사전

물질 물체를 만드는 재료
입자 아주 작은 조각. 물질을 구성하는 미세한 크기의 알갱이

개념 확인문제

정답과 해설 53쪽

1 어떤 물질이 다른 물질에 녹아 고르게 섞이는 현상을 ( )(이)라고 합니다.

2 다음 물질 중에서 물에 잘 녹아 용해되는 것에 ○표, 잘 녹지 <u>않는</u> 것에 ×표 하시오.

(1) 설탕 ( )　(2) 소금 ( )
(3) 밀가루 ( )　(4) 멸치 가루 ( )

3 설탕이나 소금처럼 다른 물질에 녹는 물질을 (용질 , 용매)(이)라고 합니다.

2. 용질이 용해되기 전과 후의 무게 비교

(1) 설탕이 용해되기 전과 후의 무게 비교하기

실험 관찰로 알아보기　설탕이 용해되기 전과 후의 무게 비교하기

[준비물] 물, 비커, 흰색 각설탕, 시약포지, 핀셋, 전자저울, 유리 막대, 실험복, 실험용 장갑, 보안경

[실험 방법]

❶ 물 70 mL를 넣은 비커와 유리 막대, 각설탕과 시약포지를 모두 전자저울 위에 올려놓고 무게를 측정합니다.

❷ 각설탕을 비커의 물에 넣고 완전히 용해될 때까지 유리 막대로 저어 줍니다.

❸ 각설탕이 완전히 용해되면 용액이 담긴 비커와 유리 막대, 빈 시약포지를 전자저울 위에 올려놓고 무게를 측정합니다.

❹ ❶, ❸에서 측정한 무게를 비교해 보고, 이와 같은 결과가 나온 까닭을 이야기해 봅니다.

[실험 결과]

각설탕이 물에 용해되기 전과 용해된 후의 무게는 같습니다.

➡ 각설탕이 물에 용해되더라도 없어지거나 양이 변하는 것이 아니라 우리 눈에 보이지 않을 정도로 매우 작아져 물속에 골고루 섞여 있기 때문입니다.

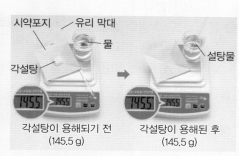

각설탕이 용해되기 전
(145.5 g)

각설탕이 용해된 후
(145.5 g)

▲ 각설탕이 용해되기 전와 후의 무게가 같습니다.

각설탕을 물에 넣었을 때 시간에 따른 변화

각설탕을 물에 넣으면 부스러지면서 크기가 작아집니다.

↓

작아진 설탕은 더 작은 크기의 설탕으로 나뉘어 물에 골고루 섞이고, 완전히 용해되어 눈에 보이지 않게 됩니다.

↓

매우 작게 변한 각설탕은 물에 골고루 섞여 설탕물(용액)이 됩니다.

(2) 용질이 물에 용해되는 과정

① 용질이 물에 용해되면, 용질이 없어지거나 양이 변하는 것이 아니라 물에 골고루 섞여 용액이 됩니다.

② 용질이 물에 용해되기 전의 무게와 용해된 후의 무게는 같습니다.

---

4 설탕물처럼 녹는 물질이 녹이는 물질에 골고루 섞여 있는 것을 (　　　　)(이)라고 합니다.

5 각설탕을 물에 넣고 유리 막대로 저었을 때 용해되기 전과 용해된 후의 무게는 (같습니다 , 다릅니다).

낱말사전 😊

각설탕 설탕을 작은 상자 모양으로 굳힌 것

시약포지 가루 물질 등의 무게를 측정할 때 사용하는 저울의 바닥에 깔고 물질을 올려놓는 얇은 종이

✏ 눈금실린더

└ 눈금실린더

액체의 양을 측정할 때 사용하는 실험 도구입니다.

✏ 여러 가지 용질이 물에 용해되는 양을 비교하기 위해 같게 해야 할 조건과 다르게 해야 할 조건

같게 해야 할 조건	다르게 해야 할 조건
물의 온도, 물의 양, 용질 한 숟가락의 양 등	용질의 종류(소금, 설탕, 백반)

✏ 비커 밑에 검은색 종이를 까는 까닭

소금, 설탕, 백반이 모두 흰색이므로, 검은색 종이 위에 비커를 놓으면 용질이 용해되는 정도를 쉽게 비교할 수 있습니다.

3. 용질의 종류와 용질의 용해되는 양

(1) 여러 가지 용질이 물에 용해되는 양 비교하기

실험 관찰로 알아보기   여러 가지 용질이 물에 용해되는 양 비교하기

[준비물] 물, 비커 세 개, 눈금실린더, 설탕, 소금, 백반, 페트리 접시 세 개, 약숟가락 세 개, 유리 막대 세 개, 검은색 종이, 실험용 장갑, 보안경

[실험 방법]
❶ 눈금실린더를 이용해 비커 세 개에 온도가 같은 물 50 mL를 각각 넣고 검은색 종이 위에 올려놓습니다.
❷ 각 비커에 설탕, 소금, 백반을 각각 한 숟가락씩 넣고 유리 막대로 저은 뒤, 완전히 용해되었는지 관찰합니다.
❸ ❷의 비커에 설탕, 소금, 백반을 각각 한 숟가락씩 더 넣으면서 유리 막대로 저어 용해되는 양을 비교합니다.
❹ 비커의 바닥에 각 용질이 가라앉을 때까지 ❸의 과정을 반복합니다.
❺ 물의 온도와 양이 같을 때, 용질의 종류에 따라 용질이 물에 용해되는 양은 어떠한지 이야기해 봅시다.

▲ 설탕   ▲ 소금   ▲ 백반

[실험 결과] 예

용질	약숟가락으로 넣은 횟수(회)									
	1	2	3	4	5	6	7	8	9	10
설탕	○	○	○	○	○	○	○	○	○	○
소금	○	○	○	○	○	○	○	△	△	△
백반	○	○	△	△	△	△	△	△	△	△

▲ 용질이 다 용해되면 ○, 용질이 다 용해되지 않고 바닥에 남으면 △로 표기함.

😊 **낱말사전**

백반 염색이 잘 되도록 도와주는 용도 등으로 사용되는 하얀 가루 물질

개념 확인문제   정답과 해설 53쪽

6 물에 용질을 넣고 용해시킬 때 (유리 막대 , 약숟가락)을/를 사용합니다.

7 여러 가지 용질이 물에 용해되는 양을 비교하는 실험을 할 때 다르게 해야 할 조건은 (용질의 종류 , 용질 한 숟가락의 양)입니다.

8 온도와 양이 같은 물에 용해되는 용질의 양은 용질의 종류에 따라 (같습니다 , 다릅니다).

한 숟가락 넣었을 때

▲ 설탕 ▲ 소금 ▲ 백반

세 숟가락 넣었을 때

▲ 설탕 ▲ 소금 ▲ 백반

여덟 숟가락 넣었을 때

▲ 설탕 ▲ 소금 ▲ 백반

▲ 비커에 용질의 양을 다르게 넣었을 때의 모습 비교

- 온도와 양이 같은 물에 가장 많은 양이 용해된 물질은 설탕입니다.
- 온도와 양이 같은 물에 용해되는 양이 많은 순서: 설탕 > 소금 > 백반의 순입니다.
- 온도와 양이 같은 물에 같은 양의 여러 가지 용질을 넣고 저었을 때 어떤 용질은 모두 용해되고, 어떤 용질은 어느 정도 용해되면 더 이상 용해되지 않고 바닥에 남습니다.
  ➡ 물의 온도와 양이 같아도 용질에 따라 물에 용해되는 양은 서로 다릅니다.

(2) 물의 온도는 같고, 물의 양이 많아졌을 때 용질이 용해되는 양 비교하기

① 소금, 설탕, 백반을 온도가 같은 물 50 mL와 100 mL에 각각 넣었을 때
  ➡ 모든 용질이 물 50 mL보다 100 mL에서 더 많은 양이 용해됩니다.
② 녹는 용질의 양 비교: 물 100 mL에서도 설탕이 가장 많이 용해되고, 다음으로 소금이 많이 용해됩니다. 백반이 용해되는 양이 가장 적습니다.
  ➡ 물 100 mL에서 용질이 용해되는 양의 순서는 물 50 mL일 때와 같습니다(설탕 > 소금 > 백반).

9 설탕, 소금, 백반 중 온도와 양이 같은 물에 가장 많은 양이 용해되는 것은 (   )입니다.

10 온도가 같은 물 50 mL와 100 mL에 백반을 용해시켜 보면 (   ) mL에서 더 많은 양이 용해됩니다.

여러 가지 용질을 물에 용해할 때 주의할 점
- 여러 가지 용질이 섞이지 않도록 약숟가락, 유리 막대를 용질의 수만큼 준비하여 각각 사용합니다.
- 약숟가락으로 용질을 비커에 넣을 때 한 숟가락의 양을 같게 합니다.
- 유리 막대로 저어 용질이 다 용해된 후 한 숟가락씩 더 넣습니다.

물질마다 물에 용해되는 양이 달랐던 경험
- 같은 양의 물에 설탕과 소금을 각각 넣었더니 설탕은 모두 용해되었는데 소금은 다 용해되지 않고 바닥에 남아 있었습니다.
- 소금과 제빵 소다를 물에 넣어 천연 세제를 만들었는데, 소금이 다 녹은 후에도 제빵 소다는 다 용해되지 않고 바닥에 남아 있었습니다.

낱말사전

제빵 소다 '베이킹 소다'라고도 하는 약간 쓰고 짠맛이 나는 하얀 가루 물질. 알갱이가 작고 성분이 순한 것은 빵 반죽을 부풀리거나 치약 등에 쓰이지만, 세탁, 청소용으로 쓰이는 것은 알갱이가 더 크고 자극적이므로 맛보거나 맨손으로 만지지 않도록 해야 함.

01 물에 여러 가지 가루 물질을 넣었을 때의 변화로 옳지 않은 것은 어느 것입니까? (   )

① 소금은 물에 잘 용해된다.

② 설탕은 물에 넣고 저었을 때, 시간이 지나도 투명하다.

③ 멸치 가루는 물에 넣고 저었을 때, 물과 섞여 뿌옇게 변한다.

④ 밀가루는 물에 넣고 저었을 때, 시간이 지나도 가라앉는 것이 없다.

⑤ 설탕은 물에 넣고 저었을 때, 5분 넘게 가만히 두어도 뜨거나 가라앉는 것이 없다.

02 ☆☆ 다음 중 용해, 용액, 용질, 용매에 대한 설명으로 옳은 것은 어느 것입니까? (   )

① 모든 용질은 물에 다 용해된다.

② 용액은 오래 두면 가라앉는 것이 생긴다.

③ 물처럼 다른 물질을 녹이는 물질을 용매라고 한다.

④ 설탕이나 소금처럼 다른 물질에 녹는 물질을 용해라고 한다.

⑤ 어떤 물질이 다른 물질에 녹아 고르게 섞이는 현상을 용액이라고 한다.

03 다음은 분말주스를 물에 녹여 보았을 때에 대한 설명입니다. (   ) 안에 들어갈 알맞은 말을 각각 쓰시오.

> 용질인 분말주스가 물에 (㉠)되어 (㉡)인 주스가 되었다.

㉠ (   ), ㉡ (   )

04 여러 가지 물질을 물에 녹였습니다. 다음 중 용액이 아닌 것은 어느 것입니까? (   )

① 물에 가루약을 다 녹였다.

② 물에 설탕을 다 녹여 설탕물을 만들었다.

③ 물에 분말주스를 다 녹여 주스를 만들었다.

④ 입안을 헹구기 위해 투명한 소금물을 만들었다.

⑤ 물에 미숫가루를 넣고 저었는데 바닥에 미숫가루가 가라앉아 있었다.

[05~06] 다음과 같이 전자저울을 사용하여 각설탕이 물에 용해되기 전과 용해된 후의 무게를 측정해 보았습니다. 물음에 답하시오.

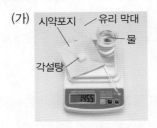

(가) 시약포지 / 유리 막대 / 물 / 각설탕 (나) 설탕물

▲ 각설탕이 용해되기 전   ▲ 각설탕이 용해된 후

05 위 (가)에서 각설탕이 용해되기 전의 무게는 145.5 g이었습니다. 각설탕이 용해된 후 (나)의 무게는 몇 g일지 쓰시오.

(   ) g

06 위 실험으로 알 수 있는 것을 보기 에서 골라 기호를 쓰시오.

> **보기**
> ㉠ 각설탕이 물에 용해되면 무게가 줄어든다.
> ㉡ 각설탕이 물에 용해되면 무게가 늘어난다.
> ㉢ 각설탕이 물에 용해된 것은 용액이 아니다.
> ㉣ 각설탕은 물에 용해되면 매우 작게 변해 물속에 남아 있다.

(   )

07 다음과 같이 각설탕이 물에 용해될 때 나타나는 변화에 대한 설명으로 옳은 것을 보기 에서 골라 기호를 쓰시오.

보기
㉠ 각설탕은 물에 용해되면 없어진다.
㉡ 각설탕은 물속에서 크기가 점점 커진다.
㉢ 각설탕은 물에 고르게 섞여 설탕물이 된다.

( )

[08~10] 다음은 20 ℃의 물 50 mL에 설탕, 소금, 백반을 각각 한 숟가락 넣었을 때와 여덟 숟가락 넣었을 때의 모습입니다. 물음에 답하시오.

용질 넣은 양	(가)	(나)	(다)
한 숟가락 넣었을 때			
여덟 숟가락 넣었을 때			

08 위 용질 (가), (나), (다)는 각각 무엇인지 쓰시오.

(가) ( )
(나) ( )
(다) ( )

09 위 실험 방법으로 옳지 않은 것은 어느 것입니까?

( )

① 용질의 종류를 같게 해야 한다.
② 물의 양을 같게 하여 실험해야 한다.
③ 물의 온도를 같게 하여 실험해야 한다.
④ 용질 한 숟가락의 양을 같게 해야 한다.
⑤ 유리 막대로 저어 용질이 다 용해된 다음 한 숟가락씩 더 넣어 녹여야 한다.

10 온도가 같은 물 100 mL에 설탕, 소금, 백반을 더 용해되지 않을 때까지 각각 넣었을 때 가장 많이 용해되는 것은 무엇인지 쓰시오.

( )

☆☆
11 다음은 온도와 양이 같은 물에 백반과 분말주스를 각각 같은 양만큼 넣고 유리 막대로 저은 결과를 나타낸 것입니다. 위 실험 결과에 대한 설명으로 옳은 것에 ○표, 옳지 않은 것에 ✕표 하시오.

물에 녹인 용질	백반	분말주스
실험 결과	바닥에 남았다.	다 용해되었다.

(1) 물의 온도와 양이 같을 때 백반과 분말주스의 용해되는 양은 모두 같다. ( )
(2) 물의 온도와 양이 같을 때 백반과 분말주스의 용해되는 양이 각각 다르다. ( )
(3) 물의 온도와 양이 같을 때 백반이 분말주스보다 더 많이 용해된다. ( )

12 물에 소금과 제빵 소다를 두 숟가락씩 넣고 저어 보았을 때 소금은 다 용해되고 제빵 소다는 바닥에 남아 있었습니다. 이에 대한 설명으로 옳은 것은 어느 것입니까? ( )

① 소금과 제빵 소다는 용해되는 양이 같다.
② 소금은 계속 더 넣어도 모두 다 용해될 수 있다.
③ 소금과 제빵 소다는 서로 다른 용질이기 때문에 용해되는 양이 다르다.
④ 물의 온도와 양이 같을 때, 제빵 소다는 소금보다 용해되는 양이 더 많다.
⑤ 물의 양을 더 늘리고, 소금과 제빵 소다도 똑같은 양을 각각 더 넣는다면 제빵 소다가 소금보다 더 많이 용해될 것이다.

4
단원

❷ 물의 온도와 용질이 용해되는 양의 변화

1. 물의 온도에 따른 용질이 용해되는 양 알아보기

실험 관찰로 알아보기 물의 온도에 따라 백반이 용해되는 양 비교하기

[준비물] 비커 두 개, 따뜻한 물, 차가운 물, 눈금실린더, 백반, 페트리 접시, 약숟가락, 유리 막대 두 개, 보안경, 실험용 장갑

[실험 방법]

❶ 물의 온도에 따라 백반이 용해되는 양을 알아보기 위해 같게 해야 할 조건과 다르게 해야 할 조건을 정합니다.

다르게 해야 할 조건	물의 온도
같게 해야 할 조건	• 물의 양 • 물에 넣는 백반의 양 • 유리 막대로 젓는 횟수 등

❷ 두 비커에 같은 양(60 mL)의 따뜻한 물과 차가운 물을 각각 넣습니다.

❸ 각 비커에 백반을 두 숟가락씩 넣고 유리 막대로 저어 봅니다.

❹ 각 비커에 넣은 백반이 용해된 양을 비교해 봅니다.

[실험 결과]

구분	따뜻한 물	차가운 물
같은 양의 백반을 넣고 저었을 때 용해되는 양	모두 용해됨.	어느 정도 용해되다가 용해되지 않은 백반이 바닥에 남아 있음.

➡ 물의 양이 같을 때, 물의 온도가 높으면 백반이 더 많이 용해됩니다.

2. 물의 온도와 용질이 용해되는 양의 변화

① 물의 온도에 따라 물에 용해되는 용질의 양이 달라집니다.

② 일반적으로 물의 온도가 높을수록 용질이 많이 용해됩니다.

물의 온도를 다르게 하기 위한 나만의 준비물과 준비 방법

- 차가운 물
  - 물에 얼음 넣기
  - 물을 냉장고에 넣기
- 따뜻한 물
  - 전기 주전자로 물을 데우기
  - 핫플레이트나 알코올램프로 물을 데우기

물을 붓지 않고 남아 있는 용질을 용해하는 방법

물의 온도를 높이면 남아 있는 용질을 더 많이 용해할 수 있습니다.

낱말사전

핫플레이트 판이 뜨거워지며 가열, 조리하는 전기기구. 뜨거워진 판이 드러나 있으므로 화상에 주의해야 함.

개념 확인문제

정답과 해설 54쪽

1 물의 온도에 따라 용질이 용해되는 양은 (다릅니다 , 같습니다).

2 물의 양이 같을 때, 물의 온도가 (낮을수록 , 높을수록) 용질이 많이 용해됩니다.

❸ 용액의 진하기

1. 용액의 진하기 비교하기
① 용액의 진하기: 같은 양의 용매에 용해된 용질의 많고 적은 정도
② 용매의 양이 같을 때 용해된 용질의 양이 많을수록 진한 용액입니다.

2. 용액의 진하기를 비교하는 방법
(1) 황색 각설탕을 이용해 알아보기

실험 관찰로 알아보기 황설탕 용액의 진하기 비교하기

[준비물] 물, 비커 두 개, 눈금실린더, 황색 각설탕, 핀셋, 유리 막대 두 개, 흰 종이, 실험용 장갑, 보안경

[실험 방법]
❶ 비커 두 개에 같은 양의 물을 넣습니다.
❷ 한 비커에는 황색 각설탕 한 개를, 다른 비커에는 황색 각설탕 열 개를 넣고 유리 막대로 저으면서 진하기가 다른 황설탕 용액을 만듭니다.
❸ 여러 가지 방법으로 두 용액의 진하기를 비교합니다.

[실험 결과]
물(용매)의 양이 같을 때, 황설탕 용액에 용해된 황설탕(용질)의 양이 많을수록 색깔이 더 진합니다.

▲ 황색 각설탕 한 개를 녹인 용액   ▲ 황색 각설탕 열 개를 녹인 용액

(2) 황설탕 용액의 진하기를 비교할 수 있는 방법
① 용액의 색깔 비교하기: 용액의 뒤에 흰 종이를 대고 용액의 색깔을 비교할 수 있습니다. 색깔이 진할수록 더 진한 용액입니다.
② 용액의 맛 비교하기: 설탕 용액과 같이 맛을 볼 수 있는 경우 맛이 강할수록 더 진한 용액입니다.
➡ 색깔이나 맛과 같은 겉보기 성질을 이용하여 용액의 진하기를 비교할 수 있습니다.

3 같은 양의 용매에 용해된 용질의 많고 적은 정도를 용액의 (   )(이)라고 합니다.

4 황설탕 용액의 진하기를 비교한 내용으로 옳은 것에 ○표, 옳지 않은 것에 ×표 하시오.
(1) 색깔이 더 진한 황설탕 용액이 더 진한 용액입니다.   (   )
(2) 단맛이 덜 강한 황설탕 용액이 더 진한 용액입니다.   (   )

✏ 황설탕 용액의 진하기를 비교할 수 있는 다양한 방법(사용한 두 비커의 무게가 같고 사용한 용매의 양이 같을 경우)

◦ 무게로 비교하기

▲ 용질이 더 많으면 용액의 무게가 더 무겁습니다.

◦ 색깔로 비교하기

▲ 용액의 뒤에 흰 종이를 대어 보면 용질이 많이 녹아 있을수록 색깔이 진합니다.

◦ 용액의 높이로 비교하기

▲ 용질이 더 많이 녹아 있을수록 용액의 높이가 높아집니다.

4 단원

낱말사전

겉보기 성질 사람의 감각이나 간단한 도구를 이용해서 쉽게 알아낼 수 있는 물질의 성질(맛, 색깔, 결정 모양, 냄새, 촉감, 굳기)

✏️ 장을 담글 때 소금물의 진하기 맞추기

○ 우리 조상들은 장을 담글 때 소금물의 진하기를 맞추기 위해 달걀을 띄워 달걀이 뜨는 정도로 진하기를 맞추었습니다.

○ 달걀이 500원짜리 동전 크기만큼 보이도록 떠오를 때가 장을 담그기에 가장 좋은 소금물의 진하기라고 합니다.

✏️ 설탕물에 방울토마토가 떠 있을 때, 방울토마토를 가라앉게 하려면 어떻게 해야 할까요?

물을 더 넣어 용액을 묽게 만듭니다. 용액의 진하기가 묽어지면 방울토마토가 아래쪽으로 내려갑니다.

😀 낱말사전

장 콩을 주원료로 발효시켜 만든 조미료로 된장, 간장 등이 있음.

3. 물체가 뜨는 정도로 용액의 진하기 비교하기

(1) 용액이 투명할 때 메추리알을 이용해 용액의 진하기를 비교해 보기

실험 관찰로 알아보기   물체가 뜨는 정도로 설탕 용액의 진하기 비교하기

[준비물] 물, 비커 두 개, 눈금실린더, 흰색 각설탕, 핀셋, 유리 막대 두 개, 흰 종이, 메추리알, 작은 수건, 숟가락, 실험용 장갑, 보안경

[실험 방법]

❶ 비커 두 개에 각각 물을 200 mL씩 넣고, 한 비커에는 흰색 각설탕 한 개를, 다른 비커에는 흰색 각설탕 열 개를 용해시켜 진하기가 다른 용액을 만듭니다.

❷ 각설탕 한 개를 용해한 비커에 메추리알을 넣고 용액에서 메추리알이 뜨는 정도를 관찰합니다.

❸ 숟가락으로 메추리알을 꺼내 수건으로 잘 닦은 다음, 각설탕 열 개를 용해한 비커에 메추리알을 넣고 용액에서 메추리알이 뜨는 정도를 관찰합니다.

[실험 결과]

메추리알은 각설탕 한 개를 넣은 용액에 넣었을 때보다 열 개를 넣은 용액에 넣었을 때 더 높게 떠올랐습니다.

➡ 용액이 진할수록 용액에 넣은 물체가 높이 떠오릅니다.

▲ 각설탕 한 개를 넣은 용액   ▲ 각설탕 열 개를 넣은 용액

(2) 투명한 용액의 진하기를 비교할 수 있는 방법: 색깔이나 맛으로 구별할 수 없는 투명한 용액의 진하기는 용액에 어떤 물체를 넣었을 때 그 물체가 뜨고 가라앉는 정도로 비교할 수 있습니다.

➡ 용액이 진할수록 용액에 넣은 물체가 높이 떠오릅니다.

예 방울토마토, 메추리알, 청포도와 같은 물체를 띄워 볼 수 있습니다.

개념 확인문제   정답과 해설 54쪽

5 용액의 진하기를 비교한 것으로 옳은 것에 ○표, 옳지 않은 것에 ×표 하시오.

(1) 설탕물과 소금물은 색깔로 용액의 진하기를 비교할 수 없습니다. (   )

(2) 설탕물의 진하기가 다른 두 용액에 메추리알을 띄웠을 때 메추리알이 더 많이 가라앉은 설탕물이 더 진한 용액입니다. (   )

6 용액에 물체를 띄웠을 때 용액이 진할수록 물체가 더 (높이 떠오릅니다 , 낮게 가라앉습니다).

4. 용액의 진하기를 비교할 수 있는 도구 만들기

① 물체를 띄우는 것만으로 진하기를 정확하게 비교하기 어려울 때 용액의 진하기를 더 정확하게 비교할 수 있는 도구를 만들어서 비교합니다.

② 빨대, 수수깡, 플라스틱 스포이트 등 다양한 재료로 만들 수 있습니다.

다양한 재료로 만든 용액의 진하기를 비교할 수 있는 도구들(간이 비중계)

주름 빨대, 고무줄, 고무찰흙으로 만든 도구	굵은 빨대, 고무찰흙으로 만든 도구	수수깡, 누름 못으로 만든 도구

③ 용액의 진하기를 비교하는 도구를 만들 때 고려해야 할 점

• 진한 용액에서는 뜨고 묽은 용액에서는 가라앉도록 적당한 무게를 가진 도구를 만들어야 합니다.

• 도구가 용액 속에서 기울어지지 않도록 균형을 맞춰야 합니다.

• 용액의 진하기를 쉽게 비교할 수 있도록 적당한 간격으로 일정하게 눈금을 그려야 합니다.

(예) 굵은 빨대로 용액의 진하기를 비교할 수 있는 도구 만들기

5~8 cm 길이로 자른 굵은 빨대에 일정한 간격으로 눈금을 표시함.	고무찰흙으로 빨대의 한쪽을 잘 막고, 동그랗게 빚은 고무찰흙 알갱이를 빨대에 넣음.	완성한 기구로 용액의 진하기를 비교함.

✎ 용액의 진하기를 비교할 수 있는 도구를 사용할 때 주의할 점

만든 도구에 따라 실험 결과가 달라질 수도 있으므로, 하나의 도구로 진하기가 다른 용액을 비교합니다.

✎ 주름 빨대로 용액의 진하기를 비교할 수 있는 도구 만들기

① 주름 빨대를 구부려 길이에 맞게 자릅니다.

② 빨대에 일정한 간격으로 눈금을 표시합니다.

③ 주름 빨대를 구부려 고무줄로 묶습니다.

④ 주름 빨대의 끝에 고무찰흙을 붙입니다.

⑤ 만든 도구를 물에 넣어 보고, 고무찰흙의 위치를 조정하여 균형을 잡습니다.

⑥ 완성한 기구로 용액의 진하기를 비교합니다.

7 용액의 진하기를 비교하는 도구에는 용액의 진하기를 쉽게 비교할 수 있도록 적당한 간격으로 일정하게 (   )을/를 그려야 합니다.

8 용액의 진하기를 비교하는 도구를 만들 때, 진한 용액에서는 (뜨고 , 가라앉고), 묽은 용액에서는 (뜨도록 , 가라앉도록) 적당한 무게가 되도록 조절해야 합니다.

실전 문제

[01~02] 다음 실험 과정을 보고, 물음에 답하시오.

❶ 차가운 물과 따뜻한 물을 준비한다.
❷ 같은 크기의 두 비커에 차가운 물과 따뜻한 물을 50 mL씩 각각 넣는다.
❸ 비커에 각각 백반을 두 숟가락씩 넣고 유리 막대로 저어 본다.
❹ 각 비커에 넣은 백반이 용해되는 양을 비교한다.

01 위 실험에서 다르게 해야 할 조건을 보기에서 골라 기호를 쓰시오.

보기
㉠ 물의 양
㉡ 물의 온도
㉢ 물에 넣는 백반의 양
㉣ 유리 막대로 젓는 횟수

(   )

02 위 실험으로 알아보려고 하는 것은 어느 것입니까?
(   )

① 물의 양이 다를 때 백반이 용해되는 양
② 물의 온도가 다를 때 백반이 용해되는 양
③ 백반의 온도가 다를 때 백반이 용해되는 양
④ 비커의 크기가 다를 때 백반이 물에 용해되는 양
⑤ 유리 막대로 젓는 횟수가 다를 때 백반이 물에 용해되는 양

03 물의 양이 모두 같을 때, 백반을 가장 많이 녹일 수 있는 물은 어느 것입니까?   (   )

① 얼음이 들어있는 1 ℃의 물
② 냉장고에서 꺼낸 10 ℃의 물
③ 수도꼭지에서 받은 15 ℃의 물
④ 받은 지 1시간 지난 20 ℃의 물
⑤ 전기 주전자로 데운 50 ℃의 물

04 물이 담긴 컵에 코코아 가루를 넣고 충분히 저어 주었는데 다 녹지 않고 가라앉았습니다. 남은 코코아 가루를 더 녹일 수 있는 방법은 어느 것입니까? (   )

① 얼음을 넣는다.
② 유리 막대로 계속 저어 준다.
③ 물에 코코아 가루를 더 넣는다.
④ 전자레인지를 이용하여 물의 온도를 높인다.
⑤ 물과 코코아 가루가 섞인 것을 더 큰 컵에 옮겨 담는다.

05 다음은 물의 온도에 따른 용질이 용해되는 양을 설명한 것입니다. (   ) 안에 들어갈 알맞은 말을 골라 ○표 하시오.

물에 넣은 용질이 완전히 용해되지 않고 남아 있을 때, 물의 온도를 (높이면 , 낮추면) 남아 있는 용질을 더 많이 용해할 수 있다.

[06~07] 다음은 황색 각설탕 한 개와 열 개를 녹인 용액의 진하기를 비교하는 모습입니다. 물음에 답하시오.

흰 종이

(가)   (나)

06 위 실험에서 두 용액의 진하기를 비교한 방법은 어느 것입니까?   (   )

① 용액의 맛
② 용액의 색깔
③ 용액의 무게
④ 용액의 높이
⑤ 도구를 띄우기

07 앞의 (가)와 (나) 용액 중 황색 각설탕 열 개를 녹인 것은 무엇인지 쓰시오.

( )

[08~10] 다음은 각각 흰색 각설탕 한 개와 열 개를 같은 양의 물에 녹인 용액에 한 개의 메추리알을 차례로 넣었을 때의 모습입니다. 물음에 답하시오.

(가)   (나)

08 다음은 위 실험에서 용액에 메추리알을 넣은 까닭을 설명한 것입니다. ( ) 안에 공통으로 들어갈 알맞은 말을 쓰시오.

> 용액의 색깔로 (   )을/를 비교할 수 없을 때에는 메추리알이나 방울토마토를 용액에 띄워서 (   )을/를 비교할 수 있다.

( )

09 위 (가)와 (나) 중 용액이 진한 것은 어느 것인지 쓰시오.

( )

10 다음은 설탕 용액에 메추리알을 띄운 모습입니다. 메추리알의 높이를 현재보다 위쪽으로 띄우는 방법은 어느 것입니까? ( )

① 비커를 가열한다.
② 비커에 물을 더 넣는다.
③ 비커에 설탕을 더 넣는다.
④ 메추리알을 하나 더 넣는다.
⑤ 용액을 더 작은 비커에 옮겨 담는다.

11 굵은 빨대와 고무찰흙 등을 이용하여 용액의 진하기를 비교할 수 있는 도구를 만들 때 고려해야 할 점으로 옳지 않은 것을 두 가지 고르시오. (,)

① 일정한 간격으로 눈금을 그려 넣어야 한다.
② 도구가 물에 항상 뜰 수 있도록 최대한 가볍게 만들어야 한다.
③ 도구가 용액 속에서 똑바로 설 수 있도록 균형을 맞춰야 한다.
④ 용액의 진하기에 따라 뜨거나 가라앉도록 적당한 무게로 조절해야 한다.
⑤ 뜨고 가라앉는 정도로 진하기 비교가 가능하므로 굵은 빨대에 눈금은 그리지 않아도 된다.

12 수수깡에 누름 못을 꽂아 만든 도구를 진하기가 다른 두 설탕 용액에 넣어 보았더니 두 용액에서 모두 도구가 바닥에 가라앉았습니다. 용액의 진하기를 비교할 수 있도록 고칠 수 있는 방법은 어느 것입니까? ( )

① 도구의 눈금을 없앤다.
② 도구의 눈금을 더 좁게 그린다.
③ 도구가 더 가벼워지도록 고친다.
④ 용액을 더 넓은 그릇으로 옮긴다.
⑤ 도구가 더 무거워지도록 누름 못을 더 꽂는다.

단원 정리

1 여러 가지 물질을 물에 넣었을 때의 현상

용해	어떤 물질이 다른 물질에 녹아 고르게 섞이는 현상
용액	녹는 물질이 녹이는 물질에 골고루 섞여 있는 물질 예 설탕물, 소금물
(㉠)	다른 물질에 녹는 물질 예 설탕, 소금
(㉡)	다른 물질을 녹이는 물질 예 물

설탕(용질) + 물(용매) → 용해 → 설탕물(용액)

2 용해되기 전과 후의 무게 비교

각설탕이 용해되기 전과 후의 무게	용해되기 전 각설탕과 물의 무게는 각설탕이 물에 용해된 설탕물의 무게와 같음. 시약포지 · 유리 막대 · 물 · 각설탕 · 설탕물 ▲ 용해되기 전(145.5 g) ▲ 용해된 후(145.5 g)
용질이 물에 용해되는 과정	• 용질이 물에 용해되면 용질이 물과 골고루 섞여 용액이 됨. • 용질이 물에 용해되기 전의 무게와 용해된 후의 무게는 (㉢).

3 여러 가지 용질이 물에 용해되는 양 비교하기

설탕, 소금, 백반이 용해되는 양	• 온도와 양이 같은 물에 용해되는 용질의 양은 용질의 종류에 따라 다름. 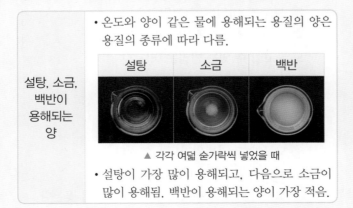 설탕 / 소금 / 백반 ▲ 각각 여덟 숟가락씩 넣었을 때 • 설탕이 가장 많이 용해되고, 다음으로 소금이 많이 용해됨. 백반이 용해되는 양이 가장 적음.

4 물의 온도와 용질이 용해되는 양

물의 양은 같고 온도가 다른 물에 같은 양의 백반을 넣고 저었을 때 용해되는 양	• 따뜻한 물에서는 다 용해되었지만, 차가운 물에서는 어느 정도 용해되지 않은 백반이 바닥에 남아 있음. • 물의 양이 같을 때, 물의 온도가 (㉣)수록 백반이 물에 더 많이 용해됨.
물의 온도에 따른 용질이 용해되는 양	• 일반적으로 물의 온도가 높을수록 용질이 많이 용해됨. • 용질이 완전히 용해되지 않고 남아 있을 때, 물의 온도를 높이면 남아 있는 용질을 더 많이 용해할 수 있음.

5 용액의 진하기 비교하기

용액의 진하기		같은 양의 (㉤)에 용해된 (㉥)의 많고 적은 정도
진하기 비교 하기	색깔, 맛 비교	• 색깔이 진할수록 더 진한 용액 • 맛이 강할수록 더 진한 용액
	물체가 뜨는 정도 비교	• 투명한 용액의 진하기는 메추리알 등의 물체를 띄워서 비교함. • 용액이 (㉦)수록 물체가 높이 떠오름. ▲ 각설탕 한 개를 넣은 용액 ▲ 각설탕 열 개를 넣은 용액
	무게, 용액의 높이 비교	• 용매의 양과 용액이 담긴 비커의 무게와 크기가 같을 때, 물에 포함된 용질의 양이 많을수록 무게가 더 무거움. • 용매의 양과 용액이 담긴 비커의 무게와 크기가 같을 때, 물에 포함된 용질의 양이 더 많으면 용액의 높이가 더 높음.

6 용액의 진하기를 비교하는 도구 만들기

도구를 만들 때 고려할 점	• 적당한 무게를 가진 도구를 만들어야 함. • 적당한 간격으로 일정하게 눈금을 그려야 함. • 도구가 용액 속에서 똑바로 설 수 있도록 균형을 맞춰야 함.

정답 ㉠ 용질 ㉡ 용매 ㉢ 같음 ㉣ 높을 ㉤ 용매 ㉥ 용질 ㉦ 진할

단원 정리 평가

01 다음에서 설명하는 것은 무엇인지 쓰시오.

> 용매에 넣은 용질이 없어지거나 양이 변하는 것이 아니라, 우리 눈에 보이지 않을 정도로 작아져 용매와 골고루 섞이면서 용액이 되는 현상

(   )

02 온도와 양이 같은 물에 여러 가지 물질을 각각 한 숟가락씩 넣고 유리 막대로 저은 뒤 5분 넘게 그대로 두었을 때 나타나는 현상으로 옳은 것은 어느 것입니까? (   )

① 설탕이 바닥에 가라앉았다.
② 밀가루가 물에 녹아 투명하다.
③ 소금이 물 위에 뜨고 바닥에 가라앉았다.
④ 멸치 가루가 물 위에 뜨고 뿌옇게 흐려졌다.
⑤ 밀가루를 넣은 물은 뜨거나 가라앉은 것이 없다.

03 소금을 물에 녹여 소금물을 만들 때 용질과 용매를 바르게 짝 지은 것은 어느 것입니까? (   )

	용질	용매
①	물	소금
②	물	소금물
③	소금	물
④	소금	소금물
⑤	소금물	소금

04 다음 중 용액에 대한 설명으로 옳지 않은 것은 어느 것입니까? (   )

① 뜨거나 가라앉은 것이 없다.
② 모든 용액은 아무 색깔이 없다.
③ 물에 용해된 물질이 보이지 않는다.
④ 거름종이로 거를 때 알갱이가 걸러지지 않는다.
⑤ 용액의 어느 부분이나 물질이 섞인 정도가 같다.

05 물에 각설탕을 넣어 설탕물을 만들었습니다. 사용한 물과 각설탕의 무게가 다음과 같을 때 설탕물의 무게를 쓰시오.

> • 물의 무게: 200 g   • 각설탕의 무게: 10 g

(   ) g

4 단원

06 재현이네 모둠은 소금을 물에 넣어 소금물을 만들었습니다. 소금을 물에 넣기 전 물의 무게는 100 g이었고, 소금을 물에 넣은 후 소금이 완전히 용해된 소금물의 무게는 105 g이었습니다. 소금의 무게와 실험 과정에 대해 바르게 설명한 사람은 누구입니까?

(   )

① 재현: 물에 넣은 소금은 105 g이야. 소금이 용해되어 없어졌기 때문이야.
② 성지: 물에 넣은 소금은 5 g이야. 소금이 소금물 속에 섞여 있기 때문이야.
③ 수영: 물에 넣은 소금은 100 g이야. 소금이 완전히 물에 용해되었기 때문이야.
④ 우현: 물에 넣은 소금의 양은 알 수 없어. 물과 소금물의 무게만 알기 때문이야.
⑤ 민혜: 물에 넣은 소금은 50 g이야. 소금이 물속에서 알갱이가 작아졌기 때문이야.

07 물질이 물에 용해되는 과정으로 옳은 것은 어느 것입니까? ( )

① 용질이 용매로 변하는 것이다.
② 용질의 양이 줄어드는 것이다.
③ 용질이 작아져 없어지는 것이다.
④ 용질이 물에 골고루 섞여서 용액이 되는 것이다.
⑤ 용매가 우리 눈에 보이지 않을 정도로 매우 작아지는 것이다.

08 온도와 양이 일정한 물에 백반을 조금씩 계속 넣으면서 저었을 때 관찰되는 변화는 어느 것입니까? ( )

① 백반이 물에 계속 녹는다.
② 백반은 물에 전혀 녹지 않는다.
③ 백반이 물로 바뀌어 보이지 않는다.
④ 백반 용액의 색이 점점 갈색으로 변한다.
⑤ 백반이 어느 정도 녹으면 더 이상 녹지 않고 가라앉는다.

[09~10] 다음은 온도와 양이 같은 물에 설탕, 소금, 백반을 각각 한 숟가락씩 넣고 젓는 과정을 반복하여, 총 여덟 숟가락씩 넣고 유리 막대로 저은 후의 모습입니다. 물음에 답하시오.

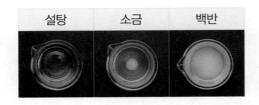

설탕	소금	백반

09 위 실험에서 가장 많이 용해된 용질부터 순서대로 쓰시오.

( ) – ( ) – ( )

10 앞 실험 결과에 대한 내용으로 옳은 것은 어느 것입니까? ( )

① 모든 용질은 물에 다 용해된다.
② 백반이 물에 가장 많이 용해된다.
③ 모든 용질이 물에 용해되는 양이 같다.
④ 물의 양에 따라 용질이 용해되는 양이 다르다.
⑤ 물의 온도와 양이 같아도 용질마다 물에 용해되는 양이 다르다.

[11-12] 같은 양의 차가운 물과 따뜻한 물에 백반을 두 숟가락씩 넣고 유리 막대로 저어 보았습니다. 물음에 답하시오.

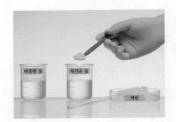

11 위 실험에서 물의 온도와 백반이 용해되는 양에 대한 설명으로 옳은 것은 어느 것입니까? ( )

① 차가운 물에서 백반이 더 많이 용해된다.
② 따뜻한 물에서 백반이 더 많이 용해된다.
③ 백반이 용해되는 양은 물의 온도에 상관없이 일정하다.
④ 같은 양의 차가운 물과 따뜻한 물에서 백반이 용해되는 양은 같다.
⑤ 백반을 물에 녹인 후, 온도를 변화시켜도 한번 물에 넣은 백반이 용해되는 양은 변하지 않는다.

12 위 실험에서 가라앉은 백반을 모두 녹일 수 있는 방법은 어느 것입니까? ( )

① 백반 용액을 냉장고에 넣는다.
② 백반 용액에 메추리알을 넣는다.
③ 비커에서 물을 따라내어 물의 양을 줄인다.
④ 비커를 가열하여 백반 용액의 온도를 높인다.
⑤ 가라앉은 백반을 꺼내어 알갱이를 더 작게 만든 후 다시 넣어 녹인다.

[13-15] 다음은 크기가 같은 비커 두 개에 같은 양의 물을 넣고, 각각 황색 각설탕 한 개, 황색 각설탕 열 개를 녹인 모습입니다. 물음에 답하시오.

(가)　　　　(나)

13 다음은 위 두 용액의 진하기를 비교하는 방법입니다. ( ) 안에 들어갈 알맞은 말을 고르시오.

- 색깔이 ㉠ (연할수록 , 진할수록) 더 진한 용액이다.
- 맛이 ㉡ (약할수록 , 강할수록) 더 진한 용액이다.

14 위 용액 (가)와 (나) 중에서 용액에 녹아 있는 용질의 양이 더 많은 것의 기호를 쓰시오.

(　　　　　)

15 위와 같이 용매의 양, 비커의 크기가 같은 두 용액의 진하기를 비교하는 방법으로 옳지 않은 것은 어느 것입니까? (　)

① 온도로 비교하기　　② 맛으로 비교하기
③ 무게로 비교하기　　④ 높이로 비교하기
⑤ 색깔로 비교하기

[16-17] 다음과 같이 진하기가 다른 소금물에 같은 메추리알을 차례로 넣고 뜨는 위치를 관찰하였습니다. 물음에 답하시오.

(가)　　　　(나)　　　　(다)

16 위 용액의 진하기를 비교한 것으로 옳은 것을 보기 에서 골라 기호를 쓰시오.

보기
㉠ (가) > (나) > (다)　　㉡ (가) < (나) < (다)
㉢ (가) > (나) = (다)　　㉣ (가) = (나) = (다)

(　　　　　)

☆☆
17 위 (가)의 메추리알을 (다)만큼 가라앉게 하는 방법으로 옳은 것은 어느 것입니까? (　)

① (가)에 물을 더 넣는다.
② (가)에 소금을 더 넣는다.
③ (가)의 소금물을 가열한다.
④ (가)를 유리 막대로 더 저어준다.
⑤ (가)의 소금물 중 절반을 덜어낸다.

18 용액의 진하기를 비교하는 도구를 만들려고 합니다. 이때 고려해야 할 내용으로 옳은 것을 모두 고르시오. (　 , 　 , 　)

① 도구의 색깔
② 도구에 그려 넣을 눈금의 간격
③ 용액 속에서 균형을 잡기 위한 방법
④ 용액에 뜨거나 가라앉을 수 있는 적당한 무게
⑤ 용액 속에서 도구가 항상 가라앉을 수 있도록 덧붙일 고무찰흙의 무게

서술형 문제

01 다음은 소금이 물에 녹아 소금물이 되는 과정을 나타낸 것입니다. 물음에 답하시오.

▲ 소금 (㉠)   ▲ 물 (㉡)   ▲ 소금물 (㉢)

(1) 위 ( ) 안에 들어갈 알맞은 말을 보기 에서 골라 각각 쓰시오.

> 보기
> • 용액   • 용해   • 용질   • 용매

㉠ (   ), ㉡ (   )
㉢ (   ), ㉣ (   )

(2) 위 (1)번의 답을 모두 사용하여 소금이 물에 녹아 소금물이 되는 과정을 설명하시오.

_____

_____

02 온도와 양이 같은 물에 소금과 밀가루를 녹였습니다. 각각 물에 소금과 밀가루를 세 숟가락씩 넣고 유리 막대로 저은 후 5분 넘게 가만히 두었습니다. 물음에 답하시오.

(1) 5분 후 관찰되는 모습을 쓰시오.

• 소금을 넣은 물: _____

• 밀가루를 넣은 물: _____

(2) 여러 가지 물질을 물에 넣었을 때 어떻게 되는지 이 실험을 통해서 알 수 있는 것을 쓰시오.

_____

_____

03 다음은 서연이네 반의 각 모둠에서 설탕이 물에 용해되기 전과 용해된 후의 무게를 측정하여 기록한 표입니다. 물음에 답하시오.

모둠	용해되기 전의 무게(g)		용해된 후의 무게(g)
	설탕이 담긴 시약포지	물이 담긴 비커	빈 시약포지 + 설탕물이 담긴 비커
1조	9	100	(㉠)
2조	15	(㉡)	115
3조	(㉢)	100	106
4조	8	99	107

(1) 위 ( ) 안에 들어갈 알맞은 무게를 각각 쓰시오.

㉠ (   ), ㉡ (   ), ㉢ (   )

(2) 위 실험으로 알 수 있는 것은 무엇인지 쓰시오.

_____

_____

04 다음은 온도와 양이 같은 물에 설탕, 소금, 백반을 각각 한 숟가락 넣었을 때와 여덟 숟가락 넣었을 때의 모습입니다. 물음에 답하시오.

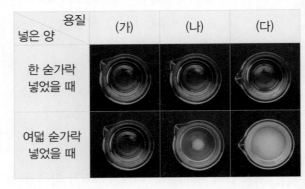

넣은 양 \ 용질	(가)	(나)	(다)
한 숟가락 넣었을 때			
여덟 숟가락 넣었을 때			

(1) (다)는 설탕, 소금, 백반 중 무엇인지 쓰시오.

(   )

(2) 위 (1)번과 같이 생각한 까닭을 쓰시오.

_____

05 따뜻한 물에 백반이 더 이상 용해되지 않을 때까지 용해하여 투명한 백반 용액을 만들었습니다. 이 용액을 이용하여 백반을 다시 얻을 수 있는 방법을 쓰시오.

_____

_____

_____

07 비커 두 개에 각각 물을 100 mL씩 넣고, 한 비커에는 흰색 각설탕 한 개를, 다른 비커에는 흰색 각설탕 열 개를 녹여 진하기가 다른 설탕 용액을 만들었습니다. 물음에 답하시오.

(1) 흰색 각설탕 한 개를 녹인 용액에 메추리알을 넣었을 때, 메추리알은 ㉠, ㉡ 중 어느 위치에 있을지 기호를 쓰시오.

(   )

(2) 위 (1)번과 같이 생각한 까닭을 쓰시오.

_____

_____

_____

06 크기와 무게가 같은 비커 두 개에 같은 양의 물을 넣고, 한 비커에는 황색 각설탕 한 개, 다른 비커에는 황색 각설탕 열 개를 녹였습니다. 두 황설탕 용액의 진하기를 비교할 수 있는 방법을 세 가지 쓰시오.

_____

_____

_____

08 다음 소미의 고민을 보고, 어떻게 도구를 고치면 소미가 문제를 해결할 수 있을지 쓰시오.

> 소미: 굵은 빨대에 고무찰흙을 붙여서 용액의 진하기를 비교할 수 있는 도구를 만들었어. 그런데 모든 용액에서 물 위로 떠올라. 어떻게 고쳐야 할지 모르겠어.

_____

_____

_____

배점 | 20점

학습 주제 | 물의 온도와 용질이 용해되는 양

학습 목표 | 물의 온도에 따라 용질이 용해되는 양을 관찰하여 설명할 수 있다.

[1~3] 다음은 물의 온도에 따라 백반이 용해되는 양을 알아보기 위한 실험 과정입니다. 물음에 답하시오.

❶ 눈금실린더로 따뜻한 물과 차가운 물을 같은 양을 측정해 두 비커에 각각 담는다.

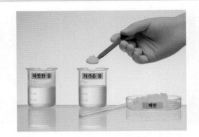

❷ _____
_____

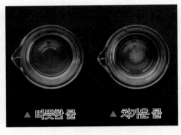

▲ 따뜻한 물   ▲ 차가운 물

❸ 두 비커에 넣은 백반이 용해된 양을 비교한다.

1 위의 실험 과정에서 ❷에 알맞은 실험 과정을 쓰시오.

_____

_____

2 위 실험 과정 ❸에서 관찰되는 결과를 쓰시오.

(1) 따뜻한 물: _____

(2) 차가운 물: _____

3 위 실험을 통해 알게 된 물의 온도와 용질이 용해되는 양 사이의 관계를 쓰시오.

_____

_____

4 천연 염색을 하려고 백반을 물에 녹일 때, 오랫동안 충분히 저은 뒤에도 백반이 다 용해되지 않고 가라앉았습니다. 물을 더 넣지 않고 가라앉은 백반을 다 녹일 수 있는 방법을 쓰시오.

_____

_____

| 학습 주제 | 용액의 진하기 비교하기 | 배점 | 20점 |

학습 목표   용액의 진하기를 비교하는 방법을 설명할 수 있다.

[5~6] 오른쪽과 같이 크기와 무게가 같은 세 비커에 온도가 같은 물을 200 mL씩 담은 후, 흰색 각설탕을 각각 한 개, 다섯 개, 열 개를 넣어 진하기가 다른 설탕물 세 개를 만들었습니다. 물음에 답하시오.

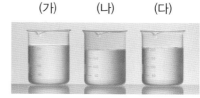

(가)   (나)   (다)

▲ 진하기가 다른 설탕물

5 다음은 지용이가 세 설탕물의 진하기를 비교하기 위해 저울을 사용하여 무게를 측정한 결과입니다.

비커	(가)	(나)	(다)
무게(g)	250	223	235

(1) 위 측정 결과를 보고, 각각의 비커에 용해된 각설탕은 몇 개인지 쓰시오.

비커	(가)	(나)	(다)
녹아 있는 각설탕 수			

(2) 지용이가 저울을 사용하여 설탕물의 진하기를 비교하는 것이 가능했던 까닭으로 옳은 것을 보기 에서 모두 골라 기호를 쓰시오.

> **보기**
> ㉠ 진하기가 다른 세 개의 설탕물을 만들 때, 용매의 양을 똑같이 하였다.
> ㉡ 진하기가 다른 세 개의 설탕물을 만들 때, 용질의 양을 똑같이 하였다.
> ㉢ 진하기가 다른 세 개의 설탕물을 만들 때, 용매의 온도를 똑같이 하였다.
> ㉣ 용매의 양이 같을 때, 녹아 있는 용질의 양과 용액의 무게는 관계가 없다.
> ㉤ 용매의 양이 같을 때, 녹아 있는 용질의 양에 따라 용액의 무게가 달라진다.
> ㉥ 진하기가 다른 세 개의 설탕물을 만들 때, 크기와 무게가 같은 비커 세 개를 사용하였다.

(.   .   .   )

6 현서는 위 세 설탕물의 진하기를 비교하기 위해 메추리알을 사용하였습니다. 세 설탕물 중 메추리알이 가장 높이 떠오른 설탕물은 각설탕이 몇 개 녹은 것인지 쓰고, 그렇게 생각한 까닭을 설명하시오.

녹은 각설탕의 수	(1)
위와 같이 생각한 까닭	(2)

❶ 곰팡이와 버섯의 특징

1. 실체 현미경의 구조

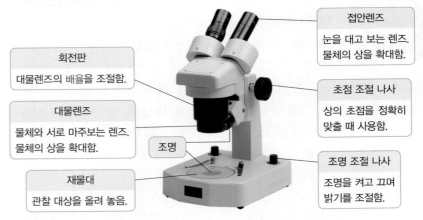

회전판
대물렌즈의 배율을 조절함.

대물렌즈
물체와 서로 마주보는 렌즈. 물체의 상을 확대함.

재물대
관찰 대상을 올려 놓음.

조명

접안렌즈
눈을 대고 보는 렌즈. 물체의 상을 확대함.

초점 조절 나사
상의 초점을 정확히 맞출 때 사용함.

조명 조절 나사
조명을 켜고 끄며 밝기를 조절함.

✏ 실체 현미경 사용 방법

① 회전판을 돌려 대물렌즈의 배율을 가장 낮게 하고, 물체를 재물대 위에 올립니다.
② 전원을 켜고, 조명 조절 나사로 빛의 양을 조절합니다.
③ 현미경을 옆에서 보면서 초점 조절 나사로 대물렌즈를 물체에 최대한 가깝게 내립니다.
④ 접안렌즈로 물체를 보면서 대물렌즈를 천천히 올려 초점을 맞춥니다.
⑤ 대물렌즈의 배율을 높이고, 초점 조절 나사로 초점을 맞추면서 관찰합니다.

✏ 곰팡이와 버섯의 차이점

○ 곰팡이는 매우 작지만, 버섯은 크기가 큽니다.
○ 곰팡이의 포자는 돋보기 등으로 관찰할 수 있지만, 버섯의 포자는 갓에 들어 있어 관찰하기 어렵습니다.

2. 곰팡이와 버섯 관찰하기

(1) 관찰 방법: 맨눈, 돋보기, 실체 현미경을 사용하여 관찰합니다.

구분	빵에 자란 곰팡이		버섯
맨눈		흰색, 검은색, 푸른색 등이 일정하지 않게 퍼져 있음.	• 윗부분은 둥근 우산 모양이고, 아랫부분은 길쭉하고 흰색임. • 우산을 펼친 것과 비슷함.
돋보기		• 가는 털이 위로 솟아 있음. • 가는 털의 끝부분에 작은 알갱이가 있음.	버섯 윗부분의 안쪽에 주름이 많이 있음.
실체 현미경		• 가는 실 같은 것이 서로 엉켜 있음. • 실 모양의 끝에 작고 둥근 알갱이가 있음.	버섯 윗부분의 안쪽에 주름이 많고 깊게 파여 있음.

👿 낱말사전

실체 현미경 작은 물체를 확대해서 관찰할 때 사용하는 도구
배율 현미경으로 물체의 모습을 확대하는 정도
갓 버섯의 윗부분. 버섯에 따라 형태와 색깔이 다름. 머리에 모자를 쓴 것 같아 갓이라고 부름.

개념 확인문제

정답과 해설 58쪽

1 곰팡이와 버섯은 맨눈과 돋보기로 관찰할 수 있고, 더 자세히 관찰하려면 ( )을/를 사용합니다.

2 곰팡이와 버섯을 관찰한 내용으로 옳은 것에 ○표, 옳지 <u>않은</u> 것에 ×표 하시오.

(1) 곰팡이를 맨눈으로 관찰해 보면 한 가지 색깔로 보입니다. ( )
(2) 곰팡이에는 가는 실이 서로 엉켜 있는 모습이 관찰됩니다. ( )
(3) 버섯 윗부분의 안쪽에는 깊은 주름을 많이 볼 수 있습니다. ( )

(2) **균류**: 곰팡이와 버섯과 같은 생물을 균류라고 합니다.

① 균류는 몸 전체가 가는 실 모양의 균사로 이루어져 있습니다.

② 포자를 이용하여 번식합니다.

➡ 포자는 매우 작고 가벼워서 눈에 잘 보이지 않고, 공기 중에 떠서 멀리 이동할 수 있습니다.

③ 죽은 생물이나 다른 생물에서 양분을 얻습니다.

④ 따뜻하고 축축한 환경에서 잘 자라고 주로 여름철에 많이 볼 수 있습니다.

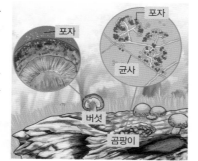

귤에 생긴 곰팡이

벽면에 생긴 곰팡이

나무틈에서 자라는 버섯

▲ 다양한 곳에서 자라는 곰팡이와 버섯

✎ 곰팡이와 버섯이 생물인 까닭

○ 자라는 모습을 볼 수 있기 때문에 생물입니다.

○ 포자로 자손을 퍼뜨리기 때문에 생물입니다.

○ 죽은 생물이나 다른 생물에서 양분을 얻어 살아가므로 생물입니다.

✎ 우리 주변에서 곰팡이가 잘 자라지 않게 하는 방법

○ 햇빛과 바람이 잘 통하게 합니다.

○ 물기가 있는 곳은 바짝 말립니다.

○ 어둡고 축축한 환경이 만들어지지 않도록 합니다.

○ 축축하고 그늘진 곳에는 곰팡이가 잘 자라지 못하도록 습기 제거제를 놓습니다.

3. 균류와 식물의 공통점과 차이점

구분	균류	식물
공통점	• 균류와 식물은 생물이며, 모두 자라고 번식함. • 살아가는 데 물과 공기 등이 필요함.	
차이점	• 줄기, 잎과 같은 모양이 없음. • 포자로 번식함. • 균사로 이루어져 있음. • 다른 생물이나 죽은 생물에 붙어서 살면서 양분을 얻음. • 햇빛이 비치지 않는 축축한 곳에서 잘 자람. • 검은색, 푸른색 등 색깔이 다양함.	• 대체로 뿌리, 줄기, 잎, 꽃 등이 있음. • 주로 씨로 번식함. • 주로 땅에 뿌리를 내리고 살아감. • 스스로 양분을 만들 수 있음. • 주로 햇빛이 비치는 곳에서 잘 자람. • 잎의 색깔이 대부분 초록색임.

3 곰팡이와 버섯과 같은 생물을 (　　　　)(이)라고 합니다.

4 곰팡이와 버섯은 (　　　　)(으)로 번식합니다.

5 곰팡이와 버섯은 (춥고 건조한 곳 , 따뜻하고 축축한 곳)에서 잘 자랍니다.

낱말사전

균사 균류의 몸을 이루는 섬세한 실 모양의 세포

✎ 광학 현미경으로 표본 관찰하기

① 회전판을 돌려 배율이 가장 낮은 대물렌즈가 중앙에 오도록 합니다.

② 전원을 켜고 조리개로 빛의 양을 조절한 뒤에 표본을 재물대의 가운데에 고정합니다.

③ 현미경을 옆에서 보면서 조동 나사로 재물대를 올려 표본과 대물렌즈의 거리를 최대한 가깝게 합니다.

④ 조동 나사로 재물대를 천천히 내리면서 접안렌즈로 물체를 찾고, 미동 나사로 물체가 뚜렷하게 보이도록 조절합니다.

⑤ 대물렌즈의 배율을 높이고, 미동나사로 초점을 맞추어 관찰합니다.

✎ 해캄 표본 만들기

핀셋을 이용하여 해캄 한 가닥을 겹치지 않게 잘 펴서 받침 유리에 올려놓고, 덮개 유리를 비스듬히 기울여 공기 방울이 생기지 않도록 천천히 덮습니다. 덮개 유리 밖으로 나온 물은 거름종이로 재빨리 빨아들입니다.

❷ 짚신벌레와 해캄의 특징, 세균

1. 광학 현미경의 구조

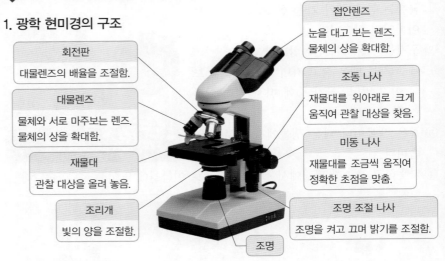

회전판	대물렌즈의 배율을 조절함.
대물렌즈	물체와 서로 마주보는 렌즈. 물체의 상을 확대함.
재물대	관찰 대상을 올려 놓음.
조리개	빛의 양을 조절함.
접안렌즈	눈을 대고 보는 렌즈. 물체의 상을 확대함.
조동 나사	재물대를 위아래로 크게 움직여 관찰 대상을 찾음.
미동 나사	재물대를 조금씩 움직여 정확한 초점을 맞춤.
조명 조절 나사	조명을 켜고 끄며 밝기를 조절함.

2. 짚신벌레와 해캄 관찰하기

(1) 관찰 방법: 맨눈, 돋보기 그리고 광학 현미경으로 관찰합니다. 광학 현미경으로 볼 때는 관찰 대상을 표본으로 만들어서 관찰해야 합니다.

구분	짚신벌레 영구 표본 관찰 결과		해캄 표본 관찰 결과	
맨눈		색깔이 있는 점이 보임.		초록색이고, 가늘고 긴 여러 가닥이 뭉쳐 보임.
돋보기		작은 점이 여러 개 보임.		여러 가닥이 뭉친 머리카락 같은 모양임.
광학 현미경		• 끝이 둥글고 길쭉함. • 짚신벌레 안쪽에 여러 가지 다른 모양이 보임. • 주변에 가는 털이 있음.		• 여러 개의 마디로 이루어져 있음. • 여러 개의 가는 선이 보이고, 크기가 작고 둥근 초록색 알갱이가 있음.

개념 확인문제　　　　　　　　정답과 해설 58쪽

6 광학 현미경을 사용할 때에는 가장 먼저 회전판을 돌려 배율이 가장 (높은 , 낮은) 대물렌즈부터 중앙에 오도록 합니다.

7 해캄을 광학 현미경으로 관찰하기 위해서 (　　　　　)을/를 만들어 관찰합니다.

(2) **원생생물**: 짚신벌레와 해캄과 같이 식물이나 동물, 균류로 분류되지 않는 생물을 말합니다.

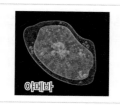  
▲ 여러 가지 원생생물

① 사는 곳: 주로 논, 연못과 같이 물이 고인 곳이나 하천, 도랑 등의 물살이 느린 곳에서 삽니다. 바다에서 사는 원생생물도 있습니다.
② 관찰: 해캄처럼 맨눈으로 관찰할 수 있는 것도 있지만, 짚신벌레처럼 현미경을 이용해야 관찰할 수 있는 것도 있습니다.
③ 움직임: 스스로 움직일 수 있는 것도 있지만, 움직이지 못하는 것도 있습니다.

3. 세균의 특징 알아보기

(1) **세균**: 균류나 원생생물보다 크기가 더 작고 생김새가 단순한 생물입니다.
➡ 관찰 방법: 맨눈으로 볼 수 없어 배율이 높은 현미경을 이용하여 관찰할 수 있습니다.

(2) 여러 가지 세균의 모양과 특징
① 공 모양, 나선 모양, 막대 모양, 꼬리가 있는 모양 등 생김새가 다양합니다.

공 모양의 세균　나선 모양의 세균　막대 모양의 세균　꼬리가 있는 세균
▲ 여러 가지 모양의 세균

② 세균은 알맞은 조건이 되면 짧은 시간 동안 많은 수로 늘어날 수 있습니다.
③ 세균은 생물의 몸, 생활용품, 음식, 물, 흙, 공기 등 우리 주변 어느 곳에나 삽니다.

8 짚신벌레와 해캄은 (원생생물 , 세균)입니다.

9 세균은 균류나 원생생물보다 크기가 매우 (작고 , 크고), 생김새가 (단순한 , 복잡한) 생물입니다.

✎ 원생생물인 짚신벌레와 해캄의 공통점과 차이점

공통점	• 생김새가 식물이나 동물보다 단순하고 크기가 작음. • 광학 현미경을 사용해야 자세한 모습을 볼 수 있음. • 물살이 세지 않고 물이 고여 있는 곳에 주로 살고 있음.
차이점	• 짚신벌레: 맨눈으로 볼 수 없을 만큼 작고, 움직일 수 있음. • 해캄: 스스로 양분을 만들 수 있음.

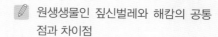
낱말사전

나선 소용돌이 모양의 곡선

[01~02] 다음은 실체 현미경으로 관찰한 두 생물의 모습입니다. 물음에 답하시오.

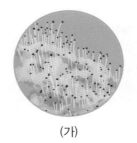 

(가)   (나)

01 위 (가)를 설명한 내용으로 옳은 것을 두 가지 고르시오. (,)

① 씨가 많이 있다.
② 뿌리가 엉켜있다.
③ 균사와 포자가 있다.
④ 버섯을 관찰한 것이다.
⑤ 곰팡이를 관찰한 것이다.

02 위 (나)는 무엇을 관찰한 것입니까? ( )

① 해캄
② 버섯
③ 곰팡이
④ 아메바
⑤ 짚신벌레

03 곰팡이에 대한 설명으로 옳은 것은 어느 것입니까? ( )

① 식물이다.
② 동물이다.
③ 균사를 이용하여 번식한다.
④ 몸 전체가 포자로 이루어져 있다.
⑤ 따뜻하고 축축한 곳에서 잘 자란다.

04 다음은 실체 현미경으로 곰팡이를 관찰하는 방법에 대한 설명입니다. ( ) 안에 들어갈 현미경 부분의 이름을 각각 쓰시오.

곰팡이를 재물대에 올려놓고, (㉠)에 눈을 대고 곰팡이를 보면서 (㉡)(으)로 초점을 맞추어 관찰한다.

㉠ ( )
㉡ ( )

05 다음은 곰팡이와 버섯에 대한 설명입니다. ( ) 안에 들어갈 알맞은 말로 바르게 짝 지은 것은 어느 것입니까? ( )

• 곰팡이와 버섯 같은 생물을 (㉠)(이)라고 한다.
• 몸 전체가 가는 실 모양의 (㉡)(으)로 이루어져 있고, (㉢)(을)를 이용하여 번식한다.

	㉠	㉡	㉢
①	균류	줄기	씨
②	균류	포자	균사
③	균류	균사	포자
④	원생생물	포자	균사
⑤	원생생물	균사	포자

☆☆
06 균류에 대한 설명으로 옳지 않은 것은 어느 것입니까? ( )

① 균사와 포자로 되어 있다.
② 성장하고 번식하기 때문에 생물이다.
③ 살아가기 위해 물과 공기가 필요하다.
④ 다른 생물이나 죽은 생물에서 양분을 얻는다.
⑤ 햇빛이 비치는 곳에서 잘 자라며 스스로 양분을 만든다.

[07~09] 다음은 광학 현미경의 모습입니다. 물음에 답하시오.

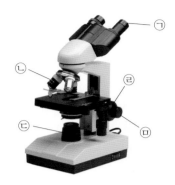

07 위 광학 현미경의 각 부분과 이름을 바르게 짝 지은 것은 어느 것입니까? ( )

① ㉠ – 대물렌즈
② ㉡ – 접안렌즈
③ ㉢ – 조명
④ ㉣ – 미동 나사
⑤ ㉤ – 조동 나사

08 위 광학 현미경으로 표본을 관찰할 때, 관찰하는 것을 뚜렷하게 보기 위해 초점을 정확하게 맞출 때 사용하는 부분의 기호를 쓰시오.

( )

09 다음은 위 광학 현미경으로 관찰한 생물의 모습입니다. 이 생물의 이름을 쓰시오.

( )

10 다음은 해캄을 돋보기로 관찰한 모습입니다. 이 생물을 광학 현미경으로 관찰했을 때 볼 수 있는 모습은 무엇입니까? ( )

① 주름이 깊게 파여 있다.
② 주변에 가는 털이 있다.
③ 끝이 둥글고 길쭉한 모양이다.
④ 여러 개의 마디로 이루어져 있다.
⑤ 가는 실 모양의 끝에 작고 둥근 알갱이가 있다.

☆☆
11 다음 생물들은 식물, 동물, 균류로 분류되지 않는 생물입니다. 이런 생물들은 무엇이라고 하는지 쓰시오.

( )

12 세균에 대한 설명으로 옳지 않은 것은 어느 것입니까? ( )

① 매우 종류가 많다.
② 우리 주변 어느 곳에나 살고 있다.
③ 크기가 매우 작고 생김새가 단순하다.
④ 항상 하나씩 떨어져 있어 움직이지 못한다.
⑤ 공, 막대, 나선 모양 등 생김새가 다양하다.

5
단원

3 다양한 생물이 우리 생활에 미치는 영향

1. 다양한 생물이 우리 생활에 미치는 영향

(1) 다양한 생물이 우리 생활에 미치는 이로운 영향

① 균류와 세균은 음식, 약재 등에 다양하게 이용됩니다.

예 • 곰팡이는 된장이나 간장을 만드는 데 이용됩니다.
  • 균류인 버섯은 한약재, 요리에 이용됩니다.
  • 세균은 요구르트, 김치, 청국장 등의 발효 음식을 만드는 데 이용됩니다.

요구르트　　　　　　김치　　　　　　청국장

▲ 세균을 이용한 음식

② 곰팡이와 세균은 죽은 생물이나 배설물을 작게 분해하여 자연으로 되돌려 보내어 지구 환경을 유지하는 역할을 합니다.

③ 원생생물은 주로 다른 생물의 먹이가 되거나 생물이 사는 데 필요한 산소를 만들기도 합니다.

(2) 다양한 생물이 우리 생활에 미치는 해로운 영향

① 균류, 원생생물, 세균은 음식이나 물건을 상하게 하기도 합니다.

② 균류, 원생생물, 세균은 공기, 물, 음식, 물건 등을 거쳐 다른 생물로 옮아가 질병을 일으키기도 합니다.

③ 독버섯과 같이 일부 균류는 먹으면 생명이 위험할 수 있습니다.

④ 일부 원생생물이 호수나 바다와 같은 곳에 빠르게 번식하며 적조를 일으켜 다른 생물이 살기 어려운 환경을 만들기도 합니다.

2. 첨단 생명 과학의 활용

(1) 첨단 생명 과학: 최신 과학 기술을 이용하여 생물의 특징이나 생명 현상을 연구하고, 이 결과를 활용하여 생활 속에서 일어나는 다양한 문제를 해결하는 과학을 말합니다.

✏️ 산소를 만드는 원생생물

원생생물 중 해캄, 유글레나, 해조류 등은 스스로 양분을 만들며, 산소도 만듭니다. 다른 동물들은 이들이 만든 산소를 이용하여 호흡할 수 있습니다.

✏️ 적조가 일어난 바다의 모습과 적조를 일으키는 원생생물

적조가 생기면 많은 양의 물고기, 조개, 해초 등이 죽기도 합니다.

🔤 **낱말사전**

적조 일부 원생생물의 수가 갑자기 늘어나서 바다와 강, 운하, 호수 등의 색이 붉게 변하는 현상

개념 확인문제

정답과 해설 59쪽

1 된장이나 간장을 만드는 데 (　　　　　)이/가 이용됩니다.

2 유산균은 우리 몸에 (이로운 , 해로운) 세균입니다.

3 어떤 (균류 , 원생생물 , 세균)은/는 생물이 사는 데 필요한 산소를 만들기도 합니다.

(2) 첨단 생명 과학이 우리 생활에 활용되는 예

질병을 치료하는 약	세균을 자라지 못하게 하는 일부 곰팡이의 특성을 이용하여 질병을 치료하는 약을 만듦. **예** 푸른곰팡이
생물 농약	해충에게만 질병을 일으키는 특성을 가진 곰팡이나 세균을 이용하여 환경 문제를 일으키지 않는 친환경적인 생물 농약을 만듦.
생물 연료	원생생물이 양분을 만드는 특성을 이용하여 자동차 연료가 되는 기름을 만들 수 있음(**예** 해캄). 이 연료를 사용하면 환경 오염을 줄일 수 있음.
하수 처리	물질을 분해하는 능력을 가진 세균, 곰팡이, 원생생물을 이용하여 오염된 물을 깨끗하게 만듦.
음식물 쓰레기 처리	바다에서 사는 다양한 원생생물을 음식물 쓰레기를 분해하는 데 활용함.
플라스틱 쓰레기 처리	플라스틱을 분해하는 세균을 활용하여 플라스틱 쓰레기 문제를 해결함.
친환경 플라스틱 제품 생산	플라스틱 원료를 가진 세균을 이용하여 쉽게 분해되는 플라스틱 제품을 만듦.
건강식품 생산	균류, 원생생물 등이 가진 특징 중 사람에게 이로운 점을 이용하여 건강에 도움을 주는 식품을 만듦. **예** 유산균
화장품 생산	피부에 좋은 성분이 들어 있는 균류를 활용하여 화장품을 만듦.

(3) 첨단 생명 과학을 이용하는 과정에서 주의해야 할 점
① 다양한 생물은 생명을 가진 존재이므로 소중하게 다뤄야 합니다.
② 첨단 생명 과학을 무조건 이용하기보다 먼저 우리 생활에 미칠 여러 가지 영향을 고려해야 합니다.

4 ( )은/는 생물의 특성이나 생명 현상을 최신 과학 기술을 이용하여 연구하는 것을 말합니다.

5 첨단 생명 과학의 활용에 대한 내용으로 옳은 것에 ○표, 옳지 <u>않은</u> 것에 ×표 하시오.

(1) 원생생물의 특성을 이용하여 자동차 연료를 만들 수 있습니다. ( )
(2) 곰팡이의 특성으로는 질병을 치료하는 약을 개발할 수 없습니다. ( )
(3) 물질을 분해하는 능력을 가진 세균, 곰팡이, 원생생물을 이용하여 오염된 하수를 깨끗하게 처리 할 수 있습니다. ( )

📝 곰팡이나 세균이 지구상에서 없어진 다면?
- 음식이나 물건 등이 상하지 않습니다.
- 우리 주변이 죽은 생물이나 배설물로 가득차게 됩니다.
- 김치, 요구르트, 된장 등의 음식을 만들 수 없습니다.
- 사람이나 동물은 먹은 음식을 잘 소화하지 못하게 되거나 면역력이 약해집니다.

📝 첨단 생명 과학에 활용되는 생물
- 푸른곰팡이: 질병을 치료하거나 백신을 만드는 데 활용할 수 있습니다.

- 유산균: 장 건강에 도움을 주는 건강식품을 만드는 데 활용할 수 있습니다.

5
단원

낱말사전 😊

하수 가정, 공장 등 사람들이 사용한 뒤 내보내는 물과 빗물, 지하수가 모여진 물

01 다음은 해캄을 광학 현미경으로 관찰한 모습입니다. 이와 같은 원생생물이 우리 생활에 이로운 영향을 미치는 경우는 어느 것입니까? (   )

① 된장을 만든다.
② 한약재로 이용한다.
③ 요구르트, 치즈를 만든다.
④ 죽은 생물을 분해하여 지구 환경을 유지해 준다.
⑤ 산소를 만들어 다른 생물이 호흡하는 데 도움을 준다.

02 곰팡이가 우리 생활에 미치는 영향이 아닌 것은 어느 것입니까? (   )

① 죽은 생물을 분해한다.
② 된장이나 간장을 만든다.
③ 질병을 일으키기도 한다.
④ 음식이나 물건을 상하게 한다.
⑤ 생물이 숨을 쉬는데 필요한 산소를 만든다.

03 다양한 생물이 우리 생활에 미치는 해로운 영향은 어느 것입니까? (   )

① 청국장을 발효시킨다.
② 호수나 바다에 적조를 일으킨다.
③ 배설물을 분해하여 자연으로 되돌려 보낸다.
④ 다른 생물들의 먹이가 되어 양분을 제공한다.
⑤ 유산균은 해로운 균으로부터 건강을 지켜준다.

04 균류가 우리 생활에 영향을 주는 경우가 아닌 것은 어느 것입니까? (   )

① 된장을 만든다.
② 간장을 만든다.
③ 바다에 적조가 생겼다.
④ 영지버섯을 한약재로 이용한다.
⑤ 독버섯을 먹고 식중독에 걸렸다.

☆☆
05 다양한 생물이 우리에게 미치는 이로운 영향에 해당하는 것을 모두 고르시오. (,   )

① 질병을 일으킨다.
② 물건을 상하게 한다.
③ 음식을 상하게 한다.
④ 우리 주변에 죽은 생물을 분해한다.
⑤ 요구르트나 김치를 만드는 데 이용된다.

06 첨단 생명 과학에 대한 설명으로 옳지 않은 것을 보기 에서 골라 기호를 쓰시오.

┌─ 보기 ─┐
㉠ 최신 과학 기술을 이용하여 생물의 특징을 연구한다.
㉡ 균류, 세균, 원생생물처럼 작은 생물은 연구하지 않는다.
㉢ 생명 현상의 연구 결과를 활용하여 우리 생활 속 다양한 문제들을 해결한다.

(   )

07 다음은 첨단 생명 과학이 우리 생활에 이용되는 예를 설명한 것입니다. ( ) 안에 들어갈 알맞은 말을 쓰시오.

> 세균을 자라지 못하게 하는 일부 (   )의 특성을 이용하여 질병을 치료하는 약을 만든다.

( )

☆☆
08 첨단 생명 과학이 우리 생활 속 다양한 문제를 해결하는 경우가 <u>아닌</u> 것은 어느 것입니까? ( )

① 쓰레기를 태워서 없애는 데 곰팡이를 활용한다.
② 세균과 곰팡이의 특성을 이용하여 친환경 농약을 만든다.
③ 플라스틱을 분해하는 세균을 활용하여 플라스틱 쓰레기 문제를 해결한다.
④ 물질을 분해하는 능력을 가진 생물을 이용하여 오염된 물을 깨끗하게 만든다.
⑤ 플라스틱 원료를 가진 세균을 이용하여 쉽게 분해되는 플라스틱 제품을 만든다.

09 다음은 첨단 생명 과학을 활용하여 생물 연료를 만드는 것을 설명한 내용입니다. ( ) 안에 들어갈 알맞은 말을 골라 ○표 하시오.

> (세균 , 곰팡이 , 원생생물)이/가 양분을 만드는 특성을 이용하여 자동차 연료가 되는 기름을 만들 수 있다. 생물 연료를 사용하면 환경 오염을 줄일 수 있다.

10 해충에게만 질병을 일으키는 곰팡이나 세균의 특성을 이용한 것은 어느 것입니까? ( )

① 화장품
② 생물 연료
③ 생물 농약
④ 친환경 세제
⑤ 친환경 플라스틱 제품

11 오른쪽은 질병을 치료하는 약을 만드는 데 이용하는 푸른곰팡이의 모습입니다. 이 균류의 특성으로 옳은 것을 보기 에서 골라 기호를 쓰시오.

> 보기
> ㉠ 영양소가 풍부하다.
> ㉡ 매우 느리게 번식한다.
> ㉢ 세균을 자라지 못하게 한다.
> ㉣ 물질을 분해하는 성질이 있다.

( )

12 다음은 첨단 생명 과학의 이용에 대한 대화입니다. 옳지 <u>않은</u> 의견을 가진 사람은 누구인지 쓰시오.

> 다은: 첨단 생명 과학은 무조건 우리 생활에 도움이 되니까 최대한 많이 활용해야 해.
> 정연: 첨단 생명 과학을 활용할 때는 우리 생활에 미치는 여러 가지 영향을 고려해야 해.
> 현주: 균류, 원생생물, 세균의 특징을 잘 활용하면 생활 속 다양한 문제를 해결할 수 있어.

( )

5
단원

1 곰팡이와 버섯

곰팡이	버섯
• 흰색, 검은색, 푸른색 등 여러 가지 색깔이 있음. • 가는 실 같은 것이 서로 엉켜 있고, 그 끝에 작고 둥근 알갱이가 있음.	• 윗부분은 둥근 우산 모양이고, 아랫부분은 길쭉하며 흰색임. • 윗부분의 안쪽에 주름이 많고 깊게 파여 있음.

• 곰팡이, 버섯과 같은 생물을 (㉠   )(이)라고 함.
• 몸 전체가 가는 실 모양의 (㉡   )(으)로 이루어져 있음.
• (㉢   )을/를 이용하여 번식함.

2 짚신벌레와 해캄

짚신벌레	해캄
• 끝이 둥글고 길쭉한 모양임. • 안쪽에 여러 가지 다른 모양이 보임. • 주변에 가는 털이 있음.	• 여러 개의 마디로 이루어져 있음. • 여러 개의 가는 선이 보이고, 크기가 작고 둥근 초록색 알갱이가 있음.

• 짚신벌레와 해캄과 같이 식물, 동물, 균류로 분류되지 않는 생물을 (㉣   )(이)라고 함.
• 물이 고인 곳이나 물살이 느린 곳, 바다 등에 있음.

3 실체 현미경과 광학 현미경

실체 현미경	광학 현미경
• 관찰 대상을 표본으로 만들지 않고 관찰할 수 있음. • 관찰 대상의 겉모습을 입체적으로 관찰할 수 있음.	• 관찰 대상을 표본으로 만들어서 관찰해야 함. • 관찰 대상의 안쪽 구조까지 자세히 관찰할 수 있음.

4 세균

세균의 특징	• 균류나 원생생물보다 크기가 더 작고 생김새가 단순함. • 공 모양, 막대 모양, 나선 모양 등 생김새가 다양하고 종류가 많음. • 알맞은 조건이 되면 짧은 시간 동안 많은 수로 늘어날 수 있음. • 생물의 몸, 생활용품, 음식, 물, 흙, 공기 등 우리 주변 어느 곳에나 살고 있음.

5 다양한 생물이 우리 생활에 미치는 영향

이로운 영향	• 된장이나 간장을 만드는 데 (㉤)이/가 이용됨. • 균류인 버섯은 한약재, 요리에 이용됨. • (㉥)은/는 주로 다른 생물의 먹이가 되거나, 산소를 만듦. • 요구르트, 김치, 청국장 등의 발효 음식을 만드는데 세균이 이용됨. • 유산균처럼 우리 몸에 이로운 세균은 해로운 세균으로부터 건강을 지켜주기도 함. • 곰팡이와 세균은 죽은 생물이나 배설물을 작게 분해하여 자연으로 되돌려 보내어 지구 환경을 유지함.
해로운 영향	• 균류, 원생생물, 세균은 음식이나 물건을 상하게 하기도 함. • 균류, 원생생물, 세균은 공기, 물, 음식, 물건 등을 거쳐 다른 생물로 옮아가 질병을 일으키기도 함. • 일부 균류는 먹으면 생명이 위험할 수도 있음. • 일부 원생생물이 호수나 바다에서 빠르게 번식하며 (㉦)을/를 일으켜 다른 생물이 살기 어려운 환경을 만듦.

6 첨단 생명 과학의 활용

첨단 생명 과학이 우리 생활에 활용되는 예	• 질병을 치료하는 약 개발 • 생물 농약 개발 • 생물 연료 개발 • 하수, 음식물 쓰레기, 플라스틱 쓰레기 처리 • 친환경 플라스틱 제품 생산 • 건강식품, 화장품 생산

정답 ㉠ 균류 ㉡ 균사 ㉢ 포자 ㉣ 원생생물 ㉤ 곰팡이 ㉥ 원생생물 ㉦ 적조

01 다음 보기 중 균류에 해당하는 것을 <u>두 가지</u> 골라 기호를 쓰시오.

> 보기
> ㉠ 버섯   ㉡ 해캄   ㉢ 유산균
> ㉣ 곰팡이   ㉤ 짚신벌레

(,   )

02 다음은 버섯을 실체 현미경으로 관찰한 모습입니다. 이 생물에 대한 설명으로 옳은 것은 어느 것입니까? (   )

① 식물이다.
② 뿌리와 줄기가 있다.
③ 스스로 양분을 만든다.
④ 균사와 포자로 되어 있다.
⑤ 춥고 건조한 환경에서 잘 자란다.

03 다음은 실체 현미경으로 곰팡이를 관찰하는 방법을 순서 없이 나타낸 것입니다. 순서대로 기호를 쓰시오.

> 보기
> ㉠ 전원을 켜고 조명 조절 나사로 빛의 양을 조절한다.
> ㉡ 접안렌즈로 곰팡이를 보면서 대물렌즈를 천천히 올려 초점을 맞춘다.
> ㉢ 대물렌즈의 배율을 높이고, 초점 조절 나사로 초점을 맞추면서 관찰한다.
> ㉣ 회전판을 돌려 대물렌즈의 배율을 가장 낮게 하고, 곰팡이를 재물대 위에 올린다.
> ㉤ 현미경을 옆에서 보면서 초점 조절 나사로 대물렌즈를 곰팡이에 최대한 가깝게 내린다.

(   ) → (   ) → (   ) → (   ) → (   )

04 균류가 사는 환경에 대한 설명으로 옳은 것은 어느 것입니까? (   )

① 죽은 생물의 몸에서만 잘 자란다.
② 다른 생물의 몸에서만 잘 자란다.
③ 춥고 건조한 환경에서 잘 자란다.
④ 따뜻하고 축축한 환경에서 잘 자란다.
⑤ 햇빛이 많이 드는 장소에서 잘 자란다.

05 곰팡이에 대한 설명으로 옳지 <u>않은</u> 것은 어느 것입니까? (   )

① 여름철에 많이 볼 수 있다.
② 포자를 이용하여 번식한다.
③ 스스로 양분을 만들 수 있다.
④ 동물, 식물과 생김새가 다르다.
⑤ 따뜻하고 축축한 곳에서 잘 자란다.

☆☆
06 버섯과 식물의 공통점은 어느 것입니까? (   )
① 뿌리가 없다.
② 스스로 양분을 만든다.
③ 성장하며 번식을 한다.
④ 꽃이 피고 열매를 맺는다.
⑤ 햇빛이 드는 밝은 곳을 좋아한다.

07 다음 두 생물에 대한 내용이 <u>아닌</u> 것을 [보기]에서 모두 골라 기호를 쓰시오.

▲ 곰팡이

▲ 버섯

[보기]
㉠ 씨로 번식한다.
㉡ 직접 양분을 만들지 못한다.
㉢ 몸 전체가 균사로 이루어져 있다.
㉣ 차갑고 건조한 환경에서 자란다.

( )

08 오른쪽 실체 현미경의 각 부분의 이름과 하는 일을 바르게 설명한 것은 어느 것입니까? ( )

① ㉠ 대물렌즈 – 물체의 상을 확대해 주는 렌즈
② ㉡ 초점 조절 나사 – 초점을 맞추는 나사
③ ㉡ 회전판 – 대물렌즈의 배율을 조절
④ ㉢ 재물대 – 관찰 대상을 올려놓는 곳
⑤ ㉢ 접안렌즈 – 물체의 상을 확대해 주는 렌즈

09 다음은 어떤 생물의 특징을 정리한 것입니다. 이 생물은 무엇인지 [보기]에서 골라 쓰시오.

• 스스로 움직이고, 물이 고인 곳에서 산다.
• 주변에 가는 털이 있고, 끝이 둥글고 길쭉한 모양이다.
• 안쪽에 여러 가지 다른 모양이 보인다.
• 현미경을 이용하면 더 자세히 관찰할 수 있다.

[보기]
• 해캄   • 짚신벌레   • 유글레나

( )

10 해캄의 특징에 대한 설명으로 옳지 <u>않은</u> 것은 어느 것입니까? ( )

① 물속에서 산다.
② 여러 개의 마디가 있다.
③ 모양이 일정하지 않다.
④ 전체적으로 초록색이다.
⑤ 여러 개의 가는 선과 크기가 작고 둥근 초록색 알갱이가 있다.

[11~12] 다음은 다양한 생물을 광학 현미경으로 관찰한 모습입니다. 물음에 답하시오.

▲ 해캄

▲ 짚신벌레

▲ 아메바

▲ 종벌레

11 위 생물들은 모두 어떤 종류입니까? ( )

① 식물   ② 동물   ③ 균류
④ 세균   ⑤ 원생생물

12 위와 같은 종류의 생물에 대한 설명으로 옳지 <u>않은</u> 것은 어느 것입니까? ( )

① 어떤 생물은 스스로 양분을 만들며 산소도 만든다.
② 움직일 수 있는 것도 있고, 움직이지 못하는 것도 있다.
③ 물이 고인 곳이나 물살이 느린 곳, 바다 등에서 산다.
④ 모두 맨눈으로는 볼 수 없고, 현미경을 사용해야만 관찰할 수 있다.
⑤ 알맞은 조건이 되면 빠르게 번식하여 적조 현상을 일으키는 것도 있다.

13 다음은 광학 현미경으로 짚신벌레를 관찰하는 방법 입니다. ( ) 안에 공통으로 들어갈 알맞은 말을 쓰시오.

> • 짚신벌레를 오랫동안 보존하여 관찰할 수 있도 록 ( )을/를 만들었다.
> • 광학 현미경의 재물대 가운데에 짚신벌레 ( )을/를 고정한 뒤 관찰하였다.

( )

14 광학 현미경의 조리개의 쓰임새로 옳은 것은 어느 것 입니까? ( )

① 빛의 양을 조절하는 장치
② 정확한 초점을 맞추는 나사
③ 관찰 대상을 들여다 보는 렌즈
④ 대물렌즈의 배율을 바꿀 때 돌리는 판
⑤ 재물대를 위아래로 크게 움직여 관찰 대상을 찾 는 나사

☆☆
15 세균에 대한 설명으로 옳지 <u>않은</u> 것은 어느 것입니까? ( )

① 여러 개가 뭉쳐서 살기도 한다.
② 원생생물보다 생김새가 단순하다.
③ 크기가 작아 돋보기로 관찰할 수 없다.
④ 알맞은 조건에서 번식 속도가 매우 빠르다.
⑤ 물속에서는 살 수 있지만, 공기 중에서는 살 수 없다.

16 다음 ( ) 안에 들어갈 알맞은 말을 쓰시오.

> 곰팡이와 세균은 죽은 생물이나 배설물을 작게 ( )하여 자연으로 되돌려 보내어 지구 환경을 유지하는 역할을 한다.

( )

17 다음은 오른쪽과 같은 유산균의 이로운 점을 설명한 것입니다. ( ) 안에 공통으로 들어갈 알맞 은 말을 쓰시오.

> 유산균처럼 우리 몸에 이로운 ( )(은) 는 해로운 ( )으로부터 건강을 지켜준다.

( )

18 다음은 첨단 생명 과학을 활용한 예시입니다. 각각 어떤 생물의 특징을 이용하였는지 보기 에서 골라 기 호를 쓰시오.

> **보기**
> ㉠ 세균   ㉡ 곰팡이   ㉢ 원생생물

(1) 세균을 자라지 못하게 하는 특성을 이용하여 질 병을 치료하는 약을 만든다. ( )
(2) 양분을 만드는 특성을 이용하여 기름을 만들어 자동차 연료로 사용한다. ( )

5
단원

01 다음 그림을 보고, 물음에 답하시오.

(1) 다음은 위 그림을 설명한 것입니다. ( ) 안에 들어갈 알맞은 말을 쓰시오.

> 그림 속의 토끼풀은 뿌리, 줄기, 잎, 꽃을 가지고 있지만 버섯은 뿌리, 줄기, 잎의 생김새가 보이지 않는다. 버섯은 토끼풀과 달리 몸 전체가 가는 실 모양의 (㉠)(으)로 이루어져 있으며, 포자를 이용하여 (㉡).

㉠ (   )

㉡ (   )

(2) 토끼풀과 버섯은 양분을 얻는 방법이 다릅니다. 버섯이 양분을 얻는 방법을 설명하시오.

_____

_____

02 다음 두 생물의 공통점을 세 가지 쓰시오.

_____

_____

_____

03 다음과 같이 광학 현미경에는 조동 나사와 미동 나사가 있습니다. 조동 나사와 미동 나사가 하는 일을 각각 쓰시오.

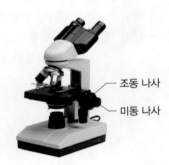

— 조동 나사
— 미동 나사

(1) 조동 나사가 하는 일: _____

_____

(2) 미동 나사가 하는 일: _____

_____

04 다음은 생김새가 다르지만 공통점을 갖고 있는 두 생물의 모습입니다. 물음에 답하시오.

▲ 해캄   ▲ 짚신벌레

(1) 두 생물은 모두 식물 또는 동물이 아닙니다. 이두 생물을 무엇으로 분류하는지 쓰시오.

(   )

(2) 위와 같은 생물이 주로 살고 있는 곳은 어디인지 쓰시오.

_____

_____

05 다음은 혜민이가 해캄 표본을 만든 과정입니다. 물음에 답하시오.

> ❶ 핀셋을 사용하여 해캄 여러 가닥을 받침 유리 위에 올려놓았다.
> ❷ 해캄에 스포이트로 물을 한 방울 떨어뜨렸다.
> ❸ 덮개 유리를 비스듬히 기울여서 덮었다.

(1) 위 과정 중 잘못된 과정의 기호를 쓰시오.

(   )

(2) 위 (1)번 과정에서 잘못된 부분을 바르게 고쳐 쓰시오.

_____

_____

06 다음은 세균에 대해 소진이가 발표한 내용입니다. 물음에 답하시오.

> ㉠ 세균은 균류나 원생생물보다 크기가 더 작다.
> ㉡ 세균은 물, 흙, 공기 등 자연 환경에서만 산다.
> ㉢ 알맞은 조건이 되면 짧은 시간 안에 많은 수로 늘어날 수 있다.

(1) 위 발표 내용 중 잘못된 부분의 기호를 쓰시오.

(   )

(2) 위 (1)번 내용에서 잘못된 부분을 바르게 고쳐 쓰시오.

_____

_____

07 다음은 지연이와 수연이가 세균에 대해 대화하는 내용입니다. ( ) 안에 들어갈 알맞은 내용을 한 가지 쓰시오.

> 지연: 세균은 음식을 상하게 하고 우리 몸을 병들게 하기 때문에 해로운 생물이라고 생각해. 세균이 모두 없어졌으면 좋겠어.
> 수연: 하지만 세균이 우리 생활에 미치는 이로운 영향도 많아. 예를 들면 (   )

_____

_____

_____

08 사람들의 일회용품 사용이 늘어나면서 플라스틱의 사용량이 매우 늘어났습니다. 하지만 플라스틱은 썩지 않기 때문에 쓰레기 문제가 심각해지고 있습니다. 첨단 생명 과학을 활용하여 플라스틱 쓰레기 문제를 처리할 수 있는 방법을 쓰시오.

_____

_____

5 단원

수행평가

학습 주제 곰팡이와 버섯 관찰하기

학습 목표 곰팡이와 버섯 같은 균류의 특징과 사는 환경을 설명할 수 있다.

[1~2] 다음은 실체 현미경을 사용하여 곰팡이와 버섯을 관찰하는 과정입니다. 물음에 답하시오.

❶ 회전판을 돌려 대물렌즈의 배율을 가장 (㉠) 하고, 곰팡이나 버섯을 (㉡) 위에 올린다.
❷ 전원을 켜고 조명 조절 나사로 빛의 양을 조절한다.
❸ 현미경을 (㉢)에서 보면서 초점 조절 나사로 대물렌즈를 곰팡이나 버섯에 최대한 가깝게 내린다.
❹ (㉣)(으)로 곰팡이를 보면서 대물렌즈를 천천히 올려 초점을 맞춘다.
❺ 대물렌즈의 배율을 (㉤), 초점 조절 나사로 초점을 맞추면서 관찰한다.

1 위 실험 과정에서 ( ) 안에 들어갈 알맞은 말을 고르시오.

(1) ㉠ (낮게 , 높게)

(2) ㉡ (회전판 , 재물대 , 접안렌즈 , 대물렌즈)

(3) ㉢ (위 , 옆)

(4) ㉣ (접안렌즈 , 대물렌즈)

(5) ㉤ (낮추고 , 높이고)

2 위와 같은 방법으로 실체 현미경을 사용하여 곰팡이와 버섯을 관찰한 결과를 쓰시오.

(1) 곰팡이	
(2) 버섯	

3 다음은 실체 현미경을 사용하여 곰팡이를 관찰한 모습입니다. (가)와 (나)는 무엇인지 쓰시오.

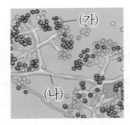

(1) (가) ( )

(2) (나) ( )

4 곰팡이와 버섯의 차이점을 두 가지 쓰시오.

_____

_____

배점 | 20점

학습 주제 | 짚신벌레와 해캄 관찰하기

학습 목표 | 짚신벌레와 해캄 같은 원생생물의 특징과 사는 환경을 설명할 수 있다.

[5~7] 다음은 광학 현미경으로 해캄을 관찰하기 위해 해캄 표본을 만드는 과정입니다. 물음에 답하시오.

5 위 ❸과 같이 덮개 유리를 덮을 때 주의할 점과 그 까닭을 설명하시오.

_____

_____

6 다음과 같은 광학 현미경으로 위 5번에서 만든 해캄 표본을 관찰하려고 합니다. 물음에 답하시오.

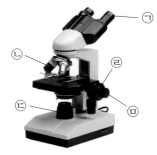

(1) 관찰하려는 표본의 상을 찾아 초점을 맞출 때 사용하는 두 부분의 기호를 쓰시오.

(   )

(2) 두 부분 중 더 나중에 사용하는 부분의 기호를 쓰시오.

(   )

(3) (2)번 답의 이름을 쓰시오.

(   )

7 위와 같이 광학 현미경을 이용하여 해캄 표본을 관찰한 결과를 두 가지 쓰시오.

_____

_____

Memo

Memo

Memo

2021 소년한국 우수 어린이 도서 선정
EBS 초등 강사 김문주 선생님 감수
이정모 국립과천과학관장과
하리하라 이은희 과학 커뮤니케이터 강력 추천

2021 소년한국
우수 어린이 도서 선정

여름 방학을 맞아
천문대 캠프에 지원한 수호
거기서 생각지도 못한 뜻밖의
인물을 만나게 되는데....
이렇게 되면 절대 질 수 없지!
우당탕탕 비고 클럽과 함께
우주에 관한 비밀을
낱낱이 파헤쳐 보자.

글 이소영 | 그림 이경석
감수 김문주(EBS 초등강사) | 13,000원

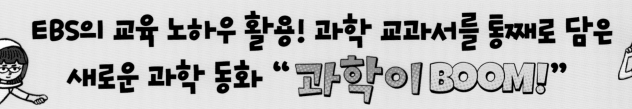

EBS의 교육 노하우 활용! 과학 교과서를 통째로 담은
새로운 과학 동화 " 과학이 BOOM! "

1 우리 몸 : 비고 클럽과 축구부의 미스터리
2 동물 : 길고양이 삼색이를 찾아라
3 식물 : 도깨비 박사와 꽃섬의 비밀
4 지구 : 오싹한 초대, K마스 프로젝트

6번째 모험, **물리** 편도 기대해주세요~

만점왕

통합본 과학 5-1

EBS

인터넷·모바일·TV
무료 강의 제공

초 | 등 | 부 | 터 EBS

바쁜 초등학생을 위한
국·사·과 교과서 완전 학습서

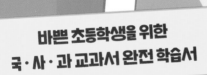

정답과 해설
5-1

통합본

만점왕 통합본

국어 · 사회 · 과학

정답과 해설
5-1

이 책의 **차례**

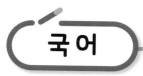

국어

1. 대화와 공감

 교과서 지문 학습　　　　　　4~11쪽

01 ③　02 ②　03 (1) ○　04 (2) ○　05 은호
06 ㉮　07 칭찬　08 ③　09 (3) ○　10 **예** 다른 사
람을 생각해서 양보한 점입니다.　11 ⑤　12 (2) ○
13 ②　14 ④　15 (2) ○　16 서울　17 소방관
18 ①, ③　19 ①　20 ㉯　21 ④　22 **예** 서로의 감
정이나 생각을 받아 주며 이야기했기 때문입니다.　23 ㉮
24 **예** 고마워. 다음에 네가 도움이 필요할 때 내가 꼭 도
와줄게.

01 태일이는 딴생각하느라 잘 못 들었다며 소희에게 어제
왜 화가 났다고 했는지 다시 물어보았습니다.

02 소희가 은주와 만나기로 했는데 은주가 약속 시간에
30분 넘게 늦었습니다. 그래서 소희와 은주 모두 약속
장소에 나타났으나 약속 시간보다 늦게 만났습니다.

03 ㉠에서 은주는 약속 시간에 늦어 미안한 마음이 들었
을 것입니다. 이러한 상황에게 "미안해!"라고 말할 때
에는 진지한 표정과 조용한 목소리로 말하면 더 공감
을 할 수 있습니다.

04 소희는 은주가 부모님 심부름을 하고 오느라 늦었다고
한 말을 듣고 은주의 처지를 이해해 주었습니다.

05 대화는 상대를 직접 보면서 말을 주고받고, 잘 듣지 않
으면 다시 물어봐야 하며, 표정, 몸짓, 말투에 따라 기
분이나 생각을 짐작할 수 있다는 특성이 있습니다.

06 상황에 어울리는 표정과 말투로 말하면 자신이 하고
싶은 말을 실감 나게 나타낼 수 있습니다. 또한 말하는
사람의 감정이나 마음 상태를 알 수 있게 해 주고, 상
대가 하는 말을 이해하는 데 도움이 됩니다.

07 '칭찬은 고래도 춤추게 한다.'는 칭찬은 누군가를 신나
게 할 수 있다는 뜻으로, 칭찬의 힘을 표현한 말입니다.

08 이 글에서는 칭찬 한마디가 누군가에게 용기를 주고
자신을 긍정적으로 바라보게 하며, 올바른 습관을 기
르고 능력을 키우는 데도 도움이 된다고 하였습니다.
또 다른 사람의 긍정적인 모습을 칭찬하는 것은 그 사
람과 맺는 관계를 좋아지게 만들기 때문에 칭찬은 힘
이 세다고 하였습니다.

09 친구들에게 어떤 칭찬거리가 있는지 떠올릴 때에는 친
구가 잘하는 일은 무엇인지, 친구가 노력하는 점은 무
엇인지 등을 생각해 봅니다.

10 ㉠은 다른 사람을 생각해서 양보하는 모습을 분명하고
자세하게 칭찬한 말입니다.

> **채점 기준**
> '양보'라는 낱말을 넣어 칭찬할 점을 썼으면 정답으로 인정
> 합니다.

11 결과보다 과정을 칭찬하면 좋은 결과가 나오지 않더라
도 상대가 노력의 의미를 깨닫는다고 하였습니다.

12 (1)은 상대가 한 일에 대해 설명하듯이 칭찬한 말입니
다. (2)는 상대가 가진 지금의 능력보다 앞으로의 가능
성을 보고 칭찬한 말입니다.

13 칭찬이 힘을 발휘할 수 있도록 하려면 칭찬하는 말에
마음을 담아야 하는데, 진심 어린 칭찬이야말로 힘을
발휘할 수 있는 최고의 칭찬입니다.

14 정인이의 고민거리는 체육 시간에 뒤 구르기가 잘 안
되어서 모둠끼리 여러 가지 동작을 꾸밀 때 방해가 되
는 것입니다.

15 동욱이는 정인이의 고민을 제대로 듣지도 않고 선생님
이나 친구들에게 도와 달라고 말하는 것을 해결 방법
으로 말했습니다.

16 정인이는 원하지 않는데 동욱이가 정인이의 고민을 마
음대로 해결하려고 했기 때문에 정인이는 동욱이에게
화를 냈습니다.

17 "너희 아빠께서는 소방관이시니까"라고 한 민재의 말
을 통해 주민이 아버지의 직업이 소방관이라는 것을
알 수 있습니다.

18 주민이는 아버지가 119 구조대로 부서를 옮기시고는
친절왕이 되셨고, 누구든 도움이 필요한 사람이 있으
면 꼭 도와주시는 분이라고 하였습니다.

19 민재는 주민이 아버지가 남을 돕는 모습에 감탄했기
때문에 주민이 아버지가 대단하시다고 생각했을 것입
니다.

20 주민이는 아버지가 남을 돕느라 바쁘신 것이 싫고 자
신한테만 관심을 보여 주시기를 바랐습니다.

21 민재는 주민이의 말을 듣고 "그래, 그럴 수도 있겠다."
라고 말하며 공감하는 태도를 보였습니다.

22 민재와 주민이처럼 서로의 감정이나 생각을 받아 주며

이야기하면 대화가 즐겁게 느껴집니다.

> **채점 기준**
> 서로의 감정이나 생각을 받아 주었다는 내용을 까닭으로 들었으면 정답으로 인정합니다.

23 그림 ㉮는 시현이가 상을 받았지만 상을 받지 못한 정우를 보고 마음껏 기뻐할 수 없는 상황, 정우는 상을 받지 못해 아쉽지만 상을 받은 시현이를 축하해 주어야 하는 상황입니다. 그림 ㉯는 미술 시간에 정아가 유라를 도와줄까 말까 망설이는 상황, 유라가 정아에게 도와 달라고 할까 말까 망설이는 상황입니다. 그림 ㉰는 교실에서 윤성이와 준호가 떠들고 있어서 명진이가 책을 읽는 데 방해가 되지만 쉬는 시간이라서 친구들에게 조용히 해 달라고 말하지 못하는 상황입니다.

24 그림 ㉯에서 유라는 정아에게 도와 달라고 할까 말까 망설이고 있었습니다. 이러한 상황에서 정아가 도와준다고 말했으므로 유라는 고마운 마음이 들었을 것입니다.

> **채점 기준**
> 정아에게 고마워하는 유라의 말을 실감 나게 표현했으면 정답으로 인정합니다.

단원 정리 평가 13~16쪽

> 01 ③   02 ⑤   03 ②   04 (3) ○   05 (1) ㉮ (2) ㉯
> 06 ②   07 ①   08 (1) ○   09 ⑩ 상대가 행동의 가치를 이해할 수 있습니다.   10 ③   11 ㉮   12 ⑤
> 13 (3) ○   14 ①, ⑤   15 ⑩ 상대에게 고민을 말하도록 강요하지 않습니다. / 상대가 고민을 편안하게 말할 수 있도록 잘 듣습니다. / 상대에게 도움이 되는 내용을 말합니다. / 상대에게 진심이 전해지도록 노력합니다.   16 ⑤
> 17 (1) – ㉯ (2) – ㉮   18 ③   19 ④   20 하나

01 은주는 부모님 심부름을 하고 오느라 늦었다고 자신이 약속 시간에 늦은 까닭을 말했습니다.

02 소희는 은주가 약속 시간에 늦은 까닭을 듣고 은주의 처지를 이해해 주었습니다.

03 은주는 자신의 처지를 이해해 주고 걱정해 준 소희에게 고마운 마음이 들었을 것입니다.

04 대화는 상대를 직접 보고 말을 주고받습니다. 말은 다시 들을 수 없으니 대화에 집중해야 합니다. 또 표정, 몸짓, 말투에 따라 기분이나 생각을 짐작할 수 있습니다.

05 짝에게 색연필을 빌려 쓰다가 부러뜨려서 미안하다고 할 때는 진지한 표정과 조용한 목소리로 말하는 것이 어울립니다. 또한 옆에 있는 친구가 물을 쏟았는데 내가 한 일로 오해를 받았을 때는 답답한 표정과 억울해하는 목소리로 말하는 것이 어울립니다.

06 이 글에는 칭찬이 힘을 발휘할 수 있게 칭찬하는 방법이 설명되어 있습니다.

07 누군가를 칭찬할 때는 두루뭉술하게 칭찬하지 말고 칭찬하는 내용이 무엇인지를 자세하게 말해야 상대가 무엇을 잘했는지 알고 칭찬을 받으려고 더 노력하게 됩니다.

08 과정이 좋았기 때문에 결과가 좋았다고 칭찬하는 내용이므로, 결과보다 과정을 칭찬한 말입니다.

09 ㉠과 같이 칭찬하면 착한 아이로 평가받으려고 억지스럽거나 과장된 행동을 할 수도 있습니다. 그러나 ㉡과 같이 칭찬하면 상대가 행동의 가치를 이해할 수 있습니다.

> **채점 기준**
> 상대가 행동의 가치를 이해한다는 내용으로 썼으면 정답으로 인정합니다.

10 '바른 글씨 재호'라는 별명에 드러난 칭찬거리는 글씨를 잘 쓰는 것입니다.

11 이 글에는 정인이와 동욱이가 고민을 말하고 듣는 과정이 나타나 있습니다.

12 동욱이는 정인이의 고민을 마음대로 해결하려고 했습니다.

13 동욱이는 정인이의 고민을 제대로 듣지도 않고 해결 방법을 말했습니다. 그래서 정인이는 동욱이가 도움이 되지 않는 해결 방법을 강요해 화를 냈습니다.

14 동욱이는 정인이에게 고민을 말하라고 재촉하면 안 되고, 정인이의 고민을 잘 듣고 도움이 되는 해결 방법을 말해야 합니다.

15 상대를 배려하며 조언하려면 상대가 고민을 편안하게 말할 수 있도록 경청하고, 상대에게 고민을 말하도록 강요하지 않아야 합니다. 또 상대에게 도움이 되는 내용을 말하며, 상대에게 진심이 전해지도록 노력해야 합니다.

16 주민이 아버지께서는 길을 잃고 헤매는 할머니를 가시는 곳까지 모셔다드리느라 영화관에 늦게 도착하셨습니다.

17 민재는 남을 돕는 주민이 아버지가 대단하시다고 생각했지만 주민이는 아버지가 자신한테만 관심을 보여 주셨으면 합니다.

18 ㉠은 민재가 한 말로, 주민이의 말에 공감하는 태도를 엿볼 수 있습니다.

19 주민이는 민재가 "내 생각에는 너도 너희 아빠와 비슷한 것 같은데?"라고 말해서 놀랐습니다.

20 민재와 주민이는 서로의 감정이나 생각을 받아 주며 즐겁게 대화했습니다.

03 주민이의 말에 대해 공감하는 마음을 드러내는 말을 씁니다.

04 주민이 아버지는 친절왕 정신이 있고, 누구든 도움이 필요한 사람이 있으면 꼭 도와주어야 하는 사람입니다.

서술형 문제 17쪽

01 칭찬은 상대의 기분을 좋아지게 합니다. / 일을 더욱 잘할 수 있게 힘을 줍니다. **02** (1) 예 활짝 웃는 표정 (2) 예 손뼉을 치는 몸짓 (3) 예 밝은 목소리 **03** 예 그래, 그럴 수도 있겠다. **04** 예 도움이 필요한 사람을 꼭 도와주는 것이 대단하시다고 생각합니다.

01 이 글에서 알 수 있는 칭찬의 중요성을 생각해 봅니다.

02 칭찬하는 말을 할 때에는 기쁜 표정과 밝고 신나는 목소리, 손뼉을 치면서 활짝 웃으며 말하는 것이 어울립니다.

수행 평가 18쪽

1 (1) 예 그 친구가 좋아하는 것을 함께하도록 노력합니다.
(2) 예 정성껏 편지를 쓰고 예쁘게 꽃을 만들어 드립니다.
2 예 잠꾸러기에게. / 저도 그런 적이 있었어요. 그래서 저녁에 일찍 잠자리에 들었더니 늦잠 자는 일이 많이 줄어들었어요. 저녁에 일찍 자면 아침에 일찍 일어날 수 있을 거예요. 그리고 자는 시간과 일어나는 시간을 정해 놓고 지키려고 노력해야 해요.

1 각 친구들이 고민하는 까닭이나 고민하는 상황을 알아보고, 고민을 어떻게 해결하면 좋을지 생각해 봅니다.

2 '잠꾸러기'라는 별명을 쓰는 친구의 고민은 자꾸 늦잠을 자는 것이므로, 늦잠 자는 버릇을 고치기 위해 일상생활에서 실천할 수 있는 방법을 떠올려 자세하게 씁니다.

2. 작품을 감상해요

교과서 **지문 학습**   19~28쪽

01 ⑤   **02** ㉰   **03** ②, ④, ⑤   **04** 우주   **05** 독립
06 ⓔ 나라를 지키려는 마음이 강했기 때문입니다. / 자신이 옳은 일을 했다고 굳게 믿었기 때문입니다. / 자신의 뜻을 굽히지 않는 의지가 있었기 때문입니다.   **07** (1) ○
08 ①, ②, ④   **09** 출렁출렁   **10** ㉰   **11** 현우   **12** ⑤
13 (1) – ㉯ (2) – ㉮   **14** 2행   **15** 풀이 참조   **16** ⑤
17 ②   **18** ⑤   **19** 수혁   **20** 덕실이   **21** ①   **22** (2) ○
23 ①   **24** ④   **25** (3) ○   **26** ③, ④   **27** ④
28 (2) ○   **29** 학원   **30** ⓔ 친구들과 놀고 싶지만 집에 가야 할 때 몸이 하나 더 있다면 좋을 것 같다고 생각했습니다. / 숙제가 있는데 놀고 싶을 때 또 다른 내가 숙제를 하고 나는 놀면 좋겠다고 생각했습니다.   **31** ②   **32** (3) ○
33 (1) 현실 (2) 작품 속   **34** 현기

01 유관순의 아버지는 여자들도 집안일만 할 것이 아니라 더 배워서 나라의 일꾼이 되어야 한다고 생각해서 유관순을 서울로 보내어 신학문을 배우게 했습니다.

02 일본은 우리글에는 우리 민족의 얼이 담겼다고 생각했기 때문에 우리나라 사람들이 우리글을 배우는 것을 싫어했습니다.

03 일본이 학교를 강제로 닫자 유관순은 고향으로 돌아가 독립 만세를 부를 준비를 했습니다.

04 유관순은 일제 강점기에 나라를 지키려고 노력한 인물이므로, 우주가 글의 내용을 바르게 이해하고 생각이나 느낌을 말했습니다.

05 ❺에는 아우내 장터에서 독립 만세 운동이 일어났던 상황이 나타나 있습니다.

06 유관순은 보통 사람들로서는 생각할 수 없을 만큼 놀라운 지혜와 용기를 가진 인물로, 우리나라가 독립을 해야 한다는 신념을 굽히지 않았습니다.

> **채점 기준**
> '나라를 지키려는 마음', '굳은 의지'와 같은 말을 넣어 인물의 특성에 어울리게 까닭을 썼으면 정답으로 인정합니다.

07 경험을 떠올리며 글을 읽으면 글의 내용을 더 쉽게 이해할 수 있습니다. 또한 인물의 마음을 더 잘 이해할 수 있으며, 책이나 영상에서 본 것을 떠올리면 더욱 실감 나게 읽을 수 있습니다.

08 이 시에서 말하는 이는 학교와 집에 빨리 가고 싶을 때, 그리운 사람이 보고 싶을 때 있는 힘껏 길을 잡아당겼습니다.

09 이 시의 '출렁출렁'이란 표현에서 길을 잡아당겨 원하는 것이 이루어졌으면 하는 간절한 마음이 느껴집니다.

10 3연에서 누군가를 많이 보고 싶어 하는 마음, 친구를 그리워하는 마음이 느껴집니다.

11 이 시에는 간절히 원하는 것이 있을 때 그것이 이루어지는 상상을 한 경험이 나타나 있습니다. 이와 비슷한 경험을 말한 친구는 구엽이와 수안이입니다.

12 할머니는 꼭꼭 밟아야 아픈 허리가 시원하기 때문에 "꼭꼭 밟아라." 하고 말씀하셨습니다.

13 이 시에서 '나'는 허리를 너무 세게 밟으면 할머니께서 아프실까 봐 걱정하는데 할머니는 아픈 허리가 시원하다고 생각하실 것 같습니다.

14 2행의 "아이쿠! 아이쿠!"와 "꼭꼭 밟아라."는 할머니의 목소리를 흉내 내며 읽으면 어울립니다.

15 이 시는 호흡의 길이에 따라 각 행을 네 부분으로 나누어 읽을 수 있습니다. 특히 2행은 할머니의 말씀에서 목소리의 변화를 나타내는 부분을 다음과 같이 쉬어 읽습니다.

> 아이쿠! 아이쿠!∨하면서도∨"꼭꼭 밟아라."∨하십니다∨

16 수일이는 방에서 '마고 전설'이라는 컴퓨터 게임을 하고 있었습니다.

17 수일이는 게임 속에서 귀신들을 쓰러뜨리며 사람들을 구해 내는 일을 한다고 했습니다.

18 수일이는 게임 속에서 하는 일이 손에 땀이 날 만큼 아슬아슬하고 짜릿짜릿하다고 하였습니다.

19 게임 속에서는 수일이가 컴퓨터 속 사람들을 이끌고 다니며 귀신들을 물리치고 새로운 세상을 만들어 가지만 컴퓨터 바깥의 세상에서는 수일이 마음대로 할 수 없습니다.

20 수일이는 강아지인 덕실이를 보며 속마음을 이야기했습니다.

21 수일이는 강아지인 덕실이가 말을 하자 놀라서 눈을 커다랗게 떴습니다.

22 사람이 강아지를 기르는 것은 작품 속 세계와 현실 세계의 비슷한 점이고, 사람이 강아지와 대화하는 것은 작품 속 세계와 현실 세계의 다른 점입니다.

23 엄마는 덕실이가 말을 한다는 수일이의 말을 엉뚱한 소리라고 생각했습니다.

24 수일이는 "덕실이가 나한테, '나는 말하면 안 되니?' 그랬어요."라고 말했습니다.

25 엄마는 수일이가 장난으로 한 말이라고 생각하셨기 때문에 덕실이가 말을 한다는 것을 믿지 않으셨습니다.

26 엄마가 수일이의 말을 믿어 주지 않으셔서 수일이는 이야기를 더 하고 싶지 않았고, 엄마하고 다시는 아무 말도 안 할 거라고 마음을 다져 먹었습니다.

27 수일이 눈에서 잠깐 눈물이 나오려고 했다는 것에서 엄마가 수일이를 믿어 주지 않아서 서러웠던 마음을 엿볼 수 있습니다.

28 수일이는 방학 동안 학원에 다니느라 컴퓨터 오락을 마음 놓고 하거나 밖에 나가서 아이들하고 실컷 놀지 못했습니다.

29 수일이는 누가 자기 대신 학원에 다녀 줬으면 해서 자신이 둘이었으면 좋겠다고 말했습니다.

30 언제 자신과 똑같은 사람이 한 명 더 있으면 좋을지 생각해 봅니다.

> 채점 기준
> 자신과 똑같은 사람이 한 명 더 있어서 좋다고 판단할 수 있는 상황을 썼으면 정답으로 인정합니다.

31 덕실이가 알려 준 방법은, 손톱을 쥐한테 먹이면 쥐가 손톱 주인하고 똑같은 모습으로 바뀌는 것입니다. 따라서 가짜 수일이를 만들려면 수일이의 손톱을 깎아서 쥐한테 먹여야 합니다.

32 ㉠은 어떤 아이가 손톱을 함부로 버렸는데, 그것을 쥐가 먹고는 사람이 된 이야기를 말합니다.

33 작품 속 세계는 현실 세계에서는 일어날 수 없는 일들이 일어날 수 있도록 상상하여 만든 세계입니다.

34 현기가 말한 부모님의 도움으로 정말 하고 싶었던 일들을 모두 이룬 경험은 이 이야기와 관련이 없습니다.

단원 정리 평가   30~33쪽

01 아우내 장터   **02** (3) ○   **03** ④   **04** ④   **05** 준태   **06** (1) 학교 (2) 버스 정류장 (3) 길   **07** ④   **08** (1) - ㉡ (2) - ㉮ (3) - ㉢   **09** (1) ⓓ 갑자기 니가 보고 싶을 때 (2) ⓓ 갑자기 떠오르는 누군가에 대한 그리움이 느껴집니다.   **10** ④   **11** ⑤   **12** ①, ⑤   **13** ①, ④   **14** (1) ○   **15** ③   **16** ④   **17** ⓓ 수일이의 손톱을 깎아서 쥐한테 먹입니다.   **18** 동빈   **19** ①   **20** (2) ○

01 아우내 장터에 모여든 사람들은 독립 만세를 부르려고 모인 사람이 대부분이었습니다.

02 ㉠에서 유관순은 나라를 되찾기 위해 독립 만세를 부르자고 외쳤습니다.

03 사람들은 평화롭게 독립 만세를 불렀지만 일본 헌병들은 총과 칼을 휘두르면서 그들을 막았습니다.

04 유관순은 재판을 받을 때 조금도 굽히지 않고 당당했습니다.

05 준태가 서대문형무소역사관에서 유관순 열사의 사진을 보았던 경험을 떠올리며 생각이나 느낌을 말했습니다.

06 이 시에서는 힘껏 길을 잡아당겨 학교가 말하는 이 앞으로, 우리 집이 버스 정류장 앞으로, 그리운 사람이 말하는 이에게 안겨 오는 상상을 했습니다.

07 이 시에서 말하는 이는 힘껏 길을 잡아당기면 원하는 것이 이루어지는 상상을 했습니다.

08 1연에서는 지각하기 싫어서, 2연에서는 집에 빨리 가고 싶어서, 3연에서는 누군가가 많이 보고 싶어서 힘껏 길을 잡아당겼습니다.

09 이 시에서 말하는 이의 마음이 느껴지는 표현을 찾아보고 그 까닭을 생각해 봅니다.

> 채점 기준
> 간절한 마음, 배고픔, 그리움 등 시에서 말하는 이의 마음과 그 마음이 드러난 표현을 썼으면 정답으로 인정합니다.

10 학교에 지각하겠다 싶을 때 시 속 말하는 이는 안절부절못하는 모습이었을 것입니다. 따라서 빈칸에는 '다급하고 조마조마했다.'가 들어가야 알맞습니다.

11 이 시에서 말하는 이가 겪은 일은 할머니의 아픈 허리를 밟아 드린 일입니다.

12 이 시에서 말하는 이는 할머니의 아프신 허리가 나았으면 좋겠다고 생각했을 것입니다. 그러면서도 할머니 허리를 너무 세게 밟으면 할머니께서 아프실까 봐 걱정합니다.

13 1행을 읽을 때에는 궁금한 목소리, 3행을 읽을 때에는 조심조심하는 목소리가 어울립니다.

14 게임 속 세상에서 수일이가 하는 일입니다.

15 수일이는 "우리 엄마 시키는 대로 다 하려면 내가 둘은 있어야 해."라고 말했습니다.

16 수일이는 누가 자기 대신 학원에 다녀 줬으면 해서 자신이 둘이었으면 좋겠다고 생각했습니다.

17 수일이의 손톱을 깎아서 쥐한테 먹이면 그 쥐가 수일이하고 똑같은 모습으로 바뀔지도 모른다고 하였습니다.

> **채점 기준**
> 수일이의 손톱을 쥐한테 먹인다는 내용이 있으면 정답으로 인정합니다.

18 자신을 하나 더 만들고 싶어 하는 인물은 수일이입니다.

19 경험을 떠올리며 이야기를 읽는다고 해서 내용을 더 빨리 읽을 수 있는 것은 아닙니다.

20 작품 속 세계는 현실 세계에서는 일어나지 않는 일들이 일어날 수 있도록 상상하여 만든 세계입니다.

 서술형 문제 　34쪽

01 (1) ⑩ 고향으로 돌아온 유관순은 독립 만세를 부를 준비를 했습니다. (2) ⑩ 독립 만세 운동에 참여한 유관순은 일본 헌병들에게 붙잡혀 감옥에 갇혔습니다. **02** ⑩ 유관순의 나라 사랑하는 마음을 본받고 싶습니다. **03** (1) ⑩ 할머니 허리를 밟아 드린 경험 (2) ⑩ 할아버지 어깨를 주물러 드린 경험 **04** ⑩ 호흡의 길이에 따라 각 행을 네 부분으로 나누어 읽은 것입니다.

01 중요한 사건을 중심으로 내용을 간추려 씁니다.

> **채점 기준**
> (1)에 독립 만세를 부를 준비를 했다는 내용, (2)에 독립 만세 운동을 하다 잡혀 감옥에 갇혔다는 내용이 있으면 정답으로 인정합니다.

02 유관순의 삶은 백여 년이 지난 지금까지도 우리에게 나라를 사랑하는 마음을 일깨워 줍니다.

> **채점 기준**
> 이 글에 나타난 유관순의 삶과 관련지어 본받을 점을 썼으면 정답으로 인정합니다.

03 말하는 이는 할머니의 허리를 밟아 드리고 있습니다.

> **채점 기준**
> (1)에 할머니 허리를 밟아 드린 일을 썼고, (2)에 자신이 겪은 비슷한 경험을 썼으면 정답으로 인정합니다.

04 이 시는 호흡의 길이에 따라 각 행을 네 부분으로 나누어 읽는 것이 자연스럽습니다.

> **채점 기준**
> 각 행을 호흡의 길이에 따라 네 부분으로 나누어 읽는다는 내용이 있으면 정답으로 인정합니다.

수행 평가 　35쪽

1 (1) ⑩ 덕실이가 말한 대로 쥐를 찾아서 가짜 수일이를 만들었을 것입니다. (2) ⑩ 엄마가 가짜 수일이를 예뻐하실 것 같습니다. (3) ⑩ 가짜 수일이가 진짜 행세를 할 것 같습니다. (4) ⑩ 친구들이 가짜 수일이와 더 재미있게 놀아서 수일이가 외로워질 것 같습니다. **2** 풀이 참조

1 자신의 경험을 떠올리며 일어날 일을 상상해 봅니다.

> **채점 기준**
> 각 질문에 대한 대답으로 알맞은 내용을 상상해 썼으면 정답으로 인정합니다.

2 ⑩ 수일이는 덕실이가 말한 대로 쥐를 찾아서 자신을 하나 더 만든 뒤, 가짜 수일이를 학원에 보내고 자신은 실컷 놀며 행복한 시간을 보낸다. 하지만 가짜 수일이가 진짜 행세를 하고 엄마와 친구들이 자신보다 가짜 수일이를 더 좋아하자 외로워진다.
　수일이는 덕실이의 도움으로 가짜 수일이를 다시 쥐로 변하게 하고, 수일이는 스스로 계획을 세우고 실천하는 생활을 하는 어린이가 된다.

> **채점 기준**
> 앞 이야기에 어울리게 뒷이야기를 상상하여 썼으면 정답으로 인정합니다.

3. 글을 요약해요

01 인터넷   **02** (1) – ㉠   (2) – ㉢   (3) – ㉡   **03** 예 장난 감을 조립하는 방법이나 차례를 알 수 있습니다.   **04** ④
05 ①   **06** ④   **07** ④   **08** (1) ○   **09** 다섯
10 ⑤   **11** 다보탑   **12** 비교 · 대조   **13** (1) – ㉮
(2) – ㉯   **14** (3) ○   **15** 중국 상하이의 동방명주 탑
16 ②   **17** 윤찬   **18** 예 글에서 중요한 내용만 쉽게 알 수 있습니다. / 중요한 내용을 더 쉽게 기억할 수 있게 해 줍니다. / 많은 내용을 공부할 때 도움이 됩니다.   **19** 태 민   **20** ②   **21** ④   **22** ㉮   **23** (1) 예 법관은 검은색 옷 을 입는다. (2) 예 사람들은 직업에 따라 입는 옷 색깔이 다양하다.   **24** (1) 중심 문장 (2) 설명했는지 (3) 중요하 지 않은 내용 (4) 구조

01 그림 ㉮에서 여자아이는 숙제를 하는 데 필요한 정보 를 얻기 위해 인터넷을 찾아 읽었습니다.

02 그림 ㉯는 국어 숙제를 하려고 백과사전을 찾아 읽는 상황, 그림 ㉰는 박물관 유물에 대해 설명하는 글을 읽 는 상황, 그림 ㉱는 장난감을 조립하려고 설명서를 읽 는 상황입니다.

03 그림 ㉱에서 설명서를 읽고 장난감을 조립하는 방법이 나 차례를 알 수 있습니다.

> **채점 기준**
> 일의 방법이나 차례를 알 수 있다는 내용을 썼으면 정답으로 인정합니다.

04 이 글은 새싹 채소를 가꾸는 방법을 설명하는 글입니다.

05 '종이로 덮어 햇빛을 가리고'라는 표현에서 햇빛을 가 리기 위해 종이를 덮는다고 짐작할 수 있습니다.

06 ㉯는 ❺의 과정에 설명되어 있으므로, 설명이 더 필요 한 부분이라고 할 수 없습니다.

07 글 ㉮는 설명하는 글로, 국립중앙박물관의 관람 방법 과 관람료, 관람 시간, 쉬는 날 등이 나와 있습니다.

08 글 ㉯를 읽고 과일 카드 놀이 방법을 알 수 있습니다.

09 바닥에 펼쳐진 카드에서 같은 과일이 다섯 개가 되면 종을 쳐서 카드를 가져올 수 있습니다.

10 단순하면서도 세련된 멋이 있는 것은 석가탑입니다.

11 제시된 내용은 다보탑의 모습입니다.

12 두 가지 이상의 대상에서 공통점과 차이점을 찾아 설 명하는 방법을 '비교 · 대조'라고 합니다.

13 이 글의 구조를 살펴보면, ❶ 문단에서 설명하려는 대 상을 소개하고 ❷~❹ 문단에서는 설명하는 대상의 예 를 들었습니다.

14 이 글은 설명하려는 대상의 특징을 나열해 설명하는 '열거'의 방법을 사용하였습니다.

15 설명하는 대상의 예 세 가지 중에서 '중국 상하이의 동 방명주 탑'이 빠져 있습니다.

16 어류는 아가미가 있는 척추동물이라고 하였습니다.

17 이 글에서 사용한 설명 방법은 열거입니다. 열거는 설 명하려는 대상의 특징을 나열해 설명하는 방법입니다.

18 중요한 내용만 잘 요약했을 때의 좋은 점을 생각해 봅 니다.

> **채점 기준**
> 중요한 내용을 파악하기 쉽다고 썼거나 많은 내용을 공부할 때 도움이 된다고 썼으면 정답으로 인정합니다.

19 ❶에 직업에 따라 옷 색깔을 정해 입는 까닭이 드러나 있습니다.

20 흰색 옷은 의사, 간호사, 약사, 위생사, 요리사와 같이 위생이 중요한 일, 청결을 유지해야 하는 일을 하는 사 람들이 입습니다. 판사는 검은색 옷을 입는 직업으로 소개되어 있습니다.

21 예전 서양에서는 신분에 따라 입을 수 있는 옷 색깔이 정해져 있었지만, 검은색 옷은 누구나 입을 수 있었기 때문에 법관의 검은색 옷은 평등을 상징합니다.

22 예전의 화약 무기는 한번 사용하면 연기가 자욱하여 적군과 아군을 구분하기 힘들었기 때문에 당시에는 아 군을 잘 구분할 수 있도록 강한 원색의 군복을 입었습 니다. 오늘날에는 기술이 발달하여 군인은 대부분 주 변 환경과 구별하기 힘든 색의 옷을 입습니다.

23 각 문단의 중심 문장을 찾아봅니다.

> **채점 기준**
> (1)은 '법관은 검은색 옷을 입는다.', (2)는 '사람들은 직업에 따라 입는 옷 색깔이 다양하다.'를 썼으면 정답으로 인정합 니다.

국어

24 글을 요약하려면 대상을 설명하는 방법이 무엇인지 확인하고, 문단마다 중심 내용을 찾아야 하며, 중요하지 않은 내용은 지웁니다.

 단원 정리 평가　　　　45~48쪽

01 ③　02 무료　03 은준　04 종, 과일 카드　05 ①
06 ③　07 (1) 통일 신라　(2) 대웅전　08 ④, ⑤
09 ㉠　10 (4) ○　11 ㉮ 예 우리나라 국보이다. /
㉯ 예 사각 평면 받침 위에 돌을 삼 층으로 쌓아 올려 매우 균형 있는 모습이다.　12 ③　13 (1) – ㉯ (2) – ㉰
(3) – ㉮　14 ④　15 승유　16 예 설명하려는 대상에 대해 여러 가지 내용을 늘어놓기가 좋습니다.　17 ③
18 ㉯　19 법관, 검은색　20 ①, ②, ⑤

01 이 글에서 관람 시간에 대한 내용을 살펴보면, 월·화·목·금요일은 10시부터 18시까지 관람할 수 있습니다.

02 이 글에 국립중앙박물관의 관람료는 무료라고 설명되어 있습니다.

03 이 글을 읽고 국립중앙박물관의 관람 방법을 알 수 있습니다. 쉬는 날, 관람 시간, 관람료, 보호자와 함께해야 하는 어린이의 나이 등에 대한 정보를 얻을 수 있습니다. 그러나 박물관의 위치나 전시관 관람 순서에 대한 정보는 나와 있지 않습니다.

04 ❶의 '종을 놓고 과일 카드를 똑같이 나누어 가진다.'에서 놀이를 하려면 종과 과일 카드가 필요하다는 것을 알 수 있습니다.

05 이 놀이에서는 같은 과일 카드 다섯 개가 바닥에 펼쳐지면 가장 먼저 종을 친 사람이 바닥에 모인 카드를 가져올 수 있습니다.

06 이 글은 과일 카드 놀이를 하는 방법을 설명하고 있으므로, 놀이 방법을 알 수 있는 글입니다.

07 다보탑과 석가탑은 모두 통일 신라 시대에 만든 탑으로서 불국사 대웅전 앞뜰에 나란히 서 있습니다.

08 두 탑의 모습은 매우 다르다고 하였습니다. 다보탑은 장식이 많고 화려하며, 십자 모양의 받침 주변에 돌계단을 만들고 그 위에 사각·팔각·원 모양의 돌을 쌓아 올렸습니다. 반면 석가탑은 단순하면서도 세련된 멋이 있으며, 사각 평면 받침 위에 돌을 삼 층으로 쌓아 올려 매우 균형 있는 모습을 자랑합니다.

09 첫 번째 문단의 중심 문장은 '다보탑과 석가탑에는 공통점과 차이점이 있습니다.'입니다.

10 이 글은 두 가지 이상의 대상에서 공통점과 차이점을 찾아 설명하는 비교·대조의 설명 방법으로 쓰였습니다.

11 주어진 모양의 틀에서 ㉮에는 두 탑의 공통점이 들어가야 하고, ㉯에는 석가탑에 대한 내용이 들어가야 합니다.

> **채점 기준**
> ㉮에는 '우리나라 국보'라는 내용을 썼고, ㉯에는 '사각 평면 받침 위에 돌을 삼 층으로 쌓아 올려 매우 균형 있는 모습'이라고 썼으면 정답으로 인정합니다.

12 이 글은 세계 여러 도시에 있는 유명한 탑에 대해 설명한 글입니다.

13 이 글에 나오는 세계의 유명 탑은 이탈리아 토스카나주에 있는 피사의 사탑, 프랑스 파리에 있는 에펠 탑, 중국 상하이에 있는 동방명주 탑입니다.

14 에펠 탑은 높이가 324미터이고, 프랑스 혁명 100주년을 기념해 세운 탑입니다. 또한 파리뿐만 아니라 프랑스 전체를 상징하는 건축물입니다.

15 이 글은 첫 번째 문단에서 설명하려는 대상을 소개했고, 두 번째, 세 번째, 네 번째 문단에서 설명하는 대상의 예를 보여 주었습니다.

16 제시된 틀은 열거의 설명 방법으로 쓴 글의 내용을 정리하기에 알맞습니다.

> **채점 기준**
> 대상의 특징을 나열하여 설명하는 방법인 '열거'의 특징과 관련하여 글의 내용을 정리하기에 알맞다고 썼으면 정답으로 인정합니다.

17 이 글은 여러 가지 특징을 나열하며 직업과 옷 색깔의 관계를 설명하고 있습니다.

18 의사나 간호사는 감염에 민감한 환자들이 있는 병원에서 일하기 때문에 위생이 매우 중요하며, 옷이 더러워졌을 때 이를 쉽게 알아차릴 수 있도록 흰색 옷을 입습니다.

19 제시된 내용은 세 번째 문단의 일부분으로, 법관과 검은색 옷의 관계를 설명하고 있습니다.

20 이 글의 내용을 '처음 – 가운데 – 끝'으로 정리할 때 '가운데'에 해당하는 내용은 ①, ②, ⑤입니다. ④는 '처음'에 해당하는 내용이고, ③은 '끝'에 해당하는 내용입니다.

서술형 문제   49쪽

01 예 새싹 채소를 가꾸는 방법을 설명한 글입니다. **02** 예 그릇에 부드러운 헝겊을 얼마나 깔아야 하는지에 대한 부분입니다. / 물뿌리개로 얼마나 자주 물을 뿌려 주어야 하는지에 대한 부분입니다. **03** 예 비늘이 어류 몸을 보호한다는 사실을 새롭게 알았습니다. / 어류가 옆줄로 환경 변화를 알아낸다는 사실을 알게 되었습니다. **04** 예 어류 피부는 비늘로 덮여 있어 몸을 보호해 주고, 아가미로 물속에 녹아 있는 산소를 흡수합니다. 또 어류는 옆줄로 환경 변화를 알아냅니다.

01 이 글을 읽고 새싹 채소를 가꾸는 방법을 알 수 있습니다.

> **채점 기준**
> '새싹 채소를 가꾸는 방법' 또는 '새싹 채소를 가꾸는 과정'이라고 썼으면 정답으로 인정합니다.

02 이 글의 설명이 정확한지 생각해 보고, 설명이 더 필요한 부분을 찾아봅니다.

> **채점 기준**
> 이 글에 나와 있는 설명 중에서 구체적이지 않은 부분을 찾아 썼으면 정답으로 인정합니다.

03 이 글은 어류의 여러 기관에 대해 설명한 글이므로, 어류에 대한 정보를 얻을 수 있습니다.

> **채점 기준**
> 이 글에 나와 있는 설명 중에서 어류에 대해 알 수 있는 사실을 썼으면 정답으로 인정합니다.

04 중요하지 않은 내용은 지우고, 세부 내용은 대표적인 말로 바꾸어 중심 내용을 정리해 봅니다.

> **채점 기준**
> 중요한 내용을 빠짐없이 썼고, 두 문장으로 요약해 썼으면 정답으로 인정합니다.

수행 평가   50쪽

1 (1) 예 문어와 오징어 (2) 예 비교·대조 **2** 풀이 참조 **3** 풀이 참조

1 읽는 사람에게 새로운 정보를 줄 수 있는 내용으로 글을 쓰기에 알맞은 주제를 생각해 봅니다. 또 자신이 설명하고 싶은 대상의 특징을 잘 드러낼 수 있는 설명 방법을 생각해 봅니다.

> **채점 기준**
> (1)에 설명하기에 적합한 대상을 썼고, (2)에 설명할 내용에 알맞은 설명 방법을 썼으면 정답으로 인정합니다.

2 예

문어	공통점	오징어
• 다리가 여덟 개임. • 바위 틈새에 삶. • 오징어보다 큼.	• 먹물을 뿌림. • 빨판이 있음. • 몸 색깔을 바꿈.	• 다리가 열 개임. • 모래톱이나 자갈 밑에 삶. • 문어보다 작음.

> **채점 기준**
> 설명 방법에 알맞은 틀을 골랐고, 설명 방법의 특징이 드러나게 내용을 정리했으면 정답으로 인정합니다.

3 예 문어와 오징어는 서로 공통점이 있습니다. 둘 다 먹물주머니와 빨판이 있으며, 몸의 색깔을 바꿀 수 있습니다.

반면 문어와 오징어는 여러 가지 차이점도 있습니다. 먼저, 문어와 오징어는 다리 개수가 다릅니다. 문어는 다리가 여덟 개이고, 오징어는 다리가 열 개입니다. 둘은 사는 곳도 다릅니다. 문어는 주로 바위 틈새에서 살지만 오징어는 모래톱이나 자갈 밑에 삽니다. 몸의 크기도 서로 다릅니다. 일반적으로 오징어보다는 문어가 몸집이 더 큽니다.

> **채점 기준**
> 대상의 특성에 알맞은 방법으로 내용을 정리하고 설명하는 글을 썼으면 정답으로 인정합니다.

국어

4. 글쓰기의 과정

교과서 지문 학습   51~59쪽

01 (1) – ㉠ (2) – ㉡   02 (1) ○   03 ③   04 (1) 목적어 (2) 주어 (3) 서술어   05 꽃이 피었습니다.   06 학급 신문   07 자신   08 우리 반 친구들   09 ②   10 (1) ㉠ (2) ㉡   11 (3) ○   12 ②, ③   13 ③   14 ⑤   15 ①   16 ④   17 ㉣   18 예 달걀말이를 스스로 만들어 본 경험이 글의 주요 내용이기 때문입니다.   19 ②   20 (1) – ㉯ (2) – ㉰ (3) – ㉮   21 ㉢   22 (1) 예 기분이 좋아짐. (2) 예 저녁에 할머니께서 댁으로 가심.   23 (2) ○   24 (1) 보였다 (2) 주무신다 (3) 친구를 만날 거야   25 ①, ④   26 (3) ○

01 ㉮의 '토끼가', '아이가'와 같은 말은 무엇이 뛰는지, 누가 공을 던지는지 알 수 있도록 해 줍니다. ㉯의 '새입니다', '나뭇가지에 앉았습니다', '귀엽습니다'는 문장에서 주체가 되는 대상이 무엇인지, 어찌하는지, 상태나 성질이 어떠한지를 알 수 있게 해 줍니다.

02 '이것은 새입니다.'는 '무엇이+무엇이다'의 짜임으로 된 문장입니다.

03 '음식을', '강아지를'과 같은 말은 문장에서 동작의 대상이 되는 말입니다.

04 주어는 문장에서 동작이나 상태의 주체가 되고, 목적어는 문장에서 동작의 대상이 되며, 서술어는 주어의 움직임, 상태, 성질 따위를 풀이해 줍니다.

05 '꽃이'와 '피었습니다'는 반드시 있어야 하는 부분이고, 나머지는 '꽃'과 '피었습니다'를 자세하게 꾸며 줍니다.

> **채점 기준**
> '꽃이', '피었습니다'만 남겨서 줄여 썼으면 정답으로 인정합니다.

06 그림 ❶에서 여자아이가 민재에게 학급 신문에 실을 글을 한 편 써 달라고 했습니다.

07 그림 ❷에서 민재는 자신이 지난달에 겪은 일을 소개하는 글을 써 보자고 생각했습니다.

08 그림 ❸의 '우리 반 친구들이 읽을 글이니'에서 읽을 사람이 같은 반 친구들이라는 것을 알 수 있습니다.

09 그림 ❸에서 민재는 '친구들이 재미있어할 내용으로 써야겠어.'라고 생각했습니다.

10 ㉮는 글로 쓰고 싶은 내용을 자유롭게 떠올린 것이고, ㉯는 쓸 내용을 '힘들었던 일', '즐거웠던 일', '신기했던 일'로 나누어 떠올린 것입니다.

11 글로 쓰고 싶은 내용을 자유롭게 떠올릴 때에는 짧은 시간 동안 떠오른 생각을 빠르고 간단하게 적습니다.

12 ㉯에서 즐거웠던 일로 묶은 것은 '제주도', '음식 만들기'입니다.

13 그림에는 민재가 가족과 함께 겪은 일이 나타나 있습니다.

14 그림에서 민재는 삼촌이 알려 준 방법대로 스스로 달걀말이를 만들었습니다.

15 "맛있게 잘 만든 것 같아요."라는 말과 밝은 표정으로 보아, 민재는 신나고 즐거웠을 것입니다.

16 글쓴이는 삼촌께서 만들어 주신 달걀말이가 너무 맛있어서 삼촌께 달걀말이 만드는 방법을 배워 왔습니다.

17 글쓴이는 학급 신문에 실을 글을 써 달라는 부탁을 받고 자신이 겪은 일을 소개하는 글을 썼습니다.

18 제목의 '도전!'이라는 표현을 보면 글 내용이 달걀말이를 만들어 본 경험에 대한 것임을 짐작할 수 있습니다.

> **채점 기준**
> 달걀말이를 스스로 만든 경험을 썼기 때문이라는 내용이 있으면 정답으로 인정합니다.

19 글쓴이는 아빠와 함께 아침 운동을 다녀온 경험을 글로 썼습니다.

20 글쓴이는 공원에 도착했을 때 생각보다 사람이 많아서 놀랐고, 턱걸이를 다섯 개나 성공했을 때는 아빠께 칭찬을 들어 기분이 좋았습니다. 또 운동으로 땀을 흘린 뒤에 마시는 물은 배 속까지 시원하게 했습니다.

21 ㉠, ㉡에는 일어난 일이 나타나 있고, ㉢에는 일어난 일에 대한 생각이나 느낌이 드러나 있습니다.

22 할머니께서 오셨을 때 글쓴이는 기분이 좋았습니다. 그리고 할머니께서 댁으로 가셨을 때는 섭섭하고 더 자주 오시면 좋겠다고 생각했습니다.

> **채점 기준**
> (1)에 기분이 좋다는 생각이나 느낌을 썼고, (2)에 할머니께서 댁으로 가신 일을 썼으면 정답으로 인정합니다.

23 다발 짓기의 내용과 글 내용을 서로 비교해 봅니다. 다발 짓기에 없는 내용을 글에는 더 자세하게 표현했습니다. 한 일, 들은 일, 본 일을 더 자세하게 나타냈고, 생각이나 느낌은 더 실감 나게 표현했습니다.

24 ⑴은 동작을 당하는 주어와 서술어가 호응하도록 '바다가 보였다.'로 표현합니다. ⑵는 높임의 대상을 나타내는 말과 서술어가 호응하도록 '할아버지께서 주무신다.'로 표현합니다. ⑶은 시간을 나타내는 말과 서술어가 호응하도록 '내일 친구를 만날 거야.'로 표현합니다.

25 ②, ③은 동작을 당하는 주어와 서술어의 호응 관계, ⑤는 시간을 나타내는 말과 서술어의 호응 관계가 쓰인 문장입니다.

26 주어에 어울리는 서술어나 서술어에 어울리는 주어를 넣어 문장을 바르게 고칠 수 있습니다. 이 문장에는 '키가'와 호응하는 서술어가 없기 때문에 이와 호응하는 서술어를 넣어 문장을 고쳐야 합니다.

단원 정리 평가
61~64쪽

> **01** ⑶ ○ **02** ⑴ 예 토끼가 ⑵ 예 나뭇가지에 앉았습니다 ⑶ 예 음식을 **03** ④ **04** ③ **05** 예 나는 사과를 먹었습니다. / 나는 떡볶이를 좋아합니다. **06** ⑴ ○
> **07** ③ **08** ⑵ ○ **09** ① **10** 우리 반 친구들
> **11** ⑤ **12** ② **13** (뒷산 시민) 공원 **14** ⑶ ○ **15** ②
> **16** ⑴ 처음 ⑵ 가운데 **17** ㉢ **18** ④ **19** ⑴ ○
> **20** 예 숲속에서 다람쥐가 뛰어놀고, 새가 지저귑니다.

01 '엄마께 선물을.'은 '누구에게'와 '무엇을'에 해당하는 말만 있습니다. '누가' 엄마께 선물을 '어떻게' 했다는 내용이 없어서 어색합니다.

02 ⑴은 토끼가 뛰는 장면, ⑵는 새가 나뭇가지에 앉아 있는 장면, ⑶은 아이가 음식을 먹는 장면입니다.

03 제시된 문장에는 목적어가 없습니다.

04 문장에서 꼭 있어야 하는 부분은 '경찰이', '도둑을', '잡았습니다'입니다. 나머지는 '경찰이', '도둑을', '잡았습니다'를 자세하게 꾸며 줍니다.

05 '누가/무엇이', '무엇을', '무엇이다/어찌하다/어떠하다'에 해당하는 말을 모두 넣어 문장을 만들어야 합니다.

> **채점 기준**
> 주어, 목적어, 서술어를 모두 넣어 자연스러운 문장을 만들어 썼으면 정답으로 인정합니다.

06 민재는 쓰고 싶은 내용을 자유롭게 떠올려 썼습니다.

07 민재가 떠올린 경험은 '친구들과 야구한 일'입니다.

08 '딸꾹질'이나 '강아지가 아픔.'은 힘들었던 일로 떠올릴 수 있습니다.

09 글쓴이는 스스로 달걀말이를 만든 경험을 글로 썼습니다.

10 '우리 반 친구들에게도 주고 싶지만'에서 읽을 사람이 반 친구들이라는 것을 알 수 있습니다.

11 이 글은 아빠와 아침 일찍 공원에 가서 운동을 하고 난 후의 생각이나 느낌을 쓴 글입니다.

12 대여소에서 자전거를 빌린 일은 드러나 있지 않습니다.

13 이 글은 집에서 공원으로 장소가 바뀌고 있습니다.

14 '나'는 턱걸이를 다섯 번이나 해서 아빠께 칭찬을 들어 기분이 좋았습니다.

15 ⑦에서 '나'는 더 자고 싶어서 툴툴거렸지만 ㉰에서는 아침 운동을 하니 기분이 참 상쾌했습니다.

16 일어난 일과 일에 대한 생각이나 느낌을 '처음 – 가운데 – 끝'으로 묶었습니다.

17 다발 짓기의 끝부분에 '섭섭함. 더 자주 오시면 좋겠음.'이라고 썼는데 이 부분이 ㉠, ㉡으로 글에 표현되어 있습니다. ㉢은 다발 짓기에는 없는 내용입니다.

18 ①은 시간을 나타내는 말과 서술어의 호응 관계가 알맞지 않습니다. ②, ③은 높임의 대상을 나타내는 말과 서술어의 호응 관계가 알맞지 않습니다. ⑤는 동작을 당하는 주어와 서술어의 호응 관계가 알맞지 않습니다.

19 '어제'는 시간을 나타내는 말이고, '갔다'는 과거를 나타내는 서술어이므로, 시간을 나타내는 말과 서술어의 호응 관계가 쓰인 문장입니다.

20 주어에 어울리는 서술어나 서술어에 어울리는 주어를 넣어 문장을 바르게 고칠 수 있습니다. 이 문장에는 '다람쥐가'와 호응하는 서술어가 없기 때문에 이와 호응하는 서술어를 넣어 문장을 고칩니다.

> **채점 기준**
> '다람쥐가'에 어울리는 서술어를 넣어 문장을 고쳤으면 정답으로 인정합니다.

국어

01 (1) **예** 아이가 무엇을 던지는지 설명하지 않기 때문입니다. (2) **예** 아이가 공을 던집니다.　　**02** (1) **예** '비가'와 호응하는 서술어가 없기 때문입니다. (2) **예** 어젯밤에 비가 내리고, 바람이 세차게 불었습니다.　　**03** **예** 할머니께서 집에 오신 일입니다.　　**04** (1) **예** 맛있게 먹음. (2) **예** 할머니와 함께 있지 못해 아쉬움.

01 이 문장에는 목적어가 없습니다. 그림에서 아이가 던지는 것은 공이므로, '공을'을 넣어 문장을 고쳐 써야 합니다.

> **채점 기준**
> (1)에 목적어가 없다는 내용을 썼고, (2)에 목적어를 넣어 고친 문장을 썼으면 정답으로 인정합니다.

02 주어에 어울리는 서술어나 서술어에 어울리는 주어를 넣어 문장을 고쳐 써야 합니다.

> **채점 기준**
> (1)에 주어에 어울리는 서술어가 없다는 내용을 썼고, (2)에 '비가'에 어울리는 서술어를 넣어 문장을 고쳤으면 정답으로 인정합니다.

03 이 글은 할머니께서 집에 오신 일과 그 일에 대한 생각이나 느낌을 썼습니다.

> **채점 기준**
> 할머니께서 집에 오셨다는 내용을 썼으면 정답으로 인정합니다.

04 글쓴이는 할머니께서 떡볶이를 해 주셨을 때 맛있게 먹었고, 친구 집에 수학 공부를 하러 갈 때는 할머니와 함께 있지 못해 아쉬웠습니다.

> **채점 기준**
> (1)에 맛있게 먹었다는 내용을 썼고, (2)에 아쉬웠다는 내용을 썼으면 정답으로 인정합니다.

수행 **평가**　　　　　　66쪽

1 풀이 참조　　**2** 풀이 참조　　**3** 풀이 참조

1 **예**

> **채점 기준**
> 떠올린 내용을 같은 주제별로 묶어서 썼으면 정답으로 인정합니다.

2 **예**

일어난 일		생각이나 느낌
주말에 가족과 등산을 감.	처음	마음이 설레고 좋음.
산에 오르막이 많아서 힘들었음./산 위에서 도시락을 먹음./내려오는 길에 미끄러짐.	가운데	힘들어도 기분은 상쾌했음./산에서 먹는 도시락은 꿀맛이었음./아버지께서 손을 잡아 주셔서 든든했음.
산에서 다 내려옴.	끝	몸이 건강해지는 느낌이 들었음.

> **채점 기준**
> 시간의 흐름이나 장소의 변화에 따라 '처음 – 가운데 – 끝'으로 나누어 정리했으면 정답으로 인정합니다.

3 **예** 주말에 가족과 함께 등산을 갔다. 오랜만에 가는 등산이라서 마음이 설레고 기분이 좋았다.

그런데 처음 가 본 산이라서 그런지 산을 올라갈 때 오르막이 많아서 힘들었다. 서로 도와 가면서 올라가니 힘들어도 기분은 상쾌했다. 산 위에서 도시락도 먹었다. 산에서 먹는 도시락은 정말 꿀맛이었다. 비 온 지 얼마 되지 않아서인지 산을 내려올 때는 자꾸 미끄러졌다. 아버지께서 손을 잡아 주셔서 마음이 든든했다.

가족 모두 다친 데 없이 무사히 산을 내려왔다. 오랜만에 간 등산이지만 맑은 공기 때문인지 몸이 건강해지는 느낌이 들었다.

> **채점 기준**
> 다발 짓기 내용이 모두 글에 나타나게 썼으면 정답으로 인정합니다.

5. 글쓴이의 주장

01 ④   02 ④   03 안경   04 (1) – ④ (2) – ㉮   05
②, ⑤   06 (2) ○   07 ②   08 동수   09 (2) ○
10 (1) 안전시설 (2) 운전자 (3) 어린이   11 예 우리 모두
노력해 어린이 보행 중 교통사고가 일어나지 않도록 하자.
12 ⑤   13 ①   14 ②   15 은별   16 ③   17 ③
18 (1) ○   19 (2) ○   20 ②, ④   21 예 사람들의 의
견을 모으고 제도를 마련하여 인공 지능이 인간의 일자리
를 빼앗지 않도록 합니다. / 인공 지능 관련 일자리를 늘려
나갑니다.   22 ④, ㉣   23 희망   24 (1) 문단 (2) 낱말
(3) 근거   25 규범   26 (1) ○   27 ④   28 쓰기 윤
리를 지키자.   29 ㉮   30 있고, 설득력   31 (1) ○

01 여자아이가 한 말을 듣고, 남자아이는 누군가 다리를
다친 줄 알고 걱정하는 표정을 지었습니다.

02 여자아이는 안경다리를 말한 것인데 남자아이는 사람
의 다리로 이해했습니다. 즉 '다리'의 뜻이 여러 가지이
기 때문에 남자아이가 낱말 뜻을 헷갈려 한 것입니다.

03 그림 ❷에서 여자아이는 안경다리가 부러져서 고치고
오는 길이라고 말뜻을 설명했습니다.

04 신체 부위인 '다리'와 두 곳을 잇는 '다리'는 형태는 같
지만 뜻이 서로 다른 낱말입니다.

05 사람이나 동물의 몸통 아래에 붙어 몸을 받치는 부분
이 '다리'인데, 이 낱말이 '책상 다리', '안경다리'와 같
이 물건에 붙어 이와 비슷한 뜻을 나타냅니다.

06 동형어 관계에 있는 낱말은 뜻이 서로 관련이 없지만 다
의어 관계에 있는 낱말은 뜻이 서로 관련이 있습니다.

07 이 글에는 보행 중에 교통사고로 사망하는 어린이가
많다는 문제 상황이 드러나 있습니다.

08 ㉠의 바로 뒤에 초등학생들이 바깥 활동이 잦고 위험
상황을 판단하거나 그에 대처하는 능력이 부족하다는
까닭이 드러나 있습니다.

09 ㉡에서 '일어나다'는 '어떤 일이 생기다.'의 뜻으로 쓰였
습니다.

10 어린이 보행 중 교통사고를 줄이려면 어떤 일을 해야
하는지 생각하며 빈칸에 알맞은 말을 넣습니다.

11 글쓴이는 우리 모두 노력해 어린이 보행 중 교통사고
가 일어나지 않도록 하자고 했습니다.

> **채점 기준**
> 어린이 보행 중 교통사고가 일어나지 않도록 노력하자는 내
> 용을 썼으면 정답으로 인정합니다.

12 '필요하다'는 '반드시 요구되는 바가 있다.'의 뜻을 가진 낱
말입니다. 나머지는 여러 가지로 해석되는 낱말입니다.

13 '그런 미래는 편리함이라는 빛만큼이나'라는 표현에서
글쓴이는 인공 지능 기술이 편리하다고 생각하고 있음
을 짐작할 수 있습니다.

14 인공 지능이 발달하면 힘 있는 사람들의 지배력이 강
해질 것이기 때문에 힘이 강한 나라나 집단이 힘이 약
한 나라나 사람들을 지배해서 나라 사이에 새로운 지
배 관계가 생길 위험이 매우 크다고 하였습니다.

15 이 글에서 가장 많이 쓰인 낱말은 '인공 지능, 위험, 지
배'입니다. 이를 통해 글쓴이가 인공 지능과 관련한 내
용을 강조한다는 것을 알 수 있습니다.

16 지금보다 더 발달한 인공 지능이 등장하면 인간은 인
공 지능에게 지배를 받게 될지도 몰라서, 인공 지능 때
문에 인간 사회가 비극을 맞게 될 것이라고 했습니다.

17 세계적인 학자들이 공개한 '인공 지능에게 보내는 공개
편지'에는 우리 사회가 인공 지능으로 엄청난 이득을
얻을 수도 있지만, 인공 지능에 숨어 있는 위험을 막을
방법을 깊이 연구해야 한다는 내용이 담겨 있습니다.

18 글쓴이의 주장을 잘 드러내는 제목이 어울립니다.

19 ❶ 문단에서 중요한 내용은 인공 지능이 인류 미래에
꼭 있어야 할 기술이라는 것입니다.

20 이 글의 '킬러 로봇'은 사회에 위험을 끼칠 수 있는 인
공 지능 기술에 해당하고, '무인 자동차'는 인류의 삶을
편리하게 해 주는 인공 지능 기술에 해당합니다.

21 글쓴이는 제시된 문제는 제도를 마련해 인공 지능이
일자리를 빼앗지 않도록 하거나 인공 지능 관련 일자
리를 늘려 나가면 해결할 수 있다고 했습니다.

> **채점 기준**
> 인공 지능이 인간의 일자리를 빼앗지 않도록 제도를 만들거
> 나 인공 지능 관련 일자리를 늘린다는 내용을 썼으면 정답으
> 로 인정합니다.

22 인공 지능과 관련한 일자리가 줄어드는 것과 인공 지
능이 사회적·경제적 불평등을 심화시킬 것이라는 것
은 인공 지능의 좋은 점이 아닙니다.

23 글쓴이는 인공 지능이 인류의 미래를 희망으로 가득하게 만들어 줄 것이라고 주장했습니다.

24 글쓴이의 주장을 파악하기 위해서는 각 문단의 중심 내용을 확인하고, 글쓴이가 여러 번 강조한 낱말을 살펴보고, 글쓴이가 제시한 근거도 살펴봅니다.

25 ❶ 문단에 쓰기 윤리의 뜻이 나와 있습니다.

26 (2)와 (3)은 모두 글쓰기 과정에서 지켜야 할 규범과 예의를 지키지 않은 경우입니다.

27 ㉠은 스스로에게 떳떳하고 진실한 행동이라고 볼 수 없습니다.

28 이 글에서 가장 많이 쓰인 낱말은 '쓰기 윤리, 보호, 지키자'로, 글쓴이의 주장은 '쓰기 윤리를 지키자.'입니다.

> **채점 기준**
> '쓰기 윤리를 지키자.'라고 썼으면 정답으로 인정합니다.

29 글쓴이가 주장에 대한 근거로 제시한 것은 '쓰기 윤리를 지키지 않는 것은 법을 어기는 일이다.'입니다.

30 글쓴이가 제시한 근거가 적절한지 판단하려면 제시한 근거가 주장과 관련이 있는지, 주장을 더욱 설득력 있게 하는지 살펴봐야 합니다.

31 근거에 알맞은 낱말을 사용하면 주장도 적절하다고 생각되므로, (2)는 잘못된 내용입니다.

 단원 정리 평가　　　　　　　**78~81쪽**

01 ㉢　**02** ②　**03** (1) ㉯ (2) ㉰ (3) ㉮　**04** 다의어
05 ①, ⑤　**06** 들다　**07** 운전자　**08** ②, ④, ⑤
09 풀이 참조　**10** ⑤　**11** 일어나다　**12** 인공 지능, 지배, 위험　**13** ⑤　**14** (2) ○　**15** (1) - ㉡ (2) - ㉠
16 ⑩ 인공 지능 기술은 계속 개발해야 합니다. 인공 지능이 노인과 장애인처럼 사회적 약자에게 도움이 되기 때문입니다.　**17** ❹　**18** ④　**19** ②　**20** 루다

---

01 ㉠은 안경다리의 '다리', ㉡은 신체 부위인 '다리', ㉢은 두 곳을 잇는 '다리'의 뜻으로 쓰였습니다.

02 남자아이는 '다리'라는 낱말을 헷갈린 경험을 통해 '다리'라는 낱말이 다양하게 쓰인다는 것을 알았습니다.

03 ㉮는 안경다리의 '다리', ㉯는 사람의 신체 부위인 '다리', ㉰는 책상 다리의 '다리'의 낱말 뜻입니다.

04 한 낱말이 여러 가지 뜻을 가진 경우에 그 낱말을 '다의어'라고 합니다.

05 ①과 ⑤는 '발'이라는 낱말의 여러 가지 뜻입니다. ②와 ④는 '차'라는 낱말의 여러 가지 뜻이고, ③은 '손'의 낱말 뜻입니다.

06 '들다'는 '아래에 있는 것을 위로 올리다.', '날이 날카로워 물건이 잘 베어지다.'와 같이 여러 가지 뜻이 있습니다.

07 ㉮ 문단에 운전자에게 어린이 보행 안전 교육을 해야 한다는 내용이 나옵니다. 어린이는 위험 상황을 판단하고 그에 대처하는 능력이 부족하기 때문입니다.

08 ㉯ 문단에서 보행 안전시설을 찾아봅니다.

09 ⑩ 도로에서 시간적 여유를 가지는 마음을 갖습니다. / 보행 신호가 초록색으로 바뀌지도 않았는데 무리하게 길을 건너지 않습니다. / 신호가 바뀌어도 좌우를 살피고 출발합니다.

> **채점 기준**
> ㉰ 문단을 참고하여 어린이가 실천할 수 있는 안전 수칙을 썼으면 정답으로 인정합니다.

10 ㉮~㉰는 어린이 보행 중 교통사고가 일어나지 않도록 노력하자는 주장을 뒷받침하는 근거가 됩니다.

11 세 문장에 공통으로 나오는 낱말을 알아봅니다.

12 글 ㉮는 '인공 지능, 지배, 위험' 같은 낱말을 많이 사용해서 인공 지능 기술에 대한 부정적인 관점을 드러내고 있습니다.

13 글 ㉮에서 글쓴이의 주장은 첫 번째 문단에 드러나 있습니다.

14 글 ㉯의 두 번째 문단은 인공 지능과 관련한 일자리가 늘어날 것이라는 내용입니다.

15 글 ㉮의 주장에 맞는 제목은 '인공 지능 개발에 따른 위험'이고, 글 ㉯의 주장에 맞는 제목은 '인공 지능은 미래의 희망이다'입니다.

16 글 ㉮와 ㉯ 중 어느 입장에 동의하는지 생각해 보고 그렇게 생각하는 까닭을 씁니다.

> **채점 기준**
> 인공 지능에 대한 자신의 의견을 타당한 까닭을 들어 썼으면 정답으로 인정합니다.

17 제시된 내용은 쓰기 윤리를 지키지 않은 사람 때문에 정신 피해를 입게 된 경우에 해당하므로, ❹ 문단 뒤에 들어가는 것이 자연스럽습니다.

18 ❼부터 ❺까지 쓰기 윤리를 지켜야 하는 까닭을 설명하고 있습니다.

19 글쓴이는 세 가지 근거를 들어 쓰기 윤리를 지키자고 주장하고 있습니다.

20 근거에 알맞지 않은 낱말을 사용했다면 주장도 적절하지 않다고 생각될 것입니다.

서술형 문제　　82쪽

01 (1) 안경다리가 부러졌다. (2) 가족 가운데 누가 다리를 다쳤다.　**02** ⓞ 배를 보았다는 말을 듣고 '배'가 사람의 배인지 먹는 배인지 헷갈린 적이 있습니다.　**03** 주장과 관련이 없기 때문입니다.　**04** ⓞ 조용하고 평화로운 학교 분위기를 만들 수 있습니다.

01 여자아이는 '다리'를 안경다리의 뜻으로 말했고, 남자 아이는 사람의 다리로 이해했습니다.

> **채점 기준**
> (1)은 '다리'를 안경다리, (2)는 사람의 다리로 설명했으면 정답으로 인정합니다.

02 동형어나 다의어가 헷갈렸던 경험을 떠올려 봅니다.

> **채점 기준**
> 형태는 같은데 뜻이 여러 가지인 낱말로 인해 헷갈렸던 경험을 썼으면 정답으로 인정합니다.

03 근거가 '교실이나 복도에서 큰 소리로 떠들지 말자.'라는 주장을 왜 뒷받침하지 못하는지 생각해 봅니다.

> **채점 기준**
> 주장과 관련이 없다는 내용을 썼으면 정답으로 인정합니다.

04 교실이나 복도에서 큰 소리로 떠들지 않아야 하는 까닭을 생각해 봅니다.

> **채점 기준**
> 주장을 뒷받침할 수 있는 타당한 근거를 생각해 썼으면 정답으로 인정합니다.

수행 평가　　83쪽

1 ⓞ 학교 안에서 스마트폰 사용을 금지해야 하는지, 허용해야 하는지에 대한 내용입니다.　**2** (1) ⓞ 찬성합니다 / 반대합니다 (2) ⓞ 학교 안에서도 스마트폰을 제대로 사용하면 공부에 도움이 됩니다. / 학교 안에서 스마트폰을 사용하면 공부에 방해가 됩니다.　**3** 풀이 참조

1 기사 제목에 학교 안 스마트폰 사용에 대한 찬반 의견이 드러나 있습니다.

> **채점 기준**
> 학교 안 스마트폰 사용이라는 내용을 썼으면 정답으로 인정합니다.

2 학교 안 스마트폰 사용을 찬성하는지, 반대하는지에 대해 자신의 주장과 근거를 씁니다.

> **채점 기준**
> (1)에 찬성 또는 반대 입장을 밝히고, (2)에 그 주장에 알맞은 근거를 썼으면 정답으로 인정합니다.

3 ⓞ 요즘 학교 안에서도 스마트폰을 사용하는 학생이 많아지면서 여러 가지 문제가 생기고 있으므로 적절히 제한할 필요가 있다.

우선 학교에서 스마트폰을 사용하면 공부 시간에 다른 친구에게 방해가 된다. 진동 상태로 바꾸어 놓는다고 해도 진동음이나 밝은 화면은 다른 친구들에게 피해를 준다. 또 수업 중에 전화가 오거나 몰래 게임을 하는 친구도 있다. 이런 일은 스마트폰을 사용하는 사람이 스스로 공부에 집중하지 못하는 문제도 있지만 다른 친구들에게 방해가 된다는 문제가 더 크다.

또 스마트폰을 많이 사용하면 시력이 나빠지거나 거북목 증후군을 겪을 수 있다. 학교에서까지 스마트폰을 사용한다면 성장기에 있는 학생들의 건강에 안 좋은 영향을 끼칠 수 있다.

이런 까닭으로 학교에서는 스마트폰 사용을 제한해야 한다. 스마트폰 사용을 적절히 제한하면 스마트폰을 더 효율적으로 활용할 수 있을 것이다.

> **채점 기준**
> 처음 부분에서 주장에 대한 소개, 가운데 부분에서 근거 설명, 끝부분에서 주장을 강조하는 내용으로 글을 조직해 썼으면 정답으로 인정합니다.

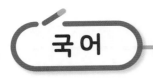

국어

6. 토의하여 해결해요

교과서 지문 학습   84~90쪽

01 (1) – ㉠ (2) – ㉡   **02** ⑤   **03** (1) ○   **04** 토의
주제   **05** (2) ○   **06** 형태   **07** 개교기념일   **08** (1)
㉡ (2) ㉢ (3) ㉠   **09** (1) 예 우리 학교 역사 찾기 행사
를 합니다. (2) 예 우리 학교 역사를 찾아보면 학교가 어떤
과정으로 바뀌어 왔는지 알 수 있습니다. / 학교에 대해 좀
더 알게 되면 학교 이름이나 표지를 잘 이해할 수 있습니
다.   **10** (1) 주제 (2) 근거 (3) 실천   **11** ②, ⑤   **12** (3)
○   **13** ④   **14** ①, ③   **15** (1) ○   **16** (1) – ㉡ (2)
– ㉮   **17** 의견 결정하기   **18** ②   **19** ②   **20** ④

01 그림 ㉮에서는 알림 글로 결정된 내용을 전달했고, 그
림 ㉯에서는 학생들이 모여 운동장을 안전하게 쓰는
방법을 의논하고 있습니다.

02 문제 해결 과정에 여러 사람이 참여하면 문제 해결에
직접 참여할 수 있고, 문제 상황을 더 잘 이해할 수 있
습니다. 또한 결정된 내용을 잘 받아들일 수 있습니다.

03 선생님께서는 개교기념일 행사를 학생들의 의견을 모
아 진행하기로 했다고 알려 주셨습니다.

04 그림에서 토의는 '토의 주제 정하기 → 의견 마련하기
→ 의견 모으기 → 의견 결정하기'로 진행되었습니다.

05 그림에서 토의 주제 정하기는 '토의하고 싶은 주제를
자유롭게 이야기하기 → 토의 주제로 알맞은지 판단하
기 → 토의 주제 결정하기'의 과정을 거쳤습니다.

06 토의 주제로 알맞은지 판단할 때는 해결 방법을 찾을
수 있는 문제인지 살펴봅니다. 학생 처지에서 해결 방
법을 찾을 수 없는 문제라면 학생이 토의에 활발하게
참여하기 어렵기 때문입니다.

07 친구들은 '개교기념일을 뜻깊게 보내는 방법'을 주제로
토의를 하고 있습니다.

08 ㉠의 학교 도서관에 책이 많다는 것과 자신이 대출한
도서 수는 토의 주제에 맞지 않는 내용입니다. ㉡처럼
전교생이 함께 해외여행을 다녀오는 것은 실천하기 어
렵습니다. ㉢과 같이 자신의 의견을 내세우기만 하면
안 되고 타당한 근거를 함께 제시해야 합니다.

09 '개교기념일을 뜻깊게 보내는 방법'에 대한 자신의 의
견을 제시하고 그 의견이 좋은 까닭을 설명합니다.

> **채점 기준**
>
> 토의 주제에 맞게 의견을 썼고 그 의견에 적절한 까닭을 들
> 었으면 정답으로 인정합니다.

10 토의에서 의견을 마련할 때에는 토의 주제에 맞는 의
견인지, 알맞은 주장과 근거를 들었는지, 실천할 수 있
는 의견인지 생각합니다.

11 그림 ❷에서 학교 이름으로 삼행시 짓기를 하자는 의
견을 말했고, 그림 ❸에서 우리 학교 역사를 알아보자
는 의견을 말했습니다.

12 ㉠에서는 자신의 의견을 제시하는 까닭을 설명하지 않
았습니다. ㉡에서는 자신의 의견을 반말로 이야기하며
친구의 의견을 존중하지 않고 자신의 주장만을 내세웠
습니다. ㉢에서는 친구의 말을 끝까지 듣지 않았습니다.

13 의견이 있을 때에는 손을 들어 발언권을 얻고 말해야 합
니다.

14 '의견을 주고받아요. → 의견마다 장단점이 무엇인지 살
펴봐요.'로 대화가 진행되었습니다.

15 여자아이는 삼행시 짓기 대회를 하면 학생들이 쉽게
참여할 수 있다고 하였습니다.

16 학교 역사 찾기 행사는 재미가 없을 수 있지만, 학교
옛 사진 찾기나 연대표 만들기 활동을 하면 학교 역사
도 흥미롭게 알아볼 수 있다고 하였습니다.

17 기준에 따라 가장 알맞은 의견으로 결정하는 것은 '의
견 결정하기' 단계에서 하는 일입니다.

18 친구들은 모둠의 생각을 모두 만족하는 의견인 '우리
학교 역사 찾기' 행사를 하기로 결정했습니다.

19 친구들은 '검토한 여러 의견 가운데 좋은 방법, 학생들
이 많이 참여할 수 있고 학교를 더 잘 알 수 있는 의견,
장점이 가장 많은 의견'의 기준에 따라 가장 알맞은 의
견으로 결정했습니다.

20 토의에서 의견을 결정하는 방법은 다음과 같습니다.
- 토의 주제에 맞는 의견을 결정합니다.
- 알맞은 주장과 근거를 든 의견을 결정합니다.
- 실천할 수 있는 의견을 결정합니다.
- 좋은 의견이 많으면 여러 가지 의견을 정할 수 있습
  니다.
- 소수 의견이라도 도움이 된다면 받아들일 수 있습니다.

01 ㉮　　**02** ②　　**03** ②　　**04** (1) 토의 주제 정하기
(2) 의견 마련하기　(3) 의견 모으기　(4) 의견 결정하기
05 ①　　**06** ⑤　　**07** ③, ⑤　　**08** ◉ 학생 처지에서
해결 방법을 찾을 수 없는 문제라면 학생이 토의에 활발
하게 참여하기 어렵기 때문입니다.　　**09** ㉠
11 (2) ○　　**12** ④　　**13** ⑤　　**14** 강산　　**15** 의견 모으기
16 (1) – ㉮　(2) – ㉯　　**17** (1) ○　　**18** ②, ④, ⑤
19 ④　　**20** ②

01 그림 ㉮에는 1학년이 수업을 마치고 집으로 갈 때에는
운동장에서 축구를 할 수 없다는 내용의 알림 글이 게
시판에 붙어 있습니다. 이것을 언제 정한 것인지 모르
고 처음 본다는 학생들의 말로 보아 알림 글은 이미 결
정된 내용을 전달한 것입니다. 그림 ㉯는 학생들이 모
여 운동장을 안전하게 쓰는 방법을 의논하는 것으로,
문제 해결 과정에 여러 사람이 참여하고 있습니다.

02 어떤 문제를 여러 사람이 협력해 해결하는 방법을 토
의라고 합니다.

03 오늘 쓸 나의 일기 주제는 토의 주제로 적절하지 않습
니다. 나머지는 가정이나 학급에서 토의할 문제입니다.

04 그림 ❶에는 토의 주제를 정하려고 하는 모습, 그림 ❷
에는 의견을 마련하는 모습, 그림 ❸에는 의견을 모으
는 모습, 그림 ❹에는 의견을 결정한 모습이 나타나 있
습니다.

05 그림 ❹에서 결정한 의견이 '우리 학교 역사 찾기'라는
것을 알 수 있습니다.

06 이 그림은 '토의 주제 정하기' 중 '토의하고 싶은 주제를
자유롭게 이야기하기' 과정에 해당합니다.

07 토의 주제로 알맞은지 판단하려면 우리 모두와 관련이
있는지, 해결 방법을 찾을 수 있는 문제인지, 우리가
변화를 이끌어 낼 수 있는 주제인지 살펴봐야 합니다.

08 토의 주제로 알맞은지 판단할 때 해결 방법을 찾을 수
있는 문제인지 살펴봐야 합니다. 이는 학생 처지에서
해결 방법을 찾을 수 없는 문제라면 학생이 토의에 활
발하게 참여하기 어렵기 때문입니다.

> **채점 기준**
> 해결 방법을 찾을 수 없으면 학생이 토의에 활발하게 참여하
> 기 어렵다는 내용을 썼으면 정답으로 인정합니다.

09 ㉠은 학교 도서관에 책이 많다는 것과 자신이 대출한
도서 수를 말한 것으로, '개교기념일을 뜻깊게 보내는
방법'이라는 토의 주제에 맞지 않는 내용입니다.

10 개교기념일을 뜻깊게 보내는 방법으로 알맞은 것은 '학
교 이름으로 삼행시 짓기 대회하기'입니다. 반별로 시
간을 정해 도서관에 가는 것과 운동장에서 축구를 하
지 못하게 하는 것은 '개교기념일을 뜻깊게 보내는 방
법'이라는 토의 주제에 맞지 않는 내용입니다.

11 학교 역사 찾기 행사의 장점은 학교 역사를 찾아보면
학교가 어떤 과정으로 바뀌어 왔는지 알 수 있다는 것
입니다. (1)은 학교 역사 찾기 행사의 단점입니다.

12 ㉠에서는 '그냥'이라고 했을 뿐, 학교에 안 오면 좋겠다
는 의견을 제시하는 까닭을 설명하지 않았습니다.

13 남자아이는 ㉡에서 자신의 의견을 반말로 이야기하며
친구의 의견을 무시하고 자신의 주장만을 내세웠습니
다. 회의할 때 이런 말을 듣는다면 무시당하는 것 같아
기분이 나쁠 것입니다.

14 ㉢처럼 친구가 말하는 도중에 끼어드는 것은 잘못된
행동입니다. 토의에서 의견을 모을 때에는 다른 사람
의 의견을 끝까지 듣고 자신의 의견을 말해야 합니다.

15 토의에서 의견을 주고받는 것과 의견마다 장단점이 무
엇인지 살펴보는 것은 '의견 모으기' 단계에서 하는 일
입니다.

16 삼행시 짓기 대회를 하자는 의견에 대해서는 학생들이
쉽게 참여할 수 있다는 점을 까닭으로 들었습니다. 학
교 역사 찾기 행사를 하자는 의견을 말할 때에는 학교
역사를 찾아보면 학교가 어떤 과정으로 바뀌어 왔는지
알 수 있다는 점을 까닭으로 들었습니다.

17 학교 역사 찾기 행사는 학생들이 재미없어 할 수 있지
만, 학교 옛 사진 찾기나 연대표 만들기 활동을 하면
학교 역사도 흥미롭게 알아볼 수 있습니다.

18 토의 마지막 단계에서는 토의 주제에 맞는 의견, 알맞
은 주장과 근거를 든 의견, 실천할 수 있는 의견을 결
정합니다.

19 '학급의 날에 우리 반 운동회를 하자.'는 의견의 장점은
하루 동안 신나게 운동을 할 수 있다는 것이고, 단점은
운동을 좋아하지 않는 친구들은 참여하지 않을 수 있
다는 것입니다.

20 학교에서 일어날 수 있는 안전사고 문제와 관련한 토의
주제는 '모두에게 안전한 학교를 만드는 방법'입니다.

국어

01 📝 학교 역사를 찾아보면 학교가 어떤 과정으로 바뀌어 왔는지 알 수 있기 때문입니다. / 학교 옛 사진 찾기나 연대표 만들기 활동을 하면 학교 역사도 흥미롭게 알아볼 수 있습니다.   **02** (1) 📝 학생들의 관심을 높일 수 있습니다. (2) 📝 학생들의 관심은 높아지겠지만 삼행시 내용이 학교와 상관없을 수도 있습니다.   **03** 📝 학급의 날을 어떻게 보내면 좋을까요?   **04** (1) 📝 '찾아가는 선배들' 활동을 했으면 좋겠습니다. (2) 📝 우리 반 친구들이 1~2학년 동생들에게 노래나 악기 연주, 춤 공연을 보여 주거나 책을 읽어 주는 시간을 마련해 찾아간다면 선후배 사이에 뜻깊은 시간을 보낼 수 있습니다.

01 남자아이가 학교 역사 찾기 행사를 하자는 의견을 말할 때 든 까닭과 이 의견의 장점을 찾아봅니다.

> **채점 기준**
> 학교가 어떤 과정으로 바뀌어 왔는지 알 수 있는 것과 학교 역사도 흥미롭게 알아볼 수 있는 것을 모두 찾아 썼으면 정답으로 인정합니다.

02 학교 이름으로 삼행시 짓기 대회를 했을 때의 장점과 단점을 생각해 봅니다.

> **채점 기준**
> 학교 이름으로 삼행시 짓기를 하자는 의견이 좋은 까닭과 좋지 않은 까닭을 썼으면 정답으로 인정합니다.

03 제시된 그림은 하루를 학급의 날로 잡아서 그날을 학생들이 계획한 대로 보내려고 할 때 무엇을 할 것인지를 고민하는 상황입니다.

> **채점 기준**
> 학급의 날을 뜻깊게 보내는 방법과 관련한 토의 주제를 썼으면 정답으로 인정합니다.

04 학급의 날에 무엇을 하면 좋을지 생각해 보고 자신의 주장과 그 근거를 씁니다.

> **채점 기준**
> 학급의 날을 뜻깊게 보내는 방법에 대해 적절한 근거를 들어 주장을 썼으면 정답으로 인정합니다.

1 (1) 📝 운동장에 나갈 때 친구들이 줄을 빨리 서지 않아 먼저 온 친구들이 매번 기다립니다. (2) 📝 운동장에 나갈 때 빨리 줄을 설 수 있는 방법   **2** (1) 📝 친구들이 빨리 줄을 서도록 3분 모래시계 사용을 제안합니다. 그리고 3분 안에 모두 줄을 서면 학급 칭찬 점수를 올리도록 합니다. (2) 📝 3분 모래시계를 사용하면 주어진 시간을 눈으로 확인하기 쉬워 친구들이 빨리 준비할 수 있습니다. 그리고 학급 칭찬 점수를 올리면 친구들의 참여를 높일 수 있습니다.   **03** 풀이 참조

1 우리 주변에서 일어나는 여러 가지 문제 상황에서 토의하고 싶은 주제를 찾아봅니다.

> **채점 기준**
> 문제 상황과 그에 맞는 토의 주제를 적절하게 썼으면 정답으로 인정합니다.

2 자신의 의견이 설득력이 있도록 주장과 타당한 근거를 제시해 봅니다.

> **채점 기준**
> (1)에 토의 주제에 따라 자신의 의견을 썼고, (2)에 자신의 의견이 어떤 점에서 좋은지 자세히 썼으면 정답으로 인정합니다.

3 📝 체육 수업을 하러 운동장에 나가려고 줄을 설 때마다 친구들이 늦게 옵니다. 그래서 줄을 빨리 선 친구들은 매번 늦게 오는 친구들을 기다려야 합니다. 줄을 늦게 서서 체육 수업 시간이 줄어든 때도 있습니다.

그래서 저는 운동장에 나갈 때 줄을 빨리 설 수 있는 방법으로 3분 모래시계 사용하기와 학급 칭찬 점수와 연결하기를 제안합니다.

가장 먼저 줄을 서는 친구가 모래시계를 뒤집어 놓고 친구들에게 줄 서는 시간임을 알려 줍니다. 이렇게 하면 남은 시간을 확인하기 쉬워서 친구들이 좀 더 빨리 준비할 수 있습니다. 그리고 정해진 시간 안에 줄을 섰을 때 학급 칭찬 점수가 오르면 칭찬 점수를 잘 받기 위해 친구들이 더욱 열심히 참여할 것입니다.

> **채점 기준**
> 문제 상황과 자신의 의견, 그 의견이 좋은 까닭을 자연스럽게 연결해 글로 썼으면 정답으로 인정합니다.

7. 기행문을 써요

01 서윤이가 "방학 때 제주도 여행 잘 다녀왔어?"라고 묻
고 현석이가 그렇다고 대답한 것으로 보아, 현석이는
방학 때 제주도로 여행을 다녀왔습니다.

02 현석이는 제주도 여행을 가서 좋은 추억이 많았는데,
글로 남긴 것이 없어서 여행 경험을 정확하게 전하지
못했기 때문에 멋쩍어했습니다.

03 서윤이는 여행하면서 본 것을 꼼꼼히 써 놓고 사진을
찍어 두어서 여행 경험을 자신 있게 전할 수 있었기 때
문에 뿌듯해했습니다.

04 현석이에게 서윤이처럼 여행 경험을 글로 남기면 좋다
고 말해 줄 수 있습니다.

05 글쓴이는 하늘에서 보는 제주도의 풍광을 만끽하려고
제주행 비행기를 탈 때면 창가 쪽 자리를 선호한다고
했습니다.

06 비행기가 제주도 상공으로 들어올 때 왼쪽 창밖과 오
른쪽 창밖의 풍광이 어떻게 다른지 알아봅니다.

07 글쓴이는 ㉠에 대해 '언제나 신천지에 오는 것 같은 설
렘을 느끼게 된다.'라고 생각이나 느낌을 썼습니다.

08 글 ❷의 첫 번째 문단에서 글쓴이의 첫 답사지가 '한라
산 산천단'이라는 것을 알 수 있습니다.

09 이 글에는 '다랑쉬'라는 이름의 유래로, 다랑쉬오름 남
쪽에 있던 마을에서 보면 북사면을 차지하고 앉아 된
바람을 막아 주는 오름의 분화구가 마치 달처럼 둥글
어 보인다 하여 붙여졌다는 설이 소개되어 있습니다.

10 ㉠과 ㉡은 글쓴이가 여행하면서 생각하거나 느낀 것을
쓴 '감상'에 해당합니다.

11 영주 십경의 제1경은 '성산에 뜨는 해'인 성산 일출이라
고 했습니다.

12 서쪽을 제외한 성산 일출봉의 동·남·북쪽 외벽은 깎아
내린 듯한 절벽으로 바다와 맞닿아 있다고 하였습니다.

13 들은 것을 나타낼 때는 (2)에서처럼 '~(이)라고 한다.'
따위와 같은 표현을 씁니다.

14 '본래 실이라는 이름이 ~ 영곡으로 나오기도 한다.'라
는 내용에서 실이라는 이름이 붙은 곳은 본래 계곡을
말하는 것을 알 수 있습니다.

15 산장 휴게소는 글쓴이가 준비해 간 도시락을 먹은 곳
으로 윗세오름에 있습니다.

16 '우리는 어리목에서 출발하여 만세 동산을 지나 1700
고지인 윗세오름까지 올라 ~ 영실로 하산하면서 한라
산의 아름다움을 만끽했다.'에는 여행하면서 다닌 곳인
여정이 드러나 있습니다. '영실에 들어서면 이내 솔밭
사이로 시원한 계곡물이 흐른다.'에는 여행하면서 보고
들은 것인 견문이 드러나 있습니다. '오르면 오를수록
이 수직의 기암들이 ~ 신비스럽고도 웅장한 모습에 절
로 감탄이 나온다.'에는 여행하면서 생각하거나 느낀
것인 감상이 드러나 있습니다.

17 그림 속 여자아이는 자신이 갔던 곳, 그곳을 여행한 목
적, 그곳에서 보고 들은 것 가운데에서 기억에 남는
것, 그곳에서 생각하며 느낀 점, 그곳에 다녀온 뒤의
생각이나 느낌을 떠올렸습니다.

18 그림 속 여자아이처럼 자신이 가 본 곳 중에서 기행문
으로 쓰고 싶은 곳을 떠올려 봅니다.

> **채점 기준**
> 여행하면서 보고 듣고 느낀 점을 글로 쓸 수 있을 만한 경험
> 을 썼으면 정답으로 인정합니다.

19 기행문을 쓸 때에는 시간과 장소가 잘 드러나게 씁니
다. 또한 보고 들은 내용을 생생하고 자세하게 풀어 쓰
며, 생각이나 느낌도 함께 씁니다.

20 여정을 드러낼 때에는 '먼저, 이른 아침에'와 같은 시간
표현, '~에 도착했다, ~(으)로 갔다' 따위의 장소 표현
을 씁니다. 견문 중 본 것을 나타내는 표현에는 '~을/
를 보다, ~이/가 있다' 등이 있고, 들은 것을 나타내는
표현에는 '~(이)라고 한다, ~을/를 듣다' 등이 있습니
다. 감상을 드러낼 때에는 '~처럼, ~같이'와 같이 비유
를 쓰는 경우가 많으며, '느끼다, 생각하다'라는 낱말을
쓰기도 합니다.

 단원 정리 평가　　　　　　　105~108쪽

> **01** ④　**02** 방학 때　**03** 글　**04** ②　**05** ⑤　**06** ①
> **07** 윤호　**08** (1) – ㉮　(2) – ㉯　(3) – ㉰　**09** 다랑쉬오
> 름　**10** 몐 여행하며 든 생각이나 느낌을 씁니다. / 여행
> 으로 얻은 감상을 씁니다.　**11** ②　**12** ①　**13** ③　**14**
> 몐 (전설에 따르면) 설문대 할망은 일출봉 분화구를 빨래
> 바구니로 삼고 우도를 빨랫돌로 하여 옷을 매일 세탁했다
> 고 한다.　**15** ⑤　**16** ⑤　**17** ②　**18** ①　**19** (3) ◯
> **20** ②

01 현석이와 서윤이는 제주도 여행을 한 경험을 이야기하고 있습니다.

02 서윤이가 한 말로 보아, 현석이는 방학 때 제주도 여행을 다녀왔습니다.

03 서윤이가 '여행하고 나서 글로 남겨 놓지 않았구나?'라고 한 말을 통해 짐작할 수 있습니다. 현석이가 여행하고 나서 글로 남겨 놓았다면 여행을 잘 기억할 수 있었을 것입니다.

04 서윤이는 제주도의 한라산, 거문오름, 만장굴, 성산 일출봉을 다녀왔다고 말했습니다. 울릉도는 제주도가 아니라 동해에 있는 섬입니다.

05 서윤이는 "그때 찍은 사진과 함께 글로 남겨 놓았더니 여행을 기억하기 좋더라."라고 말했습니다.

06 유관순의 업적에 대해 쓴 글을 읽은 것은 여행에 대해 쓴 글이나 책을 읽은 경험이 아닙니다.

07 여행 경험을 글로 쓰면 여행하며 보고 들은 것을 나중에 다시 알 수 있고, 여행했을 때의 기분을 잘 간직할 수 있습니다. 또 여행하며 경험한 것을 시간이 지나서 다시 확인하고, 그 정보를 다른 사람에게 제공해 줄 수도 있습니다.

08 여행의 과정이나 일정을 여정이라고 합니다. 그리고 여행하며 보거나 들은 것을 견문, 여행하며 든 생각이나 느낌을 감상이라고 합니다. 이렇게 여정을 적고, 여행으로 얻은 견문과 감상을 쓴 글이 기행문입니다.

09 제주의 동북쪽 구좌읍 세화리 송당리 일대는 '오름의 왕국'으로, 그중에서도 다랑쉬오름은 '오름의 여왕'이라고 불립니다.

10 기행문의 가장 큰 특성은 여정, 견문, 감상이 들어간다는 것입니다. ㉠은 그중 감상이 드러난 부분입니다.

> **채점 기준**
> 여행하며 든 생각이나 느낌(감상)을 쓴다는 내용을 썼으면 정답으로 인정합니다.

11 기행문의 처음 부분에서는 여행한 까닭이나 목적, 여행을 떠나기 전의 기대와 설렘, 떠날 때의 날씨와 교통편, 도착할 때까지 걸린 시간이나 여행 일정 소개 등을 더 씁니다. 여행의 전체 감상은 기행문의 끝부분에서 씁니다.

12 '일출'은 해가 뜬다는 뜻입니다. 따라서 '성산에 뜨는 해'가 성산 일출입니다.

13 ㉯ 문단은 여행하며 본 것과 들은 것을 쓴 부분입니다.

14 ㉯에 설문대 할망이 성산 일출봉 분화구를 빨래 바구니로 삼고 우도를 빨랫돌로 하여 옷을 매일 세탁했다는 전설이 나옵니다.

> **채점 기준**
> 설문대 할망이 일출봉 분화구를 빨래 바구니로 삼고 우도를 빨랫돌로 하여 옷을 세탁했다는 내용을 썼으면 정답으로 인정합니다.

15 글쓴이는 특히 항공 사진으로 찍은 성산 일출봉에 대해서는 '공상 과학 영화에나 나옴 직한 신비스러운 모습'이라고 표현했습니다.

16 여정을 드러내는 표현 중 '먼저, 이른 아침에' 따위는 시간 표현이고, '~에 도착했다, ~(으)로 갔다' 따위는 장소 표현입니다. 견문 중 본 것을 나타낼 때에는 '~을/를 보다, ~이/가 있다' 따위의 표현이 있고, 들은 것을 나타낼 때에는 '~(이)라고 한다, ~을/를 듣다' 따위와 같은 표현이 있습니다. 감상을 생생하게 쓰기 위해 '~처럼, ~같이'와 같은 비유를 쓰는 경우가 많으며, '느끼다, 생각하다'라는 낱말을 쓰기도 합니다.

17 이 글에는 한라산의 어리목에서 출발하여 영실로 하산하는 여정이 드러나 있습니다.

18 이 글에 나오는 영실은 한라산의 영실입니다.

19 ㉠은 감상이 드러난 부분으로, 기암괴석에 대한 글쓴이의 생각이나 느낌을 쓴 것입니다.

20 ㉮, ㉱, ㉶가 여정을 드러낸 표현입니다. ㉯, ㉰, ㉵는 견문을 드러낸 표현이고, ㉲, ㉳, ㉴는 감상을 드러낸 표현입니다.

서술형 문제

109쪽

01 재미있었다. **02** ⓐ 여행하며 보고 듣고 느낀 것을 글로 써서 남겨 놓았어야 합니다. / 여행 경험을 기록해 추억을 오래 간직해야 합니다. **03** ⓐ 한라산 산신께 제사드리는 산천단에 가서 답사의 안전을 빌고 가는 것이 순서에도 맞고 또 제주도에 온 예의라는 마음도 들었기 때문입니다. **04** (1) ⓐ 우리 답사의 첫 유적지는 한라산 산천단이었다. (2) ⓐ 영실에 들어서면 이내 솔밭 사이로 시원한 계곡물이 흐른다. (3) ⓐ 오르면 오를수록 이 수직의 기암들이 점점 더 하늘로 치솟아 올라 신비스럽고도 웅장한 모습에 절로 감탄이 나온다.

01 서윤이가 "방학 때 제주도 여행 잘 다녀왔어? 재미있었니?"라고 묻자, 현석이는 "응. 재미있었어."라고 대답했습니다.

> **채점 기준**
> 재미있었다는 내용을 썼으면 정답으로 인정합니다.

02 서윤이는 '여행하고 나서 글로 남겨 놓지 않았구나?'라고 했습니다. 이 말로 보아, 현석이가 여행하고 나서 글로 남겨 놓았다면 여행 경험을 잘 기억할 수 있었을 것입니다.

> **채점 기준**
> 여행 기록의 필요성을 썼으면 정답으로 인정합니다.

03 ⓘ에 '한라산 산신께 제사드리는 산천단에 가서 답사의 안전을 빌고 가는 것이 순서에도 맞고 또 제주도에 온 예의라는 마음도 든다.'라는 내용이 나옵니다.

> **채점 기준**
> 답사의 안전을 빌기 위해서라는 내용을 썼으면 정답으로 인정합니다.

04 여정은 여행의 과정이나 일정이고, 견문은 여행하며 보거나 들은 것입니다. 그리고 감상은 여행하며 든 생각이나 느낌입니다. 글을 읽고 여정, 견문, 감상을 구분해 봅니다.

> **채점 기준**
> (1)에 시간 표현이나 장소 표현을 쓴 부분, (2)에 본 것이나 들은 것을 자세하게 풀어 쓴 부분, (3)에 감상을 생생하게 쓴 부분을 글에서 찾아 썼으면 정답으로 인정합니다.

수행 평가

110쪽

1 ⓐ 세계 자연 유산인 거문오름을 소개하고 싶습니다. **2** (1) ⓐ 세계 자연 유산, 거문오름 (2) ⓐ 거문오름 (3) ⓐ 거문오름의 자연환경, 국제 트레킹 행사, 거문오름 탐방, 탐방할 때 주의할 점 등 **03** 풀이 참조

1 기억에 남는 여행지를 떠올려 보거나, 자신이 가 본 곳이 아니어도 좋은 여행지라고 생각하는 곳을 떠올려 봅니다.

> **채점 기준**
> 여행 장소가 드러나게 썼으면 정답으로 인정합니다.

2 여행지를 소개하는 안내 자료를 만드는 것이므로, 소개할 곳에 대해 알릴 내용을 자세하게 씁니다. 안내장에 들어갈 내용으로는 갈 만한 곳, 먹을거리, 즐길 거리, 문화유산, 자신의 생각 등이 있습니다.

> **채점 기준**
> (1)에 여행지에 어울리는 제목을 썼고, (2)에 소개할 여행지를 썼고, (3)에 여행지에서 갈 만한 곳, 먹을거리, 즐길 거리, 문화유산, 자신의 생각 등 알릴 내용을 두 가지 이상 썼으면 정답으로 인정합니다.

3 ⓐ   세계 자연 유산, 거문오름

거문오름은 해발 456미터의 오름으로, 거문오름 용암동굴계를 형성한 모체로 알려져 있습니다. 숲이 우거져 검게 보여서 검은 오름이라 부른다고 전해집니다. 분화구에는 깊게 패인 화구가 있으며, 그 안에 작은 봉우리가 솟아 있습니다. 2007년 세계 자연 유산에 등재된 이후 이를 기념하기 위해 매년 국제 트레킹 행사가 열리고 있습니다.

거문오름 탐방은 예약제로 운영됩니다. 전화 및 인터넷으로 예약할 수 있고, 당일 예약은 안 됩니다. 탐방 중에는 화장실을 이용할 수 없기 때문에 탐방 전에 미리 화장실에 다녀오는 것이 좋습니다.

일 년에 한 번, 국제 트레킹 행사가 열리는 기간 동안에는 별도 예약 없이 탐방할 수 있으며, 평상시 개방되지 않는 '용암길'도 걸어 볼 수 있습니다.

> **채점 기준**
> 여행지에 대한 여러 가지 정보를 정확하게 써서 실제 여행지를 방문하는 데 도움을 줄 수 있는 글을 썼으면 정답으로 인정합니다.

8. 아는 것과 새롭게 안 것

01 ㉰   02 (1) 바늘처럼 뾰족한 방석 / 앉아 있기에 몹시 불안스러운 자리를 가리키는 말 (2) 아무것도 없는 빈주먹   03 ①   04 김, 밥   05 ④   06 (1) – ㉮ (2) – ㉯   07 ①   08 (1) 낱말 (2) 뜻   09 (1) 명주실, 대나무, 박, 흙, 가죽, 쇠붙이, 돌, 나무 (2) **예** 자연에서 얻습니다. 주변에서 흔히 볼 수 있고 쉽게 구할 수 있습니다.   10 ④   11 ①   12 (1) – ㉯ (2) – ㉰ (3) – ㉮   13 ②   14 생황   15 (1) ○   16 ①, ④   17 ③, ⑤   18 ⑤   19 준호   20 ②, ④   21 ⑤   22 **예** 서로 겪은 일이나 아는 내용이 다르기 때문입니다.   23 ㉯   24 (2) ○   25 ④, ⑤   26 부빙   27 ⑤   28 **예** 환경을 깨끗이 하도록 노력해야 합니다.   29 지유   30 ②   31 ⑤   32 (2) ○   33 깨끗   34 ⑤   35 하율

01 예원이는 '바늘방석'을 '바늘'과 '방석'으로, 시원이는 '맨주먹'을 '맨-'과 '주먹'으로 나누어서 뜻을 짐작했습니다. 예원이와 시원이는 낱말을 쪼개 살펴보고 자신이 아는 뜻으로 낱말 뜻을 짐작했습니다.

02 '바늘방석'은 앉아 있기에 몹시 불안스러운 자리를 가리키는 말입니다. '맨주먹'은 아무것도 없는 빈주먹이라는 뜻입니다.

> **채점 기준**
> (1)에 '바늘처럼 뾰족한 방석' 또는 '앉아 있기에 몹시 불안스러운 자리를 가리키는 말'이라고 썼고, (2)에 '빈주먹'이라는 말을 포함해서 썼으면 정답으로 인정합니다.

03 '구름다리'는 '구름'과 '다리'라는 뜻이 있는 두 낱말을 합해서 만든 복합어입니다.

04 '김밥'은 '김'과 '밥'으로 나누어 뜻을 짐작할 수 있습니다.

05 '새우'와 '잠'을 합해 '새우처럼 등을 구부리고 자는 잠'이라는 뜻을 나타내는 낱말인 '새우잠'을 만듭니다.

06 '풋-', '-꾼'은 다른 낱말에 붙어 새로운 낱말을 만들고 뜻을 더해 줍니다.

07 '풋-'은 '처음 나온' 또는 '덜 익은'이라는 뜻을 더해 주는 말로, '풋대추'는 '덜 익은 대추'라는 뜻입니다.

08 낱말을 만드는 방법은 뜻이 있는 두 낱말을 합해 만들거나, 뜻을 더해 주는 말에 낱말을 합해 만듭니다.

09 ❶ 문단의 '우리나라 악기들은 ~ 구할 수 있는 것들이지요.'를 통해 알 수 있습니다.

> **채점 기준**
> (1)에 여덟 가지 재료를 빠짐없이 썼고, (2)에 '자연에서 얻었다'나 '흔히 볼 수 있다' 또는 '쉽게 구할 수 있다'는 내용을 썼으면 정답으로 인정합니다.

10 여덟 가지 재료에 저마다 독특한 소리가 담겨 있기 때문에 팔음이라고 불렀습니다.

11 ❷ 문단에 대나무와 박에서 나오는 청아한 소리는 맑은 봄날의 아침 같다는 표현이 나옵니다.

12 ❸ 문단은 명주실, ❹ 문단은 대나무, ❺ 문단은 박으로 악기를 만드는 것에 대해 설명하고 있습니다.

13 명주실은 잘 끊어지지 않고 탄력이 있어서 가야금, 거문고, 아쟁, 해금 같은 악기의 줄로 쓰입니다. 대금은 대나무로 만든 악기입니다.

14 박으로 만든 공명통에 서로 길이가 다른 여러 개의 대나무 관이 꽂혀 있는 악기는 생황입니다.

15 제시된 내용은 글을 읽고 박물관에서 생황이라는 악기를 본 일을 떠올린 것입니다.

16 훈과 부는 흙으로 만든 악기, 북과 장구는 가죽으로 만든 악기, 꽹과리는 쇠로 만든 악기입니다.

17 흙은 원하는 모양을 쉽게 만들 수 있고, 말리거나 구우면 단단해지는 특징이 있습니다.

18 북은 가죽을 동그란 나무통에 씌워 두드리며 소리를 냅니다. 모래시계를 옆으로 뉘어 놓은 것처럼 허리가 잘록한 모양을 하고 있는 악기는 장구입니다.

19 준호가 떠올린 경험은 전통 놀이와 관련된 것으로, 우리나라 악기와 악기 재료에 대해 설명하는 이 글의 내용과는 관련이 없습니다.

20 '나무의 딱딱한 소리는 여러 악기를 모아 합주할 때'라는 표현에서 나무의 소리가 딱딱한 느낌이라는 것을 알 수 있습니다. 또한 '돌에서 나오는 티 없이 청아한 소리가 일품이에요.'라는 표현에서 돌의 소리가 청아한 느낌이라는 것을 알 수 있습니다.

21 돌은 추위나 더위에 강한 재료이기 때문에 돌로 만든 악기는 음의 변화가 거의 없어서 다른 악기의 음을 맞추거나 고르게 할 때 기준이 됩니다.

22 같은 글을 읽었는데도 새롭게 안 내용이나 관심을 두는 내용이 서로 다른 것은 서로 겪은 일이나 아는 내용이 다르기 때문입니다.

> **채점 기준**
> 겪은 일 또는 아는 내용이 서로 달라서라는 내용을 썼으면 정답으로 인정합니다.

23 겪은 일을 떠올리며 글을 읽으면 글 내용을 더 쉽게 이해할 수 있습니다. 또 글 내용에 더 흥미를 지니게 되며, 자신이 아는 내용과 비교하며 글을 읽을 수도 있습니다.

24 「우리나라의 멸종 위기 동물」이라는 제목을 보고 우리나라에서 점점 사라지는 동물에 대한 내용일 것이라고 짐작할 수 있습니다.

25 ㉠의 바로 뒤에 그 까닭이 나타나 있습니다.

26 '부빙'은 물 위에 떠다니는 얼음덩이로, 점박이물범은 자신이 새끼를 낳으려면 부빙이 꼭 필요하다고 말했습니다.

27 '바위산'은 '바위'와 '산'을 합한 낱말로, 바위로 뒤덮여 있는 산이라는 뜻입니다.

28 ❹ 문단의 '우리가 있어야 지리산의 생태계가 잘 돌아가는 거죠.'라는 표현으로 볼 때 생태계가 잘 돌아가려면 반달가슴곰과 같이 자연에 이로운 동물이 멸종되지 않아야 하고, 그런 동물이 멸종되지 않으려면 환경을 깨끗하게 지켜야 합니다.

> **채점 기준**
> 환경 보호와 관련된 내용을 썼으면 정답으로 인정합니다.

29 멸종 위기의 지리산 반달가슴곰을 자연으로 보내는 것을 본 일을 말한 지유가 멸종 위기 동물에 대해 아는 내용을 알맞게 말했습니다.

30 멸종 위기의 동물을 천연기념물로 지정해 보호한다는 글 내용으로 보아, 멸종 위기 동물이나 식물이 천연기념물로 지정된다는 것을 알 수 있습니다.

31 ❼ 문단에 깃대종이 잘 보존된다면 그 지역의 생태계가 잘 유지된다는 증거로 볼 수 있다는 내용이 제시되어 있습니다.

32 '산양'은 '산'과 '양'을 합한 낱말로, 산에 사는 양일 것입니다. 반달가슴곰은 '반달가슴'과 '곰'을 합한 낱말로, 가슴에 반달무늬가 있는 곰일 것입니다.

33 ❽ 문단의 첫 번째 문장에서 지표종의 뜻을 알 수 있습니다.

34 1급수에는 어름치, 열목어 등이 살고, 2급수에는 은어, 피라미가 삽니다. 3급수에는 물벼룩, 짚신벌레 등이 살며, 4급수에는 물곰팡이, 실지렁이 등이 살 수 있습니다. 또한 카나리아는 산소가 부족하면 숨을 쉬기가 힘들어 노래를 멈추기 때문에 광부들은 카나리아가 노래를 멈추면 산소가 부족하다는 것을 알 수 있었습니다.

35 물의 등급을 알 수 있는 것은 지표종이므로, 수아의 설명은 잘못되었습니다. 설악산의 산양, 내장산의 비단벌레, 속리산의 하늘다람쥐, 지리산의 반달가슴곰은 우리나라의 대표적인 깃대종이므로, 서진이의 설명도 잘못되었습니다.

단원 정리 평가

01 ④   **02** (1) 햇-, 밤 (2) 덧-, 신   **03** ㉯   **04** ②
05 ①   **06** ④   **07** ①, ②   **08** ⑩ 나무꾼, 낚시꾼
09 (1) ⑩ 그해에 새로 난 곡식. (2) ⑩ 이리저리 뛰어다니며 놀다.   **10** ⑤   **11** 악기   **12** (4) ○   **13** ④   **14** ④
15 한 일   **16** 천연기념물   **17** ②   **18** ①   **19** (3) ○
20 ⑩ '실지렁이'는 '실'과 '지렁이'를 합한 낱말로, 실처럼 가느다란 지렁이일 것입니다.

01 '검붉다'는 '검다'와 '붉다'를 합한 낱말로, '검은빛을 띠면서 붉다.'를 나타냅니다.

02 '햇밤'은 '햇-'과 '밤'을 합한 낱말로, 그해 새로 난 밤을 뜻합니다. '덧신'은 '덧-'과 '신'을 합한 낱말로, 실내에서 구두 위에 덧신는 신을 뜻합니다.

03 낱말의 짜임을 안다고 해서 낱말이 언제 만들어졌는지는 알 수 없습니다.

04 나누면 본디의 뜻이 없어져 더는 나눌 수 없는 낱말은 단일어이고, 뜻이 있는 두 낱말을 합한 낱말이나 뜻을 더해 주는 말에 뜻이 있는 낱말을 합한 낱말은 복합어입니다.

05 '애-'는 '어린' 또는 '작은'이라는 뜻으로, '애-'가 들어간 낱말에는 '애벌레, 애호박, 애송아지' 따위가 있습니다.

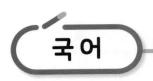

국어

06 '김밥'의 '김'은 단일어로, 김밥 재료 가운데 하나인 '먹는 김'을 뜻합니다.

07 '풋-'은 '처음 나온' 또는 '덜 익은'이라는 뜻을 더해 주는 말입니다.

08 '-꾼'이 어떤 일을 전문적으로 하는 사람이나 어떤 일을 잘하는 사람이라는 뜻으로 쓰인 예로는 '농사꾼', '나무꾼' 등이 있습니다. 또 어떤 일을 즐겨 하는 사람의 뜻으로 쓰인 예로는 '낚시꾼' 등이 있습니다.

09 '햇곡식'은 뜻을 더해 주는 말에 뜻이 있는 낱말을 합해 만든 낱말이고, '뛰놀다'는 뜻이 있는 두 낱말을 합해 만든 낱말입니다.

> **채점 기준**
> (1)은 '새로 난 곡식.'을, (2)는 '뛰어다니며 놀다.'라는 내용을 썼으면 정답으로 인정합니다.

10 '-꾸러기'는 '그것이 심하거나 많은 사람'이라는 뜻을 더해 주는 말입니다.

11 이 글은 우리나라 악기의 여덟 가지 재료에 대해 설명하고 있습니다.

12 이 글에서 대나무와 박에서 나오는 청아한 소리는 맑은 봄날의 아침에, 명주실에서 뽑아내는 섬세한 소리와 나무에서 나오는 깨끗한 소리는 쨍쨍한 여름 햇살에, 쇠와 흙에서 울리는 우렁차고 광대한 소리는 높은 가을 하늘에, 돌의 묵직한 소리와 가죽의 탄탄한 소리는 겨울의 웅장함에 비유했습니다.

13 잘 끊어지지 않고 탄력이 있어서 가야금, 거문고, 아쟁, 해금 같은 악기의 줄로 쓰이는 것은 명주실입니다.

14 ㉣에 예부터 우리 조상들에게 대나무는 굽힐 줄 모르는 곧은 마음을 상징했다는 내용이 나옵니다.

15 제시된 내용은 글을 읽고 자신이 한 일을 떠올려 말한 것입니다.

16 멸종 위기 동물을 천연기념물로 지정해 보호하고 우리나라 고유의 생물들을 보존하는 방법을 찾기로 해서 생겨난 것이 깃대종과 지표종이라고 했습니다.

17 탄광의 카나리아는 지표종의 예로 소개되어 있습니다.

18 어름치, 열목어 등은 1급수에서 살기 때문에 이러한 생물들이 사는 물은 1급수입니다.

19 자신이 아는 지식을 떠올리며 글을 읽으면 글의 내용을 더 잘 이해할 수 있고, 자신이 아는 내용과 비교하며 글을 읽을 수 있습니다.

20 낱말의 짜임을 알면 잘 모르는 낱말의 뜻을 짐작할 수 있습니다. '실지렁이'는 '실'과 '지렁이'를 합한 낱말이기 때문에 낱말 짜임을 살펴보면 실처럼 가느다란 지렁이라고 낱말 뜻을 짐작해 볼 수 있습니다.

> **채점 기준**
> '실'의 모양과 관련지어 '지렁이'의 생김새와 같은 특징을 썼으면 정답으로 인정합니다.

 서술형 문제 126쪽

01 예 우리나라 악기의 재료에 대해 쓴 글입니다. **02** (1) 예 예술제에서 가야금 공연을 보았습니다. 아름다운 가야금 선율을 들으며 가야금이 어떤 악기인지 궁금했습니다. (2) 예 편경을 만든 세종 대왕의 이야기를 들은 적이 있습니다. (3) 예 학교에서 사물놀이를 배운 적이 있습니다. 신나게 꽹과리를 칠 때 어깨춤을 덩실덩실 출 정도로 흥겨웠습니다. **03** (1) 그 지역을 대표하는 생물들 (2) 그 지역의 환경이 얼마나 깨끗한지 측정할 수 있는 종 **04** 예 우리가 동물에게 관심을 기울이고 동물을 보살피며, 환경을 함부로 파괴하지 않고 깨끗하게 유지하는 것입니다.

01 이 글은 우리나라 악기의 재료인 명주실, 대나무, 박 등에 대해 설명하고 있습니다.

> **채점 기준**
> '우리나라 악기의 재료'라는 내용을 포함해서 썼으면 정답으로 인정합니다.

02 우리나라 악기나 악기 재료와 관련해 본 일, 들은 일, 한 일을 각각 떠올려 씁니다.

> **채점 기준**
> 우리 악기를 본 경험, 우리 악기로 연주하는 것을 들은 경험, 우리 악기를 연주한 경험을 모두 떠올려 썼으면 정답으로 인정합니다.

03 ㉮에서 깃대종과 지표종의 뜻을 찾아볼 수 있습니다.

> **채점 기준**
> (1)에 그 지역을 대표하는 생물들이라고 썼고, (2)에 그 지역의 환경이 깨끗한지 측정할 수 있는 종이라고 썼으면 정답으로 인정합니다.

04 ㉯를 참고로 멸종 위기의 동물을 보호하기 위해 우리가 실천할 수 있는 방법을 생각해 봅니다.

> **채점 기준**
> 동물에게 관심을 기울이고 동물을 보살피자는 내용이나 환경을 깨끗하게 유지한다는 내용을 썼으면 정답으로 인정합니다.

수행 평가   127쪽

1 (1) ⟨예⟩ 솜씨 마당 (2) ⟨예⟩ '솜씨'와 '마당'이라는 낱말을 합해 만들었습니다. (3) ⟨예⟩ 솜씨를 뽐내는 공간이기 때문입니다.   **2** 풀이 참조

1 반 친구들이 정성껏 그린 그림이나 여러 가지 작품을 붙이는 알림판의 용도에 맞도록 새말을 지어 봅니다.

> **채점 기준**
> 알림판의 용도가 잘 드러나게 썼으면 정답으로 인정합니다.

2 낱말의 짜임을 생각하며 우리 주변에서 볼 수 있는 사물이나 장소 따위를 새말로 만들어 봅니다.

그림이나 사진	(튜브)	(주스)	(크레파스)
낱말	튜브	주스	크레파스
새말	⟨예⟩ 바람 주머니	⟨예⟩ 과일즙	⟨예⟩ 색깔 막대
만든 방법	⟨예⟩ '바람'과 '주머니'를 합해 만듦.	⟨예⟩ '과일'과 '즙'을 합해 만듦.	⟨예⟩ '색깔'과 '막대'를 합해 만듦.
만든 까닭	⟨예⟩ 바람을 불어 넣는 주머니라서	⟨예⟩ 과일로 만든 즙이라서	⟨예⟩ 색깔이 있는 막대 모양이라서

> **채점 기준**
> 낱말을 쪼개 짜임을 알 수 있도록 새말을 만들었고, 만든 방법과 까닭을 새말에 어울리게 썼으면 정답으로 인정합니다.

9. 여러 가지 방법으로 읽어요

교과서 지문 학습   128~133쪽

01 삼국사기 **02** (2) ○ **03** ①, ⑤ **04** ④ **05** 막대 표시 **06** 서진 **07** 정보 무늬 **08** (1) − ㉯ (2) − ㉮ (3) − ㉰ **09** ① **10** ⑤ **11** ㉰ **12** ⟨예⟩ 글쓴이의 주장에 동의합니다. 미래 사회의 변화에 잘 적응하려면 사람도 그에 맞게 변화해야 하기 때문입니다. **13** ⑤ **14** 비취옥 **15** (1) ○ **16** 흙 **17** ①, ②, ⑤ **18** ㉣ **19** ⟨예⟩ 읽어야 하는 글이 많을 때 필요한 부분만 빠르게 읽을 수 있습니다.

01 그림 ㉮에서 지윤이는 삼국 시대가 궁금해서 역사책 『삼국사기』를 찾아 읽었습니다.

02 그림 ㉯에서 지윤이는 '우주의 신비?'라며 책 제목을 보고 관심이 생겨서 책을 골랐습니다.

03 돌의 종류를 조사해야 하는 상황이기 때문에 도서관에서 돌을 설명한 책을 찾아보거나 과학관 안내 책자에서 돌을 설명한 내용을 찾아볼 수 있습니다.

04 '큐아르(QR)는 '빠른 응답'이라는 영어의 줄임 말이다.'라는 문장에서 알 수 있습니다.

05 정보 무늬를 쓰기 전에는 막대 표시를 주로 썼는데, 막대 표시는 숫자 20개를 저장할 수 있는 무늬로서 물건을 살 때 쉽게 계산할 수 있습니다.

06 서진이는 정보 무늬의 일부를 지워도 사용할 수 있다는 내용을 알아보고 싶은 까닭으로 일부를 지워도 사용할 수 있다는 것을 믿기 어렵다고 하였는데, 이것은 알아볼 만한 내용이므로 의견에 대한 까닭을 알맞게 말했습니다. 하율이는 정보 무늬가 한글 1700자를 저장할 수 있다는 내용을 알아보고 싶은 까닭으로 글에서 이미 한 가지 정보만 확인할 수 있는 표식이라고 설명했다고 하였는데, 이런 설명은 글에 나오지 않으므로 의견에 대한 까닭을 알맞게 말하지 않았습니다.

07 정보 무늬는 스마트폰 응용 프로그램으로 정보 무늬를 찍어서 사용합니다.

08 글에서 정보 무늬에 대해 설명한 내용을 뜻, 모양, 특징 따위의 항목별로 나누어 봅니다.

09 이 글은 설명하는 글이므로 설명하는 내용을 이해하고 설명이 맞는지 알아보며 읽습니다. 주장과 근거를 찾아보고, 주장에 대한 근거가 알맞은지 생각하며 글쓴이의 주장을 비판하는 태도로 읽는 것은 주장하는 글을 읽는 방법입니다.

10 글쓴이는 미래 사회에 필요한 사람이 되어야 한다고 주장하고 있습니다.

11 글쓴이는 미래 사회에는 지금과는 다른 사람이 필요하다고 했습니다. 즉 정해진 답을 찾기보다 새로운 방식으로 문제를 해결하는 사람, 새로운 변화에 대응하는 사람, 서로 돕고 존중하는 사람입니다.

12 글쓴이의 주장을 자신의 생각과 비교해 같은 점이나 다른 점을 찾아보고, 까닭과 함께 정리해 봅니다.

> **채점 기준**
> 글쓴이의 주장에 대한 자신의 생각을 까닭과 함께 썼으면 정답으로 인정합니다.

13 우리나라보다 중국이 먼저 청자를 만들었지만 고려는 청자를 만드는 우수한 기술력과 아름다움을 인정받아 다른 나라 사람들에게 사랑을 받았습니다.

14 청자의 색이 짙고 푸른색 윤이 나는 구슬인 비취옥과 색깔이 닮았기 때문에 '비색'이라 불렀다고 하였습니다.

15 규빈이는 발표할 만한 내용이 있을지 낱말들을 중심으로 찾아보겠다고 했으므로, 자신에게 필요한 정보가 글에 있는지 찾아보기 위해 글 전체의 내용을 훑어 읽었을 것입니다.

16 상감 기법은 그릇을 빚고 굳었을 때 그릇 바깥쪽에 조각칼로 무늬를 새긴 다음, 검은색이나 흰색의 흙을 메운 뒤 무늬가 드러나도록 바깥쪽을 매끄럽게 다듬는 기법입니다.

17 고려청자는 중국의 청자를 받아들이면서 그저 모방에 그치지 않고, 아름다운 비색과 독특한 상감 기법으로 발전시켰습니다. 이를 통해 고려인들의 독창성과 뛰어난 기술력을 엿볼 수 있습니다.

18 ㉺는 훑어 읽기 방법에 대한 설명입니다.

19 자신에게 필요한 내용인지 알려면 제목을 보고 내용을 짐작하거나 관심 있는 내용이 있는지 훑어봐야 합니다.

> **채점 기준**
> 필요한 내용만 빨리 읽을 수 있다는 내용을 썼으면 정답으로 인정합니다.

 단원 정리 평가   135~138쪽

> **01** ②   **02** ⑤   **03** 지완   **04** ③, ④   **05** (1) **예** 역사책 / 전기문   (2) **예** 역사에 관심이 많기 때문입니다. / 위인의 삶을 통해 교훈을 얻고 싶기 때문입니다.   **06** ③
> **07** (1) 뜻   (2) 사용 방법   **08** (2) ◯   **09** ②   **10** ②
> **11** ⑤   **12** (1) ◯   **13** (1) 새로운 변화에 대응하는 사람이다. (2) 서로 돕고 존중하는 사람이다.   **14** 동의한다
> **15** ④   **16** (1) ◯   **17** ③   **18** 청자 상감 운학문 매병
> **19** (1) ◯   **20** ④

01 지윤이는 드론이 어떤 것인지 알고 싶었기 때문에 드론에 대한 글을 찾아보았을 것입니다.

02 혜원이는 모둠 친구들이 주로 이야기 글을 많이 읽었다고 발표했습니다.

03 지완이는 잘 몰랐던 뉴스 내용을 인터넷에서 글을 찾아보고 알 수 있었던 경험을 말했습니다.

04 '교통질서 지키기'에 대하여 조사해야 하므로 책에서 교통안전을 다룬 내용을 찾아보거나, 인터넷에서 교통질서 지키기 광고지를 검색해 볼 수 있습니다.

05 주로 읽는 글과 그 글을 읽으면 좋은 점을 생각해 봅니다.

> **채점 기준**
> 자신이 주로 읽는 글의 종류를 썼고, 글의 종류와 글을 읽는 까닭이 어울리게 썼으면 정답으로 인정합니다.

06 이 글은 정보 무늬에 대해 설명하는 글입니다.

07 글의 내용 가운데 정보 무늬의 뜻, 정보 무늬의 사용 방법으로 항목을 나눌 수 있는 것을 찾습니다.

08 정보 무늬는 일부를 지워도 사용할 수 있는데, 그것은 정보 무늬의 세 귀퉁이에 위치를 지정하는 문양이 있기 때문이라고 하였습니다.

09 식당에서 사람 대신 인공 지능 로봇이 음식을 가져다주는 것은 정보 무늬와 관계가 없습니다.

10 이 글의 종류는 설명하는 글입니다. '글쓴이의 주장은 무엇인가?'는 주장하는 글을 읽을 때 고려할 점입니다.

11 이 글은 주장과 근거가 드러나 있는 '주장하는 글'입니다.

12 새로운 방식을 생각하는 것은 인공 지능보다 사람이 더 잘 할 수 있기 때문에 ㉠과 같은 사람이 필요하다고 하였습니다.

13 이 글을 처음, 가운데, 끝으로 나눌 때 가운데에 들어가는 내용은 무엇인지 알아봅니다.

(1)에 새로운 변화에 대응하는 사람, (2)에 서로 돕고 존중하는 사람을 썼으면 정답으로 인정합니다.

14 제시된 근거는 미래 사회에 필요한 사람이 되자는 글쓴이의 의견에 동의한다는 주장을 뒷받침합니다.

15 주장하는 글은 주장에 따라 근거가 알맞은지 생각하며 글쓴이의 주장을 비판하는 태도로 읽습니다.

16 훑어 읽기 방법은 필요한 부분만 빨리 읽을 수 있어서 좋습니다.

17 고려청자가 중국의 청자를 모방하는 데 그치지 않고 아름다운 비색과 독특한 상감 기법으로 발전했다는 점에서 고려인들의 독창성과 뛰어난 기술력을 엿볼 수 있습니다.

18 상감 기법으로 만든 고려청자는 '청자 상감 운학문 매병'이 대표적이라는 내용이 글에 나옵니다.

19 규빈이는 발표할 말한 내용이 있을지 낱말들을 중심으로 찾아본다고 하였으므로, 발표할 때 필요한 내용에 밑줄을 긋고 밑줄 그은 부분만 훑어 읽었을 것입니다.

20 방정환은 어린이가 글을 읽은 다음에는 반드시 관련한 곳에 직접 가 봐야 한다고 했으므로, 방정환의 읽기 방법은 '글과 관련한 곳에 직접 가 보기'입니다.

서술형 문제 139쪽

01 예 스마트폰 응용 프로그램으로 정보 무늬를 찍습니다.
02 (1) 예 정보 무늬에 개인 정보를 담는다는 내용입니다.
(2) 예 개인 정보를 쉽게 노출시킨다는 것을 믿기 어렵기 때문입니다. **03** 예 미래 사회에 필요한 사람이 되자.
04 풀이 참조

01 이 글의 내용을 항목별로 나누어 정리할 때 '사용 방법'에 해당하는 내용을 찾아봅니다.

스마트폰으로 정보 무늬를 찍는다는 내용을 썼으면 정답으로 인정합니다.

02 글쓴이의 설명이 믿을 만한지, 이미 아는 것과 다른지 생각해 봅니다.

글 내용 가운데에서 알아보고 싶은 것을 썼고, 타당한 까닭을 썼으면 정답으로 인정합니다.

03 글쓴이는 미래 사회에 필요한 사람이 되어야 한다고 주장하고 있습니다.

미래 사회에 필요한 사람이 되자는 내용을 썼으면 정답으로 인정합니다.

04 예 미래 사회에서는 많은 것이 달라진다는 내용이 나의 생각과 같은 점입니다. / 미래 사회에서는 변화에 부드럽게 대처하려는 생각을 해야 한다는 내용이 나의 생각과 다른 점입니다.

내용이 나의 생각과 같다고 썼거나, 내용이 나의 생각과 다르다고 썼으면 정답으로 인정합니다.

수행 평가 140쪽

1 예 외국에서 온 친구에게 고려청자를 알려 주고 싶습니다. **2** 예 ·상감 기법: 그릇 바깥쪽에 조각칼로 무늬를 새긴 다음, 검은색이나 흰색의 흙을 메운 뒤 무늬가 드러나도록 바깥쪽을 매끄럽게 다듬는 기법 / ·사용: 대접, 접시, 잔, 항아리, 병, 찻잔, 상자, 베개, 기와 따위 / ·우수성: 유려한 곡선, 아름다운 무늬, 고려인들의 독창성과 뛰어난 기술력

1 이 글을 읽고 무엇을 할 것인지 생각해 보면서 글을 읽는 목적을 정합니다.

글 읽는 목적을 분명히 정해 썼으면 정답으로 인정합니다.

2 글 종류와 글을 읽는 목적에 맞게 내용을 정리합니다.

글 읽는 목적에 따라 필요한 내용을 알맞게 정리해 썼으면 정답으로 인정합니다.

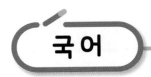

국어

10. 주인공이 되어

01 ㉰   02 ⑤   03 하늘   04 ④   05 (1) ○ (2) ✕
(3) ○   06 상담실   07 교실   08 (4) ○   09 ④
10 ㉞ 평소에 못마땅하게 여겼던 인국이랑 같은 편을 하
고, 체육을 잘하는 민영이와 다른 편을 하였기 때문입니다.
11 ⑤   12 ④   13 (2) ○   14 ②

01 그림 ㉮는 세 살 때, 그림 ㉯는 일곱 살 때, 그림 ㉰는 여덟 살 때, 그림 ㉱는 5학년 때의 일을 떠올린 것입니다.

02 그림 ㉱에서 5학년 때 있었던 일로 친구들과 함께한 학교 발야구 대회를 떠올렸습니다.

03 그림 ㉯는 부모님께 꾸중을 들은 일을 떠올렸습니다. 부모님께 꾸중을 들었을 때는 속상하고 후회하는 마음이 들었을 것이므로, 그것과 비슷한 감정을 느낀 기억을 떠올린 사람은 체육 시간에 친구랑 다투었다가 선생님께 혼났던 일을 떠올린 하늘이입니다.

04 이 그림에 나오는 등장인물은 민영, 진주, 성훈, 선생님입니다.

05 그림 ❶은 체육관에서 체육 수업을 할 수 있어 좋아했으나 진주는 성훈이와 같은 편을 하고 싶지 않았습니다. 그림 ❷와 ❸은 체육 시간에 간이 축구를 하다가 성훈이와 진주가 다투었습니다. 그림 ❹와 ❺는 상담실에서 선생님과 진주와 성훈이가 이야기를 나누었습니다.

06 그림 ❶은 교실에서 일어난 일이고, 그림 ❷와 ❸은 체육관에서 일어난 일이며, 그림 ❹와 ❺는 상담실에서 일어난 일입니다. 따라서 사건이 일어났던 장소가 '교실 → 체육관 → 상담실'로 바뀌었습니다.

07 '인국이가 교실에 들어서며'라는 표현에서 일이 일어난 장소가 교실이라는 것을 알 수 있습니다.

08 ❶은 상은이가 인국이와 비에 대해 이야기를 나누는 부분으로, 이야기의 흐름 가운데 이야기를 시작하고 배경과 인물을 설명하는 단계에 해당합니다.

09 인국이와 5학년이 되어 이렇게 친해진 건 며칠째 봄비가 내리던 날 체육 시간 때문이었다고 하였습니다.

10 상은이는 인국이를 그렇게 좋아하지 않았기 때문에 인국이랑 같은 편이 되고 싶지 않았는데 같은 편을 하여 기분이 좋지 않았습니다. 또 체육을 잘하는 민영이와 다른 편을 한 것도 기분이 별로였습니다.

> **채점 기준**
>
> 인국이랑 같은 편을 하고 민영이랑 다른 편을 한 내용을 썼으면 정답으로 인정합니다.

11 선생님께서는 상은이와 인국이가 지내는 모습을 보니 서로 대화를 하는 게 좋을 것 같아서 불렀다고 말씀하셨습니다.

12 이 글의 이야기 흐름을 생각할 때 인국이와 비에 대해 이야기를 나누는 부분은 이야기를 시작하고 배경과 인물을 설명하는 단계에 해당합니다. 비가 와서 체육을 체육관에서 하게 되는 부분은 사건이 일어나기 시작하는 단계에 해당하고, 상은이와 인국이가 싸우는 부분은 등장인물의 갈등이 꼭대기에 이르는 단계에 해당합니다. 마지막으로 선생님과 함께 이야기하는 부분은 사건을 해결하고 마무리하는 단계에 해당합니다.

13 남자아이와 글쓴이의 대화를 통해 글쓴이가 대화로 서로 오해를 풀었으면 하는 생각을 담아서 제목을 '대화가 필요해'라고 지었다는 것을 알 수 있습니다.

14 겪은 일을 이야기로 만들 때에는 읽는 사람이 관심을 보일 수 있는 경험을 써야 합니다. 글을 읽는 사람이 이해할 수 있게 쓰고, 주제가 잘 드러나도록 이야기 흐름에 맞게 쓰는 것도 중요합니다. 또 사건을 어떻게 전개하고 어떻게 해결했는지가 나타나야 하는데, 보통 사건의 해결은 마지막 부분에 나타나게 씁니다.

01 ④   02 ㉰, ㉱   03 나연   04 ②   05 (1) ㉞ 축
구를 하다가 친구와 부딪쳐서 친구가 다리를 다친 일입니다. (2) ㉞ 우정의 소중함을 느꼈던 일이기 때문입니다.
06 ①   07 성훈   08 3교시 체육 시간   09 ㉮   10 ③
11 (1) ○ (2) ○   12 ❷, ❸, ❶   13 (1) 인국 (2) 체육관
14 ①, ⑤   15 ㉞ 서로 마음을 잘 몰랐기 때문입니다.
16 선생님   17 ①, ⑤   18 (2) ○   19 ⑤   20 (1) 읽는 (2) 관심 (3) 주제

01 3학년 때 놀이공원으로 현장 체험 학습을 다녀온 일은 그림에 나오지 않습니다.

02 그림 ②는 혼자서 있었던 일, 그림 ④는 동생과 있었던 일, 그림 ⑤와 ④는 친구들과 있었던 일을 떠올린 것입니다.

03 그림 ④처럼 학급에서 있었던 일을 떠올린 사람은 1학기 말에 우리 모둠이 힘을 모아 학급 신문을 만들었던 일이 생각났다고 한 나연이입니다.

04 기억 카드 앞면에서 주찬이는 '운동회에서 친구들과 재미있게 경기한 일'을 썼습니다. 따라서 이와 관련된 주찬이의 느낌은 '행복함'이라고 할 수 있습니다.

05 이야기로 자세히 나타내고 싶은 기억을 떠올려 보고, 그 기억을 이야기로 나타내고 싶은 까닭을 생각해 봅니다.

> **채점 기준**
> 친구들이 흥미를 보일 만한 일, 시간의 흐름이 나타날 수 있는 일 등 이야기로 쓰기에 알맞은 사건을 썼고, 그 사건을 고른 까닭을 타당하게 썼으면 정답으로 인정합니다.

06 "오늘 비가 와서 3교시 체육 수업은 체육관에서 한대!"라는 민영이의 말을 통해 알 수 있습니다.

07 그림 ❶에서 진주는 '그런데 성훈이하고는 다른 편이었으면…….' 하고 속마음을 드러냈습니다.

08 그림 ❷와 ❸은 3교시 체육 시간에 일어난 일입니다.

09 그림 ❶에서는 체육관에서 체육 수업을 할 수 있어 좋아했으나, 진주는 성훈이와 같은 편을 하고 싶지 않았습니다. 그림 ❷와 ❸에서는 체육 시간에 간이 축구를 하다가 진주와 성훈이가 다투었습니다. 그림 ❹와 ❺에서는 상담실에서 선생님과 진주와 성훈이가 이야기를 나누었습니다.

10 그림 ❶은 교실, 그림 ❷와 ❸은 체육관, 그림 ❹와 ❺는 상담실에서 일어난 일입니다.

11 이 그림의 내용을 이야기로 만들 때는 일이 일어난 차례대로 쓰는 것이 좋고, 인물의 마음이 잘 나타나도록 씁니다. 또 진주와 성훈이의 갈등이 잘 나타나야 하므로, 진주와 성훈이가 사이가 좋지 않은 까닭을 이해하도록 써야 합니다.

12 ❶은 상은이와 인국이가 친하게 지내는 현재의 일이고, ❷와 ❸은 상은이와 인국이가 사이가 좋지 않았던 과거의 일입니다.

13 이 글에 등장하는 인물은 민영, 상은, 인국, 선생님입니다. 이 글에서 사건이 일어나는 배경은 교실, 체육관, 상담실입니다.

14 인국이가 4학년이 끝나 갈 즈음 우리 반에 전학을 왔고, 전학 온 첫날부터 친구들이 대화를 하거나 게임을 할 때 끼어들어서 상은이는 물론 친구들은 인국이를 그렇게 좋아하지 않았다는 설명이 ❶에 나옵니다.

15 상은이와 인국이는 서로의 마음을 잘 모르고 오해했기 때문에 다투게 되었습니다.

> **채점 기준**
> 서로 마음을 잘 몰랐다거나 서로를 오해했다는 내용을 썼으면 정답으로 인정합니다.

16 ❸에서 체육 시간이 끝나고 상은이와 인국이에게 이야기 나누는 시간을 만들어 줌으로써 둘을 화해하게 만든 인물은 선생님입니다.

17 남자아이는 글쓴이와의 대화에서 대화 글을 많이 쓰고 우리 주변에서 쉽게 겪을 수 있는 일을 이야기로 써서 좋았다고 말했습니다.

18 이 글에서 인국이와 비에 대해 이야기를 나누는 부분은 이야기를 시작하고 배경과 인물을 설명하는 단계에 해당합니다. 비가 와서 체육을 체육관에서 하게 되는 부분은 사건이 일어나기 시작하는 단계에 해당합니다. 상은이와 인국이가 싸우는 부분은 등장인물의 갈등이 꼭대기에 이르는 단계에, 선생님과 함께 이야기하는 부분은 사건을 해결하고 마무리하는 단계에 해당합니다. 따라서 이 글의 이야기 흐름은 '인국이와 비에 대해 이야기 나누는 부분 → 비가 와서 체육을 체육관에서 하게 되는 부분 → 상은이와 인국이가 싸우는 부분 → 선생님과 함께 이야기하는 부분'의 순서로 정리할 수 있습니다.

19 이야기의 흐름은 '이야기를 시작하고 배경과 인물을 설명하는 단계 → 사건이 일어나기 시작하는 단계 → 등장인물의 갈등이 꼭대기에 이르는 단계 → 사건을 해결하고 마무리하는 단계'입니다.

20 겪은 일을 이야기로 만들 때에는 글을 쓴 사람이 아니라 글을 읽는 사람이 이해할 수 있게 써야 합니다. 또 읽는 사람이 관심을 보일 수 있는 경험을 쓰는 것이 좋으며, 자신이 말하고자 하는 주제가 잘 드러나도록 이야기 흐름에 맞게 씁니다.

국어

국어

01 예 인물의 이름이 변했습니다.　02 예 이야기는 여러 사람이 읽는 글이므로 읽는 사람을 생각하며 쓴다는 점이 다릅니다. / 일기는 그날 동안에 있었던 일만 쓰지만, 이야기는 오랜 시간에 걸쳐 있었던 일을 쓸 수 있습니다.
03 예 상은이가 인국이랑 대화하면서 사이가 좋아진 내용이 잘 나타나면 좋겠습니다.

01 그림 ㉮에 나오는 주요 인물의 이름은 성훈, 진주, 민영, 선생님이지만 글 ㉯에 나오는 주요 인물의 이름은 인국, 상은, 민영, 선생님입니다. 인물의 성별, 나이, 성격은 비슷하지만 인물의 이름이 변했습니다.

　채점 기준
　인물의 이름이 다르다는 내용을 썼으면 정답으로 인정합니다.

02 일기와 달리 이야기는 여러 사람이 읽는 글이므로 읽는 사람을 생각하며 씁니다. 또한 일기는 그날 동안에 있었던 일만 쓰지만, 이야기는 오랜 시간에 걸쳐 있었던 일을 쓸 수 있습니다.

　채점 기준
　하나의 기준에 따라 이야기와 일기를 비교해 다른 점을 썼으면 정답으로 인정합니다.

03 이야기의 마지막 부분에는 사건을 어떻게 해결했는지 나타내야 합니다. 만약 사건을 해결하지 않은 채 이야기가 끝나거나 갑자기 해결하면 읽는 사람이 이해할 수 없고, 나타내고자 하는 생각을 제대로 표현할 수 없습니다. 읽는 사람이 이해할 수 있고 나타내고자 하는 생각을 잘 표현하기 위해서는 어떤 내용이 이어져야 할지 생각해 봅니다.

　채점 기준
　상은이와 인국이가 화해한 내용 또는 사이가 좋아진 내용을 썼으면 정답으로 인정합니다.

---

1 예 하나밖에 없는 아이스크림을 내가 먼저 잡았는데도 동생이 울어서 동생에게 준 일　2 예 사랑하는 내 동생
3 (1) 예 일요일에 집에서 냉장고를 열었는데 아이스크림이 하나밖에 없었음. (2) 예 동생 몰래 먹으려고 조심해서 아이스크림을 꺼냈는데 동생이 눈치채고 따라와 아이스크림을 달라고 졸랐음. (3) 예 동생이 큰 소리로 울어 버려서 아깝지만 아이스크림을 동생에게 줌. (4) 예 동생이 아이스크림을 먹으며 웃는 모습이 귀여웠음.　4 풀이 참조

1 이야기로 쓰고 싶은 경험을 떠올려 봅니다.

　채점 기준
　친구들에게 들려줄 만한 일상생활의 경험을 썼으면 정답으로 인정합니다.

2 주제는 글쓴이가 나타내고자 하는 생각을 말합니다.

　채점 기준
　자신이 이야기로 쓸 경험에 맞는 주제를 썼으면 정답으로 인정합니다.

3 이야기의 흐름에 해당하는 부분을 각각 정리해 봅니다.

　채점 기준
　이야기의 흐름에 맞게 사건을 전개시켜 썼으면 정답으로 인정합니다.

4 예 일요일, 집에서 동생이랑 텔레비전을 보고 있었는데 갑자기 배가 고팠다. 나는 부엌으로 가서 먹을 것이 있는지 냉장고를 열어 보았다. 마침 내가 좋아하는 아이스크림이 있었다. 그런데 아이스크림이 하나밖에 없었다. / '어떻게 하지? 동생 몰래 먹어야겠다.'
　나는 조심해서 아이스크림을 꺼냈다. 포장된 종이를 벗기는데 벌써 입에서 군침이 돌았다. 그때였다. 동생이 벌써 눈치채고 와서 내 등 뒤에 서 있었다. 내가 싫다고 하자마자 동생이 큰 소리로 울어 버렸다.
　나는 아깝지만 아이스크림을 동생에게 주었다. 동생은 아이스크림을 먹으며 환한 표정으로 웃었다. 웃는 모습이 귀여웠다.

　채점 기준
　자신의 경험을 주제와 흐름에 맞게 내용을 조직해 이야기로 썼으면 정답으로 인정합니다.

사회

1. 국토와 우리 생활

❶ 우리 국토의 위치와 영역

개념 확인문제   4~7쪽

1 위선, 경선	**2** (1) × (2) ○	**3** 주권	**4** 영해
5 영공	**6** 중부(남부), 남부(중부)	**7** 북부	**8** (1) ○
(2) ○	**9** 행정구역	**10** (1) × (2) ○ (3) ×	

실전 문제   8~9쪽

01 ㉡   **02** 동쪽   **03** ③   **04** ④   **05** ④   **06** ①
07 ㉠: 금강(호강), ㉡: 소백산맥   **08** ④   **09** ㉠: 영동,
㉡: 영서   **10** ②   **11** ⑤   **12** ①

01 위도는 위선마다 붙여진 숫자 값으로, 적도를 기준으로 북쪽의 위도를 북위라고 하며 북위 0°~90°로 표현합니다. 경도는 경선마다 붙여진 숫자 값으로, 본초 자오선을 기준으로 동쪽의 경도를 동경이라고 하며 동경 0°~180°로 표현합니다. 위도 및 경도와 같이 숫자로 위치를 표현하면 우리 국토의 정확한 위치를 알 수 있습니다.

02 우리나라는 아시아 대륙의 동쪽에 위치한 반도 국가입니다. 우리 국토는 아시아 대륙과 태평양이 만나는 지점에 위치하여 대륙과 해양으로 나아가기에 유리합니다.

03 위선마다 붙여진 숫자 값인 위도(㉠)는 적도를 기준으로 남북으로 얼마나 떨어져 있는지를 나타냅니다. 또한 우리나라는 북쪽이 육지와 연결되어 있고, 나머지 서쪽, 남쪽, 동쪽의 삼면은 바다와 맞닿아 있는 반도(㉡) 국가입니다.

04 한 나라의 영역은 그 나라의 주권이 미치는 공간이며, 영토, 영해, 영공으로 이루어집니다. ④ 영해는 영토 주변의 바다로, 기준선으로부터 12해리까지입니다.

05 우리나라의 영해를 설정하는 기준선은 각 해안에 따라 다릅니다. 선생님의 질문에 대한 대답으로 알맞은 곳은 서해안과 남해안입니다. ① 독도, ② 울릉도, ③ 제주도, ⑤ 동해안은 썰물일 때의 해안선을 기준으로 12해리까지를 우리나라의 영해로 합니다.

06 사진의 표석에는 '대한민국 동쪽 땅끝'이라고 새겨져 있습니다. 우리나라 영토의 동쪽 끝은 경상북도 울릉군 독도입니다. ② 평안북도 용천군 마안도는 우리나라 영토의 서쪽 끝, ③ 함경북도 온성군 유원진은 북쪽 끝, ⑤ 제주특별자치도 서귀포시 마라도는 남쪽 끝입니다.

07 우리나라는 큰 산맥과 하천 등을 기준으로 세 개의 지방(북부 지방, 중부 지방, 남부 지방)으로 구분할 수 있습니다. 북부 지방은 휴전선 북쪽 지역으로 지금의 북한 지역을 말합니다. 휴전선 남쪽부터 금강 하류와 소백산맥까지의 지역을 중부 지방이라고 하며, 중부 지방의 아랫부분을 남부 지방이라고 합니다.

08 제시된 내용은 조령과 같은 고개(자연환경)나 의림지와 같은 저수지(인문환경)를 기준으로 지역을 구분한 것입니다. 우리나라는 전통적으로 산과 고개, 하천, 호수, 바다 등의 자연환경이나 저수지, 제방 등의 인문환경을 기준으로 지역을 구분하였습니다.

09 철령관을 기준으로 동쪽 지방을 관동 지방이라고 합니다. 관동 지방은 태백산맥(자연환경)을 기준으로 동쪽은 영동 지방, 서쪽은 영서 지방으로 구분합니다.

10 ㉠ 대구광역시뿐만 아니라 경상북도, 경상남도, 부산광역시, 울산광역시는 영남 지방에 해당합니다. ㉡ 전북특별자치도뿐만 아니라 전라남도, 광주광역시, 제주특별자치도는 호남 지방에 해당합니다. ㉢ 대전광역시뿐만 아니라 충청북도, 충청남도, 세종특별자치시는 호서 지방에 해당합니다.

11 경기도를 제외한 조선 시대 각 도의 이름은 그 지역의 주요 도시 두 곳의 앞 글자를 따서 정했습니다. 충청도는 충주와 청주, 평안도는 평양과 안주, 함경도는 함흥과 경성, 황해도는 황주와 해주, 강원도는 강릉과 원주, 전라도는 전주와 나주, 경상도는 경주와 상주의 앞 글자를 따서 각 도의 이름을 정했습니다.

12 ② 제주특별자치도는 남해에 위치합니다. ③ 경기도는 전라남도의 북쪽에 위치합니다. ④ 세종특별자치시는 대전광역시와 충청남도, 충청북도의 가운데에 위치하며, 이들 세 개 지역과 맞닿아 있습니다. ⑤ 충청남도의 서쪽은 황해이고, 충청남도의 동쪽에 충청북도가 위치합니다.

사회

❷ 우리 국토의 자연환경

1 지형   **2** (1) ✕   (2) ◯   (3) ◯   **3** (1) ㉠   (2) ㉢
(3) ㉡   **4** 여름   **5** 따뜻합니다   **6** 낮아지고, 적어집니다
7 여름   **8** (1) ㉠   (2) ㉢   (3) ㉡

01 ②   **02** ④, ⑤   **03** ①   **04** ㉢   **05** 겨울
06 ㉠, ㉣   **07** ②   **08** ㉣   **09** ②, ③   **10** 영우
11 ⑤   **12** ㉠, ㉢

01 사다리 타기를 해 보면, ①은 평야, ③은 해안, ④는 산지, ⑤는 섬에 대한 설명으로 옳지 않은 내용입니다. ② 하천은 빗물이 낮은 곳으로 흘러가면서 만든 크고 작은 물줄기입니다.

02 ① 우리 국토의 약 70%는 산지로, 평야보다 산지가 많습니다. ② 넓은 평야는 하천의 하류인 서쪽과 남쪽에 발달해 있습니다. ③ 우리 국토는 높고 험한 산지가 동쪽에 치우쳐 있고, 서쪽은 대체로 낮은 편입니다. 따라서 한강, 금강, 영산강 등과 같은 큰 하천은 동쪽에서 서쪽으로 흐릅니다.

03 우리나라의 서해안은 해안선이 복잡하고, 섬이 많습니다. 또한 갯벌이 발달해 있어 조개, 게 등과 같은 해산물이 풍부하며, 일조량이 풍부해서 소금을 채취할 수 있는 염전이 발달했습니다.

04 하천 지형에서는 래프팅과 같은 레저 시설을 만들어 여가 공간으로 이용하기도 합니다. ㉠ 휴양림이나 ㉡ 스키장은 산지 지형을, ㉣ 해수욕장은 해안 지형을 이용한 생활 모습입니다.

05 제주도를 포함한 호남 지방 일부, 울릉도, 영동 지방 등은 겨울에 눈이 많이 내리기 때문에 이와 관련된 눈꽃 축제를 개최하기도 합니다.

06 우리나라는 겨울철에 북서쪽의 대륙에서 차고 건조한 바람이 불어옵니다. 때문에 기온이 낮아져 춥고, 눈이 내리기도 합니다.

07 노래 가사의 "봄, 여름이 지나면 가을, 겨울이 온다네."를 통해 우리나라는 사계절이 나타난다는 것을 알 수 있습니다. ① 우리나라는 중위도에 위치합니다. ③은 노래 가사와 관련 없는 내용입니다. ④ 여러 가지 땅의 생김새는 지형을 뜻합니다. ⑤ 우리나라는 계절에 따라 기온 차이가 많이 납니다.

08 제시된 지도는 우리나라의 여름인 8월 평균 기온 지도로, 등온선이 표시되어 있습니다. 등온선은 기온이 같은 곳을 연결한 선으로, 등온선 끝에 표시된 숫자를 확인하면 기온을 알 수 있습니다. ㉠은 20~22℃, ㉡은 22~24℃, ㉢은 24~26℃, ㉣은 26℃ 이상임을 알 수 있습니다. 따라서 기온이 가장 높은 곳은 ㉣입니다.

09 우리나라는 여름에 기온이 높아져 무더위가 나타납니다. 따라서 무더위를 이겨 내기 위해 선풍기와 에어컨을 사용하고 무더위를 피하기 위해 물놀이를 하기도 합니다.

10 우리나라의 제주도, 남해안, 한강 상류 등은 강수량이 많고, 낙동강 중류와 상류는 강수량이 적습니다. 또한 장마, 태풍 등의 영향으로 연평균 강수량의 절반 이상이 여름에 내립니다.

11 제시된 신문 기사의 내용은 우리나라에 최악의 폭염이 발생한 것을 나타내고 있습니다. 폭염은 하루 최고 기온이 33℃ 이상으로 올라가는 매우 심한 더위로, 열사병이나 일사병에 걸릴 수 있으므로 주의해야 합니다.

12 폭염 피해를 줄이기 위해서는 그늘막을 설치하고, 야외 활동을 자제하며, 물을 자주 마셔야 합니다. ㉡ 배수로 정비하기는 호우와 홍수의 피해를 줄이기 위한 노력입니다. ㉣ 중국 사막에 나무 심기는 황사 피해를 줄이기 위한 노력입니다.

❸ 우리 국토의 인문환경

1 (1) ◯   (2) ✕   **2** 주택 부족   **3** (1) ㉢   (2) ㉠
(3) ㉡   **4** 늘었습니다   **5** 공업(서비스업), 서비스업(공업)
6 수도권   **7** (1) ㉡   (2) ㉠   **8** 생활권   **9** 고속 철도
10 줄었습니다   **11** (1) ◯   (2) ◯   (3) ✕   **12** 인구(도시),
도시(인구)

실전 문제

22~23쪽

01 인구 밀도　**02** ③　**03** ①, ②　**04** ③　**05** 은희
06 신도시　**07** ④　**08** 부산(광역시)　**09** ②　**10** ③
11 ④　**12** ④

01 인구 밀도는 얼마나 많은 사람이 어느 정도 모여 사는 지를 나타내는 지표입니다.

02 우리나라는 서울을 중심으로 하는 수도권, 부산·대구· 대전 등의 대도시, 공업이 발달한 남동 해안 지역 등에 인구가 많이 모여 있어, 이 지역들의 인구 밀도가 매우 높습니다. 반면 농어촌, 산지 등의 촌락 지역은 인구 밀도가 낮습니다.

03 의학 기술이 발달하면서 평균 수명이 늘어나 사망률이 낮아졌습니다. 이에 따라 우리나라는 65세 이상의 노 년층 인구 비율이 늘어나고, 고령화 현상이 빠르게 진 행되었습니다. 그래프에서처럼 우리나라는 2000년에 고령화 사회, 2018년에 고령 사회가 되었으며, 2025년 에는 초고령 사회에 진입할 것으로 예상됩니다. 우리 나라는 현재 출산율이 매우 낮아 유소년층 인구 비율 이 줄어들고 있습니다.

04 1960년에는 출산율이 높아서 유소년층의 인구수가 많 았고, 사망률이 높아서 노년층의 인구수가 적었습니다. 반면 2020년에는 출산율이 낮아져 유소년층의 인구수 가 줄어들었고, 사망률이 낮아져 노년층의 인구수가 늘 어났습니다. 또한 청장년층의 인구수도 늘어났습니다.

05 서울의 면적은 우리나라 전체 면적에서 약 0.6% 정도 를 차지하지만, 서울의 인구는 우리나라 전체 인구의 약 18%인 950만 명(2022년 기준) 정도입니다. 때문에 서울에 면적 대비 많은 인구가 집중되면서 여러 가지 도시 문제가 발생하고 있습니다.

06 경기도 고양시의 일산, 경기도 성남시의 분당 등은 서울 의 인구와 기능을 분담하기 위해 만들어진 신도시입니다.

07 지도를 보면 우리나라의 도시와 인구는 수도권에 집중 되어 있음을 알 수 있습니다. 수도권은 서울특별시를 포함하여 인천광역시와 경기도를 말하며, 이 중 서울특 별시는 우리나라에서 가장 인구가 많은 도시입니다.

08 항구가 발달하여 물류 산업이 발달한 우리나라 제2의 도시는 부산광역시입니다.

09 반도체와 우주 항공 산업은 첨단 산업입니다.

10 우리나라의 동해, 삼척 등에는 시멘트를 만들 수 있는 석회석이 많이 분포해 있습니다. 때문에 태백산 공업 지 역은 석회석을 이용한 시멘트 공업이 발달하였습니다.

11 교통이 발달하면 사람, 물건 등의 이동이 활발해져 생 활권이 넓어지고, 지역과 지역 간에 이동하는 시간이 줄어들어 지역 간의 거리가 가깝게 느껴집니다.

12 산업이 발달하면 도시의 일자리가 증가하여 도시의 인 구가 증가합니다. 인구가 증가하면 산업에 필요한 노 동력이 확보되어 도시가 성장하고, 교통도 발달합니 다. 교통이 발달하면 인구 이동도 증가하고, 원활한 원 료 공급으로 산업이 발달합니다.

단원 정리 평가

26~29쪽

01 ⓒ　**02** ③　**03** ⑤　**04** (1) ○　**05** 남부 지방
06 ③　**07** ④　**08** 1모둠　**09** 윤희　**10** ⑤　**11** ㉠
12 ③　**13** ①　**14** ⑤　**15** ③　**16** ④　**17** ②, ③
18 ②　**19** ②　**20** 고속 철도

01 우리 국토는 북위 33°~43°, 동경 124°~132° 사이에 위 치해 있습니다. 따라서 표에서 중위도이면서 동경 135° 에 가장 가까운 ⓒ이 우리나라의 위치에 해당하는 영 역입니다.

02 ① 우리 국토는 중위도에 위치해 있습니다. ② 우리 국 토의 동쪽에는 일본이 위치해 있고, 중국은 우리 국토의 서쪽과 북쪽에 위치해 있습니다. ④ 우리 국토는 아시아 대륙의 동쪽에 위치해 있습니다. ⑤ 우리 국토는 삼면이 바다인 반도 국가로 바다로의 진출이 유리합니다.

03 제시된 그림의 (가), (나), (다)는 그 나라의 주권이 미 치는 공간으로, 국가를 이루는 중요한 요소입니다. ① (가)는 영공으로, 영공이 없는 나라는 없습니다. ② (다) 는 영해로, 영해는 바다의 영역입니다. 섬은 영토에 포 함되는 영역입니다. ③ (가)는 영공, (나)는 영토, (다) 는 영해입니다. ④ (나)는 영토로, 나라마다 설정하는 기준이 같습니다.

04 우리나라 영토의 북쪽 끝은 함경북도 온성군 유원진, 남쪽 끝은 제주특별자치도 서귀포시 마라도, 서쪽 끝은 평안북도 용천군 마안도, 동쪽 끝은 경상북도 울릉군 독도입니다. 따라서 대화 내용에 들어갈 사진의 모습은 마라도입니다.

05 제시된 지도의 ㉠은 북부 지방, ㉡은 중부 지방, ㉢은 남부 지방입니다.

06 남북으로 긴 우리나라는 북부, 중부, 남부 지방으로 구분할 수 있습니다. 북부 지방과 중부 지방을 구분하는 기준은 휴전선입니다.

07 제시된 일기 예보의 지도에서 호남 지방에 해당하는 지역은 광주광역시입니다. ① 서울은 경기 지방, ② 세종은 호서 지방, ③ 춘천은 관동 지방, ⑤ 대구는 영남 지방입니다.

08 우리나라는 삼면이 바다와 맞닿아 있어 서해안, 남해안, 동해안의 세 개 해안이 있습니다. 각 해안은 해안선의 모습이나 발달한 지형이 다릅니다. 서해안과 남해안은 대체로 해안선이 복잡하고 섬이 많아 1모둠과 같이 해안선을 곧게 그리는 것은 잘못된 지형 모형 표현입니다.

09 우리나라의 중부 지방(제시된 지도의 ㉠-㉡선)의 지형 단면도를 보면, 높고 험한 산지는 동쪽에 치우쳐 있고, 서쪽은 대체로 낮은 모습입니다. 따라서 이러한 지형적 특징을 잘 나타낸 친구는 윤희입니다.

10 우리나라의 동해안은 해안선이 단조롭고 모래사장이 발달하여 해수욕장으로 이용되는 곳이 많습니다. ①~③은 서해안 · 남해안과 관련되는 내용이고, ④ 삼림욕장은 산지 지형과 관련되는 내용입니다.

11 우리나라는 계절에 따라 불어오는 바람의 방향이 다릅니다. 여름에는 남동쪽(㉢) 및 남쪽 바다에서 덥고 습한 바람이 불어오고, 겨울에는 북서쪽(㉠)의 대륙에서 차고 건조한 바람이 불어옵니다.

12 우리 국토는 남북으로 길게 뻗어 있어 동쪽과 서쪽 지역 간의 기온 차이보다 남쪽과 북쪽 지역 간의 기온 차이가 더 큽니다.

13 제시된 그래프는 (가) 서울, (나) 울릉도의 월별 강수량 그래프입니다. ② (가)는 (나)에 비해 여름에 비가 많이 옵니다. ③ (나)는 (가)에 비해 겨울에 눈이 많이 옵니다. ④ 두 그래프는 강수량 그래프이므로 기온은 알 수 없습니다. ⑤ 대체로 사계절 내내 강수량이 고른 지역은 겨울에 눈이 많이 오는 (나) 울릉도입니다.

14 제시된 일기 내용 중 "초속 30m의 매우 강한 바람과 비를 맞는 체험을 했다."라는 표현에서 내가 체험한 자연재해는 태풍임을 알 수 있습니다. 태풍에 대처하는 방법은 ⑤입니다. ①은 가뭄, ②는 황사, ③은 지진, ④는 한파에 대처하는 방법입니다.

15 우리나라의 도시 인구 비율은 1960년에 37%에서 2020년에 91%로 대폭 늘어났습니다. 이는 촌락의 인구가 도시로 많이 이동하였기 때문입니다. 이에 따라 도시에는 주택 부족 문제, 교통 혼잡 문제, 환경 오염 문제 등의 도시 문제가 나타나게 되었습니다. 반면, 촌락의 인구 비율은 많이 줄어들었고, 노년층의 인구 비율이 높아졌습니다. 이에 따라 촌락에서는 일손 부족 문제, 교육 및 의료 시설 부족 문제 등이 나타납니다.

16 제시된 지도에서 원의 크기는 도시의 인구수를, 원의 개수는 도시의 수를, 원의 위치는 각 도시의 위치를 나타냅니다. ① 수도권이 경상남도보다 도시의 수와 인구수가 더 많습니다. ② 대구, 대전보다 원의 크기가 더 큰 부산, 인천의 인구수가 더 많습니다. ③ 각 도에서는 도청 소재지의 인구수가 가장 많은 지역도 있지만 경상북도처럼 그렇지 않은 지역도 있습니다. ⑤ 제주특별자치도 중에는 제주의 인구수가 가장 많은데, 원의 크기에 해당하는 인구수는 50만 명 정도입니다.

17 제시된 거제, 울산, 포항 등의 도시는 모두 남동 임해 공업 지역에 해당하는 공업 도시입니다. 이 지역들은 과거에는 어촌이었지만 산업의 발달로 도시로 성장한 곳입니다.

18 오늘날 우리나라는 정보 기술 및 온라인 관련 산업, 우주 산업, 생명 기술 및 의료 산업, 인공 지능 산업 등 높은 수준의 기술이 필요한 다양한 첨단 산업이 성장하고 있습니다.

19 왼쪽 그림은 고속 철도(KTX)를 이용하여 서울에서 출발하여 목포까지 여행을 하고 당일 저녁에 서울에 도착한 사례이며, 오른쪽 그림은 지하철 노선이 새로 생기면서 출퇴근 시간이 줄어든 사례입니다. 즉, 두 사례 모두 교통의 발달로 이동 시간이 줄어들었음을 보여 줍니다.

20 제시된 교통 시설은 고속 철도입니다. 2004년 4월에 개통된 고속 철도로 인해 교통이 더욱 발달하여 지역 간의 교류가 더욱 활발해지고, 생활권이 더 넓어졌습니다.

서술형 문제

30~31쪽

01 (1) ㉠ 아시아, ㉡ 반도 (2) 예 우리 국토는 도로나 철도를 이용하여 대륙으로 진출하기에 좋습니다. / 우리 국토는 삼면이 바다와 맞닿아 있어 배를 이용하여 바다로 진출하기에 유리합니다. 등 **02** (1) 태백 (2) 예 강릉(동쪽)은 북서쪽에서 불어오는 차가운 바람을 막아 주는 태백산맥과 수온이 높고 수심이 깊은 동해의 영향을 받기 때문입니다. **03** (1) 연평균 강수량이 1,800mm 이상인 곳: 서귀포 / 연평균 강수량이 800mm 미만인 곳: 중강진, 청진 (2) 예 남쪽 지역으로 갈수록 많은 편이다. **04** (1) ㉠ 저출산, ㉡ 고령화 (2) 예 일손 부족 문제, 교육 및 의료 시설 부족 문제 등이 나타날 수 있습니다. **05** (1) 수도권 공업 지역 (2) 예 풍부한 노동력, 넓은 소비 시장, 편리한 교통 등을 바탕으로 다양한 산업이 발달한 우리나라 최대의 공업 지역입니다. **06** 예 지역 간의 이동 시간이 줄어들어 사람들의 생활권이 더욱 넓어졌습니다.

01 (1) 우리 국토 주변의 대륙과 바다를 이용하여 우리 국토의 위치를 표현한 것입니다. 우리나라는 아시아 대륙의 동쪽에 위치하고, 태평양과 맞닿아 있는 반도 국가입니다.

(2) 반도 국가인 우리 국토의 북쪽은 육지와 연결되어 있고, 서쪽, 남쪽, 동쪽 삼면은 바다와 맞닿아 있습니다.

> **채점 기준**
> '대륙으로 진출하기(또는 나아가기)'와 '바다로 진출하기(또는 나아가기)'가 들어가면 정답으로 합니다.

02 (1) 우리나라의 중부 지방에 남북으로 뻗어 있어 동쪽과 서쪽으로 구분하는 산맥은 태백산맥입니다. 따라서 ㉠은 태백산맥입니다.

(2) 인천(서쪽)은 겨울에 북서쪽에서 불어오는 차가운 바람의 영향을 그대로 받기 때문에 강릉(동쪽)보다 평균 기온이 더 낮습니다.

> **채점 기준**
> '북서쪽에서 불어오는 차가운 바람을 막아 주는 태백산맥'과 '수온이 높고 수심이 깊은 바다인 동해'가 들어가면 정답으로 합니다.

03 (1) 지도의 범례에서 가장 위에 진한 파란색으로 표시되어 있는 곳은 연평균 강수량이 1,800mm 이상인 지역으로 서귀포가 해당합니다. 또한 지도의 범례에서 가장 아래에 갈색으로 표시되어 있는 곳은 연평균 강수량이 800mm 미만인 지역으로 중강진, 청진이 해당합니다.

(2) 우리나라는 대체로 북쪽 지역에서 남쪽 지역으로 갈수록 강수량이 많은 편입니다. 제주도, 남해안, 한강 상류 등은 특히 강수량이 많은 지역이며, 남쪽 지역이라도 낙동강 중류와 상류는 강수량이 적은 편입니다.

> **채점 기준**
> 남쪽 지역의 강수량이 많다는 내용이 들어가면 정답으로 합니다.

04 (1) 2020년 현재 우리나라의 주요 인구 문제는 저출산, 고령화입니다.

(2) 65세 이상인 노년층의 인구 비율이 높은 촌락은 일할 수 있는 노동력이 부족하며, 유소년층의 인구 비율이 낮고 인구 밀도도 낮기 때문에 교육 및 의료 시설 등도 부족한 편입니다.

> **채점 기준**
> 일손 부족, 교육 및 의료 시설 부족 등의 내용이 들어가면 정답으로 합니다.

05 (1) 서울을 비롯하여 수원, 안산 등의 공업 중심지가 있는 ㉠은 수도권 공업 지역입니다.

(2) 수도권에는 우리나라 전체 인구의 절반 이상이 살고 있어 노동력이 풍부하고, 소비 시장도 넓으며, 교통도 발달하였습니다. 이를 바탕으로 수도권 공업 지역에는 다양한 산업이 발달하였습니다.

> **채점 기준**
> 풍부한 노동력, 넓은 소비 시장, 편리한 교통, 최대의 공업 지역 등의 내용이 들어가면 정답으로 합니다.

06 우리나라는 1960년대 후반 이후부터 여러 고속 국도가 전국에 건설되었고, 2004년에 고속 철도가 개통되면서 교통이 더욱 편리해졌습니다. 교통이 발달하여 지역 간 이동 시간이 줄어들면서 통근권, 통학권 등의 생활권이 더욱 넓어졌습니다.

> **채점 기준**
> 생활권이 넓어진다는 내용이 들어가면 정답으로 합니다.

사

회

사회

수행 평가
32~33쪽

1 여름, 겨울, 여름, 겨울　**2** ㉠ 27.2, ㉡ 7.2, ㉢ 21.8, ㉣ −15.9　**3** 📦 ㉠ 우리나라 여름에 남쪽의 바다에서 불어오기 때문에 덥고 습합니다. ㉡ 우리나라의 겨울에 북서쪽 대륙에서 불어오기 때문에 차고 건조합니다. ㉢ 기온이 높습니다. ㉣ 기온이 낮습니다.　**4** 우리나라에서 인구 밀도가 높은 지역은 수도권 공업 지역과 남동 임해 공업 지역 등 산업이 발달한 곳으로, 주요 도시의 분포와도 비슷합니다.　**5** 도시 문제: 주택 부족 문제, 교통 혼잡 문제, 환경 오염 등 / 해결하기 위한 방법: 산업 단지의 지방 이전 및 분산, 행정 기관의 지방 이전 등　**6** ㉠: 한 지역에 인구가 많이 모이면 도시가 성장합니다. ㉡: 도시가 성장하면 도시에 사람들이 모여 교통이 발달합니다.(또는 교통이 편리한 곳에 도시가 성장합니다.) ㉢: 교통이 발달하면 신속한 물자 이동이 가능해져 산업이 더욱 발달합니다. ㉣: 산업이 발달하면 일자리가 많아져 도시로 인구가 모입니다.

1　제시된 지도의 (가)와 (다)는 여름, (나)와 (라)는 겨울과 관련됩니다. 즉, (가)는 우리나라의 여름에 불어오는 바람, (나)는 겨울에 불어오는 바람, (다)는 8월 평균 기온으로 여름, (라)는 1월 평균 기온으로 겨울에 해당하는 지도입니다.

2　우리나라의 국토 모양은 남북으로 길기 때문에 남쪽 지역과 북쪽 지역의 기온 차이가 큽니다. 남부 지방에 위치한 서귀포는 북부 지방에 위치한 중강진보다 여름인 8월 평균 기온이 더 높고, 겨울인 1월 평균 기온도 더 높습니다. 즉, 여름이든 겨울이든 우리나라의 기온은 북부 지방에서 남부 지방으로 갈수록 대체로 높아집니다.

3　여름에 불어오는 (가)의 바람으로 인해 우리나라의 8월(여름)에는 (다)와 같은 기온 분포가 나타납니다. 반면, 겨울에 불어오는 (나)의 바람으로 인해 우리나라의 1월(겨울)에는 (라)와 같은 기온 분포가 나타납니다.

> **채점 기준**
> ㉠은 '여름에 남쪽 바다', ㉡은 '겨울에 북서쪽 대륙', ㉢은 '기온이 높다', ㉣은 '기온이 낮다'라는 내용이 들어가면 정답으로 합니다.

4　우리나라는 1960년대 이후 산업이 발달하면서 수도권 공업 지역과 남동 임해 공업 지역이 성장하였습니다. 이와 관련하여 이들 지역의 인구수 및 도시 수가 많아지고, 도시도 성장하였습니다.

> **채점 기준**
> 수도권 공업 지역과 남동 임해 공업 지역의 인구 밀도가 높고, 이는 주요 도시 분포와 비슷하다는 내용이 들어가면 정답으로 합니다.

5　우리나라는 대도시(특히 서울을 중심으로 한 수도권)로 인구와 기능, 산업 등이 집중되면서 주택 부족 문제, 교통 혼잡 문제, 환경 오염 등 여러 가지 도시 문제가 발생하였습니다. 이를 해결하기 위해 지방으로 산업 단지를 이전하여 수도권에 집중된 산업을 분산하였으며, 수도권에 있던 많은 행정 기관을 지방(세종특별자치시)으로 이전하였습니다.

> **채점 기준**
> 주택 부족, 교통 혼잡, 환경 오염 등의 내용과 산업 단지 및 행정 기관의 지방 이전 등의 내용이 들어가면 정답으로 합니다.

6　㉠은 인구와 도시, ㉡은 도시와 교통, ㉢은 교통과 산업, ㉣은 산업과 인구와의 관계에 대한 내용을 쓰는 것입니다. 제시된 자료에서처럼 인구, 도시, 산업, 교통은 서로 연결되어 영향을 주고받으면서 계속 변화하고 성장합니다.

> **채점 기준**
> 인구 증가와 도시 성장, 도시 성장과 교통 발달, 교통 발달과 산업 발달, 산업 발달과 인구 증가 등의 내용이 들어가면 정답으로 합니다.

2. 인권 존중과 정의로운 사회

① 인권을 존중하는 삶

1 인권 **2** 세계 인권 선언 **3** (1) X (2) ○ **4** 방정환
5 (1) ㉠ (2) ㉡ **6** (1) ○ (2) X (3) X **7** 불행
8 (1) ㉡ (2) ㉠

01 인권 **02** ① **03** ㉡, ㉢ **04** ② **05** 박두성
06 신문고 **07** (가) ○ **08** ③ **09** ⑤ **10** ①
11 ⑤ **12** 국가 인권 위원회

01 제2차 세계 대전으로 수많은 사람들이 희생되자 전 세계는 인권을 보호해야 한다는 생각을 하게 되었고, 1948년 국제 연합(UN) 총회에서는 인권을 인류가 추구해야 할 보편적인 권리라며 '세계 인권 선언'을 채택하였습니다.

02 세계 인권 선언은 모든 사람이 인종, 피부색, 성별, 언어, 종교, 정치적 입장이나 견해, 국적이나 사회적 출신, 재산, 출생이나 신분 등에 따른 차별에서 벗어나야 한다고 규정하고 있습니다.

03 ㉠ 출입구에 계단만 있다면 거동이 불편한 노인이나 다친 사람, 장애가 있는 사람은 자유롭게 움직일 수 없습니다. ㉣ 점자 블록이 끊어져 있어 시각 장애인의 이동을 어렵게 하고 있습니다. 반면 ㉡은 지하철 손잡이의 높낮이를 달리하여 키가 작은 사람도 편하게 손잡이를 잡을 수 있도록 하였습니다. ㉢은 장애인들이 편리하게 주차를 할 수 있도록 만든 장애인 전용 주차 구역입니다.

04 방정환은 나이가 어리다는 이유로 존중받지 못하는 어린이들을 위해 어린이날과 어린이 잡지 등을 만드는 등 어린이의 인권 신장을 위해 노력하였습니다. ① 허균은 신분에 따라 차별하는 당시 사회를 비판한 인물, ③ 전태일은 노동자의 인권을 위해 노력한 인물, ④ 박두성은 시각 장애인의 인권을 위해 노력한 인물, ⑤ 이태영은 여성의 인권 신장을 위해 노력한 인물입니다.

05 박두성은 시각 장애인의 인권을 위해 우리나라 최초로 한글 점자인 '훈맹정음'을 만들었습니다.

06 신문고는 억울한 일이 있을 때 대궐 밖에 있는 북을 쳐서 임금에게 알릴 수 있도록 한 제도입니다.

07 (가) 놀이터의 미끄럼틀이 고쳐지지 않고 오랫동안 고장 난 채로 있어 어린이들이 마음껏 놀지 못하는 상황입니다. 따라서 이는 어린이의 인권이 침해한 사례라고 할 수 있습니다.

08 (가) 그림에서 회사는 능력과 상관없이 나이가 많다는 이유로 취업 지원을 거부하고 있습니다. 즉, 나이로 인한 편견과 차별이 나타난 인권 침해 모습입니다.

09 (나) 그림에는 피부색이 다르다는 이유로 친구들에게 놀림을 당하는 모습이 나타나 있습니다. 이처럼 피부색, 외모가 다르다는 이유로 친구를 놀리는 것 또한 인권을 침해하는 사례입니다.

10 ① 이동의 자유를 금지시키는 것은 인권을 침해하는 일입니다.

11 점자 블록, 휠체어 리프트는 몸이 불편한 사람들의 이동을 도울 수 있는 공공 편의 시설입니다.

12 국가 인권 위원회는 인권을 침해할 우려가 있는 법이나 제도의 문제점을 찾아 개선될 수 있도록 합니다. 또한 인권 침해나 차별 행위를 조사하여 인권을 침해당한 사람을 도와주는 역할을 합니다. 즉 국가 인권 위원회는 모든 개인의 기본적 인권을 보호하고 향상함으로써 인간으로서의 존엄과 가치를 실현하기 위해 노력하고 있습니다.

② 헌법과 인권 보장

1 헌법 **2** (1) X (2) ○ (3) ○ **3** (1) X (2) ○ (3) ○
4 헌법재판소 **5** 기본권 **6** (1) ㉡ (2) ㉠ **7** 교육
8 환경 **9** (1) ○ (2) X

사회

01 ②   02 ③   03 ③   04 ⑤   05 ⑤   06 참정권
07 ③   08 ④   09 ㉠   10 ④   11 ②   12 ④, ⑤

01 헌법은 법 중에서 가장 기본이 되는 법으로 우리나라 최고의 법입니다. 따라서 법을 만들 때는 헌법을 바탕으로 만들고 그 법들은 헌법에 어긋나서는 안 됩니다.

02 헌법이 중요하게 여기는 것은 모든 국민이 존중받고 행복한 삶을 사는 것으로, 인간 존엄, 행복한 삶, 인간다운 생활, 국민의 자유와 권리, 개인 존중 등의 가치를 중요하게 여깁니다.

03 헌법에는 국민이 누려야 할 권리와 지켜야 할 의무, 국가기관을 조직하고 운영하는 기본 원칙 등이 담겨 있습니다. 헌법에 국민의 권리를 제시한 것은 국가가 함부로 국민의 권리를 침해할 수 없도록 하기 위해서입니다.

04 제시된 사례를 보면, 헌법재판소는 학원의 교습 시간을 제한하는 법이 학원 운영자의 권리(인권)를 침해하였는지 헌법에 근거해 심판하였습니다. 또한 학원의 교습 시간을 제한하는 것은 '학생들이 건강하게 성장할 권리'를 보호한 것이라고 심판함으로써 학생들의 인권을 보장하고 있습니다.

05 헌법은 법률이 국민의 인권을 침해하고 있는지 판단하는 기준입니다. 법률이 국민의 권리를 침해할 때는 헌법재판소의 도움을 받아서 문제를 해결할 수 있습니다. 헌법재판소는 법률이 헌법에 어긋나는지, 국가 권력이 국민의 권리를 침해하는지 등을 심판하는 국가기관입니다. 헌법재판소에서 법률이 헌법에 어긋난다고 결정하면, 그 법률은 개정되거나 폐지됩니다.

06 참정권은 국가의 정치 의사 형성 과정에 참여할 수 있는 기본권으로 헌법에서 보장하고 있습니다.

07 인간다운 생활을 할 권리나 능력에 따라 균등하게 교육을 받을 권리는 사회권에 해당합니다. 사회권은 인간답게 살 수 있도록 국가에 요구할 수 있는 권리입니다. 첫 번째 그림은 '헌법 제35조 제1항 모든 국민은 건강하고 쾌적한 환경에서 생활할 권리를 가진다.'와 관련 있는 모습이고, 두 번째 그림은 '헌법 제31조 제1항 모든 국민은 능력에 따라 균등하게 교육을 받을 권리가 있

다.'와 관련 있는 모습입니다.

08 청구권은 기본권이 침해되었거나 침해될 위험이 있을 때 국가에 어떤 일을 요구할 수 있는 권리를 말합니다. ① 평등권은 부당하게 차별받지 않고 법을 공평하게 적용받을 권리입니다. ② 자유권은 국가의 간섭을 받지 않고 자유롭게 생각하고 행동할 수 있는 권리입니다. ③ 참정권은 국가의 정치 의사 형성 과정에 참여할 수 있는 권리입니다. ⑤ 사회권은 인간다운 삶을 위해 국가에 요구할 수 있는 권리입니다.

09 기본권은 국가의 안전 보장, 공공의 이익, 사회 질서 유지 등을 위해 필요한 경우 법률에 따라 제한할 수 있습니다. 기본권을 제한하는 경우라도 자유와 권리의 본질적인 내용은 침해할 수 없습니다.

10 헌법에는 국방의 의무를 규정하고 있습니다. 국방의 의무란 우리 모두의 안전을 위해 나라를 지킬 의무를 말합니다.

11 납세의 의무는 세금을 내야 할 의무를 말합니다. ① 국가와 모든 국민은 환경을 보전하기 위해 노력할 의무인 환경 보전의 의무, ③ 모든 국민은 자신의 가족과 국민 모두의 안전을 위해 나라를 지킬 의무인 국방의 의무, ④ 모든 국민은 보호하는 자녀에게 적어도 초등 교육과 법이 정하는 교육을 받게 할 의무인 교육의 의무, ⑤ 모든 국민은 일할 의무인 근로의 의무를 나타낸 그림입니다.

12 국민의 권리와 의무는 긴밀하게 연결되어 있어 서로 충돌하기도 하므로, 조화로운 실천이 중요합니다.

③ 법의 의미와 역할

1 강제성   **2** (1) × (2) × (3) ×   **3** (1) ㉡ (2) ㉠
4 「저작권법」   **5** 사회 질서 유지   **6** (1) ○ (2) ○
7 (1) × (2) ○ (3) ○   **8** 준수

실전 문제
50~51쪽

01 법 **02** ②, ④ **03** ② **04** (1) ⓒ (2) ㉠
05 ② **06** ⑤ **07** ④ **08** (1) ⓒ (2) ㉠ (3) ⓒ
09 저작권 **10** ④, ⑤ **11** ⑤ **12** ②

01 법은 국가가 만든 강제성이 있는 규범으로, 사람들이 사회생활에서 지켜야 할 행동 기준입니다.

02 ② 법은 사회 변화에 맞지 않거나 인권을 침해한다고 판단되면 바뀌거나 새로 만들어질 수 있습니다. ④ 양심에 비추어 스스로 지키는 규범은 도덕입니다.

03 (가) 버스에서 자리를 양보하는 것과 같이 양심에 따라 스스로 판단하여 지키는 규범은 도덕입니다. (나) 남의 물건을 가져갈 때 돈을 내야 하는 것은 법입니다. 도덕은 자율적으로 지키는 것이지만 법은 반드시 지켜야 합니다.

04 법은 사회 질서를 유지하고 사람들의 안전을 지켜 주기 위해 만들었기 때문에 지키지 않았을 경우 처벌을 받습니다. 반면 도덕은 사회 구성원들의 양심 등에 비추어 스스로 지켜야 할 규범이기 때문에 지키지 않아도 처벌을 받지 않습니다.

05 「학교 급식법」은 학생들에게 제공되는 급식이 위생적으로 조리되고 안전하게 보관·유통되도록 하는 법입니다.

06 「감염병 예방 및 관리에 관한 법률」은 국민의 건강을 해치는 감염병의 발생과 유행을 방지하고 예방하기 위한 법입니다.

07 「근로 기준법」은 제시된 사례와 같이 고용주가 근로 시간을 마음대로 하지 못하게 근로자의 권리를 보호해 줍니다.

08 (1) 어린이 보호 구역에서는 자동차의 속도를 30km로 제한함으로써 교통사고가 일어나지 않도록 예방하고 있습니다. (2) 비닐 봉투를 함부로 사용하지 못하게 함으로써 환경 오염을 예방할 수 있습니다. (3) 경찰들이 순찰을 하면서 범죄가 일어나지 않도록 살피고 예방합니다.

09 허락을 받지 않고 다른 사람이 만든 영화를 인터넷에 올리는 것은 그 영화를 만든 사람의 저작권을 해치는 행위입니다.

10 영화 제작자는 영화를 만드는 데 든 노력과 비용에 대한 보상을 받지 못하는 등 권리를 침해받게 됩니다. 또한 불법으로 영화를 인터넷에 올린 사람과 다툼이 일어날 것입니다.

11 법을 지키지 않을 경우 다른 사람의 권리를 침해하거나 피해를 주게 됩니다. 따라서 법을 준수하면 권리를 보장하고 나아가 사회 질서를 유지할 수 있습니다.

12 재판에서 법을 위반한 점에 대해 심판을 요청하는 사람은 검사입니다. ① 판사는 재판을 진행하고 법에 따라 판결을 내리는 사람입니다. ③ 증인은 재판에서 자기가 경험한 사실을 진술하는 사람입니다. ④ 변호인은 피고인을 대신해 권리를 주장하는 사람입니다. ⑤ 피고인은 범죄를 저지른 것으로 의심이 되어 재판을 받는 사람입니다.

단원 정리 평가
54~57쪽

01 ⑤ **02** ② **03** ⑤ **04** ⑤ **05** ③ **06** 국가
07 ① **08** ③ **09** ② **10** ④ **11** 사회권 **12** ②
13 ① **14** 건우 **15** ⑤ **16** ④ **17** ⓒ, ⓒ **18** ④
19 ② **20** ②

01 "모든 사람은 태어날 때부터 자유롭고 존엄하며 평등하다."라는 문구는 세계 인권 선언 제1조에 명시된 내용입니다. 이는 인권은 인종, 피부색, 성별, 언어, 종교 등에 상관 없이 누구나 평등하게 누려야 하는 권리라는 의미를 담고 있습니다.

02 옛날에는 여성에게 참정권이 없었기 때문에 에멀라인 팽크허스트는 여성의 참정권을 위해 노력하였습니다. ① 로자 파크스는 흑인의 인권을 위해, ③ 방정환은 어린이의 인권을 위해, ④ 박두성은 시각 장애인의 인권을 위해, ⑤ 전태일은 노동자의 인권을 위해 노력하신 인물입니다.

사 회

03 옛날에는 사형과 같은 무거운 형벌을 내릴 때 죄인이 억울하게 벌을 받는 일이 없도록 세 번의 재판을 받게 하는 삼복 제도가 있었습니다.

04 휠체어로는 계단을 오를 수 없기 때문에 경사로 등이 없을 경우 자유로운 이동이 불가능합니다. 제시된 그림은 휠체어를 탄 사람이 계단을 오르지 못해 난감해 하고 있는 모습입니다.

05 점자 블록은 시각 장애인이 걸을 때 발바닥이나 지팡이의 촉감으로 위치나 방향을 알 수 있도록 표면에 돌기를 양각한 블록입니다.

06 국가와 지방 자치 단체는 국민이 빈곤, 질병 등의 어려움에서 벗어나 안정적으로 살 수 있도록 사회 보장 제도를 시행하고 있습니다.

07 헌법은 우리나라 최고의 법으로 모든 법의 기본이 됩니다. 헌법에는 국민의 기본적 권리와 의무, 국가기관을 조직하고 운영하는 원칙이 담겨 있습니다. 헌법에 국민의 권리를 제시한 것은 국가가 함부로 국민의 권리를 침해할 수 없도록 하기 위해서입니다.

08 헌법은 국민이 체포 또는 구속되었을 때 변호인의 도움을 받을 수 있는 권리, 무료로 예방 접종을 받을 수 있는 권리 등을 규정함으로써 국민의 인권을 보장하고 있습니다.

09 법이 국민의 권리를 침해할 때는 헌법재판소의 도움을 받아서 문제를 해결할 수 있습니다. 헌법재판소는 법률이 헌법에 어긋나는지, 국가 권력이 국민의 권리를 침해하는지 등을 심판하는 국가기관입니다. 헌법재판소에서 법률이 국민의 인권을 침해한다고 결정하면, 그 법률은 개정되거나 폐지됩니다. ② 새로운 법을 만드는 일을 하는 곳은 국회입니다.

10 국가기관에 문서로 청원할 수 있는 권리는 기본권이 침해되었을 때 국가에 어떤 일을 해 달라고 요구할 수 있는 청구권에 해당합니다. ①은 자유권, ②, ③은 참정권, ⑤는 사회권의 모습입니다.

11 사회권은 인간답게 살 수 있도록 국가에 요구할 수 있는 권리입니다.

12 땅 주인은 자신의 땅에 대해 자유롭게 생각하고 행동할 수 있는 권리, 즉 자유권이 침해되었다고 주장하고 있고, □□시는 국민의 의무인 환경 보전의 의무를 지켜야 한다고 주장하고 있습니다.

13 권리와 의무는 긴밀하게 연결되어 있어 서로 충돌할 때도 있습니다. 따라서 권리와 의무의 조화로운 실천이 중요합니다.

14 사람들의 권리를 보호하고자 국가가 만든 규범을 법이라고 합니다. 법은 사람들이 사회생활에서 지켜야 할 행동 기준이 되어 사람들이 어떤 행동을 하거나 하지 않도록 합니다. 법은 국가 구성원이라면 누구나 지켜야 하는 강제성이 있어 법을 어겼을 때는 제재를 받습니다. 이러한 점에서 법은 사람들이 자율적으로 지키는 도덕과 구별됩니다. 다른 사람의 물건을 허락 없이 또는 대가 없이 가지고 가는 것은 법을 어긴 모습입니다. 수민, 민아, 소율, 애리는 도덕을 지키지 않은 모습입니다.

15 법은 우리 사회가 중요하게 여겨 지켜야 한다고 생각하는 가치를 담고 있습니다. 따라서 사회가 변화하고 우리 사회가 중요하게 여기는 가치가 변화하면 법도 변화합니다. 법이 사회 변화에 맞지 않거나 사람들의 인권을 침해하는 상황이 발생하면 법을 바꾸거나 새롭게 만들 수 있습니다.

16 ①, ②, ⑤ 버스에서 자리를 양보하는 것, 동생과 잘 지내는 것, 웃어른에게 인사 드리는 것은 도덕적인 행동에 해당합니다. ③ 음료수을 살 때 유통 기한을 확인하는 것은 법과 도덕 모두와 관련 없습니다.

17 법은 사람들이 사회생활에서 지켜야 하는 행동 기준이며 우리의 일상생활 곳곳에 적용됩니다.

18 「대기 환경 보전법」은 미세 먼지로 인한 대기 오염 등에 적용할 수 있는 법입니다. ① 「저작권법」은 음악, 영화 등 창작물을 만든 사람의 권리를 보호하는 법입니다. ② 「식품 위생법」은 식품으로 인해 생기는 위생상의 문제를 방지하고, 올바른 식품 정보를 제공하여 국민이 건강해지도록 하는 법입니다. ③ 「소비자 기본법」은 소비자의 권익을 증진하기 위한 법입니다. ⑤ 「감염병 예방 및 관리에 관한 법률」은 감염병의 발생과 유행을 방지하고 예방·관리하는 법입니다.

19 ①, ③, ④, ⑤는 법의 역할 중 사회 질서를 유지하는 모습입니다.

20 제시된 사례에서 반려동물 주인의 권리는 침해되지 않았습니다.

01 (1) ① 박두성 ② 방정환 ③ 전태일 (2) ⓓ 인권 신장을 위해 노력하였습니다. 등 **02** (1) ㉠ (2) ㉣ (3) 인권 (4) ⓓ 공공 편의 시설을 설치합니다. / 사이버 폭력 예방을 위한 인권 교육을 합니다. / 인권을 무시하는 행동을 하지 않게 인권 교육을 합니다. 등 **03** (1) 국민 (2) 국민의 인권을 보장하기 위해서입니다. (3) ⓓ 헌법에는 국민의 자유와 권리가 보장되어 있기 때문입니다. / 헌법은 국민의 인권을 보장하고 있기 때문입니다. 등 **04** (1) ㉠ 안전띠(안전벨트), ㉡ 횡단보도(건널목), ㉢ 초록(초록색), ㉣ 어린이 보호 구역 (2) 「도로 교통법」 (3) ⓓ 개인의 권리를 보호하고 사회 질서를 안전하게 유지하기 위해 법이 필요합니다. / 개인의 권리를 보호하고 사회 질서를 유지하기 위해서입니다. 등

---

01 (1) ① 박두성은 시각 장애인이 책을 읽지 못하는 것을 안타깝게 여기며 손으로 글을 읽을 수 있는 점자를 만들었습니다. ② 방정환은 어린이의 인권을 높이기 위해 어린이날을 만드는 등 다양한 활동을 펼쳤습니다. ③ 전태일은 열악한 환경에서 일하는 노동자들의 어려움을 알리고 노동 현장에 「근로 기준법」이 제대로 적용되기를 바라며 목소리를 높였습니다.

(2) 옛날에는 인권을 존중받지 못하고 신분, 나이, 장애, 성별 등에 따라 차별받는 경우가 있었습니다. 하지만 인권 문제에 관심을 가지고 인권 신장을 위해 노력했던 사람들이 있었습니다. 방정환은 어린이, 박두성은 시각 장애인, 전태일은 노동자의 인권을 높이기 위해 노력한 인물들입니다.

> **채점 기준**
> 인권을 신장시키기 위해 노력하였다는 내용이 들어가면 정답으로 합니다.

02 (1) ㉠ 휠체어로 이동할 수 있는 길이 없어서 이동에 어려움을 겪고 있습니다.

(2) ㉣ 다른 사람의 휴대 전화를 몰래 보는 것은 사생활 침해입니다.

(3) 경사로가 설치되어 있지 않아서 이동에 어려움을 겪는 것, 나이를 이유로 취업 지원을 거부당한 것, 누리 사랑방에 악성 댓글을 다는 것, 다른 사람의

휴대 전화를 몰래 보는 것은 모두 인권을 침해한 사례입니다.

(4) 우리 사회는 모든 사람이 인권을 보장받으며 살아갈 수 있도록 노력하고 있습니다. 제도 개선, 법 제정, 시민 단체 활동, 인권 교육 활동, 인권 캠페인 등 여러 가지 인권 보장의 확대를 위해 노력하고 있습니다.

> **채점 기준**
> 인권을 보장할 수 있는 적절한 방법을 썼으면 정답으로 합니다.

03 (1) 헌법 제1조는 나라를 다스리는 권력인 주권이 국민에게 있으므로 국민이 뽑은 대표가 국민의 뜻에 따라 나라의 일을 하는 민주 공화국임을 밝히고 있습니다.

(2) 헌법 제10조에서는 모든 국민은 인간의 존엄과 가치를 지니며 행복을 추구할 권리가 있고, 국가는 이러한 국민의 인권(권리)를 보장해야 한다는 내용을 밝히고 있습니다.

(3) 헌법 제1조와 제10조의 내용은 국민의 인권을 보장하기 위한 것입니다. 즉, 헌법이 중요한 까닭은 국민의 자유와 권리(인권)가 보장되어 있기 때문입니다.

04 (1) 제시된 그림을 보면, 차에서는 안전띠(안전벨트)를 매야 하고, 횡단보도를 건널 때는 자전거를 타지 않고 끌고 가야 합니다. 또한 보행자 신호(초록불)가 켜졌을 때 길을 건너야 하고, 어린이 보호 구역에서는 시속 30km 이내의 속도로만 달려야 합니다. 이를 지키지 않을 경우 처벌받습니다.

(2) 「도로 교통법」은 도로에서 일어나는 교통상의 모든 위험과 상해를 방지하고 제거하여 안전하고 원활한 교통을 확보함을 목적으로 하는 법입니다.

(3) 법은 우리의 일상생활 곳곳에서 개인의 권리를 보호하고 사회 질서를 안전하게 유지하는 역할을 하고 있습니다.

사
회

사회

수행 평가 60~61쪽

---

1 ㉢, ㉣ 2 ① 예 시각 장애인용 음향 신호기, 시각 장애인이 안전하게 횡단보도를 건널 수 있도록 소리로 신호 등의 변화를 알려 줍니다. ② 예 휠체어 리프트, 몸이 불편한 사람이 계단을 쉽게 오르내릴 수 있도록 도와줍니다. ③ 예 장애인 전용 택시, 원하는 곳까지 빠르고 편리하게 데려다줍니다. 등 3 ① ㉡, ㉢, ㉣, ㉤ ② ㉠, ㉣, ㉥, ㉦ 4 ㉠, ㉡ 5 예 기본권을 보호하려면 그에 따른 책임과 의무를 지켜야 하기 때문입니다. / 의무를 잘 실천하면 자신뿐만 아니라 다른 사람의 권리도 보호해 줄 수 있기 때문입니다. 등

---

1 ㉠ 인권 교육은 가정, 학교, 직장 등 다양한 곳에서 이루어집니다. ㉡ "세계 여성의 날" 캠페인은 여성들의 인권을 위한 것입니다.

2 장애인을 위한 공공 편의 시설에는 시각 장애인용 음향 신호기, 시각 장애인용 안내도, 휠체어 리프트, 장애인 전용 택시 등이 있습니다.

> **채점 기준**
> 실제 장애인을 위한 공공 편의 시설과 목적을 썼으면 정답으로 합니다.

3 헌법이 보장하는 기본권에는 평등권, 자유권, 참정권, 청구권, 사회권이 있고, 헌법에서 정한 의무에는 교육의 의무, 근로의 의무, 환경 보전의 의무, 국방의 의무, 납세의 의무 등이 있습니다.

4 헌법은 국민의 기본적인 권리인 기본권뿐만 아니라 지켜야 할 의무도 규정하고 있습니다. ㉢ 국민의 기본권과 의무가 충돌한 경우에는 문제의 상황을 분석해 합리적인 판단을 하여 조화로운 실천을 할 수 있도록 노력해야 합니다.

5 모든 국민의 권리를 더욱 잘 보장하기 위해서는 각자의 의무를 잘 지켜야 합니다.

> **채점 기준**
> 권리를 보호하기 위해서는 책임과 의무를 다해야 하기 때문이라는 내용이 들어가면 정답으로 합니다.

만점왕

누적 1,000만 부 판매가 입증하는 스테디셀러
예습·복습·숙제까지 한 번에 해결하는 기본서

44 | 정답과 해설 5-1

과학

1. 과학자들은 어떻게 탐구할까요?

개념 확인문제　　　　　　　　　　4~7쪽

1 문제 인식　**2** (1) ✕ (2) ○ (3) ○　**3** 변인 통제
4 (1) 같 (2) 다 (3) 같　**5** (1) ○ (2) ✕ (3) ○　**6** 자료
변환　**7** 자료 해석　**8** 결론 도출

2. 온도와 열

❶ 온도의 의미와 온도 변화

개념 확인문제　　　　　　　　　　8~11쪽

1 기온, 수온, 체온　**2** (1) ○ (2) ✕ (3) ○　**3** 고체,
액체(기체), 기체(액체)　**4** (1) ○ (2) ✕ (3) ○　**5** 액체
알코올　**6** 다릅니다　**7** 열　**8** 생선, 얼음　**9** (1) ○
(2) ✕

실전 문제　　　　　　　　　　12~13쪽

01 ③　**02** 온도　**03** 가희　**04** ②　**05** ㉢　**06** ㉠
25.0 °C, ㉡ 섭씨 이십오 점 영 도　**07** ⑤　**08** ㉢
09 ㉣　**10** ⑤　**11** 열　**12** ③

01 분유를 탈 때는 따뜻함을 느낄 수 있고, 금방 찐 찐빵
　이나 고기를 굽던 집게를 만지거나 물을 끓이는 전기
　주전자에 손을 가까이 하면 뜨거움을 느낍니다. 여름
　철 계곡물에 손을 넣으면 차갑습니다.

02 물체의 차갑거나 따뜻한 정도를 온도라고 합니다.

03 목욕물의 온도는 정확하게 측정하지 않아도 되고, 청
　결을 위해 목욕물의 온도를 측정하지는 않습니다.

04 적외선 온도계마다 물체의 온도를 측정할 수 있는 범
　위(거리)가 다르므로 정확한 물체의 온도를 측정하기
　위해서는 물체에서 몇 cm 정도 떨어진 위치에서 측정
　해야 합니다.

05 알코올 온도계에서 ㉠은 고리, ㉡은 몸체, ㉢은 눈금,
　㉣은 액체 기둥, ㉤은 액체샘입니다.

06 알코올 온도계의 빨간색 액체가 더 이상 움직이지 않
　으면 액체 기둥의 끝이 닿은 부분에 눈높이를 맞추어
　눈금을 읽습니다. 물의 온도는 25.0 °C이고, '섭씨 이
　십오 점 영 도'라고 읽습니다.

07 친구의 이마, 흙, 책상은 모두 고체이므로 적외선 온
　도계로 온도를 측정합니다. 수족관의 물은 액체이므
　로 알코올 온도계를 사용하여 온도를 측정합니다.

08 기온은 공기의 온도이며, 공기는 기체이므로 알코올
　온도계로 측정합니다. 알코올 온도계의 고리에 실을
　매달아 실을 손으로 잡거나 고정할 수 있는 곳에 매달
　고, 땅으로부터 약 1~1.5 m 정도의 높이에서 측정합
　니다.

09 알코올 온도계의 액체샘이 물에 충분히 잠기도록 알
　코올 온도계의 높이를 조절합니다. 측정 시간 간격을
　더 길게 2분이나 3분 간격으로 하면 온도 변화를 더
　확실하게 관찰할 수 있습니다.

10 따뜻한 물과 차가운 물이 접촉한 채로 시간이 지나면
　따뜻한 물은 온도가 점점 낮아지고, 차가운 물은 온도
　가 점점 높아지므로 두 물의 온도는 같아집니다.

11 온도가 다른 두 물체가 접촉할 때 두 물체의 온도가
　변한 까닭은 온도가 높은 물체에서 온도가 낮은 물체
　로 열이 이동했기 때문입니다.

12 열은 온도가 높은 물체에서 온도가 낮은 물체로 이동
　합니다.
　① 뜨거운 프라이팬에 버터를 올려놓으면 온도가 높은
　　프라이팬에서 온도가 낮은 버터로 열이 이동합니다.
　② 갓 삶은 달걀을 차가운 물에 담그면 온도가 높은 삶
　　은 달걀에서 온도가 낮은 차가운 물로 열이 이동합
　　니다.
　④ 따뜻한 손난로를 손으로 잡으면 온도가 높은 손난
　　로에서 온도가 낮은 손으로 열이 이동합니다.
　⑤ 얼음이 담긴 컵을 손으로 잡으면 손에서 컵으로 열
　　이 이동합니다.

❷ 고체, 액체, 기체에서 열의 이동

개념 확인문제　　　　　　　　　　14~17쪽

1 높은, 낮은　**2** 전도　**3** 구리　**4** 단열　**5** 금속,
플라스틱　**6** (1) ○ (2) ○ (3) ✕　**7** 대류　**8** 위, 위,
아래　**9** 위

과학

01 ③, ⑤   02 ㉠, ㉡, ㉢, ㉣   03 ③   04 ②, ⑤
05 ③   06 ④   07 ①, ④   08 ⑤   09 ㉠   10 ㉡
11 ⑤   12 ④, ⑤

01 길게 자른 구리판의 한쪽 끝부분을 가열하면 가열한 부분의 온도가 높아집니다. 또, 가열하지 않은 부분도 점점 온도가 높아집니다.

02 구리판을 가열하면 가열한 부분의 온도가 가장 먼저 높아지므로 구리판의 가운데 부분의 열 변색 붙임딱지가 가장 먼저 색깔이 변합니다. 시간이 지나면 고체 물체를 따라 열이 전달되면서 구리판 전체의 색깔이 변하게 됩니다. 구리판이 끊긴 부분으로는 열이 전달되지 않습니다.

03 고체에서 열은 온도가 높은 곳에서 온도가 낮은 곳으로 고체 물체를 따라 이동하고, 고체 물체가 끊겨 있으면 열은 끊긴 방향으로 이동하지 않습니다.

04 프라이팬, 냄비, 전기다리미 등은 고체에서의 열의 이동(전도)을 이용하여 만든 제품입니다. 보온병과 아이스박스는 단열을 이용하여 만들었습니다.

05 고체 물질의 종류에 따라 열이 이동하는 빠르기를 비교하는 실험이므로 구리판, 플라스틱판, 철판은 길이, 폭, 두께가 같은 것으로 준비합니다. 열 변색 붙임딱지도 같은 색으로 준비하여 비교하기 쉽도록 합니다.

06 플라스틱보다 철에서 열이 더 빠르게 이동하고, 철보다 구리에서 열이 더 빠르게 이동합니다.

07 실험으로부터 금속에서는 열이 잘 이동하고, 뜨거운 물에서 금속으로 열이 이동하는 것을 알 수 있습니다.

08 건물의 벽에 단열재를 설치하여 여름철에는 집 밖의 열이 집 안으로 잘 전달되지 않고, 겨울철에는 집 안의 열이 집 밖으로 잘 빠져나가지 않도록 합니다.

09 물이 담긴 비커 바닥의 잉크가 있는 부분을 가열하면 물의 온도가 높아지고, 온도가 높아진 물은 위로 올라갑니다.

10 불을 붙인 알코올램프 주변의 공기가 뜨거워져서 위로 올라갔기 때문에 비눗방울도 위로 올라갑니다.

11 기체에서는 온도가 높아진 공기가 위로 올라가고 위에 있던 공기가 아래로 밀려 내려오면서 열이 이동합니다. 이와 같은 기체에서의 열의 이동을 대류라고 합니다.

12 금속과 책상은 고체 물질로 전도에 의해 열의 이동이 일어납니다.

01 ②   02 ④   03 ③   04 ⑤   05 (1) 알코올 온도
계 (2) 적외선 온도계   06 ②   07 ④   08 ④   09 ②
10 ㉠   11 ④   12 ㉢   13 빠르게, 빠르게   14 ㉡
15 ①   16 동훈   17 (나)   18 ③

01 일정 시간 따뜻한 온도가 유지되는 손난로를 손으로 만지면 따뜻함을 느낄 수 있습니다.

02 물체의 차갑거나 따뜻한 정도를 온도라고 하며, 숫자에 단위 ℃(섭씨도)를 붙여 나타냅니다. 같은 물질로 만든 물체라도 물체가 놓인 장소, 측정 시각, 햇빛의 양 등에 따라 온도가 다를 수 있습니다.

03 계곡물 온도를 확인하고자 할 때는 정확한 온도를 측정하지 않아도 되므로 손을 넣어 온도를 어림합니다.

04 알코올 온도계는 주로 액체나 기체의 온도를 측정할 때 사용하고 빨간색 액체가 더 이상 움직이지 않으면 액체 기둥의 끝이 닿은 부분에 눈높이를 맞추어 눈금을 읽습니다. ①, ②, ④는 적외선 온도계에 대한 설명입니다.

05 (1) 도자기 컵에 든 음료수는 액체이므로 알코올 온도계로 온도를 측정합니다.
   (2) 유리컵은 고체이므로 적외선 온도계로 온도를 측정합니다.

06 물체의 온도는 같은 물체라도 물체가 놓인 장소, 측정 시각, 햇빛의 양 등에 따라 다를 수 있습니다. 영서와 동훈이가 놀이터 바닥(같은 물체)의 온도를 적외선 온도계로 측정했을 때 햇빛이 비치는 쪽과 그늘진 쪽의 온도가 다르다는 것을 알 수 있습니다.

07 물은 액체이므로 알코올 온도계가 필요합니다.

08 따뜻한 물과 차가운 물이 접촉하면 따뜻한 물의 온도는 점점 낮아지고 차가운 물의 온도는 점점 높아집니다. 따뜻한 물과 차가운 물이 접촉한 채로 시간이 지나면 두 물의 온도는 같아집니다.

09 온도가 다른 두 물체가 접촉할 때 두 물체의 온도가 변한 까닭은 온도가 높은 물체에서 온도가 낮은 물체로 열이 이동했기 때문입니다.

10 길게 자른 구리판의 한쪽 끝부분을 가열하면 가열한 부분의 온도가 가장 먼저 높아지고 멀리 있는 부분이 가장 늦게 높아집니다.

11 고체 물체가 끊겨 있으면 열은 끊긴 방향으로 이동하지 않고, 고체 물체를 따라 이동합니다.

12 냄비의 몸체는 열이 잘 전달되는 금속으로 만들지만, 손잡이는 열이 잘 전달되지 않는 플라스틱으로 만들어서 손잡이 쪽으로는 열이 잘 전달되지 않게 합니다.

13 고체 물질의 종류에 따라 열이 이동하는 빠르기가 다릅니다. 철보다 구리에서 열이 더 빠르게 이동하고 플라스틱보다 철에서 열이 더 빠르게 이동합니다.

14 아이스박스 안으로 열이 잘 이동하지 않아 물, 음료 등의 온도가 오랫동안 유지됩니다. 이처럼 일상생활에서 단열은 물체 사이에서 열의 이동을 줄이거나 물체의 온도를 일정하게 유지하기 위해서 다양하게 이용되고 있습니다.

15 차가운 물이 담긴 비커 바닥의 한쪽에 파란색 잉크를 넣고 파란색 잉크의 아랫부분을 초로 가열한 후 파란색 잉크의 움직임을 관찰하면 액체에서의 열의 이동을 알 수 있습니다.

16 물이 담긴 냄비를 가열할 때 온도가 높아진 물은 위로 올라가고, 위에 있던 물은 아래로 밀려 내려오는 과정이 반복되면서 냄비에 담긴 물 전체의 온도가 높아집니다.

17 향 연기가 불을 붙인 초를 넣은 쪽 위로 올라가는 까닭은 불을 붙인 초 주변의 따뜻해진 공기가 위로 올라가기 때문입니다. 초에 불을 붙이기 전에는 향 연기가 향을 넣은 쪽 위로 올라갑니다.

18 불을 붙인 초 위쪽에 바람개비를 초와 마주 보게 놓았을 때 바람개비가 돌아가는 까닭은 따뜻해진 공기가 위로 올라가기 때문입니다.

서술형 문제　　24~25쪽

01 (1) (가), 예 어항 속 물의 온도를 정확하게 측정해야 일정한 온도에서 사는 물고기나 수초의 생활 환경을 조성할 수 있기 때문이다. (2) 예 병원에서 환자의 체온을 체온계로 측정할 때, 배추를 재배하는 비닐 온실의 공기의 온도를 측정할 때, 튀김 요리를 할 기름의 온도를 측정할 때 등 **02** (1) 적외선 온도계 (2) 예 적외선 온도계는 주로 고체 물질의 온도를 측정하는 데 사용하기 때문이다. **03** (1) 연경 (2) 예 온도를 측정하고자 하는 액체에 알코올 온도계의 액체샘 부분을 완전히 잠기도록 넣어야 해. **04** 예 온도가 높은 프라이팬에서 온도가 낮은 버터로 열이 이동했기 때문이다. **05** (1) 해설 참조 (2) 예 온도가 높은 곳에서 온도가 낮은 곳으로 구리판을 따라 열이 이동한다. **06** (1) ㉠, ㉢ (2) 예 냄비의 몸체와 다리미의 바닥 부분은 열이 잘 이동하도록 금속으로 만들고, 손잡이는 열이 잘 이동하지 않도록 플라스틱으로 만든다. **07** 예 액체에서 온도가 높아진 물질이 위로 올라가고 위에 있던 온도가 낮은 물질이 아래로 밀려 내려오면서 열이 전달된다. **08** 예 난방 기구 주변의 공기는 온도가 높아져 위로 올라가고 위에 있던 공기는 아래로 밀려 내려온다. 이러한 과정이 반복되면서 집 안 전체의 공기가 따뜻해진다.

01 (1) 목욕을 하기 위해 물의 온도를 반드시 정확하게 측정하지는 않습니다.

> **채점 기준**
>
> (가)를 고르고, 정확한 온도 측정이 필요한 까닭을 옳게 썼으면 정답으로 합니다.

(2) 병원에서 체온을 잴 때, 배추를 재배하는 비닐 온실의 기온을 측정할 때, 튀김 요리를 할 때 등의 상황에서는 온도의 정확한 측정이 필요합니다.

> **채점 기준**
>
> | | |
> |---|---|
> | 상 | 일상생활에서 정확한 온도 측정이 필요한 예를 두 가지 모두 옳게 쓴 경우 |
> | 하 | 일상생활에서 정확한 온도 측정이 필요한 예를 한 가지만 옳게 쓴 경우 |

02 (2) 적외선 온도계는 주로 고체의 온도를 측정할 때 사용하고, 알코올 온도계는 주로 액체나 기체의 온도를 측정할 때 사용합니다.

> **채점 기준**
> 주로 고체 물질의 온도를 측정할 때 적외선 온도계를 사용한다고 썼으면 정답으로 합니다.

03 (2) 액체샘 부분을 온도를 측정하려는 물질에 넣을 때에는 완전히 잠기도록 넣어야 합니다.

> **채점 기준**
> 액체샘 부분이 온도를 측정하려는 물질에 완전히 잠겨야 한다고 썼으면 정답으로 합니다.

04 온도가 다른 두 물체가 접촉하면 온도가 높은 물체에서 온도가 낮은 물체로 열이 이동합니다.

> **채점 기준**
> 온도가 높은 프라이팬에서 온도가 낮은 버터로 열이 이동한다고 썼으면 정답으로 합니다.

05 (1) 길게 자른 구리판의 한쪽 끝부분을 가열할 때 열 변색 붙임딱지의 색깔이 변하는 방향은 다음과 같습니다.

(2) 고체에서 열은 가열한 부분에서 멀어지는 방향으로 이동합니다.

> **채점 기준**
> 고체에서 온도가 높은 곳에서 온도가 낮은 곳으로 고체 물체를 따라 열이 이동한다고 썼으면 정답으로 합니다.

06 (1) 냄비의 몸체와 다리미의 바닥은 열이 잘 전달되는 금속으로 만들고, 손잡이는 열이 잘 전달되지 않는 플라스틱으로 만듭니다.
(2) 플라스틱으로 만든 손잡이에는 열이 잘 전달되지 않습니다.

> **채점 기준**
> 금속과 플라스틱에서 열이 이동하는 빠르기가 다르다는 내용으로 썼으면 정답으로 합니다.

07 액체에서는 대류를 통해 열의 이동이 일어납니다.

채점 기준	
상	보기의 단어를 모두 사용하여 액체에서 열의 이동에 대한 내용을 옳게 쓴 경우
중	보기의 단어 중 4개 이상을 사용하여 액체에서 열의 이동에 대한 내용을 쓴 경우
하	보기의 단어 중 2~3개만 사용하여 열의 이동에 대한 내용을 쓴 경우

08 기체에서는 온도가 높아진 공기가 위로 올라가고 위에 있던 공기가 아래로 밀려 내려오면서 열이 이동합니다.

> **채점 기준**
> 기체에서 열의 이동(대류)에 대한 내용을 옳게 썼으면 정답으로 합니다.

수행 평가 26~27쪽

1 (1) 예 알코올 온도계의 액체샘이 물에 충분히 잠기도록 알코올 온도계의 높이를 조절한다. (2) 예 따뜻한 물은 온도가 점점 낮아지고, 차가운 물은 온도가 점점 높아진다. (3) 예 온도가 높은 물체에서 온도가 낮은 물체로 열이 이동했기 때문이다. **2** (1) ㉠, ㉢, ㉣ (2) 구리판 → 철판 → 플라스틱판 (3) 예 열은 철보다 구리에서 더 빠르게 이동하고, 플라스틱보다 철에서 더 빠르게 이동하기 때문이다.

01 (1) 알코올 온도계의 액체샘이 물에 잠겨야 합니다.

> **채점 기준**
> 예시 답안과 같이 썼으면 정답으로 합니다.

(2) 온도가 다른 두 물체가 접촉하면 온도가 높은 물체는 온도가 점점 낮아지고, 온도가 낮은 물체는 온도가 점점 높아집니다. 따뜻한 물과 차가운 물이 접촉한 채로 시간이 지나면 두 물의 온도는 같아집니다.

> **채점 기준**
> 두 물체의 온도 변화를 예시 답안과 같이 썼으면 정답으로 합니다.

(3) 온도가 다른 두 물체가 접촉할 때 두 물체의 온도가 변한 까닭은 온도가 높은 물체에서 온도가 낮은 물체로 열이 이동했기 때문입니다.

02 (1) 구리판, 철판, 플라스틱판의 길이, 폭, 두께가 같은 것으로 준비합니다. 고체 물질의 종류는 다르게 합니다.

(2) 구리판, 철판, 플라스틱판의 순서로 열이 빠르게 전달됩니다.

(3) 고체 물질의 종류에 따라 열이 이동하는 빠르기가 다르기 때문에 열 변색 붙임딱지의 색깔이 변하는 빠르기가 다릅니다.

3. 태양계와 별

❶ 태양계의 구성원

개념 확인문제 28~31쪽

1 태양 **2** (1) ○ (2) × (3) ○ **3** 행성 **4** 화성
5 (1) × (2) ○ (3) ○ **6** 목성 **7** 금성 **8** (1) ○
(2) × **9** 수성, 금성, 지구, 화성, 목성, 토성, 천왕성, 해왕성 **10** 수성, 금성 **11** 멀어집니다

실전 문제 32~33쪽

01 태양 **02** ⑤ **03** ④ **04** 태양계 **05** ④ **06** ③
07 ⑤ **08** ③ **09** ③ **10** ⑤ **11** 52 **12** ㉡

01 태양은 식물이 양분을 만들 수 있게 도움을 주고, 지구의 물이 순환하는 데 필요한 에너지를 끊임없이 공급해 줍니다.

02 태양은 지구를 따뜻하게 해 줍니다. 태양 빛을 이용하면 일광욕을 즐길 수 있고, 빨래가 잘 마릅니다. 또한, 태양 빛으로 바닷물이 증발하여 소금이 만들어집니다.

03 그림은 태양광 패널을 설치한 주택의 모습으로, 태양광 패널은 태양 빛을 이용하여 전기를 만드는 장치입니다.

05 붉은색을 띠고, 표면이 딱딱한 땅으로 되어 있으며 지구의 사막처럼 암석과 흙으로 되어 있는 행성은 화성입니다.

06 토성은 표면이 기체로 되어 있으며 표면에 줄무늬가 발달해 있습니다. 또, 태양계 행성 중 가장 뚜렷한 고리를 가지고 있습니다. ①은 천왕성, ②는 수성, ④는 해왕성, ⑤는 수성, 금성, 지구, 화성에 대한 설명입니다.

07 ①은 수성, ②는 천왕성, ③은 지구, ④는 금성입니다.

08 수성, 금성, 지구, 화성은 표면이 땅으로 되어 있고, 목성, 토성, 천왕성, 해왕성은 표면이 기체로 되어 있습니다.

09 태양계에서 가장 큰 천체는 태양으로 태양의 반지름은 지구의 반지름보다 약 109배가 큽니다.

10 지구보다 크기가 큰 행성은 목성, 토성, 천왕성, 해왕성입니다. 수성, 금성, 화성은 지구보다 크기가 작은 행성입니다. 태양은 행성이 아닙니다.

11 태양에서 지구까지의 거리를 1로 보았을 때 태양에서 목성까지의 상대적인 거리가 5.2이므로 태양에서 지구까지의 거리를 10 cm로 했을 때 태양에서 목성까지의 거리는 10 cm의 5.2배인 52 cm입니다.

12 태양에서 지구보다 가까운 거리에는 수성, 금성이 있습니다.

❷ 밤하늘의 별

개념 확인문제 34~37쪽

1 별, 금성 **2** (1) × (2) ○ **3** (1) ○ (2) ○ **4** 별, 행성 **5** 태양 **6** 별자리 **7** 북두칠성 **8** 카시오페이아자리 **9** 북극성 **10** (1) ○ (2) × **11** 북두칠성, 카시오페이아자리

01 ⓛ, ⓒ   02 ④   03 ㉠ 별, ㉡ 행성   04 ③
05 ㉠   06 (가) 큰곰자리 (나) 작은곰자리 (다) 카시오
페이아자리   07 ④   08 동훈   09 ②   10 북극성
11 ③   12 ㉣

01 ④   02 ㉠ 물, ㉡ 에너지   03 ①   04 ④   05 ②
06 ②, ⑤   07 핸드볼공   08 ④   09 ㉠, ㉢   10 ⑤
11 근태   12 ⑤   13 ㉢   14 ②   15 카시오페이아자리
16 북쪽   17 ①, ⑤   18 ㉠ ⑥, ㉡ ⑦, ㉢ 5

01 여러 날 동안 금성과 별의 위치를 관측한 결과 금성은 위치가 변하고, 별은 위치가 거의 변하지 않았음을 알 수 있습니다.

02 여러 날 동안 같은 밤하늘을 관측하면 별은 행성보다 지구에서 매우 먼 거리에 있기 때문에 움직이지 않는 것처럼 보입니다. 행성은 태양 주위를 돌고, 별보다 지구에 가까이 있기 때문에 별들 사이에서 위치가 변하는 것을 볼 수 있습니다.

03 별은 스스로 빛을 내지만 행성은 스스로 빛을 내는 것이 아니라 태양 빛을 반사하여 우리에게 관측됩니다.

04 별은 스스로 빛을 내며, 여러 날 동안 관측했을 때 위치가 거의 변하지 않습니다. 태양은 스스로 빛을 내는 태양계의 유일한 별입니다.

05 별자리를 관측하여 기록하고자 할 때 가장 먼저 관측할 시각과 장소를 정해야 합니다.

06 (가)는 큰곰자리, (나)는 작은곰자리, (다)는 카시오페이아자리입니다.

07 그림의 세 별자리는 북쪽 밤하늘에서 볼 수 있는 별자리입니다.

08 나침반, 스마트 기기 애플리케이션, 별자리를 이용하면 밤하늘의 방위를 알 수 있습니다. 나침반의 붉은색 바늘이 가리키는 방향이 북쪽입니다.

09 북극성은 거의 움직이지 않고 항상 북쪽에서 보이기 때문에 북쪽을 알려주는 길잡이 역할을 합니다. 북극성은 스스로 빛을 내는 별입니다.

11 북두칠성의 국자 모양 끝부분의 두 별(①과 ②)을 찾고, 두 별을 연결한 거리의 다섯 배 떨어진 곳에 있는 별이 북극성입니다.

12 카시오페이아자리에서 바깥쪽 두 선을 연장해 만나는 점 ㉠과 가운데에 있는 별 ㉣을 연결하고, 그 거리의 다섯 배 떨어진 곳에 있는 별이 북극성입니다.

01 태양은 주변을 밝게 비춰 주고 지구를 따뜻하게 하여 생물이 살기 적당한 온도를 만들어 줍니다. 햇빛에 오래 노출되면 피부가 타거나 햇빛에 의해 피부가 손상되기도 합니다.

02 비가 내리고 바닷물이 증발하여 구름이 되고 비구름이 형성되면 다시 비가 내립니다. 이처럼 태양은 물이 순환하는 데 필요한 에너지를 공급합니다.

03 태양은 태양계의 중심에 있으며 태양계에서 유일하게 스스로 빛을 내는 천체입니다.

04 표면이 딱딱한 땅으로 되어 있고 지구에서 가장 밝게 보이는 행성은 금성입니다. ①은 화성, ②는 천왕성, ③은 지구, ④는 금성, ⑤는 목성입니다.

05 자료의 행성은 토성으로 표면이 기체로 되어 있고 표면에 줄무늬가 있습니다. 또, 태양계 행성 중 가장 뚜렷한 고리를 가지고 있습니다.

06 화성은 붉은색을 띠며 표면이 딱딱한 땅으로 되어 있고 크기는 지구 크기의 절반 정도입니다. 지구와 크기가 가장 비슷한 행성은 금성입니다.

07 토성은 반지름이 지구의 약 9.4배이므로 구슬 반지름의 약 9.3배인 핸드볼공에 비유할 수 있습니다.

08 태양계에서 크기가 가장 큰 행성은 목성이고, 가장 작은 행성은 수성입니다. 지구와 크기가 가장 비슷한 행성은 금성입니다.

09 태양계 행성 중에서 수성, 금성, 화성은 고리가 없고 지구보다 크기가 작습니다. 목성과 토성은 표면에 줄무늬가 있고, 태양에서 지구보다 멀리 있는 행성은 화성, 목성, 토성, 천왕성, 해왕성입니다.

10 태양에서 지구까지의 거리를 10 cm로 했을 때 태양과 가장 멀리 떨어져 있는 해왕성까지의 거리는 300 cm이므로 천 줄자의 길이는 보기 중 310 cm가 가장 적당합니다.

11 지구에서 가장 가까이 있는 행성은 금성입니다. 태양

에서 지구까지의 거리를 10 cm로 했을 때 지구와 금성 사이의 거리는 3 cm이고, 지구와 화성 사이의 거리는 5 cm입니다.

12 행성은 별처럼 스스로 빛을 내는 것이 아니라 태양 빛을 반사해 우리에게 관측됩니다.

13~14 화성은 여러 날 동안 관측한 결과 위치가 변한 ⓒ입니다.

15 북쪽 밤하늘에서 볼 수 있고, 알파벳 W자를 닮은 별자리는 카시오페이아자리입니다.

16 재영이가 그린 그림에 카시오페이아자리, 작은곰자리, 북두칠성이 있는 것으로 보아 북쪽 밤하늘을 관찰하였음을 알 수 있습니다.

17 북두칠성과 카시오페이아자리를 이용하면 밤하늘에서 북극성을 쉽게 찾을 수 있습니다.

18 북두칠성의 국자 모양 끝부분의 두 별(⑥과 ⑦)을 찾고, 두 별을 연결한 거리의 다섯(5) 배 떨어진 곳에 있는 별이 북극성입니다.

서술형 문제 44~45쪽

01 (1) 예 식물은 태양 빛을 이용하여 양분을 만든다. (2) 예 초식 동물은 식물이 만든 양분을 먹는다. (3) 예 사람들은 태양 빛을 이용하여 전기를 만든다. 태양은 빨래를 잘 마르게 한다. 등 **02** (1) 예 온도 유지가 어렵기 (2) 예 필요한 대부분의 에너지 **03** (1) ㉠ 화성, ㉡ 목성 (2) 예 (가) 행성들은 표면이 땅으로 되어 있고, (나) 행성들은 표면이 기체로 되어 있다. **04** (1) 목성, 토성, 천왕성, 해왕성, 지구, 금성, 화성, 수성 (2) 해설 참조 **05** (1) ㉠ 금성, 예 두꺼운 대기로 둘러싸여 있다. 지구에서 가장 밝게 보인다. 등 / ㉡ 토성, 예 표면에 줄무늬가 있다. 뚜렷한 고리를 가지고 있다. 등 / ㉢ 천왕성, 예 청록색을 띤다. 희미한 고리가 있다. 등 (2) 예 태양에서 지구보다 가까이 있는가? **06** (1) 예 여러 날 동안 금성과 별이 있는 밤하늘의 모습에서 위치가 변한 천체는 금성(행성)이고, 위치가 변하지 않은 천체는 별이다. (2) 해설 참조, 예 여러 날 동안 관측한 결과 위치가 변했기 때문이다. **07** (1) ㉠ 카시오페이아자리, ㉡ 작은곰자리, ㉢ 북두칠성 (2) 북쪽, 예 북쪽 밤하늘에서 볼 수 있는 별자리이기 때문이다. **08** 예 카시오페이아자리에서 바깥쪽 두 선을 연장해 만나는 점과 가운데에 있는 별 ③을 연결하고, 그 거리의 다섯 배 떨어진 곳에 있는 별이 북극성이다.

01 태양은 지구를 따뜻하게 해 주며 주변의 모든 것에 영향을 미칩니다.

채점 기준	
상	식물, 동물, 사람에게 미치는 영향을 모두 옳게 쓴 경우
중	식물, 동물, 사람에게 미치는 영향 중 두 가지만 옳게 쓴 경우
하	식물, 동물, 사람에게 미치는 영향 중 한 가지만 옳게 쓴 경우

02 태양이 없으면 지구에서 생물이 살기에 적당한 온도가 되지 않아 생물이 살 수 없고, 우리는 살아가는 데 필요한 대부분의 에너지를 태양에서 얻고 있습니다.

태양의 소중함에 대한 내용을 옳게 썼으면 정답으로 합니다.

03 수성, 금성, 지구, 화성은 표면이 땅(암석)으로 되어 있고, 목성, 토성, 천왕성, 해왕성은 표면이 기체로 되어 있습니다.

채점 기준	
상	(가)와 (나) 행성의 표면 상태를 모두 옳게 쓴 경우
하	(가)와 (나) 행성의 표면 상태 중 한 가지만 옳게 쓴 경우

04 (2)

분류 기준: 예 지구보다 크기가 큰가?

그렇다.	그렇지 않다.
목성, 토성, 천왕성, 해왕성	금성, 화성, 수성

채점 기준	
상	분류 기준과 기준에 따른 행성의 분류를 모두 옳게 쓴 경우
하	분류 기준은 옳게 썼으나 행성의 분류를 옳게 하지 못한 경우

05 (1) ㉠은 금성, ㉡은 토성, ㉢은 천왕성입니다.

채점 기준	
상	행성의 이름과 특징을 모두 옳게 쓴 경우
중	두 가지 행성의 이름과 특징을 옳게 쓴 경우
하	행성의 이름만 옳게 쓴 경우

(2) (가)는 지구보다 태양에 가깝고, (나)는 지구보다 태양에서 멀리 있습니다.

채점 기준	
예시 답안과 같게 썼다면 정답으로 합니다.	

06 (1) 여러 날 동안 밤하늘을 관측했을 때 위치가 변한 것이 있고 변하지 않는 것이 있습니다.

채점 기준	
행성과 별을 구별하는 방법을 위치 변화와 관련지어 옳게 썼으면 정답으로 합니다.	

(2) 위치가 변한 것이 행성이고 위치가 변하지 않은 것이 별입니다.

채점 기준	
금성을 바르게 표시하고 여러 날 동안 위치가 변했음을 옳게 썼으면 정답으로 합니다.	

07 (2) 북두칠성, 작은곰자리, 카시오페이아자리는 북쪽 밤하늘의 별들을 연결해 이름을 붙인 별자리입니다.

채점 기준	
밤하늘의 방향과 그렇게 생각한 까닭을 옳게 썼으면 정답으로 합니다.	

08 밤하늘에서 카시오페이아자리를 이용하여 북극성을 찾을 수 있습니다.

채점 기준	
상	카시오페이아자리를 이용하여 북극성을 찾는 방법을 구체적으로 옳게 쓴 경우
하	카시오페이아자리를 이용하여 북극성을 찾는 방법을 구체적이지 못하지만 의미는 전달되게 쓴 경우

수행 평가   46~47쪽

1 해설 참조   2 (1) (가) 북두칠성, 예 북두칠성의 국자 모양 끝부분의 두 별을 찾고, 두 별을 연결한 거리의 다섯 배 떨어진 곳에 있는 별 / (나) 카시오페이아자리, 예 카시오페이아자리에서 바깥쪽 두 선을 연장해 만나는 점과 가운데에 있는 별을 연결하고, 그 거리의 다섯 배 떨어진 곳에 있는 별 (2) 북

1 [태양]
• 태양은 지구를 따뜻하게 해 주고, 물이 순환하는 데 필요한 에너지를 공급합니다.

- 식물은 태양 빛을 이용하여 양분을 만듭니다.
- 태양 빛을 이용하여 전기를 만듭니다. 등

[행성]

행성	수성	금성	지구	화성
표면의 상태	딱딱한 땅	딱딱한 땅	딱딱한 땅	딱딱한 땅
고리	없다.	없다.	없다.	없다.
특징	• 대기가 거의 없다. • 태양계 행성 중 달의 표면 모습과 가장 비슷하다.	• 표면이 두꺼운 대기로 둘러싸여 있다. • 지구에서 가장 밝게 보인다.	• 표면의 약 70 %가 바다로 덮여 있다. • 많은 생물이 살고 있다.	• 붉은 색을 띤다. • 지구의 사막처럼 암석과 흙으로 되어 있다.

행성	목성	토성	천왕성	해왕성
표면의 상태	기체	기체	기체	기체
고리	있다.	있다.	있다.	있다.
특징	• 표면에 줄무늬가 있다. • 표면에 붉은 색으로 보이는 거대한 반점이 있다.	• 표면에 줄무늬가 있다. • 태양계 행성 중 가장 뚜렷한 고리를 가지고 있다.	• 청록색을 띤다. • 망원경 없이는 볼 수 없다.	• 푸른 색을 띤다. • 표면에 거대한 검은 반점이 있다.

2 (1) 북두칠성의 국자 모양 끝부분의 두 별을 찾고, 두 별을 연결한 거리의 다섯 배 떨어진 곳에 있는 별이 북극성입니다. 카시오페이아자리에서 바깥쪽 두 선을 연장해 만나는 점과 가운데에 있는 별을 연결하

고, 그 거리의 다섯 배 떨어진 곳에 있는 별이 북극성입니다.

(2) 북쪽 밤하늘의 모습입니다.

4. 용해와 용액

❶ 용해, 용질의 무게 비교, 용질의 종류와 용해되는 양

개념 확인문제 48~51쪽

1 용해 **2** (1) ○ (2) ○ (3) × (4) × **3** 용질
4 용액 **5** 같습니다 **6** 유리 막대 **7** 용질의 종류
8 다릅니다 **9** 설탕 **10** 100

실전 문제 52~53쪽

01 ④ **02** ③ **03** ㉠ 용해, ㉡ 용액 **04** ⑤ **05** 145.5
06 ㉣ **07** ㉢ **08** (가) 설탕 (나) 소금 (다) 백반
09 ① **10** 설탕 **11** (1) × (2) ○ (3) × **12** ③

01 밀가루를 물에 넣고 저으면 뿌옇게 변하고, 시간이 지나면 밀가루가 바닥에 가라앉습니다.

02 ① 어떤 물질은 물에 잘 녹아 용해되지만, 어떤 물질은 잘 녹지 않아 용해되지 않습니다.
② 용액은 오래 두어도 떠 있거나 가라앉는 것이 없습니다.
④ 설탕이나 소금처럼 다른 물질에 녹는 물질을 용질이라고 합니다.

⑤ 어떤 물질이 다른 물질에 녹아 고르게 섞이는 현상을 용해라고 합니다.

03 용질인 주스 가루가 용매인 물에 용해되어 용액인 주스가 됩니다.

04 ① 물에 가루약이 다 녹았기 때문에 가루약이 녹은 물은 용액입니다.
② 물에 설탕이 다 녹았기 때문에 설탕물은 용액입니다.
③ 분말주스가 물에 다 녹았기 때문에 용액입니다.
④ 물에 소금이 다 녹아 투명한 소금물은 용액입니다.
⑤ 미숫가루를 넣은 물은 바닥에 미숫가루가 가라앉아 있습니다. 용액은 용질이 용매에 고르게 섞여 뜨거나 가라앉은 것이 없어야 하므로, 미숫가루를 넣은 물은 용액이 아닙니다.

05 각설탕이 용해되기 전의 각설탕과 물의 무게는 각설탕이 용해된 후 설탕물(용액)의 무게와 같습니다.

06 각설탕은 물에 용해되어 설탕물(용액)이 됩니다. 물에 용해된 설탕은 없어진 것이 아니라 매우 작게 변해 물속에 녹아 있기 때문에 각설탕이 물에 용해되기 전과 용해된 후의 무게는 같습니다.

07 ㉠ 각설탕은 물에 용해되었을 때 없어지지 않고 매우 작게 변해 물속에 남아 있습니다.
㉡ 각설탕은 물속에서 점점 크기가 작아집니다.
㉢ 각설탕(용질)이 물(용매)에 녹아 물에 고르게 섞인 설탕물(용액)이 됩니다.

08 온도와 양이 같은 물에 설탕, 소금, 백반을 각각 여덟 숟가락씩 넣으면 설탕이 가장 많이 용해되고, 다음으로 소금이 많이 용해됩니다. 백반이 용해되는 양이 가장 적어서 가장 많이 가라앉습니다.

09 여러 가지 용질이 물에 용해되는 양을 비교하기 위하여 물의 양, 온도, 용질 한 숟가락의 양은 같게 하고, 용질의 종류를 다르게 하여 실험해야 합니다. 더 이상 용해되지 않고 바닥에 남는지 확인하기 위하여, 유리 막대로 저어 용질이 다 용해된 다음 한 숟가락씩 더 넣어 녹여야 합니다.

10 설탕, 소금, 백반 중 물 50 mL에서 가장 많이 용해되는 것은 설탕입니다. 따라서 물 100 mL에서도 설탕이 가장 많이 용해됩니다.

11 온도와 양이 같은 물에 백반과 분말주스를 같은 양만큼 넣어 녹였을 때 분말주스는 다 용해되었고 백반은 다 용해되지 못하고 바닥에 남았으므로, 분말주스가

백반보다 더 많이 용해됩니다. 따라서 물의 온도와 양이 같을 때 용질마다 용해되는 양이 다른 것을 알 수 있습니다.

12 ① 같은 양을 넣었는데 소금은 다 녹았지만 제빵 소다는 가라앉았으므로, 소금과 제빵 소다는 용해되는 양이 다릅니다.
② 소금을 계속 더 넣으면 어느 정도 용해되다가 더 이상은 용해되지 않습니다.
③ 서로 다른 물질은 용해되는 양도 다릅니다.
④ 소금은 다 용해되고 제빵 소다는 가라앉았으므로, 소금이 제빵 소다보다 용해되는 양이 더 많습니다.
⑤ 물의 양을 더 늘려도 소금이 제빵 소다보다 용해되는 양이 많습니다.

② 물의 온도와 용질이 용해되는 양의 변화 ~ ③ 용액의 진하기

개념 확인문제 54~57쪽

1 다릅니다 **2** 높을수록 **3** 진하기 **4** (1) ○ (2) ×
5 (1) ○ (2) × **6** 높이 떠오릅니다 **7** 눈금 **8** 뜨고, 가라앉도록

실전 문제 58~59쪽

01 ㉡ **02** ② **03** ⑤ **04** ④ **05** 높이면 **06** ②
07 (나) **08** 용액의 진하기 **09** (나) **10** ③ **11** ②, ⑤ **12** ③

01~02 물의 온도에 따라 백반이 용해되는 양을 비교하는 실험으로, 물의 온도만 다르게 하고 다른 조건을 모두 같게 해야 합니다.

03 물의 양이 모두 같을 때, 온도가 높을수록 백반을 많이 녹일 수 있습니다.

04 ① 얼음을 넣으면 온도가 더 낮아지므로 용해되는 양이 줄어들어 코코아 가루가 더 많이 가라앉습니다.
② 유리 막대로 젓는 것은 코코아 가루가 녹는 속도를 빠르게 하지만, 녹는 양을 더 늘릴 수는 없습니다.

③ 더 녹지 못하고 코코아 가루가 가라앉아 있으므로 코코아 가루를 더 넣으면, 더 넣은 가루도 모두 가라앉게 됩니다.

④ 물의 온도를 높여주면 용해되는 양이 늘어나므로, 가라앉아 있던 코코아 가루를 더 녹일 수 있습니다.

⑤ 물의 양과 온도에 변화가 없다면, 그릇의 크기가 달라도 용해되는 양은 같습니다.

05 일반적으로 물의 온도가 높을수록 용질이 많이 용해됩니다. 따라서 완전히 용해되지 않고 남아 있는 용질은 물의 온도를 높이면 더 많이 용해될 수 있습니다.

06 흰 종이를 비커 뒤에 대고 황설탕 용액의 색깔 차이를 비교하여 용액의 진하기를 비교할 수 있습니다.

07 색깔이 진한 (나) 용액이 황색 각설탕 열 개를 녹인 것입니다.

08 색깔이나 맛으로 구별할 수 없는 투명한 용액의 진하기는 용액에 어떤 물체를 넣었을 때 그 물체가 뜨고 가라앉는 정도로 비교할 수 있습니다.

09 용액이 진할수록 물체가 높이 떠오르므로, 메추리알이 높이 떠올라 있는 비커 (나)가 더 진한 용액입니다.

10 용액이 진할수록 물체가 높이 떠오릅니다. 비커에 설탕을 더 넣어서 용액을 더 진하게 만듭니다.

11 용액의 진하기를 비교하는 도구를 만들 때 진한 용액에서는 뜨고 묽은 용액에서는 가라앉도록 적당한 무게가 되도록 조절해야 합니다. 용액의 진하기를 쉽게 비교할 수 있도록 적당한 간격으로 눈금을 그려야 합니다.

12 용액의 진하기를 비교하는 도구는 너무 가벼우면 모든 용액에서 다 뜨고, 너무 무거우면 모든 용액에서 다 가라앉게 됩니다. 진한 용액에서는 뜰 수 있도록 도구를 더 가볍게 고쳐서 용액의 진하기를 비교할 수 있습니다.

단원 정리 평가 61~63쪽

01 용해 **02** ④ **03** ③ **04** ② **05** 210 **06** ②
07 ④ **08** ⑤ **09** 설탕, 소금, 백반 **10** ⑤ **11** ②
12 ④ **13** ㉠ 진할수록, ㉡ 강할수록 **14** (나) **15** ①
16 ㉠ **17** ① **18** ②, ③, ④

01 용질이 물에 용해되면, 용질이 없어지거나 양이 변하는 것이 아니라 물(용매)과 골고루 섞여 용액이 됩니다.

02 ① 설탕을 넣은 물은 투명하고 뜨거나 가라앉은 것이 없습니다.
② 밀가루를 넣은 물은 뿌옇게 흐려집니다.
③ 소금을 넣은 물은 투명하고 뜨거나 가라앉은 것이 없습니다.
④ 멸치 가루를 넣은 물은 뿌옇게 흐려지고, 멸치 가루가 물 위에 뜨거나 바닥에 가라앉았습니다.
⑤ 물에 밀가루를 넣으면 밀가루가 바닥에 가라앉습니다.

03 용질인 소금이 용매인 물에 용해되면 용액인 소금물이 됩니다.

04 용액은 용질이 우리 눈에 보이지 않을 정도로 작아져 용매와 골고루 섞여 있는 것이므로 투명하고 뜨거나 가라앉은 것이 없습니다. 또한 어느 부분이나 물질이 섞인 정도가 같고, 거름종이로 걸러도 알갱이가 걸러지지 않습니다. 황색 각설탕 용액이나 분말주스처럼 용질에 색이 있으면 투명하면서도 색깔이 있는 용액이 됩니다.

05 용질이 용매에 용해되기 전 용질과 용매 무게의 합은 용해된 후의 무게와 같습니다. 용질인 각설탕 10 g이 용매인 물 200 g에 용해되어 용액인 설탕물이 되었으므로 설탕물은 210 g입니다.

06 소금이 완전히 용해된 소금물의 무게는 105 g이고, 소금을 물에 넣기 전의 물의 무게는 100 g이므로, 물에 넣은 소금은 5 g입니다. 소금이 없어지거나 양이 변하는 것이 아니라 물과 골고루 섞여 소금물이 되었기 때문입니다.

07 용질이 물에 용해될 때, 용질이 없어지거나 양이 변하는 것이 아니라 우리 눈에 보이지 않을 정도로 매우 작아져 물속에 골고루 섞여 용액이 됩니다.

08 온도와 양이 일정한 물에 백반을 계속 넣으면서 저으면, 처음에는 백반이 녹지만 어느 정도 녹은 후에는 더 이상 녹지 않고 가라앉습니다.

09 온도와 양이 같은 물에 같은 양의 용질을 녹였을 때, 더 이상 녹지 않고 가라앉은 것이 적을수록 많이 용해된 것입니다. 가라앉은 것이 없는 설탕이 가장 많이 용해되었고, 가라앉은 것이 적은 소금이 그 다음으로 많이 용해되었습니다. 가라앉은 것이 가장 많은 백반이 가장 적게 용해되었습니다.

과학

10　① 용질에 따라 물에 잘 용해되는 것도 있지만, 어떤 용질은 잘 용해되지 않습니다.
　　② 설탕, 소금, 백반 중에서 가장 많이 용해되는 것은 설탕입니다.
　　③ 물에 용해되는 양은 용질마다 다릅니다.
　　④ 물의 양에 따라 용질이 용해되는 양이 다르지만, 이 실험에서는 물의 양을 같게 하였으므로 실험 결과를 바르게 설명한 것이 아닙니다.

11　① 차가운 물에서는 백반이 더 적게 용해됩니다.
　　③ 물의 양이 같을 때, 물의 온도에 따라 용질이 물에 용해되는 양이 달라집니다.
　　④ 물의 양이 같을 때, 물의 온도가 높을수록 백반이 물에 더 많이 용해됩니다.
　　⑤ 백반이 녹아 있는 물의 온도가 변화되면, 백반이 용해되는 양도 변합니다.

12　가라앉은 백반을 모두 녹이려면 백반이 더 많이 용해되도록 물의 온도를 높여주어야 합니다. 유리 막대로 젓거나 알갱이를 더 작게 만드는 것은 녹는 속도를 빠르게 하지만, 용해되는 양을 변화시키지는 않습니다.

13　황설탕 용액처럼 색깔이 있거나 맛을 볼 수 있는 용액은 이 성질을 이용하여 용액의 진하기를 비교할 수 있습니다. 색깔이 진할수록, 맛이 강할수록 더 진한 용액입니다.

14　색깔이 더 진한 (나)가 더 진한 용액입니다. 더 진한 용액일수록 용액에 녹아 있는 용질의 양이 더 많습니다.

15　황설탕 용액은 색깔이나 맛과 같은 성질을 이용하여 용액의 진하기를 비교할 수 있습니다. 또한 이 실험과 같이 비커의 크기가 같고, 사용된 물의 양도 같다면 용액의 무게와 높이로도 비교할 수 있습니다. 용질이 더 많이 포함되면 무게가 더 무겁고 용액의 높이도 더 높아지기 때문입니다.

16　각 비커에 메추리알이 떠 있는 높이가 모두 다르므로 소금물의 진하기가 다르다는 것을 알 수 있습니다. 메추리알은 용액이 진할수록 높이 떠오르므로 (가)가 가장 진한 용액입니다.

17　(가)는 (다)보다 더 진한 용액이기 때문에 메추리알이 높이 떠 있습니다. 물을 더 넣어 주어 용액을 묽게 만들면 메추리알이 가라앉게 됩니다.

18　용액의 진하기를 비교하는 도구를 만들 때에는 진한 용액에서는 뜨고, 묽을 용액에서는 가라앉을 수 있도록 적

당한 무게가 되도록 고려해야 합니다. 또한 도구가 용액 속에서 기울어지지 않고 똑바로 설 수 있도록 균형을 맞춰야 합니다. 그리고 용액의 진하기를 쉽게 비교할 수 있도록 적당한 간격으로 일정하게 눈금을 그려야 합니다.

서술형 문제　64~65쪽

01 (1) ㉠ 용질, ㉡ 용매, ㉢ 용해, ㉣ 용액 (2) 예 용질인 소금이 용매인 물에 용해되어 소금물 용액이 되었다. 02 (1) 예 • 소금을 넣은 물: 투명하다. 뜨거나 가라앉은 것이 없다. • 밀가루를 넣은 물: 뿌옇게 흐려졌다. 밀가루가 바닥에 가라앉았다. 등 (2) 예 어떤 물질은 물에 용해되지만, 어떤 물질은 용해되지 않는다. 또는 소금은 물에 용해되지만 밀가루는 물에 용해되지 않는다. 03 (1) ㉠ 109, ㉡ 100, ㉢ 6 (2) 예 설탕이 물에 용해되기 전의 무게와 용해된 후의 무게는 같다. 또는 설탕이 물에 용해되어 보이지 않아도 용액 속에 남아 있다. 04 (1) 백반 (2) 예 설탕, 소금, 백반 중에서 백반이 용해되는 양이 가장 적다. 05 예 백반 용액이 담긴 비커를 차갑게 식힌다. 06 예 색깔 비교하기, 맛 비교하기, 무게 비교하기, (비커에 담긴) 용액의 높이 비교하기 등 07 (1) ㉡ (2) 예 용액이 묽을수록 메추리알이 가라앉는다. 08 예 굵은 빨대에 고무찰흙을 더 붙여서 도구를 무겁게 고친다.

01 (1) ㉠ 다른 물질에 녹는 소금은 '용질', ㉡ 다른 물질을 녹이는 물은 '용매', ㉢ 소금이 물에 녹아 고르게 섞이는 현상은 '용해', ㉣ 물과 소금이 고르게 섞여 있는 소금물은 '용액'입니다.
　　(2) '용질'인 소금이 '용매'인 물에 녹아 고르게 섞이는 '용해'를 통해 물과 소금이 고르게 섞여 있는 '용액'인 소금물이 됩니다.

채점 기준	
상	소금이 물에 녹아 소금물이 되는 과정을 ㉠, ㉡, ㉢, ㉣을 모두 사용하여 옳게 쓴 경우
중	㉠, ㉡, ㉢, ㉣ 중 두 가지만 사용하여 옳게 쓴 경우
하	㉠, ㉡, ㉢, ㉣ 중 한 가지만 사용하여 옳게 쓴 경우

02 (1) 소금은 물에 용해되어 투명해지고 뜨거나 가라앉은 것이 없습니다. 밀가루는 물에 용해되지 않아 물이 뿌옇게 흐려졌고 바닥에 가라앉습니다.

(2) 소금처럼 어떤 물질은 물에 용해되지만, 밀가루처럼 어떤 물질은 물에 용해되지 않습니다.

> **채점 기준**
> 물에 용해되는 물질도 있고, 물에 용해되지 않는 물질도 있다는 내용을 옳게 썼으면 정답으로 합니다.

03 (1) 용해되기 전의 무게(설탕이 담긴 시약포지 + 물이 담긴 비커)는 용해된 후의 무게(빈 시약포지 + 설탕물이 담긴 비커)의 무게와 같습니다.

(2) 용질이 물에 용해되기 전의 무게와 용해된 후의 무게는 같습니다. 용질이 물에 용해되었을 때 없어지거나 양이 변하는 것이 아니라 우리 눈에 보이지 않을 정도로 매우 작아져 물속에 골고루 섞여 용액이 되기 때문입니다.

> **채점 기준**
> 용해되기 전과 용해된 후에 설탕의 무게가 변하지 않는다(설탕이 없어지거나 양이 변하지 않는다)는 내용으로 옳게 썼다면 정답으로 합니다.

04 (1) 온도와 양이 같은 물에 용해되는 양이 많은 순서는 설탕, 소금, 백반 순입니다.

(2) 온도와 양이 같은 물에서 설탕, 소금, 백반 중 가장 많은 양이 용해되지 않고 바닥에 남는 것은 백반입니다.

> **채점 기준**
> 설탕, 소금, 백반 중 백반이 가장 용해되는 양이 적다(가장 많이 가라앉는다)는 내용으로 옳게 썼다면 정답으로 합니다.

05 물의 양이 같을 때 물의 온도가 낮을수록 백반이 물에 적게 용해됩니다. 백반 용액이 들어 있는 비커를 얼음물에 넣거나, 냉장고에 넣는 등 온도를 낮춰주면 백반을 다시 얻을 수 있습니다.

> **채점 기준**
> 백반 용액의 온도를 낮출 수 있는 방법을 옳게 썼다면 정답으로 합니다.

06 황설탕 용액은 색깔이나 맛과 같은 성질을 이용하여 용액의 진하기를 비교할 수 있습니다. 두 황설탕 용액이 담긴 비커의 크기와 무게가 같고, 용매의 양이 같기 때문에 용액의 무게나 (비커에 담긴) 용액의 높이 비교로도 용액의 진하기를 비교할 수 있습니다.

> **채점 기준**
>
> | 상 | 용액의 진하기를 비교할 수 있는 방법 세 가지를 모두 옳게 쓴 경우 |
> |---|---|
> | 중 | 두 가지만 옳게 쓴 경우 |
> | 하 | 한 가지만 옳게 쓴 경우 |

07 (1) 용액이 묽을수록 용액에 띄운 물체가 낮게 가라앉으므로, 흰색 각설탕 한 개를 녹인 용액에서는 메추리알이 바닥에 가까운 ㉡에 위치합니다.

(2) 용액이 진할수록 물체가 높이 떠오르고, 용액이 묽을수록 물체가 가라앉습니다. 흰색 각설탕 열 개를 녹인 더 진한 용액에서는 ㉠ 위치처럼 메추리알이 높이 떠오를 것이고, 흰색 각설탕 한 개를 녹인 덜 진한 용액에서는 메추리알이 가라앉아 더 낮은 위치인 ㉡에 있게 될 것입니다.

> **채점 기준**
> 용액이 묽을수록 물체가 더 낮게 가라앉는다는 내용을 옳게 썼다면 정답으로 합니다.

08 소미가 만든 도구는 너무 가벼워서 모든 용액에서 다 떠오르므로 적당한 무게를 가지도록 무겁게 수정해야 합니다.

> **채점 기준**
> 용액의 진하기를 비교하는 도구를 좀더 무겁게 수정하는 방법으로 썼다면 정답으로 합니다.

수행 평가 66~67쪽

1 예 두 비커에 같은 양의 백반을 넣고 녹이는 과정을 한쪽 비커의 바닥에 백반이 가라앉을 때까지 반복한다.
2 (1) 다 용해되었다. (2) 용해되지 않은 백반이 바닥에 남아 있다. **3** 예 물의 양이 같을 때 물의 온도가 높을수록 용해되는 용질의 양이 많아진다. **4** 예 가열하여 온도를 높여준다. **5** (1) (가) 열 개, (나) 한 개, (다) 다섯 개 (2) ㉠, ㉢, ㉣, ㉤ **6** (1) 열 개 (2) 예 용액이 진할수록 용액에 넣은 메추리알이 높이 떠오른다.

과학

1 같은 양의 백반을 (한 숟가락씩, 두 숟가락씩) 각 비커에 넣고 유리 막대로 젓습니다. 또는 백반을 한 숟가락씩 넣으면서 유리 막대로 젓는 것을 백반이 바닥에 가라앉을 때까지 반복합니다.

채점 기준	
상	각각의 비커에 같은 양의 백반을 넣는 것과 유리 막대로 저어 녹이는 과정을 옳게 쓴 경우
하	각각의 비커에 같은 양의 백반을 넣는 것과 유리 막대로 저어 녹이는 것 중 한 가지만 언급하여 쓴 경우

2 따뜻한 물에 넣은 백반은 다 용해되지만, 차가운 물에 넣은 백반은 어느 정도 용해되다가 용해되지 않은 백반이 바닥에 남아 있게 됩니다.

채점 기준	
따뜻한 물과 차가운 물을 관찰한 결과를 모두 바르게 썼다면 정답으로 합니다.	

3 물의 양이 같을 때 물의 온도가 높을수록 백반이 더 많이 용해됩니다. 또는 물의 온도에 따라 백반(용질)이 물에 용해되는 양이 다릅니다.

채점 기준	
상	물의 양이 같을 때 온도에 따라 용질이 용해되는 양이 다름(또는 물의 온도가 높을수록 더 많이 용해됨)을 바르게 쓴 경우
하	온도에 따라 용질이 용해되는 양이 다름(또는 물의 온도가 높을수록 더 많이 용해됨)을 바르게 썼으나, 물의 양이 같다는 조건을 쓰지 못한 경우

4 충분히 저어도 더 이상 백반이 용해되지 않을 때, 백반을 더 용해시키려면 물의 양을 늘리거나 온도를 높여야 합니다. 문제에서 물은 더 넣지 않는다고 조건을 제시했으므로, 백반을 다 녹이려면 온도를 높여야 합니다.

채점 기준	
상	온도를 높일 수 있는 방법(가열 등)을 옳게 쓴 경우
하	온도를 높여야 함은 알고 있으나 온도를 높일 수 있는 방법을 쓰지 못한 경우

5 물의 양, 비커의 무게가 같으므로 설탕을 많이 넣은 용액일수록 무게가 무겁습니다. 용질의 양만 다르고 용매의 온도와 양, 용질의 종류, 사용한 비커의 무게가 같아야 무게를 이용하여 용액의 진하기를 비교할 수 있습니다. 용매의 양이 같을 때 녹아 있는 용질의 양에

따라 용액의 무게가 달라지기 때문에 용액의 무게를 측정하여 용액의 진하기를 비교할 수 있습니다.

6 용액이 진할수록 물체가 높이 떠오르므로, 메추리알이 가장 높이 떠오른 설탕물은 열 개의 각설탕이 녹은 설탕물입니다.

채점 기준	
상	설탕물에 녹은 각설탕의 수와 그렇게 생각한 까닭을 모두 옳게 쓴 경우
하	설탕물에 녹은 각설탕의 수만 옳게 쓴 경우

5. 다양한 생물과 우리 생활

1 곰팡이와 버섯의 특징
~ **2** 짚신벌레와 해캄의 특징, 세균

개념 확인문제   68~71쪽

1 실체 현미경   **2** (1) × (2) ○ (3) ○   **3** 균류   **4** 포자
5 따뜻하고 축축한 곳   **6** 낮은   **7** 표본   **8** 원생생물
9 작고, 단순한

실전 문제   72~73쪽

01 ③, ⑤   **02** ②   **03** ⑤   **04** ㉠ 접안렌즈, ㉡ 초점
조절 나사   **05** ③   **06** ⑤   **07** ③   **08** ㉢
09 짚신벌레   **10** ④   **11** 원생생물   **12** ④

01 (가)는 곰팡이로, 실체 현미경으로 관찰하면 가는 실 모양의 균사가 서로 엉켜있고, 균사의 끝에 작고 둥근 알갱이인 포자가 있습니다.

02 (나)는 버섯으로, 실체 현미경으로 버섯 윗부분의 안쪽을 관찰하면 주름이 많고 깊게 파여 있습니다.

03 곰팡이는 균류이며, 몸 전체가 균사로 이루어져 있고 포자를 이용하여 번식합니다. 따뜻하고 축축한 환경에서 잘 자라기 때문에 여름철에 많이 볼 수 있습니다.

04 실체 현미경에서 눈을 대고 보는 렌즈는 '접안렌즈'입니다. 상의 초점을 맞추기 위에 '초점 조절 나사'를 사용합니다.

05 곰팡이와 버섯과 같은 생물을 '균류'라고 합니다. 균류는 몸 전체가 가는 실 모양의 균사로 이루어져 있고, 포자를 이용하여 번식합니다.

06 균류는 햇빛이 잘 비치지 않는 축축한 곳에서 잘 자라며, 스스로 양분을 만들지 못해 다른 생물이나 죽은 생물에 붙어 살면서 양분을 얻습니다.

07~08 ㉠ 접안렌즈, ㉡ 대물렌즈, ㉢ 조명, ㉣ 조동 나사, ㉤ 미동 나사로, 재물대를 조금씩 움직여 정확한 초점을 맞추는 나사는 미동 나사입니다.

09 짚신벌레를 광학 현미경으로 관찰했을 때 끝이 둥글고 길쭉한 모양이며 안쪽에 여러 가지 다른 모양이 보입니다. 주변에는 가는 털이 있습니다.

10 돋보기로 관찰했을 때 초록색 머리카락 같은 가닥이 뭉쳐있는 것은 '해캄'입니다. 해캄을 광학 현미경으로 관찰하면 여러 개의 마디로 이루어져 있고, 여러 개의 가는 선이 보이며 크기가 작고 둥근 초록색 알갱이가 있습니다.

11 사진의 해캄과 짚신벌레와 같이 식물, 동물, 균류로 분류되지 않는 생물을 원생생물이라고 합니다.

12 세균은 하나씩 따로 떨어져 있거나 여러 개가 서로 연결되어 있기도 합니다. 움직일 수 있는 것도 있고 움직일 수 없는 것도 있습니다.

01 일부 원생생물은 생물이 호흡하는 데 필요한 산소를 만듭니다.

02 곰팡이는 산소를 만들지 못합니다. 산소를 만들 수 있는 것은 일부 원생생물입니다.

03 적조는 우리 생활에 이롭지 않습니다. 호수나 바다에 적조가 생기면 많은 양의 물고기, 조개, 해초 등이 죽기도 합니다.

04 바다에 적조가 생기게 하는 것은 원생생물입니다.

05 곰팡이나 세균은 죽은 생물을 작게 분해하여 자연으로 되돌려 보내어 지구 환경을 유지하는 역할을 합니다. 세균은 요구르트나 김치를 만드는 데 이용됩니다.

06 첨단 생명 과학은 동물, 식물뿐만 아니라 균류, 세균, 원생생물처럼 작은 생물들도 최신 과학 기술을 이용하여 연구합니다.

07 세균이 자라지 못하게 하는 푸른곰팡이의 특성을 이용하여 질병을 치료하는 약을 만들었습니다.

08 음식물 쓰레기나 플라스틱 쓰레기를 분해하는 데 첨단 생명 과학을 활용하기도 하지만, 쓰레기를 태우는 것은 첨단 생명 과학을 이용한 것이 아닙니다.

09 원생생물이 양분을 만드는 특성을 이용하여 자동차 연료가 되는 기름을 만들 수 있습니다.

10 해충에게만 질병을 일으키는 곰팡이나 세균의 특성을 이용하여 친환경적인 생물 농약을 만들어 활용합니다.

11 세균을 자라지 못하게 하는 푸른곰팡이의 특성을 활용하여 질병을 치료하는 약을 만들 수 있습니다.

12 첨단 생명 과학을 무조건 이용하기 보다 먼저 우리 생활에 미치는 여러 가지 영향을 고려해야 합니다.

❸ 다양한 생물이 우리 생활에 미치는 영향

개념 확인문제　　　　　　　**74~75쪽**

1 곰팡이　**2** 이로운　**3** 원생생물　**4** 첨단 생명 과학
5 (1) ○ (2) × (3) ○

실전 문제　　　　　　　**76~77쪽**

01 ⑤　**02** ⑤　**03** ②　**04** ③　**05** ④, ⑤　**06** ㉡
07 곰팡이　**08** ①　**09** 원생생물　**10** ③　**11** ㉢
12 다은

단원 정리 평가　　　　　　　**79~81쪽**

01 ㉠, ㉣　**02** ④　**03** ㉣, ㉠, ㉤, ㉡, ㉢　**04** ④
05 ③　**06** ③　**07** ㉠, ㉣　**08** ②　**09** 짚신벌레
10 ③　**11** ⑤　**12** ④　**13** 영구 표본　**14** ①　**15** ⑤
16 분해　**17** 세균　**18** (1) ㉡ (2) ㉢

과학

01 곰팡이와 버섯과 같이 균사와 포자로 되어 있는 생물을 균류라고 합니다.

02 ① 버섯은 균류입니다.
② 뿌리, 줄기와 같은 모양이 없습니다.
③ 다른 생물이나 죽은 생물에 붙어 살면서 양분을 얻습니다.
④ 몸 전체가 균사로 이루어져 있으며 포자를 이용하여 번식합니다.
⑤ 따뜻하고 축축한 환경에서 잘 자랍니다.

03 실체 현미경을 사용할 때는 먼저 회전판을 돌려 대물렌즈를 가장 낮은 배율로 맞춘 후 관찰하려는 생물을 재물대 위에 올립니다. → 전원을 켜고 조명 조절 나사로 빛의 양을 조절합니다. → 현미경을 옆에서 보면서 초점 조절 나사로 대물렌즈를 관찰하려는 생물에 최대한 가깝게 내립니다. → 접안렌즈로 관찰하려는 생물을 보면서 대물렌즈를 천천히 올려 초점을 맞춥니다. → 대물렌즈의 배율을 높이고, 초점 조절 나사로 초점을 맞추면서 관찰합니다.

04 곰팡이는 다른 생물이나 죽은 생물의 몸에 붙어 살면서 양분을 얻습니다. 따뜻하고 축축한 환경에서 잘 자라며 햇빛을 좋아하지 않습니다.

05 곰팡이는 스스로 양분을 만들지 못하고 다른 생물이나 죽은 생물에 붙어 살면서 양분을 얻습니다.

06 버섯과 같은 균류와 식물의 공통점은 성장하며 번식하는 생물이라는 것입니다.

07 곰팡이와 버섯은 포자로 번식하고, 따뜻하고 축축한 환경에서 잘 자랍니다.

08 ㉠ 접안렌즈 − 눈을 대고 보는 렌즈이며, 물체의 상을 확대합니다.
㉡ 대물렌즈 − 물체와 서로 마주 보는 렌즈이며, 물체의 상을 확대합니다.

09 짚신벌레는 스스로 움직이며 물이 고인 곳에서 사는 원생생물입니다. 끝이 둥글고 길쭉한 모양이고 안쪽에 여러 가지 다른 모양이 보이며, 주변에 가는 털이 있습니다.

10 해캄은 초록색이고 가늘고 긴 일정한 모양입니다. 여러 개의 마디로 이루어져 있으며, 그 속에 여러 개의 가는 선과 크기가 작고 둥근 초록색 알갱이가 있습니다.

11 해캄, 짚신벌레, 아메바, 종벌레 등과 같이 식물, 동물, 균류로 분류되지 않는 생물을 원생생물이라고 합니다.

12 해캄, 유글레나, 해조류 등의 원생생물은 스스로 양분을 만들며 산소도 만듭니다. 해캄, 해조류 등은 맨눈으로도 볼 수 있습니다. 더 자세히 안쪽 구조까지 관찰하기 위해서는 현미경을 사용합니다.

13 짚신벌레 등 움직이거나 쉽게 죽는 생물을 오랫동안 보기 위하여 약품 등으로 처리한 표본을 영구 표본이라고 합니다.

14 조리개는 빛의 양을 늘리거나 줄이면서 조절하는 장치입니다.

15 세균은 생물의 몸, 생활용품, 음식, 물, 흙, 공기 등 우리 주변 어느 곳에나 삽니다.

16 곰팡이와 세균은 죽은 생물이나 배설물을 아주 작게 분해하여 자연으로 되돌려 보냅니다. 곰팡이와 세균의 분해 작용으로 지구 환경이 유지됩니다.

17 세균은 우리에게 이로운 영향을 주는 것도 있고 해로운 영향을 주는 것도 있습니다. 유산균처럼 우리 몸에 이로운 세균이 해로운 세균으로부터 건강을 지켜줍니다.

18 (1) 세균을 자라지 못하게 하는 특성을 가진 푸른곰팡이를 이용하여 질병을 치료하는 약을 만들었습니다.
(2) 원생생물이 양분을 만드는 특성을 이용하여 자동차 연료로 사용할 수 있는 기름을 만듭니다. 이와 같은 기름을 생물 연료라고 합니다.

서술형 문제
82~83쪽

01 (1) ㉠ 균사, ㉡ 번식한다 (2) **예** 다른 생물이나 죽은 생물에 붙어서 살면서 양분을 얻는다. **02** **예** 균사로 이루어져 있다. 포자로 번식한다. 균류이다. 스스로 양분을 만들지 못한다. 따뜻하고 축축한 환경에서 잘 자란다. 등 **03** (1) **예** 재물대를 위아래로 크게 움직여 관찰 대상을 찾는다. (2) **예** 재물대를 조금씩 움직여 정확한 초점을 맞춘다. **04** (1) 원생생물 (2) **예** 물이 고인 곳, 물살이 느린 곳 등에서 산다. **05** (1) ❶ (2) **예** 핀셋을 사용하여 해캄한 가닥을 겹치지 않게 잘 펴서 받침 유리 위에 올려놓았다. **06** (1) ㉡ (2) **예** 세균은 자연 환경뿐만 아니라 생물의 몸, 생활용품, 음식 등 우리 주변 어느 곳에나 산다. **07** **예** 유산균처럼 우리 몸에 이로운 세균은 해로운 세균으로부터 건강을 지켜주기도 해. 또는 세균을 이용하여 요구르트, 김치, 청국장 등 발효 음식을 만들 수 있어. 등 **08** **예** 플라스틱을 분해하는 세균을 이용하여 플라스틱 쓰레기 문제를 해결한다. 플라스틱 원료를 가진 세균을 이용하여 쉽게 분해되는 플라스틱 제품을 만든다. 등

---

01 (1) ㉠ 버섯과 같은 균류는 몸 전체가 균사로 이루어져 있습니다.

㉡ 버섯과 같은 균류는 포자를 이용하여 번식합니다.

(2) 토끼풀과 같은 식물은 스스로 양분을 만들지만 버섯과 같은 균류는 스스로 양분을 만들지 못하고 다른 생물이나 죽은 생물에 붙어 살면서 양분을 얻습니다.

> **채점 기준**
> 다른 생물이나 죽은 생물에게서 양분을 얻는 것을 옳게 썼다면 정답으로 합니다.

02 곰팡이와 버섯은 균류입니다. 몸 전체가 가는 실 모양의 균사로 이루어져 있으며, 포자를 이용하여 번식합니다. 생김새와 생활 방식이 식물, 동물과 다릅니다. 스스로 양분을 만들지 못하고, 죽은 생물이나 다른 생물에서 양분을 얻습니다. 따뜻하고 축축한 환경에서 잘 자라고 주로 여름철에 많이 볼 수 있습니다.

> **채점 기준**
> | 상 | 곰팡이와 버섯의 공통점을 세 가지 모두 옳게 쓴 경우 |
> |---|---|
> | 중 | 두 가지만 옳게 쓴 경우 |
> | 하 | 한 가지만 옳게 쓴 경우 |

03 (1) 조동 나사는 재물대를 위아래로 크게 움직이므로 관찰 대상을 찾을 때 사용합니다.

(2) 미동 나사는 재물대를 조금씩 움직이므로 정확한 초점을 맞출 때 사용합니다.

> **채점 기준**
> 조동 나사와 미동 나사가 하는 일을 모두 옳게 썼다면 정답으로 합니다.

04 (1) 해캄과 짚신벌레와 같이 식물, 동물, 균류로 분류되지 않는 생물을 원생생물이라고 합니다.

(2) 원생생물은 주로 논, 연못과 같이 물이 고인 곳이나 하천, 도랑 등의 물살이 느린 곳에서 삽니다. 바다에서 사는 원생생물도 있습니다.

> **채점 기준**
> 원생생물이 사는 곳(물이 고인 곳, 물살이 느린 곳)을 옳게 썼다면 정답으로 합니다. (바다에서 사는 원생생물도 있지만 해캄과 짚신벌레는 주로 민물에 살고 있으므로 '바다'를 쓰지 않았어도 정답으로 합니다.)

05 (1) 해캄 표본을 만들 때에는 해캄이 겹쳐지지 않도록 한 가닥만 사용하여 만들어야 합니다.

(2) 핀셋을 사용하여 해캄 한 가닥을 받침 유리 위에 겹치지 않게 올려 놓고 표본을 만들어야 합니다.

> **채점 기준**
> 해캄 표본을 만들 때 한 가닥만 사용해야 한다는 것을 알고, 잘못된 부분을 찾아 옳게 고쳐 썼다면 정답으로 합니다.

06 (1) 세균은 자연 환경에서만 사는 것이 아니라 생물의 몸이나 사람들이 만든 생활용품, 음식, 사람들의 생활 공간 등 어느 곳에나 살고 있습니다.

(2) 세균은 우리 주변 어느 곳에나 살고 있습니다.

> **채점 기준**
> 세균은 우리 주변 어느 곳에나 산다는 것을 알고, 잘못된 부분을 찾아 옳게 고쳐 썼다면 정답으로 합니다.

07 세균은 음식, 약재 등에 다양하게 이용되며(요구르트, 김치, 청국장 등 발효 음식), 죽은 생물이나 배설물을 작게 분해하여 자연으로 되돌려 보내어 지구 환경을

과학

유지하는 등 우리 생활에 이로운 영향을 미칩니다. 또한 첨단 생명 과학에서는 다양한 세균의 특징을 이용하여 생활 속에서 일어나는 다양한 문제들을 해결하고 있습니다.

> **채점 기준**
> 세균이 우리 생활에 이롭게 이용되는 알맞은 예를 옳게 썼다면 정답으로 합니다.

08 첨단 생명 과학에서는 플라스틱을 분해하는 세균을 활용하여 플라스틱 쓰레기를 처리하기도 하고, 플라스틱 원료를 가진 세균을 이용하여 쉽게 분해되는 플라스틱 제품을 만들기도 합니다.

> **채점 기준**
> 세균을 활용한 플라스틱 쓰레기 처리 또는 세균을 활용한 친환경 플라스틱 제품 생산의 예를 옳게 썼다면 정답으로 합니다.

수행 평가　　84~85쪽

1 (1) 낮게 (2) 재물대 (3) 옆 (4) 접안렌즈 (5) 높이고
2 (1) 예 가는 실 모양이 서로 엉켜 있다. 가는 실 모양 끝에는 작고 둥근 알갱이가 있다. 등 (2) 예 버섯 윗부분 안쪽에는 주름이 많고 깊게 파여 있다. 등 **3** (1) 포자 (2) 균사 **4** 예 버섯은 크기가 크지만 곰팡이는 크기가 매우 작다. 곰팡이의 포자는 돋보기, 실체 현미경 등으로 관찰할 수 있지만, 버섯의 포자는 관찰하기 어렵다. 등 **5** 예 표본을 만들면서 덮개 유리를 덮을 때에는 비스듬히 기울여서 덮어야 한다. 이는 공기 방울이 생기지 않게 하기 위해서이다. **6** (1) ㉢, ㉤ (2) ㉣ (3) 미동 나사 **7** 예 해캄은 초록색을 띠고 있으며, 여러 개의 마디로 이루어져 있다. 여러 개의 가는 선이 보이고, 크기가 작고 둥근 초록색 알갱이가 있다.

1 ❶ 대물렌즈의 배율을 가장 낮게 조정한 후, 관찰할 생물을 재물대 위에 놓습니다. ❷ 전원을 켜고 조명 조절 나사로 빛의 양을 조절합니다. ❸ 초점 조절 나사를 조절하며 관찰할 생물에 대물렌즈를 가깝게 내릴 때에는 옆에서 보면서 대물렌즈와 생물이 닿지 않게 하면서 최대한 가깝게 내립니다. ❹ 접안렌즈를 이용하여 관찰할

생물을 보면서 대물렌즈를 천천히 올려 초점을 맞춥니다. ❺ 대물렌즈의 배율을 높이고 초점 조절 나사로 초점을 맞추면서 더 확대하여 관찰합니다.

> **채점 기준**
> | 상 | 실체 현미경의 사용 방법과 각 기호의 해당 설명에 알맞은 말을 모두 옳게 고른 경우 |
> |---|---|
> | 중 | 세 가지 이상 옳게 고른 경우 |
> | 하 | 두 가지 이하만 옳게 고른 경우 |

2 (1) 가는 실 모양이 서로 엉켜 있고, 가는 실 모양 끝에는 작고 둥근 알갱이가 있습니다.
(2) 버섯 윗부분 안쪽에는 주름이 많고 깊게 파여 있습니다.

> **채점 기준**
> | 상 | 곰팡이와 버섯을 관찰한 결과를 모두 옳게 쓴 경우 |
> |---|---|
> | 하 | 한 가지만 옳게 쓴 경우 |

3 곰팡이에서는 가는 균사 끝에 달려 있는 작고 둥근 알갱이인 포자를 관찰할 수 있습니다. (가)는 포자이고 (나)는 균사입니다.

> **채점 기준**
> | 상 | 포자와 균사를 두 가지 모두 옳게 쓴 경우 |
> |---|---|
> | 하 | 한 가지만 옳게 쓴 경우 |

4 버섯은 크기가 크지만 곰팡이는 크기가 매우 작습니다. 곰팡이의 포자는 돋보기, 실체 현미경 등으로 관찰할 수 있지만, 버섯의 포자는 관찰하기 어렵습니다.

> **채점 기준**
> | 상 | 곰팡이와 버섯의 차이점 두 가지를 옳게 쓴 경우 |
> |---|---|
> | 하 | 한 가지만 옳게 쓴 경우 |

5 표본을 만들면서 덮개 유리를 덮을 때에는 비스듬히 기울여서 덮어야 합니다. 그 까닭은 공기 방울이 생기지 않게 하기 위해서입니다.

> **채점 기준**
> | 상 | 덮개 유리를 덮을 때 주의할 점과 그 까닭을 모두 옳게 쓴 경우 |
> |---|---|
> | 하 | 주의할 점과 까닭 중 한 가지만 옳게 쓴 경우 |

6 표본의 상에 초점을 맞출 때 조동 나사와 미동 나사를 사용합니다. 먼저 조동 나사로 관찰 대상을 찾은 후, 미동 나사로 초점을 맞추어 관찰합니다.

채점 기준	
상	(1), (2), (3)의 세 가지 질문의 답을 모두 옳게 쓴 경우
중	두 가지만 옳게 쓴 경우
하	한 가지만 옳게 쓴 경우

7 해캄은 초록색을 띠고 있으며, 여러 개의 마디로 이루어져 있습니다. 여러 개의 가는 선이 보이고, 크기가 작고 둥근 초록색 알갱이가 있습니다.

채점 기준	
상	해캄의 특징 두 가지를 모두 옳게 설명한 경우
하	한 가지만 옳게 설명한 경우

Memo

만점왕 통합본

국어 · 사회 · 과학

단원 평가
5-1

구성과 특징

개념책

교과서 개념을 충실하게 반영하였으며 실전 문제로 교과 학습을 완벽하게 이해할 수 있도록 내용을 구성하였습니다.

단원 평가

다양한 문제를 풀어 보며 자신의 학습 상태를 점검하고 학교 단원 평가에 대비할 수 있도록 내용을 구성하였습니다.

국어 **1**

2 사회

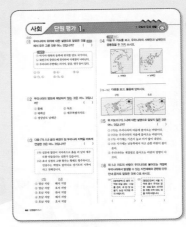

과학 **3**

4 정답과 해설

과목별 문제 풀이를 통해 자신의 학습 상태를 점검하고, 학교 단원 평가에 대비할 수 있습니다. 부족한 부분은 해설을 꼼꼼하게 읽어 주세요.

이 책의 차례

[01~02] 다음 그림을 보고, 물음에 답하시오.

01 태일이가 소희에게 어제 일을 다시 물어본 까닭으로 알맞은 것에 ○표 하시오.

(1) 나갔다 오느라 못 들어서 ( )
(2) 중요한 내용을 메모하고 싶어서 ( )
(3) 잠깐 딴생각하느라 잘 못 들어서 ( )

02 ㉠의 말과 관련 있는 대화의 특성은 무엇입니까? ( )

① 상대를 직접 보면서 말한다.
② 상대의 마음을 살피며 말한다.
③ 적절한 표정, 몸짓, 말투로 말한다.
④ 말은 다시 들을 수 없으니 대화에 집중해야 한다.
⑤ 표정, 몸짓, 말투에 따라 기분이나 생각을 짐작할 수 있다.

03 친구에게 도움이 되는 말을 할 때 알맞은 마음이나 표정, 몸짓, 말투를 두 가지 고르시오. (,)

① 놀란 표정과 빠른 목소리로 말한다.
② 따뜻한 말투와 진지한 표정으로 말한다.
③ 진심으로 고마워하는 마음을 담아 말한다.
④ 진심으로 도와주려는 마음을 담아 말한다.
⑤ 답답한 표정과 억울해하는 목소리로 말한다.

[04~06] 다음 글을 읽고, 물음에 답하시오.

가 먼저, 분명하고 자세하게 칭찬해야 해요. 누군가를 칭찬할 때 두루뭉술하게 칭찬하지 말고 칭찬하는 내용이 무엇인지를 자세하게 말하는 것이 좋아요. "우아, 멋지다!", "정말 대단해!"와 같이 칭찬하기보다는 "다른 사람을 생각해서 양보하는 모습이 정말 멋지구나!"와 같이 분명하고 자세하게 칭찬해야 해요. 그래야 상대가 무엇을 잘했는지 알고 칭찬을 받으려고 더 노력하게 된답니다.

나 마지막으로 가능성을 키워 주는 칭찬을 할 수 있으면 더욱 좋아요. 누군가를 칭찬할 때 지금의 능력보다 잠재 능력을 보고 칭찬할 수 있어요. 현재 겉으로 드러난 결과는 미약하고 부족해 보이더라도 앞으로의 가능성을 보고 "(㉠)"와 같이 칭찬하면 상대가 자신의 재능을 발견하고 꿈을 실현하는 데 큰 도움을 줄 수 있습니다.

04 이 글에 나오는 칭찬하는 방법을 두 가지 고르시오. (,)

① 두루뭉술하게 칭찬한다.
② 분명하고 자세하게 칭찬한다.
③ 가능성을 키워 주는 칭찬을 한다.
④ 올바른 습관과 관련된 칭찬을 한다.
⑤ 다른 사람과 관계를 좋아지게 하는 칭찬을 한다.

05 다음 중 ㉠에 들어갈 칭찬 내용으로 알맞은 것의 기호를 쓰시오.

> ㉮ 그렇게 열심히 하니 좋은 결과가 나오는구나!
> ㉯ 미술에 소질이 많은 것 같아. 앞으로 계속 노력한다면 훌륭한 화가가 될 수 있을 거야.

( )

서술형 문제
06 이 글에서 칭찬의 중요성을 한 가지만 찾아 쓰시오.

_____

[07~08] 다음 대화를 읽고, 물음에 답하시오.

정인: (약간 성가신 듯이) 고민은 무슨 고민? 아무 일 없다니까.

동욱: (궁금해하며) 그러지 말고 말해 봐. 무슨 일인데? 다른 사람한테 절대로 말하지 않을게.

정인: (조심스럽게) 음, 사실은 체육 시간에 뒤 구르기가 잘 안돼. 그래서 모둠끼리 여러 가지 동작을 꾸밀 때 방해가 되는 것 같아.

동욱: (큰 소리로) 뭐, 네가 뒤 구르기를 못한다고? 그럼 선생님이나 친구들에게 도와 달라고 하면 되지, 뭘 그렇게 걱정해.

정인: (당황하며) 어떻게 그러니?

동욱: 그럼 내가 말해 줄까?

정인: (황급히 큰 소리로) 아냐, 그러지 마! 내가 알아서 할게. 넌 그냥 못 들은 걸로 해.

동욱: 네가 말을 못 하면 내가 말해 줄게.

정인: (화를 내며) 아냐. 내가 알아서 한다고.

동욱: (멋쩍어하며) 도와준다는데 왜 화를 내고 그러니?

07 정인이와 동욱이가 어떻게 고민을 말하고 들었는지 알맞게 선으로 이으시오.

(1) 정인 •　　• ㉮ 고민을 말하라고 재촉함.

(2) 동욱 •　　• ㉯ 고민을 말하고 싶어 하지 않음.

08 정인이가 동욱이게 화를 낸 까닭은 무엇입니까? (　　)

① 동욱이가 먼저 화를 내서
② 동욱이가 뒤 구르기를 잘해서
③ 동욱이가 정인이의 비밀을 알고 있어서
④ 동욱이가 자신의 고민을 털어놓지 않아서
⑤ 동욱이가 도움이 되지 않는 해결 방법을 강요해서

[09~10] 다음 대화를 읽고, 물음에 답하시오.

주민: 아빠의 친절왕 정신 때문에 우리는 어딘가 놀러 갈 때 제시간에 도착하지 못하기도 해. 얼마 전에는 영화관에 너무 늦게 들어가서 영화 뒷부분만 본 적도 있어.

민재: (크게 웃으며) 왜?

주민: 길을 잃고 헤매는 할머니를 가시는 곳까지 모셔다드리느라 그랬지. 우리 아빠께서는 길에서 애들끼리 싸우는 것을 보면 꼭 가서 말리셔야 하고, 누구든 도움이 필요한 사람이 있으면 꼭 도와주셔야 해. 무관심은 나쁜 것이라고 하시면서 말이야.

민재: (감탄하며) 우아, 너희 아빠 참 대단하시다.

주민: 대단하다고? 글쎄, 처음에 난 모든 사람이 그런 줄 알았어. 나중에 우리 아빠께서 좀 심하시다는 것을 알게 됐지.

민재: (궁금하다는 듯이) 그게 싫었니?

주민: 응, 솔직히 우리 아빠께서 나한테만 관심을 보여 주셨으면 하는 마음이 컸어. 남을 돕는다고 뛰어다니시다가 정작 나랑 할 일을 하시지 못한 적이 꽤 많았으니까.

민재: ㉠그래, 그럴 수도 있겠다.

09 민재는 주민이 아버지에 대해 어떻게 생각합니까? (　　)

① 참 대단하시다.
② 남의 일에 무관심하시다.
③ 친절왕 정신이 부족하시다.
④ 친절왕 정신이 지나치시다.
⑤ 가족한테만 관심을 보여 주신다.

서술형 문제
10 민재는 어떤 마음으로 ㉠과 같이 말했을지 쓰시오.

[01~02] 다음 그림을 보고, 물음에 답하시오.

가
이런 일이 있었어.
㉠아, 그랬구나! 그럴 때에는 나라도 화났을 거야.
소희 / 태일

나
그래도 은주에게 아무 일이 없어서 다행이네.
맞아, 많이 걱정했는데…….

01 가에서 태일이는 소희의 말을 듣고 어떻게 반응하였습니까? ( )

① 은주를 걱정했다.
② 소희에게 사과했다.
③ 은주에게 화를 냈다.
④ 은주의 처지를 이해해 주었다.
⑤ 소희의 마음을 이해해 주었다.

02 ㉠의 말과 관련 있는 대화의 특성으로 알맞은 것에 ○표 하시오.

(1) 상대를 직접 보지 않고 말해도 된다. ( )
(2) 상대의 마음을 살피며 말해야 한다. ( )

03 다음 상황에 어울리는 표정, 몸짓, 말투로 알맞은 것을 두 가지 고르시오. (,)

줄넘기를 힘들어하던 친구가 노력하는 모습을 보았을 때

① 답답한 표정
② 밝게 웃는 표정
③ 기분 나쁜 목소리
④ 억울해하는 목소리
⑤ 힘주어 응원하는 목소리

[04~05] 다음 글을 읽고, 물음에 답하시오.

가 우리는 칭찬을 들으면 기분이 좋아질 뿐만 아니라 일을 더욱 잘하려고 노력하기도 해요. 이게 바로 칭찬의 힘이랍니다. ㉠칭찬 한마디는 누군가에게 용기를 주고 자신을 긍정적으로 바라보게 해요. 또 ㉡올바른 습관을 기르고 능력을 키우는 데도 도움이 돼요. 그리고 ㉢다른 사람의 긍정적인 모습을 칭찬하는 것은 그 사람과 맺는 관계를 좋아지게 만들어요. 이렇게 칭찬은 힘이 셉니다. 따라서 칭찬의 힘을 과소평가해서는 안 돼요. 칭찬 한마디는 누군가의 인생을 변화시키는 결정적인 계기가 되기도 한답니다.

그러나 우리는 칭찬받기를 좋아하는 것에 비해 누군가를 칭찬하는 일에는 인색한 편이에요. 또 ㉣칭찬을 한다고 하지만 칭찬이 힘을 발휘하지 못하는 경우도 많아요.

나 어린이 여러분, 무엇보다 칭찬이 힘을 발휘할 수 있도록 하려면 칭찬하는 말에 마음을 담아야 해요. 달콤한 칭찬의 말이지만 진실된 마음이 없으면 그것은 결코 힘을 발휘할 수 없어요. 진심 어린 칭찬이야말로 힘을 발휘할 수 있는 최고의 칭찬이라는 것을 잊지 마세요.

04 ㉠~㉣ 중 칭찬은 힘이 세다고 한 까닭으로 알맞지 않은 것의 기호를 쓰시오.

( )

서술형 문제

05 칭찬하는 말에 마음을 담으려면 어떻게 해야 할지 쓰시오.

06 '착한 마음 다혜'라는 별명에 드러난 칭찬거리는 무엇입니까? ( )

① 운동을 잘한다.
② 봉사를 잘한다.
③ 마음씨가 착하다.
④ 청소를 열심히 한다.
⑤ 글씨를 바르게 쓴다.

[07~08] 다음 대화를 읽고, 물음에 답하시오.

> 정인: (약간 성가신 듯이) 고민은 무슨 고민? 아무 일 없다니까.
>
> 동욱: (궁금해하며) 그러지 말고 말해 봐. 무슨 일인데? 다른 사람한테 절대로 말하지 않을게.
>
> 정인: (조심스럽게) 음, 사실은 체육 시간에 뒤 구르기가 잘 안돼. 그래서 모둠끼리 여러 가지 동작을 꾸밀 때 방해가 되는 것 같아.
>
> 동욱: (큰 소리로) 뭐, 네가 뒤 구르기를 못한다고? 그럼 선생님이나 친구들에게 도와 달라고 하면 되지, 뭘 그렇게 걱정해.
>
> 정인: (당황하며) 어떻게 그러니?
>
> 동욱: 그럼 내가 말해 줄까?
>
> 정인: (황급히 큰 소리로) 아냐, 그러지 마! 내가 알아서 할게. 넌 그냥 못 들은 걸로 해.
>
> 동욱: 네가 말을 못 하면 내가 말해 줄게.
>
> 정인: (화를 내며) 아냐. 내가 알아서 한다고.

07 정인이의 고민과 동욱이가 말한 해결 방법을 알맞게 선으로 이으시오.

(1) 고민 •

(2) 해결 방법 •

• ㉮ 선생님이나 친구들에게 도와 달라고 말하는 것

• ㉯ 뒤 구르기가 잘 안돼 모둠끼리 동작을 꾸밀 때 방해가 되는 것

서술형 문제

08 다음 조건을 생각하며 자신이라면 정인이에게 어떤 말을 해 주고 싶은지 쓰시오.

> 조건
> • 상대에게 도움이 되는 내용을 말한다.
> • 상대에게 진심이 전해지도록 노력한다.

[09~10] 다음 대화를 읽고, 물음에 답하시오.

> 주민: 우리 아빠께서는 길에서 애들끼리 싸우는 것을 보면 꼭 가서 말리셔야 하고, 누구든 도움이 필요한 사람이 있으면 꼭 도와주셔야 해. 무관심은 나쁜 것이라고 하시면서 말이야.
>
> 민재: (감탄하며) 우아, 너희 아빠 참 대단하시다.
>
> 주민: 대단하다고? 글쎄, 처음에 난 모든 사람이 그런 줄 알았어. 나중에 우리 아빠께서 좀 심하시다는 것을 알게 됐지.
>
> 민재: (궁금하다는 듯이) 그게 싫었니?
>
> 주민: 응, 솔직히 우리 아빠께서 나한테만 관심을 보여 주셨으면 하는 마음이 컸어. 남을 돕는다고 뛰어다니시다가 정작 나랑 할 일을 하시지 못한 적이 꽤 많았으니까.
>
> 민재: ㉠그래, 그럴 수도 있겠다.
>
> 주민: 그런데 나중에는 포기했지. 원래 그러시는 것을 내가 어쩌겠어.
>
> 민재: 내 생각에는 너도 너희 아빠와 비슷한 것 같은데?
>
> 주민: (놀라며) 내가? 그럼 안 되는데! 나는 아빠를 닮지 않아야겠다고 생각했거든.
>
> 민재: (밝게 웃으며) 내 눈에는 너도 친절왕이야.

09 민재는 주민이가 주민이 아버지와 어떤 점이 비슷하다고 했습니까? (   )

① 친절한 점
② 힘이 센 점
③ 운동을 잘하는 점
④ 공부를 잘하는 점
⑤ 친구와 사이좋게 지내는 점

10 ㉠처럼 다른 사람의 감정, 의견, 주장 따위에 대해 자신도 그렇다고 느끼는 것을 무엇이라고 하는지 두 글자로 쓰시오.

(   )

[01~02] 다음 글을 읽고, 물음에 답하시오.

가 1919년 3월 10일, 일본은 학교를 강제로 닫았다. 그래서 기숙사에 있던 학생들은 뿔뿔이 흩어졌고 유관순도 고향으로 돌아왔다.

고향으로 돌아온 유관순은 독립 만세를 부를 준비를 했다. 유관순은 사촌 언니와 함께 동지들을 모으고, 독립 만세를 부를 계획을 치밀하게 세웠다. 날마다 이 마을 저 마을을 찾아다니며 독립 만세를 부르는 일에 함께 참여할 것을 부탁했다. 하루 종일 돌아다니다가 집에 돌아오면 몸은 말할 수 없이 피곤했다. 그렇지만 잠시 찬물에 발을 담그고, 곧바로 가족과 함께 밤새워 태극기를 만들었다. 보통 사람들로서는 생각할 수 없을 만큼 놀라운 지혜와 용기로 일을 추진했다.

나 1920년 9월 28일, 나라를 구하려고 죽음을 무릅쓰고 독립 만세를 부르던 유관순은 열아홉 나이에 감옥에서 숨을 거두고 말았다. 그러나 유관순이 나라를 사랑했던 마음은 지금도 우리 겨레의 가슴속에 남아 나라의 소중함을 일깨워 준다.

01 이 글에 나타난 유관순의 **훌륭한 점**을 두 가지 고르시오. (,   )

① 일본이 학교를 강제로 닫게 만든 것
② 기숙사에 있던 학생들을 고향으로 보낸 것
③ 나라를 빼앗긴 상황에서 우리말 문법책을 쓴 것
④ 나라를 구하려고 죽음을 무릅쓰고 독립을 외친 것
⑤ 어린 나이에 놀라운 지혜와 용기로 일을 추진한 것

02 수지가 이 글을 읽고 어떤 경험을 떠올렸는지 알맞은 것에 ○표 하시오.

> 수지: 일제 강점기에 벌어진 일을 다룬 영화를 본 것이 기억났어.

(1) 일제 강점기를 다룬 글을 읽은 것 (   )
(2) 일제 강점기에 벌어진 일을 다룬 영화를 본 것 (   )

[03~05] 다음 시를 읽고, 물음에 답하시오.

이러다 지각하겠다 싶을 때, 있는 힘껏 길을 잡아당기면 출렁출렁, 학교가 우리 앞으로 온다

춥고 배고파 죽겠다 싶을 때, 있는 힘껏 길을 잡아당기면 출렁출렁, 저녁을 차린 우리 집이 버스 정류장 앞으로 온다

갑자기 니가 보고 싶을 때, 있는 힘껏 길을 잡아당기면 출렁출렁, 그리운 니가 내게 안겨 온다

03 이 시에서 있는 힘껏 길을 잡아당긴 때로 알맞은 것을 모두 고르시오. (   )

① 네가 내게 안겨 올 때
② 갑자기 니가 보고 싶을 때
③ 이러다 지각하겠다 싶을 때
④ 춥고 배고파 죽겠다 싶을 때
⑤ 버스가 우리 집 앞으로 올 때

04 이 시에서 길이 움직이며 당겨 오는 모습을 흉내 내는 말을 찾아 쓰시오.

(   )

☆☆
05 이 시의 3연을 읽고 글쓴이와 같은 마음을 느낀 경험을 떠올린 것의 기호를 쓰시오.

> ㉮ 추울 때 버스 정류장에서 집에 빨리 가고 싶었어.
> ㉯ 등교 시간에 배고파서 점심시간을 앞당기고 싶었어.
> ㉰ 할머니가 보고 싶을 때 할머니 댁이 바로 우리 집 앞에 있었으면 했어.

(   )

[06~10] 다음 글을 읽고, 물음에 답하시오.

㉠ "이게 뭐야. 에이, 방학 동안 학원에만 왔다 갔다 했어!"

컴퓨터를 끄자마자 맥이 탁 풀리며 짜증부터 났다. 달력을 보니 방학이 일주일도 안 남아 있다. 오늘이 8월 25일이니까 정확하게 6일 남았다.

"엄마 때문이야. 우리 엄마 시키는 대로 다 하려면 내가 둘은 있어야 해."

수일이는 걸상 옆에 앉아 있는 덕실이가 엄마라도 되는 듯이, 덕실이를 곁눈질로 흘겨보며 말했다.

㉡ "으으, 진짜 내가 하나 더 있었으면 좋겠어! 그래야 하나는 학원에 가고 하나는 마음껏 놀 수가 있지."

"정말 네가 둘이었으면 좋겠니?"

"둘이었으면 좋겠어."

"참말이야?"

"그래, 참말이야! 혼자서는 너무 힘들어. 어, 그런데 네가 말을 했니?"

수일이는 눈을 커다랗게 뜨고 덕실이를 보았다.

"말이야 벌써부터 했지. 지금껏 네가 못 알아들었을 뿐이야. 나는 말하면 안 되니?"

덕실이가 꼬리를 흔들며 말했다. 아주 잠깐 동안 수일이는 입이 벌어져서 다물어지지 않았다.

"엄마! 덕실이가 말을 해요!"

㉢ "얘, 너 또 학원 가기 싫으니까 엉뚱한 소리로 빠져나가려고 그러지?"

엄마가 안방에서 나오며 말했다. 손에 걸레를 들고 있었다.

"아니에요, 정말로 말을 했어요!"

"개들도 무슨 말인가 하기는 하겠지. 사람이 못 알아들어서 그렇지."

"나하고 말을 했다니까요. 나는 알아들었어요. 덕실이가 나한테, '나는 말하면 안 되니?' 그랬어요."

서술형 문제
06 ㉠에서 수일이가 짜증이 난 까닭은 무엇인지 쓰시오.

_____

07 수일이는 왜 똑같은 사람이 한 명 더 있으면 좋겠다고 생각했습니까? ( )

① 하나는 노래하고 하나는 춤추고 싶어서
② 하나는 밥을 먹고 하나는 빵을 먹고 싶어서
③ 하나는 학원에 가고 하나는 마음껏 놀고 싶어서
④ 하나는 엄마랑 놀고 하나는 아빠랑 놀고 싶어서
⑤ 하나는 국어를 공부하고 하나는 수학을 공부하고 싶어서

08 수일이가 덕실이를 보며 말했다가 깜짝 놀란 까닭은 무엇입니까? ( )

① 덕실이가 꼬리를 흔들었기 때문이다.
② 덕실이가 스스로 입을 벌렸기 때문이다.
③ 덕실이가 짖어서 엄마를 불렀기 때문이다.
④ 덕실이 입이 다물어지지 않았기 때문이다.
⑤ 덕실이가 사람이 알아듣게 말했기 때문이다.

☆☆
09 자신의 경험과 관련해 인상 깊은 장면을 말한 친구는 누구인지 쓰시오.

> 다연: 덕실이와 수일이가 대화를 나누는 장면이 인상 깊었어. 나도 애완동물을 키우고 싶기 때문이야.
> 요한: 수일이가 자신이 하나 더 있으면 좋겠다고 생각한 장면이 인상 깊었어. 나도 놀고 싶은데 숙제를 해야 했을 때 비슷한 생각을 한 적이 있어.

( )

10 이 작품 속 세계와 현실 세계의 비슷한 점에는 '비슷함', 다른 점에는 '다름'이라고 쓰시오.

⑴ 강아지와 대화할 수 있다. ( )
⑵ 강아지를 기른다. ( )

[01~03] 다음 글을 읽고, 물음에 답하시오.

> 아우내 장터에 아침이 밝았다. 새벽부터 장터에 모여든 사람들은 여느 때보다 몇 곱절이나 되었다. 독립 만세를 부르려고 모인 사람이 대부분이었다.
>
> 오후 1시, 유관순은 많은 사람 앞에서 외쳤다.
>
> "여러분, 반만년의 역사를 지닌 우리 겨레가 불행하게도 일본에 나라를 빼앗겼습니다. 이제 나라를 되찾아야 합니다. 지금 전국 방방곡곡에서 모두 일어나 독립을 외치고 있습니다. 여러분, 만세를 부릅시다. 대한 독립 만세!"
>
> 순식간에 독립 만세 소리가 온 천지를 뒤흔들었다. 깜짝 놀라 달려온 일본 헌병들은 총과 칼을 휘두르면서 평화롭게 독립 만세를 부르며 나아가는 사람들을 막았다. 많은 사람이 죽거나 다쳤다.
>
> 유관순도 일본 헌병들에게 붙잡혀 끌려가고 말았다. 그리고 일본 헌병대에서 온갖 고문을 당한 뒤에 재판을 받았다.

01 유관순과 사람들이 아우내 장터에 모인 까닭은 무엇입니까? (　　)

① 재판을 받으려고
② 일본으로 떠나려고
③ 독립 만세를 부르려고
④ 일본 헌병들을 공격하려고
⑤ 감옥에 갇힌 사람들을 구하려고

☆☆
02 민영이는 이 글을 어떤 방법으로 읽었는지 알맞은 것에 ○표 하시오.

> 민영: 글을 읽고 서대문형무소역사관에서 유관순 열사의 사진을 보았던 경험이 떠올라 마음이 뭉클해졌어.

(1) 경험을 떠올리며 읽었다. (　　)
(2) 뒷이야기를 상상하며 읽었다. (　　)

서술형 문제
03 만약 유관순이 일본 헌병들에게 잡히지 않았다면 어떻게 되었을지 쓰시오.

_____

_____

[04~06] 다음 시를 읽고, 물음에 답하시오.

> 할머니 아픈 허리는 왜 밟아야 시원할까요?
> 아이쿠! 아이쿠! 하면서도 "꼭꼭 밟아라." 하십니다
> 그래도 나는 겁이 나 자근자근 밟습니다.

04 이 시에서 말하는 이는 무엇을 하고 있습니까? (　　)

① 할머니 허리를 밟아 드리고 있다.
② 할아버지 다리를 밟아 드리고 있다.
③ 어머니 어깨를 주물러 드리고 있다.
④ 아버지의 흰머리를 뽑아 드리고 있다.
⑤ 동생 다리에 쥐가 나서 주물러 주고 있다.

05 이 시에 나타난 할머니의 마음을 알맞게 말한 친구는 누구인지 쓰시오.

> 유진: 허리가 아프다고 생각하실 것 같아.
> 시은: 손자가 허리를 밟아 주니까 더 좋다고 생각하실 것 같아.
> 하민: 할머니 허리를 함부로 밟은 손자가 버릇없다고 생각하실 것 같아.

(　　)

☆☆
06 3행에 나타난 말하는 이의 마음을 표현할 때 어울리는 목소리는 무엇입니까? ( )

① 궁금한 목소리   ② 아파하는 목소리
③ 응원하는 목소리   ④ 시원해하는 목소리
⑤ 조심조심하는 목소리

[07~10] 다음 글을 읽고, 물음에 답하시오.

가 "조금이라고? 아침 먹자마자 피아노 학원, 속셈 학원, 바둑 교실, 영어 학원, 검도…… 하루 종일 학원에 왔다 갔다 하기 바쁜데도? 방학인데 놀 시간이 없어!"
"학원 다니는 게 싫어? 나는 좋을 것 같은데."
"너는 한 군데도 안 다니니까 그렇지. 컴퓨터 오락도 좀 마음 놓고 하고, 밖에 나가서 아이들하고 공도 차며 실컷 놀고 싶단 말이야."

나 "우, 내가 둘이었으면 좋겠어. 누가 나 대신 학원에 좀 다녀 줬으면!"
수일이가 걸상 다리를 발로 차며 말했다. 걸상은 아무렇지도 않고 발바닥만 아팠다.
"정말 네가 둘이었으면 좋겠어?" / "그래!"
"그럼 너를 하나 더 만들면 되지."
"하나 더? 어떻게?"
"말해 주면 나한테도 가끔 공을 물어뜯을 수 있도록 해 주는 거지?"
"그래. 못 쓰는 공 너 하나 줄게."
"어떻게 하느냐 하면, 네 손톱을 깎아서 쥐한테 먹이는 거야." / "뭐어?"
"그러면 그 쥐가 너하고 똑같은 모습으로 바뀔지도 몰라."
"그건 옛날이야기일 뿐이야."
"옛날에 있었던 일이니까 지금도 있을 수 있지."
"옛날에 있었던 일이 아니라 옛날이야기래도. 어떤 아이가 손톱을 함부로 버렸는데, 그걸 쥐가 먹고는 사람이 돼 가지고 그 아이를 집에서 쫓아내고…… 그 이야기 말하는 거지?"
"그래도 나 같으면 한번 해 보겠어."

07 **가**에 나타난 수일이의 상황은 어떠합니까? ( )

① 방학인데 하루 종일 하는 일이 없다.
② 학교에서 선생님께 피아노, 바둑을 배운다.
③ 학원에 다니느라 방학인데 놀 시간이 없다.
④ 밖에 나가서 아이들하고 실컷 놀며 지낸다.
⑤ 가짜 수일이와 만나지 않기 위해 숨어 다닌다.

서술형 문제
08 **가**의 수일이의 상황에 대해 어떤 생각이 드는지 쓰시오.

_____

09 **나**에서 수일이와 덕실이가 나눈 대화 내용으로 알맞은 것은 무엇입니까? ( )

① 공을 못 쓰게 만드는 방법
② 가짜 수일이를 만드는 방법
③ 옛날이야기를 지어 내는 방법
④ 덕실이도 학원에 다니는 방법
⑤ 컴퓨터 게임 속 세상으로 들어가는 방법

☆☆
10 이 글 뒤에 이어질 이야기를 상상할 때 다음 질문에 맞게 떠올린 내용은 무엇입니까? ( )

가짜 수일이를 만난 수일이의 기분은 어떠할까?

① 가짜 수일이가 진짜 행세를 할 것 같다.
② 엄마가 가짜 수일이를 더 예뻐하실 것 같다.
③ 수일이가 쥐를 찾아서 가짜 수일이를 만들 것 같다.
④ 엄마는 가짜 수일이를 보고도 가짜인지 알아보지 못하실 것 같다.
⑤ 친구들이 가짜 수일이와 더 재미있게 놀아서 수일이가 외로워질 것 같다.

[01~02] 다음 글을 읽고, 물음에 답하시오.

> ### (㉠   ) 이용 안내
>
> ▶ 국립중앙박물관은 1월 1일, 설날(당일), 추석(당일)에는 쉽니다.
> ▶ 6세 이하 어린이는 보호자와 함께해야 합니다.
>
> ● 관람 시간
>   • 월·화·목·금요일 10:00~18:00
>   • 수·토요일 10:00~21:00
>   • 일요일·공휴일 10:00~19:00
> ● 관람료: 무료(상설 전시관, 어린이 박물관, 무료 특별 전시)

01 ㉠에 들어갈 알맞은 말을 쓰시오.

(   )

02 이 글의 내용으로 알맞은 것은 무엇입니까? (   )

① 공휴일에는 관람할 수 없다.
② 1월 1일에는 관람할 수 없다.
③ 어른은 관람료로 천 원을 내야 한다.
④ 설날 당일과 추석 당일에도 관람할 수 있다.
⑤ 6세 이하 어린이는 혼자서도 관람할 수 있다.

03 주변에서 설명하는 글을 찾아 읽은 경험으로 알맞지 <u>않은</u> 것은 무엇입니까? (   )

① 장난감을 조립하는 설명서를 읽었다.
② 놀이 방법을 알려 주는 설명서를 읽었다.
③ 독서를 해야 한다고 주장하는 글을 읽었다.
④ 약을 먹을 때 주의할 점을 알려 주는 글을 읽었다.
⑤ 요리사들이 요리 방법을 알려 주는 설명서를 읽었다.

[04~05] 다음 글을 읽고, 물음에 답하시오.

> 우리나라에는 화강암을 쪼아 만든 석탑이 많습니다. 그 가운데에서 가장 유명한 탑은 다보탑과 석가탑입니다. 다보탑과 석가탑에는 공통점과 차이점이 있습니다.
> 다보탑과 석가탑은 공통점이 있습니다. 두 탑은 모두 통일 신라 시대에 만든 탑으로서 불국사 대웅전 앞뜰에 나란히 서 있습니다. 또 두 탑은 그 가치를 인정받아 국보로 지정되었습니다.
> 두 탑의 모습은 매우 다릅니다. 다보탑은 장식이 많고 화려합니다. 십자 모양의 받침 주변에 돌계단을 만들고 그 위에 사각·팔각·원 모양의 돌을 쌓아 올렸습니다. 반면 석가탑은 단순하면서도 세련된 멋이 있습니다. 사각 평면 받침 위에 돌을 삼 층으로 쌓아 올려 매우 균형 있는 모습을 자랑합니다.
> 다보탑과 석가탑은 서로 다른 모습으로 각각 아름답습니다. 두 탑은 우리 조상의 뛰어난 솜씨와 예술성을 보여 줍니다. 그래서 많은 사람에게 관심과 사랑을 받습니다.

☆☆
04 다보탑과 석가탑의 차이점으로 알맞은 것에 ○표 하시오.

⑴ 다보탑은 돌을 쪼아 만들었고, 석가탑은 나무를 깎아 만들었다.   (   )
⑵ 다보탑은 단순하면서도 세련된 멋이 있고, 석가탑은 장식이 많은 화려한 모습이다.   (   )
⑶ 다보탑은 십자 모양의 받침 주변에 돌계단을 만들고 그 위에 돌을 쌓아 올렸고, 석가탑은 사각 평면 받침 위에 돌을 쌓아 올려 매우 균형 있는 모습이다.   (   )

05 이 글에서 대상을 설명한 방법은 무엇입니까?

(   )

① 비유   ② 분류   ③ 분석
④ 열거   ⑤ 비교·대조

[06~07] 다음 글을 읽고, 물음에 답하시오.

사람들은 다양한 목적으로 탑을 세웁니다. 종교나 군사 목적으로 탑을 만들 뿐만 아니라 무엇인가를 기념하려고 탑을 짓습니다. 세계 여러 도시에 있는 유명한 탑을 알아봅시다.

이탈리아 토스카나주에는 피사의 사탑이 있습니다. 피사의 사탑은 종교 목적으로 만들어졌습니다. 55미터 높이로 세운 이 탑은 완성한 뒤 조금씩 한쪽으로 기울기 시작해 현재 모습이 되었습니다. 그 아슬아슬한 모습은 눈길을 많이 끕니다.

프랑스 파리에는 에펠 탑이 있습니다. 에펠 탑은 1889년에 프랑스혁명 100주년을 기념해 세웠습니다. 에펠 탑의 높이는 324미터이고, 해마다 세계 여러 나라에서 수백만 관광객이 찾을 만큼 유명합니다. 현재는 파리뿐만 아니라 프랑스 전체를 상징하는 건축물이기도 합니다. / 중국 상하이에는 높이가 468미터인 동방명주 탑이 있습니다. 이 탑은 1994년에 방송을 송신하려고 세웠습니다. 동방명주 탑은 높은 기둥을 중심축으로 하여 구슬 세 개를 꿰어 놓은 것 같은 독특한 외형 때문에 '동양의 진주'라고 불립니다.

06 피사의 사탑에 대한 설명으로 알맞은 것은 무엇입니까? ( )

① 높이가 468미터이다.
② '동양의 진주'라고 불린다.
③ 무엇인가를 기념하려고 만들어졌다.
④ 프랑스 전체를 상징하는 건축물이다.
⑤ 완성한 뒤 조금씩 한쪽으로 기울기 시작했다.

07 이 글의 내용을 다음 틀에 정리할 때 빈칸에 들어갈 알맞은 내용을 쓰시오.

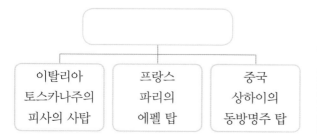

| 이탈리아 토스카나주의 피사의 사탑 | 프랑스 파리의 에펠 탑 | 중국 상하이의 동방명주 탑 |

[08~10] 다음 글을 읽고, 물음에 답하시오.

사람은 직업에 따라 고유한 색깔 옷을 입기도 한다. 직업의 특성에 따라 특정 색깔의 옷이 일을 하는 데 도움이 되기 때문이다.

의사나 간호사는 보통 흰색 옷을 입는다. 감염에 민감한 환자들이 있는 병원에서는 위생이 매우 중요한 문제이기 때문이다. 흰색 옷은 옷이 더러워졌을 때 이를 쉽게 알아차릴 수 있게 해 준다. 약사나 위생사, 요리사와 같이 청결을 유지해야 하는 일을 하는 사람들도 마찬가지로 흰색 옷을 입는다.

법관은 검은색 옷을 입는다. 예전 서양에서는 신분에 따라 입을 수 있는 옷 색깔이 정해져 있었지만, 검은색 옷은 누구나 입을 수 있었다. 법관의 검은색 옷은 법 앞에서 모든 사람이 평등하다는 뜻을 나타내며, 다른 것에 물들지 않고 공정하게 재판해야 한다는 의미를 담고 있다.

08 직업에 따라 입는 고유한 색깔 옷을 알맞게 선으로 이으시오.

(1) 법관 •   • ㉮ 흰색 옷

(2) 의사나 간호사 •   • ㉯ 검은색 옷

☆☆
09 이 글에서 대상을 설명한 방법의 기호를 쓰시오.

㉠ 대상을 상상하여 설명했다.
㉡ 설명하려는 대상의 특징을 나열하여 설명했다.
㉢ 두 가지 이상의 대상에서 공통점과 차이점을 찾아 설명했다.

( )

서술형 문제
10 이 글의 내용을 요약해 쓰시오.

_____

_____

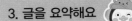

01 다음 그림에서 설명하는 글을 읽은 경험으로 알맞은 것에 ○표 하시오.

(1) 낱말 뜻을 찾으려고 국어사전을 읽었다. (　　)
(2) 박물관에서 본 유물이 어떤 것인지 궁금해서 설명하는 글을 읽었다. (　　)

[02~03] 다음 글을 읽고, 물음에 답하시오.

❶ 씨앗을 미지근한 물에 담가 놓는다.
❷ 준비한 그릇에 부드러운 헝겊을 깔고, 불린 씨앗을 서로 겹치지 않게 촘촘히 깔아 준다.
❸ 종이로 덮어 햇빛을 가리고 물기가 마르지 않게 물뿌리개로 물을 뿌려 준다.
❹ 싹이 나오면 종이를 벗겨 그늘에 두고, 수분이 마르지 않도록 물을 준다.
❺ 5~6일이 지나면 새싹 채소를 얻을 수 있다.

02 무엇을 설명하는 글인지 빈칸에 알맞은 말을 쓰시오.

(　　　　　　　　)을/를 가꾸는 방법

☆☆
03 이 글의 내용으로 알맞지 <u>않은</u> 것은 무엇입니까?
(　　)

① 씨앗을 미지근한 물에 담가 놓는다.
② 씨앗을 깔아 준 그릇은 종이로 덮어 햇빛을 가린다.
③ 싹이 나오면 종이를 벗겨 그늘에 두고, 수분이 마르지 않도록 물을 준다.
④ 물기가 마르지 않게 5~6일에 한 번씩 물뿌리개로 물을 충분히 뿌려 준다.
⑤ 준비한 그릇에 부드러운 헝겊을 깔고, 불린 씨앗을 서로 겹치지 않게 촘촘히 깔아 준다.

[04~08] 다음 글을 읽고, 물음에 답하시오.

㉮ 우리나라에는 화강암을 쪼아 만든 석탑이 많습니다. 그 가운데에서 가장 유명한 탑은 다보탑과 석가탑입니다. 다보탑과 석가탑에는 공통점과 차이점이 있습니다.
　다보탑과 석가탑은 공통점이 있습니다. 두 탑은 모두 통일 신라 시대에 만든 탑으로서 불국사 대웅전 앞뜰에 나란히 서 있습니다. 또 두 탑은 그 가치를 인정받아 국보로 지정되었습니다.
　두 탑의 모습은 매우 다릅니다. 다보탑은 장식이 많고 화려합니다. 십자 모양의 받침 주변에 돌계단을 만들고 그 위에 사각·팔각·원 모양의 돌을 쌓아 올렸습니다. 반면 석가탑은 단순하면서도 세련된 멋이 있습니다. 사각 평면 받침 위에 돌을 삼 층으로 쌓아 올려 매우 균형 있는 모습을 자랑합니다.
　다보탑과 석가탑은 서로 다른 모습으로 각각 아름답습니다. 두 탑은 우리 조상의 뛰어난 솜씨와 예술성을 보여 줍니다.

㉯ 사람들은 다양한 목적으로 탑을 세웁니다. 종교나 군사 목적으로 탑을 만들 뿐만 아니라 무엇인가를 기념하려고 탑을 짓습니다. 세계 여러 도시에 있는 유명한 탑을 알아봅시다.
　이탈리아 토스카나주에는 피사의 사탑이 있습니다. 피사의 사탑은 종교 목적으로 만들어졌습니다. 55미터 높이로 세운 이 탑은 완성한 뒤 조금씩 한쪽으로 기울기 시작해 현재 모습이 되었습니다. 그 아슬아슬한 모습은 눈길을 많이 끕니다.
　프랑스 파리에는 에펠 탑이 있습니다. 에펠 탑은 1889년에 프랑스 혁명 100주년을 기념해 세웠습니다. 에펠 탑의 높이는 324미터이고, 해마다 세계 여러 나라에서 수백만 관광객이 찾을 만큼 유명합니다. 현재는 파리뿐만 아니라 프랑스 전체를 상징하는 건축물이기도 합니다.
　중국 상하이에는 높이가 468미터인 동방명주 탑이 있습니다. 이 탑은 1994년에 방송을 송신하려고 세웠습니다. 동방명주 탑은 높은 기둥을 중심축으로 하여 구슬 세 개를 꿰어 놓은 것 같은 독특한 외형 때문에 '동양의 진주'라고 불립니다.

04 글 **가**에서 설명한 대상은 무엇인지 두 가지를 찾아 쓰시오.

(,   )

05 글 **나**의 내용으로 알맞은 것은 무엇입니까? (   )

① 세 탑은 모두 유럽에 있다.
② 에펠 탑은 종교 목적으로 만들어졌다.
③ 동방명주 탑은 파리를 상징하는 건축물이다.
④ 피사의 사탑은 기울어진 모습으로 유명하다.
⑤ 세 탑 중 가장 높이가 높은 것은 에펠 탑이다.

06 '동양의 진주'라고 불리는 탑은 무엇인지 이 글에서 찾아 쓰시오.

(   )

☆☆
07 글 **가**와 **나**의 내용을 정리할 때 어울리는 틀을 알맞게 선으로 이으시오.

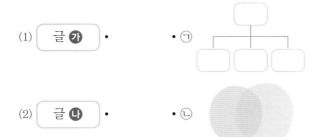

(1) 글 **가** •

(2) 글 **나** •

• ㉠

• ㉡

서술형 문제
08 글 **가**와 **나**에서 대상을 설명하는 방법을 비교하여 쓰시오.

_____

_____

[09~10] 다음 글을 읽고, 물음에 답하시오.

가 사람은 직업에 따라 고유한 색깔 옷을 입기도 한다. ㉠직업의 특성에 따라 특정 색깔의 옷이 일을 하는 데 도움이 되기 때문이다.

나 ㉡의사나 간호사는 보통 흰색 옷을 입는다. 감염에 민감한 환자들이 있는 병원에서는 위생이 매우 중요한 문제이기 때문이다. 흰색 옷은 옷이 더러워졌을 때 이를 쉽게 알아차릴 수 있게 해 준다.

다 ㉢법관은 검은색 옷을 입는다. 예전 서양에서는 신분에 따라 입을 수 있는 옷 색깔이 정해져 있었지만, 검은색 옷은 누구나 입을 수 있었다. 법관의 검은색 옷은 법 앞에서 모든 사람이 평등하다는 뜻을 나타내며, 다른 것에 물들지 않고 공정하게 재판해야 한다는 의미를 담고 있다.

라 ㉣군인은 주변 환경과 상황에 따라 옷 색깔을 달리하여 입는다. 전투를 벌일 때 적군 눈에 쉽게 띄면 안 되기 때문이다. 예전의 화약 무기는 한번 사용하면 연기가 자욱하여 적군과 아군을 구분하기가 힘들었다. 따라서 당시에는 강한 원색의 군복을 입었다. 오늘날에는 기술이 발달하여 군인은 대부분 주변 환경과 구별하기 힘든 색의 옷을 입는다.

마 ㉤사람들은 직업에 따라 입는 옷 색깔이 다양하다. 옷 색깔이 무엇을 뜻하는지 안다면 그 직업을 더 잘 알 수 있다.

09 ㉠~㉤ 중 각 문단의 중심 문장으로 알맞지 <u>않은</u> 것의 기호를 쓰시오.

(   )

10 이 글을 요약하는 방법으로 알맞지 <u>않은</u> 것은 무엇입니까? (   )

① 문단마다 중심 문장을 찾는다.
② 중요하지 않은 내용도 자세히 정리한다.
③ 대상을 설명하는 방법이 무엇인지 확인한다.
④ 글의 구조에 알맞게 틀을 그려 내용을 정리한다.
⑤ 세부 내용은 대표적인 말로 바꾸어 중심 내용을 정리한다.

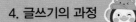

01 다음 문장에서 ㉠과 ㉡의 역할로 알맞은 것은 무엇입니까? ( )

> • ㉠토끼가 뜁니다.
> • ㉡아이가 공을 던집니다.

① 문장에서 동작의 주체가 된다.
② 문장에서 동작의 대상이 된다.
③ 문장에서 주어의 상태를 풀이한다.
④ 문장에서 주어의 성질을 풀이한다.
⑤ 문장에서 주어의 움직임을 풀이한다.

02 다음 문장에서 생각을 표현할 때 반드시 있어야 할 부분에 모두 ○표 하시오.

매콤한	떡볶이가	익은	고추처럼	빨갛다
( )	( )	( )	( )	( )

☆☆
03 주어, 목적어, 서술어가 모두 들어간 문장만 골라 묶은 것은 무엇입니까? ( )

> ㉠ 예쁜 꽃이 피었습니다.
> ㉡ 나는 음식을 먹었습니다.
> ㉢ 경찰이 도둑을 잡았습니다.
> ㉣ 내 친구는 강아지를 좋아합니다.

① ㉠, ㉡
② ㉠, ㉢
③ ㉡, ㉢
④ ㉠, ㉡, ㉢
⑤ ㉡, ㉢, ㉣

04 다음은 어떤 방법으로 쓸 내용을 떠올린 것인지 알맞은 것에 ○표 하시오.

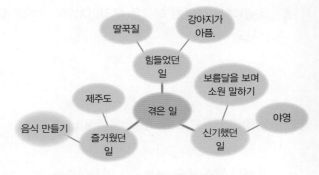

(1) 쓰고 싶은 내용을 자유롭게 떠올림. ( )
(2) 쓸 내용을 몇 가지로 나누어 떠올림. ( )

[05~06] 다음 글을 읽고, 물음에 답하시오.

> 지난 주말에 삼촌 댁에 갔더니 삼촌께서 내가 좋아하는 달걀말이를 해 주셨다. 삼촌은 요리를 정말 잘하시는 것 같다. 달걀말이가 너무 맛있어서 삼촌께 달걀말이를 만드는 방법을 배워 왔다.
> 먼저 재료로 달걀 여섯 알, 다진 파 한 줌, 소금, 식용유를 준비한다. 그런 다음 달걀을 큰 그릇에 깨뜨려 넣고 다진 파 한 줌과 소금 적당량을 넣어서 골고루 잘 저어 준다. 삼촌께서 이때 달걀을 젓가락으로 싹둑싹둑 잘라 주어야 좋다고 하셨다. 덩어리진 것을 가위로 자르듯 끊어 주면 된다고 하셨다. 그런 다음 약한 불에 준비한 지짐 판을 얹고 식용유를 골고루 두른 뒤 달걀물을 넓게 붓는다. 그리고 조금씩 익으면 끝에서부터 뒤집개로 살살 말아 준다.
> 내가 음식을 만든다고 하니 아버지께서 걱정하시며 조금 도와주셨다. 그리고 내가 처음으로 만든 달걀말이를 드시고 정말 맛있다고 하셨다. 내가 만든 요리를 우리 반 친구들에게도 주고 싶지만 사람이 너무 많으니 특별히 요리 비법을 공개한 것이다.

05 이 글의 내용으로 알맞은 것은 무엇입니까? (　　)

① 달걀 한 알로 달걀말이를 만들었다.
② 달걀말이를 만들 때 도와준 사람은 삼촌이다.
③ 달걀말이를 만드는 방법은 아버지께서 가르쳐 주셨다.
④ 달걀말이를 만들 때 특히 중요한 부분은 달걀을 삶는 시간이다.
⑤ 달걀말이를 만든 까닭은 삼촌 댁에서 먹은 달걀말이가 너무 맛있었기 때문이다.

서술형 문제

06 다음 조건 에 맞게 이 글에 어울리는 제목을 지어 쓰시오.

조건
　글의 주요 내용인 달걀말이를 스스로 만들어 본 경험이 잘 드러나게 짓는다.

[07~09] 다음 글을 읽고, 물음에 답하시오.

㉮ 학교 공부가 끝나고 집으로 갔다. 오늘은 어려운 내용을 배워 머리가 아팠다. 그런데 집에 오니 할머니께서 계셨다. 늘 내 편이 되어 주시는 할머니께서 계시니 갑자기 기분이 좋아졌다.
　할머니께서 공부하느라 고생했다며 맛있는 떡볶이를 해 주셨다. 동생과 함께 먹다 보니 어느새 떡볶이를 다 먹었다. 정말 맛있었다. 짝과 함께 수학 공부를 하기로 해서 할머니께 인사드리고 친구 집으로 갔다. 할머니께 공부를 열심히 한다고 칭찬을 들었지만 할머니와 함께 있지 못해 아쉬운 마음이 들었다. 수학 공부를 하는 동안 할머니께서 일찍 가시지 않으면 좋겠다고 생각했다.
㉯ 할머니께서는 저녁을 드시고 나서 댁으로 가셨다. 생각보다 오래 계셨지만 그래도 헤어질 때가 되니 섭섭했다. 우리 집에 더 자주 오셨으면 좋겠다고 생각하다가 다음부터 내가 할머니 댁에 자주 찾아가야겠다고 생각했다.

07 글쓴이에게 있었던 일로 알맞은 것을 두 가지 고르시오. (　,　)

① 할머니께서 떡볶이를 해 주셨다.
② 할머니와 함께 만화 영화를 봤다.
③ 할머니를 따라 공원까지 걸어갔다.
④ 수학 공부를 하려고 친구 집에 갔다.
⑤ 할머니와 함께 과일과 피자를 먹었다.

08 글쓴이의 생각이나 느낌으로 알맞지 않은 것은 무엇입니까? (　　)

① 할머니와 함께 있지 못해 아쉬움.
② 할머니께서 오셔서 기분이 좋아짐.
③ 할머니께서 더 자주 오셨으면 좋겠음.
④ 할머니께서 일찍 가셨으면 좋겠다고 생각함.
⑤ 다음부터 내가 할머니 댁에 자주 찾아가야겠다고 생각함.

☆☆
09 이 글의 내용을 처음, 가운데, 끝으로 나눌 때 다음은 어느 부분에 해당하는지 ○표 하시오.

일어난 일	생각이나 느낌
저녁에 할머니께서 댁으로 가심.	섭섭함. 더 자주 오시면 좋겠음.

(처음 , 가운데 , 끝)

10 호응 관계가 알맞은 문장은 무엇입니까? (　　)

① 바다가 보았다.
② 내일 친구를 만났어.
③ 동생이 누나에게 업었다.
④ 아버지께 선물을 주었다.
⑤ 물고기가 낚싯줄에 걸렸다.

01 다음 그림을 보고 '무엇이'에 해당하는 말을 빈칸에 쓰시오.

(   ) 뜁니다.

02 다음 두 가지 설명에 모두 해당하는 문장은 무엇입니까? (   )

- 주어, 목적어, 서술어가 모두 들어간 문장
- 문장에서 꼭 있어야 하는 부분만 남기고 줄인 문장

① 동생이 장난감을 샀다.
② 예쁜 꽃이 들판에 피었다.
③ 귀여운 새가 나뭇가지에 앉았다.
④ 매콤한 떡볶이가 익은 고추처럼 빨갛다.
⑤ 잽싸고 빠른 경찰이 검정 옷을 입은 도둑을 잡았다.

03 다음과 같은 방법으로 쓸 내용을 떠올릴 때 주의할 점으로 알맞은 것에 ○표 하시오.

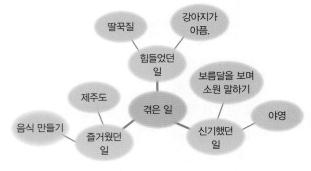

(1) 떠오른 생각을 비슷한 주제별로 묶는다. (   )
(2) 짧은 시간 동안 떠오른 생각을 빠르고 간단하게 적는다. (   )

[04~05] 다음 글을 읽고, 물음에 답하시오.

나는 달걀말이를 정말 좋아한다. 날마다 달걀말이를 반찬으로 먹어도 투정하지 않을 자신이 있다. 지난 주말에 삼촌 댁에 갔더니 삼촌께서 내가 좋아하는 달걀말이를 해 주셨다. 삼촌은 요리를 정말 잘하시는 것 같다. 달걀말이가 너무 맛있어서 삼촌께 달걀말이를 만드는 방법을 배워 왔다.

먼저 재료로 달걀 여섯 알, 다진 파 한 줌, 소금, 식용유를 준비한다. 그런 다음 달걀을 큰 그릇에 깨뜨려 넣고 다진 파 한 줌과 소금 적당량을 넣어서 골고루 잘 저어 준다. 삼촌께서 이때 달걀을 젓가락으로 싹둑싹둑 잘라 주어야 좋다고 하셨다. 덩어리진 것을 가위로 자르듯 끊어 주면 된다고 하셨다. 그런 다음 약한 불에 준비한 지짐 판을 얹고 식용유를 골고루 두른 뒤 달걀물을 넓게 붓는다. 그리고 조금씩 익으면 끝에서부터 뒤집개로 살살 말아 준다.

내가 음식을 만든다고 하니 아버지께서 걱정하시며 조금 도와주셨다. 그리고 내가 처음으로 만든 달걀말이를 드시고 정말 맛있다고 하셨다. 내가 만든 요리를 우리 반 친구들에게도 주고 싶지만 사람이 너무 많으니 특별히 요리 비법을 공개한 것이다.

04 이 글에 나오는 내용으로 알맞지 않은 것은 무엇입니까? (   )

① 삼촌의 조언
② 반찬 투정을 한 까닭
③ 달걀말이를 만든 까닭
④ 달걀말이에 필요한 재료
⑤ 달걀말이를 만드는 방법

서술형 문제
05 글쓴이가 글을 쓴 상황이나 목적을 짐작해 쓰시오.

_____

_____

[06~07] 다음 글을 읽고, 물음에 답하시오.

> ㉮ 아침 일찍, 아빠께서 공원에 가자며 나를 깨우셨다.
> "일찍 일어나는 새가 벌레를 잡는다는 말이 있어. 얼른 일어나자."
> 아빠 말씀에 난 억지로 일어나 세수를 하고 옷을 입었다.
>
> ㉯ 아빠께서는 물통을 들고 뚜벅뚜벅 걸어가셨다. 아빠 발걸음이 어찌나 빠른지 나는 그 뒤를 따라 뛰어야 했다. 뒷산 시민 공원에 도착하니 벌써 운동하는 사람이 많아 깜짝 놀랐다.
> "준비 운동부터 하자."
> 나는 아빠를 따라 맨손 체조를 했다. 체조를 하고 나니 정말 추위가 달아나는 것 같았다. 철봉에서 턱걸이를 다섯 번이나 해서 아빠께 칭찬을 들었다. 아침 일찍 일어나기는 힘들었지만 아빠께 칭찬을 들으니 기분이 좋았다.
>
> ㉰ 이웃 어른들께 반갑게 인사를 하며 아빠와 함께 공원을 나왔다. 나는 아빠를 앞질러 집으로 달렸다. 아빠와 함께 아침 운동을 하니 기분이 참 상쾌했다.

06 글쓴이에게 있었던 일로 알맞지 않은 것은 무엇입니까? (   )

① 공원까지 걸음.
② 턱걸이를 실패함.
③ 아빠께서 나를 깨우심.
④ 아빠를 앞질러 집으로 달림.
⑤ 이웃 어른들께 반갑게 인사함.

07 글쓴이의 생각이나 느낌으로 알맞은 것의 기호를 쓰시오.

> ㉠ 체조를 하고 나니 추위가 밀려왔다.
> ㉡ 아빠께 칭찬을 들으니 기분이 좋았다.
> ㉢ 뒷산 공원에 도착하니 사람이 없어 깜짝 놀랐다.

(   )

☆☆
08 다음은 글로 쓸 내용을 떠올려 다발 짓기를 한 것입니다. ㉮~㉱ 중 정리한 내용이 알맞지 않은 것의 기호를 쓰시오.

일어난 일		생각이나 느낌
주말에 가족과 등산을 감.	처음	㉮마음이 설레고 좋았음.
산을 올라갈 때 오르막이 많았음. / 내려오는 길에 미끄러짐.	가운데	힘들어도 기분은 상쾌했음. / ㉯산 위에서 도시락을 먹음. / 아버지께서 손을 잡아 주셔서 마음이 든든했음.
산에서 다 내려옴.	끝	㉰몸이 건강해지는 느낌이 들었음.

(   )

09 다음 문장에 쓰인 호응 관계의 종류로 알맞은 것에 ○표 하시오.

> 동생이 누나에게 업혔다.

(1) 시간을 나타내는 말과 서술어의 호응 (   )
(2) 동작을 당하는 주어와 서술어의 호응 (   )
(3) 높임의 대상을 나타내는 말과 서술어의 호응
(   )

10 다음 문장을 주어와 서술어가 호응하도록 고칠 때 빈칸에 들어갈 알맞은 말은 무엇입니까? (   )

> • 잡곡밥은 맛과 색깔이 아름답습니다.
>   → 잡곡밥은 (   ) 색깔이 아름답습니다.

① 좋은 맛과   ② 맛이 좋고
③ 맛과 영양이   ④ 맛이 아름답고
⑤ 아름다운 맛과

01 다음 ( ) 안의 알맞은 말에 ○표 하시오.

> 신체 부위인 다리와 두 곳을 잇는 다리처럼 형태는 같지만 뜻이 서로 다른 낱말을 (동형어 , 다의어) 라고 한다.

[02~04] 다음 글을 읽고, 물음에 답하시오.

> 어린이 보행 중 교통사고를 줄이는 방법은 무엇일까? 운전자에게 어린이 보행 안전 교육을 철저히 해야 한다. 전체 교통사고 가운데에서 보행 중에 발생한 사고의 나이대별 분포를 살펴보면, 초등학생이 다른 나이대보다 상대적으로 높게 나타나는 것을 알 수 있다. 이는 초등학생들이 바깥 활동이 잦은 데다 위험 상황을 판단하고 그에 대처하는 능력이 부족하기 때문이다. 그러므로 운전자에게 어린이 보행자를 보호할 수 있는 안전 교육을 실시해 어린이 보행 중 교통사고가 ㉠일어나지 않도록 해야 한다.
>
> 어린이를 고려한 보행 안전시설도 더 필요하다. 학교 앞길에는 과속 차량을 단속하는 장치를 마련해야 한다. 그리고 학교 근처의 어린이 보호 구역을 현재 반지름 300미터보다 더 넓게 하여 어린이들이 안전하게 다닐 수 있게 해야 한다. 그뿐만 아니라 어린이가 많이 다니는 길에는 과속 방지 턱을 만들어 차량 속도를 낮추도록 해야 한다. ㉡이와 같은 안전시설은 어린이 교통사고를 줄이는 데 많은 도움이 될 것이다.

02 이 글에서 제안한 어린이 보행 중 교통사고를 줄이는 방법을 두 가지 고르시오. (,)

① 어린이를 고려한 보행 안전시설이 더 필요하다.
② 학교에서 어린이 보행 안전을 위해 더 노력한다.
③ 운전자에게 어린이 보행 안전 교육을 철저히 한다.
④ 어린이의 보행을 돕는 안전 도우미를 뽑아 학교 앞에 배치한다.
⑤ 어린이 보행 중 교통사고를 낸 운전자에 대한 처벌을 강화한다.

☆☆
03 ㉠의 낱말은 어떤 뜻으로 쓰였습니까? ( )

① 잠에서 깨어나다.
② 어떤 일이 생기다.
③ 위로 솟거나 부풀어 오르다.
④ 누웠다가 앉거나 앉았다가 서다.
⑤ 자연이나 인간 따위에게 어떤 현상이 발생하다.

04 ㉡이 가리키는 내용은 무엇입니까? ( )

① 노인을 고려한 보행 안전시설
② 여성을 고려한 보행 안전시설
③ 어린이를 고려한 보행 안전시설
④ 운전자를 고려한 보행 안전시설
⑤ 장애인을 고려한 보행 안전시설

[05~07] 다음 글을 읽고, 물음에 답하시오.

> 첫째, 인공 지능에 제대로 된 규칙을 부여해 잘 통제하고 활용하면 인류의 삶은 더욱 편리하고 풍요로워질 것입니다. 예를 들어 움직임이 불편한 노인과 장애인들은 무인 자동차로 자유롭게 이동할 수 있습니다. 인류가 인공 지능을 제대로 관리한다면 인공 지능은 인류에게 많은 도움이 될 것입니다.
>
> 둘째, 인공 지능과 관련한 일자리가 늘어날 것입니다. 많은 사람이 인공 지능의 발달로 삼십 년 안에 현재의 일자리 절반이 사라질 것이라고 걱정합니다. 하지만 이 문제는 사람들의 의견을 모으고 제도를 마련하여 인공 지능이 인간의 일자리를 빼앗지 않도록 하면 됩니다. 더 나아가 인공 지능 관련 일자리를 늘려 나갈 수도 있습니다.
>
> 셋째, 사람이 하기 어렵거나 위험한 일을 인공 지능이 대신할 수 있습니다. 사람 몸에 해로운 물질을 다루는 일이나 높은 빌딩에 페인트를 칠하는 일같이 위험한 일을 인공 지능 로봇이 대신한다면 어쩌다가 일어날 수 있는 사고나 피해를 줄일 수 있습니다.

05 이 글의 주요 내용은 무엇입니까? (   )

① 인공 지능의 좋은 점
② 인공 지능의 나쁜 점
③ 인공 지능의 관리 방법
④ 인공 지능과 관련한 일자리
⑤ 인공 지능으로 인한 사고나 피해

☆☆
06 이 글의 내용이 뒷받침할 수 있는 주장으로 알맞은 것의 기호를 쓰시오.

> ㉮ 인공 지능이 일으킬 위험을 막을 방법을 연구해야 한다.
> ㉯ 인공 지능은 인류의 미래를 희망으로 가득하게 만들어 줄 것이다.

(   )

서술형 문제
07 글쓴이의 주장에 반대하는 주장을 펼칠 때의 알맞은 근거를 한 가지만 쓰시오.

_____

[08~10] 다음 글을 읽고, 물음에 답하시오.

㉮ 첫째, 쓰기 윤리를 지키지 않는 것은 법을 어기는 일이다. 무엇보다 진실이 아닌 내용을 진실인 것처럼 쓰는 경우, 법으로 처벌을 받을 수도 있다. 예를 들어 어떤 과학자가 자신이 연구한 결과를 돋보이게 하려고 내용을 조작하거나 결과를 부풀려서 쓴 보고서를 발표했다고 하자. 이것은 과학자 자신뿐만 아니라 그 보고서를 읽는 모든 사람을 속이는 일로, 법의 심판을 피할 수 없다.

㉯ 둘째, 쓰기 윤리를 지키지 않으면 다른 사람에게 물질이나 정신 피해를 줄 수 있다. 글을 쓰려고 어떤 자료를 이용하는 경우, 자신이 직접 쓴 부분과 자료에서 인용한 부분을 명확하게 구분하지 않으면 표절이

될 수 있다. 너무도 뚜렷하게 의도가 있는 표절이면 저작권자에게 피해를 준다. 예를 들어 어떤 작가가 오랜 시간 힘들여 쓴 이야기책이 유명해졌는데, 어떤 사람이 비슷한 내용으로 다른 책을 만들어서 판다면 어떻게 될까? 이야기책의 원래 작가는 그만큼 돈을 못 벌게 되고, 또 마음에 큰 상처를 받게 될 것이다.

08 이 글에서 다음 뜻을 가진 말을 찾아 쓰시오.

> 글을 쓰는 과정에서 지켜야 하는 여러 가지 규범

(   )

09 이 글에서 글쓴이가 제시한 근거를 두 가지 고르시오. (,   )

① 쓰기 윤리의 기준이 명확하지 않다.
② 쓰기 윤리를 지키면 돈을 더 많이 벌 수 있다.
③ 쓰기 윤리를 핑계로 남을 괴롭히는 경우도 있다.
④ 쓰기 윤리를 지키지 않는 것은 법을 어기는 일이다.
⑤ 쓰기 윤리를 지키지 않으면 다른 사람에게 물질이나 정신 피해를 줄 수 있다.

10 이 글의 글쓴이가 제시한 근거의 적절성을 알맞게 말한 친구를 쓰시오.

> 연후: 글쓴이가 제시한 근거가 주장과 관련이 없기 때문에 적절하지 않은 것 같아.
> 예서: 글쓴이가 제시한 근거가 주장을 더욱 설득력 있게 하기 때문에 적절한 것 같아.
> 규태: 글쓴이가 제시한 근거에 알맞지 않은 낱말을 사용한 것을 보니까 주장도 적절하지 않을 것 같아.

(   )

01 '다리'라는 말이 다음의 뜻으로 쓰인 것을 두 가지 고르시오.　　　　　　　(　 , 　)

> 물을 건너다닐 수 있도록 만든 다리

① 돌다리　　　　　② 안경다리
③ 구름다리　　　　④ 책상 다리
⑤ 사람의 다리

02 다음 빈칸에 공통으로 들어갈 동형어나 다의어는 무엇인지 보기 에서 골라 쓰시오.

> 보기
>
> 　　발　　　병　　　차

> • 의사는 (　　　)이/가 난 사람을 낫게 한다.
> • 빈 (　　　)이/가 많이 쌓였다.

(　　　　　　　)

[03~05] 다음 글을 읽고, 물음에 답하시오.

　어린이 스스로도 보행 중 교통사고를 당하지 않도록 노력해야 한다. 도로에서 발생하는 수많은 비극은 교통 법규를 무시하고 조금 빨리 가려다가 발생한다. 운전자와 보행자 모두 도로에서 시간적 여유를 ㉠가지는 마음이 필요하다. 보행 신호가 초록색으로 바뀌지도 않았는데 보행자가 무리하게 길을 건너면 사고를 당할 수 있다. 그리고 신호가 바뀌자마자 좌우를 살피지 않고 출발하다가 사고를 당하기도 한다. 또 신호가 바뀐 뒤에도 신호 위반을 하는 차가 있을 수 있기 때문에 늘 조심해야 한다. 따라서 운전자와 보행자 모두 도로에서 조급하게 서두르지 말고 교통 법규와 안전 수칙을 지키며 생활해야 한다.

　이제부터라도 어린이 보행 중 교통사고를 줄이는 일에 모두 힘써야 한다. 어린이 보행 안전은 남에게 미룰 수도 없고, 남이 대신해 줄 수도 없다. 우리 모두 노력해 어린이 보행 중 교통사고가 일어나지 않도록 하자.

03 이 글에 나오는 어린이 스스로 지켜야 하는 교통 법규와 안전 수칙을 두 가지 고르시오. (　 , 　)

① 학교 앞에 보행 안전시설을 설치한다.
② 운전자에게 보행 안전 교육을 실시한다.
③ 보행 중 어린이를 고려한 교통 법규를 만든다.
④ 보행 신호가 바뀌자마자 좌우를 살피지 않고 출발하지 않도록 한다.
⑤ 보행 신호가 초록색으로 바뀌지도 않았는데 무리하게 길을 건너지 않는다.

☆☆
04 ㉠의 낱말은 어떤 뜻으로 쓰였습니까?　　　(　)

① 관계를 맺다.
② 모임을 치르다.
③ 손이나 몸 따위에 있게 하다.
④ 아이나 새끼, 알을 배 속에 지니다.
⑤ 생각, 태도, 사상 따위를 마음에 품다.

서술형 문제
05 글쓴이가 이 글을 쓴 까닭은 무엇인지 쓰시오.

_____

_____

[06~08] 다음 글을 읽고, 물음에 답하시오.

앞으로 인공 지능은 우리의 삶 곳곳에 영향을 미칠 것입니다. 그런 미래는 편리함이라는 빛만큼이나 위험하고 어두운 그림자 또한 있을 것이라고 생각합니다. 그러므로 ㉠인공 지능이 일으킬 위험을 막을 방법도 생각해야 합니다.

첫째, 인공 지능을 가졌느냐 아니냐에 따라 부자는 더 부자가 되고 가난한 사람은 더욱 가난해질 것입니다. 이로써 사회적·경제적 불평등은 더욱 심해질 것입니다.

둘째, 힘이 강한 나라나 집단이 힘이 약한 나라나 사람들을 지배할 수도 있습니다. 인공 지능이 발달하면 힘 있는 사람들의 지배력이 지금과 비교가 안 될 정도로 강해질 것입니다. 즉 나라 사이에 새로운 지배 관계가 생길 위험이 매우 크다고 생각합니다.

셋째, 지금보다 더 발달한 인공 지능이 등장하면 인간은 인공 지능에게 지배를 받게 될지도 모릅니다.

06 ㉠에 해당하는 것을 골라 기호를 쓰시오.

㉮ 인간이 인공 지능에게 지배를 받는 것
㉯ 인공 지능이 사회적 불평등을 없애는 것
㉰ 힘이 약한 나라가 강한 나라를 지배하는 것

(   )

07 이 글에 어울리는 제목은 무엇입니까? (   )

① 인공 지능 보호
② 인공 지능의 역사
③ 인공 지능의 필요성
④ 인공 지능의 좋은 점
⑤ 인공 지능 개발에 따른 위험

☆☆
08 글쓴이의 주장과 반대되는 의견을 골라 ○표 하시오.

(1) 인공 지능에 숨어 있는 위험을 막을 방법을 깊이 연구해야 한다. (   )

(2) 인공 지능은 인류의 미래를 희망으로 가득하게 만들어 줄 것이다. (   )

[09~10] 다음 글을 읽고, 물음에 답하시오.

㉮ 일상생활에서 규칙과 질서를 잘 지키는 일이 중요한 것처럼, 글을 쓸 때에도 다른 사람에게 피해를 주지 않으려면 규범을 지켜야 한다. 글을 쓸 때 남의 글을 베껴 자신이 쓴 글인 양 속이는 사람이 있다. 그리고 진실이 아닌 내용을 진실인 것처럼 거짓으로 꾸며 글을 쓰는 사람도 있다. 또 읽는 사람이 크게 상처를 받을 수 있는 내용의 글을 함부로 쓰는 사람도 있다. 이것은 모두 글쓰기 과정에서 지켜야 할 규범과 예의를 지키지 않은 경우이다. 이처럼 글을 쓰는 과정에서 지켜야 하는 여러 가지 규범을 쓰기 윤리라고 한다.

㉯ 쓰기 윤리를 존중하는 것은 우리나라의 미래 발전에 영향을 미칠 정도로 중요하다. 우리가 쓰기 윤리를 존중하지 않으면 우리 스스로 피해를 보는 일이 생길 수도 있다. 그러므로 글을 쓸 때 출처를 정확히 밝히고, 자신을 속이지 않으며 거짓된 내용은 쓰지 않아야 한다. 또 다른 사람 글에도 예의 있게 반응하고 읽는 사람을 배려하며 글을 써야 한다.

☆☆
09 글쓴이의 주장을 뒷받침할 수 있는 근거로 알맞은 것은 무엇입니까? (   )

① 안전하고 질서 있는 생활을 할 수 있다.
② 쓰기 윤리를 지키는 것은 법을 어기는 일이다.
③ 소음 때문에 다른 사람에게 피해를 줄 수 있다.
④ 쓰기 윤리를 지키는 것은 문화 발전을 막는 일이다.
⑤ 쓰기 윤리를 지키지 않으면 다른 사람에게 물질이나 정신 피해를 줄 수 있다.

10 쓰기 윤리를 지켜 글을 쓰는 태도로 알맞지 <u>않은</u> 것은 무엇입니까? (   )

① 출처를 정확히 밝힌다.
② 거짓된 내용은 쓰지 않아야 한다.
③ 읽는 사람을 배려하며 글을 써야 한다.
④ 다른 사람 글에는 예의 없게 반응해도 된다.
⑤ 남의 글을 자신이 쓴 글인 양 속이지 않는다.

☆☆
01 토의에 대한 설명으로 알맞지 <u>않은</u> 것은 무엇입니까? ( )

① 가족 여행 장소를 정할 때 토의할 수 있다.
② 토의를 하면 문제 해결 과정을 모르게 된다.
③ 토의를 하면 문제 해결에 직접 참여할 수 있다.
④ 토의를 하면 적절한 문제 해결 방법을 찾을 수 있다.
⑤ 어떤 문제를 여러 사람이 협력해 해결하는 방법을 토의라고 한다.

03 그림에 나타난 토의 절차를 차례대로 알맞게 나열한 것은 무엇입니까? ( )

① 토의 주제 정하기 → 의견 모으기 → 의견 마련하기 → 의견 결정하기
② 토의 주제 정하기 → 의견 마련하기 → 의견 모으기 → 의견 결정하기
③ 의견 모으기 → 토의 주제 정하기 → 의견 마련하기 → 의견 결정하기
④ 의견 마련하기 → 의견 결정하기 → 의견 모으기 → 토의 주제 정하기
⑤ 의견 결정하기 → 의견 마련하기 → 의견 모으기 → 토의 주제 정하기

[02~04] 다음 그림을 보고, 물음에 답하시오.

☆☆
02 다음은 그림 ❶~❹에 나타난 토의 절차 중 어느 단계에서 해야 하는 일인지 번호를 쓰시오.

> 토의 주제가 알맞은지 판단하기

( )

서술형 문제
04 이 토의에서 결정된 의견은 무엇인지 쓰시오.

_____

_____

☆☆
05 '개교기념일을 뜻깊게 보내는 방법'을 주제로 토의할 때 의견을 알맞게 말한 것의 기호를 쓰시오.

> ㉮ 개교기념일을 기념해서 전교생이 함께 해외여행을 다녀오면 좋겠다.
> ㉯ 우리 학교 도서관에는 책이 많다. 내가 지금까지 대출한 책도 200권이 넘는다.
> ㉰ 우리 학교 역사를 알아보면 좋겠다. 역사를 알면 학교가 어떻게 바뀌어 왔는지 알 수 있다.

( )

[06~07] 다음 그림을 보고, 물음에 답하시오.

06 그림 ❷에서 문제가 되는 남자아이의 말과 행동으로 알맞지 <u>않은</u> 것은 무엇입니까? ( )

① 토의 주제를 무시했다.
② 친구의 의견을 무시했다.
③ 자신의 주장만을 내세웠다.
④ 자신의 의견을 반말로 말했다.
⑤ 친구의 의견을 존중하지 않았다.

07 그림 ❷와 ❸에서 제시된 의견을 알맞게 선으로 이으시오.

(1) 그림 ❷ • • ㉮ 우리 학교 역사 알아보기

(2) 그림 ❸ • • ㉯ 학교 이름으로 삼행시 짓기

08 다음 의견의 장점과 단점을 [보기]에서 골라 쓰시오.

• 의견: 우리 학교 역사 찾기를 합시다.

[보기]
㉮ 학교 역사 알아보기는 재미가 없다.
㉯ 학교 옛 사진 찾기나 연대표 만들기 활동을 하면 학교 역사도 흥미롭게 알아볼 수 있다.

(1) 장점: ( ) (2) 단점: ( )

09 토의할 때 의견이 알맞은지 판단하는 기준으로 알맞은 것을 모두 고르시오. ( )

① 실천할 수 있는지 살펴본다.
② 토의 주제에 맞는 내용인지 살펴본다.
③ 빠르게 말할 수 있는 의견인지 살펴본다.
④ 자신에게 이익이 되는 의견인지 살펴본다.
⑤ 알맞은 주장과 근거를 들었는지 살펴본다.

10 다음 의견을 제시하기에 알맞은 토의 주제는 무엇입니까? ( )

• 의견: 우리 반 장기 자랑을 했으면 좋겠습니다.

① 학급 규칙을 잘 지키는 방법
② 학급의 날을 뜻깊게 보내는 방법
③ 복도에서 안전하게 생활하는 방법
④ 사회 조사 활동에서 역할을 나누는 방법
⑤ 초등학생에게 알맞은 스마트폰 사용 방법

01 다음 ( ) 안의 알맞은 말에 ○표 하시오.

> 어떤 문제를 여러 사람이 협력해 해결하는 방법을 (토의 , 제안)(이)라고 한다.

03 다음은 토의 절차 중 어느 단계에서 해야 하는 일인지 쓰시오.

> • 토의 주제에 맞게 자신의 의견 쓰기
> • 그 의견이 좋은 까닭 쓰기

(   )

[02~04] 다음 그림을 보고, 물음에 답하시오.

❶ 토의 주제 정하기
토의 주제는 무엇으로 정하면 좋을까요?

❷ 의견 마련하기
토의 주제에 따라 내 생각을 정리해 봐야지.

❸ 의견 모으기
각자 정리한 의견을 모아 보겠습니다.
저는 우리 학교 역사부터 조사하면 좋겠습니다. 왜냐하면……
제 의견의 좋은 점은……

❹ 의견 결정하기
우리 모둠에서는 개교기념일 행사로 '우리 학교 역사 찾기'를 하기로 결정했습니다.

02 토의 절차에서 가장 마지막 단계에 해당하는 것에 ○표 하시오.

(1) 의견 모으기   (   )

(2) 의견 마련하기   (   )

(3) 의견 결정하기   (   )

(4) 토의 주제 정하기   (   )

04 그림 ❸에서 남자아이가 토의 주제에 대해 발표한 의견은 무엇입니까? (   )

① 학교 상징을 바꾸자.
② 개교기념일 행사를 하자.
③ 의견의 좋은 점부터 말하자.
④ 우리 학교 역사부터 조사하자.
⑤ 각자 정리한 의견을 하나로 모으자.

서술형 문제

05 다음 토의 주제에 대해 제시한 의견의 문제점은 무엇인지 쓰시오.

> • 토의 주제: 개교기념일을 뜻깊게 보내는 방법
> • 제시한 의견: 우리 학교 도서관에는 책이 많습니다. 제가 지금까지 대출한 책도 200권이 넘습니다.

_____

_____

06 토의에서 다음과 같은 의견의 근거로 알맞은 것을 두 가지 고르시오. (,)

> 개교기념일에 우리 학교 역사 찾기 행사를 하자.

① 개교기념일에 학교를 쉴 수 있다.
② 학교에서 안전하게 생활할 수 있다.
③ 다른 학교 친구들과도 친하게 지낼 수 있다.
④ 학교에 대해 좀 더 알게 되면 학교 이름이나 표지를 잘 이해할 수 있다.
⑤ 우리 학교 역사를 찾아보면 학교가 어떤 과정으로 바뀌어 왔는지 알 수 있다.

[07~08] 다음 그림을 보고, 물음에 답하시오.

07 그림 ❶과 ❷ 중, 다음과 같이 문제가 되는 말과 행동이 드러난 것의 번호를 쓰시오.

> 친구의 의견을 무시하고 자신의 주장만을 내세웠다.

( )

☆☆
08 그림에서처럼 토의에서 의견을 모을 때 지켜야 할 점으로 알맞지 않은 것은 무엇입니까? ( )

① 자신의 의견을 반말로 이야기한다.
② 다른 사람의 의견을 무시하지 않는다.
③ 다른 사람의 의견을 존중하며 듣는다.
④ 알맞은 까닭을 들어 자신의 주장을 말한다.
⑤ 다른 사람의 의견을 끝까지 듣고 자신의 의견을 말한다.

09 다음은 어느 의견의 장단점입니까? ( )

> • 장점: 삼행시 짓기 대회를 하면 학생들의 관심을 높일 수 있다.
> • 단점: 대회를 하면 학생들의 관심은 높아지겠지만 삼행시 내용이 학교와 상관없을 수도 있다.

① 우리 반 운동회를 하자.
② 우리 반 장기 자랑을 하자.
③ 학교 역사 찾기 행사를 하자.
④ 우리 학교 안전 지도를 만들자.
⑤ 학교 이름으로 삼행시 짓기 대회를 하자.

서술형 문제
10 다음 주제로 토의를 할 때 알맞은 의견과 까닭을 쓰시오.

> • 토의 주제: 운동장에 나갈 때 빨리 줄을 설 수 있는 방법

의견	(1)
까닭	(2)

[01~02] 다음 그림을 보고, 물음에 답하시오.

01 서윤이는 언제 어디로 여행을 다녀왔습니까?
( )

① 어제 광화문을 다녀왔다.
② 지난주에 전주를 다녀왔다.
③ 지난달에 불국사를 다녀왔다.
④ 올해 봄에 통일 전망대를 다녀왔다.
⑤ 지난해 방학 때 제주도를 다녀왔다.

☆☆
02 서윤이는 어떻게 하면 여행을 기억하기 좋다고 했습니까?
( )

① 부모님과 함께 여행한다.
② 기억할 때까지 같은 여행을 반복한다.
③ 기억에 남을 만한 장소만 골라서 여행한다.
④ 한번 여행한 장소는 다시 찾아가지 않는다.
⑤ 여행 때 찍은 사진과 함께 글로 남겨 놓는다.

[03~05] 다음 글을 읽고, 물음에 답하시오.

㉮ 우리 답사의 첫 유적지는 한라산 산천단이었다. 한라산 산신께 제사드리는 산천단에 가서 답사의 안전을 빌고 가는 것이 순서에도 맞고 또 제주도에 온 예의라는 마음도 든다. 산천단은 제주시 아라동 제주대학교 뒤편 소산봉(소산오름) 기슭에 있다. 산천단 주위에는 제단을 처음 만들 당시에 심었을 수령 500년이 넘는 곰솔 여덟 그루가 산천단의 역사와 함께 엄숙하고도 성스러운 분위기를 보여 준다.

㉯ 제주의 동북쪽 구좌읍 세화리 송당리 일대는 크고 작은 무수한 오름이 저마다의 맵시를 자랑하며 드넓은 들판과 황무지에 오뚝하여 오름의 섬 제주에서도 오름이 가장 많고 아름다운 '오름의 왕국'이라고 했다. 그중에서도 다랑쉬오름은 '오름의 여왕'이라고 불린다.

㉰ 다랑쉬라는 이름의 유래에는 여러 설이 있으나 다랑쉬오름 남쪽에 있던 마을에서 보면 북사면을 차지하고 앉아 된바람을 막아 주는 오름의 분화구가 마치 달처럼 둥글어 보인다 하여 붙여졌다는 설이 가장 정겹다.

㉱ 오름 아래 자락에는 삼나무와 편백나무 조림지가 있어 제법 무성하다 싶지만 숲길을 벗어나면 이내 천연의 풀밭이 나오면서 시야가 갑자기 탁 트이고 사방이 멀리 조망된다. ㉠경사면을 따라 불어오는 그 유명한 제주의 바람이 흐르는 땀을 씻어 주어 한여름이라도 더운 줄 모른다. 발길을 옮길 때마다, 한 굽이를 돌 때마다 시야는 점점 넓어지면서 가슴까지 시원하게 열린다.

03 한라산 산천단은 어떤 곳인지 빈칸에 들어갈 알맞은 말을 쓰시오.

한라산 ( )께 제사드리는 곳

04 다랑쉬오름은 오름의 분화구가 마치 무엇처럼 둥글어 보인다 하여 붙여진 이름입니까? ( )

① 해　　　② 달　　　③ 박
④ 연못　　⑤ 그릇

☆☆
05 ㉠은 무엇에 해당하는지 알맞은 것에 ○표 하시오.

(여정 , 견문 , 감상)

[06~09] 다음 글을 읽고, 물음에 답하시오.

　성산 일출봉은 제주 답사의 기본 경로라 할 만큼 잘 알려져 있고, 영주 십경의 제1경이 '성산에 뜨는 해'인 성산 일출이며, 제주 올레 제1경로가 시작되는 곳일 만큼 제주의 중요한 상징이기도 하다.
　제주도와 연결된 서쪽을 제외한 성산 일출봉의 동·남·북쪽 외벽은 깎아내린 듯한 절벽으로 바다와 맞닿아 있다. 일출봉의 서쪽은 고운 잔디 능선 위에 돌기둥과 수백 개의 기암이 우뚝우뚝 솟아 있는데 그 사이에 계단으로 만든 등산로가 나 있다. 전설에 따르면 설문대 할망은 일출봉 분화구를 빨래 바구니로 삼고 우도를 빨랫돌로 하여 옷을 매일 세탁했다고 한다.
　일출봉은 멀리서 볼 때나, 가까이 다가가 올려다볼 때나, 정상에 올라 분화구를 내려다볼 때나 풍광 그 자체의 아름다움과 감동이 있다. 특히나 항공 사진으로 찍은 성산 일출봉은 공상 과학 영화에나 나옴 직한 신비스러운 모습을 보여 준다.

06 이 글에서 글쓴이가 간 곳은 어디입니까? ( )

① 우도　　　　　② 만장굴
③ 거문오름　　　④ 성산 일출봉
⑤ 중문 관광 단지

07 성산 일출봉에서 계단으로 만든 등산로가 나 있는 곳은 동·서·남·북쪽 중 어느 쪽인지 쓰시오.

( )

08 설문대 할망 전설에서 일출봉 분화구는 무엇으로 쓰였다고 하였습니까? ( )

① 빨랫돌　　　　② 빨랫줄
③ 빨래집게　　　④ 빨래 바구니
⑤ 빨랫방망이

☆☆
09 이 글에서 들은 것을 생생하고 자세하게 쓰기 위해 사용한 표현은 무엇입니까? ( )

① ~처럼　　　　② 생각하다.
③ ~에 도착했다.　④ ~(라)고 한다.
⑤ ~이기도 하다.

서술형 문제
10 자신이 가 본 곳 중에서 기행문으로 쓰고 싶은 곳과 그 장소를 고른 까닭을 쓰시오.

기행문으로 쓰고 싶은 곳	(1)
그 장소를 고른 까닭	(2)

[01~02] 다음 그림을 보고, 물음에 답하시오.

01 그림에 나타난 현석이의 여행 경험으로 알맞은 것을 두 가지 고르시오. (,)

① 지난해 울릉도 여행을 다녀왔다.
② 방학 때 제주도 여행을 다녀왔다.
③ 방학 때 순천만 습지를 다녀왔다.
④ 여행할 때 삼나무 숲길을 걸었다.
⑤ 여행할 때 고인돌 박물관을 갔다.

☆☆
02 서윤이가 말한 글은 어떤 글이겠습니까? ( )

① 책을 읽은 뒤에 생각과 느낌을 쓴 글
② 여행하며 보고 듣고 느낀 점을 쓴 글
③ 신문 기사를 읽고 자신의 의견을 쓴 글
④ 문제 상황에 대해 해결 방안을 제안하는 글
⑤ 상대가 잘한 일이나 상대의 장점을 찾아 칭찬한 글

[03~05] 다음 글을 읽고, 물음에 답하시오.

제주행 비행기를 탈 때면 나는 창가 쪽 자리를 선호한다. 하늘에서 보는 제주도의 풍광을 만끽하기 위해서다.

"저희 비행기는 잠시 후 제주 국제공항에 착륙하겠습니다. 안전벨트를 다시 매어 주십시오."

기내 방송이 나오면 나는 창가에 바짝 붙어 제주도가 나타나기를 기다린다. 비행기 왼쪽 좌석이면 한라산이 먼저 나타나고 오른쪽이면 쪽빛 바다와 맞닿아 둥글게 돌아가는 해안선이 시야에 펼쳐진다.

이윽고 비행기가 제주도 상공으로 들어오면 왼쪽 창밖으로는 오름의 산비탈에 수놓듯이 줄지어 있는 산담이 아름답고, 오른쪽 창밖으로는 삼나무 방풍림 속에 짙은 초록빛으로 자란 밭작물들이 싱그러워 보인다. 비행기가 선회하여 활주로로 들어설 때는 오른쪽과 왼쪽의 풍광이 교체되면서 제주의 들과 산이 섞바뀌어 모두 볼 수 있게 된다. 올 때마다 보는 제주의 전형적인 풍광이지만 ㉠그것이 철 따라 다르고 날씨 따라 다르기 때문에 언제나 신천지에 오는 것 같은 설렘을 느끼게 된다.

03 글쓴이가 비행기를 타고 여행하려는 곳은 어디인지 찾아 쓰시오.

( )

04 글쓴이는 하늘에서 보는 여행지의 풍광을 만끽하려고 어떻게 하는지 알맞은 말에 ○표 하시오.

비행기를 탈 때면 (창가 , 통로) 쪽 자리를 선호한다.

☆☆
05 ㉠에 대한 설명으로 알맞은 것에 ○표 하시오.

(1) 여행하면서 다닌 곳이다. ( )
(2) 여행하면서 보고 들은 것이다. ( )
(3) 여행하면서 생각하거나 느낀 것이다. ( )

[06~09] 다음 글을 읽고, 물음에 답하시오.

우리는 어리목에서 출발하여 만세 동산을 지나 1700 고지인 윗세오름까지 올라 그곳 산장 휴게소에서 준비해 간 도시락을 먹고 영실로 하산하면서 한라산의 아름다움을 만끽했다. ㉠영실에 들어서면 이내 솔밭 사이로 시원한 계곡물이 흐른다. 본래 실이라는 이름이 붙은 곳은 계곡을 말하는 것으로 옛 기록에는 영곡으로 나오기도 한다. 언제 어느 때 가도 계곡물 소리와 바람 소리, 거기에 계곡을 끼고 도는 안개가 신령스러워 영실이라는 이름에 값한다. 무더운 여름날 소나기라도 한차례 지나간 뒤라면 이 계곡을 두른 절벽 사이로 100여 미터의 폭포가 생겨 더욱 장관을 이룬다.

숲길을 지나노라면 아래로는 제주조릿대가 떼를 이루면서 낮은 포복으로 기어가며 온통 푸르게 물들여 놓고, 위로는 하늘을 가린 울창한 나무들이 크면 큰 대로 작으면 작은 대로 아름답고 기이하다.

숲길을 빠져나와 머리핀처럼 돌아가는 가파른 능선 허리춤에 올라서면 홀연히 눈앞에 수백 개의 뾰족한 기암괴석이 호를 그리며 병풍처럼 펼쳐진다. 오르면 오를수록 이 수직의 기암들이 점점 더 하늘로 치솟아 올라 신비스럽고도 웅장한 모습에 절로 감탄이 나온다.

언제 올라도 한라산 영실은 아름답다. 오백 장군봉을 안방에 드리운 병풍 그림처럼 둘러놓고, 그것을 멀찍이서 바라보며 느린 걸음으로 돌계단을 밟으며 바쁠 것도 힘들 것도 없이 오르노라면 마음이 들뜰 것도 같지만 거기엔 아름다움뿐만 아니라 장엄함과 아늑함이 곁들여 있기에 우리는 함부로 감정을 놀리지 못하고 아래 한 번, 위 한 번, 좌우로 한 번씩 발을 옮기며 그 풍광에 느긋이 취하게 된다.

☆☆
06 ㉠은 무엇을 나타낸 것인지 알맞은 것에 ○표 하시오.

(1) 여정을 나타낸 것이다.   (   )

(2) 견문을 나타낸 것이다.   (   )

(3) 감상을 나타낸 것이다.   (   )

07 옛 기록에 나오는 영실의 다른 이름을 찾아 쓰시오.

(   )

08 글쓴이는 영실의 기암괴석이 호를 그리며 펼쳐진 모습을 무엇에 빗대어 표현했습니까?   (   )

① 부채   ② 병풍

③ 커튼   ④ 무지개

⑤ 머리핀

09 이 글에서 여정이 드러난 표현을 두 가지 고르시오.

(,   )

① 장관을 이룬다.

② 감탄이 나온다.

③ 영실로 하산하면서

④ 어리목에서 출발하여

⑤ 아름다움을 만끽했다.

서술형 문제
10 다음과 같은 짜임으로 기행문을 쓸 때 가운데 부분에 들어갈 내용을 쓰시오.

처음	여행한 까닭이나 목적
가운데	
끝	여행의 전체 감상

01 다음 낱말을 단일어와 복합어로 나누어 쓰시오.

> 바다, 맨주먹, 나무, 검붉다, 바늘방석

(1) 단일어: (   )
(2) 복합어: (   )

서술형 문제

02 다음을 참고하여 '햇밤'의 낱말 뜻을 쓰시오.

> • 햇–: 그해에 새로 난.
> • 밤: 밤나무의 열매.

_____

_____

---

03 다음 빈칸에 공통으로 들어갈 말은 무엇입니까?
(   )

> (   )수건, (   )수레, 일(   )

① 눈   ② 손
③ 애–   ④ 덧–
⑤ 맨–

---

04 다음 낱말의 짜임을 생각할 때 그 뜻이 알맞지 않은 것은 무엇입니까? (   )

① 돌다리: 돌로 만든 다리.
② 새우잠: 등을 구부리고 잠을 자는 새우.
③ 김밥: 여러 가지 재료를 김 속에 넣어 만든 음식.
④ 책가방: 책이나 학용품 따위를 넣어서 들고 다니는 가방.
⑤ 구름다리: 도로나 계곡 따위를 건너질러 공중에 걸쳐 놓은 다리.

---

05 다음 낱말에서 '–꾼'의 뜻으로 알맞은 것을 모두 고르시오. (   )

> 나무꾼   소리꾼   낚시꾼

① 어떤 일을 잘하는 사람.
② 어떤 일을 안 하는 사람.
③ 어떤 일을 싫어하는 사람.
④ 어떤 일을 즐겨 하는 사람.
⑤ 어떤 일을 전문적으로 하는 사람.

[06~08] 다음 글을 읽고, 물음에 답하시오.

> 대나무와 박에서 나오는 청아한 소리는 맑은 봄날의 아침 같아요. 명주실에서 뽑아내는 섬세한 소리와 나무에서 나오는 깨끗한 소리는 쨍쨍한 여름 햇살을 닮았어요. 쇠와 흙에서 울리는 우렁차고 광대한 소리는 높은 가을 하늘 같답니다. 돌의 묵직한 소리와 가죽의 탄탄한 소리는 겨울의 웅장함을 느끼게 하지요. 이렇게 옛사람들은 여러 악기의 소리를 들으며 자연의 이치를 깨달았답니다.

명주실은 우리 악기를 만드는 데 가장 많이 쓰이는 재료 가운데 하나입니다. 명주실은 누에고치에서 뽑아낸 비단실이에요. 이 비단실로 천도 짜고, 소리 고운 악기도 만들지요. 명주실은 잘 끊어지지 않고 탄력이 있어서 가야금, 거문고, 아쟁, 해금 같은 악기의 줄로 쓰입니다. 가야금은 오동나무로 만든 울림통에 명주실을 열두 줄로 꼬아 얹어 만들어요. 웅장하고 깊은 소리를 내는 거문고의 줄도 명주실로 만들지요. 해금은 낮은음에서 높은음까지 다양한 소리를 내고, 아쟁은 가야금과 비슷하지만 가야금보다 몸통이 크고 줄이 굵습니다.

06 맑은 봄날의 아침 같은 청아한 소리가 나온다고 한 악기 재료를 두 가지 고르시오. (,   )

① 박　　　　② 쇠
③ 나무　　　④ 명주실
⑤ 대나무

07 옛사람들이 자연 재료로 만든 악기의 소리를 들으며 깨달은 것은 무엇인지 이 글에서 찾아 쓰시오.

(   )

☆☆
08 이 글을 읽고 전통 음악과 관련한 경험을 알맞게 떠올려 말한 친구를 쓰시오.

미주: 전주 한옥 마을에서 전통 가옥 체험을 한 적이 있어. 옛사람들이 어떻게 생활했는지 알 수 있었어.
초원: 예술제에서 가야금 공연을 본 적이 있어. 아름다운 가야금 선율을 들으며 가야금이 어떤 악기인지 궁금했어.

(   )

[09~10] 다음 글을 읽고, 물음에 답하시오.

우리나라에도 이렇게 멸종되어 가는 동물이 많이 있습니다. 그럼 지금부터 우리나라에서 사라질 위기에 처한 동물을 만나 보겠습니다.

점박이물범: 나는 점박이물범일세. 잘 사냐고? 음, 할 말이 없군. 지금 우리 가족은 겨우 500마리 남짓 남았을 뿐이거든. 물론 30년 전보다야 낫지만 말이야. 그때만 해도 사람들이 우리를 마구 잡아서 모피와 약을 만들었지만, 지금은 보호 구역도 정해 주더라고. 우리는 주로 백령도 근처에 머무는데 사람이 별로 없어서 지내기가 좋아. 그리고 추운 겨울이 되면 서해 위쪽으로 올라가 지낸다네. 그런데 여기서 잠깐! 사실 무척 걱정되는 게 있어. 우리에게는 새끼를 낳으려면 부빙이 꼭 필요하지. 그런데 지구가 점점 따뜻해지는 바람에 얼음들이 녹고 있어. 게다가 사람들이 오염된 물과 쓰레기를 바다에 마구 쏟아 내서 살기가 참 힘들다네. 자네가 우리 대신 사람들한테 잘 좀 말해 줄 수 없겠나?

09 점박이물범에 대한 설명으로 알맞지 <u>않은</u> 것은 무엇입니까? (   )

① 500마리 남짓 남아 있다.
② 주로 백령도 근처에 머문다.
③ 보호 구역이 정해져 있지 않다.
④ 새끼를 낳으려면 부빙이 꼭 필요하다.
⑤ 겨울이 되면 서해 위쪽으로 올라가 지낸다.

10 점박이물범을 잘 보호하려면 어떻게 해야 하는지 알맞은 것을 골라 ○표 하시오.

(1) 백령도 근처에 사람들이 살게 한다. (   )
(2) 환경을 깨끗이 하도록 노력해야 한다. (   )
(3) 새끼를 낳을 수 있도록 부빙을 없앤다. (   )

01 다음은 어떤 낱말 짜임에 대한 설명인지 알맞은 것에 ○표 하시오.

> '사과나무', '검붉다'처럼 뜻이 있는 두 낱말을 합한 낱말과 '맨주먹', '햇밤', '덧신'처럼 뜻을 더해 주는 말과 뜻이 있는 낱말을 합한 낱말

(1) 단일어 (   )   (2) 복합어 (   )

02 다음 낱말들을 이용해 복합어를 만들 때 빈칸에 공통으로 들어갈 알맞은 말을 쓰시오.

> (   )송이, 함박(   ), (   )사람

(   )

☆☆
03 낱말을 만든 방법이 <u>다른</u> 하나는 무엇입니까?
(   )

① 책가방 = 책 + 가방
② 돌다리 = 돌 + 다리
③ 햇과일 = 햇- + 과일
④ 뛰놀다 = 뛰다 + 놀다
⑤ 검붉다 = 검다 + 붉다

04 다음 뜻을 더해 주는 말의 의미로 알맞은 것은 무엇입니까? (   )

① 햇- : '어리거나 작은'의 뜻을 더해 주는 말
② 덧- : '다른 것이 없는'의 뜻을 더해 주는 말
③ 애- : '그해에 새로 난'의 뜻을 더해 주는 말
④ 맨- : '겹쳐 신거나 입는'의 뜻을 더해 주는 말
⑤ 풋- : '처음 나오거나 덜 익은'의 뜻을 더해 주는 말

서술형 문제
05 다음 낱말 중 하나를 골라 그 낱말의 짜임과 뜻을 짐작해 쓰시오.

> 구름다리   길동무   잠꾸러기

_____

_____

[06~08] 다음 글을 읽고, 물음에 답하시오.

> 아주 오랜 옛날부터 사람들은 동물의 가죽을 잘 말려서 동그란 나무통에 씌워 두드리며 소리를 냈어요. 때로는 흥겨운 장단을 만들기도 했고, 때로는 깊고 웅장한 소리로 마음속의 슬픔과 두려움을 몰아내기도 했지요. 가죽으로 만든 악기에는 북과 장구가 있어요. 북은 백성들과 아주 가까운 악기로 힘든 농사일에 흥을 돋우기 위한 풍물놀이에 빠지지 않았어요. 장구는 모래시계를 옆으로 뉘어 놓은 것처럼 허리가 잘록한데, 다른 악기들과 어울려 흥을 돋워 주지요.

쇠는 아무나 함부로 다룰 수 없는 귀한 재료였어요. 쇠를 다루는 사람들이 불로 쇠를 녹여 여러 가지 도구를 만들어 쓰기도 하고, 무기를 만들기도 하였지요. 그 때문에 쇠로 만든 악기에도 특별한 힘이 있을 거라고 여겼어요. 사람들은 쇠를 녹여 사방을 깨우는 듯한 소리가 나는 악기를 만들어 특별한 신호를 보내거나, 놀이판의 흥을 높였어요. 쇠를 녹여 만든 우리 악기에는 징, 꽹과리, 편종, 특종, 나발 등이 있어요.

06 가죽으로 만든 악기는 무엇인지 두 가지 고르시오.
(,)

① 징
② 북
③ 나발
④ 장구
⑤ 꽹과리

07 다음 설명에 해당하는 악기 재료를 찾아 쓰시오.

- 여러 가지 도구나 무기를 만드는 데 쓰였다.
- 아무나 함부로 다룰 수 없었던 귀한 재료였다.
- 사방을 깨우는 듯한 소리가 나는 악기를 만들었다.

( )

☆☆
08 이 글을 읽으며 본 일, 들은 일, 한 일 중 '한 일'을 떠올린 것에 ○표 하시오.

(1) 풍물놀이를 할 때 북, 장구, 꽹과리 같은 전통 악기를 실제로 본 적이 있다. ( )
(2) 옛날에는 농사일을 할 때나 힘든 일을 할 때 노래를 부르며 풍물을 연주했다는 이야기를 할머니께 들은 적이 있다. ( )
(3) 음악 시간에 장구를 배운 일이 생각났어. 장구를 치며 장구 장단에 맞춰 민요를 부른 일을 떠올리며 글을 읽었다. ( )

[09~10] 다음 글을 읽고, 물음에 답하시오.

꼬치동자개: 뭘 그리 놀라요? 나 처음 봐요? 하긴 나는 1940년대까지는 도시의 하천에서도 쉽게 잡을 수 있을 정도로 흔한 물고기였죠. 하지만 산업화·도시화가 되면서 환경이 오염되어 마음 놓고 살 곳이 사라져 버렸어요. 나와 친구들은 어느새 멸종 위기 1등급이 되어 버렸고요. 듣기로는 우리를 데려다가 연구해서 수를 늘릴 계획이 있다고 하던데, 그러다 잘못되면 어떡하죠?

멸종 위기에 처한 우리나라의 동물들을 구하려면 어떻게 해야 할까요? 1993년 국제 연합 환경 계획에서 '생물 다양성 국가 연구에 대한 지침'을 발표했습니다. 이를 시작으로 하여 사람들은 단순히 멸종 위기의 동물을 보호하는 데에만 그치는 것이 아니라 생태계 전체를 건강하게 만드는 데 힘을 쏟기 시작했습니다. 멸종 위기 동물을 천연기념물로 지정해 보호하고 우리나라 고유의 생물들을 보존하는 방법을 찾기로 했습니다.

09 꼬치동자개에 대한 설명으로 알맞지 <u>않은</u> 것은 무엇입니까? ( )

① 물고기이다.
② 멸종 위기 1등급이다.
③ 연구해서 수를 늘릴 계획이 있다.
④ 환경이 오염되어 살 곳이 사라졌다.
⑤ 1940년대까지도 하천에서는 볼 수 없었다.

10 이 글의 글쓴이가 하고 싶은 말로 알맞은 것은 무엇입니까? ( )

① 다양한 동물을 연구하자.
② 오래된 도시의 하천을 없애자.
③ 생태계 전체를 보호 구역으로 만들자.
④ 우리나라의 멸종 위기 동물을 구하자.
⑤ 다른 나라의 멸종 위기 동물을 데려오자.

01 은별이가 필요한 글을 어떻게 찾으면 좋을지 알맞게 말한 것은 무엇입니까? ( )

> 은별: 과학 숙제로 돌의 종류를 조사해야 해.

① 국어사전에서 곤충의 뜻을 찾아봐.
② 도서관에서 돌을 설명한 책을 찾아봐.
③ 책에서 교통안전을 다룬 내용을 찾아봐.
④ 신문에서 교통사고를 다룬 기사를 찾아봐.
⑤ 인터넷에서 교통질서 지키기 광고지를 검색해 봐.

[02~05] 다음 글을 읽고, 물음에 답하시오.

최근 출판하는 책이나 광고, 알림판 따위에서 네모 모양의 표식을 자주 볼 수 있다. 네모 모양 안에 검은 선과 점을 배열했는데, 이것을 정보 무늬[QR 코드]라고 한다. 큐아르(QR)는 '빠른 응답'이라는 영어의 줄임말이다.

정보 무늬는 여러 가지 정보를 확인할 수 있는 표식이다. 정보 무늬를 쓰기 전에는 막대 표시를 주로 썼다. 막대 표시는 숫자 20개를 저장할 수 있는 무늬로서 물건을 살 때 쉽게 계산할 수 있다. 그러나 정보 무늬는 숫자 7089개, 한글 1700자 정도를 저장할 수 있다. 또 ㉠정보 무늬는 일부를 지워도 사용할 수 있다. 정보 무늬의 세 귀퉁이에 위치를 지정하는 문양이 있기 때문이다. 이 문양이 있어 정보 무늬를 어느 각도에서 찍어도 내용을 확인할 수 있다.

정보 무늬는 스마트폰으로 사용할 수 있다. 스마트폰 응용 프로그램으로 정보 무늬를 찍으면 관련 내용이 있는 누리집으로 이동하거나, 관련 사진이나 동영상을 볼 수 있다. 또 정보 무늬에 색깔이나 신기한 그림을 넣어 만들기도 한다.

정보 무늬는 여러 분야에서 활용한다. 백화점이나 할인점에서는 정보 무늬로 할인 정보를 제공한다.

02 정보 무늬는 어떤 모양입니까? ( )

① 별 모양
② 세모 모양
③ 네모 모양
④ 막대 모양
⑤ 동그라미 모양

03 이 글에서 큐아르(QR)의 뜻을 찾아 쓰시오.

( )

04 이 글에서 설명하는 내용으로 알맞지 <u>않은</u> 것은 무엇입니까? ( )

① 정보 무늬의 뜻
② 정보 무늬의 모양
③ 정보 무늬의 소리
④ 정보 무늬의 사용 방법
⑤ 정보 무늬의 활용 분야

☆☆
05 이 글을 읽고 ㉠의 내용이 정확한지 확인해 보고 싶다면 그 까닭은 무엇이겠습니까? ( )

① 빠르게 응답한다는 것을 믿기 어렵기 때문에
② 한글을 저장했다는 것을 믿기 어렵기 때문에
③ 막대 표시와 다르다는 것을 믿기 어렵기 때문에
④ 선과 점을 배열했다는 것을 믿기 어렵기 때문에
⑤ 일부를 지워도 사용할 수 있다는 것을 믿기 어렵기 때문에

[06~09] 다음 글을 읽고, 물음에 답하시오.

고려청자는 무엇보다 아름다운 빛깔로 더욱 주목받았다. 청자의 빛깔은 맑고 은은한 푸른 녹색이다. 이는 유약 안에 아주 작은 기포가 많아 빛이 반사되면서 은은하고 투명하게 비쳐 보이기 때문이다. 청자의 색이 짙고 푸른색 윤이 나는 구슬인 비취옥과 색깔이 닮았기 때문에 '비색'이라 불렀는데, 중국 송나라의 태평 노인이 『수중금』이라는 책에서 고려청자의 빛깔을 비색이라 부르며 천하제일이라고 칭찬했다.

청자의 상감 기법은 어느 나라에서도 찾아볼 수 없는 우리 고유의 독창적인 도자기 장식 기법이다. 상감 기법은 그릇을 빚고 굳었을 때 그릇 바깥쪽에 조각칼로 무늬를 새긴 다음, 검은색이나 흰색의 흙을 메운 뒤 무늬가 드러나도록 바깥쪽을 매끄럽게 다듬는 기법이다. 이 기법은 금속 공예나 나전 칠기에 장식 기법으로 쓰고 있었지만, 고려 도공들이 도자기를 만들 때 장식에 처음으로 응용했다. 상감 기법으로 만든 고려청자는 구름과 학 무늬를 새긴 '청자 상감 운학문 매병'이 대표적이다.

이러한 청자의 형태는 기존의 단순한 그릇 모양의 형태에서 여러 형태의 청자로 발전했다. 그 당시 고려인들은 대접과 접시, 잔, 항아리, 병, 찻잔, 상자 따위를 비롯해 심지어 베개와 기와까지도 청자로 만들었다. 특히 죽순, 표주박, 복숭아, 원앙, 사자, 용, 거북과 같이 여러 동식물의 모양을 본떠 만든 향로, 주전자, 꽃병, 연적 따위가 오늘날까지 내려오고 있다. 이처럼 그릇의 실용성을 넘어 예술적 아름다움을 지닌 청자는 고려인의 생활 속에서 널리 쓰였다.

고려청자는 맑고 은은한 비색으로 유려한 곡선을 강조하며 상감 기법으로 회화적인 아름다운 무늬를 표현한 것이 특색이다. 우리는 이러한 고려청자로 고려인들의 독창성과 뛰어난 기술력을 엿볼 수 있다. 이는 중국의 청자를 받아들이면서 그저 모방에 그치는 것이 아니라, 아름다운 비색과 독특한 상감 기법으로 발전했다는 점이다. 따라서 고려청자는 여러 가지 모양과 형태의 아름다움을 일궈 낸 고려인들의 노력과 열정을 그대로 담고 있다.

06 고려청자의 빛깔은 어떠합니까? ( )

① 맑고 깨끗한 흰색이다.
② 어둡고 진한 검은색이다.
③ 진하고 강렬한 빨간색이다.
④ 맑고 은은한 푸른 녹색이다.
⑤ 순수하고 따뜻한 노란색이다.

☆☆
07 상감 기법에 대한 설명으로 알맞은 것은 무엇입니까? ( )

① 서양의 왕관 장식 기법이다.
② 금이나 은을 활용한 장식 기법이다.
③ 조개껍데기를 활용한 장식 기법이다.
④ 중국에서 전해진 종이 제작 기법이다.
⑤ 우리 고유의 독창적인 도자기 장식 기법이다.

08 고려청자의 형태는 어떻게 발전했는지 빈칸에 들어갈 알맞은 말을 쓰시오.

단순한 ( ) 모양의 형태에서 여러 형태의 청자로 발전했다.

서술형 문제
09 고려청자의 특색은 무엇인지 쓰시오.

_____

☆☆
10 다음 상황에서 규빈이는 어떤 방법으로 글을 읽었는지 빈칸에 들어갈 알맞은 내용에 ○표 하시오.

규빈이는 자신에게 필요한 정보가 글에 있는지 찾아봐야 했다. 그래서 ( ).

⑴ 내용을 이해하려고 글의 내용을 자세히 살펴보며 읽었다. ( )
⑵ 글 전체의 내용을 훑어 읽으면서 필요한 정보가 있는지 확인하며 읽었다. ( )

01 다음은 어떤 경우에 읽으면 도움이 되는 글입니까?
（　　　）

> 교통사고를 다룬 신문 기사

① 돌의 종류를 조사해야 할 때
② 환경 오염을 막는 방법을 알고 싶을 때
③ 친환경 에너지가 무엇인지 알고 싶을 때
④ 교통질서 지키기 광고를 그리기로 했을 때
⑤ 도시와 농촌이 어떻게 다른지 알고 싶을 때

[02~05] 다음 글을 읽고, 물음에 답하시오.

　가까운 미래에는 제4차 산업 혁명이 일어나 많은 것이 달라진다고 합니다. 인공 지능이 발달하고 새로운 기술을 개발해서 지금까지 살던 모습과는 다를 것입니다.
　그렇다면 미래 사회에 필요한 사람은 어떤 사람일까요?
　첫째, 정해진 답을 찾기보다 새로운 방식으로 문제를 해결하는 사람입니다. 정해진 문제는 사람보다 인공 지능이 더 잘 해결할 수도 있습니다. 그러나 새로운 방식을 생각하는 것은 인공 지능보다 사람이 더 잘할 수 있습니다.
　둘째, ㉠새로운 변화에 대응하는 사람입니다. 미래 연구자들은 다가올 미래에는 여러 가지 사회·환경 문제처럼 예전에 없던 새로운 변화를 맞을 것이라고 합니다. 그러므로 미래 사회에서는 막힌 생각보다 변화에 부드럽게 대처하려는 생각을 해야 합니다.
　셋째, 서로 돕고 존중하는 사람입니다. 인공 지능과 새로운 기술이 삶을 빠르게 바꿀 수 있습니다. 이럴 때 함께 마음을 모아 서로 돕고 존중해야 사회를 따뜻하게 만들 수 있습니다.
　앞으로 우리는 거대한 미래의 충격과 변화 앞에서도 흔들리지 않는 열정과 패기로 서로를 존중해야 합니다.

02 글쓴이가 예측한 미래의 모습은 어떠한지 빈칸에 들어갈 알맞은 말을 쓰시오.

> （　　　　　　　）이/가 발달하고 새로운 기술을 개발해서 지금까지 살던 모습과 다를 것이다.

03 글쓴이가 이 글을 쓴 까닭으로 알맞은 것은 무엇입니까?
（　　　）

① 인공 지능의 위험성을 설명하려고
② 인공 지능의 좋은 점을 설명하려고
③ 여러 가지 사회·환경 문제를 설명하려고
④ 인공 지능의 지배를 받지 말자고 주장하려고
⑤ 미래 사회에 필요한 사람이 되자고 주장하려고

04 ㉠의 까닭으로 알맞은 것에 ○표 하시오.

(1) 미래에는 새로운 변화를 맞을 것이기 때문이다.
（　　　）

(2) 미래의 모습이 지금과 다를 바가 없을 것이기 때문이다.
（　　　）

☆☆
05 이와 같은 종류의 글을 읽는 방법으로 알맞지 <u>않은</u> 것은 무엇입니까?
（　　　）

① 글쓴이의 주장을 파악한다.
② 주장을 뒷받침하는 근거를 찾는다.
③ 대상의 무엇을 자세히 설명하는지 생각한다.
④ 주장을 뒷받침하는 알맞은 근거인지 생각한다.
⑤ 자신의 생각과 비교해 비판하는 태도로 읽는다.

[06~10] 다음 글을 읽고, 물음에 답하시오.

고려청자는 무엇보다 아름다운 빛깔로 더욱 주목받았다. 청자의 빛깔은 맑고 은은한 푸른 녹색이다. 이는 유약 안에 아주 작은 기포가 많아 빛이 반사되면서 은은하고 투명하게 비쳐 보이기 때문이다. 청자의 색이 짙고 푸른색 윤이 나는 구슬인 비취옥과 색깔이 닮았기 때문에 '비색'이라 불렀는데, 중국 송나라의 태평노인이 『수중금』이라는 책에서 고려청자의 빛깔을 비색이라 부르며 천하제일이라고 칭찬했다.

청자의 상감 기법은 어느 나라에서도 찾아볼 수 없는 우리 고유의 독창적인 도자기 장식 기법이다. 상감 기법은 그릇을 빚고 굳었을 때 그릇 바깥쪽에 조각칼로 무늬를 새긴 다음, 검은색이나 흰색의 흙을 메운 뒤 무늬가 드러나도록 바깥쪽을 매끄럽게 다듬는 기법이다. 이 기법은 금속 공예나 나전 칠기에 장식 기법으로 쓰고 있었지만, 고려 도공들이 도자기를 만들 때 장식에 처음으로 응용했다. 상감 기법으로 만든 고려청자는 구름과 학 무늬를 새긴 '청자 상감 운학문 매병'이 대표적이다.

이러한 청자의 형태는 기존의 단순한 그릇 모양의 형태에서 여러 형태의 청자로 발전했다. 그 당시 고려인들은 대접과 접시, 잔, 항아리, 병, 찻잔, 상자 따위를 비롯해 심지어 베개와 기와까지도 청자로 만들었다. 특히 죽순, 표주박, 복숭아, 원앙, 사자, 용, 거북과 같이 여러 동식물의 모양을 본떠 만든 향로, 주전자, 꽃병, 연적 따위가 오늘날까지 내려오고 있다. 이처럼 그릇의 실용성을 넘어 예술적 아름다움을 지닌 청자는 고려인의 생활 속에서 널리 쓰였다.

고려청자는 맑고 은은한 비색으로 유려한 곡선을 강조하며 상감 기법으로 회화적인 아름다운 무늬를 표현한 것이 특색이다. 우리는 이러한 고려청자로 고려인들의 독창성과 뛰어난 기술력을 엿볼 수 있다. 이는 중국의 청자를 받아들이면서 그저 모방에 그치는 것이 아니라, 아름다운 비색과 독특한 상감 기법으로 발전했다는 점이다. 따라서 고려청자는 여러 가지 모양과 형태의 아름다움을 일궈 낸 고려인들의 노력과 열정을 그대로 담고 있다.

06 이 글에서 설명하는 내용으로 알맞지 <u>않은</u> 것은 무엇입니까? ( )

① 고려청자의 빛깔
② 고려청자의 사용
③ 고려청자의 우수성
④ 고려청자의 생산 지역
⑤ 고려청자의 상감 기법

07 고려청자의 빛깔이 맑고 은은한 푸른 녹색인 까닭은 무엇입니까? ( )

① 비취옥으로 만들기 때문이다.
② 녹색 나뭇잎을 섞어서 만들기 때문이다.
③ 불에 굽지 않고 물에 삶아서 만들기 때문이다.
④ 빛이 반사될 때까지 표면을 깎아내기 때문이다.
⑤ 유약 안에 아주 작은 기포가 많아 빛이 반사되면서 비쳐 보이기 때문이다.

서술형 문제

08 상감 기법은 무엇인지 쓰시오.

_____

09 고려인의 생활 속에서 널리 쓰인 청자의 형태로 알맞지 <u>않은</u> 것은 무엇입니까? ( )

① 베개
② 기와
③ 대접
④ 항아리
⑤ 동식물의 먹이

☆☆
10 다음 상황에서 지완이는 어떤 방법으로 글을 읽어야 할지 알맞은 것에 ○표 하시오.

지완: 외국에서 온 친구는 고려청자를 잘 모를 거야. 고려청자를 자세히 알려 주고 싶어. 고려청자의 뛰어난 점이 무엇인지 자세히 살펴보고 내가 아는 내용과 비교해 읽어 봐야지.

(1) 내용을 이해하려고 글의 내용을 자세히 살펴보며 읽는다. ( )
(2) 글 전체의 내용을 훑어 읽으면서 필요한 정보가 있는지 확인한다. ( )

[01~05] 다음 그림을 보고, 물음에 답하시오.

01 그림 ❶에서 성훈이하고는 다른 편이 되기를 바란 인물은 누구인지 쓰시오.

(   )

02 오늘 체육 수업을 한 장소는 어디입니까? (   )

① 교실
② 상담실
③ 운동장
④ 체육관
⑤ 보건실

☆☆
03 그림에서 일어난 일을 차례대로 나열한 것은 무엇입니까? (   )

> ㉮ 선생님과 진주와 성훈이가 이야기를 나누었다.
> ㉯ 간이 축구를 하다가 진주와 성훈이가 다투었다.
> ㉰ 아이들이 체육관에서 체육 수업을 할 수 있어서 좋아했다.

① ㉮ → ㉯ → ㉰   ② ㉯ → ㉮ → ㉰
③ ㉯ → ㉰ → ㉮   ④ ㉰ → ㉮ → ㉯
⑤ ㉰ → ㉯ → ㉮

04 선생님께서는 진주와 성훈이가 다투자 어떻게 하셨습니까? (   )

① 진주에게 벌을 주셨다.
② 성훈이에게 벌을 주셨다.
③ 진주가 잘못했다고 말씀하셨다.
④ 성훈이가 잘못했다고 말씀하셨다.
⑤ 진주와 성훈이가 대화를 하게 하셨다.

☆☆ 서술형 문제
05 진주의 경험을 이야기로 만들 때 보기 와 같이 주의할 점을 쓰시오.

> 보기
> 인물의 마음이 잘 나타나도록 써야 한다.

_____

_____

[06~10] 다음 글을 읽고, 물음에 답하시오.

가 그날 우리 반 친구들은 비 때문에 못 할 줄 알았던 체육을 체육관에서 할 수 있어 기분이 좋았다. 하지만 난 평소에 못마땅하게 여겼던 인국이랑 같은 편을 하고, 체육을 잘하는 민영이와 다른 편을 하여 기분이 별로였다.

뻥! / 역시나 상대편에서 민영이에게 공을 넘겨주었다. 난 민영이를 쫓아갔다.

"야! 막아!" / 골키퍼 인국이가 소리쳤다.

'쳇, 또 먼저 나서네. 자기는 얼마나 잘한다고……'

다행히 내가 공을 뺏어 옆으로 보냈는데 그게 하필 상대편 정훈이 발에 맞은 것이다. '아차!' 하는 순간 내 눈에 보인 건 골대를 향해 가는 공을 뒤에서 쫓아가는 우리 편 골키퍼 인국이였다.

"야! 너 뭐 하는 거야! 그것도 하나 못 막냐?"

내가 마음속에 억눌렀던 말을 꺼내며 인국이에게 달려들었다.

"너도 똑바로 못 막았잖아! 왜 자꾸 나한테만 화내는 건데?"

그 순간 '나한테만'이라는 인국이 말에 난 뜨끔했지만 선생님께서 우릴 말리실 때까지 말싸움을 계속 이어 갔다.

나 체육 시간이 끝나고 선생님께서 나와 인국이를 부르셨다.

"오늘 일도 그렇고, ㉠너희가 지내는 모습을 보니 서로 대화를 하는 게 좋을 같아서 말이야. 인국이, 상은이, 서로에게 하고 싶은 말 없니?"

나는 눈치를 보며 우물쭈물했다. 인국이가 먼저 말을 꺼냈다.

"저는 상은이랑 친하게 지내고 싶은데 상은이는 자꾸 저한테만 더 화를 내는 느낌이에요."

"그랬구나. 상은이도 알았니?"

"아, 아니요. 전 그냥 인국이가 자꾸 말하는 데 끼어들어서 좋지 않게 생각했어요. 인국아, 그 점 미안하게 생각해."

"그래, 서로 마음을 잘 몰랐던 것 같구나. 시간을 줄 테니 좀 더 이야기하고 교실로 들어오렴."

---

06 글 **가**는 언제 어디에서 일어난 일입니까? ( )

① 국어 시간에 교실에서 일어난 일이다.
② 음악 시간에 음악실에서 일어난 일이다.
③ 미술 시간에 미술실에서 일어난 일이다.
④ 체육 시간에 체육관에서 일어난 일이다.
⑤ 과학 시간에 실험실에서 일어난 일이다.

07 상은이는 평소에 인국이를 어떻게 생각했습니까?
( )

① 고마운 마음이 있었다.
② 미안한 마음이 있었다.
③ 부러운 마음이 있었다.
④ 못마땅한 마음이 있었다.
⑤ 친해지고 싶은 마음이 있었다.

08 ㉠은 어떤 모습을 가리킵니까? ( )

① 다정한 모습
② 배려하는 모습
③ 사이가 안 좋은 모습
④ 화해하고 싶어 하는 모습
⑤ 친해지고 싶은데 망설이는 모습

09 상은이는 인국이에게 무엇을 사과했는지 ( ) 안의 알맞은 말에 ○표 하시오.

> 인국이가 자꾸 말하는 데 (웃어서 , 끼어들어서) 좋지 않게 생각한 점

☆☆
10 이 글에서 등장인물의 갈등이 꼭대기에 이르는 부분은 어디인지 ○표 하시오.

(1) 선생님과 이야기하는 부분 ( )
(2) 상은이와 인국이가 싸우는 부분 ( )

[01~05] 다음 그림을 보고, 물음에 답하시오.

01 이 그림의 내용으로 알맞지 <u>않은</u> 것은 무엇입니까? (　　)

① 체육관에서 체육 수업을 하게 되었다.
② 체육 시간에 진주와 성훈이가 다투었다.
③ 상담실에서 진주는 민영이에게 사과했다.
④ 진주는 성훈이와 같은 편을 하고 싶지 않았다.
⑤ 선생님과 진주와 성훈이가 이야기를 나누었다.

☆☆
02 이 그림의 내용을 이야기로 표현할 때 필요하지 <u>않은</u> 인물은 누구입니까? (　　)

① 진주
② 성훈
③ 민영
④ 선생님
⑤ 할머니

03 이 그림에서 사건이 일어난 장소로 알맞지 <u>않은</u> 것은 무엇입니까? (　　)

① 그림 ❶: 교실
② 그림 ❷: 교실
③ 그림 ❸: 체육관
④ 그림 ❹: 상담실
⑤ 그림 ❺: 상담실

04 그림 ❺에서 진주와 성훈이가 나눴을 대화로 알맞은 것은 무엇입니까? (　　)

① 진주가 성훈이를 탓하는 내용
② 성훈이가 진주를 탓하는 내용
③ 진주가 성훈이를 속이는 내용
④ 성훈이가 진주를 속이는 내용
⑤ 둘이 서로 오해를 풀게 되는 내용

서술형 문제
05 보기 와 같이 진주의 경험을 이야기로 만들 때 자세히 쓰고 싶은 부분을 쓰시오.

보기
성훈이가 어떤 아이인지 자세히 설명하고 싶다.

_____

_____

[06~09] 다음 글을 읽고, 물음에 답하시오.

인국이는 4학년이 끝나 갈 즈음 우리 반에 전학 온 친구다. 전학 온 첫날부터 친구들 주변을 돌아다니며 소란스럽게 말을 걸고, 우리가 대화를 하거나 게임을 할 때 끼어들어서 나는 물론 친구들은 인국이를 그렇게 좋아하지 않았다. 그러던 인국이와 5학년이 되어 이렇게 친해진 건 며칠째 봄비가 내리던 날 체육 시간 때문이었다.

국어

그날 우리 반 친구들은 비 때문에 못 할 줄 알았던 체육을 체육관에서 할 수 있어 기분이 좋았다. ㉠하지만 난 평소에 못마땅하게 여겼던 인국이랑 같은 편을 하고, 체육을 잘하는 민영이와 다른 편을 하여 기분이 별로였다.

삐!

역시나 상대편에서 민영이에게 공을 넘겨주었다. 난 민영이를 쫓아갔다.

"야! 막아!" / 골키퍼 인국이가 소리쳤다.

'쳇, 또 먼저 나서네. 자기는 얼마나 잘한다고……'

다행히 내가 공을 뺏어 옆으로 보냈는데 그게 하필 상대편 정훈이 발에 맞은 것이다. '아차!' 하는 순간 내 눈에 보인 건 골대를 향해 가는 공을 뒤에서 쫓아가는 우리 편 골키퍼 인국이였다.

"야! 너 뭐 하는 거야! 그것도 하나 못 막냐?"

내가 마음속에 억눌렀던 말을 꺼내며 인국이에게 달려들었다.

"너도 똑바로 못 막았잖아! ㉡왜 자꾸 나한테만 화내는 건데?"

그 순간 '나한테만'이라는 인국이 말에 난 뜨끔했지만 선생님께서 우릴 말리실 때까지 말싸움을 계속 이어 갔다.

체육 시간이 끝나고 선생님께서 나와 인국이를 부르셨다.

"오늘 일도 그렇고, 너희가 지내는 모습을 보니 서로 대화를 하는 게 좋을 같아서 말이야. 인국이, 상은이, 서로에게 하고 싶은 말 없니?"

나는 눈치를 보며 우물쭈물했다. 인국이가 먼저 말을 꺼냈다.

"저는 상은이랑 친하게 지내고 싶은데 상은이는 자꾸 저한테만 더 화를 내는 느낌이에요."

"그랬구나. 상은이도 알았니?"

"아, 아니요. 전 그냥 인국이가 자꾸 말하는 데 끼어들어서 좋지 않게 생각했어요. 인국아, 그 점 미안하게 생각해."

"그래, 서로 마음을 잘 몰랐던 것 같구나. 시간을 줄 테니 좀 더 이야기하고 교실로 들어오렴."

06 체육 수업을 체육관에서 하게 된 까닭은 무엇인지 알맞은 것에 ○표 하시오.

(1) 비 때문에 ( )
(2) 더운 날씨 때문에 ( )
(3) 미세 먼지 때문에 ( )

07 ㉠으로 보아 상은이가 평소에 못마땅하게 여겼던 인물은 누구인지 쓰시오.

( )

08 ㉡에서 알 수 있는 인국이의 마음으로 알맞은 것은 무엇입니까? ( )

① 민영이와 친해지고 싶다.
② 상은이가 나를 좋아하는 것 같다.
③ 선생님께서 나를 미워하시는 것 같다.
④ 상은이에게 고마운 마음을 전하고 싶다.
⑤ 상은이가 자꾸 나한테만 화를 내서 속상하다.

09 선생님께서는 상은이와 인국이의 말을 듣고 어떻게 생각하셨는지 빈칸에 들어갈 알맞은 말을 쓰시오.

'상은이와 인국이는 서로 ( )을/를 잘 몰랐기 때문에 사이가 안 좋았던 것 같다.'

10 꾸며 쓴 이야기와 일기의 차이점으로 알맞은 것에 ○표 하시오.

(1) 일기는 여러 사람이 읽는 글이므로 읽는 사람을 생각하며 쓴다는 점이 이야기와 다르다. ( )
(2) 일기는 그날 동안에 있었던 일만 쓰지만, 이야기는 오랜 시간에 걸쳐 있었던 일을 쓸 수 있다. ( )

☆☆
01 우리나라의 위치에 대한 설명으로 알맞은 것을 [보기]에서 모두 고른 것은 어느 것입니까? ( )

> [보기]
> ㉠ 아시아 대륙의 동쪽에 위치한 반도 국가이다.
> ㉡ 북반구의 중위도에 위치하여 사계절이 나타난다.
> ㉢ 우리나라 주변에는 러시아, 몽골, 영국 등이 있다.

① ㉠   ② ㉡   ③ ㉢
④ ㉠, ㉡   ⑤ ㉠, ㉢

02 우리나라의 영토에 해당하지 <u>않는</u> 것은 어느 것입니까? ( )

① 황해   ② 독도
③ 태백산   ④ 제주특별자치도
⑤ 경상남도 남해군

03 다음 (가), (나) 글의 배경이 된 우리나라 지역을 바르게 연결한 것은 어느 것입니까? ( )

> (가) 설문대 할망이 치마폭으로 흙을 퍼 날라 제주도를 만들었다는 설화가 있습니다.
> (나) 효녀 심청의 고향 황주는 황해도 황주목이고, 인당수는 백령도 앞바다로 경기도의 서쪽이라고 전해집니다.

	(가)	(나)
①	영남 지방	해서 지방
②	영남 지방	호서 지방
③	호남 지방	관서 지방
④	호남 지방	해서 지방
⑤	호남 지방	호서 지방

[서술형 문제]
04 다음 두 지도를 보고, 우리나라의 서해안과 남해안의 공통점을 **두 가지** 쓰시오.

▲ 서해안

▲ 남해안

[05~06] 다음을 보고, 물음에 답하시오.

(가)   (나)

05 위 지도의 (가), (나)에 대한 설명으로 알맞지 <u>않은</u> 것은 어느 것입니까? ( )

① (가)는 우리나라의 여름에 불어오는 바람이다.
② (나)는 우리나라의 겨울에 불어오는 바람이다.
③ (가) 시기에는 기온이 높고 비가 많이 내린다.
④ (나) 시기에는 남동쪽에서 차고 습한 바람이 불어온다.
⑤ 우리나라는 계절별로 불어오는 바람의 방향이 다르다.

06 위 (나) 지도의 바람이 우리나라로 불어오는 계절에 우리나라에서 발생할 수 있는 자연재해와 관련된 안전 안내 문자로 알맞은 것에 ○표 하시오.

(1)
> [광주광역시] 광주 지역에 대설 경보 · 시설물 관리, 내 집 앞 눈 쓸기, 눈길 미끄럼 주의 바랍니다.

(2)
> [행정안전부] 서울 지역에 홍수 주의보 발령 · 상습 침수, 산사태 등 위험 지역 대피, 외출 자제 바랍니다.

( )   ( )

[07~08] 다음 지도를 보고, 물음에 답하시오.

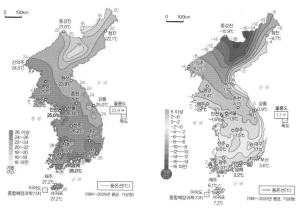

▲ 8월 평균 기온 분포 　　　 ▲ 1월 평균 기온 분포

07 위 지도에서 8월 평균 기온이 춘천과 가장 비슷한 곳은 어디입니까? 　　　(　)

① 전주 　　　 ② 대구 　　　 ③ 광주

④ 중강진 　　 ⑤ 신의주

서술형 문제

08 위 두 지도를 통해 알 수 있는 우리나라 8월과 1월 평균 기온의 공통적인 특징을 쓰시오.

_____

_____

☆☆
09 다음 그래프에서 알 수 있는 우리나라 인구 구조의 변화에 대한 설명으로 알맞은 것은 어느 것입니까?
　　　(　)

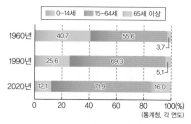

▲ 연령별 인구 구성 비율의 변화

① 고령화 현상이 해결되고 있다.

② 저출산 문제가 해결되고 있다.

③ 노년층의 인구 비율이 늘어나고 있다.

④ 태어나는 아이의 비율이 늘어나고 있다.

⑤ 청장년층의 인구 비율이 줄어들고 있다.

10 다음 친구들의 대화 중 ( ) 안에 공통으로 들어갈 알맞은 지역 이름을 쓰시오.

> 지훈: 안녕? 예린아. 나 이사 가게 됐어.
>
> 예린: 어디로 이사 가?
>
> 지훈: 국토 균형 발전을 위해 수도권에 있던 많은 행정 기관을 (　)(으)로 옮겼어. 그래서 아빠 직장이 그곳으로 옮겨지면서 우리 가족도 모두 (　)(으)로 가게 됐어.
>
> 예린: 아, 2012년 7월에 출범한 (　) 말이구나.

(　　　　　　　　　)

11 다음 선생님의 질문에 해당하는 우리나라의 공업 지역으로 알맞은 것은 어느 것입니까? 　　(　)

> 이 공업 지역은 원료를 수입하여 완성된 제품을 수출하기에 유리한 해안가에 발달했습니다. 우리나라 최대의 중화학 공업 지역인 이곳은 어디일까요?

선생님

① 충청 공업 지역

② 호남 공업 지역

③ 수도권 공업 지역

④ 남동 임해 공업 지역

⑤ 영남 내륙 공업 지역

12 2004년에 개통된 것으로, 전국이 반나절 생활권이 되는 데 영향을 준 것은 어느 것입니까? 　(　)

① 호남선 　　　　 ② 경춘선

③ 고속 철도 　　　 ④ 경부 고속 국도

⑤ 영동 고속 국도

[01~02] 다음 지도를 보고, 물음에 답하시오.

01 다음 내용을 보고, 위 지도의 ㉠을 무엇이라고 하는지 쓰시오.

> 본초 자오선을 기준으로 동쪽과 서쪽으로 각각 얼마나 떨어져 있는지를 나타내는 숫자 값

( )

서술형 문제

02 위 지도를 보고, 우리 국토의 위치를 쓰시오. (단, 지도의 ㉠, ㉡을 이용하여 작성함.)

03 다음 그림의 ㉠에 들어갈 알맞은 말은 어느 것입니까? ( )

① 허가를 받고 지나가세요.
② 절대 지나갈 수 없습니다.
③ 허락을 받지 않아도 됩니다.
④ 잠깐 멈춤, 그냥 지나가세요.
⑤ 12해리 안쪽으로 지나가세요.

04 다음 일기 예보에서 안내하는 '이곳'은 우리나라의 전통적인 지역 구분상 어느 지방에 해당하는 것입니까? ( )

① 영남 지방   ② 호남 지방   ③ 호서 지방
④ 경기 지방   ⑤ 관동 지방

05 다음은 민지가 가고 싶은 곳을 메모한 것입니다. 민지가 가고 싶은 지형을 순서대로 바르게 나열한 것은 어느 것입니까? ( )

> ㉠ 바다와 육지가 만나는 곳입니다.
> ㉡ 배를 타고 가야 하는 곳으로, 물로 둘러싸인 땅입니다.

　　㉠　→　㉡　　　　　㉠　→　㉡
① 황해 → 북한산　② 진도 → 한라산
③ 동해안 → 동해　④ 남해안 → 북한산
⑤ 서해안 → 울릉도

서술형 문제

06 다음 그림을 통해 알 수 있는 우리나라 산지 지형의 특징과 하천의 흐름에 대해 쓰시오.

▲ 우리나라 중부 지방 땅의 높이

☆☆
07 다음은 서귀포와 중강진의 강수량을 나타낸 그래프입니다. 이를 보고 알 수 있는 내용으로 알맞은 것은 어느 것입니까? ( )

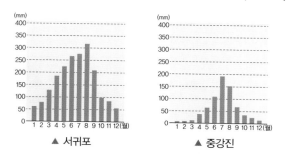

▲ 서귀포   ▲ 중강진

① 두 지역의 연평균 강수량은 비슷하다.
② 서귀포는 중강진보다 연평균 강수량이 많다.
③ 두 지역 모두 계절별 강수량이 고르게 나타난다.
④ 두 지역 모두 강수량의 절반 이상이 겨울에 집중된다.
⑤ 서귀포는 여름에 비가 많이 내리고, 중강진은 겨울에 비가 많이 내린다.

08 다음과 같은 행동 요령은 어떤 자연재해와 관련되는 것인지 쓰시오.

집 안에서	건물 밖에서	승강기 안에서
책상 아래로 들어가 몸을 보호한다.	운동장과 같은 넓은 공간으로 대피한다.	승강기에서 내려 계단을 이용하여 대피한다.

( )

09 다음 글과 같은 인구 분포를 통해 알 수 있는 내용으로 알맞은 것을 두 가지 고르시오. (,)

> 우리나라가 100명이 사는 마을이라면 100명 중 91명은 도시, 9명은 촌락에 삽니다. 또, 서울, 인천, 경기도를 포함한 수도권에 100명 중 50명이 삽니다.

① 수도권에 많은 인구가 모여 산다.
② 촌락에 교통 혼잡 문제가 나타난다.
③ 도시에 일손 부족 문제가 나타난다.
④ 수도권의 환경 오염 문제가 심화된다.
⑤ 도시에 의료 시설 부족 문제가 나타난다.

10 다음 위성 사진을 통해 알 수 있는 내용으로 알맞은 것은 어느 것입니까? ( )

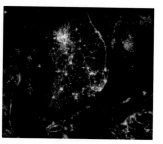

▲ 밤에 우리나라를 찍은 위성 사진 속의 불빛

① 현재 우리나라의 하천 분포와 비슷하다.
② 현재 우리나라의 도시 분포와 비슷하다.
③ 밝게 빛나는 지역은 교통이 불편한 곳이다.
④ 우리나라의 행정구역 구분을 잘 알 수 있다.
⑤ 밝게 빛나는 지역은 산업이 발달하지 않은 곳이다.

11 우리나라의 산업 발달 과정에 대해 바르지 <u>않은</u> 내용을 말한 어린이의 이름을 쓰시오.

> 소라: 1960년대 이전에는 옷, 신발 등을 만드는 경공업이 발달했어.
> 민경: 1970년대에는 남동 해안을 중심으로 철강, 배 등을 만드는 중화학 공업이 발달했어.
> 지석: 2000년대 이후에는 생활 수준이 높아지면서 서비스업이 크게 발달했어.

( )

12 다음 대화를 통해 알 수 있는 내용으로 알맞은 것은 어느 것입니까? ( )

> 진영: 오늘 부산 출장 가시면 언제 돌아오시나요?
> 아빠: 고속 철도를 타면 부산에 금방 다녀올 수 있어. 오늘 저녁에 맛있는 것 사 올게.

① 지역 간의 이동 시간이 줄어들었다.
② 비행기보다 고속 철도가 더 빠르다.
③ 교통과 지역의 산업 발달은 관련이 없다.
④ 지역 간의 교통 혼잡 문제가 해결되었다.
⑤ 서울과 부산 간의 지역 교류가 줄어들었다.

사
회

01 다음 친구들이 이야기하고 있는 것은 무엇입니까?
(   )

① 행복   ② 의무   ③ 인권
④ 도덕   ⑤ 규칙

서술형 문제

02 다음은 『홍길동전』의 한 장면입니다. 다음에서 침해된 인권은 무엇인지 쓰시오.

_____

_____

03 인권 보장을 위해 개인이 실천할 수 있는 일로 알맞은 것은 어느 것입니까? (   )

① 인권 보호 기관을 만든다.
② 인권 관련 법을 제정한다.
③ 공공 편의 시설을 설치한다.
④ 사회 보장 제도를 마련한다.
⑤ 인권을 존중하는 말을 사용한다.

04 다음 선생님의 질문에 대한 답변으로 알맞은 것은 어느 것입니까? (   )

① 친구를 외모로 놀렸습니다.
② 성별을 이유로 차별하였습니다.
③ 스마트폰을 함부로 사용했습니다.
④ 누리 사랑방에 나쁜 댓글을 달았습니다.
⑤ 허락을 받지 않고 다른 사람의 사진을 누리 소통망 서비스(SNS)에 올렸습니다.

☆☆
05 헌법에 대한 설명으로 알맞지 않은 것은 어느 것입니까? (   )

① 법 중에서 가장 낮은 법이다.
② 국민이 누려야 할 권리가 나타나 있다.
③ 국민이 지켜야 할 의무가 정해져 있다.
④ 헌법을 바탕으로 여러 법이 만들어진다.
⑤ 국가기관을 조직하고 운영하는 기본 원칙이 담겨 있다.

06 헌법이 중요한 까닭으로 알맞은 것을 보기 에서 모두 고른 것은 어느 것입니까? (   )

보기
㉠ 주권이 대통령에게 있기 때문이다.
㉡ 헌법은 절대 바꿀 수 없기 때문이다.
㉢ 모든 법이 헌법을 바탕으로 만들어지기 때문이다.
㉣ 헌법에 국민의 자유과 권리가 보장되어 있기 때문이다.

① ㉠, ㉡   ② ㉡, ㉢   ③ ㉢, ㉣
④ ㉠, ㉡, ㉢   ⑤ ㉡, ㉢, ㉣

07 다음 내용과 관련 있는 국민의 기본권을 쓰시오.

> • 법을 공평하게 적용받아 차별받지 않을 권리이다.
> • 헌법 제11조 제1항에는 '모든 국민은 법 앞에 평등하다.'라고 규정하고 있다.

( )

08 기본권에 대한 설명으로 알맞지 <u>않은</u> 것은 어느 것입니까? ( )

① 기본권은 절대 제한할 수 없다.
② 기본권은 헌법에 규정되어 있다.
③ 참정권은 국민의 기본권 중 하나이다.
④ 자유롭게 생각하고 행동할 수 있는 권리도 기본권에 해당한다.
⑤ 인간답게 살 수 있도록 국가에 요구할 수 있는 권리도 기본권에 해당한다.

09 헌법에서 정한 국민의 의무가 <u>아닌</u> 것은 어느 것입니까? ( )

① 근로의 의무
② 납세의 의무
③ 저축의 의무
④ 국방의 의무
⑤ 환경 보전의 의무

10 다음 ㉠, ㉡에 들어갈 알맞은 말을 [보기]에서 찾아 쓰시오.

> • (㉠)은/는 국가가 만든 강제성이 있는 규범을 말한다.
> • (㉡)은/는 사회 구성원들이 양심에 비추어 스스로 마땅히 지켜야 할 모든 규범을 말한다.

[보기]
• 법   • 도덕

㉠: ( ) ㉡: ( )

[11~12] 다음을 보고, 물음에 답하시오.

11 위와 같은 상황에서 발생할 수 있는 피해를 두 가지 고르시오. (,)

① 자동차 수가 많아진다.
② 주차할 공간이 부족해진다.
③ 주차한 운전자의 권리가 침해된다.
④ 길을 막아 다른 사람의 통행을 방해한다.
⑤ 구급차나 소방차가 출동하는 데 방해가 된다.

서술형 문제

12 위의 모습을 보고, 일상생활에서 법을 지켜야 하는 까닭을 쓰시오.

☆☆
01 방정환이 다음과 같은 선전문을 통해 말하고자 한 것은 무엇입니까? (　　　)

> • 어린이를 내려다보지 마시고 쳐다보아 주시오.
> • 어린이에게 경어를 쓰시되 부드럽게 하여 주시오.
> • 어린이를 책망하실 때에는 쉽게 성만 내지 마시고 자세히 타일러 주시오.
> 　　　　－ 1923년 제1회 어린이날 선전문(일부) －

① 참정권 획득　　　② 성 차별 금지
③ 신분 제도 폐지　　④ 근로 환경 개선
⑤ 어린이의 인권 신장

[02~03] 다음을 보고, 물음에 답하시오.

02 위와 같이 신분에 관계 없이 아픈 사람들을 무료로 치료해 주었던 옛날 기관은 어디인지 쓰시오.

(　　　　　　　　)

03 위 장면을 보고 바르게 이야기한 친구는 누구입니까? (　　　)

① 태우: 옛날에는 병원이 많았구나.
② 차민: 옛날에는 형벌이 무거웠구나.
③ 영화: 옛날에는 신분 차별이 없었구나.
④ 소은: 옛날에도 인권 신장을 위해 노력하였구나.
⑤ 연준: 옛날에는 억울한 일이 있어도 하소연할 곳이 없었구나.

04 오른쪽 표지판에 나타난 인권 침해에 대한 설명으로 알맞은 것은 어느 것입니까? (　　　)

▲ 기저귀 교환대 표지판

① 사생활을 침해하고 있다.
② 여성의 외모를 평가하고 있다.
③ 어린이의 인권이 무시되고 있다.
④ 육아는 여성이 하는 일이라는 고정 관념이 나타나 있다.
⑤ 여성을 누군가가 도와주어야 하는 느낌으로 표현하고 있다.

[서술형] 문제
05 다음 그림으로 보아 헌법에 담겨 있는 내용은 무엇인지 제시된 낱말을 넣어 쓰시오.

▲ 헌법이 중요하게 여기는 가치

존중	행복

_____

_____

06 다음과 같은 일을 하는 곳은 어디인지 쓰시오.

> 법률이 헌법에 어긋나는지 심판하며, 국가 권력이 국민의 인권을 침해하였는지 심판한다.

(　　　　　　　　)

07 다음 헌법 조항과 관련 있는 국민의 기본권은 무엇입니까? ( )

> 대한민국 헌법
>
> 제24조 모든 국민은 법률이 정하는 바에 의하여 선거권을 가진다.
>
> 제25조 모든 국민은 법률이 정하는 바에 의하여 공무 담임권을 가진다.

① 평등권　② 자유권　③ 참정권
④ 청구권　⑤ 사회권

08 환경 보전의 의무를 잘 지킨 어린이는 누구입니까? ( )

① 송화: 마스크를 꼭 쓰고 다녀요.
② 희문: 항상 동생과 재미있게 놀아 줘요.
③ 서현: 수업을 집중해서 들으려고 노력해요.
④ 수지: 음료수를 마신 다음 꼭 분리배출해요.
⑤ 예준: 길을 건널 때 꼭 횡단보도를 이용해요.

09 근로의 의무를 지키고 있는 모습은 어느 것입니까? ( )

10 다음 상황에서 운전자가 처벌을 받는 까닭을 법의 성격과 관련지어 쓰시오.

교통 신호를 위반하였으니, 범칙금을 내야 합니다.

11 다음 내용을 통해 알 수 있는 법의 역할은 무엇입니까? ( )

> 불량 장난감에 얼굴이 베인 민수는 장난감 제조업자에게 손해 배상을 청구했다. 장난감 제조업자는 사용자의 부주의로 인한 사고이므로 배상할 수 없다는 입장이다. 이에 법원은 불량으로 만들어진 제품에 의해 신체에 손해를 끼쳤으므로 제조업자는 그 손해를 배상해야 한다는 판결을 내렸다.

① 평등권을 보호해 준다.
② 깨끗한 환경을 만들어 준다.
③ 국민이 의무를 지키도록 한다.
④ 개인 간의 다툼을 해결해 준다.
⑤ 건강하게 살아갈 수 있도록 도와준다.

12 법을 지켜야 하는 까닭으로 알맞은 것을 보기에서 모두 고른 것은 어느 것입니까? ( )

> 보기
> ㉠ 예의에 어긋나기 때문이다.
> ㉡ 법을 지키지 않으면 사회 질서를 유지할 수 없기 때문이다.
> ㉢ 법을 어기면 다른 사람에게 피해를 주고, 다른 사람의 권리를 침해하기 때문이다.

① ㉠　② ㉡　③ ㉢
④ ㉠, ㉡　⑤ ㉡, ㉢

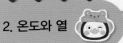

01 다음 ( ) 안에 들어갈 알맞은 말을 쓰시오.

> 물체의 차갑거나 따뜻한 정도를 ( )
> (이)라고 한다.

( )

☆☆
02 알코올 온도계의 사용 방법으로 옳지 않은 것은 어느 것입니까? ( )

① 온도를 측정하려는 물질에 액체샘 부분을 넣는다.
② 알코올 온도계의 고리 부분에 실을 매달아 고정한다.
③ 액체샘 부분은 깨지기 쉬우므로 조심스럽게 손으로 잡는다.
④ 액체샘 부분이 바닥에 닿지 않도록 온도계의 높이를 조절한다.
⑤ 온도계의 빨간색 액체가 더 이상 움직이지 않으면 액체 기둥의 끝이 닿은 부분에 눈높이를 맞추어 눈금을 읽는다.

03 다음은 적외선 온도계로 컵의 온도를 재는 모습입니다. 컵의 온도를 바르게 읽은 사람은 누구인지 쓰시오.

> 기섭: 십칠 점 이 도
> 동훈: 십칠 점 이 도 씨
> 나영: 섭씨 십칠 점 이 도

( )

04 다음 보기 중에서 물체의 온도에 영향을 주는 것을 모두 고른 것은 어느 것입니까? ( )

> **보기**
> ㉠ 측정 시각   ㉡ 햇빛의 양
> ㉢ 측정하는 사람   ㉣ 물체가 놓인 장소

① ㉠, ㉡   ② ㉠, ㉡, ㉢
③ ㉠, ㉡, ㉣   ④ ㉠, ㉢, ㉣
⑤ ㉡, ㉢, ㉣

☆☆
05 온도가 다른 두 물체가 접촉할 때의 온도 변화로 옳은 것은 어느 것입니까? ( )

① 온도가 낮은 물체는 온도 변화가 없다.
② 온도가 높은 물체는 온도 변화가 없다.
③ 온도가 낮은 물체는 온도가 점점 낮아진다.
④ 온도가 높은 물체는 온도가 점점 높아진다.
⑤ 시간이 지나면 두 물체의 온도는 같아진다.

06 다음 ( ) 안에 들어갈 알맞은 말을 바르게 짝 지은 것은 어느 것입니까? ( )

> 차가운 물이 담긴 컵을 손으로 잡았을 때
> (㉠)에서 (㉡)(으)로 (㉢)이/가 이동하여 손의 온도가 (㉣).

① ㉠ – 컵   ② ㉡ – 손
③ ㉢ – 열   ④ ㉣ – 높아진다

[07~09] 다음은 열 변색 붙임딱지를 붙인 구멍 뚫린 구리판의 가운데를 가열하는 모습입니다. 물음에 답하시오.

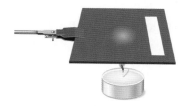

07 위 실험에서 열 변색 붙임딱지의 색깔 변화가 나타나는 순서대로 기호를 쓰시오.

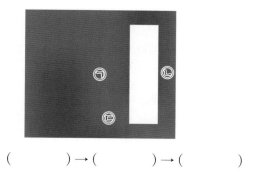

(   ) → (   ) → (   )

08 위 실험에서 알 수 있는 사실로 옳지 않은 것을 보기에서 골라 기호를 쓰시오.

┌─ 보기 ─
│ ㉠ 고체에서 열은 끊긴 방향으로 이동하지 않는다.
│ ㉡ 고체 물체의 한 부분을 가열하면 그 부분의 온도가 높아진다.
│ ㉢ 고체에서 열은 가열한 부분에서 멀어지는 방향으로 이동한다.
│ ㉣ 고체에서 열은 온도가 낮은 부분에서 온도가 높은 부분으로 이동한다.

(   )

☆☆
09 다음은 위 실험의 결과입니다. ( ) 안에 들어갈 알맞은 말을 쓰시오.

┌──────────────────────────
│ 구리판을 가열할 때 열은 (   )을/를 따라 이동한다.

10 물이 담긴 주전자에서 열의 이동이 다음과 같을 때, 가열하고 있는 부분의 기호를 쓰시오.

㉠   ㉡   ㉢

(   )

[11~12] 오른쪽은 초를 비커 바닥의 가장자리에 놓고 티(T) 자 모양 종이를 비커의 가운데에 걸쳐 놓은 후 초의 반대쪽에 향을 피웠을 때의 모습입니다. 물음에 답하시오.

11 위 실험에서 향 연기가 초를 넣은 쪽 위로 올라가게 하는 방법으로 가장 적절한 것은 어느 것입니까?(단, 향불과 초의 위치는 변경하지 않습니다.) (   )

① 초에 불을 붙인다.
② 초의 개수를 늘린다.
③ 향불의 개수를 늘린다.
④ 티(T) 자 모양 종이를 뺀다.
⑤ 비커 바닥의 가운데를 가열한다.

12 위 11번의 답과 같이 했을 때 향 연기가 초를 넣은 쪽 위로 올라가는 까닭으로 옳은 것을 두 가지 고르시오.
(,   )

① 향 연기가 가볍기 때문
② 불을 붙인 초 주변의 공기가 따뜻해졌기 때문
③ 비커 안의 윗부분의 공기가 더 따뜻하기 때문
④ 초 주변의 따뜻해진 공기가 위로 올라가기 때문
⑤ 비커 안의 공기가 비커 밖의 온도보다 높기 때문

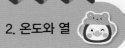

01 다음 [보기] 중에서 온도계가 꼭 필요한 경우가 <u>아닌</u> 것의 기호를 쓰시오.

> [보기]
> ㉠ 병원에서 환자의 체온을 잴 때
> ㉡ 목욕물의 온도가 적당한지 살펴볼 때
> ㉢ 비닐 온실에서 배추를 재배하기 알맞은 비닐 온실의 온도를 측정할 때
> ㉣ 어항 속 물의 온도가 물고기가 살기에 적절한 지 알고 싶을 때

( )

02 다음은 적외선 온도계로 어떤 물체의 온도를 측정한 것입니다. 물체의 온도를 쓰시오.

( )

[03~04] 다음은 물체(물질)의 온도를 측정하여 기록한 표입니다. 물음에 답하시오.

측정 장소	측정 물체 (물질)	사용한 온도계	온도(℃)
교실	책상	(㉠) 온도계	17.2
교실	공기	(㉡) 온도계	18.0
운동장	화단 흙	(㉢) 온도계	17.5
운동장	공기	(㉣) 온도계	19.0

03 위 ( ) 안에 들어갈 알맞은 온도계를 각각 쓰시오.

㉠ ( )
㉡ ( )
㉢ ( )
㉣ ( )

04 다음은 앞 실험으로 알 수 있는 사실을 설명한 것입니다. ( ) 안에 들어갈 알맞은 말을 쓰시오.

> 같은 물체(물질)라도 측정 장소에 따라 ( ) 이/가 다르게 나타날 수 있다.

( )

05 일상생활에서 열이 이동하는 예가 <u>아닌</u> 것은 어느 것입니까? ( )

① 얼음 팩을 손으로 잡는 경우
② 얼음 위에 생선을 올려놓은 경우
③ 갓 삶은 면을 차가운 물에 담그는 경우
④ 뜨거운 프라이팬에 버터를 올려놓은 경우
⑤ 빨대를 사용하여 차가운 주스를 마시는 경우

☆☆
06 온도가 다른 두 물체가 접촉할 때 열의 이동 방향을 화살표(→)로 나타낸 것입니다. 옳지 <u>않은</u> 것은 어느 것입니까? ( )

①
▲ 프라이팬 → 버터

②
▲ 얼음 → 접시

③
▲ 갓 삶은 달걀 → 차가운 물

④
▲ 손난로 → 손

⑤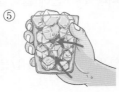
▲ 손 → 얼음물

[07~08] 다음 실험 과정을 보고, 물음에 답하시오.

❶ 구리판, 플라스틱판, 철판
에 각각 열 변색 붙임딱지
를 붙인다.
❷ 수조에 뜨거운 물을 붓는다.
❸ 열 변색 붙임딱지를 붙인 구
리판, 플라스틱판, 철판을 수조에 동시에 넣고, 열
변색 붙임딱지의 색깔이 변하는 빠르기를 비교한다.

07 위 실험을 통해 알 수 있는 것을 보기 에서 골라 기호
로 쓰시오.

> 보기
> ㉠ 고체 물질의 종류에 따라 열이 이동하는 빠르기
> ㉡ 고체 물질의 종류에 따른 열 변색 붙임딱지의
> 역할
> ㉢ 물의 온도에 따라 열 변색 붙임딱지의 색깔이
> 변하는 빠르기

( )

08 위 실험 결과로 옳지 않은 것은 어느 것입니까?
( )

① 금속에서 열이 잘 이동한다.
② 플라스틱에서는 열이 천천히 이동한다.
③ 철판에 붙인 열 변색 붙임딱지의 색깔은 변하지
않는다.
④ 구리판에 붙인 열 변색 붙임딱지의 색깔이 가장
먼저 변한다.
⑤ 플라스틱판에 붙인 열 변색 붙임딱지의 색깔이 가
장 나중에 변한다.

09 다음 중 단열을 이용하여 만든 생활용품과 거리가 먼
것은 어느 것입니까? ( )

① 방한복 ② 단열재
③ 보온병 ④ 아이스박스
⑤ 일회용 페트병

[10~11] 다음은 액체에서 열의 이동을 알아보는 실험 과정
의 일부입니다. 물음에 답하시오.

▲ 비커 바닥의 한쪽에 파란
색 잉크를 넣는다.

▲ 잉크를 넣은 쪽의 아랫
부분을 가열한다.

10 위 실험에서 비커 바닥의 한쪽에 잉크를 넣을 때 사
용하는 실험 도구는 무엇인지 쓰시오.

( )

11 다음은 위 실험을 통해 알 수 있는 액체에서 열의 이
동을 설명한 것입니다. ( ) 안에 들어갈 알맞은 말을
보기 에서 각각 골라 쓰시오.

> 액체에서 온도가 높아진 물질이 (㉠)(으)로
> (㉡)가고, (㉢)에 있던 온도가 (㉣)
> 물질이 (㉤)(으)로 (㉥)오면서 열이 전달
> 된다.

> 보기
> •위   •아래   •올라
> •내려 •낮은   •높아진

㉠ ( ), ㉡ ( )
㉢ ( ), ㉣ ( )
㉤ ( ), ㉥ ( )

☆☆
12 고체, 액체, 기체에서의 열의 이동 방법을 순서대로
나열한 것은 어느 것입니까? ( )

① 대류 – 전도 – 대류
② 전도 – 대류 – 대류
③ 전도 – 대류 – 단열
④ 대류 – 전도 – 단열
⑤ 전도 – 전도 – 대류

01 다음 ( ) 안에 공통으로 들어갈 알맞은 말을 쓰시오.

> • 식물은 (   )을/를 이용하여 양분을 만든다.
> • (   )을/를 이용하여 전기를 만들어 사용할 수 있다.

(   )

02 다음은 어느 바닷가의 모습입니다. 태양 빛으로 바닷물이 증발하여 만들어지는 흰색 물질은 무엇인지 쓰시오.

(   )

03 태양계에 대한 설명으로 옳지 <u>않은</u> 것은 어느 것입니까? (   )

① 태양계의 중심에는 태양이 있다.
② 행성은 태양의 영향을 받고 있다.
③ 태양계의 행성은 스스로 빛을 내는 천체이다.
④ 태양 주위를 도는 둥근 천체를 행성이라고 한다.
⑤ 태양과 태양의 영향을 받는 천체들, 그리고 그 공간을 말한다.

04 다음 행성 중 표면을 이루는 물질이 <u>다른</u> 하나는 어느 것입니까? (   )

①  ②

③  ④

⑤

[05~06] 다음은 지구의 반지름을 1로 보았을 때 태양계 행성의 상대적인 크기를 나타낸 것입니다. 물음에 답하시오.

수성	금성	지구	화성	목성	토성	천왕성	해왕성
0.4	0.9	1.0	0.5	11.2	9.4	4.0	3.9

05 반지름이 1 cm인 구슬로 지구 모형을 만들려고 할 때 천왕성 모형을 만들 스타이로폼 공의 지름은 몇 cm일지 쓰시오.

(   ) cm

06 태양계의 행성 중 다섯 번째로 큰 행성의 이름을 쓰시오.

(   )

07 다음에서 설명하고 있는 태양계 행성은 어느 것입니까? ( )

> • 두꺼운 대기로 둘러싸여 있다.
> • 지구와 크기가 가장 비슷하다.

① 수성 ② 금성
③ 화성 ④ 천왕성
⑤ 해왕성

08 다음 중 태양으로부터의 거리가 지구보다 가까운 행성은 어느 것입니까? ( )

① 수성 ② 화성
③ 목성 ④ 토성
⑤ 해왕성

☆☆
09 다음은 여러 날 동안 같은 시각, 같은 장소에서 관측한 금성과 별이 있는 밤하늘의 모습입니다. ( ) 안에 들어갈 알맞은 말을 쓰시오.

▲ 첫째 날 초저녁   ▲ 7일 뒤 초저녁   ▲ 15일 뒤 초저녁

> 여러 날 동안 (㉠)은/는 위치가 변하고, (㉡)은/는 위치가 거의 변하지 않는다.

㉠ ( )
㉡ ( )

10 북쪽 밤하늘에서 볼 수 있는 별자리를 다음 보기 에서 모두 고른 것은 어느 것입니까? ( )

> **보기**
> ㉠ 북두칠성 ㉡ 사자자리
> ㉢ 작은곰자리 ㉣ 카시오페이아자리

① ㉠, ㉡ ② ㉠, ㉢
③ ㉠, ㉣ ④ ㉠, ㉡, ㉢
⑤ ㉠, ㉢, ㉣

11 다음은 어떤 별의 특징을 설명한 것입니다. 이 별의 이름을 쓰시오.

> • 거의 움직이지 않고 항상 북쪽에서 보인다.
> • 이 별을 이용하여 밤하늘의 방위를 알 수 있다.

( )

12 다음은 카시오페이아자리를 이용하여 북극성을 찾는 방법입니다. ( ) 안에 들어갈 알맞은 말을 쓰시오.

> ㉠ 카시오페이아자리에서 바깥쪽 두 선을 연장해 만나는 점과 가운데에 있는 별을 찾아 연결한다.
> ㉡ 그 거리의 ( ) 배 떨어진 곳에 있는 별을 찾는다.

( )

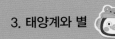
01 태양이 소중한 까닭으로 옳지 <u>않은</u> 것은 어느 것입니까? ( )

① 태양이 없으면 생물은 살 수 없기 때문
② 태양은 지구 주위를 돌면서 움직이기 때문
③ 태양은 식물에게 여러 가지 영향을 주기 때문
④ 태양은 지구의 모든 것에 영향을 미치기 때문
⑤ 우리가 살아가는 데 필요한 대부분의 에너지를 태양에서 얻기 때문

02 다음 ( ) 안에 공통적으로 들어갈 알맞은 말을 쓰시오.

> • (   )은/는 태양계에서 유일하게 스스로 빛을 내는 천체이다.
> • (   )은/는 태양계의 중심에 있다.
> • 행성은 (   )의 영향을 받고 있다.

( )

☆☆
03 다음과 같이 행성을 분류한 기준으로 알맞은 것을 <u>두 가지</u> 고르시오. (,)

분류 기준:

그렇다.	그렇지 않다.
목성, 토성, 천왕성, 해왕성	수성, 금성, 지구, 화성

① 고리가 있는가?
② 줄무늬가 있는가?
③ 생물이 살고 있는가?
④ 표면이 기체로 되어 있는가?
⑤ 표면이 땅으로 되어 있는가?

04 다음과 같은 특징이 있는 태양계 행성은 어느 것입니까? ( )

> • 표면이 기체로 되어 있다.
> • 표면에 줄무늬가 발달해 있다.
> • 태양계 행성 중 가장 뚜렷한 고리를 가지고 있다.

① 수성   ② 금성
③ 목성   ④ 토성
⑤ 해왕성

05 지구의 반지름을 1 cm로 정하였을 때 태양의 반지름은 몇 cm인지 쓰시오.

( ) cm

06 태양계 행성의 크기에 대한 설명으로 옳지 <u>않은</u> 것은 어느 것입니까? ( )

① 수성의 크기가 가장 작다.
② 화성은 지구의 절반 정도이다.
③ 크기가 가장 큰 행성은 태양이다.
④ 지구와 크기가 가장 비슷한 행성은 금성이다.
⑤ 상대적으로 크기가 큰 행성들은 태양에서 멀리 떨어져 있다.

[07~08] 다음은 태양에서 지구까지의 거리를 1로 보았을 때 태양에서 행성까지의 상대적인 거리를 나타낸 것입니다. 물음에 답하시오.

수성	금성	지구	화성	목성	토성	천왕성	해왕성
0.4	0.7	1.0	1.5	5.2	9.6	19.1	30.0

07 지구와 가장 가까이 있는 행성은 무엇인지 쓰시오.

( )

☆☆
08 위 표를 통해 알 수 있는 내용을 정리한 것입니다. ( ) 안에 들어갈 알맞은 말을 각각 쓰시오.

- 태양에서 지구보다 가까이 있는 행성은 수성, (㉠)이다.
- 태양에서 거리가 멀수록 행성 사이의 거리도 대체로 (㉡)진다.
- 크기가 상대적으로 큰 행성은 태양에서 (㉢) 곳에 있다.
- 태양에서 가장 멀리 있는 행성은 (㉣)이다.

㉠ ( ), ㉡ ( )
㉢ ( ), ㉣ ( )

09 같은 시각, 같은 장소에서 여러 날 동안 밤하늘을 관측한 결과로 알 수 있는 행성과 별의 차이점으로 옳은 것은 어느 것입니까? ( )

① 행성은 크기가 크지만, 별은 크기가 작다.
② 별은 지구에 가까이 있지만, 행성은 아주 멀리 떨어져 있다.
③ 행성은 스스로 빛을 내지 못하지만, 별은 스스로 빛을 낸다.
④ 별은 태양 주위를 돌지만, 행성은 태양 주위를 돌지 않는다.
⑤ 행성은 위치가 조금씩 변하지만, 별은 위치가 거의 변하지 않는다.

10 다음 별자리 이름은 무엇인지 쓰시오.

( )

[11~12] 다음은 어느 날 밤하늘의 모습입니다. 물음에 답하시오.

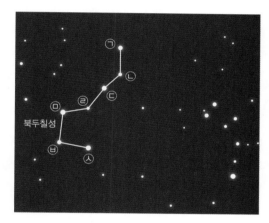

11 위 그림은 어느 쪽 밤하늘의 모습인지 방위를 쓰시오.

( )쪽

12 북두칠성을 이용하여 북극성을 찾을 때 이용하는 별의 기호를 바르게 짝 지은 것은 어느 것입니까?

( )

① ㉠, ㉡ ② ㉡, ㉢
③ ㉣, ㉤ ④ ㉤, ㉥
⑤ ㉥, ㉦

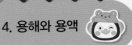

01 다음과 같이 실험을 하였을 때, 용질, 용매, 용액은 무엇인지 각각 쓰시오.

> 소금을 물에 녹여 소금물을 만들었다.

(1) 용질: (   )
(2) 용매: (   )
(3) 용액: (   )

02 비커에 담긴 물에 소금을 완전히 녹여 소금물을 만들었습니다. 이에 대한 설명으로 옳지 <u>않은</u> 것은 어느 것입니까? (   )

① 소금이 녹은 소금물에서 짠맛이 난다.
② 소금은 매우 작게 나뉘어 물에 섞여 있다.
③ 소금이 녹아 눈에 안보여도 물에 남아 있다.
④ 소금물의 맛을 보면 비커 바닥 부분이 가장 짜다.
⑤ 소금물의 무게는 소금을 물에 녹이기 전 소금과 물의 무게와 같다.

03 다음과 같이 각설탕이 용해되기 전과 용해된 후의 무게를 비교하였습니다. 이 실험에 대해 옳은 설명을 한 사람은 누구인지 쓰시오.

▲ 각설탕이 용해되기 전   ▲ 각설탕이 용해된 후

> 재호: 각설탕이 용해된 후에는 각설탕이 보이지 않으므로 더 가벼워.
> 세준: 각설탕이 용해되면 물에 각설탕이 녹아들어 갔기 때문에 용해되기 전보다 용해된 후가 더 무거워.
> 정희: 각설탕이 용해되면 각설탕이 물속에 섞여 있으므로 용해되기 전과 후의 무게가 같아.

(   )

04 물 100 g에 소금이 용해된 소금물의 무게가 117 g이었습니다. 물에 넣은 소금의 무게로 옳은 것은 어느 것입니까? (   )

① 7 g
② 10 g
③ 17 g
④ 117 g
⑤ 알 수 없다.

[05~06] 다음은 물의 온도와 양이 같은 두 개의 비커에 용질 (가)와 (나)를 각각 두 숟가락, 여덟 숟가락을 넣은 후 유리 막대로 똑같이 저어 보았을 때의 결과입니다. 물음에 답하시오.

구분	용질 (가)	용질 (나)
두 숟가락을 넣었을 때	다 용해됨.	다 용해됨.
여덟 숟가락을 넣었을 때	다 용해되지 않고 바닥에 남아 있음.	다 용해됨.

05 위 실험을 설명한 것으로 옳은 것은 어느 것입니까? (   )

① 용질 (가)는 물에 용해되지 않는다.
② 용질 (가)는 용질 (나)보다 더 잘 용해된다.
③ 물의 온도와 양이 같더라도 물질마다 용해되는 양이 다르다.
④ 용질 (가)를 계속 저어 주면 더 많이 바닥에 가라앉게 될 것이다.
⑤ 물의 온도와 양이 같을 때 용질 (나)가 용질 (가)보다 더 적게 용해된다.

06 위 실험에서 사용한 용질이 소금과 백반일 때, 용질 (가)와 (나)는 각각 무엇인지 쓰시오.

(가) (   )
(나) (   )

07 다음은 물의 온도에 따라 백반이 용해되는 양을 비교하는 실험 과정을 순서대로 나타낸 것입니다. 이 중 옳지 <u>않은</u> 방법으로 실험을 한 과정의 번호를 쓰시오.

[실험 과정]
❶ 물에 얼음을 넣어 차가운 물을 준비한다.
❷ 전기 주전자로 물을 데워 따뜻한 물을 준비한다.
❸ 두 개의 비커에 각각 차가운 물과 따뜻한 물을 100 mL씩 넣는다.
❹ 백반 가루를 차가운 물에 두 숟가락, 뜨거운 물에 네 숟가락 넣고 유리 막대로 똑같이 젓는다.
❺ 백반이 물에 용해된 양을 비교한다.

(   )

☆☆
08 같은 양의 따뜻한 물과 차가운 물에 백반을 용해시킬 때 백반이 용해되는 양을 >, =, <로 바르게 비교한 것을 보기 에서 골라 기호를 쓰시오.

| 보기 |

ⓐ | 따뜻한 물에 용해되는 백반의 양 | > | 차가운 물에 용해되는 백반의 양 |

ⓑ | 따뜻한 물에 용해되는 백반의 양 | < | 차가운 물에 용해되는 백반의 양 |

ⓒ | 따뜻한 물에 용해되는 백반의 양 | = | 차가운 물에 용해되는 백반의 양 |

(   )

09 온도와 양이 같은 물을 각각 세 개의 비커에 넣고, 황색 각설탕의 개수를 다르게 넣어 녹였더니 진하기가 다른 황색 각설탕 용액이 만들어졌습니다. 황색 각설탕이 가장 많이 녹아 있는 용액의 기호를 쓰시오.

(가)   (나)   (다)

(   )

10 다음은 용액의 진하기를 비교하는 방법 중 하나를 설명한 것입니다. ( ) 안에 공통으로 들어갈 알맞은 말은 어느 것입니까? (   )

용질을 물에 넣으면 용질의 (   )만큼 용액의 (   )이/가 늘어난다. 이 성질을 이용하여 각 용액의 (   )을/를 측정하면 용액의 진하기를 비교할 수 있다.

① 맛   ② 색깔
③ 높이   ④ 무게
⑤ 온도

☆☆
11 진하기가 다른 설탕 용액에 메추리알을 넣었습니다. 메추리알이 가장 높이 뜨는 용액은 어느 것입니까? (   )

① 물 100 mL + 설탕 한 숟가락
② 물 100 mL + 설탕 세 숟가락
③ 물 100 mL + 설탕 다섯 숟가락
④ 물 100 mL + 설탕 일곱 숟가락
⑤ 물 100 mL + 설탕 열 숟가락

12 오른쪽은 굵은 빨대로 용액의 진하기를 비교하는 도구를 만들어 사용하는 모습입니다. 이 도구에서 고쳐야 할 부분에 대해 옳게 설명한 것은 어느 것입니까? (   )

① 빨대를 잘라서 더 짧게 만든다.
② 눈금의 간격을 일정하게 그려야 한다.
③ 고무 찰흙을 붙여서 더 무겁게 만든다.
④ 고무찰흙을 다 떼어내어 항상 물에 뜨게 고쳐야 한다.
⑤ 굵은 빨대로는 용액의 진하기를 비교하는 도구를 만들 수 없으므로 다른 재료를 사용해야 한다.

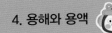
01 일상생활에서 생길 수 있는 다양한 상황 중에서 용해와 관계있는 것은 어느 것입니까? ( )

① 추운 날 입김을 불면 김이 난다.
② 찌개의 간을 맞추려고 소금을 넣는다.
③ 냉장고에서 꺼낸 아이스크림이 녹았다.
④ 겨울에 날씨가 추워서 고여 있던 빗물이 얼었다.
⑤ 설탕을 국자에 올려놓고 가열하니 갈색으로 녹았다.

02 용액의 특징으로 옳은 것은 어느 것입니까? ( )

① 뿌옇게 보인다.
② 투명하고 색이 없다.
③ 뜨거나 가라앉은 것이 없다.
④ 돋보기로 보면 작아진 알갱이가 보인다.
⑤ 용액의 아래 쪽에 더 많은 물질이 섞여 있다.

03 소금이 물에 녹는 현상에 대한 설명으로 옳지 <u>않은</u> 것은 어느 것입니까? ( )

① 소금이 물에 녹아 소금물이 될 때 소금은 용질이다.
② 소금을 물에 넣으면 소금이 매우 작게 나뉘어 물과 섞인다.
③ 소금이 물에 용해되어 눈에 보이지 않아도 소금이 물속에 남아 있다.
④ 소금이 물에 용해되면 용해되기 전의 소금과 물의 무게보다 용해된 후의 소금물의 무게가 더 무겁다.
⑤ 소금물처럼 어떤 물질이 다른 물질에 용해되어 골고루 섞여 있는 것을 용액이라고 한다.

[04~05] 오른쪽과 같이 각설탕을 물에 넣고 시간에 따른 변화를 관찰하였습니다. 물음에 답하시오.

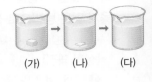

(가) (나) (다)

04 위 실험에 대한 설명으로 옳은 것을 보기 에서 골라 기호를 쓰시오.

보기
㉠ 각설탕이 작아지다가 결국 없어진다.
㉡ 각설탕이 용해되면서 물의 양이 많아진다.
㉢ 물에 용해된 각설탕은 물속에 골고루 섞여 있다.

( )

05 위 실험에서 시간에 따른 무게의 변화를 예상한 것으로 옳은 것은 어느 것입니까? ( )

① (가)가 가장 무거울 것이다.
② (나)가 가장 무거울 것이다.
③ (다)가 가장 무거울 것이다.
④ (가), (나), (다)의 무게가 모두 같을 것이다.
⑤ (가), (나)의 무게는 같고, (다)일 때 가장 가벼울 것이다.

[06~07] 다음은 온도와 양이 같은 물에 여러 가지 용질을 넣고 저어 보았을 때의 결과입니다. 물음에 답하시오.

양＼용질	설탕	소금	백반
한 숟가락 넣었을 때	다 용해됨.	다 용해됨.	다 용해됨.
세 숟가락 넣었을 때	다 용해됨.	다 용해됨.	바닥에 가라앉음.
열 숟가락 넣었을 때	다 용해됨.	바닥에 가라앉음.	바닥에 가라앉음.

☆☆
06 위 실험에서 온도와 양이 같은 물에 용해되는 양이 많은 용질부터 순서대로 쓰시오.

( ), ( ), ( )

07 앞 실험에 대한 설명으로 옳은 것을 보기 에서 골라 기호를 쓰시오.

> **보기**
> ㉠ 백반이 가장 많이 용해된다.
> ㉡ 소금과 설탕은 용해되는 양이 같다.
> ㉢ 온도와 양이 같은 물에 용해되는 용질의 양은 용질에 따라 다르다.

( )

08 물의 온도에 따라 백반이 용해되는 양을 비교하려고 합니다. 다르게 해야 할 조건을 보기 에서 골라 기호를 쓰시오.

> **보기**
> ㉠ 물의 양　　　　　㉡ 물의 온도
> ㉢ 비커의 크기　　　㉣ 백반 한 숟가락의 양
> ㉤ 유리 막대로 젓는 횟수와 속도

( )

09 다음 보기 는 온도는 다르지만 양이 같은 물을 담은 세 개의 비커에 각각 백반을 세 숟가락씩 넣은 후 저어 보았을 때의 모습입니다. 물의 온도가 가장 높은 것의 기호를 쓰시오.

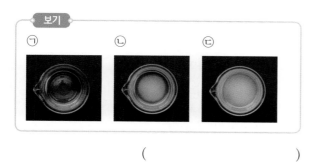

( )

10 두 개의 비커에 물을 100 mL씩 넣고, 각각 흰색 각설탕 한 개와 열 개를 넣어 두 개의 설탕 용액을 만들었습니다. 두 설탕의 진하기를 비교할 수 있는 방법으로 옳지 <u>않은</u> 것은 어느 것입니까? ( )

① 용액의 높이를 비교한다.
② 용액의 맛을 보고 비교한다.
③ 용액의 색깔을 보고 비교한다.
④ 용액의 무게를 재어 비교한다.
⑤ 용액에 방울토마토를 넣어 뜨는 정도를 비교한다.

[11~12] 세 개의 비커에 온도가 같은 물을 각각 같은 양만큼 넣고, 비커마다 흰색 각설탕의 개수를 다르게 넣어 진하기가 다른 세 용액을 만들었습니다. 다음은 세 설탕 용액에 같은 메추리알을 차례대로 띄웠을 때의 모습입니다. 물음에 답하시오.

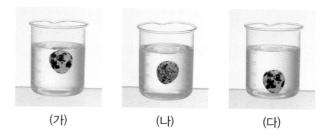

(가)　　　　　(나)　　　　　(다)

11 위 설탕 용액의 진하기에 대한 설명으로 옳은 것은 어느 것입니까? ( )

① 세 용액의 진하기는 모두 같다.
② (가) 용액이 가장 진한 용액이다.
③ (나) 용액이 가장 진한 용액이다.
④ (다) 용액이 가장 진한 용액이다.
⑤ 메추리알로는 세 용액의 진하기를 비교할 수 없다.

☆☆
12 위 실험에서 (다)의 메추리알을 (가)만큼 떠오르게 하는 방법으로 옳은 것은 어느 것입니까? ( )

① 물을 더 넣는다.
② 각설탕을 더 녹인다.
③ 유리 막대로 저어 준다.
④ (다) 용액에서 설탕물을 덜어낸다.
⑤ 메추리알의 높이는 변화시킬 수 없다.

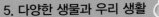
01 다음은 어떤 도구를 설명한 내용입니다. 이 도구는 무엇인지 쓰시오.

> • 접안렌즈와 대물렌즈로 작은 물체를 확대해서 관찰할 때 사용하는 도구이다.
> • 관찰 대상의 겉모습을 입체적으로 관찰할 수 있다.
> • 곰팡이와 버섯의 겉모습을 관찰할 때 사용한다.
> • 표본을 만들지 않고 곧바로 대상을 관찰할 수 있다.

(   )

02 버섯에 대한 설명으로 옳은 것은 어느 것입니까?
(   )

① 씨로 번식한다.
② 뿌리를 갖고 있다.
③ 스스로 양분을 만든다.
④ 식물의 잎과 같은 부분이 있다.
⑤ 살아가는 데 물과 공기가 필요하다.

03 ☆☆ 균류에 대한 설명으로 옳지 <u>않은</u> 것은 어느 것입니까? (   )

① 곰팡이, 버섯과 같은 생물이 속한다.
② 따뜻하고 축축한 환경에서 잘 자란다.
③ 생김새와 생활 방식이 식물이나 동물과 다르다.
④ 몸 전체가 가는 실 모양의 균사로 이루어져 있다.
⑤ 씨를 이용하여 번식하며, 씨가 공기 중에 떠서 멀리 이동한다.

04 우리 주변에 곰팡이가 잘 생기지 않게 하는 방법으로 옳은 것은 어느 것입니까? (   )

① 가습기를 틀어 놓는다.
② 문을 항상 닫아 놓는다.
③ 빨래를 실내에 널어 말린다.
④ 창문을 열어 바람이 잘 통하게 한다.
⑤ 햇빛과 바람이 들어오지 않도록 커튼을 친다.

05 ☆☆ 다음 중 광학 현미경을 사용할 때 가장 마지막에 해야 하는 일은 어느 것입니까? (   )

① 미동 나사로 초점을 맞춘다.
② 조리개로 빛의 양을 조절한다.
③ 조동 나사로 재물대를 천천히 내린다.
④ 회전판을 돌려 대물렌즈의 배율을 조절한다.
⑤ 표본과 대물렌즈의 거리를 최대한 가깝게 한다.

06 다음 두 생물에 대한 설명으로 옳지 <u>않은</u> 것은 어느 것입니까? (   )

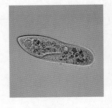

① 모두 균사와 포자가 있다.
② 짚신벌레는 바깥쪽에 털이 있다.
③ 해캄은 전체적으로 초록색을 띤다.
④ 해캄은 여러 개의 마디로 이루어져 있다.
⑤ 짚신벌레는 안쪽에 여러 가지 모양이 보인다.

07 다음은 어떤 생물의 특징을 설명한 것입니다. 이와 같은 생물을 무엇이라고 하는지 쓰시오.

> • 식물, 동물, 균류로 분류되지 않는 생물이다.
> • 해캄, 짚신벌레 등이 이 생물에 속한다.
> • 김, 다시마처럼 맨눈으로 볼 수 있는 것도 있다.
> • 아메바, 유글레나처럼 현미경을 이용해서 관찰할 수 있는 매우 작은 것도 있다.
> • 물이 고인 곳, 물살이 느린 곳에 살고 있다.

(   )

08 다음 중 세균에 대한 설명으로 옳은 것은 어느 것입니까? (   )

① 균류보다 크기가 크다.
② 원생생물보다 크기가 크다.
③ 물살이 빠른 곳에서만 산다.
④ 생김새가 매우 복잡하여 현미경으로만 관찰할 수 있다.
⑤ 알맞은 조건이 되면 짧은 시간 동안 많은 수로 늘어날 수 있다.

09 다음 중 세균이 <u>아닌</u> 것은 어느 것입니까? (   )

①    ②

③ 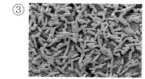   ④

⑤

10 다양한 생물이 우리 생활에 미치는 영향에 대한 설명으로 옳은 것에 ○표, 옳지 <u>않은</u> 것에 ×표 하시오.

(1) 김치를 만드는 데 세균이 이용된다. (   )
(2) 곰팡이는 간장을 만드는 데 도움을 준다.
(   )
(3) 원생생물은 바다에 적조를 일으켜 다른 생물이 살아가는 데 도움을 준다. (   )
(4) 세균은 음식을 상하게 하고 질병을 일으키는 등 우리에게 해로운 영향만 미친다. (   )

11 첨단 생명 과학을 활용하여 자동차 연료를 만드는 데 이용되는 것은 무엇입니까? (   )

① 버섯   ② 세균
③ 균류   ④ 곰팡이
⑤ 원생생물

12 다음 중 첨단 생명 과학을 활용하여 하수 처리장에 이용할 수 있는 생물은 어느 것입니까? (   )

① 양분을 만드는 원생생물
② 피부에 좋은 성분이 들어있는 균류
③ 세균을 자라지 못하게 하는 곰팡이
④ 물질을 분해하는 능력을 가진 세균
⑤ 해충에게만 질병을 일으키는 곰팡이

과학

01 다음은 곰팡이를 관찰하여 나타낸 것입니다. 곰팡이에 대한 설명으로 옳은 것은 어느 것입니까? (　　)

① 초록색이다.
② 주름이 많다.
③ 줄기와 씨가 있다.
④ 여러 개의 마디로 이루어져 있다.
⑤ 가는 실의 끝에 작고 둥근 알갱이가 있다.

02 다음은 실체 현미경의 모습입니다. 대물렌즈의 배율을 조절하는 부분의 기호와 이름을 쓰시오.

(　　　　,　　　　)

03 곰팡이와 버섯이 양분을 얻는 방법으로 옳은 것은 어느 것입니까? (　　)

① 스스로 양분을 만든다.
② 양분이 없어도 살아갈 수 있다.
③ 균사를 이용하여 양분을 얻는다.
④ 뿌리로 흙 속의 양분을 빨아들인다.
⑤ 죽은 생물이나 다른 생물에서 양분을 얻는다.

☆☆
04 곰팡이와 버섯이 사는 환경에 대한 설명으로 옳은 것은 어느 것입니까? (　　)

① 버섯은 나무에서만 자란다.
② 곰팡이는 여름에만 볼 수 있다.
③ 춥고 건조한 곳에서 잘 자란다.
④ 따뜻하고 축축한 곳에서 잘 자란다.
⑤ 죽은 생물이 있는 곳에서만 살 수 있다.

☆☆
05 다음은 광학 현미경을 사용하는 방법을 순서 없이 나타낸 것입니다. 순서대로 나열하시오.

> ㉠ 현미경을 옆에서 보면서 조동 나사로 재물대를 올린다.
> ㉡ 관찰하려는 생물이 뚜렷하게 보이도록 미동 나사로 초점을 맞춘다.
> ㉢ 회전판을 돌려 배율이 가장 낮은 대물렌즈가 중앙에 오도록 한다.
> ㉣ 전원을 켜고 조리개로 빛의 양을 조절한 뒤에 표본을 재물대 위에 고정한다.
> ㉤ 조동 나사로 재물대를 천천히 내리면서 접안렌즈로 관찰하려는 생물을 찾는다.

(　　) – (　　) – (　　) – (　　) – (　　)

06 다음은 해캄 표본을 만드는 과정입니다. (　) 안에 들어갈 알맞은 말을 고르시오.

(1) 핀셋을 사용하여 해캄 (한 가닥 , 여러 가닥)을 집는다.
(2) 집은 해캄을 (덮개 , 받침) 유리 위에 올려놓고, 해캄에 스포이트로 물을 한 방울 떨어뜨린다.
(3) 공기 방울이 생기지 않도록 (덮개 , 받침) 유리를 (수직으로 , 비스듬히 기울여서) 덮는다.

☆☆☆

07 다음 ( ) 안에 들어갈 알맞은 말을 고르시오.

(1) 짚신벌레와 해캄과 같은 생물을 (원생생물 , 세균)이라고 한다.

(2) 짚신벌레와 해캄은 주로 물이 (고인 , 흐르는) 곳이나 물살이 (느린 , 빠른)곳에서 산다.

(3) (실체 현미경 , 광학 현미경)을 이용하면 짚신벌레의 안쪽 구조까지 자세히 관찰할 수 있다.

08 우리 생활에 다음과 같은 영향을 미치는 생물은 무엇인지 쓰시오.

- 호수나 바다에 적조를 일으킴.
- 생물에게 필요한 산소를 만듦.
- 김, 다시마처럼 식품으로 이용하기도 함.

(   )

09 다음과 같은 생물에 대한 설명으로 옳은 것을 보기에서 골라 기호를 쓰시오.

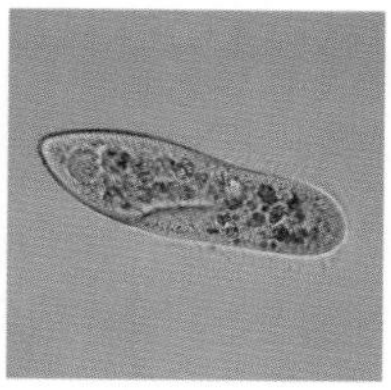

▲ 짚신벌레

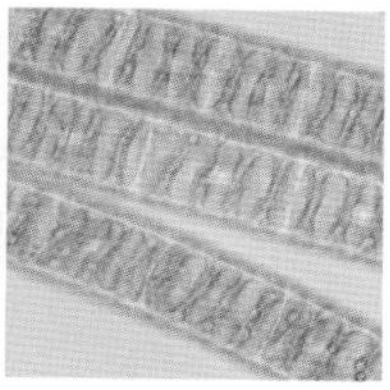

▲ 해캄

보기

㉠ 물살이 빠른 곳에 산다.

㉡ 현미경을 이용해야만 관찰할 수 있다.

㉢ 공, 막대, 나선 모양 등 생김새가 단순하다.

㉣ 스스로 움직일 수 있는 것도 있고, 움직이지 못하는 것도 있다.

(   )

10 세균의 특징으로 옳지 않은 것은 어느 것입니까? (   )

① 꼬리가 있는 것도 있다.

② 맨눈으로 관찰할 수 있다.

③ 원생생물보다 크기가 작다.

④ 사람의 몸 안에도 살고 있다.

⑤ 여러 개가 서로 연결되어 있기도 한다.

11 곰팡이나 세균이 사라졌을 때 일어날 수 있는 우리 생활의 변화에 대한 설명으로 옳지 않은 것은 어느 것입니까? (   )

① 김치를 먹을 수 없다.

② 음식이 상하지 않는다.

③ 화장실이나 지하실에 곰팡이가 생기지 않는다.

④ 몸에 해로운 세균이 없어져 사람들이 더 건강해진다.

⑤ 우리 주변에 죽은 생물이나 배설물로 가득차게 된다.

12 세균을 자라지 못하게 하여 질병을 치료하는 약을 만드는 데 활용되는 생물을 보기에서 골라 기호를 쓰시오.

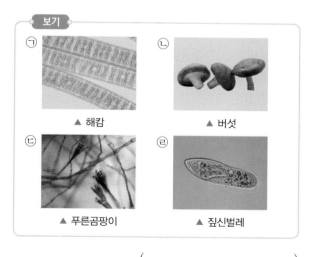

보기

㉠

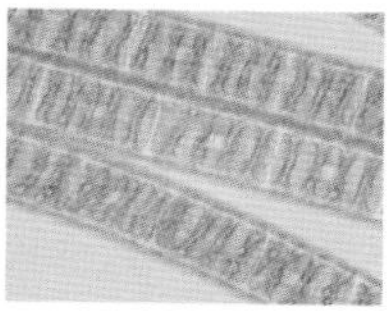

▲ 해캄

㉡

▲ 버섯

㉢

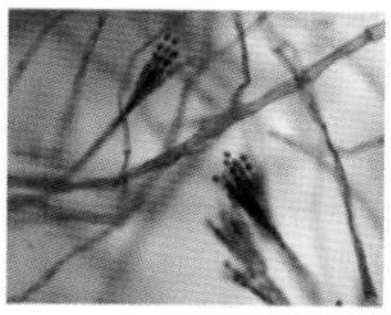

▲ 푸른곰팡이

㉣

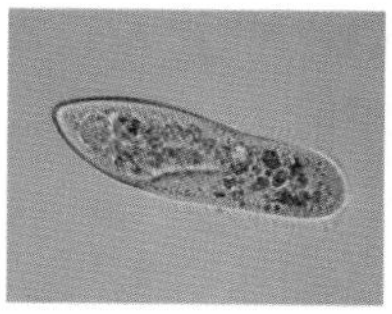

▲ 짚신벌레

(   )

국어 1회 1. 대화와 공감 4~5쪽

01 (3) ○   02 ④   03 ②, ④   04 ②, ③   05 ④
06 예 칭찬을 받으려고 더 노력하게 됩니다.   07 (1) – ④
(2) – ㉮   08 ⑤   09 ①   10 예 공감하는 마음입니다.

01 태일이가 소희에게 어제 일을 물어봤을 때 소희는 방금 전에 이야기했다고 대답했습니다. 그러자 태일이는 잠깐 딴생각하느라 잘 못 들었다고 말했습니다.

02 ㉠은 대화할 때 경청하지 않아서 생긴 일입니다. 이와 관련된 대화의 특성은 '말은 다시 들을 수 없으니 대화에 집중해야 한다.'입니다.

03 친구에게 도움이 되는 말을 할 때에는 진심으로 도와주려는 마음을 담아 말하고, 따뜻한 말투와 진지한 표정으로 말합니다.

04 글 ㉮에서는 분명하고 자세하게 칭찬해야 한다고 했고, 글 ㉯에서는 가능성을 키워 주는 칭찬을 할 수 있으면 좋다고 했습니다.

05 ㉠에는 앞으로의 가능성을 보고 칭찬하는 말이 들어가야 합니다.

06 칭찬을 받으려고 더 노력하게 되는 것, 자신의 재능을 발견하고 꿈을 실현하는 데 큰 도움을 주는 것과 관련해 칭찬의 중요성을 생각해 봅니다.

> **채점 기준**
> 칭찬이 중요한 까닭이나 칭찬의 긍정적인 점을 썼으면 정답으로 인정합니다.

07 정인이는 고민을 말하고 싶어 하지 않았는데, 동욱이는 고민을 말하라고 재촉했습니다.

08 정인이는 원하지 않는데 동욱이가 정인이의 고민을 마음대로 해결하려고 했기 때문입니다.

09 민재는 주민이 아버지가 남을 잘 돕는다는 이야기를 듣고 '너희 아빠 참 대단하시다.'라고 말했습니다.

10 ㉠은 다른 사람의 마음을 공감할 때 할 수 있는 말입니다.

> **채점 기준**
> 공감하는 마음이란 내용을 썼으면 정답으로 인정합니다.

국어 2회 1. 대화와 공감 6~7쪽

01 ⑤   02 (2) ○   03 ②, ⑤   04 ㉣   05 예 말로만 하는 칭찬이 아니라 말하는 사람의 마음이 느껴지도록 진심을 담아 칭찬합니다.   06 ③   07 (1) – ④ (2) – ㉮
08 예 남들을 의식하지 말고 자기 자신이 잘할 수 있다고 믿어 보면 어때?   09 ①   10 공감

01 태일이는 소희의 이야기를 듣고 소희의 마음을 이해해 주었습니다.

02 ㉠은 친구의 마음을 이해해 준 말입니다. 이것과 관련된 대화의 특성은 '상대의 마음을 살피며 말해야 한다.' 입니다.

03 친구가 노력하는 모습을 본 상황이므로 밝게 웃는 표정과 힘주어 응원하는 목소리가 어울립니다.

04 ㉣은 칭찬이 힘을 발휘하지 못하는 경우도 많다는 것으로, 칭찬의 힘이 센 까닭으로 알맞지 않습니다.

05 글쓴이는 달콤한 칭찬의 말이지만 진실된 마음이 없으면 그것은 결코 힘을 발휘할 수 없고, 진심 어린 칭찬이야말로 힘을 발휘할 수 있는 최고의 칭찬이라고 하였습니다.

> **채점 기준**
> 진실된 마음 또는 진심 어린 칭찬이란 내용을 썼으면 정답으로 인정합니다.

06 '착한 마음 다혜'는 다혜가 착한 마음을 가진 점을 칭찬한 별명입니다.

07 정인이가 뒤 구르기가 잘 안돼 모둠에 방해가 되는 것 같다는 고민을 말하자, 동욱이는 선생님이나 친구들에게 도와 달라고 말하라고 해결 방법을 말했습니다.

08 자신의 경험 등을 바탕으로 하여 진심이 담긴 해결 방법을 제시해 봅니다.

> **채점 기준**
> 정인이의 상황에 도움이 되는 말이나 몰랐던 것을 깨우쳐 주는 말을 썼으면 정답으로 인정합니다.

09 민재는 주민이도 주민이 아버지처럼 친절왕이라고 하였습니다.

10 다른 사람의 감정, 의견, 주장 따위에 대해 자신도 그렇다고 느끼는 것을 '공감'이라고 합니다.

01 ④, ⑤　　02 (2) ○　　03 ②, ③, ④　　04 출렁출렁
05 ㉰　　06 방학 동안 학원에만 왔다 갔다 하는 것이 싫었기 때문입니다.　　07 ③　　08 ⑤　　09 요한　　10 (1) 다름 (2) 비슷함

01 글 ㉮에는 유관순이 보통 사람들로서는 생각할 수 없을 만큼 놀라운 지혜와 용기로 일을 추진한 일, 글 ㉯에는 유관순이 나라를 구하려고 죽음을 무릅쓰고 독립 만세를 부른 일이 나타나 있습니다.

02 수지는 일제 강점기에 벌어진 일을 다룬 영화를 본 일을 떠올렸습니다.

03 1연에서는 지각하겠다 싶을 때, 2연에서는 춥고 배고파 죽겠다 싶을 때, 3연에서는 누군가 보고 싶을 때 길을 잡아당겼습니다.

04 이 시에서는 길이 움직이며 당겨 오는 모습을 '출렁출렁'으로 표현하였습니다.

05 3연에는 누군가를 보고 싶어 하는 마음이 드러나 있습니다. ㉰는 할머니를 보고 싶은 마음을 느낀 경험을 떠올린 것입니다.

06 짜증을 내며 수일이가 한 말로 보아, 수일이는 방학 동안 학원에만 왔다 갔다 한 것이 싫었습니다.

> **채점 기준**
> 방학 동안 학원에만 왔다 갔다 했다는 내용이나 방학 동안 마음껏 놀지 못했다는 내용을 썼으면 정답으로 인정합니다.

07 수일이는 자신이 하나 더 있으면 '하나는 학원에 가고 하나는 마음껏 놀 수가 있지.'라고 말했습니다.

08 수일이는 동물인 덕실이가 사람이 알아들을 수 있는 말을 해서 깜짝 놀랐습니다.

09 '나도 놀고 싶은데 숙제를 해야 했을 때'라고 자신의 경험을 떠올려 인상 깊은 장면을 말한 사람은 요한이입니다.

10 이 작품 속에서 수일이가 덕실이라는 강아지를 기르는 것은 현실 세계와 비슷한 점이고, 수일이가 동물인 덕실이와 대화할 수 있는 것은 현실 세계와 다른 점입니다.

01 ③　　02 (1) ○　　03 ㉮ 우리나라 독립을 위해 더 열심히 노력했을 것입니다.　　04 ①　　05 시은　　06 ⑤
07 ③　　08 ㉮ 하고 싶은 일을 못하기 때문에 불쌍하다고 생각합니다.　　09 ②　　10 ⑤

01 아우내 장터에 모여든 사람들은 독립 만세를 부르려고 모인 사람이 대부분이었습니다.

02 민영이는 자신의 경험을 떠올리며 글을 읽었습니다.

03 유관순은 독립을 해야 한다는 신념이 강했으므로, 일본 헌병들에게 잡히지 않았다면 우리나라의 독립을 위해 계속 노력했을 것입니다.

> **채점 기준**
> 나라 사랑하는 마음과 관련지어 유관순이 했을 일을 짐작해 썼으면 정답으로 인정합니다.

04 1행에서 말하는 이는 아픈 할머니의 허리를 밟아 드리고 있다는 것을 알 수 있습니다.

05 "꼭꼭 밟아라." 하시는 것으로 보아 아픈 허리를 밟아 주니까 시원하고 손자가 밟아 주니까 더 좋다고 생각하실 것입니다.

06 3행에서 '겁이 나'라고 표현한 것으로 보아 말하는 이는 할머니 허리를 너무 세게 밟으면 아프실까 봐 걱정하고 있습니다. 이런 마음에는 조심조심하는 목소리가 어울립니다.

07 수일이는 하루 종일 학원에 왔다 갔다 하기 바빠서 방학인데도 놀 시간이 없는 생활을 하고 있습니다.

08 방학이라서 실컷 놀고 싶은데 그러지 못하는 수일이의 상황에 대해 자신의 생각을 씁니다.

> **채점 기준**
> 방학인데 놀 시간이 없는 수일이의 상황에 어울리게 자신의 생각을 썼으면 정답으로 인정합니다.

09 글 ㉯에서 덕실이는 수일이에게 가짜 수일이를 만드는 방법에 대해 말하고 있습니다.

10 이 글 뒤에 이어질 내용을 상상한 것 가운데에서 '외로워질 것 같다'라고 수일이의 기분을 짐작한 것은 ⑤입니다.

국어 1회   3. 글을 요약해요   12~13쪽

01 국립중앙박물관   **02** ②   **03** ③   **04** (3) ○   **05** ⑤
06 ⑤   **07** 세계의 탑   **08** (1) – ㉡ (2) – ㉮   **09** ㉡
10 예 사람은 직업에 따라 고유한 색깔 옷을 입는다. 의사나 간호사는 보통 흰색 옷을 입고, 법관은 검은색 옷을 입는다.

01 이 글은 국립중앙박물관을 관람하는 방법을 설명한 글입니다.

02 국립중앙박물관은 1월 1일, 설날 당일, 추석 당일에는 쉬니까 관람할 수 없고, 공휴일에는 관람할 수 있습니다. 6세 이하 어린이는 보호자와 함께해야 하며, 관람료는 무료입니다.

03 독서를 해야 한다고 주장하는 글을 읽은 것은 설명하는 글이 아니라 주장하는 글을 읽은 경험입니다.

04 다보탑과 석가탑은 둘 다 화강암을 쪼아 만든 석탑입니다. 다보탑은 장식이 많고 화려한 모습이고, 석가탑은 단순하면서도 세련된 멋이 있습니다.

05 이 글은 다보탑과 석가탑의 공통점과 차이점을 비교 · 대조의 방법으로 설명하고 있습니다.

06 피사의 사탑은 이탈리아에 있으며 종교 목적으로 만들어졌습니다. 완성한 뒤 조금씩 한쪽으로 기울기 시작해 현재 모습이 되었습니다.

07 이 글에서 설명하려는 대상은 세계의 탑이고, 설명하려는 대상의 예는 피사의 사탑, 에펠 탑, 동방명주 탑입니다. 따라서 빈칸에는 '세계의 탑'이 들어가야 알맞습니다.

08 의사나 간호사는 보통 흰색 옷을 입고, 법관은 검은색 옷을 입는다고 하였습니다.

09 이 글은 '대상의 특징을 나열하여 설명하는 방법'인 열거의 방법으로 설명했습니다.

10 문단마다 중심 내용을 찾고 중요하지 않은 내용은 지워서 글의 내용을 요약해 봅니다.

> **채점 기준**
> 각 문단의 중심 문장을 연결해 중요한 내용만 썼으면 정답으로 인정합니다.

국어 2회   3. 글을 요약해요   14~15쪽

01 (2) ○   **02** 새싹 채소   **03** ④   **04** 다보탑, 석가탑
05 ④   **06** 동방명주 탑   **07** (1) – ㉡ (2) – ㉠   **08** 글 ㉮는 비교 · 대조의 방법으로 설명했고, 글 ㉯는 열거의 방법으로 설명했습니다.   **09** ㉠   **10** ②

01 그림 속 남자아이는 박물관에서 유물이 어떤 것인지 궁금해 설명하는 글을 읽고 있습니다.

02 씨앗에서 싹을 틔우는 방법이 나오고 ❺에서 '새싹 채소를 얻을 수 있다.'고 한 것으로 보아, 이 글은 새싹 채소를 가꾸는 방법을 설명하고 있습니다.

03 이 글에는 물뿌리개로 얼마나 자주 물을 뿌려 주어야 하는지에 대한 설명이 없습니다. 또 5~6일이 지나면 새싹 채소를 얻을 수 있다고 했으므로, ④는 잘못된 내용입니다.

04 글 ㉮는 다보탑과 석가탑에 대해 설명하고 있습니다.

05 글 ㉯는 세계의 탑에 대해 설명하고 있습니다. 피사의 사탑, 에펠 탑은 유럽에 있지만 동방명주 탑은 동양인 중국에 있습니다. 세 탑 중 가장 높이가 높은 것은 동방명주 탑입니다.

06 동방명주 탑은 높은 기둥을 중심축으로 하여 구슬 세 개를 꿰어 놓은 것 같은 독특한 외형 때문에 '동양의 진주'라고 불린다고 하였습니다.

07 글 ㉮는 비교 · 대조의 방법으로 설명했으므로 ㉡의 틀에 내용을 정리하는 것이 알맞습니다. 글 ㉯는 열거의 방법으로 설명했으므로 ㉠의 틀에 내용을 정리하는 것이 알맞습니다.

08 글 ㉮는 두 가지 대상의 공통점과 차이점을 찾아 설명했고, 글 ㉯는 설명하려는 대상의 특징을 나열하여 설명했습니다.

> **채점 기준**
> 글 ㉮는 '비교 · 대조', 글 ㉯는 '열거'라고 썼거나 설명 방법을 자세히 풀어 썼으면 정답으로 인정합니다.

09 첫 번째 문단의 중심 문장은 첫 번째 문장입니다.

10 글을 요약할 때에는 중요하지 않은 내용은 지우고, 세부 내용은 대표적인 말로 바꾸어 중심 내용을 정리합니다.

01 ①　　02 떡볶이가, 빨갛다　　03 ⑤　　04 (2) ◯
05 ⑤　　06 예 도전! 달걀말이 / 내가 만든 달걀말이
07 ①, ④　　08 ④　　09 끝　　10 ⑤

01 ㉠과 ㉡은 문장의 주어입니다. 문장에서 동작이나 상태의 주체가 되는 말을 주어라고 합니다.

02 생각을 표현할 때 문장에 반드시 있어야 하는 부분은 주어, 목적어, 서술어입니다. 제시된 문장에는 목적어가 없기 때문에 생각을 표현할 때 문장에 반드시 있어야 할 부분은 주어인 '떡볶이가'와 서술어인 '빨갛다'입니다.

03 ㉠은 주어와 서술어만 있고 목적어가 없습니다.

04 제시된 그림은 겪은 일을 즐거웠던 일, 힘들었던 일, 신기했던 일로 나누어 정리한 것입니다.

05 이 글에서는 달걀 여섯 알로 달걀말이를 만들었고, 요리할 때 옆에서 도와준 사람은 아버지입니다. 달걀말이 만드는 방법은 삼촌께서 가르쳐 주셨으며, 여기서 특히 중요한 부분은 달걀에서 덩어리진 것을 가위로 자르듯이 젓가락으로 끊어 주어야 한다는 것입니다.

06 스스로 달걀말이를 만든 글쓴이의 경험이 드러나도록 제목을 지어 봅니다.

　채점 기준
　달걀말이를 만든 경험이 드러나게 제목을 지어 썼으면 정답으로 인정합니다.

07 할머니께서 공부하느라 고생했다며 맛있는 떡볶이를 해 주셨습니다. 떡볶이를 먹고 난 후 글쓴이는 수학 공부를 하기 위해 친구 집으로 갔습니다.

08 글쓴이는 할머니께서 일찍 가시지 않으면 좋겠다고 생각했습니다.

09 저녁에 할머니께서 댁으로 가신 일과 그때 글쓴이의 생각이나 느낌은 글의 끝부분의 내용입니다.

10 ①은 동작을 당하는 주어와 서술어가 호응하지 않습니다. ②는 시간을 나타내는 말과 서술어가 호응하지 않습니다. ③은 동작을 당하는 주어와 서술어가 호응하지 않습니다. ④는 높임의 대상을 나타내는 말과 서술어가 호응하지 않습니다.

01 토끼가　　02 ①　　03 (1) ◯　　04 ②　　05 예 반 친구들에게 요리 비법을 공개하기 위해서입니다.　　06 ②
07 ㉡　　08 ㉣　　09 (2) ◯　　10 ②

01 그림에서 뛰는 동작의 주체는 토끼입니다.

02 ①은 주어, 목적어, 서술어가 모두 들어가 있고, 문장에서 꼭 있어야 하는 부분으로만 이루어져 있습니다.

03 제시된 내용은 글로 쓸 내용을 몇 가지로 나누어 떠올린 것입니다. 쓸 내용을 몇 가지로 나누어 떠올릴 때 주의할 점은 떠오른 생각을 비슷한 주제별로 묶는 것입니다.

04 반창 투정을 한 까닭은 이 글에 설명되어 있지 않습니다.

05 '내가 만든 요리를 우리 반 친구들에게도 ~ 공개한 것이다.'라는 문장에서 글쓴이가 글을 쓴 상황이 '반 친구들에게 요리 비법을 공개하기 위해서'라는 것을 짐작할 수 있습니다.

　채점 기준
　겪은 일 또는 달걀말이 만드는 방법 또는 요리 비법을 알리는 상황이라는 내용을 썼으면 정답으로 인정합니다.

06 글쓴이는 턱걸이를 다섯 번이나 해서 아빠께 칭찬을 들었습니다.

07 글쓴이가 뒷산 공원에 도착했을 때에는 운동하는 사람이 많아 깜짝 놀랐고, 아빠를 따라 맨손 체조를 하고 나니 추위가 달아나는 것 같았습니다. 턱걸이를 다섯 번이나 해서 아빠께 칭찬을 들었을 때에는 기분이 좋았습니다.

08 ㉣는 '일어난 일'인데 '생각이나 느낌'으로 묶었으므로 알맞게 정리하지 못한 것입니다.

09 제시된 문장에는 동작을 당하는 주어와 서술어의 호응 관계가 나타나 있습니다.

10 '맛'과 호응하는 서술어가 없기 때문에 '맛이 좋고'처럼 맛이 어떠한지 풀이하는 말을 넣어 문장을 고쳐 써야 합니다.

국어 1회 5. 글쓴이의 주장 20~21쪽

01 동형어 02 ①, ③ 03 ② 04 ③ 05 ① 06 ④
07 예 인간이 인공 지능에게 지배를 받게 될지도 모릅니다. / 인공 지능이 사회적·경제적 불평등을 심하게 할 것입니다. 08 쓰기 윤리 09 ④, ⑤ 10 예서

01 형태는 같지만 뜻이 서로 다른 낱말을 '동형어'라고 합니다. 한 낱말이 여러 가지 뜻을 가진 경우에 그 낱말은 '다의어'라고 합니다.

02 이 글에서는 먼저 운전자에게 어린이 보행 안전 교육을 철저히 해야 하고, 어린이를 고려한 보행 안전시설도 더 필요하다고 했습니다.

03 '일어나다'는 '어떤 일이 생기다.'의 뜻으로 쓰였습니다.

04 '이와 같은 안전시설'이란 앞에서 설명한 어린이를 고려한 보행 안전시설을 가리킵니다.

05 인공 지능으로 인류의 삶이 더욱 편리하고 풍요로워질 것이라는 점, 인공 지능과 관련한 일자리가 늘어날 것이라는 점, 사람이 하기 어렵거나 위험한 일을 인공 지능이 대신할 수 있다는 점은 모두 인공 지능의 좋은 점입니다.

06 이 글에 나오는 인공 지능의 좋은 점을 뒷받침할 수 있는 주장은 ④입니다.

07 글의 내용을 볼 때, 글쓴이의 주장은 '인공 지능은 인류의 미래를 희망으로 가득하게 만들어 줄 것이다.'라는 것을 알 수 있습니다. 따라서 이에 반대할 때에는 인공 지능 개발에 따른 위험 따위를 근거로 들어 인공 지능이 일으킬 위험을 막아야 한다고 주장할 수 있습니다.

> **채점 기준**
> 인공 지능 개발에 따른 위험이나 부작용과 관련한 내용을 썼으면 정답으로 인정합니다.

08 쓰기 윤리를 지켜야 하는 까닭에 대해 설명한 부분에서 쓰기 윤리의 뜻을 짐작할 수 있습니다.

09 글쓴이는 쓰기 윤리를 지키지 않는 것은 법을 어기는 일이라는 점, 쓰기 윤리를 지키지 않으면 다른 사람에게 물질이나 정신 피해를 줄 수 있다는 점을 근거로 들었습니다.

10 글쓴이가 제시한 근거는 주장과 관련이 있고, 주장을 더욱 설득력 있게 하며, 알맞은 낱말을 사용했습니다.

국어 2회 5. 글쓴이의 주장 22~23쪽

01 ①, ③ 02 병 03 ④, ⑤ 04 ⑤ 05 예 우리 모두 노력해 어린이 보행 중 교통사고가 일어나지 않도록 하자고 말하기 위해서입니다. 06 ㉮ 07 ⑤ 08 (2) ○
09 ⑤ 10 ④

01 책상 다리, 안경다리는 사람이나 동물의 몸통 아래에 붙어 몸을 받치는 '다리'가 물건에 사용된 경우입니다.

02 첫 번째 빈칸에는 몸에 이상이 생겨 정상적 활동이 이루어지지 않아 괴로움을 느끼게 되는 현상인 '병', 두 번째 빈칸에는 주로 액체나 가루를 담는 데에 쓰는 목과 아가리가 좁은 그릇인 '병'이 들어가야 알맞습니다.

03 이 글에서는 어린이 스스로 보행 중 교통사고를 당하지 않도록 하려면 도로에서 시간적 여유를 가지는 마음이 필요하다고 했습니다. ①, ②, ③은 이 글에 나오지 않고, 어린이 스스로 실천하기도 어렵습니다.

04 ㉠의 '가지다'는 '생각, 태도, 사상 따위를 마음에 품다.'라는 뜻으로 쓰였습니다.

05 글쓴이의 주장은 우리 모두 노력해 어린이 보행 중 교통사고가 일어나지 않도록 하자는 것입니다.

> **채점 기준**
> 어린이 보행 중 교통사고가 일어나지 않도록 하자는 글쓴이의 주장에 어울리게 썼으면 정답으로 인정합니다.

06 인간이 인공 지능에게 지배를 받게 되는 것은 인공 지능이 일으킬 수 있는 위험에 해당합니다.

07 글쓴이는 인공 지능이 일으킬 위험을 막을 방법을 생각해야 한다고 주장하고 있습니다. 이러한 글쓴이의 주장에 어울리는 제목은 '인공 지능 개발에 따른 위험'입니다.

08 인공 지능이 일으킬 위험을 막을 방법을 생각해야 한다는 주장과 반대되는 의견은 (2)입니다.

09 글쓴이의 주장은 쓰기 윤리를 지키자는 것입니다. 따라서 쓰기 윤리를 지키지 않으면 다른 사람에게 물질이나 정신 피해를 줄 수 있다는 내용은 쓰기 윤리를 지켜야 하는 까닭으로 알맞습니다.

10 이 글에서는 다른 사람 글에도 예의 있게 반응하는 것이 올바른 글쓰기 태도라고 보았습니다.

01 ②　　02 ❶　　03 ②　　04 예 개교기념일 행사로
'우리 학교 역사 찾기'를 하기로 결정했습니다.　　05 ㉰
06 ①　　07 (1) – ㉯　(2) – ㉮　　08 (1) ㉯　(2) ㉮
09 ①, ②, ⑤　　10 ②

01 어떤 문제를 여러 사람이 협력해 해결하는 방법을 '토
　의'라고 합니다. 토의를 하면 문제 해결 방법을 찾을 수
　있고 문제 해결에 직접 참여할 수 있습니다. 이를 통해
　문제 해결 과정을 더 잘 알게 됩니다.

02 토의 주제가 알맞은지 판단하는 것은 토의 주제를 정
　할 때 해야 할 일입니다.

03 그림 ❶은 토의 주제 정하기, 그림 ❷는 의견 마련하
　기, 그림 ❸은 의견 모으기, 그림 ❹는 의견 결정하기
　단계입니다.

04 그림 ❹에서 토의 결과 '우리 학교 역사 찾기'를 하자는
　의견으로 결정했다는 것을 알 수 있습니다.

　[채점 기준]
　'우리 학교 역사 찾기'라는 내용을 썼으면 정답으로 인정합
　니다.

05 ㉮는 실천하기 어려워서 의견으로 알맞지 않고, ㉯는
　주제와 관련이 없어서 의견으로 알맞지 않습니다.

06 그림 ❷에서 남자아이는 자신의 의견을 반말로 이야기
　하며, 친구의 의견을 존중하지 않고 무시했으며, 자신
　의 주장만을 내세웠습니다.

07 그림 ❷에는 '학교 이름으로 삼행시 짓기'라는 의견이
　제시되어 있고, 그림 ❸에는 '우리 학교 역사를 알아보
　면 좋겠습니다.'라는 의견이 제시되어 있습니다.

08 우리 학교 역사 찾기를 하자는 의견은 재미가 없다는
　단점이 있고, 학교 옛 사진 찾기나 연대표 만들기 활동
　을 하면 학교 역사도 흥미롭게 알아볼 수 있다는 장점
　이 있습니다.

09 토의에서 의견이 알맞은지 판단할 때에는 의견이 토의
　주제에 맞는지, 알맞은 주장과 근거를 들었는지, 실천
　할 수 있는지 살펴봅니다.

10 우리 반 장기 자랑을 해서 해결할 수 있는 문제는 '학급
　의 날을 뜻깊게 보내는 방법'입니다.

01 토의　　02 (3) ○　　03 의견 마련하기　　04 ④　　05 예
토의 주제와 관련이 없는 의견입니다.　　06 ④, ⑤　　07 ❷
08 ①　　09 ⑤　　10 (1) 예 3분 안에 모두 줄을 서면 학
급 칭찬 점수를 올립니다. (2) 예 학급 칭찬 점수를 올리면
친구들의 참여를 높일 수 있습니다.

01 어떤 문제를 여러 사람이 협력해 해결하는 방법을 '토
　의'라고 합니다.

02 토의 절차는 '토의 주제 정하기 → 의견 마련하기 → 의
　견 모으기 → 의견 결정하기'입니다.

03 토의 주제에 맞게 자신의 의견을 쓰고 그 의견이 좋은
　까닭을 쓰는 것은 '의견 마련하기' 단계에서 해야 할 일
　입니다.

04 그림 ❸에서 남자아이는 '우리 학교 역사부터 조사하면
　좋겠습니다.'라고 의견을 말했습니다.

05 토의에서 의견을 말할 때에는 토의 주제에서 벗어나지
　않아야 합니다.

　[채점 기준]
　의견이 토의 주제에 맞지 않는다고 썼으면 정답으로 인정합
　니다.

06 '우리 학교 역사 찾기를 하자.'는 의견의 좋은 점을 생
　각해 봅니다.

07 그림 ❷에서 남자아이는 친구의 의견을 무시하고 자신
　의 주장만을 내세우는 잘못을 했습니다.

08 토의에서 의견을 모으는 자리는 공식적인 말하기 상황
　이므로 자신의 의견을 말할 때에는 높임말을 사용해야
　합니다.

09 학교 이름으로 삼행시 짓기 대회를 하자는 의견은 학
　생들의 관심을 높일 수 있다는 장점이 있고, 삼행시 내
　용이 학교와 상관없을 수도 있다는 단점이 있습니다.

10 토의 주제에 맞게 자신의 의견을 정하고, 그 의견이 좋
　은 까닭을 생각해 봅니다.

　[채점 기준]
　토의 주제에 맞고, 근거가 적절하고, 실천할 수 있는 의견을
　썼으면 정답으로 인정합니다.

국어 1회   7. 기행문을 써요   28~29쪽

01 ⑤   **02** ⑤   **03** 산신   **04** ②   **05** 감상   **06** ④
07 서쪽   **08** ④   **09** ④   **10** (1) 예 경주 (2) 예 불국
사의 다보탑과 석가탑이 기억에 많이 남았기 때문입니다.

01 현석이가 서윤이에게 "서윤아, 너도 지난해 방학 때 제주도 여행 다녀오지 않았어?"라고 한 말을 통해 서윤이가 지난해 방학 때 제주도를 여행했다는 것을 알 수 있습니다.

02 서윤이는 여행 때 찍은 사진과 함께 글로 남겨 놓았더니 여행을 기억하기 좋았다고 말했습니다.

03 '한라산 산신께 제사드리는 산천단'이라고 표현한 것으로 보아, 산천단은 산신께 제사드리는 곳을 말합니다.

04 다랑쉬라는 이름의 유래로 다랑쉬오름 남쪽에 있던 마을에서 보면 오름의 분화구가 마치 달처럼 둥글어 보인다 하여 붙여졌다는 설이 소개되어 있습니다.

05 ㉠은 여행하면서 생각하거나 느낀 것입니다. 여행하며 든 생각이나 느낌을 '감상'이라고 합니다.

06 글쓴이는 성산 일출봉을 여행하며 보고 듣고 느낀 점을 썼습니다.

07 일출봉의 서쪽은 고운 잔디 능선 위에 돌기둥과 수백 개의 기암이 우뚝우뚝 솟아 있는데 그 사이에 계단으로 만든 등산로가 나 있다고 하였습니다.

08 전설에 따르면 설문대 할망은 일출봉 분화구를 빨래 바구니로 삼고 우도를 빨랫돌로 하여 옷을 매일 세탁했습니다.

09 견문 중 들은 것을 나타낼 때에는 '~(라)고 한다' 따위와 같은 표현을 씁니다. '~처럼, 생각하다'는 감상이 드러난 표현이고, '~에 도착했다'는 여정이 드러난 표현입니다.

10 친구에게 알리고 싶은 여행지나 감상을 오래 기억하고 싶은 여행지를 떠올려 봅니다.

> **채점 기준**
> 여행 지역이나 장소를 쓰고 여행지와 그곳을 고른 까닭을 어울리게 썼으면 정답으로 인정합니다.

국어 2회   7. 기행문을 써요   30~31쪽

01 ②, ④   **02** ②   **03** 제주(도)   **04** 창가   **05** (3) ○
06 (2) ○   **07** 영곡   **08** ②   **09** ③, ④   **10** 예 여행
지에서 다닌 곳, 보고 들은 것, 생각하거나 느낀 것

01 서윤이의 말 "현석아, 방학 때 제주도 여행 잘 다녀왔어?"에서 여행한 때와 곳을 알 수 있습니다. 현석이가 "삼나무 숲길을 걸었는데……"라고 말한 것에서는 여행지에서 무엇을 했는지 알 수 있습니다.

02 서윤이가 현석이에게 여행하고 나서 글로 남겨 놓지 않았다고 했을 때의 '글'은 여행하며 보고 듣고 느낀 점을 쓴 글을 가리킵니다.

03 비행기가 제주도 상공으로 들어온다고 한 내용으로 볼 때 글쓴이가 여행하려는 곳은 제주도입니다.

04 글쓴이가 제주행 비행기를 탈 때 창가 쪽 자리를 선호하는 것은 하늘에서 보는 제주도의 풍광을 만끽하기 위해서입니다.

05 ㉠은 여행하며 든 생각이나 느낌인 '감상'을 표현한 부분입니다.

06 ㉠은 여행하며 보고 들은 것입니다. 여행하며 보고 들은 것을 '견문'이라고 합니다.

07 본래 실이라는 이름이 붙은 곳은 계곡을 말하는 것으로 옛 기록에는 영곡으로 나오기도 한다는 내용이 첫 문단에 나옵니다.

08 '홀연히 눈앞에 수백 개의 뾰족한 기암괴석이 호를 그리며 병풍처럼 펼쳐진다.'에서 영실의 기암괴석이 호를 그리며 펼쳐진 모습을 병풍에 빗대어 표현했습니다.

09 '영실로 하산하면서'와 '어리목에서 출발하여' 같은 표현에서 글쓴이의 여정을 알 수 있습니다.

10 기행문의 가운데 부분에는 여행하면서 있었던 일을 씁니다.

> **채점 기준**
> 여정, 견문, 감상과 관련한 내용을 썼으면 정답으로 인정합니다.

01 (1) 바다, 나무 (2) 맨주먹, 검붉다, 바늘방석   02 예 그 해에 새로 난 밤.   03 ②   04 ②   05 ①, ④, ⑤   06 ①, ⑤   07 자연의 이치   08 초원   09 ③   10 (2) ◯

01 '바다', '나무'처럼 나누면 본디의 뜻이 없어져 더는 나눌 수 없는 낱말을 '단일어'라고 합니다. '검붉다', '바늘방석'처럼 뜻이 있는 두 낱말을 합한 낱말과 '맨주먹'처럼 뜻을 더해 주는 말과 뜻이 있는 낱말을 합한 낱말을 '복합어'라고 합니다.

02 '햇-'은 '그해에 새로 난'의 뜻을 더해 주는 말이므로 '햇밤'은 '그해에 새로 난 밤.'이라는 뜻입니다.

> **채점 기준**
> '그해에 새로 난 밤.'이라고 썼으면 정답으로 인정합니다.

03 빈칸에 '손'이라는 낱말을 넣어 '손수건', '손수레', '일손' 같은 낱말을 만들 수 있습니다.

04 ②의 '새우잠'은 '새우처럼 등을 구부리고 자는 잠.'을 뜻합니다.

05 '-꾼'은 '어떤 일을 잘하는 사람' 또는 '어떤 일을 전문적으로 하는 사람', '어떤 일을 즐겨 하는 사람'이라는 뜻을 더해 주는 말입니다.

06 대나무와 박에서 나오는 청아한 소리는 맑은 봄날의 아침 같다고 하였습니다.

07 이 글에서는 자연 재료로 만든 악기에서 나오는 소리가 자연을 닮아서 옛사람들은 여러 악기 소리를 들으며 자연의 이치를 깨달았다고 하였습니다.

08 미주는 전통 가옥과 관련한 경험을 말했고, 초원이는 전통 악기와 관련한 경험을 말했습니다.

09 점박이물범은 가족이 겨우 500마리 남짓 남았을 뿐이며, 지금은 사람들이 보호 구역을 정해 주었다고 했습니다. 주로 백령도 근처에 머물고, 겨울이 되면 서해 위쪽으로 올라가 지내며, 새끼를 낳으려면 부빙이 꼭 필요하다고도 하였습니다.

10 지구가 점점 따뜻해지는 바람에 얼음들이 녹고 있는 데다가 사람들이 오염된 물과 쓰레기를 바다에 마구 쏟아 내서 살기 힘들다고 했으므로, 환경을 깨끗이 하면 점박이물범이 멸종되는 것을 막을 수 있습니다.

01 (2) ◯   02 눈   03 ③   04 ⑤   05 예 구름다리는 '구름'과 '다리'를 합한 것으로 '공중에 걸쳐 놓은 다리'라는 뜻입니다. / 길동무는 '길'과 '동무'를 합한 것으로 '길을 함께 가는 동무'라는 뜻입니다. / 잠꾸러기는 '잠'과 '꾸러기'를 합한 것으로 '잠이 아주 많은 사람'이라는 뜻입니다.   06 ②, ④   07 쇠   08 (3) ◯   09 ⑤   10 ④

01 '사과나무', '검붉다'처럼 뜻이 있는 두 낱말을 합한 낱말과 '맨주먹', '햇밤', '덧신'처럼 뜻을 더해 주는 말과 뜻이 있는 낱말을 합한 낱말을 '복합어'라고 합니다.

02 빈칸에 '눈'이라는 낱말을 넣어 '눈송이', '함박눈', '눈사람' 같은 복합어를 만들 수 있습니다.

03 '책가방', '돌다리', '검붉다', '뛰놀다'는 뜻이 있는 두 낱말을 합해 낱말을 만들었습니다. '햇과일'은 뜻을 더해 주는 말에 뜻이 있는 낱말을 합해 낱말을 만들었습니다.

04 '햇-'은 '그해에 새로 난'의 뜻, '덧-'은 '겹쳐 신거나 입는'의 뜻, '애-'는 '어리거나 작은'의 뜻, '맨-'은 '다른 것이 없는'의 뜻입니다.

05 제시된 낱말은 모두 복합어입니다. 낱말을 쪼개 그 뜻을 짐작해 봅니다.

> **채점 기준**
> 각각 '구름 + 다리', '길 + 동무', '잠 + 꾸러기'로 쪼개고 그 뜻을 알맞게 썼으면 정답으로 인정합니다.

06 이 글에서 북과 장구는 가죽으로 만든 악기로 소개되어 있습니다.

07 쇠는 아무나 함부로 다룰 수 없는 귀한 재료로 여러 가지 도구나 무기를 만드는 데 쓰였는데, 사람들은 쇠를 녹여 사방을 깨우는 듯한 소리가 나는 악기를 만들었다고 하였습니다.

08 (1)은 본 일, (2)는 들은 일, (3)은 한 일을 떠올리며 글을 읽은 것입니다.

09 꼬치동자개는 자신이 1940년대까지는 도시의 하천에서도 쉽게 잡을 수 있을 정도로 흔한 물고기였다고 했습니다.

10 글쓴이는 멸종 위기에 처한 우리나라의 동물들을 구하자는 말을 하려고 이 글을 썼습니다.

해설

국어 1회 9. 여러 가지 방법으로 읽어요 36~37쪽

01 ②   02 ③   03 빠른 응답   04 ③   05 ⑤
06 ④   07 ⑤   08 그릇   09 **예** 맑고 은은한 비색으로
유려한 곡선을 강조하며 상감 기법으로 회화적인 아름다
운 무늬를 표현한 것입니다.   10 (2) ○

01 은별이가 조사해야 하는 것은 돌의 종류이기 때문에
도서관에서 돌을 설명한 책을 찾아 읽으면 도움을 받
을 수 있습니다.

02 정보 무늬는 네모 모양 안에 검은 선과 점을 배열한 것
입니다.

03 큐아르(QR)는 '빠른 응답'이라는 영어의 줄임 말이라고
하였습니다.

04 이 글에서는 정보 무늬의 뜻, 모양, 사용 방법, 활용 분
야 등을 설명하고 있습니다. 정보 무늬의 소리에 대한
내용은 글에 나오지 않습니다.

05 정보 무늬는 일부를 지워도 사용할 수 있다는 것을 믿기
어려울 때 그 내용이 사실인지 확인하게 될 것입니다.

06 '청자의 빛깔은 맑고 은은한 푸른 녹색이다.'라는 문장
에서 고려청자의 빛깔은 맑고 은은한 푸른 녹색이라는
것을 알 수 있습니다.

07 상감 기법은 어느 나라에서도 찾아볼 수 없는 우리 고
유의 독창적인 도자기 장식 기법입니다.

08 고려청자의 형태는 기존의 단순한 그릇 모양의 형태에
서 여러 형태의 청자로 발전했다고 하였습니다.

09 고려청자가 다른 청자와 다른 점은 무엇인지 글에서
찾아봅니다. 고려청자는 맑고 은은한 비색으로 유려한
곡선을 강조하며 상감 기법으로 회화적인 아름다운 무
늬를 표현한 것이 특색이라고 하였습니다.

> **채점 기준**
> 유려한 곡선, 아름다운 무늬, 고려인들의 독창성과 뛰어난
> 기술력에 대한 내용 중 두 가지 이상을 썼으면 정답으로 인
> 정합니다.

10 자신에게 필요한 정보인지 알려면 처음부터 끝까지 자
세히 읽기보다 관심 있는 내용이 있는지 글 전체를 훑
어봐야 합니다.

국어 2회 9. 여러 가지 방법으로 읽어요 38~39쪽

01 ④   02 인공 지능   03 ⑤   04 (1) ○   05 ③
06 ④   07 ⑤   08 **예** 그릇을 빚고 굳었을 때 그릇 바
깥쪽에 조각칼로 무늬를 새긴 다음, 검은색이나 흰색의 흙
을 메운 뒤 무늬가 드러나도록 바깥쪽을 매끄럽게 다듬는
기법입니다.   09 ⑤   10 (1) ○

01 교통질서 지키기 광고를 그리기로 했을 때 교통사고를
다룬 신문 기사를 읽으면 도움이 됩니다.

02 글쓴이는 가까운 미래에 제4차 산업 혁명이 일어나 많
은 것이 달라진다고 하였습니다. 그중 가장 대표적인
것으로 인공 지능의 발달과 새로운 기술의 개발을 들
었습니다.

03 글쓴이는 미래 사회에 필요한 사람이 어떤 사람인지를
이야기하면서 미래 사회에 필요한 사람이 되어야 한다
고 주장하고 있습니다.

04 미래에는 새로운 변화를 맞을 것이기 때문에 새로운
변화에 대응할 사람이 필요한 것입니다.

05 이 글은 주장하는 글입니다. 대상의 무엇을 자세히 설명
하는지 생각하며 읽어야 하는 것은 설명하는 글입니다.

06 이 글에서는 고려청자의 빛깔, 사용, 상감 기법, 우수
성 등을 설명하고 있습니다. 이 글에 고려청자의 생산
지역이 어디인지에 대한 내용은 나오지 않습니다.

07 청자의 빛깔이 맑고 은은한 푸른 녹색인 것은 유약 안
에 아주 작은 기포가 많아 빛이 반사되면서 은은하고
투명하게 비쳐 보이기 때문이라고 하였습니다.

08 상감 기법은 그릇을 빚고 굳었을 때 그릇 바깥쪽에 조
각칼로 무늬를 새긴 다음, 검은색이나 흰색의 흙을 메
운 뒤 무늬가 드러나도록 바깥쪽을 매끄럽게 다듬는
기법입니다.

> **채점 기준**
> 상감 기법에 대해 중요한 내용을 빠짐없이 썼으면 정답으로
> 인정합니다.

09 청자는 도자기이기 때문에 동식물의 먹이가 될 수 없
습니다.

10 지완이는 자신에게 필요한 정보가 글에 있다는 것을
알고 있으므로 자세히 읽기 방법이 알맞습니다.

01 진주 02 ④ 03 ⑤ 04 ⑤ 05 예 일이 일어난 차례대로 씁니다. / 진주와 성훈이가 사이가 안 좋은 까닭을 이해하도록 씁니다. 06 ④ 07 ④ 08 ③ 09 끼어들어서 10 (2) ○

01 그림 ❶에서 '성훈이하고는 다른 편이었으면…….' 하고 생각한 인물은 진주입니다.

02 그림 ❶에서 체육 수업을 체육관에서 하기로 했다는 말과 그림 ❷와 ❸의 배경을 통해 체육관에서 수업했음을 알 수 있습니다.

03 그림 ❶에서 아이들은 체육관에서 체육 수업을 할 수 있어서 좋아했습니다. 그림 ❷와 ❸에서 진주와 성훈이는 같이 축구를 하다가 다투었습니다. 그림 ❹와 ❺에서 선생님께서는 진주와 성훈이와 대화를 나누셨습니다.

04 선생님께서는 진주와 성훈이가 좀 더 대화를 하는 게 좋겠다고 생각하셔서 서로 하고 싶은 말을 나누게 하셨습니다.

05 이 그림에 나타난 경험을 이야기로 어떻게 만들면 좋을지 생각해 봅니다.

채점 기준
그림 내용과 관련해 자세히 쓰면 좋은 점이나, 일반적으로 경험을 이야기로 만들 때 주의할 점을 썼으면 정답으로 인정합니다.

06 글 ⑦에서 일이 일어난 곳은 체육관이고, 일이 일어난 때는 체육 시간입니다.

07 '난 평소에 못마땅하게 여겼던 인국이랑 같은 편을 하고'라는 표현에서 상은이가 평소에 인국이를 못마땅하게 생각했음을 알 수 있습니다.

08 선생님께서 인국이와 상은이가 서로 대화가 필요하다고 생각하신 까닭은 둘이 사이가 안 좋은 모습을 보였기 때문입니다.

09 상은이는 "전 그냥 인국이가 자꾸 말하는 데 끼어들어서 좋지 않게 생각했어요. 인국아, 그 점 미안하게 생각해."라고 사과의 말을 하였습니다.

10 이 글은 상은이와 인국이가 싸우는 부분에서 등장인물의 갈등이 꼭대기에 이릅니다.

01 ③ 02 ⑤ 03 ② 04 ⑤ 05 예 진주와 성훈이가 사이가 안 좋은 까닭을 자세히 설명하고 싶습니다. 06 (1) ○ 07 인국이 08 ⑤ 09 마음 10 (2) ○

01 그림 ❹와 ❺에서 선생님과 대화를 나눈 인물은 진주와 성훈이입니다.

02 그림의 내용을 이야기로 만들 때 필요한 등장인물은 민영, 진주, 성훈, 선생님입니다.

03 그림 ❶은 2교시 쉬는 시간에 교실에서 일어난 일, 그림 ❷와 ❸은 3교시 체육 시간에 체육관에서 일어난 일, 그림 ❹와 ❺는 3교시 쉬는 시간에 상담실에서 일어난 일입니다.

04 그림 ❺에서 진주와 성훈이가 웃고 있는 모습으로 보아, 둘은 서로 오해를 풀게 되는 대화를 나누었을 것입니다.

05 이야기를 읽는 사람들이 잘 이해할 수 있게 하려면 어떤 부분을 자세히 설명해야 할지 생각해 봅니다.

채점 기준
그림에서 설명이 부족하여 이해하기 어렵거나 읽는 사람이 더 잘 이해할 수 있게 추가할 부분을 썼으면 정답으로 인정합니다.

06 '비 때문에 못 할 줄 알았던 체육을 체육관에서 할 수 있어 기분이 좋았다.'라는 문장에서 비가 와서 체육을 체육관에서 했다는 것을 알 수 있습니다.

07 ㉠에서 상은이는 평소에 못마땅하게 여겼던 인국이랑 같은 편을 하여 기분이 별로였습니다.

08 ㉡에서 인국이는 자꾸 자신한테만 화를 내는 상은이 때문에 기분이 좋지 않았습니다.

09 선생님께서는 상은이와 인국이에게 서로 마음을 잘 몰랐던 것 같다며 시간을 줄 테니 좀 더 이야기하고 교실로 들어오라고 말씀하셨습니다.

10 이야기는 일기와 달리 여러 사람이 읽는 글이므로 읽는 사람을 생각하며 쓴다는 점이 다릅니다. 또한 일기는 그날 동안에 있었던 일만 쓰지만, 이야기는 오랜 시간에 걸쳐 있었던 일을 쓸 수 있습니다.

해설

사회 1회   1. 국토와 우리 생활   44~45쪽

01 ④   02 ①   03 ④   04 예 해안선이 복잡합니다. / 섬이 많습니다. 등   05 ④   06 (1) ○   07 ⑤   08 예 8월 평균 기온과 1월 평균 기온은 대체로 남쪽 지방에서 북쪽 지방으로 갈수록 낮아집니다.(또는 8월 평균 기온과 1월 평균 기온은 대체로 북쪽 지방에서 남쪽 지방으로 갈수록 높아집니다.)   09 ③   10 세종(특별자치시)   11 ④   12 ③

01 ⓒ 우리나라 주변에는 중국, 러시아, 일본, 몽골 등이 있습니다. 영국은 유럽에 위치한 국가입니다.

02 영토는 땅에서의 영역입니다. ① 황해는 우리나라의 영해에 해당합니다.

03 (가)의 제주도는 호남 지방, (나)의 황해도는 해서 지방입니다.

04 서해안과 남해안은 해안선이 복잡하고, 섬이 많습니다.

> **채점 기준**
> 해안선이 복잡하고, 섬이 많다는 내용이 들어가면 정답으로 합니다.

05 ④ (나) 시기인 겨울에는 북서쪽의 대륙에서 차고 건조한 바람이 불어옵니다.

06 (나)는 겨울에 불어오는 바람입니다. (2)는 여름의 홍수에 대비한 안전 안내 문자 내용입니다.

07 전주는 26.5℃, 대구는 26.7℃, 광주는 26.5℃, 중강진은 21.8℃입니다.

08 8월과 1월 평균 기온 분포의 공통점은 대체로 북쪽 지방으로 갈수록 기온이 낮아진다는 것입니다.

> **채점 기준**
> 북쪽으로 갈수록 기온이 낮아진다 또는 남쪽으로 갈수록 기온이 높아진다는 내용이 들어가면 정답으로 합니다.

09 우리나라는 출산율이 줄어들어 저출산 현상이 나타나고, 노년층의 인구 비율이 늘어 고령화 현상이 심각합니다.

10 국토 균형 발전을 위해 2012년에 세종특별자치시를 만들고 수도권에 있던 행정 기관을 이전하였습니다.

11 남동 임해 공업 지역에 대한 설명입니다.

12 고속 철도의 개통으로 전국이 반나절 생활이 되었고, 지역 간 교류가 더욱 활발해졌습니다.

사회 2회   1. 국토와 우리 생활   46~47쪽

01 경도   02 예 우리 국토는 북위 33°~43°, 동경 124°~132° 사이에 위치해 있습니다.   03 ①   04 ③   05 ⑤   06 예 높고 험한 산지는 동쪽에 치우쳐 있고, 서쪽은 대체로 낮습니다. 따라서 대부분의 큰 하천은 동쪽에서 서쪽으로 흘러갑니다.   07 ②   08 지진   09 ①, ④   10 ②   11 소라   12 ①

01~02 위도(ⓒ)와 경도(㉠)를 이용하여 우리 국토의 위치를 표현하면, 우리 국토는 북위 33°~43°와 동경 124°~132°에 위치한다는 것을 알 수 있습니다.

> **채점 기준**
> 북위 33°~43°와 동경 124°~132°의 내용이 들어가면 정답으로 합니다.

03 우리나라의 영공에 다른 나라의 비행기가 들어오려면 우리나라의 허가를 받아야 합니다.

04 비가 내릴 것으로 예보된 세종특별자치시뿐만 아니라 충청북도, 충청남도, 대전광역시는 모두 호서 지방에 해당합니다.

05 ㉠은 해안, ⓒ은 섬에 대한 설명으로, 해안 → 섬의 순서를 찾으면 됩니다.

06 우리나라는 대체로 북쪽과 동쪽에 높고 험한 산지가 많으며, 남쪽과 서쪽은 땅의 높이가 낮은 편입니다.

> **채점 기준**
> 동쪽은 높고 서쪽은 낮으며, 큰 하천은 서쪽으로 흘러간다는 내용이 들어가면 정답으로 합니다.

07 ① 서귀포가 중강진보다 연평균 강수량이 더 많습니다. ③ 두 지역 모두 계절별 강수량의 차이가 큽니다. ④, ⑤ 두 지역 모두 여름철에 강수량이 집중됩니다.

08 지구 내부의 힘을 받아 땅이 흔들리고 갈라지는 현상인 지진에 대한 행동 요령입니다.

09 우리나라는 도시에 대부분의 인구가 모여 살며, 특히 수도권에 인구의 절반 이상이 삽니다.

10 사람들이 많이 모여 사는 도시는 밤에도 불빛으로 밝게 빛나므로 제시된 위성 사진은 도시 분포와 비슷합니다.

11 1960년대 이전에는 농림어업이 발달했습니다.

12 고속 철도의 개통으로 지역 간의 이동 시간이 줄어들었고, 교류가 더욱 활발해졌습니다.

01 ③   **02** 예 신분에 따른 차별을 받고 있습니다. / 신분이 낮다는 이유로 차별을 받고 있습니다. 등   **03** ⑤
04 ⑤   **05** ①   **06** ③   **07** 평등권   **08** ①   **09** ③
10 ㉠ 법, ㉡ 도덕   **11** ④, ⑤   **12** 예 법을 지켜야 사회 질서를 유지할 수 있기 때문입니다. / 법을 지켜야 사람들의 권리를 보장할 수 있기 때문입니다. 등

01 인권은 누구나 태어나면서부터 가지는 기본적인 권리이며, 함부로 침해할 수 없습니다.

02 홍길동은 어머니의 신분이 낮다는 이유로 자신의 아버지를 아버지라고 부르지 못하고 있습니다.

> **채점 기준**
> 신분에 따른 차별을 받고 있다는 내용이 들어가면 정답으로 합니다.

03 ①~④는 인권 보장을 위해 국가가 실천할 수 있는 일입니다.

04 지오는 친구의 허락을 받지 않고 친구의 사진을 누리 소통망 서비스(SNS)에 올려 친구의 인권을 침해하였습니다.

05 헌법은 가장 기본이 되는 법으로 우리나라 최고의 법입니다.

06 ㉠ 대한민국의 주권은 국민에게 있다고 명시하고 있습니다. ㉡ 국민 투표를 통해 헌법 내용을 새로 정하거나 고칠 수 있습니다.

07 평등권에 대한 설명입니다.

08 기본권은 국가의 안전 보장, 사회 질서 유지 등을 위해 필요한 경우 법률에 따라 제한할 수 있습니다.

09 헌법이 정한 국민의 의무는 교육의 의무, 납세의 의무, 근로의 의무, 국방의 의무, 환경 보전의 의무입니다.

10 법은 반드시 지켜야 할 행동 규범인 반면 도덕은 개인의 양심에 비추어 지켜야 할 행동 규범입니다.

11 법을 어기면 다른 사람에게 피해를 줍니다.

12 제시된 그림과 같이 법을 지키지 않을 경우 다른 사람에게 피해를 주거나 다른 사람의 권리를 침해하게 됩니다. 또한 사회 질서가 유지되지 못합니다.

> **채점 기준**
> 권리를 보장하거나 사회 질서를 유지하기 위해서라는 내용이 들어가면 정답으로 합니다.

01 ⑤   **02** 활인서   **03** ④   **04** ④   **05** 예 헌법은 모든 국민이 존중받고 행복한 삶을 살아가는 데 필요한 내용이 담겨 있습니다.   **06** 헌법재판소   **07** ③   **08** ④
09 ⑤   **10** 예 법은 강제성이 있는 규범이므로 어길 경우 처벌을 받습니다.   **11** ④   **12** ⑤

01 방정환은 존중받지 못하는 어린이들을 위해 어린이날과 어린이 잡지 등을 만들었습니다.

02~03 활인서는 신분에 상관없이 아픈 백성을 무료로 치료해 주던 곳으로, 이를 통해 옛날에도 인권 신장을 위해 노력했음을 알 수 있습니다.

04 제시된 표지판 그림을 보면, 기저귀를 갈아 주는 일을 하는 사람을 여성으로 표현했습니다. 이는 아이를 돌보는 일은 여성이 하는 것이라는 고정 관념이 나타난 것입니다.

05 헌법은 모든 국민이 존중받고 행복한 삶을 살아가는 데 필요한 내용을 담고 있습니다.

> **채점 기준**
> '존중', '행복'이라는 낱말을 사용하여 국민이 존중받고 행복하게 살아가는 데 필요한 내용을 담고 있다는 의미로 썼으면 정답으로 합니다.

06 헌법재판소는 헌법 질서를 지키는 일을 하는 국가기관입니다.

07 참정권은 국가의 정치 의사 형성 과정에 참여할 수 있는 권리를 말합니다.

08 환경 보전의 의무는 국가와 국민이 환경을 보전하기 위해 노력해야 할 의무를 말합니다.

09 근로의 의무는 일할 의무를 말합니다.

10 제시된 상황은 운전자가 교통 신호를 위반함으로써 「도로 교통법」을 어긴 것으로, 이처럼 법을 어기면 처벌을 받게 됩니다.

> **채점 기준**
> 법은 강제성이 있기 때문에 이를 어길 경우 처벌을 받게 된다는 내용이 들어가면 정답으로 합니다.

11 법은 개인의 권리를 보호하고, 사회 질서를 유지하는 역할을 합니다.

12 법을 지켜야 개인의 권리를 보장할 수 있고, 사회 질서를 유지할 수 있기 때문입니다.

해설

과학 1회 2. 온도와 열 52~53쪽

01 온도 02 ③ 03 나영 04 ③ 05 ⑤ 06 ③
07 ㉠, ㉢, ㉡ 08 ㉣ 09 구리판 10 ㉡ 11 ①
12 ②, ④

01 물체의 차갑거나 따뜻한 정도를 온도라고 합니다.

02 알코올 온도계로 물질의 온도를 측정할 때 액체샘 부분을 손으로 잡으면 정확한 온도 측정이 어렵기 때문에 잡지 않도록 합니다.

03 적외선 온도계로 측정한 컵의 온도는 '17.2 ℃'로, '섭씨 십칠 점 이 도'라고 읽습니다.

04 물체의 온도는 물체가 놓인 장소, 측정 시각, 햇빛의 양 등에 따라 달라집니다.

05 온도가 다른 두 물체가 접촉하면 온도가 높은 물체는 온도가 점점 낮아지고 온도가 낮은 물체는 온도가 점점 높아집니다. 온도가 다른 두 물체가 접촉한 상태로 시간이 지나면 두 물체의 온도는 같아집니다.

06 차가운 물이 담긴 컵을 손으로 잡았을 때 손에서 컵으로 열이 이동하여 손의 온도가 낮아집니다.

07 구멍 뚫린 구리판의 가운데를 가열할 때 열 변색 붙임딱지의 색깔이 변하는 방향은 가열한 부분에서 멀어지면서 사방으로 이동합니다.

08~09 고체에서 열은 온도가 높은 부분에서 온도가 낮은 부분으로 이동합니다. 고체 물체가 끊겨 있으면 열은 끊긴 방향으로 이동하지 않고 고체 물체를 따라 이동합니다.

10 물이 담긴 주전자를 가열하면 가열한 부분의 온도가 높아지고 온도가 높아진 물이 위로 올라가므로 가열한 부분은 ㉡입니다.

11~12 초에 불을 붙이면 초 주변의 공기가 따뜻해지고, 따뜻해진 공기가 위로 올라가기 때문에 향 연기가 초를 넣은 쪽 위로 올라갑니다.

과학 2회 2. 온도와 열 54~55쪽

01 ㉡ 02 23.1 ℃ 03 ㉠ 적외선, ㉡ 알코올, ㉢ 적외선,
㉣ 알코올 04 온도 05 ⑤ 06 ② 07 ㉠ 08 ③
09 ⑤ 10 스포이트 11 ㉠ 위, ㉡ 올라, ㉢ 위, ㉣ 낮은,
㉤ 아래, ㉥ 내려 12 ②

01 목욕물의 온도가 적당한지 살펴볼 때는 물의 온도를 어림합니다.

02 적외선 온도계의 온도 표시 창에 '23.1 ℃'로 표시되어 있으므로 이 물체의 온도는 '23.1 ℃'라고 쓰고, '섭씨 이십삼 점 일 도'라고 읽습니다.

03 책상과 화단의 흙은 고체이므로 적외선 온도계를 사용하여 온도를 측정하고, 공기는 기체이므로 알코올 온도계를 사용하여 온도를 측정합니다.

04 물체의 온도는 물체가 놓인 장소, 측정 시각, 햇빛의 양 등에 따라 다릅니다. 교실의 기온은 18.0 ℃, 운동장의 기온은 19.0 ℃와 같이 같은 물체(물질)라도 장소에 따라 온도가 다릅니다.

06 열은 온도가 높은 물체에서 온도가 낮은 물체로 이동합니다.

07 열 변색 붙임딱지를 붙인 구리판, 플라스틱판, 철판을 뜨거운 물에 동시에 넣고, 열 변색 붙임딱지의 색깔이 변하는 빠르기를 비교하는 실험입니다. 이로부터 고체 물질의 종류에 따라 열이 이동하는 빠르기를 알 수 있습니다.

08 철판도 열이 잘 일어나는 금속이므로 열 변색 붙임딱지의 색깔이 변하게 됩니다.

09 일상생활에서 단열은 물체 사이에서 열의 이동을 줄이거나 물체의 온도를 일정하게 유지하기 위해서 방한복, 단열재, 아이스박스, 보온병 등에 이용되고 있습니다.

10 스포이트를 사용하여 물이 든 비커 바닥의 한쪽에 잉크를 천천히 넣을 수 있습니다.

11 액체에서는 온도가 높아진 물질이 위로 올라가고 위에 있던 온도가 낮은 물질이 아래로 밀려 내려오는 대류를 통해 열이 이동합니다.

12 고체에서는 온도가 높은 곳에서 온도가 낮은 곳으로 고체 물체를 따라 열이 이동하고(전도), 액체와 기체에서는 대류를 통해 열이 이동합니다.

01 태양 빛(햇빛, 태양) **02** 소금 **03** ③ **04** ⑤
05 8.0 **06** 지구 **07** ② **08** ① **09** ㉠ 금성, ㉡ 별
10 ⑤ **11** 북극성 **12** 다섯(5)

01 식물은 태양 빛을 이용하여 양분을 만들고 태양 빛을 이용하여 전기를 만듭니다.

02 염전에서는 태양 빛으로 바닷물이 증발하여 소금이 만들어집니다.

03 태양계의 중심에는 태양이 있으며 태양계에서는 태양만이 스스로 빛을 내는 천체입니다. 행성은 태양 빛을 받아 반사하여 밝게 보이는 것입니다.

04 ① 화성, ② 수성, ③ 지구, ④ 금성은 표면이 딱딱한 땅(암석)으로 되어 있고 ⑤ 목성은 표면이 기체로 되어 있습니다.

05 지구의 반지름을 1로 보았을 때 천왕성의 상대적인 크기는 4.0입니다. 반지름이 1 cm인 구슬로 지구의 모형을 만들려고 할 때 천왕성 모형은 반지름이 4.0 cm(지름은 8.0 cm)인 물체로 만들 수 있습니다.

06 태양계 행성을 크기가 큰 순서대로 나열하면 목성, 토성, 천왕성, 해왕성, 지구, 금성, 화성, 수성 순입니다.

07 태양계 행성 중에서 지구와 크기가 가장 비슷한 행성은 금성으로, 두꺼운 대기로 둘러싸여 있으며 지구에서 가장 밝게 보입니다.

08 태양으로터의 거리가 지구보다 가까운 행성은 수성과 금성입니다.

09 여러 날 동안 별은 밤하늘에서 위치가 거의 변하지 않고 행성은 밤하늘에서 위치가 변합니다.

10 북두칠성, 작은곰자리, 카시오페이아자리는 북쪽 밤하늘의 별들을 연결해 이름을 붙인 별자리입니다. 사자자리는 봄철 남쪽 밤하늘에서 관측할 수 있습니다.

11 북극성은 거의 움직이지 않고 항상 북쪽에서 보이기 때문에 북쪽을 알려주는 길잡이 역할을 합니다.

12 카시오페이아자리를 이용하여 북극성을 찾을 수 있습니다.

01 ② **02** 태양 **03** ①, ④ **04** ④ **05** 109
06 ③ **07** 금성 **08** ㉠ 금성, ㉡ 멀어, ㉢ 먼,
㉣ 해왕성 **09** ⑤ **10** 카시오페이아자리 **11** 북 **12** ⑤

01 태양은 지구의 모든 것에 영향을 미치고 우리는 살아가는 데 필요한 대부분의 에너지를 태양에서 얻습니다.

02 태양계는 태양과 태양의 영향을 받고 있는 천체들 그리고 그 공간을 말합니다. 태양은 태양계에서 유일하게 스스로 빛을 내는 천체이며 태양계의 중심에 있습니다.

03 목성, 토성, 천왕성, 해왕성은 고리가 있으며 표면이 기체로 되어 있습니다. 수성, 금성, 지구, 화성은 고리가 없고 표면이 딱딱한 땅으로 되어 있습니다.

04 표면이 기체로 되어 있으며 적도와 나란한 줄무늬가 발달해 있고 태양계 행성 중 가장 뚜렷한 고리를 가지고 있는 행성은 토성입니다.

05 태양의 반지름은 지구의 반지름보다 약 109배가 큽니다.

06 태양계에서 가장 큰 천체는 태양으로, 태양은 행성이 아닙니다. 태양계 행성 중 목성의 크기가 가장 큽니다.

07 태양에서 지구까지의 거리를 1로 보았을 때 태양에서 행성까지의 상대적인 거리를 보면 태양에서 금성까지는 0.7, 태양에서 화성까지는 1.5입니다. 금성과 지구 사이의 상대적인 거리는 0.3이고 지구와 화성 사이의 상대적인 거리는 0.5이므로 지구와 가장 가까이 있는 행성은 금성입니다.

08 크기가 상대적으로 작은 행성(수성, 금성, 지구, 화성)은 태양에 가까이 있고, 크기가 상대적으로 큰 행성(목성, 토성, 천왕성, 해왕성)은 태양에서 멀리 떨어져 있습니다.

09 여러 날 동안 같은 시각, 같은 장소에서 밤하늘을 관측해 보면 행성은 위치가 조금씩 변하고 별은 위치가 거의 변하지 않는다는 점을 알 수 있습니다.

11 북두칠성이 있는 밤하늘은 북쪽입니다.

12 북두칠성의 국자 모양 끝부분의 두 별(㉧, ㉦)을 찾고, 두 별을 연결한 거리의 다섯 배 떨어진 곳에 있는 별이 북극성입니다.

해설

과학 1회   4. 용해와 용액   60~61쪽

01 (1) 소금 (2) 물 (3) 소금물   02 ④   03 정희   04 ③
05 ③   06 (가) 백반 (나) 소금   07 ❹   08 ㉠   09 (다)
10 ④   11 ⑤   12 ②

02 소금이 완전히 물에 녹은 소금물은 용액이므로 어느 부분이나 소금이 섞인 정도가 같습니다.

03 용질이 물에 용해되기 전의 무게와 용해된 후의 무게는 같습니다.

04 용질과 용매의 무게의 합이 용액의 무게와 같습니다. 소금의 무게 + 물의 무게(100 g) = 117 g에서 소금의 무게는 17 g입니다.

05 용질 (가), (나)는 모두 물에 용해되지만 물의 온도와 양이 같을 때 물질 (나)가 물질 (가)보다 더 많이 용해됩니다.

06 물의 온도와 양이 같을 때 소금이 백반보다 더 많이 용해됩니다.

07 물의 온도에 따라 백반이 용해되는 양을 비교하려면 물의 온도만 다르게 하고 다른 조건은 모두 같게 해야 합니다. 따라서 백반 가루를 차가운 물과 뜨거운 물에 같은 양만큼 넣어야 합니다.

08 물의 양이 같을 때 물의 온도가 높을수록 백반이 물에 더 많이 용해됩니다.

09 색깔이 있는 용액은 색깔이 진할수록 더 진한 용액입니다.

10 용질의 무게만큼 용액의 무게도 늘어나므로 용액의 무게를 측정하여 용액의 진하기를 비교할 수 있습니다.

11 물의 양이 같을 때, 용해된 용질이 많을수록 용액의 진하기가 진합니다. 용액이 진할수록 용액에서 물체가 높게 떠오릅니다.

12 용액의 진하기를 비교하는 도구에는 용액의 진하기를 쉽게 비교할 수 있도록 적당한 간격으로 눈금을 그려야 하며, 그 눈금의 간격이 일정해야 합니다.

과학 2회   4. 용해와 용액   62~63쪽

01 ②   02 ③   03 ④   04 ㉢   05 ④   06 설탕, 소금, 백반   07 ㉢   08 ㉡   09 ㉠   10 ③   11 ②
12 ②

01 용해는 어떤 물질이 다른 물질에 녹아 고르게 섞이는 현상입니다. 아이스크림이 녹거나 설탕이 가열되어 녹는 것은 다른 물질에 섞이는 것이 아닙니다.

02 용액은 뿌옇게 보이지 않고 투명합니다. 그러나 황색 각설탕 용액이나 분말주스 용액처럼 색깔이 있을 수 있습니다. 용액은 돋보기로 볼 때 작아진 알갱이가 보이지 않으며, 어느 부분이나 물질이 섞인 정도가 같습니다.

03 소금이 물에 용해될 때, 용해 전의 소금과 물의 무게는 용해된 후 소금물의 무게와 같습니다.

04 각설탕은 용질이며, 용질은 작아져서 용매인 물속에 골고루 섞이는 것으로 없어지지 않습니다.

05 용질이 물에 용해되기 전과 용해된 후의 무게는 같습니다. 따라서 (가), (나), (다)의 무게는 모두 같습니다.

06 온도와 양이 같은 물에 여러 가지 용질을 녹였을 때, 바닥에 가라앉은 것이 많을수록 용해되는 양이 적은 것입니다. 가장 먼저 바닥에 가라앉은 백반이 용해되는 양이 가장 적고, 그 다음으로 소금이 용해되는 양이 적습니다.

07 설탕, 소금, 백반 모두 한 숟가락씩 넣었을 때 다 용해되었으므로 모두 물에 녹는 용질이지만, 용질에 따라 어느 정도 용해되면 더 이상 용해되지 않고 바닥에 남습니다. 온도와 양이 같은 물에 용해되는 용질의 양은 용질마다 모두 다르다는 것을 알 수 있습니다.

09 물의 온도가 높을수록 백반이 많이 용해되므로 비커 바닥에 남은 백반의 양이 적을수록 물의 온도가 높은 것입니다.

10 흰색 각설탕 용액은 색깔이 없기 때문에 색깔로 진하기를 비교할 수 없습니다.

11 용액이 진할수록 물체가 높이 떠오릅니다. 메추리알이 가장 높이 떠오른 (가)가 가장 진한 용액입니다.

12 각설탕을 더 녹여서 용액이 진해지면 메추리알이 떠오릅니다.

01 실체 현미경　02 ⑤　03 ⑤　04 ④　05 ①
06 ①　07 원생생물　08 ⑤　09 ④　10 (1) ○
(2) ○ (3) × (4) ×　11 ⑤　12 ④

02 버섯도 생물이므로 살아가는 데 물과 공기가 필요합니다.

03 균류는 포자를 이용하여 번식하며, 포자는 매우 작고 가벼워서 눈에 잘 보이지 않고 공기 중에 떠서 멀리 이동합니다.

04 곰팡이는 따뜻하고 축축한 환경에서 잘 자라므로 햇빛과 바람이 잘 통하게 하면 잘 생기지 않습니다.

05 광학 현미경을 사용할 때, 가장 마지막에 해야 하는 일은 미동 나사를 돌려 초점을 맞추는 것입니다.

06 균사와 포자를 가진 것은 균류입니다. 짚신벌레와 해캄은 원생생물입니다.

08 세균은 균류와 원생생물보다 크기가 더 작고, 생김새가 단순합니다. 세균은 생물의 몸, 생활용품, 음식, 물, 흙, 공기 등 우리 주변 어느 곳에나 살고 있습니다.

09 세균은 공 모양, 막대 모양, 나선 모양 등이 있으며 꼬리가 있는 것도 있습니다. ④는 원생생물인 해캄입니다.

10 된장이나 간장을 만드는 데 곰팡이가 이용되며, 요구르트, 김치 등의 발효 음식을 만드는데 세균이 이용됩니다. 원생생물이 일으킨 적조는 다른 생물이 살기 어려운 환경을 만듭니다. 세균은 우리에게 여러 가지 해로운 영향 뿐 아니라 이로운 영향도 미칩니다.

11 원생생물이 양분을 만드는 특성을 이용하여 자동차 연료가 되는 기름을 만들 수 있습니다.

12 물질을 분해하는 능력을 가진 세균을 이용하여 오염된 물을 깨끗하게 만듭니다.

01 ⑤　02 ⓒ, 회전판　03 ⑤　04 ④　05 ⓒ – ⓔ
– ㉠ – ㉻ – ㉢　06 (1) 한 가닥 (2) 받침 (3) 덮개, 비스듬히 기울여서　07 (1) 원생생물 (2) 고인, 느린 (3) 광학 현미경　08 원생생물　09 ㉻　10 ②　11 ④　12 ⓒ

01 곰팡이는 생김새가 식물이나 동물과는 다르며, 가는 실 모양의 균사 끝에 작고 둥근 알갱이인 포자가 있습니다.

02 ㉠은 접안렌즈, ㉡은 회전판, ㉢은 초점 조절 나사, ㉣은 재물대, ㉤은 조명 조절 나사입니다. 실체 현미경에서 대물렌즈의 배율은 회전판을 돌려서 조절합니다.

04 곰팡이와 버섯 모두 나무뿐만 아니라 양분을 얻을 수 있는 죽은 생물, 다른 생물이 있는 곳에서도 삽니다. 곰팡이와 버섯은 여름철에 많이 볼 수 있지만 따뜻하고 축축한 환경이라면 다른 계절에도 볼 수 있습니다.

06 해캄 표본을 만들 때 한 가닥을 사용해야 상이 겹치지 않아 해캄을 더 선명하게 관찰할 수 있습니다. 덮개 유리를 비스듬히 기울여서 덮어야 공기 방울이 생기지 않습니다.

07 실체 현미경은 겉모습을 입체적으로 관찰할 수 있고, 광학 현미경은 안쪽 구조까지 자세히 관찰할 수 있습니다.

09 짚신벌레와 해캄은 원생생물입니다. 원생생물은 물이 고인 곳, 물살이 느린 곳에 살고 있으며, 바다에 살고 있는 원생생물도 있습니다. 김, 다시마처럼 현미경을 이용하지 않고 맨눈으로 볼 수 있는 원생생물도 있습니다.

10 세균은 균류나 원생생물보다 크기가 더 작아서 맨눈으로 볼 수 없습니다.

11 곰팡이나 세균이 사라지면 사람이나 동물은 먹은 음식을 잘 소화하지 못하게 되거나 면역력이 약해집니다.

12 푸른곰팡이는 세균을 자라지 못하게 하는 성질을 갖고 있어 질병을 치료하는 약을 만드는 데 활용합니다.

해설

출처

구분	쪽	사진	출처
사회	11쪽	경주 벚꽃 축제	한국관광공사_이범수
		보령 머드 축제	한국관광공사_김지호
		화담 숲 단풍 축제	한국관광공사_김대형
	11, 14쪽	대관령 눈꽃 축제	뉴스뱅크
	14쪽	산림욕	한국관광공사_노희완
		스키	한국관광공사_김지호
		래프팅	연합뉴스
		해수욕	한국관광공사_라이브스튜디오
	21쪽	1938년 인천	연합뉴스
		오늘날 인천	연합뉴스
	26쪽	마라도	한국관광공사_김지호
	37, 60쪽	인권 교육	뉴스뱅크
		인권 개선 캠페인	뉴스뱅크
	37쪽	노인 기초 연금 지급	연합뉴스
	48, 51, 57쪽	비닐 봉투 사용 금지	연합뉴스
	50, 60쪽	무료 예방 접종	뉴스뱅크
	54쪽	에멀라인 팽크허스트	위키
	54쪽	박두성	국립한글박물관
	54쪽	전태일	전태일재단
단원 평가	47쪽	위성 사진 속 불빛	NASA

Memo

Memo

Memo

Memo

《 문해력 등급 평가 》

초등 1학년 ~ 중학 1학년
(학년별 3회분 평가 수록)

문해력 전 영역 수록

어휘, 쓰기, 독해부터
디지털독해까지 종합 평가

정확한 수준 확인

문해력 수준을 수능과
동일한 9등급제로 확인

평가 결과표 양식 제공

부족한 부분은 스스로 진단하고
친절한 해설로 보충 학습

문해력 본학습 전에 수준을 진단하거나 본학습 후에 평가하는 용도로 활용해 보세요.

만점왕

통합본 단원 평가 5-1